W Fleischhauer

Methodisches französisches Lese- und Übungsbuch

W Fleischhauer

Methodisches französisches Lese- und Übungsbuch

ISBN/EAN: 9783743327412

Hergestellt in Europa, USA, Kanada, Australien, Japan

Cover: Foto ©Paul-Georg Meister /pixelio.de

Manufactured and distributed by brebook publishing software
(www.brebook.com)

W Fleischhauer

Methodisches französisches Lese- und Übungsbuch

Methodisches Französisches Lese- und Übungsbuch.

Nach den neuen Lehrplänen bearbeitet

von

Dr. W. Fleischhauer

Gymnasial-Oberlehrer in Hannover.

I. Teil.

Leipzig 1895
Renger'sche Buchhandlung
Gebhardt & Wilisch.

.

Vorwort.

Nach den neuen Lehrplänen[1]) soll im französischen Unterricht aller höheren Schulen auf der unteren und mittleren Stufe, also bis zu dem Zeitpunkte, wo die eigentliche Unterweisung in der Grammatik abgeschlossen sein soll und nur noch gelegentliche zusammenfassende grammatische Wiederholungen angestellt werden sollen, eine Scheidung nach den einzelnen Unterrichtszweigen nicht stattfinden. Vielmehr soll die Lektüre im Mittelpunkt des gesamten Unterrichts stehen, und alle übrigen Zweige desselben, insbesondere also auch die grammatische Unterweisung, sollen sich methodisch an sie anschließen.

Die Ausführung dieser Forderung zu ermöglichen, ist nun das Bestreben des Verfassers dieses „Methodischen Französischen Lese- und Übungsbuches" gewesen, von welchem der vorliegende I. Teil das Pensum der Unterstufe enthält, während der II. Teil den Stoff für die Mittelstufe, also bis zum Abschluß der eigentlichen grammatischen Unterweisung, enthalten wird. In welcher Weise sich der Verfasser das Handinhandgehen von Lektüre und Grammatik gedacht hat, ist zunächst aus dem Inhaltsverzeichnis ersichtlich. In diesem findet sich, um eine planmäßige grammatische Unterweisung zu erreichen, bei jedem Lesestücke genau bezeichnet, welcher grammatische Stoff bei demselben durchgenommen und eingeübt werden soll. Die hinzugefügten Zahlen geben die entsprechenden Paragraphen der kürzlich in demselben Verlage erschienenen „Praktischen Französischen Grammatik" desselben Verfassers an.

Aus dem Inhaltsverzeichnis ist ferner ersichtlich, wie die Behandlung der Grammatik in konzentrischen Kreisen[2]) an der Hand der Lektüre sich ganz von selber ergibt. Auch kann man aus demselben erkennen, wie die von den neuen Lehrplänen[3]) geforderte gruppenweise Durchnahme der in der „Prakt. Franz. Grammatik" alphabetisch aufgeführten unregelmäßigen Verben erfolgen soll.[4])

---

[1]) S. 30 oben. — [2]) Schiller, Handbuch der Pädagogik S. 512; Gutersohn in Herrigs Archiv 76 S. 469. — [3]) S. 29. — [4]) Vergl. Begleitwort zur „Prakt. Franz. Gr." S. 5, 41.

Um die Erfüllung der weiteren Forderung der neuen Lehrpläne, daß nämlich „das Verständnis der fest und gedächtnismäßig einzuprägenden Formen und Regeln induktiv durch Beispiele und Mustersätze vorbereitet werden soll,[1]) zu erleichtern, sind am Ende des Wörterverzeichnisses zu jedem Lesestücke die für den betreffenden grammatischen Abschnitt schon in früheren Lesestücken vorkommenden Beispiele zusammengestellt. Ihre Wiederauffindung wird dadurch erleichtert, daß einerseits die Nummer jener früheren Lesestücke hinzugefügt und andererseits die später behufs induktiver Vorbereitung wieder zur Verwendung kommenden Stellen in dem Wörterverzeichnis zu jedem Lesestücke etwas fetter gedruckt sind.

Auch auf die geforderte „Aneignung eines festen Wort- und Phrasenschatzes"[2]) ist gebührende Rücksicht genommen worden. Daher sind die dem Französischen eigentümlichen Redensarten in das Wörterverzeichnis zu jedem Lesestücke mit aufgenommen worden. (Vergl. auch unten zu S. V, 6.) Ferner soll aber auch „dieser Schatz durch fortgesetzte mündliche und schriftliche Verwertung in sicheren Besitz umgewandelt werden."[3]) Zu diesem Zwecke muß man aber immer schnell und leicht erfahren können, welche Wörter und Phrasen man als bekannt voraussetzen und demnach wieder verwerten kann. Um dies zu ermöglichen, ist in dem alphabetischen Wörterverzeichnis immer die Stelle angegeben, an welcher ein Wort, bezw. eine Phrase, zum ersten Male vorkommt, und von wo an einem dieselbe also zur Verfügung steht. Auch sind deshalb in das alphabetische Wörterverzeichnis die früher vorkommenden und vorläufig als Vokabel gelernten Formen von unregelmäßigen Verben mit aufgenommen.

Die Forderung, von Anfang an Sprechübungen vorzunehmen,[4]) ist einer der für die Auswahl der Lesestücke des vorliegenden Lese- und Übungsbuches maßgebenden Gesichtspunkte gewesen. Diese Auswahl ist außerdem durch folgende Erwägungen bestimmt worden.

Zunächst sollen, besonders im Anfangsunterrichte, die Lesestoffe dem Verständnis des Schülers nicht zu fern liegen, diesem vielmehr unmittelbar verständlich sein.[5]) Daher wurden für diese Unterstufe vorwiegend Stoffe aus dem Anschauungskreis des Schülers, kleine Erzählungen, naturwissenschaftliche Schilderungen und Beschreibungen aus dem täglichen Leben gewählt,[6]) kurz Stoffe, welche geeignet sind, „dem Schüler Liebe zur Arbeit und Ordnung, Freude an der Natur, Ehrfurcht vor Gott und Achtung vor den Menschen einzuflößen."[7]) Dazu kommen bald einige kleine

---

[1]) Lehrpläne S. 33. — [2]) Lehrpläne S. 33. — [3]) Lehrpläne S. 33. — [4]) Lehrpläne S. 33. — [5]) Gutersohn in Herrigs Archiv 77, 118; Direktorenkonferenz Hannover 1892 S. 514—514. — [6]) Schüler S. 518; Tobler in Herrigs Archiv 51 S. 303; Gropp ib. 76 S. 96; Rambeau in Zs. f. nfr. Spr. und Lit. 1887 S. 30. — [7]) Korell, Zur analytisch-induktiven Methode des franz. Unterrichts 1890 S. 11.

Gedichte, späterhin auch einzelne Fabeln, sowie solche Stücke, welche sich mit Frankreich und seinen Bewohnern beschäftigen.[1])

Außer dem Stoff der Lesestücke ist bei deren Auswahl ferner ihre Form berücksichtigt worden. Besonders für den Anfang sind möglichst leichte, einfache und kurze ausgewählt worden.[2]) Nur bei wenigen der allerersten waren einige Abänderungen und Umformungen nötig, während im übrigen die Stücke die Form behalten konnten, die sie in den Quellen haben, welch letztere meist in Frankreich selbst gebrauchte Lesebücher[3]) mit Texten der besten modernen Autoren[4]) sind, neben denen besonders noch Wilm, premières lectures françaises, sowie Junker, le maître français (Leipzig, Rengersche Buchhandlung) benutzt wurden.

Was die deutschen „Übungsstücke" anlangt, so sind dieselben für diejenigen unter den Herren Fachkollegen bestimmt, welche solche wünschen. Ihr Umfang ist möglichst beschränkt und so bemessen worden, daß er demjenigen der betreffenden Lesestücke ungefähr gleichkommt.[5]) Auch schließen sie sich, wiederum jener Forderung der Lehrpläne entsprechend, daß die Lektüre die Grundlage für alle (!) Übungen bilden soll, eng an die entsprechenden und früheren Lesestücke an, so daß in ihnen fast ausschließlich das früher gelernte Sprachmaterial wieder zur Verwertung kommt.[6]) Ferner sind sie so abgefaßt, daß der Schüler sie mit dem erlernten Sprachmaterial ohne Schwierigkeit übersetzen kann und dabei doch etwas Selbständiges leistet.[7]) Auch ist bei ihrer Abfassung der Umstand besonders berücksichtigt worden, daß bei den Verbalformen auch die erste und zweite Person gehörig eingeübt werden müssen.

Die mit a bezeichneten Lese- und Übungsstücke des „Anhanges" können an den betreffenden Stellen hinzugefügt oder weggelassen werden, da sie weder für die durchzunehmenden, noch für die übrigen in den Anhang aufgenommenen Stücke vorausgesetzt werden.

Hannover, im August 1895.

Fleischhauer.

---

[1]) Lehrpläne S. 38 unten; Direkt.-Konf. Hannover a. a. D.; Sarrazin in Gymnasium 1891 S. 714; Knigge, Bemerkungen zum franz. Unterr. 1893 S. 4; Löschhorn in Herrigs Archiv 79 S. 473; Rabisch in Zs. f. Gymnasialwesen 1889 S. 473. — [2]) Gropp a. a. D.; Korell a. a. D.; Schulze in Zs. f. Gymnasialwesen 1885 S. 477; Sarrazin in Herrigs Archiv 78 S. 473; Gutersohn ib. S. 470; Knigge a. a. D. S. 4; Wittich, Lehrplan für den Unterricht im Franz. 1889 S. 4 ff.; Schiller S. 507. — [3]) Rabisch a. a. D. — [4]) Direkt.-Konf. Hannover a. a. D.; Münch in Herrigs Archiv 68 S. 234. — [5]) Gropp a. a. D.; Koschwitz in Zs. f. Gymnasialw. 1886 S. 473; Rabisch ib. 1888 S. 331; Knigge S. 6. — [6]) Korell S. 13; Direkt.-Konf. Posen 1885 S. 218; Foth, Der franz. Unterricht S. 113; Gropp a. a. D.; Schiller S. 527; Knigge S. 6. — [7]) Gropp a. a. D.; Knigge S. 7; Wittich S. 6; Münch a. a. D. 1887 S. 62; Schwieger in Zs. f. Gymnasialw. 1888 S. 486.

Inhalt.

I. Abschnitt.

*) Die §§ verweisen auf Fleischhauer, Praktische Französische Grammatik.

····

II. Abschnitt.

A. Lesestücke.

I. Abschnitt.

---

1. Ma règle et mon crayon.

I.

LE MAÎTRE. Auguste, où sommes-nous?

AUGUSTE. Nous sommes à l'école.

LE MAÎTRE. Qu'est-ce que tu as là?

GUILLAUME. J'ai une règle.

LE MAÎTRE. Ton voisin a-t-il aussi une règle?

GUILLAUME. Oui, monsieur, Louis a aussi une règle.

LE MAÎTRE. Avez-vous aussi un crayon?

LOUIS. Oui, monsieur, nous avons chacun un crayon.

2. Ma règle et mon crayon.

II.

LE MAÎTRE. A quoi ta règle et ton crayon servent-ils?

GUILLAUME. Ils servent à tracer les lignes. Avec le crayon seul je peux aussi écrire ou dessiner.

LE MAÎTRE. De quoi ta règle est-elle faite?

AUGUSTE. Elle est faite de bois.

LE MAÎTRE. De quoi les enveloppes de vos crayons sont-elles faites?

LOUIS. Les enveloppes de nos crayons sont aussi faites de bois.

3. Le chien et le chat.

Le chien et le chat s'accusèrent un jour devant leur maître. «Le chien m'a mordu», disait le chat. — «Mais le chat m'a griffé le museau», lui répondit le chien. «Tu es un voleur, tu as volé le rôti à la cuisine.» — «Le chat a bu la crème; je l'ai vu».

Le maître les regarda, prit son bâton et leur dit: «Vous êtes deux voleurs et deux méchants, voilà pourquoi vous êtes toujours en désaccord.»

4. Toujours en retard.

Paul arrive toujours en retard à l'école. Un jour son maître dit à Paul: «Pourquoi arrives-tu toujours en retard? Les autres élèves n'arrivent pas en retard.» Paul s'excuse, mais il est incorrigible.

Un beau dimanche, quand c'est l'heure du déjeuner, il ne trouve rien à manger sur la table. A midi, à quatre heures, c'est la même chose. Au souper, il pleure, car il a faim. Il dit à sa mère: «Pourquoi la servante est-elle en retard?» Mais sa mère lui répondit: «N'es-tu pas tous les jours en retard pour aller à l'école?»

5. Le menuisier.

Avec la scie, le menuisier coupe les planches. Avec le marteau il enfonce les clous. Avec le foret, les menuisiers percent les trous. Avec le rabot, ils rabotent les planches. Comme le charpentier, le menuisier se sert du crayon, de la règle, de l'équerre, du ciseau, de la hache. Le menuisier pose les planchers des maisons; car il cloue les planches sur les poutres. Il fait aussi les portes des différentes pièces de la maison.

6. Le battage.

Au milieu de l'hiver, lorsque les autres travaux sont accomplis, dans l'aire de la grange les batteurs, avec leurs grands fléaux, battent les gerbes en cadence. Comme des étincelles les grains jaillissent des épis et jonchent le sol.

7. Charade.

Mon premier est d'argent, d'or ou de porcelaine.
Mon second à pas lents marche dans les sentiers.
Le pèlerin joyeux ira reprendre haleine
Sous les ombreux rameaux de mon superbe entier.

8. La tête.

Le corps humain, c'est-à-dire le corps de l'homme, se compose de trois parties, qui sont: la tête, le tronc, les membres. La tête comprend le crâne, c'est-à-dire le derrière et le haut de la tête, la figure, c'est-à-dire le devant de la tête, et le cou, c'est-à-dire la partie qui relie la tête au tronc. Le crâne est couvert de cheveux.

La figure comprend le front, les yeux, le nez, les oreilles, les joues, la bouche, le menton. L'œil est protégé par le sourcil et par les cils. Nous pouvons fermer et ouvrir les yeux au moyen des paupières. Le devant du cou s'appelle la gorge. Le derrière du cou s'appelle la nuque.

9. Les bras.

Les membres sont au nombre de quatre: deux bras et deux jambes. Chaque bras se compose du bras, de l'avant-bras et de la main. Le bras est relié au tronc par l'épaule. L'avant-bras est relié au bras par le coude. La main est reliée à l'avant-bras par le poignet.

Nous avons dix doigts. Chaque main porte cinq doigts, qui sont: le pouce, l'index, le doigt du milieu, l'annulaire et le petit doigt. Les doigts sont protégés par les ongles. Le pouce se compose de deux phalanges. Les quatre autres doigts ont chacun trois phalanges.

10. Les jambes.

Chaque jambe comprend trois parties: la cuisse, la jambe, le pied. Les jambes sont reliées aux cuisses par les genoux. Le derrière de la jambe s'appelle le mollet. La partie postérieure du pied s'appelle le talon. Chaque pied porte cinq doigts. Le gros orteil est le plus gros des cinq.

11. La violette.

Une fleur fleurit et exhale son parfum dans un silence modeste et sous l'ombre de l'herbe épaisse. C'est la violette. Elle est aussi mystérieuse que l'approche douce du printemps. Cette fleur est aimée et honorée; les poètes la célèbrent dans leurs chants, et quand on revient des champs, chacun en porte un bouquet.

12. Le myosotis.

Un jour le petit Gustave se promena avec sa sœur cadette Marie. Au bord d'un ruisseau il trouva quelques myosotis qui étaient ses fleurs favorites.

«Que faites-vous là?» leur demanda-t-il.

Les fleurs bleues et tendres du souvenir lui répondirent: «Nous nous mirons dans l'eau limpide au bord de laquelle nous croissons, et nous embellissons ce ruisseau.»

13. Le lis.

Le lis est une belle fleur. Elle croît à l'ombre fraîche des bosquets. Ses clochettes fleuries sont rangées comme des perles et blanches comme la lumière du soleil. Le lis est l'image de l'innocence et de la pureté du cœur.

14. Les tilleuls.

Chaque année, au printemps, lorsque les arbres fleurissaient, une bonne femme, mais qui était très pauvre, se promenait souvent sous les tilleuls qui ornaient une grande place publique. Elle ramassait les fleurs qui tombaient des arbres. Un jour, son fils lui dit: «A qui vends-tu ces fleurs?» — Elle lui répond: «Je les répands sur la table pour les sécher et puis nous les vendons au pharmacien.»

15. Le labourage.

Le laboureur tient des deux mains les manches de la charrue. Ses bœufs ou ses chevaux marchent à pas lents. Le soc s'enfonce dans la terre et dépose les mottes soulevées au bord du sillon qu'il a creusé. Les animaux avancent toujours. Infatigable, le laboureur les dirige. Bientôt tout le champ est labouré.

16. Divisions du temps.

I.

Ma montre marque les secondes. L'aiguille des secondes tourne autour du cadran une fois par minute. Il y a soixante secondes dans une minute. Soixante minutes font une heure. La grande aiguille fait le tour du cadran en une heure, le quart du tour en un quart d'heure, la moitié du tour en une demi-heure, les trois quarts du tour en trois quarts d'heure. La petite aiguille fait le tour du cadran en douze heures. Lorsque la petite aiguille est sur le nombre XI [onze] et la grande sur le nombre XII, cela indique qu'il est onze heures.

17. Divisions du temps.

II.

Vingt-quatre heures font un jour. Sept jours forment une semaine. Les noms des jours de la semaine sont: lundi, mardi, mercredi, jeudi, vendredi, samedi, dimanche. Quatre semaines et quelques jours font un mois. Douze mois forment une année. Les douze mois n'ont pas chacun le même nombre de jours. Le mois de janvier compte 31 [trente et un] jours; février compte 28 [vingt-huit] ou 29 [vingt-neuf] jours; mars, 31; avril, 30; mai, 31; juin, 30; juillet, 31; août, 31; septembre, 30; octobre, 31; novembre, 30; décembre, 31. Cent années forment un siècle.

18. Un élève en 1789.

Tous les matins, au petit jour, le père m'éveillait. Je m'habillais sans bruit, et je sortais avec mon petit sac, les pieds dans mes sabots, le gros bonnet sur les oreilles et ma bûche sous le bras. Il faisait souvent bien froid en hiver. Je fermais bien la porte et je partais, soufflant dans mes doigts.

J'arrivais presque toujours avant les autres dans le village voisin, où notre école se trouvait. J'entrais dans la salle encore vide. Je posais ma bûche apportée à côté du poêle, et mes sabots dessous pour les sécher. Tout me revient après tant d'années: les poutres blanchies à la chaux, les petits bancs à la file; le grand tableau noir, contre le mur, entre les deux fenêtres; tout au fond, la chaire, sur une petite estrade, avec une chaise dessus.

Sur le coup de huit heures, les élèves arrivaient tous à la file. Nous nous serrions autour du poêle, nous nous racontions quelque chose, nous riions, nous nous poussions. Mais lorsque nous entendions les grands pas de M. Christophe dans l'allée, tout se taisait. Chacun allait s'asseoir sur son banc, le livre sur les genoux et le nez dessus.

19. L'étincelle.

L'autre jour, pendant que les parents d'Auguste étaient sortis, Auguste avait joué avec les allumettes malgré la défense expresse de sa mère. Une étincelle était tombée sur la paille du lit où il avait dormi tous les soirs. Quand les parents malheureux revenaient, la flamme avait déjà consumé les lits, les chaises, les tables, toute la maison. Ils se lamentaient. «Nous t'avions défendu de jouer avec les allumettes pendant notre absence. Pourquoi l'as-tu fait pourtant, pendant que nous étions en ville? Tu as causé ce malheur. Maintenant nous n'avons plus de maison par suite de ta désobéissance.»

20. Un nid de bouvreuils.

J'avais trouvé une fois un nid de bouvreuils dans un rosier de notre jardin. Dans le nid il y avait quatre petits œufs. Le nid ressemblait à une coque de nacre contenant quatre perles bleues; une rose humide pendait au-dessus. Le bel oiseau se tenait sur un arbuste voisin, comme une fleur de pourpre. Ces objets étaient répétés dans l'eau d'un étang, avec l'ombrage d'un vieil arbre derrière lequel on voyait se lever l'aurore.

21. Chantons la terre.

Chantons aussi la vieille terre!
Elle a des fleurs,
Elle a de gais oiseaux siffleurs
Qui font joyeux le plus austère.
Elle a des fleurs.
Chantons la terre!

22. Le coton.

On cultive le coton surtout dans les États-Unis, aux Indes et en Égypte. Autrefois on employait des esclaves pour la récolte du coton. C'étaient de pauvres nègres, que des marchands enlevaient en Afrique et qu'ils vendaient aux riches propriétaires des États-Unis. Ces malheureux étaient souvent battus par leurs maîtres jusqu'à la mort. De nos jours, l'esclavage est aboli. Il n'est plus permis de vendre ou d'acheter des hommes. Ceux qui aujourd'hui récoltent les flocons de coton, sont libres.

23. La voiture versée.

Un grand seigneur revenait un jour fort vite de Saint-Germain avec ses gens. Ils passaient au travers de Nanterre, tra, tra, tra; ils rencontrent un homme à cheval, gare, gare! Ce pauvre homme veut se ranger; son cheval ne le veut pas. Enfin la voiture et les six chevaux renversent le pauvre homme et le cheval et passent par-dessus, et si bien par-dessus que la voiture en fut versée et renversée. En même temps l'homme et le cheval se relèvent miraculeusement, remontent l'un sur l'autre, et s'enfuient et courent encore, pendant que les laquais du grand seigneur, et le cocher, et le grand seigneur même crient: «Arrête! arrête ce coquin! donnez-lui cent coups!»

24. La dernière des fées.

Je rencontrai l'autre jour une bonne fée qui courait comme une folle malgré son grand âge. Nous parlâmes ensemble, et je demandai à la fée bénigne: «Êtes-vous donc si pressée de nous quitter, madame la fée?» — «Ah! ne m'en parlez pas,» me répondit-elle alors. «Il y a quelques centaines d'années que je n'avais vu votre petit monde, et je n'y comprends plus rien. J'offre la beauté aux jeunes filles, le courage aux jeunes gens, la sagesse aux vieux, la santé aux malades, enfin tout ce qu'une honnête fée peut offrir aux hommes, et tous me refusent. Avez-vous de l'or et de l'argent? disent-ils, nous ne souhaitons pas autre chose. Or, je me sauve.»

25. La vigne.

Près de mourir, un père dit à ses trois fils: «Mes chers enfants, je ne vous laisse que cette basse chaumière et la vigne qui y tient. Mais dans cette dernière est caché un trésor. Piochez sans relâche, et vous le trouverez.»

Après sa mort, les trois frères n'avaient rien de plus pressé que de retourner toute la vigne avec diligence. Mais ils ne trouvèrent ni or ni argent. Comme ils n'avaient jamais travaillé le terrain avec tant de soin, il produisit, cette année-là, une telle quantité de raisins qu'ils en furent tout surpris. Alors ils devinèrent ce que leur père entendait par le trésor.

26. Les amis après la mort.

L'homme a trois sortes d'amis ici-bas. Ordinairement il n'apprend à les connaître que lorsqu'il est rappelé de cette vie pour rendre compte de ses actions à Dieu.

Les premiers de ses amis, l'argent et les biens terrestres, le quittent tout à fait à sa mort. Les seconds qui sont les parents et les personnes de sa connaissance, ne l'accompagnent que jusqu'au tombeau. Les troisièmes sont ses bonnes œuvres. Elles font avec lui son long voyage dans l'éternité, plaident pour lui devant le trône de Dieu et lui obtiennent grâce et miséricorde.

27. Les rouges-gorges.

Un petit rouge-gorge frappait à notre vitre. «Ayez pitié de moi! Ouvrez-moi, je vous prie; la neige tombe, la bise souffle, et je meurs de faim.»

Nous eûmes pitié du petit rouge-gorge, et j'ouvris la fenêtre. Le gentil oiseau vola dans la chambre et ramassa les miettes de pain qui étaient tombées de la table. Bientôt même il becqueta le grain dans la main qu'on lui tendait.

Mais lorsque la neige fut fondue, le printemps revint et les haies se couvrirent de feuilles. Nous ouvrîmes la fenêtre, et notre petit hôte s'envola dans le bois voisin où il bâtit son nid et nous entendîmes ses joyeuses chansons.

L'hiver revint, et le rouge-gorge revint aussi, cette fois avec sa compagne. Les deux petits oiseaux entrèrent avec confiance dans la chambre et nous nous réjouîmes beaucoup de les revoir.

28. Le bon père.

Des affaires importantes retenaient un bon père dans la capitale. Son épouse et ses enfants vivaient loin de lui dans une petite maison de campagne. Un jour, il envoya aux enfants beaucoup de belles choses dans une grande caisse et cette lettre:

«Mes chers enfants, soyez toujours bons et pieux; je vous permettrai bientôt de me rejoindre. Réjouissez-vous, car je vous réserve encore beaucoup de beaux présents dans cette maison.»

«Combien de plaisirs notre père nous procure! s'écrièrent les enfants. Nous l'aimons aussi de tout notre cœur, quoique nous ne puissions le voir. Nous voulons aussi faire tout ce qu'il nous prescrit dans sa lettre.»

«Mes chers enfants, dit la mère, le bon Dieu agit envers les hommes, comme votre excellent père agit envers vous. A la vérité, nous ne le voyons pas; cependant nous recevons de lui mille bienfaits et sa bonté est sans fin.»

29. Honnêteté.

Un homme perdit un jour un beau couteau à deux lâmes. Le petit Arnold trouva le couteau. Il s'en réjouit beaucoup, car depuis longtemps il désirait en avoir un. Alors il aperçut un homme qui regardait à terre et cherchait quelque objet. Arnold s'approcha aussitôt de l'homme et lui demanda: «Avez-vous perdu quelque chose?» — «Sans doute, mon enfant, lui répondit le promeneur, j'ai perdu un beau couteau à deux lâmes et à manche de nacre.» Arnold qui était un enfant honnête mit la main dans sa poche, en retira le couteau et le rendit à l'homme à qui il appartenait.

30. Le chien fidèle.

Un négociant qui revenait du marché, suivi de son chien, perdit sa valise qui contenait son argent. Le chien l'en avertit par ses aboiements. Mais son maître, qui croyait qu'il était enragé, lui tira un coup de pistolet. Ce fut alors seulement qu'il s'aperçut de sa perte. Il retrouva l'argent, mais le chien était mort.

31. Les sept baguettes.

Un père avait sept fils qui vivaient en perpétuelle discorde. Un jour le vénérable vieillard fit venir ses enfants devant lui. Il leur montra sept baguettes qui étaient liées en un faisceau et leur dit: «Je compterai une bonne somme à celui d'entre vous qui cassera ce faisceau en deux.»

Tous essayèrent successivement leurs forces, mais en vain. «Cependant, dit le père, rien n'est plus facile.» Il délia les baguettes et rompit l'une après l'autre. Puis il dit à ses fils: «Mes enfants, ce faisceau est l'image de notre famille. Aussi longtemps que vous resterez unis, vous serez forts, et personne

ne vous dominera. Mais si le lien de la concorde se brise, vous
aurez le sort de ces baguettes. Rappelez-vous que l'union fait
la force.»

82. Le diamant et le verre.

Les objets durs sont, en général, plus fragiles que les
objets mous. Le verre très dur est très fragile. Le diamant
est plus dur encore et plus fragile que le verre. Avec un corps
plus dur, on peut couper un corps moins dur. Voilà pourquoi
avec un petit morceau de diamant fixé dans un manche, le vitrier
coupe le verre aussi facilement que vous coupez le pain avec
un couteau. On trouve le diamant dans les mines, en Asie et
en Amérique. Le diamant est une pierre précieuse, très rare
et très chère.

83. Crimes punis l'un par l'autre.

Trois hommes qui voyageaient ensemble trouvèrent une
grosse somme et la partagèrent. Lorsque leurs vivres étaient
consommés, le plus jeune fut envoyé à la ville. Il se disait en
chemin: «Je suis riche, mais je le serais bien davantage, si j'avais
été seul quand le trésor se présentait. Ces deux hommes m'ont
enlevé ces richesses. Mais il me serait facile de les reprendre;
je n'aurais qu'à empoisonner les vivres que je vais acheter.
A mon retour je dirais que j'ai dîné en ville. Mes compagnons
mangeraient sans défiance et ils mourraient.»

Pendant ce temps les deux autres voyageurs se disaient:
«La part de ce jeune homme aurait augmenté les nôtres et nous
serions véritablement riches; il va revenir; nous avons de bons
poignards.» Le jeune homme revint avec des vivres empoisonnés.
Ses compagnons l'assassinèrent; mais ils mangèrent le dîner
apporté et moururent après.

84. Le dévouement.

Au camp de Clostercamp, le capitaine d'Assas s'était avancé
pendant la nuit pour reconnaître le terrain. Mais il fut saisi
par les grenadiers ennemis embusqués pour surprendre l'armée
française. Ces grenadiers l'entourent et le menacent de le

poignarder au moindre cri. D'Assas, sous la pointe de vingt
baïonnettes, se recueille un instant. Puis il se dévoue en criant
d'une voix forte: «A moi, d'Auvergne, ce sont les ennemis!»
Et il tombe à l'instant percé de coups.

Le régiment d'Auvergne est averti par ce cri du danger
qui le menace, court aux armes, repousse l'ennemi et sauve
l'armée française.

35. Le petit bavard.

— Maman, puis-je parler?

— Non, mon petit, tu sais qu'on t'a défendu de parler
à table.

— Ne puis-je dire un seul mot?

— Non, attends que ton père ait fini de lire son journal.

Le déjeuner fini, le père dépose lentement son journal sur
la table.

— Eh bien, petit bavard, que voulais-tu nous dire?

— Que le robinet de la salle de bains est resté ouvert.

36. Le voleur et le monsieur.

Un voleur, en train de forcer un coffre-fort, est très étonné,
en relevant la tête, de voir un monsieur qui l'observe tranquillement. Il essaye de se sauver, mais le monsieur l'arrête.

«Continuez, mon ami, lui dit-il, votre travail m'intéresse
beaucoup.»

— «Pourquoi donc?» demande le voleur étonné.

— «Parce que j'ai perdu la clef de ce coffre-fort, et, si vous
pouvez l'ouvrir, vous serez très bien payé pour votre peine.»

37. Invention de l'imprimerie.

La fabrication du papier a, dit-on, été inventée par les
Chinois. Cette invention a été importée en Orient par les Arabes
huit cents ans après la naissance de Jésus-Christ. L'usage du
papier ne se répandit en Europe que quatre cents ans après.
Vers 1340, les premières papeteries furent établies en France.

L'imprimerie fut inventée par Gutenberg. Né à Mayence,
en Allemagne, vers l'an 1400, Gutenberg alla s'établir à Stras-

bourg. C'est là qu'il conçut l'idée de fabriquer des caractères
mobiles, de composer des mots avec ces caractères, et ensuite
d'imprimer des livres. La statue du célèbre inventeur s'élève
sur une des plus belles places de Strasbourg.

Anhang zum I. Abschnitt.

18a. Le chardon.

Je suis, à parler franc, une assez pauvre plante;
Je n'ai point de parfum, je n'ai pas de beauté;
Je ne suis bon à rien, et je suis détesté,
Et je maudis l'éclat de la rose insolente.

Comme elle, je possède une épine méchante;
Mais un don de souffrance, hélas! sans volupté.
Je n'ai qu'un seul ami que l'on dit entêté:
On le bat quand il dort, on le fuit quand il chante.

Je grandis, je .fleuris, dans les endroits impurs,
Sur le bord des fossés, à l'angle des vieux murs;
On me traite partout comme un être inutile;

Pour moi jamais de soins, pour moi point de pardon:
On m'arrache aussitôt que la terre est fertile.
Je suis, enfin, la fleur des ânes . . . le chardon.

17a. Les maisons de France.

Il y a en France 7,609,464 maisons d'habitation. Ces
maisons comprennent 10,729,821 appartements et logements. Hors
de ces logements consacrés à l'habitation, il y a 1,115,347 locaux
séparés, servant d'ateliers, de magasins ou de boutiques.

Autre détail curieux: c'est la répartition pour la France
entière des maisons suivant le nombre de leurs étages. Il y a
3,996,571 maisons n'ayant qu'un rez-de-chaussée et un étage,
851,547 maisons ayant un rez-de-chaussée et deux étages, 216,429
maisons ayant un rez-de-chaussée et trois étages, 86,354 maisons
ayant un rez-de-chaussée, quatre étages et au-dessus.

21 a. Le ruisseau.

C'était un heureux ruisseau. Autrefois il n'avait rien à faire que couler, rouler, être limpide, murmurer entre des fleurs et des parfums. Mais les cieux et la terre sont envieux du bonheur et de la douce paresse.

Il vint dans le pays un brave homme, que je vis plusieurs fois rôder sur ses rives vertes. Cet homme ne me fit point l'effet d'y rêver ou d'y chercher des rimes ou des souvenirs, ou d'y endormir ses pensées au murmure de l'eau.

«Mon ami, disait-il au ruisseau, tu te promènes là, tu chantes à faire envie; mais moi, je travaille. Il me semble que tu pourrais bien m'aider un brin. C'est pour un ouvrage que tu ne connais pas; mais je te l'apprendrai. Tu dois t'ennuyer d'être comme cela à ne rien faire? Il te distraira de faire des limes et de repasser des couteaux.»

Bientôt une roue, une meule furent apportées au ruisseau. Depuis longtemps il travaille, il fait tourner une grande roue qui fait tourner la meule du moulin. Il chante encore, mais ce n'est plus cette même chanson monotone et heureuse. Il y a des cris et de la colère dans la chanson d'aujourd'hui; il bondit, il écume, il travaille.

25 a. Le lion.

Un pauvre esclave qui s'était sauvé de la maison de son maître, fut condamné à mort. On le conduisit dans une grande enceinte, qui était environnée de murailles, et on lâcha contre lui un lion terrible. Des milliers de personnes étaient présentes à ce spectacle.

Le lion furieux sauta d'abord sur le pauvre homme; mais tout à coup il s'arrêta, témoigna sa joie en remuant la queue, et bondit autour de lui, et lui lécha doucement la main. Tout le monde resta frappé d'étonnement, et demanda à l'esclave d'où cela provenait.

Alors ce dernier raconta son histoire en ces termes: «Après que je m'étais un jour enfui de la maison de mon maître, je me cachai dans une caverne au milieu d'un désert. J'y vis entrer ce lion, qui s'approcha de moi en gémissant et en me présentant sa patte. Je lui tirai du pied une grosse épine. Depuis ce moment il m'approvisionna de gibier, et nous vécûmes ensemble en fort bonne intelligence. A la dernière chasse qui eut lieu,

nous fûmes pris et séparés l'un de l'autre. Maintenant ce bon
animal se réjouit de m'avoir retrouvé.»

Le peuple, enchanté de voir tant de reconnaissance chez
une bête féroce, s'écria d'une voix unanime: «Il faut accorder la
vie à cet homme si charitable, et à ce lion si reconnaissant.»
L'esclave fut affranchi et comblé de riches présents. Le lion
le suivit comme un petit chien, et resta toujours près de lui,
sans jamais nuire à personne.

27 a. Fruit de l'entêtement.

Deux chèvres se rencontrèrent sur une planche qui était jetée
par-dessus un torrent profond. Chacune voulait arriver au côté
opposé.

— Ote-toi de mon chemin, dit l'une.

— Ah! bien oui! répondit l'autre, n'est-ce pas à toi à te
ranger pour me faire place et me laisser passer?

— Non, repartit la première, je suis la plus âgée et par
conséquent, tu me dois de la déférence.

Elles s'entêtèrent si bien dans leurs prétentions, qu'elles se
précipitèrent en même temps la tête baissée et les cornes en avant.
Le choc fut violent: tellement violent qu'elles chancelèrent toutes
deux, et roulèrent ensemble dans le précipice où le torrent les
entraîna.

27 b. Le meunier, son fils et l'âne.

Un homme qui avait soixante ans avait un fils de treize
ou quatorze ans. Un petit âne devait les porter dans un long
voyage. Le premier qui monta, ce fut le père. Mais, après
deux ou trois lieues de chemin, le fils se lassa et le suivit de
loin et avec beaucoup de peine. Ceux qui les voyaient passer
disaient que cet homme avait tort de laisser aller à pied un si
jeune enfant. Alors le père descendit et donna sa place à son fils.

Cela fut encore trouvé étrange par ceux qui les voyaient.
Ils disaient que ce fils était bien ingrat de laisser aller son
père à pied. Ils montèrent donc tous deux sur l'âne. «Ils sont
bien cruels, disaient les passants, de monter ainsi tous deux
sur cette pauvre bête.»

Lorsqu'ils eurent entendu cela, ils descendirent tous deux
et poussèrent l'âne devant eux. Ceux qui les voyaient aller de

cette sorte se moquaient d'eux d'aller à pied tandis qu'ils pouvaient se soulager l'un ou l'autre sur le petit âne.

Ainsi ils ne pouvaient jamais contenter tout le monde; c'est pourquoi ils résolurent de faire à leur volonté.

31 a. Le génie des affaires.

Mon frère Eugène possède le génie des affaires. Un de ses proverbes favoris est que «celui-là sera bientôt mendiant qui ne sait pas dire *non*».

Un jour il se voit aborder par un de ses voisins.

Ami, dit celui-ci, j'ai besoin de deux cents francs; vous seriez bien aimable d'accepter ce billet à ordre, vous serez remboursé dans trois mois.

— Non, impossible, mon cher.

— Pourquoi, ami? Vous avez bien des fois rendu pareil service à des amis.

— Impossible, je vous le répète.

— Ainsi, vous me refusez?

— Écoutez, dit mon frère. Aussitôt que j'aurai accepté votre billet, vous irez toucher les deux cents francs.

— Oui.

— Quand l'échéance du billet arrivera, je vous connais, vous ne serez pas prêt, et nous nous brouillerons. Eh bien! autant nous brouiller tout de suite, tandis que les deux cents francs sont dans ma poche.

33 a. La pluie.

Un marchand revenait de la foire. La pluie tombait avec violence. C'est pourquoi il murmurait dè ce que Dieu lui donnait un si mauvais temps pour son voyage. Bientôt il arriva dans une épaisse forêt, et pensa mourir de frayeur, en voyant un brigand. Celui-ci voulut faire feu. Mais la poudre avait été mouillée par la pluie et le coup ne partit point. Le marchand s'échappa heureusement.

Quand il se vit en sûreté, il dit en lui-même: „Cette pluie a été pour moi un bienfait de la providence! Si le temps avait été sec et beau, je serais mort, et je nagerais dans mon sang. Mes enfants attendraient en vain mon retour.»

II. Abschnitt.

28. Napoléon Ier et son valet de bouche.

Un jour, Napoléon Ier ayant soif, demanda à se rafraîchir et ordonna que son valet de bouche allât chercher une bouteille de vin.

— Sire, dit le valet de bouche de service interloqué, il n'y a plus de vin.

— Comment? il n'y en a plus? s'écrie l'Empereur en fronçant les sourcils. Est-ce qu'on ne porte plus les cinquante bouteilles?

— Pardon, sire, mais . . . tout est bu . . .

— Eh bien! dit l'Empereur, on portera à l'avenir cinquante et une bouteilles, afin que j'aie une bouteille pour moi.

29. La moisson dans le Midi.

Mon cher cousin,

Je souhaite que vous ayez une aussi belle récolte que nous en avons dans ce pays-ci. La moisson est déjà fort avancée, et elle se fait plus agréablement ici que chez vous dans l'Ile-de-France, car on lie les gerbes à mesure qu'on les coupe. On ne laisse point sécher le blé sur terre, car il est déjà trop sec, et dès le même jour on le porte à l'aire, où on le bat aussitôt. Ainsi le blé est aussitôt coupé, lié et battu.

Vous verriez un tas de moissonneurs rôtis du soleil, qui travaillent comme des démons; et quand ils sont hors d'haleine, ils se jettent à terre au soleil même, dorment un quart d'heure et se relèvent. Pour moi, je ne vois cela que de mes fenêtres;

je ne pourrais être un moment dehors sans mourir: l'air est aussi chaud que dans un four allumé, et cette chaleur continue autant la nuit que le jour.

40. Les petits bergers.

Il n'est pas bien jour encore dans le village. Je me lève. Mes habits sont aussi grossiers que ceux des petits paysans voisins; ni bas, ni souliers, ni chapeau; un pantalon de grosse toile écrue, une veste de drap bleu à longs poils; un bonnet de laine teint en brun: voilà mon habillement. Je jette par-dessus un sac de toile à voile, qui s'entr'ouvre sur la poitrine comme une besace à grande poche.

Ainsi équipé, je sors et je vais sur la place du village, près du portail de l'église, sous deux gros noyers. C'est là que, tous les matins, se rassemblent, autour de leurs moutons, de leurs chèvres et de quelques vaches maigres, les huit ou dix petits bergers de Milly, à peu près du même âge que moi, avant que nous partions pour les montagnes.

Enfin nous partons, nous chassons devant nous le troupeau commun dont la longue file suit à pas inégaux les sentiers tortueux et arides des premières collines. Après que nous avons gravi les premières hauteurs nues qui dominent le village, et qu'on n'atteint pas en moins d'une heure au pas du troupeau, nous entrons dans une gorge, haute, très spacieuse, où l'on n'aperçoit plus ni maison, ni fumée, ni culture. Çà et là quelques châtaigniers gigantesques étendent leurs longues branches à demi nues. Les feuilles brunies par les premières gelées pleuvent autour des arbres au moindre souffle de l'air.

Nos troupeaux, devenus libres, se répandent à leur fantaisie dans les genêts. Quant à nous, nous allons allumer un feu de bergers. Puis nous ouvrons nos sacs, nous en tirons le pain, le frommage, les œufs durs assaisonnés de gros grains de sel. Nous mangeons lentement comme le troupeau rumine. Quelquefois l'un d'entre nous découvre, à l'extrémité des branches d'un châtaignier, des gousses de châtaignes, oubliées sur l'arbre après la récolte. Nous lançons une nuée de pierres, qui détachent le fruit de l'écorce entr'ouverte et le font tomber à nos pieds. Nous le couvrons de la cendre de notre foyer et le faisons cuire.

41. Le nécessaire avant l'agréable.

«Y a-t-il parmi les animaux une espèce plus utile que la nôtre?» dit un jour l'abeille à l'homme. — «Certainement», répondit celui-ci. — «Et laquelle?» — «C'est la brebis; car sa laine m'est nécessaire, tandis que ton miel ne m'est qu'agréable.»

42. La trahison punie.

Une souris voulant traverser une rivière, demanda aide à une grenouille. La grenouille était de mauvaise foi, car elle dit à la souris: «Lie ta jambe à la mienne, je me jetterai dans l'eau et te conduirai à la nage à l'autre bord.» Lorsqu'elles furent au milieu de la rivière, la grenouille plongea et chercha à noyer la pauvre petite bête.

Pendant que la souris se débattait, un milan fondit sur elle, la saisit et l'emporta dans ses serres. Comme la grenouille était attachée à sa patte, elle subit le même sort et reçut ainsi le châtiment de sa trahison.

43. Les épis de blé.

Un laboureur, accompagné de son plus jeune fils Gustave, alla un jour voir dans quel état étaient ses moissons. Ils arrivèrent à un champ où certains épis se tenaient droits, tandis que d'autres étaient lourdement inclinés vers la terre. Gustave s'écria: «Quel dommage que ces épis soient si courbés! Combien je préfère ceux-ci qui sont vigoureux et droits.»

Le père prit deux des épis, les roula entre ses doigts pour en faire sortir le grain, et répondit: «Vois, mon fils, ces épis courbés sont pleins du meilleur blé, car c'est le poids qui fait pencher leur tête, tandis que ceux qui la relèvent si fièrement sont vides et ne valent rien.»

44. Napoléon Ier séminariste.

On a publié il y a quelque temps une curieuse lettre de Joseph Bonaparte qui nous montre que le futur empereur, à l'âge de seize ans, songeait à entrer dans les ordres.

A Monsieur Isoard,

à Aix en Provence.

Le 26 août 1785.

Monsieur et cher ami,

Je m'imagine qu'un de mes frères sera arrivé à Aix, ou du moins y arrivera bientôt. C'est un échappé de l'École militaire de Brienne, qui ne se sent aucune disposition pour le service de notre bon roi et qui se réfugie au petit séminaire d'Aix, pour qu'il puisse en liberté y suivre son inclination à l'ombre de l'autel. Je vous prie de lui témoigner le quart des bontés que vous avez eues pour moi, et il vous en remerciera infiniment.

J'ai l'honneur d'être, avec le plus sincère attachement,

Monsieur et cher ami,
Votre très humble serviteur,
J o s e p h B o n a p a r t e.

45. Le mensonge.

Il suffit que le mensonge soit mensonge pour n'être pas digne d'un homme. Celui qui blesse la vérité offense Dieu et se blesse lui-même, car il parle contre sa conscience. L'honnête homme ne ment jamais: le mensonge est toujours plus nuisible qu'utile. Le menteur est comme le faux monnayeur: ses premiers mensonges sont pris pour des vérités; mais bientôt la fausseté de ses paroles est reconnue.

46. L'écho.

Un jour George s'avisa de crier au milieu des prés: «Ho! ho!» et il entendit sortir aussitôt les mêmes mots du bosquet voisin: «Ho! ho!» L'enfant, étonné, se mit à crier: «Qui es-tu?» sur quoi la voix mystérieuse reprit aussitôt: «Qui es-tu?» George s'écria: «Il faut que tu sois un sot garçon.» — «Sot garçon!» répéta la voix du fond du bosquet.

Pour le coup, George se mit en colère, et redoubla les injures qu'il envoyait vers la forêt. L'écho les lui rendit toutes fidèlement. Alors il chercha l'enfant qu'il supposait lui répondre, dans toute l'étendue du bocage, pour s'en venger; mais il ne trouva personne.

47. Le cheval volé.

Le plus beau cheval d'un paysan fut volé dans son écurie. Il se rendit à un marché qui se tenait à quinze lieues de là

2*

dans l'intention d'en acheter un autre, et fut bien étonné d'y reconnaître sa bête parmi celles qui étaient exposées en vente. Il la saisit aussitôt par la bride en s'écriant: «Ce cheval m'appartient, il y a trois jours qu'on me l'a volé.»

— «Vous vous trompez, monsieur, dit fort poliment celui qui voulait vendre l'animal. Il y a plus d'un an que je possède ce cheval, ce n'est certainement pas le vôtre. Pourtant il se peut qu'il ait quelque ressemblance avec lui, mais cette ressemblance ne prouverait rien.»

Le paysan mit vite ses deux mains sur les yeux du cheval en s'écriant: «Eh bien! si l'animal vous appartient depuis si longtemps, dites-moi de quel œil il est borgne.»

L'autre qui était vraiment le voleur du cheval, mais qui ne l'avait pas examiné bien attentivement, demeura tout interdit. Cependant comme il devait dire quelque chose, il repartit au hasard: «C'est de l'œil gauche.»

— «Vous n'y êtes pas,» dit le paysan.

— «Pardon, interrompit le fripon, je me suis trompé de mot; je voulais dire que c'est de l'œil droit qu'il ne voit pas.»

Alors le paysan découvrit les yeux du cheval en disant: «Il est prouvé que tu n'es qu'un menteur et un voleur; le cheval n'est ni borgne ni aveugle. Mes questions n'avaient pour but que de dévoiler ta fourberie et de mettre ton vol au jour.»

Tous les assistants se mirent à rire et à battre des mains, en s'écriant: «Attrapé, attrapé le voleur.» Le voleur obligé d'abord de rendre le cheval à son légitime propriétaire fut emprisonné et subit la punition qu'il avait méritée.

48. L'argent bien placé.

Un menuisier fort laborieux, et qui gagnait beaucoup d'argent, évitait soigneusement toute dépense non indispensable. «Voisin, lui dit un de ses amis, dites-moi donc ce que vous faites de l'argent que vous gagnez?» Celui-là répondit: «J'en fais deux parties, dont l'une sert à payer mes dettes, tandis que je place l'autre à intérêts.»

«Vous plaisantez, repartit l'ami, je ne vous connais pas de dette, comme aussi je doute beaucoup que vous placiez de l'argent.» — «Cependant la chose est vraie. Tout l'argent que

mes parents ont dépensé pour moi depuis que je suis au monde,
je le regarde comme une dette que je suis tenu de rembourser.
Celui que j'emploie à bien élever mes enfants, je le considère
comme un capital dont les intérêts me seront servis par eux
lorsque je ne pourrai plus travailler.»

49. Le chien.

Le chien est l'ami de l'homme. C'est un des animaux les
plus intelligents, et c'est celui qui s'attache le plus sincèrement
à son maître. Il est le gardien de nos maisons et de nos troupeaux. Sans avoir, comme l'homme, la lumière de la pensée, il
a toute la chaleur du sentiment. Plus sensible au souvenir des
bienfaits qu'à celui des outrages, il lèche la main qui vient de
le frapper.

C'est le seul animal dont la fidélité soit à l'épreuve, le
seul qui entende son nom, le seul qui, lorsqu'il a perdu son
maître, le cherche, et qui, s'il ne le trouve point, l'appelle par
ses gémissements; le seul qui, dans un voyage qu'il n'a fait
qu'une fois, se souvienne du chemin et retrouve sa route; le seul,
enfin, qui défende son maître comme un ami et choisisse la mort
pour lui, s'il ne peut le sauver.

50. Histoire de quatre mouches.

Quatre mouches cherchaient de quoi déjeuner. L'une d'elles
trouva des confitures et s'en régala. Mais les confitures étaient
falsifiées, et la pauvre mouche mourut dans d'atroces souffrances.

La seconde, voyant cela, résolut d'éviter les friandises et
se contenta de miettes de pain. Mais il y avait de l'alun dans
ce pain, et elle alla rejoindre sa compagne.

La troisième se rejeta sur un verre de bière. Mais cette
bière contenait de l'aloès, et la mouche mourut aussi.

La dernière qui était restée seule et voyant que la vie
était impossible sur une terre où tout était à ce point falsifié,
résolut de se suicider. Elle trouva justement un papier empoisonné
sur lequel il était imprimé en grosses lettres: Tue-mouches.
Mais, chose étrange! plus elle en mangeait, mieux elle se portait;
car ce papier ne tuait pas les mouches parce qu'il était lui-même
falsifié.

51. Les riches et les pauvres.

La providence a voulu qu'il y eût des riches qui eussent
pitié des pauvres, qui les occupassent, qui les fissent vivre et
leur réjouissent le cœur. Mais elle a donné aux riches bien des
soucis, afin qu'ils ne fussent pas plus exempts de peine et de
travail que les autres. Car elle voit tous les hommes d'un même
œil et ne fait pas de distinction entre ses enfants.

52. Charlemagne visitant les écoles.

Après une longue absence, Charlemagne se fit amener les
enfants et voulut qu'ils lui montrassent leurs lettres et leurs vers.

Les élèves qui étaient sortis des classes moyenne et inférieure
présentèrent des ouvrages qui passaient toute espérance; les nobles,
au contraire, n'euront à produire que de misérables pauvretés.

Charles dit à ceux-là: «Je vous loue beaucoup, mes enfants,
de votre zèle à remplir mes intentions et à rechercher votre
propre bien de tous vos moyens. Maintenant efforcez-vous
d'atteindre à la perfection; alors je vous donnerai de riches
évêchés, de magnifiques abbayes, et vous tiendrai toujours pour
des gens estimables à mes yeux.»

Tournant ensuite un front irrité vers les élèves qui étaient
demeurés à sa gauche, il leur adressa ces paroles:

«Quant à vous, nobles, vous, fils des principaux de la nation,
vous, enfants délicats, qui vous reposez sur votre naissance et
votre fortune, il faudrait que vous obéissiez mieux à mes ordres
et que vous ne vous abandonnassiez pas à la mollesse, au jeu,
à la paresse ou à de futiles occupations. Je ne fais, moi, nul
cas de votre naissance. Sachez et retenez bien que, si vous ne
vous hâtez pas de réparer par une constante application votre
négligence passée, vous n'obtiendrez jamais rien de Charles.»

53. Première éducation de Henri IV.

Aussitôt que Henri IV fut né, son grand-père Henri d'Albret,
roi de Navarre, l'emporta dans sa chambre et donna son testament, qui était dans une boîte d'or, à sa fille en lui disant:
«Ma fille, cela est à vous, et ceci est à moi.»

Dans la suite, il ne voulut pas qu'on ..... le jeune prince
avec la délicatesse qu'on a d'ordinaire pour les gens de cette

qualité, sachant bien que dans un corps mou et tendre n'habite ordinairement qu'une âme molle et faible. Il défendit aussi qu'on l'habillât richement, qu'on lui donnât des babioles, et qu'on le flattât, parce que toutes ces choses élèvent le cœur des enfants plutôt dans l'orgueil que dans les sentiments de la générosité. Mais il ordonna qu'on habillât et qu'on nourrit son petit-fils comme les autres enfants du pays, et même qu'il fût accoutumé à courir et à grimper sur les rochers, pour l'habituer à la fatigue.

54. La noix.

Deux garçons trouvèrent une noix sous un grand arbre près de leur village. — «Elle est à moi, dit Pierre, car c'est moi qui l'ai vue le premier.» — «Non, elle m'appartient, reprit Bernard, car c'est moi qui l'ai ramassée.» Là-dessus s'engagea entre eux une violente querelle.

«Si vous vous fiez à moi, je veux vous mettre d'accord,» dit un jeune homme qui passait justement par là. Il se plaça au milieu des deux garçons, cassa la noix et dit: «L'une des coquilles appartient à celui qui le premier a vu la noix. L'autre sera pour celui qui l'a ramassée. Quant à l'amande, je la garde pour prix du jugement que j'ai porté. Ceci, ajouta-t-il en riant, est le dénouement habituel de la plupart des procès.»

55. La feuille.

De ta tige détachée,
Pauvre feuille desséchée,
Où vas-tu? — Je n'en sais rien;
L'orage a brisé le chêne
Qui seul était mon soutien.
De son inconstante haleine,
Le zéphyr ou l'aquilon
Depuis ce jour me promène
De la forêt à la plaine,
De la montagne au vallon.
Je vais où le vent me mène,
Sans me plaindre ou m'effrayer,
Je vais où va toute chose,
Où va la feuille de rose
Et la feuille de laurier.

56. Combat du loup et des taureaux.

L'été, lorsque du ciel tombe enfin la nuit fraîche,
Les bestiaux, tout le jour retenus dans la crèche,
Vont errer librement: au pied des verts coteaux
Ils suivent pas à pas les longs détours des eaux,
S'étendent sur les prés, ou, dans la vapeur brune,
Hennissent bruyamment aux rayons de la lune.
Alors, de sa tanière, attiré par leur voix,
Les yeux en feu, le loup, comme un trait, sort du bois,
Tue un jeune poulain, étrangle une génisse.
Mais avant que sur eux l'animal ne bondisse,
Souvent tout le troupeau se rassemble, et les bœufs,
Les cornes en avant, se placent devant eux;
Le loup rôde alentour, ouvrant sa gueule ardente
Et, hurlant, il se jette à leur gorge pendante,
Mais il voit de partout les fronts noirs se baisser
Et des cornes toujours prêtes à le percer.
Enfin, lâchant sa proie, il fuit, lorsqu'une balle
L'atteint, et les bergers, en marche triomphale,
De hameaux en hameaux promènent son corps mort.

57. Dans un village célèbre par ses sources minérales.

Le médecin de l'établissement thermal reçoit dès leur arrivée
les baigneurs qui débarquent en foule dans son cabinet. Il écoute
leurs doléances sans quitter des yeux le roman qu'il lit avec
intérêt et oppose au récit de ses clients cette réponse invariable:
«Prenez nos bains, vous serez guéri.»

«Docteur, lui dit un des consultants, on m'envoie ici, et
pourtant je dors bien, je mange de bon appétit, je bois sec et
je ne souffre de nulle part.» Le médecin sans interrompre sa
lecture: «Buvez notre eau et tout ça se passera.»

58. Les oiseaux en hiver.

L'automne est venu. Pendant que l'alouette fait derrière la
charrue sa récolte d'insectes, les hôtes des contrées septentrionales
arrivent: la grive exacte à nos vendanges, et, fier sous sa couronne,
l'imperceptible roi du nord. De Norvège, au temps des brouillards,

vient le roitelet, et sous un sapin gigantesque, le petit magicien chante sa chanson mystérieuse jusqu'à ce que l'excès du froid le fasse descendre.

La saison devient rude: tous s'approchent de l'homme. Les bouvreuils viennent demander secours. La fauvette d'hiver quitte aussi ses buissons; craintive, vers le soir, elle s'enhardit à faire entendre aux portes sa voix tremblante. Quand le bûcheron a approché l'un de l'autre les tisons de la veille engourdis dans la cendre; quand la branche sèche pétille dans la flamme, le rouge-gorge accourt en chantant pour prendre sa part du feu et des joies du bûcheron. Ouvrez, donnez-lui quelques miettes, un peu de grain! S'il voit des visages amis, il entrera avec confiance dans la chambre.

59. Les deux voisins.

Deux hommes étaient voisins, et chacun d'eux avait une femme et plusieurs enfants, et son seul travail pour les faire vivre. L'un d'eux s'inquiétait, disant: «Si je tombe malade ou que je meure, que deviendront ma femme et mes enfants?»

Mais l'autre père disait: «Dieu, qui connaît toutes ses créatures, et qui veille sur elles, veillera aussi sur nous et sur nos femmes et sur nos enfants. Son amour a des secrets que nous ne connaissons point. Croyons, espérons, aimons, et poursuivons notre route en paix. Si je meurs avant vous, vous serez le père de mes enfants; et si vous mourez avant moi, je serai le père des vôtres. Et si l'un et l'autre nous mourons avant qu'ils soient en âge de pourvoir eux-mêmes à leurs nécessités, ils auront pour père le Père qui est dans le ciel.»

60. L'hirondelle.

Si une hirondelle se trouve à votre portée, respectez-la, ne lui faites aucun mal. Si une hirondelle tombe à vos yeux, demi-morte de fatigue, de froid ou de faim, gardez-vous de la maltraiter, réchauffez-la dans vos mains, cherchez-lui des insectes, jusqu'à ce qu'elle ait repris ses forces. Mais qu'elle reste libre de toutes ses actions; qu'elle puisse, aussitôt qu'elle le voudra, revoler vers son nid. Malheur aux barbares qui lui donnent la mort! Qu'ils satisfassent sur d'autres animaux leur passion pour la

chasse! Toute autre proie sera meilleure que celle-ci; l'hirondelle
ne peut être utile à l'homme qu'autant qu'elle respire, et sa chair
n'est pas bonne à manger.

61. La source.

Guillaume marchait au milieu des champs, un jour d'été
qu'il faisait extrêmement chaud. Ses joues étaient brûlantes, et
le pauvre garçon mourait de soif. Tout à coup il arriva près
d'une source dont l'onde argentée jaillissait d'un rocher, à l'ombre
d'un beau chêne.

Guillaume se précipita aussitôt vers cette eau, froide comme
de la glace, en but, et tomba presque sans connaissance. Il
arriva malade chez ses parents, et fut saisie d'une fièvre très
dangereuse. «Ah! disait-il, en soupirant dans son lit de douleur,
qui aurait cru, à voir cette source, qu'elle contînt un poison si
pernicieux?»

Son père l'entendit et lui dit: «Ce n'est pas la source, dont
l'eau est si pure, qui est la cause de ta maladie; c'est ton
imprudence.»

62. Le geai et le petit voleur.

Un vieux garde-chasse, Maurice, ayant pris un geai dans
ses filets, lui avait appris à prononcer quelques paroles. Par
exemple, si le chasseur demandait: «Mon ami, où es-tu?» le geai
répondait: «Me voilà.»

Le petit Bernard éprouvait un grand plaisir à entendre
parler l'oiseau, et venait souvent l'écouter. Un jour que Maurice
n'était pas à la maison, Bernard entra dans la chambre, attrapa
le geai, le mit dans sa poche et voulut s'en aller.

Mais au même moment le chasseur ouvrit la porte et vit
son jeune voisin chez lui. Il voulut lui procurer le plaisir
accoutumé et dit: «Mon ami, où es-tu?» Le pauvre geai répondit
du fond de la poche de l'enfant, mais avec une voix étouffée:
«Me voilà.» Bernard honteux et confus, se hâta de restituer
l'oiseau.

63. Le jeu.

Un riche habitant de la ville de Riom, voyant son fils prêt
à s'adonner au jeu, le laissa faire. Ce jeune homme perdit une
somme assez considérable. «Je la paierai, dit le père, parce que

l'honneur m'est plus cher que l'argent. Cependant écoutez-moi,
mon fils: vous aimez le jeu ot moi, j'aime les pauvres. Je leur
avais donné moins depuis que je songeais à vous établir. Je n'y
songe plus aujourd'hui, un joueur ne peut ni ne doit se marier.
Jouez tant qu'il vous plaira, mais à une condition: je déclare
qu'à chacune de vos pertes, les pauvres recevront autant
d'argent que j'en aurai compté pour vos dettes. Commençons
dès aujourd'hui.»

La somme fut sur-le-champ portée à l'hôpital. A partir de
ce jour le jeune homme ne joua plus.

64. Le merle à la glu.

Merle, merle, joyeux merle,
Ton bec jaune est une fleur,
Ton œil blanc est une perle,
Merle, merle, oiseau siffleur.

Hier tu vins dans ce chêne,
Parce qu'hier il a plu.
Reste, reste dans la plaine.
Pluie ou vent vaut mieux que glu.

Hier vint dans le bocage
Le petit vaurien d'Éloi
Qui voudrait te mettre en cage.
Prends garde, prends garde à toi!

Il va t'attraper peut-être.
Iras-tu dans sa maison,
Prisonnier à sa fenêtre,
Chanter pour lui ta chanson?

65. L'avocat Dupin.

Le grand avocat Dupin venait de faire acquitter un accusé
en cour d'assises; grâce à son talent, en l'absence de preuves
palpables, il avait pu détourner une condamnation prévue par
tous. Le lendemain de son acquittement, l'accusé ne croit pas
pouvoir mieux fêter sa mise en liberté qu'en rendant visite à
l'homme qui avait sauvé sa tête.

Il entre dans le cabinet de Dupin et commence à lui exprimer sa reconnaissance. Dès les premiers mots, Dupin relève la tête, et lui lançant un regard foudroyant: «Comment, misérable! lui dit-il avec indignation, vous osez vous présenter devant moi après le crime que vous avez commis; car vous êtes coupable et je le sais mieux que personne! La cour a pu vous mettre en liberté faute de preuves, mais je sais, moi, que vous êtes un criminel et je vous condamne! Sortez!»

66. La brebis et l'agneau.

Une brebis, un jour, disait à son agneau:
    «Mon fils, je suis toute saisie
En songeant aux dangers qui menacent ta vie;
Tout le monde t'en veut; le maître du troupeau
    Attend que tu fasses envie
A quelque bon boucher, autrement dit bourreau,
Qui nous prend, nous achète, et sans cérémonie
    De sang-froid vient nous égorger.
    Son confrère le loup t'épie,
    Comme lui, voulant te manger.
Enfin contre mon fils tout à la fois conjure;
Tu vois le jour à peine, on va te le ravir;
Et, plus vieille que toi, je te verrai mourir,
    Contre l'ordre de la nature.
— Hélas! répond l'agneau, c'était un de mes vœux:
Mourir jeune n'est pas un destin si contraire
    Je serais bien plus malheureux,
    Si je survivais à ma mère.»

Anhang zum II. Abschnitt.

86 a. L'avarice punie.

Un homme fort riche avait perdu une somme considérable, cousue soigneusement dans un sac en cuir. Il fit annoncer sa perte et s'engagea à donner une récompense de cent pièces d'or à celui qui, ayant trouvé le sac, le lui rapporterait intact.

Un honnête journalier qui l'avait trouvé le rapporta sans toucher à son contenu. Le propriétaire, étant aussi avare que riche, s'empressa de compter son argent, en réfléchissant aux moyens d'éluder sa promesse. Les 700 francs que le sac devait contenir y étaient. «Mon ami, dit-il, il y avait bien 800 francs et je n'en trouve plus que 700; vous avez sans doute décousu le sac pour vous approprier la récompense promise. Vous pouvez donc vous retirer.»

Le brave journalier se souciant plus de sa réputation que des pièces d'or, assura que le sac avait été trouvé par lui en cet état.

La contestation fut portée devant le juge qui eut bientôt démêlé la fourberie de l'avare et la probité du journalier. Il se fit raconter par chacun les détails de l'affaire, le riche soutenant que le sac qu'on voulait lui rendre ne contenait que 700 francs, tandis qu'il devait y en avoir 800; le pauvre qu'il n'avait point touché au sac trouvé.

«Très bien, dit le juge, l'un a perdu 800 francs, l'autre en a trouvé 700. Ce dernier argent n'est donc pas celui du sac perdu. Toi, dit-il au journalier, remporte le sac et garde-le jusqu'à ce qu'une personne se présente qui l'ait perdu. Quant à toi, dit-il au riche, je te conseille d'attendre avec patience que ton sac de 800 francs se retrouve.»

39a. Physionomie de Paris le premier jour de l'an.

Ce jour-là, Paris offre un aspect inaccoutumé. De chaque côté des boulevards, depuis la Bastille jusqu'à la Madeleine, s'étendent deux files de boutiques ou plutôt de baraques, qui offrent un contraste bizarre avec les élégants magasins qui leur font vis-à-vis et qui semblent leur demander pourquoi elles se sont arrogé le droit d'installation sur l'asphalte de leur trottoir. Cependant les clients, attirés par des prix modérés, donnent souvent la préférence à la pauvre échoppe. Mais cela n'empêche pas le monde fashionable de se presser dans les bazars et chez les grands marchands dont les magasins sons encombrés de pantins à ressorts, de carrioles, de bébés parlants, de chevaux aux riches caparaçons, aux mors tout dorés, de jouets, d'albums et de mille autres curiosités. Ce pêle-mêle a quelque chose qui

fascine le regard; ajoutez à cela le tohu-bohu des allants et des
venants. J'ai craint un moment d'être asphixié dans un de ces
magasins; heureusement j'en ai été quitte pour quelques con-
tusions, grâce à un visiteur, véritable athlète, qui me précédait
et qui soutenait le choc dans la lice. Enfin, après une grande
demi-heure passée dans ce labyrinthe de jouets, délice des enfants,
je me suis trouvé, je ne sais comment, à l'entrée du péristyle,
et je me suis empressé de regagner le logis.

40a. Les trois amis.

Le gouverneur d'une île fut rappelé par le roi son maître
pour rendre compte de son administration. Ceux de ses amis
en qui il avait mis sa plus grande confiance le laissèrent partir
sans faire un pas. D'autres, sur lesquels il ne comptait pas
moins, ne l'accompagnèrent que jusqu'à son vaisseau. Quelques-
uns, de la part desquels il aurait à peine espéré tant de dévouement, le suivirent pendant son long voyage jusqu'au pied du
trône du roi. Ils intercédèrent en sa faveur, et ils lui attirèrent
les bonnes grâces du souverain.

41a. Reconnaissance.

Louis XIV avait chargé l'amiral Duquesne de bombarder
la ville d'Alger. Furieux de ne pouvoir éloigner de leurs côtes
la flotte qui les foudroyait, les corsaires attachent à la bouche
de leurs canons les esclaves français dont les membres sont ainsi
lancés sur les vaisseaux. Un capitaine algérien, qui avait été
pris dans ses courses et très bien traité par les Français, reconnaît
parmi ceux qui vont subir cet horrible supplice, un officier nommé
Choiseul qui avait eu pour lui les attentions les plus marquées.
A l'instant il prie, il sollicite, il presse pour obtenir le salut
de cet homme généreux. Tout est inutile; on va mettre le feu
au canon auquel Choiseul est attaché. L'Algérien se jette aussitôt sur lui, l'embrasse étroitement, et adressant la parole au
canonnier, il lui dit: «Tire! Puisque je ne peux pas sauver la
vie à mon bienfaiteur, je veux mourir avec lui.» Le dey, en
présence duquel cette scène se passait, en fut si touché qu'il
accorda aussitôt ce qu'il avait refusé jusque-là si durement.

42a. Midi.

Il est midi: la ferme a l'air d'être endormie,
Le hangar aux bouviers prête son ombre amie.
Là, profitant de l'heure accordée au repos,
Bergers et laboureurs sont couchés sur le dos,
Et, près de retourner à leurs rudes ouvrages,
Dans un calme sommeil réparent leurs courages;
Auprès d'eux sont épars les fourches, les râteaux,
La charrette allongée, et les lourds tombereaux.
Par une porte ouverte on voit l'étable pleine
Des bœufs et des chevaux revenus de la plaine.
Ils prennent leur repas; on les entend de loin
Tirer du râtelier la luzerne et le foin;
Leur queue aux crins flottants, sur leurs flancs qu'ils caressent,
Fouette à coups doublés les mouches qui les blessent.
A quelques pas plus loin, un poulain familier
Frotte son poil bourru le long d'un vieux palier,
Et des chèvres, debout contre une claire-voie,
Montrent leurs fronts cornus et leurs barbes de soie.
Les poules, hérissant leur dos bariolé,
Grattent le sol, cherchant quelques graines de blé.
Tout est en paix, le chien même dort sous un arbre,
Sur la terre allongé comme un griffon de marbre.
Au seuil de la maison, assise sur un banc,
Entre ses doigts légers tournant son fuseau blanc,
Le pied sur l'escabeau, la ménagère file,
Surveillant du regard cette scène tranquille.
Seul, perché sur un toit, un poulet étourdi
Croit encore au matin, et chante en plein midi.

43a. Le pèlerin.

Un riche chevalier habitait un superbe château, dont il ne reste depuis longtemps aucun vestige. Il dépensait beaucoup pour l'embellir, mais il faisait peu pour les indigents.

Un jour, un pauvre pèlerin vint lui demander l'hospitalité pour une nuit. Le chevalier la lui refusa avec hauteur, disant que son château n'était point un hôtel. «Permettez-moi seulement de vous faire trois questions, dit le pèlerin, et je continuerai ma

route.» — «A la bonne heure, reprit le chevalier, à cette condition je ne refuserai pas de vous répondre.»

«Quel était, avant vous, l'habitant de ce château?» dit le
pèlerin. — «C'était mon père.» — «Mais avant lui, quel autre
y faisait sa demeure?» — «C'était mon grand-père.» — «Et
après vous, qui viendra y résider?» — «Mon fils, si c'est la
volonté de Dieu.»

«Eh bien! dit le pèlerin, si chacun n'habite ce château
qu'un certain espace de temps, et si l'un y fait toujours place
à l'autre, vous n'en êtes que les hôtes et le château même est
un hôtel. Ainsi ne dépensez pas vos trésors pour embellir avec
tant de magnificence ce que vous possédez pour si peu de temps.
Soyez plutôt charitable envers les pauvres, et vous acquerrez
dans le ciel une demeure éternelle.»

Le chevalier, ayant pris ces paroles à cœur, donna au
pèlerin l'hospitalité qu'il avait demandée, et se montra dans la
suite plus humain et plus bienfaisant.

44a. La Loire.

La Loire sort du Mont Mézon, la plus haute montagne des
Cévennes, à quelque quatorze cents mètres au-dessus de l'Océan.
Elle va d'abord droit au nord, comme si elle voulait atteindre
la Manche, puis elle est arrêtée par les collines qui sont le prolongement de la Côte-d'Or. Elle s'infléchit alors à l'ouest, et
trace une courbe élégante dont le point le plus élevé est Orléans.
Elle est tristement célèbre par ses crues subites et ses bas-
fonds mobiles. Elle a, en maints endroits, changé son lit; elle
a supprimé ses îles et en a créé de nouvelles. En vain l'a-t-on
enfermée dans des digues puissantes dont l'origine date peut-être
des Romains, et que chaque génération a exhaussées, étendues;
elle s'est jouée de tous les obstacles qu'on lui a opposés. Sous
l'énorme pression de ses eaux fougueuses, les digues ont crevé,
et des torrents se sont échappés comme des cataractes par les
brèches qu'elle s'est ouvertes; elle a labouré la terre, bouleversé
les cultures, couvert de monceaux de sable les champs fertiles
et renversé les habitations. La cause principale de ces crues
désastreuses est la forme de la vallée supérieure de la Loire,
resserrée entre des montagnes déboisées. Lorsqu'un violent orage

éclate sur ses hautes cimes, pas une goutte d'eau n'est perdue pour le fleuve. Les torrents glissent sur le plan incliné des versants, sans laisser au sol le temps de rien absorber, et arrivent d'un bond au fleuve qui, en quelques heures, s'élève de plusieurs mètres. Aussi capricieuse que violente, la Loire, en d'autres temps, erre paresseusement sur un lit immense, et même au-dessous de Nantes elle a encore des bas-fonds qui forcent les gros navires à s'arrêter à Paimbœuf.

46a. Le bonheur.

Quand vous avez fait choix d'un état, livrez-vous-y tout entier et restez-y constamment. Étudiez soigneusement ce qui a rapport à votre profession, et vous deviendrez habile. Soyez laborieux et économe, et vous deviendrez riche. Soyez frugal et tempérant, et vous conserverez votre santé. Pratiquez toujours la vertu, et vous serez heureux. Le bonheur est de tous les états honnêtes.

47a. Le cocher poli.

Un monsieur, impatienté de la lenteur du fiacre qu'il a pris, passe vivement la tête hors de la portière en s'écriant: «Ah çà! faut-il que ce soit moi qui monte sur le siège et vous dans la voiture?»

Le cocher, avec un sourire fort poli: «Je n'osais pas vous le demander!»

48a. La leçon de l'hirondelle.

La leçon est curieuse. La mère se lève sur ses ailes. Le petit regarde attentivement, et se soulève un peu aussi. Puis, vous la voyez voleter; il regarde, agite ses ailes . . . Tout cela va bien et se fait dans le nid . . . La difficulté commence lorsqu'il s'agit d'en sortir. La mère l'appelle et lui montre quelque menu gibier; elle lui promet une récompense, elle essaye de l'attirer par l'appât d'un moucheron.

Le petit hésite encore. Mettez-vous à sa place. Il ne s'agit point ici de faire un pas dans une chambre, entre la mère et la nourrice, pour tomber sur des coussins. Cette hirondelle d'église, qui professe au haut de sa tour sa première leçon de vol, a peine à enhardir son fils, à s'enhardir peut-être elle-même à ce moment décisif. Tous deux, j'en suis sûr, du regard mesurent l'abîme, et fixent leurs yeux sur le pavé. Il faut qu'il croie sa mère, il faut qu'elle se fie à l'aile du petit si novice encore . . .

Des deux côtés, Dieu exige un acte de foi, de courage. Noble et sublime point de départ! . . . Mais il a cru, il est lancé, et il ne retombera pas. Tremblant, il nage soutenu des cris rassurants de sa mère . . . Tout est fini . . . Désormais, il volera indifférent par les vents et par les orages.

50a. L'araignée et le ver à soie.

L'araignée en ces mots raillait le ver à soie:
«Mon Dieu! que de lenteur dans tout ce que tu fais!
Vois combien peu de temps j'emploie
A tapisser un mur d'innombrables filets.
— Soit, répondit le ver, mais ta toile est fragile;
Et puis à quoi sert-elle? à rien.
Pour moi, mon travail est utile;
Si je fais peu, je fais bien.»

51a. Le petit Pierre.

Je suis le petit Pierre
Du Faubourg Saint-Marceau,
Messager ordinaire,
Facteur et porteur d'eau;
J'ai plus d'une ressource
Pour faire mon chemin:
Je n'emplis pas ma bourse,
Mais je gagne mon pain.

Je n'ai ni bois ni terre,
Ni chevaux ni laquais;
Petit propriétaire,
Mon fonds est deux crochets.
Je prends comme il arrive
L'ivraie et le bon grain;
Dieu veut que chacun vive,
Et je gagne mon pain.

Contre un bel édifice
J'ai placé mon comptoir;
Là, sans parler au suisse
On peut toujours me voir.
Pour n'oublier personne
Je me lève matin,
Et la journée est bonne
Quand je gagne mon pain.

Comme le disait Blaise,
Feu Blaise, mon parrain,
On est toujours à l'aise
Lorsque l'on n'a pas faim.
Dans les jours de misère
Je m'adresse au voisin;
Il a pitié de Pierre,
Et je trouve mon pain.

52a. Toujours content.

Un pauvre homme raconte de lui-même ce qui suit: «Je n'ai jamais murmuré contre la providence, quelles que fussent les contrariétés qu'elle m'ait envoyées.

Je ne me rappelle avoir été mécontent qu'une seule fois, où, faute d'argent pour acheter des chaussures, je fus obligé d'aller nu-pieds par un froid assez vif. Alors je vis un malheureux auquel on avait amputé les deux jambes. Sa vue me fit faire bien des réflexions. Il vaut encore mieux, me dis-je à moi-même, avoir les pieds nus que de ne pas en avoir du tout!»

55a. Le pick-pocket.

Un monsieur ayant eu son porte-monnaie volé avait juré de se venger. Pour cela, il place dans sa poche un vieux porte-monnaie ne contenant qu'un bout de papier portant ces mots: «Cette fois, coquin, c'est toi qui es volé!» Puis il attend, bien résolu à faire arrêter le premier pick-pocket qui se frottera à lui.

Vingt minutes se passent. Fatigué en vain, il va se retirer. Mais auparavant il vérifie la présence du porte-monnaie qu'il

3*

ouvre. O stupéfaction! Le papier blanc qu'il y avait mis avait
été remplacé par un papier bleu où l'on avait écrit au crayon:
«Vieux farceur, va!»

55a. Le Parisien à la campagne.

Un Parisien est allé passer une quinzaine de jours chez
des amis à la campagne, aux environs de Saint-Quentin. C'est
son premier jour; on le fait coucher à dix heures; naturellement
il ne s'endort que fort tard. Dès cinq heures du matin, sa porte
s'ouvre avec fracas, ses hôtes, habillés depuis longtemps, entrent
impétueusement dans sa chambre, avec les cannes, les chapeaux
qui annoncent la promenade.   .

«Comment, paresseux! encore au lit! Allons vite! . . .
vite! . . . Il n'y a pas un instant à perdre.»

Le villégiateur saute de son lit et se débarbouille aux trois
quarts endormi. Néanmoins, il réunit assez ses esprits pour
pouvoir dire: «Mais qu'est-ce qu'il y a?»

«C'est le bateau à charbon qui va passer!»

58a. Le chant du coq.

Deux voleurs, munis d'une échelle, s'efforçaient d'atteindre
à minuit la fenêtre d'un moulin pour dépouiller un riche meunier.
Ils s'avançaient à pas lents dans le corridor, et cherchaient à
découvrir la chambre à coucher du propriétaire lorsqu'un coq
jeta un cri perçant. Le plus jeune des deux voleurs recula et
dit à voix basse: «Ce coq m'effraie, retirons-nous, le vol pourrait
se découvrir.» — «Lâche que tu es, lui dit l'autre; si nous ren-
controns quelqu'un sur nos pas, nous le renversons d'un coup de
poignard; alors le coq aura beau crier.» Les scélérats assassinèrent en effet le meunier et s'emparèrent de son argent.

Trois ans après, ils se trouvaient pendant la nuit dans
l'auberge d'un village entouré d'épaisses forêts. Tout à coup un coq
se mit à chanter avec tant de force qu'ils se réveillèrent tous deux.

«Maudit coq, dit l'un des voleurs, je lui tordrais volontiers
le cou. Depuis la nuit du moulin, son cri me déchire l'âme.» —
«C'est aussi ce que j'éprouve, reprit le plus jeune; nous n'aurions
pas dû tuer le meunier; car depuis lors chaque fois que j'entends
un coq chanter, cela me perce le cœur.»

Ils s'endormirent de nouveau; mais, à la pointe du jour,
des hommes armés parurent dans la maison et les arrêtèrent.
Leur chambre n'était séparée de celle de l'aubergiste que par un
léger paroi; celui-ci avait entendu leur entretien, et pris à l'instant
toutes les précautions nécessaires pour les faire saisir. Ce fut
donc le chant du coq qui les découvrit.

62a. Le loup et l'agneau.

La raison du plus fort est toujours la meilleure:
    Nous l'allons montrer tout à l'heure.
    Un agneau se désaltérait
    Dans le courant d'une onde pure.
Un loup survint à jeun, qui cherchait aventure,
    Et que la faim en ces lieux attirait.
«Qui te rend si hardi de troubler mon breuvage?
    Dit cet animal plein de rage,
Tu seras châtié de ta témérité.
— Sire, répond l'agneau, que votre majesté
    Ne se mette pas en colère;
    Mais plutôt qu'elle considère
    Que je me vais désaltérant
        Dans le courant
    Plus de vingt pas au-dessous d'elle;
Et que par conséquent, en aucune façon,
    Je ne puis troubler sa boisson.
— Tu la troubles, reprit cette bête cruelle,
Et je sais que de moi tu médis l'an passé.
— Comment l'aurais-je fait, si je n'étais pas né?
Reprit l'agneau, je tette encor ma mère.
      — Si ce n'est toi, c'est donc ton frère.
    — Je n'en ai point. — C'est donc quelqu'un des tiens,
        Car vous ne m'épargnez guère,
        Vous, vos bergers et vos chiens.
On me l'a dit: il faut que je me venge.»
      Là-dessus, au fond des forêts,
    Le loup l'emporte, et puis le mange,
    Sans autre forme de procès.

64 a. Courage et bienfaisance d'un paysan.

Le feu avait pris dans un village du Poitou. Un pauvre paysan courut porter du secours là où il était nécessaire: tous les soins furent inutiles, l'incendie faisait des progrès rapides. On vient l'avertir que le feu gagne sa maison, il demande si celle de son voisin est endommagée. On lui répond qu'elle brûle aussi et qu'il n'a pas de temps à perdre s'il veut conserver ses meubles.

«J'ai des choses plus précieuses à sauver, répliqua-t-il sur-le-champ; mon malheureux voisin est malade et hors d'état de s'aider lui-même. Sa perte est inévitable s'il n'est pas secouru, et je suis sûr qu'il compte sur moi.» Aussitôt il vole à la maison de ce malheureux, et sans songer à la sienne, qui faisait toute sa fortune, il se précipite à travers les flammes qui gagnaient déjà le lit du malade. Il voit une poutre embrasée prête à crouler sur son ami. Il tente d'aller jusque-là, et espère échapper, par sa promptitude, à un danger qui eût arrêté tout autre que lui. Il s'élance, arrive jusqu'à son voisin, le charge sur ses épaules et le porte heureusement de la maison brûlante.

B. Wörterverzeichnis.

I. Abschnitt.

(Abkürzungen: f. = faire; q. = quelqu'un; qc. = quelque chose; jem. = jemanb; etw. = etwas.)

1.

la règle	das Lineal
ma règle	mein Lineal
et	und
le crayon	der Bleistift
mon crayon	mein Bleistift
mon, ma, mes	mein
le maître	der Lehrer
Auguste	August (Person)
où (mit Accent!)	wo, wohin
sommes-nous?	sind wir?
à	in
l'école	die Schule
une école	eine Schule
à l'école	in der Schule
qu'est-ce que tu as?	was hast du?
là	da, dort
Guillaume	Wilhelm
une règle	ein Lineal
un crayon	ein Bleistift, einen Bleistift
le voisin	der Nachbar
ton, ta, tes	dein
ton voisin a-t-il aussi	hat dein Nachbar auch, ebenfalls
oui	ja
monsieur	mein Herr
non, monsieur	nein, mein Herr
Louis	Ludwig
chacun, chacune	ein jeder, eine jede
nous avons chacun un crayon	wir haben jeder einen Bleistift

2.

à	zu
à quoi	wozu
ta règle	dein Lineal
ils servent à tracer les lignes	sie dienen dazu, die Linien zu ziehen
servir à f.	dazu dienen, zu th.
tracer	ziehen
la ligne	die Linie
les lignes	die Linien
avec	mit
avec le crayon	mit dem Bleistift
seul, seule	allein
je peux	ich kann

pouvoir	können
écrire	schreiben
ou (ohne Accent!)	oder
dessiner	zeichnen
la règle est faite	das Lineal ist gemacht
fait, faite	gemacht
faire	machen, thun
le bois	das Holz
de	von, aus
de bois	von Holz, aus Holz, hölzern
une enveloppe	eine Hülle
de vos crayons	eurer Bleistifte
votre, votre, vos	euer
les enveloppes sont faites	die Hüllen sind gemacht
de nos crayons	unserer Bleistifte
notre, notre, nos	unser

S.

le chien	der Hund
le chat	die Katze
accuser	anklagen
se	sich
ils s'accusèrent	sie klagten sich an
le jour	der Tag
un jour	eines Tages
devant	vor [vom Ort]
le maître	der Herr
leur maître	ihr Herr [der Herr des Hundes und der Katze]
devant leur maître	vor ihrem Herrn
leur, leur, leurs	ihr
mordre	beißen
mordu	gebissen
Il m'a mordu	er hat mich gebissen

disait le chat	sagte die Katze
dire	sagen
mais	aber, sondern
griffer	zerkratzen
griffé	zerkratzt
Il m'a griffé le museau	er hat mir die Schnauze zerkratzt
lui répondit le chien	antwortete ihm der Hund
répondre	antworten
le voleur	der Dieb
voler	stehlen
volé	gestohlen
le rôti	der Braten
la cuisine	die Küche
à la cuisine	in der Küche
bu	getrunken
boire	trinken
la crème	die Sahne
vu	gesehen
voir	sehen
je l'ai vu	ich habe es gesehen
regarder	ansehen, sehen
Il les regarda	er sah sie an
Il prit	er nahm
prendre	nehmen, ergreifen
son bâton	sein Stock, seinen Stock
son, sa, ses	sein, ihr
le bâton	der Stock
Il leur dit	er sagte zu ihnen
deux voleurs	zwei Diebe
le méchant	der Bösewicht
voilà pourquoi	darum, deshalb
pourquoi	warum
toujours	immer, stets
en désaccord	uneins

zu a: 1 sommes-nous?
    2 la règle est faite;
    2 les enveloppes sont faites

4.

en retard	verspätet, saumselig
Paul	Paul
arriver	ankommen
à l'école	in der Schule
il dit	er sagt
autre	ander
un élève	ein Schüler
une élève	eine Schülerin
les autres élèves	die andern Schüler
ne ... pas	nicht
ils n'arrivent pas	sie kommen nicht an
excuser	entschuldigen
incorrigible	unverbesserlich
beau, bel, belle	schön
le dimanche	der Sonntag
un beau diman- che	eines schönen Sonntags
quand	als [von der Zeit]; (dann) wenn
une heure	eine Stunde
déjeuner	frühstücken
le déjeuner	das Frühstück
du déjeuner	des Frühstücks
c'est l'heure du déjeuner	es ist Frühstücks- stunde
trouver	finden
ne ... rien	nichts [Accusativ]
il ne trouve rien	er findet nichts
manger	essen
sur	auf
la table	der Tisch
le midi	der Mittag
à midi	mittags

quatre	vier
à quatre heures	um vier Uhr
la chose	die Sache, das Ding
le même	derselbe, der nämliche
la même	dieselbe, die nämliche
la même chose	dieselbe Sache, die nämliche Sache, dasselbe
souper	zu Abend essen
le souper	das Abendessen
au souper	beim Abendessen
pleurer	weinen
car	denn
la faim	der Hunger
avoir faim	Hunger haben
la mère	die Mutter
sa mère	seine Mutter
la servante	die Magd, das Dienstmädchen
tous les, toutes les	alle
tous les jours	alle Tage
pour	um zu
aller	gehen
pour aller	um zu gehen

zu b: 1 ton voisin a-t-il; —
zu c: 3 ils s'accusèrent;
    3 lui répondit le chien;
    3 il les regarda;
    3 il leur dit; —
    3 il m'a mordu;
    3 il m'a griffé;
    3 je l'ai vu

5.

le menuisier	der Tischler
la scie	die Säge
couper	zerschneiden, abschneiden
la planche	das Brett

le marteau	der Hammer
enfoncer	einschlagen
le clou	der Nagel
le foret	der Bohrer
percer	bohren
le trou	das Loch
le rabot	der Hobel
raboter	hobeln
comme	wie
le charpentier	der Zimmermann
il sert	er dient
il se sert	er bedient sich
se servir	sich bedienen
une équerre	ein Winkelmaß
le ciseau	der Meißel
la hache	die Axt
poser	legen
le plancher	der Fußboden
la maison	das Haus
clouer	nageln
la poutre	der Balken
il fait	er macht
la porte	die Thür, das Thor
des différentes chambres	der verschiedenen Zimmer
différent, e	verschieden
la chambre	das Zimmer

zu a: 2 de vos crayons
4 du déjeuner
zu c: 2 avec le crayon
3 devant leur maître
3 à la cuisine

6.

le battage	das Dreschen
le milieu	die Mitte
au milieu de	mitten in
un hiver	ein Winter

lorsque	wenn [= dann, wenn], als
le travail, les travaux	die Arbeit
accomplir	vollenden
dans	in
une aire	eine Dreschtenne
la grange	die Scheuer, die Scheune
le batteur	der Drescher
le fléau	der Dreschflegel
grand, e	groß
leurs grands fléaux	ihre großen Dreschflegel [die Flegel der Drescher]
ils battent	sie schlagen, sie dreschen
battre	schlagen, dreschen
la gerbe	die Garbe
la cadence	der Takt
en cadence	im Takt
une étincelle	ein Funke
des étincelles	Funken
le grain	das Korn
ils jaillissent	sie springen heraus
jaillir	herausspringen
un épi	eine Ähre
joncher	bestreuen, bedecken
le sol	der Erdboden

zu b: 1 mon crayon
1 ma règle; —
1 ton voisin
2 ta règle; —
3 son bâton
4 sa mère; —
2 de nos crayons; —
2 de vos crayons; —
3 leur maître;
zu c: 3 griffé von griffer
3 mordu von mordre;
zu d: 2 la règle est faite
2 les enveloppes sont faites

7.

la charade	das Silbenrätsel
le plat	die Schüssel
un âne	ein Esel
le platane	die Platane
le premier	der erste, das erste
la première	die erste
un argent	ein Silber
d'argent	von Silber
un or	ein Gold
d'or	von Gold
la porcelaine	das Porzellan
de porcelaine	von Porzellan
le second, la seconde	der zweite, die zweite
le pas	der Schritt
lent, e	langsam
à pas lents	mit langsamen Schritten
marcher	marschieren, gehen
le sentier	der Pfad
dans le sentier	auf dem Pfade
le pèlerin	der Pilger
joyeux, joyeuse	erfreut, fröhlich
il ira	er wird gehen
aller	gehen
reprendre	wieder nehmen
une haleine	ein Atem
reprendre haleine	wieder Atem schöpfen
sous	unter
ombreux, ombreuse	schattig
la rameau	der Zweig
les ombreux rameaux	die schattigen Zweige
superbe	prächtig
entier, entière	ganz
un entier	ein Ganzes

8.

la tête	der Kopf, das Haupt
le corps	der Körper
humain, humaine	menschlich
c'est-à-dire	das heißt
un homme	ein Mensch, Mann
se composer de	bestehen aus
trois	drei
la partie	der Teil
qui	welcher, welche, welches [Nominativ]
trois parties qui sont	drei Teile, welche sind
le tronc	der Rumpf
le membre	das Glied
il comprend	er umfaßt
comprendre	umfassen, begreifen
le crâne	der Schädel
derrière	hinter
le derrière	der hintere Teil
haut	oben
haut, e	hoch
le haut	der obere Teil
la figure	das Gesicht
le devant	der vordere Teil
le cou	der Hals
relier à	binden an, verbinden mit
couvert, couverte	bedeckt
couvrir de	bedecken mit
le cheveu	das Haar
couvert de cheveux	mit Haaren bedeckt
le front	die Stirn
un œil	ein Auge
les yeux	die Augen
le nez	die Nase

une oreille	ein Ohr
la joue	die Backe, die Wange
la bouche	der Mund
le menton	das Kinn
protéger	schützen
par	durch, von [beim Passiv]
le sourcil	die Augenbraue
le cil	die Wimper
nous pouvons	wir können
fermer	schließen, zumachen
ouvrir	öffnen
le moyen	das Mittel
au moyen de	vermittelst
la paupière	das Augenlid
appeler	nennen
s'appeler	heißen
il s'appelle	er heißt
la gorge	die Kehle, die Gurgel
la nuque	der Nacken

9.

le bras	der Arm, der Oberarm
le nombre	die Zahl, Anzahl
la jambe	das Bein
chaque	jeder
chaque bras	jeder Arm
un avant-bras	ein Unterarm
la main	die Hand
une épaule	eine Schulter
le coude	der Ellbogen
la main est re- liée à l'avant- bras	die Hand wird mit dem Unter- arm verbunden
le poignet	das Handgelenk
le doigt	der Finger, die Zehe
porter	tragen
le pouce	der Daumen
un index	ein Zeigefinger

le doigt du milieu	der Mittelfinger
un annulaire	ein Ringfinger, Goldfinger
petit, e	klein
le petit doigt	der kleine Finger
un ongle	ein Nagel [am Finger oder an der Zehe]
la phalange	das Fingerglied

zu b: 3 deux voleurs
8 trois parties
4 à quatre heures

10.

la cuisse	der Oberschenkel
la jambe	der Unterschenkel
le pied	der Fuß
le genou, les genoux	das Knie
le mollet	die Wade
postérieur, e	hinter
la partie posté- rieure	der hintere Teil
le talon	die Ferse, Hacke
gros, grosse	dick
le gros orteil	die große Zehe
le plus gros doigt	die dickste Zehe

zu b: 6 les travaux
8 les yeux

11.

la violette	das Veilchen
la fleur	die Blume
fleurir	blühen
elle fleurit	sie blüht
exhaler	ausatmen
le parfum	der Duft
le silence	das Schweigen, die Stille

modeste	bescheiden
une ombre	ein Schatten
une herbe	ein Gras, Kraut
épais, épaisse	dicht
l'herbe épaisse	das dichte Gras
c'est	das ist
c'est la violette	das ist d. Veilchen
aussi ... que	ebenso ... wie
mystérieux, se	geheimnisvoll
une approche	eine Annäherung, ein Herannahen
doux, douce	süß, sanft
le printemps	der Frühling
cette fleur	diese Blume
aimer	lieben
honorer	ehren
le poète	der Dichter
ils célèbrent	sie feiern
célébrer	feiern
le chant	das Lied, der Gesang
on	man
revenir	zurückkommen, zurückkehren
on revient	man kehrt zurück
le champ	das Feld
en	davon, desselben, derselben
le bouquet	das Bouquet
il en porte un bouquet	er trägt ein Bouquet derselben

zu b: 3 leur maître
6 leurs fléaux

12.

le myosotis	das Vergißmeinnicht
Gustave	Gustav
il se promena	er ging spazieren
se promener	spazieren gehen
la sœur	die Schwester
cadet, cadette	jünger

sa sœur cadette	seine jüngere Schwester
Marie	Marie
le bord	der Rand, das Ufer
à	an
le ruisseau	der Bach
il trouva	er fand
quelques myosotis	einige Vergißmeinnicht
ils étaient	sie waren
favori, favorite	Lieblings-
ses fleurs favorites	seine Lieblingsblumen
vous faites	ihr macht
que faites-vous?	was macht ihr?
demander à quelqu'un	jemand fragen
leur demanda-t-il	fragte er sie
bleu, e	blau
tendre	zart
les fleurs bleues et tendres	die blauen und zarten Blumen
le souvenir	die Erinnerung, das Andenken
ils répondirent	sie antworteten
mirer	spiegeln
une eau	ein Wasser
limpide	hell, klar
l'eau au bord de laquelle	das Wasser, an dessen Rand
nous croissons	wir wachsen
croître	wachsen
embellir	verschönern
ce ruisseau	dieser Bach

zu a: 11 elle fleurit
6 ils jaillissent
zu e: 2 de quoi
2 à quoi
1 qu'est-ce que tu as

13.

le lis	die Lilie
elle croît	sie wächst
l'ombre fraîche	b. frische Schatten
frais, fraîche	frisch
le bosquet	die Baumgruppe
la clochette	das Glöckchen
fleurir	aufblühen
ranger	reihen, aufreihen
la perle	die Perle
les clochettes blanches	die weißen Glöckchen
blanc, blanche	weiß
la lumière	das Licht
le soleil	die Sonne
une image	ein Bild, Abbild, Ebenbild
une innocence	eine Unschuld
la pureté	die Reinheit
le cœur	das Herz

6 leurs grands fléaux
7 à pas lents
5 des différentes pièces
12 les fleurs bleues et tendres
12 ses fleurs favorites
7 les ombreux rameaux

pauvre	arm
très pauvre	sehr arm
elle se promenait	sie ging spazieren
souvent	oft, häufig
ils ornaient	sie schmückten
orner	schmücken
la place	der Platz
public, publique	öffentlich
elle ramassait	sie las auf
ramasser	auflesen, aufheben [von der Erde]
la fleur	die Blüte
elles tombaient	sie fielen
tomber	fallen
le fils	der Sohn
à qui?	wem?
qui?	wer?
vendre	verkaufen
répandre	ausbreiten, verbreiten
sécher	trocknen
puis	dann, darauf
le pharmacien	der Apotheker

zu d: 13 les clochettes blanches
zu e: 12 ce ruisseau
     11 cette fleur

14.

le tilleul	die Linde
une année	ein Jahr
au printemps	im Frühling
un arbre	ein Baum
ils fleurissaient	sie blühten
la femme	die Frau
bon, bonne	gut
une bonne femme	eine gute Frau
elle était	sie war
très	sehr [bei Adjektiven und Adverbien]

15.

le labourage	das Ackern
le laboureur	der Ackersmann
il tient	er hält
tenir	halten
les deux	beide, die beiden
les deux mains	beide Hände
tenir des mains	mit den Händen halten
le manche	der Stiel, Griff
la charrue	der Pflug
le bœuf	der Ochse

le cheval	das Pferd
ses bœufs ou ses chevaux	seine Ochsen oder Pferde
le soc	die Pflugschar
s'enfoncer	sich einbohren, eindringen
la terre	die Erde
déposer	niederlegen
la motte	die Erdscholle
soulever	emporheben
les mottes soulevées	die emporgehobenen Erdschollen
le sillon	die Furche
que	welchen, welche, welches [Accusativ]
le sillon qu'il a creusé	die Furche, welche [die] er gegraben hat
un animal	ein Tier
avancer	vorwärts gehen
infatigable	unermüdlich
diriger	lenken, leiten
bientôt	bald
tout le, toute la	der ganze, die ganze
tout le champ	das ganze Feld
labourer	ackern

16.

la division	die Einteilung
le temps	die Zeit
la montre	die Taschenuhr
marquer	angeben, bezeichnen
la seconde	die Sekunde
une aiguille	eine Nadel, ein Uhrzeiger
l'aiguille des secondes	der Sekundenzeiger
tourner	drehen, sich drehen
autour de	um ... herum
le cadran	das Zifferblatt

la fois	das Mal
la minute	die Minute
une fois par minute	einmal in der Minute
il y a	es giebt; es ist [sind] vorhanden; es befindet [befinden] sich
soixante	60
ils font	sie machen
il fait	er macht
le tour de	die Umdrehung um
en	in, innerhalb
le quart	der vierte Teil
un quart d'heure	$\frac{1}{4}$ Stunde
la moitié	die Hälfte
demi, e	halb
une demi-heure	$\frac{1}{2}$ Stunde
trois quarts	$\frac{3}{4}$
les trois quarts du tour	$\frac{3}{4}$ der Umdrehung
trois quarts d'heure	$\frac{3}{4}$ Stunden
douze	12
onze	11
le nombre onze	die Zahl 11
cela	dies, das
indiquer	angeben, anzeigen (z. B. die Zeit)
cela indique	das zeigt an
que (qu')	daß
il est onze heures	es ist 11 Uhr

17.

former	bilden
la semaine	die Woche
le nom	der Name
les jours de la semaine	die Wochentage

(le) lundi	der Montag
(le) mardi	der Dienstag
(le) mercredi	der Mittwoch
(le) jeudi	der Donnerstag
(le) vendredi	der Freitag
(le) samedi	der Sonnabend
(le) dimanche	der Sonntag
le mois	der Monat
le mois de jan-	der Monat Ja-
vier	nuar
compter	zählen, rechnen
(le) janvier	der Januar
(le) février	der Februar
(le) mars	der März
(l') avril	der April
(le) mai	der Mai
(le) juin	der Juni
(le) juillet	der Juli
(l') août	der August
(le) septembre	der September
(l') octobre	der Oktober
(le) novembre	der November
(le) décembre	der Dezember
le siècle	das Jahrhundert

zu a: 16 onze
16 douze
16 soixante
zu b: 16 il est onze heures
zu c: 7 un argent
7 un or
7 le platane
14 le tilleul
6 un hiver
13 le printemps

18.

en	im Jahre
le matin	der Morgen
au petit jour	bei Tagesanbruch

éveiller	wecken
habiller	ankleiden
sans	ohne
le bruit	der Lärm, das Geräusch
sans bruit	ohne Geräusch
je sortais	ich ging hinaus
sortir	ausgehen, heraus- gehen, hinaus- gehen
le sac	der Sack, Beutel, Tornister
le sabot	der Holzschuh
le bonnet	die Mütze
la bûche	das Holzscheit
froid, e	kalt
bien froid	sehr (recht) kalt
il faisait froid	es war kalt
en hiver	im Winter
bien	gut, wohl [Ad- verb]; sehr, recht [vor Adjektiven und Adverbien]
je fermais bien la porte	ich machte die Thür gut zu
je partais	ich brach auf
partir	aufbrechen, fortgehen
souffler	blasen
presque	fast
avant	vor [von der Zeit]
j'arrivais avant les autres	ich kam vor den anderen an
le village	das Dorf
voisin, voisine	benachbart, nahe
se trouver	sich befinden
entrer dans	eintreten in, betreten
la salle	der Saal
encore	noch, noch immer
vide	leer
apporter	mitbringen
le côté	die Seite

à côté de — neben
le poêle — der Ofen
dessous — darunter, unter demselben
tout — alles
revenir — wieder einfallen
tout me revient — alles fällt mir wieder ein
après — nach
tant (de). — soviel, soviele
tant d'années — soviele Jahre
blanchir — weißen, tünchen
la chaux — der Kalk
blanchir à la chaux — mit Kalk tünchen
le banc — die Bank
la file — die Reihe
à la file — in einer Reihe
le tableau — die Wandtafel
noir, e — schwarz
le grand tableau noir — die große, schwarze Wandtafel
le mur — die Mauer, die Wand
contre — gegen
contre le mur — an der Wand
entre — zwischen, unter [von zweien]
la fenêtre — das Fenster
tout — ganz [Adverb]
le fond — der Hintergrund
au fond — im Hintergrund
la chaire — der Katheder
une estrade — ein erhöhter Platz
la chaise — der Stuhl
dessus — darauf, auf demselben; darüber, über demselben
le coup — der Schlag, Hieb
sur le coup de huit heures — Schlag 8 Uhr
tous — alle

tous à la file — alle in einer Reihe
serrer — drängen
raconter — erzählen
quelque chose — etwas
nous rilons — wir lachten
rire — lachen
pousser — stoßen
nous entendions — wir hörten
entendre — hören
M. (= monsieur) — Herr
Christophe — Christoph
de M. Christophe — des Herrn Christoph
une allée — ein Gang
dans l'allée — auf dem Gange
tout se taisait — alles schwieg
se taire — schweigen
aller faire — hingehen u. etwas thun; hingehen, um etwas zu thun
il allait — er ging
asseoir — setzen
chacun allait s'asseoir — jeder ging hin und setzte sich
le livre — das Buch

zu a: 14 elle se promenait
14 elle ramassait
14 ils ornaient
14 elles tombaient
zu c: 6 le battage
15 le labourage
5 le marteau
12 le ruisseau
5 le clou
5 le trou
6 un épi;
aber 13 une image
12 une eau
13 la pureté
16 la moitié

19.

l'autre jour	neulich, kürzlich
pendant que	während [Konjunktion]
les parents, m.	die Eltern
sorti, e	ausgegangen
ils étaient sortis	sie waren ausgegangen
jouer	spielen
une allumette	ein Streichholz, Zündholz
malgré	trotz
la défense	das Verbot
exprès, expresse	ausdrücklich
la défense expresse	das ausdrückliche Verbot
une étincelle était tombée	ein Funke war gefallen
la paille	das Stroh
le lit	das Bett
dormi	geschlafen
dormir	schlafen
le soir	der Abend
malheureux, -se	unglücklich
ils revenaient	sie kehrten zurück, sie kamen zurück
la flamme	die Flamme
déjà	schon
consumer	verzehren
la flamme avait déjà consumé	die Flamme hatte schon verzehrt
toute la maison	das ganze Haus
se lamenter	jammern
défendre	verteidigen, verbieten
défendre de f.	verbieten zu th.
pendant	während [Präposition]
une absence	eine Abwesenheit
pourtant	doch, dennoch, trotzdem
la ville	die Stadt
être en ville	in der Stadt sein, ausgegangen sein
causer	verursachen
le malheur	das Unglück
maintenant	jetzt
plus	mehr
ne ... plus	nicht mehr
ne ... plus de	kein ... mehr
nous n'avons plus de maison	wir haben kein Haus mehr
la suite	die Folge
par suite de	infolge
la désobéissance	der Ungehorsam

zu b: 14 elle était
12 ils étaient
zu c: 5 la maison
16 la division

20.

le nid	das Nest
le bouvreuil	der Dompfaffe
le rosier	der Rosenstock
le jardin	der Garten
un œuf	ein Ei
ressembler	gleichen, ähnlich sein
la coque	die Eierschale
la nacre	die Perlmutter
contenant	enthaltend, welche enthält
contenir	enthalten
la rose	die Rose
humide	feucht
pendre	hängen, herabhängen
au-dessus	darüber, über demselben
un oiseau	ein Vogel
il tenait	er hielt
un arbuste	ein Strauch
le pourpre	die Purpurfarbe

un objet	ein Gegenstand
répéter	wiederholen
un étang	ein Teich
un ombrage	ein Schatten
un vieil arbre	ein alter Baum,
derrière lequel	hinter welchem
on voyait	man sah
se lever	sich erheben, auf-
	gehen, aufstehen
une aurore	eine Morgenröte

zu a: 14 ils fleurissaient
18 nous entendions
zu b: 4 un beau dimanche

21.

chanter	singen, besingen
chantons	laßt uns besingen
la vieille terre	die alte Erde
des fleurs	Blumen
gai, e	lustig
de gais oiseaux	lustige Vögel
siffleur, siffleuse	pfeifend
austère	streng, ernst
le plus austère	der Ernsteste

zu a: 13 beau, bel, belle
14 bon, bonne
zu b: 6 des étincelles

22.

le coton	Baumwolle
cultiver	bauen, bebauen (Felder)
on cultive le	man baut Baum-
coton	wolle
surtout	besonders
un État	ein Staat
unir	vereinigen
les États-Unis	die Vereinigten
	Staaten

dans les États-	in den Vereinigten
Unis	Staaten
les Indes, f.	Indien
aux Indes	in Indien
l'Égypte, f.	Ägypten
en Égypte	in Ägypten
autrefois	einst, ehemals, früher
employer	anwenden, ver-
	wenden, gebrau-
	chen
un esclave	ein Sklave
pour	für, wegen
la récolte	die Ernte
le nègre	der Neger
le marchand	der Kaufmann
enlever	entführen, rauben,
	wegnehmen
l'Afrique, f.	Afrika
en Afrique	in Afrika
riche	reich
le propriétaire	der Grundbesitzer,
	Eigentümer,
	Hauswirt
battu, e	geschlagen
ils étaient sou-	sie wurden oft ge-
vent battus	schlagen
jusque, jusqu'	bis [Präposition]
la mort	der Tod
de nos jours	heutzutage
un esclavage	eine Sklaverei
abolir	abschaffen
permis, e	erlaubt
permettre	erlauben
il n'est plus per-	es ist nicht mehr
mis de vendre	erlaubt, zu ver-
	kaufen
acheter	kaufen
ceux qui	diejenigen, welche
aujourd'hui	heute
récolter	ernten

le flocon   die Flocke
les flocons de   die Baumwollen-
  coton   flocken
libre   frei

22.

la voiture   der Wagen, die Droschke
verser   umwerfen
le seigneur   der vornehme Herr
le grand seigneur der Standesherr
il revenait   er kehrte zurück
fort   sehr [bei Adjek-
                       tiven und Adver-
                       bien]
vite   schnell
fort vite   sehr schnell
les gens, m.   die Leute
passer   (vorüber)kommen, gehen
au travers de   durch ... hindurch
rencontrer q.   jem. begegnen,
                       jem. treffen
un homme à cheval ein Reiter
ils rencontrent sie begegnen einem
  un homme à   Reiter
  cheval
gare!   Achtung! Vorsicht!
il veut   er will
vouloir   wollen
se ranger   aus dem Wege ge-
                       hen oder fahren
renverser   umwerfen, niederreißen
par-dessus   darüber, darüber
                       hinweg, über sie
                       hinweg
si   so
en   davon, von ihnen
la voiture fut   der Wagen wurde
  versée   umgeworfen
en même temps gleichzeitig

se relever   wieder aufstehen,
                       sich wieder er-
                       heben
ils se relèvent sie stehen wieder
                       auf
miraculeux, -se wunderbar
miraculeuse-   wunderbarerweise
  ment
remonter   wieder steigen
ils s'enfuient   sie entfliehen
s'enfuir   entfliehen
ils courent   sie laufen
courir   laufen, eilen
le laquais   der Lakai, Bediente
crier   rufen, zurufen
arrêter   aufhalten, festnehmen
le coquin   der Schlingel, Schurke

___

. zu a: 21 chantons !

24.

le dernier, la   der letzte, die letzte
  dernière
la fée   die Fee
elle courait   sie lief
le fou   der Narr
la folle   die Närrin
elle courait com- sie lief wie besessen
  me une folle
un âge   ein Alter
le grand âge   das hohe Alter
parler à q. de qc. mit jem. von etw.
                       sprechen
je lui parle   ich spreche mit ihm
ensemble   zusammen
bénin, bénigne   gütig
la fée bénigne   die gütige Fee
donc?   denn?
être pressé de   es eilig haben mit

quitter	verlaſſen
madame	gnädige Frau
madame la fée	Frau Fee
ne m'en parlez pas	ſprechen Sie mir nicht davon
alors	nun, da, dann, darauf, damals
il y a ... que	es iſt ... her, ſeit; es ſind ... her, ſeit
la centaine	das Hundert
le monde	die Welt
je comprends	ich begreife, verſtehe
comprendre	begreifen, verſtehen
ne ... plus rien	nichts ... mehr
j'offre	ich biete, ich biete an
offrir	bieten, anbieten
la beauté	die Schönheit
la fille	die Tochter
la jeune fille	das junge Mädchen
j'offre la beauté aux jeunes filles	ich biete den jungen Mädchen Schönheit
le courage	der Mut
la sagesse	die Weisheit
la santé	die Geſundheit
malade	krank
enfin	endlich, ſchließlich, kurz, mit einem Worte
tout ce que (qu')	alles, was [Acc.]
honnête	rechtſchaffen, ehrlich
elle peut	ſie kann
tout ce qu'une honnête fée peut offrir	alles, was eine rechtſchaffne Fee anbieten kann
refuser	abweiſen, zurückweiſen
tous me refusent	alle weiſen mich zurück
disent-ils	ſagen ſie
souhaiter	wünſchen

ne ... pas autre chose	nichts anderes
or	alſo
sauver	retten
se sauver	(ſich) flüchten, ſich entfernen

---

zu a: 　3 ils s'accusèrent
　　　12 il les regarda
　　　12 il se promena
　　　12 il trouva
zu b: 　3 lui répondit le chien
　　　12 leur demanda-t-il

25.

la vigne	der Weinberg, die Weinrebe
près de	bei, in der Nähe von
près de f.	nahe daran zu th.
mourir	ſterben
cher, chère	lieb, teuer
un enfant	ein Kind
ne ... que	nur, erſt
laisser	laſſen, hinterlaſſen
bas, basse	niedrig
la chaumière	die Hütte
la vigne y tient	der Weinberg grenzt daran (an dieſelbe)
y	daran, an dieſelbe
tenir à	grenzen an
ce dernier, cette dernière	der letztere, die letztere
cacher	verbergen
le trésor	der Schatz
piocher	hacken
le relâche	die Unterbrechung
sans relâche	unaufhörlich
vous trouverez	ihr werdet finden
le frère	der Bruder
retourner	umkehren, zurückkehren

ils n'eurent rien de plus pressé que de re- tourner	sie hatten nichts Eiligeres zu thun, als umzu- kehren
la diligence	der Fleiß
avec diligence	mit Fleiß
ne ... ni ... ni ni ... ni ... ne	weder ... noch
ils ne trouvèrent ni or ni argent	sie fanden weder Gold noch Silber
comme	da, weil
jamais	jemals
ne ... jamais	niemals, nie
travailler	arbeiten, bearbeiten
le terrain	das Erdreich
le soin	die Sorgfalt, Fürsorge
il produisit	es brachte hervor
produire	hervorbringen
cette année-là	jenes Jahr
un tel, une telle	ein solcher, eine solche
une quantité (de)	eine Menge
le raisin	die Traube
une telle quan- tité de raisins	eine solche Menge Trauben
surpris, e	überrascht
surprendre	überraschen
ils furent tout surpris	sie waren ganz überrascht
deviner	raten, erraten
entendre par	verstehen unter, meinen mit

zu c: 23 la voiture fut versée
zu d: 24 la dernière
zu e: 11 l'herbe épaisse
     19 la défense expresse
     13 l'ombre fraiche
   ‾24 la fée bénigne
     12 ses fleurs favorites

26.

la sorte	die Art
ici	hier
bas	unten
ici-bas	hienieden
ordinairement	gewöhnlich [Adv.]
ordinaire	gewöhnlich [Adj.]
il apprend	er lernt
apprendre à c.	th. lernen
connaître	kennen
apprendre à con- naître	kennen lernen
rappeler	zurückrufen, abberufen
la vie	das Leben
rendre	zurückgeben, vergelten
le compte	die Rechnung, Rechenschaft
rendre compte	Rechenschaft ab- legen
une action	eine Handlung, That
Dieu	Gott
les premiers de ses amis, l'ar- gent et les biens terrestres	die ersten seiner Freunde, (näm- lich) das Geld und die irdischen Güter
un argent	ein Geld
le bien	das Gut
terrestre	irdisch
tout à fait	vollständig [Adverb]
à sa mort	bei seinem Tode
le parent	der Verwandte
la parente	die Verwandte
la personne	die Person
la connaissance	die Bekanntschaft
les personnes de sa connaissance	seine Bekannten
accompagner	begleiten
le tombeau	das Grab
une œuvre	ein Werk

avec lui	mit ihm [mit dem Menſchen]
le voyage	die Reiſe
un long voyage	eine weite Reiſe
une éternité	eine Ewigfeit
plaider	reden (vor Gericht)
pour lui	für ihn [für den Menſchen]
le trône	der Thron
elles obtiennent	ſie befommen, ſie erwerben
obtenir	befommen, erhalten, erwerben
la grâce	die Gnade
la miséricorde	das Erbarmen

7 mon premier
7 mon second

27.

le rouge-gorge	das Rotfehlchen
les rouges-gorges	die Rotfehlchen
frapper	flopfen
la vitre	die Fenſterſcheibe
ayez pitié de moi	habt Mitleid mit mir
avoir pitié de	Mitleid haben mit
la pitié	das Mitleid
ouvrez	öffnet
prier	bitten
je vous prie	bitte
la neige	der Schnee
la bise	der Nordwind
souffler	wehen, blaſen
je meurs	ich ſterbe
de faim	vor Hunger
j'ouvris	ich öffnete
gentil, gentille	niedlich
voler	fliegen .

la miette de pain	die Brotfrume (Plur. les miettes de pain)
même	ſogar
becqueter	piden
becqueter dans la main	aus der Hand freſſen
tendre	reichen, hinhalten
fondre	ſchmelzen
il revint	er fehrte zurüd
la haie	die Hede
elles couvrirent	ſie bededten
la feuille	das Blatt
nous ouvrîmes	wir öffneten
un hôte	1) ein Wirt, 2) ein Gaſt
s'envoler	fortfliegen
il s'envola	er flog fort
le bois	das Gehölz
bâtir	bauen
la chanson	das Lied
la compagne	die Gefährtin
la confiance	das Vertrauen
réjouir	freuen, erfreuen
se réjouir de f.	ſich darüber freuen, zu thun
nous nous réjouîmes beaucoup (de)	wir freuten uns ſehr (über)
beaucoup (vergl. très pauvre 14, fort vite 23)	ſehr [bei Verben]
revoir	wiederſehen

3 il répondit
12 ils répondirent

28.

une affaire	eine Angelegenheit, ein Geſchäft
important, e	wichtig
elles retenaient	ſie hielten feſt, ſie hielten zurüd

retenir	feſthalten, zurückhalten
la capitale	die Hauptſtadt
une épouse	eine Gattin
son épouse	ſeine Gattin, die Gattin desſelben
ils vivaient	ſie lebten
vivre	leben
loin	weit weg, weit entfernt, fern
loin de lui	fern von ihm
la campagne	das Land
la maison de campagne	das Landhaus
envoyer	ſchicken
il envoya	er ſchickte
beaucoup (de)	viel, viele
beaucoup de belles choses	viele ſchöne Sachen
la caisse	die Kiſte
la lettre	der Brief
ce (cet), cette, ces	folgender
cette lettre	folgender Brief
pieux, pieuse	fromm
je vous permettrai de f.	ich werde euch erlauben zu thun
permettre de f.	erlauben zu thun
rejoindre q.	jem. wieder treffen, wieder mit jem. zuſammenkommen
réserver	aufheben, zurückbehalten
je vous réserve	ich behalte für euch zurück
le présent	das Geſchenk
combien (de)	wieviel, wieviele
le plaisir	das Vergnügen, die Freude
combien de plaisirs	wieviele Freuden
procurer	verſchaffen
s'écrier	ausrufen

nous l'aimons de tout notre cœur	wir lieben ihn von ganzem Herzen
quoique (mit Konjunktiv)	obgleich
quoique nous ne puissions le voir	obgleich wir ihn nicht ſehen können
nous voulons	wir wollen
il prescrit	er ſchreibt vor
prescrire	vorſchreiben
agir	handeln
envers	gegen [freundlich oder feindlich]
excellent, e	ausgezeichnet
la vérité	die Wahrheit
à la vérité	zwar
nous voyons	wir ſehen
cependant	indeſſen, jedoch
nous recevons	wir empfangen
recevoir	empfangen, erhalten
le bienfait	die Wohlthat
la bonté	die Güte
la fin	das Ende
sans fin	ohne Ende, unendlich

zu a: 27 ayez

30.

une honnêteté	eine Ehrlichkeit
le couteau	das Meſſer
la lâme	die Klinge
un couteau à deux lâmes	ein Meſſer mit zwei Klingen
en	darüber
il s'en réjouit	er freute ſich darüber
depuis	ſeit, von... an
longtemps	lange
depuis lontemps	ſeit langer Zeit
désirer f.	wünſchen zu thun

il désirait en | er wünſchte eins
avoir un [: un | [nämlich: ein
couteau] | Meſſer] zu haben
il aperçut | er bemerkte
apercevoir | bemerken
regarder à terre | auf b. Erde blicken
chercher | ſuchen
quelque | irgend ein
il cherchait | er ſuchte irgend
quelque objet | einen Gegenſtand
il s'approcha de | er näherte ſich dem
l'homme | Manne
s'approcher de q. | ſich jem. nähern
aussitôt | ſogleich, ſofort
perdre | verlieren
avez-vous perdu | haben Sie etwas
quelque chose? | verloren?
le doute | der Zweifel
le promeneur | b. Spaziergänger
il mit | er ſteckte
mettre | ſetzen, ſtellen, legen, ſtecken
la poche | die Taſche
en | daraus, aus derſelben
retirer | zurückziehen, herausziehen
à qui | welchem
il appartenait | es gehörte
appartenir | gehören
l'homme à qui | der Mann, wel-
il appartenait | chem es gehörte

30.

fidèle | treu
le négociant | der Handelsmann
le marché | der Markt, Wochenmarkt
suivi, e | gefolgt
suivre q. | jem. folgen
suivi de | in Begleitung
la valise | das Felleiſen
il contenait | er enthielt

il l'en avertit | er benachrichtigte
 | ihn davon, er
 | machte ihn dar-
 | auf aufmerkſam
avertir de | benachrichtigen
 | von, aufmerkſam
 | machen auf
les aboiements, m. | das Bellen
il croyait | er glaubte
croire q. | jem. glauben
enragé, e | toll
tirer | ziehen, ſchießen
le coup | der Schuß
le pistolet | die Piſtole
le coup de pistolet | der Piſtolenſchuß
il lui tira un | er gab einen Piſ-
coup de pistolet | tolenſchuß auf
 | ihn ab
seulement | nur, erſt
il s'aperçut de | er merkte ſeinen
sa perte | Verluſt
s'apercevoir de qc. | etw. merken
la perte | der Verluſt
retrouver | wieder finden
mort, e | geſtorben, tot

31.

la baguette | der Stab
perpétuel, -elle | fortwährend, be-
 | ſtändig
la discorde | die Zwietracht
vénérable | ehrwürdig
le vieillard | der Greis
il fit | er machte
faire | machen, laſſen, veranlaſſen
faire venir | kommen laſſen,
 | veranlaſſen zu
 | kommen
le vieillard fit | der Greis ließ
venir ses en- | ſeine Kinder vor
fants devant lui | ſich kommen

60   B. Wörterverzeichnis. 31. 32.

montrer	zeigen
lier	binden
le faisceau	das Bündel
compter	auszahlen
la somme	die Summe
celui	derjenige
d'entre	unter (= von)
celui d'entre vous	derjenige von (unter) euch
casser	zerbrechen
en deux	entzwei
casser en deux	in zwei Teile zerbrechen
essayer	versuchen
successivement	der Reihe nach
successif, -ve	aufeinander folgend
la force	die Kraft
en vain	vergeblich, umsonst
facile	leicht (zu thun)
plus facile	leichter
rien ne	nichts [Nominativ]
rien n'est plus facile	nichts ist leichter
délier	aufbinden, losbinden
rompre	zerbrechen
la famille	die Familie
aussi longtemps que	solange als
rester	bleiben
fort, e	stark
personne ne	niemand [Nominativ]
personne ne vous dominera	niemand wird euch beherrschen
dominer	beherrschen
si	wenn
le bien	das Band
la concorde	die Eintracht
briser	zerbrechen, zerreißen (ein Band)
se briser	reißen, zerrissen werden

le sort	das Schicksal, Geschick
rappeler qc. à q.	jem. an etw. erinnern
une union	eine Verbindung
l'union fait la force	Einigkeit macht stark
rappelez-vous que l'union fait la force	erinnert euch (daran), daß Einigkeit stark macht.

zu c: 25 vous trouverez
vergl. je permettrai von permettre

32.

le diamant	der Diamant
le verre	das Glas
dur, e	hart
général, e	allgemein
en général	im allgemeinen
fragile	zerbrechlich
que	als [nach Komparativen]
moins	weniger
le morceau	das Stück
fixer	befestigen, heften
le vitrier	der Glaser
facilement	leicht [Adverb]
la mine	die Mine
l'Asie, f.	Asien
en Asie	in Asien
l'Amérique, f.	Amerika
en Amérique	in Amerika
la pierre	der Stein
précieux, -se	wertvoll, kostbar
rare	selten

25 ils n'eurent rien de plus pressé que de retourner
31 plus facile;
10 le plus gros orteil
21 le plus austère

33.

le crime	das Verbrechen
punir	bestrafen
ils voyageaient	sie reisten umher
voyager	umherreisen
partager	teilen
ils trouvèrent une grosse somme et la partagèrent	sie fanden eine große Summe und teilten dieselbe
les vivres, m.	die Lebensmittel
consommer	aufzehren, verzehren
le chemin	der Weg
en chemin	unterwegs
davantage	mehr [am Ende von bejahenden Sätzen]
bien davantage	weit mehr
si j'avais été seul	wenn ich allein gewesen wäre
présenter	zeigen, darbieten
la richesse	der Reichtum
il me serait facile de les reprendre	es würde mir leicht sein, sie wiederzunehmen
avoir à f.	zu thun haben, zu thun brauchen
empoisonner	vergiften
je vais f.	ich gehe, ich bin im Begriff zu thun
aller f.	im Begriff sein, zu thun
le retour	die Rückkehr
à mon retour	bei meiner Rückkehr
diner	zu Mittag essen
le compagnon	der Begleiter, Gefährte
la défiance	das Mißtrauen
ils mourraient	sie würden sterben
le voyageur	der Reisende
ils disaient	sie sagten

la part	der Anteil
augmenter	vermehren, vergrößern
le nôtre, la nôtre	der (die) unsrige
sa part aurait augmenté les nôtres	sein Anteil würde die unsrigen vermehrt haben
véritablement	wirklich [Adverb]
veritable	wirklich [Adjektiv]
il va	er geht, er ist im Begriff
le poignard	der Dolch
assassiner	ermorden
le diner	das Mittagessen
ils moururent	sie starben
après	darauf, danach

34.

le dévouement	die Aufopferung
le camp	das Lager
le capitaine	der Hauptmann
s'avancer	vorrücken
il s'était avancé	er war vorgerückt
la nuit	die Nacht
reconnaître	rekognoszieren, auskundschaften
saisir	ergreifen
le grenadier	der Grenadier
un ennemi	ein Feind
ennemi, e	feindlich
embusquer	in einen Hinterhalt legen
une armée	ein Heer
français, e	französisch
l'armée française	das französische Heer
entourer	umgeben, umringen
menacer q.	jem. drohen
menacer q. de f.	jem. (damit) drohen, zu thun

ils le menacent de le poignarder	sie drohen ihm damit, ihn niederzustoßen	à table	bei Tisch
poignarder	erdolchen, niederstoßen	seul, e	einzig
le cri	der Ruf, Schrei	le mot	das Wort
à un cri	bei einem Rufe	attendre	warten, erwarten
la pointe	die Spitze	attendre que [mit Konjunktiv]	warten, bis
la baïonnette	das Bajonett	attends que ton père ait fini de lire son journal	warte, bis dein Vater seine Zeitung fertig gelesen hat
il se recueille	er sammelt sich, er denkt nach		
recueillir	sammeln	il ait	er hat [Konjunktiv]
se recueillir	sich sammeln, nachdenken	finir	beendigen
		finir de f.	fertig thun
un instant	ein Augenblick	le journal	die Zeitung
dévouer	weihen, widmen, aufopfern	le déjeuner fini	nach beendigtem Frühstück
crier	rufen	lentement	langsam [Adverb]
en (mit Part. Präs.)	indem	eh bien	nun, nun wohl
en criant	indem er ruft (rief)	que voulais-tu nous dire?	was wolltest du uns sagen?
la voix	die Stimme		
fort, e	laut	le robinet	der Hahn, Krahn
d'une voix forte	mit lauter Stimme	la salle de bains	das Badezimmer
à moi!	zu mir! zu Hilfe!	le bain	das Bad
à l'instant	sogleich, sofort	il est resté	er ist geblieben
percer	durchbohren	ouvert, e	geöffnet, offen
le coup	der Stich		
le régiment	das Regiment	**36.**	
avertir de	warnen vor		
le danger	die Gefahr	le monsieur	der Herr
il court	er läuft, eilt	le train	der Zug
une arme	eine Waffe	être en train de f.	im besten Zuge damit sein, zu thun
repousser	zurücktreiben, vertreiben		
		forcer	zwingen, aufbrechen
35.		le coffre-fort	der Geldschrank
		étonner	in Erstaunen setzen
le bavard	der Schwätzer	étonné de f.	erstaunt darüber, zu thun
maman	Mama		
puis-je	kann ich, darf ich	relever	heben, aufrichten
tu sais	du weißt	observer	beobachten
savoir	wissen	tranquillement	ruhig [Adverb]

tranquille	ruhig [Abjektiv]	l'Europe, f.	Europa
il essaye	er verjucht	en Europe	in Europa
essayer de f.	verjuchen zu thun	après	jpäter
continuer	fortfahren	vers	gegen [von der Zeit]
intéresser	interejjieren	vers 1340	} ums Jahr 1340
parce que	weil	vers l'an 1340	
la clef (de)	der Schlüjjel (zu)	la papeterie	die Papiermühle
vous pouvez	Sie können	établir	einrichten
payer	bezahlen	la France	Frankreich
vous serez très bien payé	Sie werden jehr gut bezahlt werden	en France	in Frankreich
		né, e	geboren
la peine	die Mühe	naître	geboren werden
		à	in [bei Städtenamen]
		à Mayence	in Mainz

37.

		l'Allemagne, f.	Deutjchland
une invention	eine Erfindung	en Allemagne	in Deutjchland
une imprimerie	eine Buchdrucker- kunjt	il alla	er ging
		s'établir	jich niederlajjen
la fabrication	die Anfertigung	Strasbourg	Straßburg
le papier	das Papier	il conçut	er faßte
inventer	erfinden	concevoir	fajjen
le Chinois	der Chineje	une idée	ein Gedanke
importer	einführen	il conçut l'idée de f.	er faßte den Ge- danken zu thun
l'Orient, m.	das Morgenland		
en Orient	im Morgenland	fabriquer	anfertigen
un Arabe	ein Araber	le caractère	der Buchjtabe, die Letter
un an	ein Jahr		
la naissance	die Geburt	mobile	beweglich
Jésus-Christ	Jejus Chrijtus	composer	zujammenjetzen
après la nais- sance de Jésus- Christ		ensuite	dann, darauf
	} n. Chr. (= nach Chrijti Geburt)	imprimer	drucken
après J.-C. (= après Jésus- Christ)		la statue	die Bildjäule
		célèbre	berühmt
		un inventeur	ein Erfinder
un usage	ein Gebrauch	elle s'élève	jie erhebt jich
		élever	erheben

Anhang zum I. Abschnitt.

18a.

le chardon	die Diſtel	on dit	man nennt
parler	ſprechen	dire	ſagen, nennen
à parler franc	offen geſtanden	entêté, e	eigenſinnig
assez	ziemlich	on bat	man ſchlägt
pauvre	armſelig	il dort	er ſchläft
la plante	die Pflanze	dormir	ſchlafen
ne ... point de	} kein	on le fuit	man flieht ihn, man flieht vor ihm
ne ... pas de			
la beauté	die Schönheit	fuir	fliehen
bon, bonne	gut	chanter	ſingen
détester	verabſcheuen	grandir	wachſen
je maudis	ich verwünſche	un endroit	ein Ort
maudire	verwünſchen	impur, e	unrein
un éclat	ein Glanz	le fossé	der Graben
la rose	die Roſe	un angle	ein Winkel
insolent, e	unverſchämt	vieux, vieil, vieille	alt
je possède	ich beſitze	le mur	die Mauer
posséder	beſitzen	traiter	behandeln
une épine	ein Dorn	partout	überall
méchant, e	böſe	un être	ein Weſen
le don	die Gabe, das Geſchenk	inutile	unnütz
		pour moi	für mich
la souffrance	das Leiden	ne ... jamais	niemals
hélas!	ach!	le soin	die Sorge, Fürſorge
sans	ohne	ne ... jamais de soins	niemals eine Fürſorge
la volupté	die Wonne	le pardon	die Verzeihung
ne ... que	nur	arracher	ausreißen
seul, e	einzig	aussitôt que	ſobald als
un ami	ein Freund	la terre	die Erde
que	welchen	fertile	fruchtbar
l'on = on	man	enfin	endlich, kurz

17a.

la France	Frankreich	ne ... rien que	nichts als
en France	in Frankreich	couler	fließen
une habitation	ein Wohnen	rouler	rollen, sich vorwärts wälzen
la maison d'habitation	das Wohnhaus	murmurer	murmeln
elles comprennent	sie umfassen	le ciel, les cieux	der Himmel
un appartement	eine herrschaftliche Wohnung	envieux, -se (de)	neidisch auf
		le bonheur	das Glück
le logement	die Wohnung [gewöhnlich]	la paresse	die Trägheit
		il vint	es kam
hors de	außerhalb	le pays	das Land
consacrer	widmen	brave	brav
le local	die Räumlichkeit	je vis	ich sah
séparer	trennen	plusieurs	mehrere
servant	dienend	rôder	umherstreifen
servir de	dienen als	la rive	das Ufer
un atelier	eine Werkstätte	vert, e	grün
le magasin	die Niederlage, der (elegantere) Laden	il fit	er machte
		ne ... point	keineswegs
la boutique	der (einfachere) Laden	un effet	ein Eindruck, eine Wirkung
le détail	die Einzelheit	y	dort, dorthin
curieux, -se	merkwürdig	rêver	träumen
la répartition	die Verteilung auf	chercher	suchen
pour		la rime	der Reim
suivant	nach, gemäß	endormir	einschläfern
un étage	ein Stockwerk	la pensée	der Gedanke
ne ... que	nur	le murmure	das Murmeln
ayant	habend	tu te promènes	du gehst spazieren
le rez-de-chaussée	das Erdgeschoß, Parterre	une envie	ein Neid
		faire envie	Neid erregen
au-dessus	darüber	travailler	arbeiten
on voit	man sieht	moi, je travaille	ich (!) arbeite
plus de la moitié	mehr als die Hälfte	sembler	scheinen
		tu pourrais	du könntest

21a.

		aider q.	jem. helfen
		un brin	ein bißchen
heureux, -se	glücklich	pour	für
autrefois	einst, ehemals, früher	un ouvrage	ein Werk

tu connais	du kennst
connaître	kennen
apprendre qc. à q.	jem. etw. lehren
j'apprendrai	ich werde lehren
tu dois	du mußt
devoir	sollen, müssen, dürfen, schuldig sein, verdanken
ennuyer	langweilen
comme cela	so
à ne rien faire	nichts zu thun
il te distraira	es wird dich zerstreuen
distraire	zerstreuen
la lime	die Feile
le couteau	das Messer
repasser des couteaux	Messer schleifen
la roue	das Rad
la meule	der Mühlstein
elles furent apportées	sie wurden herbeigeschafft
apporter	herbeischaffen
depuis	seit
longtemps	lange
depuis longtemps	seit langer Zeit
ne ... plus	nicht mehr
le moulin	die Mühle
la chanson	der Gesang
monotone	einförmig
le cri	der Ruf, Schrei
la colère	der Zorn
aujourd'hui	heute
bondir	springen, hüpfen
écumer	schäumen

25 a.

le lion	der Löwe
un esclave	ein Sklave

il s'était sauvé	er hatte sich gerettet
condamner	verurteilen
condamner à mort	zum Tode verurteilen
ou conduisit	man führte
conduire	führen
une enceinte	eine Schranke
environner de	umgeben mit
la muraille	die Mauer
lâcher	loslassen
contre lui	gegen ihn
terrible	schrecklich
le millier	das Tausend
la personne	die Person
présent, e	gegenwärtig, zugegen
le spectacle	das Schauspiel
furieux, -se	wütend
sauter	springen
d'abord	zuerst
tout à coup	plötzlich
s'arrêter	stehen bleiben, halt machen
témoigner	bezeugen, zu erkennen geben
la joie	die Freude
remuer	bewegen
la queue	der Schwanz, Schweif
remuer la queue	mit dem Schweife wedeln
remuant	wedelnd
en remuant	indem er wedelte
bondir	springen, hüpfen
il bondit	er sprang
autour de lui	um ihn her
lécher	lecken
doucement	sanft (Adverb)
tout le monde	jedermann
rester	bleiben
frapper	treffen, schlagen

un étonnement	ein Erstaunen
frappé d'étonnement	starr vor Erstaunen
d'où	woher
cela provenait	das rührte her
provenir	herrühren
une histoire	eine Geschichte
son histoire	seine Geschichte
le terme	der Ausdruck
après que	nachdem
je m'étais enfui	ich war entflohen
la caverne	die Höhle
le désert	die Wüste
je vis	ich sah
s'approcher de q.	sich jem. nähern
il s'approcha de moi	er näherte sich mir
en gémissant	stöhnend
gémir	seufzen, stöhnen
en me présentant	indem er mir entgegenhielt
présenter	darreichen, entgegenhalten
la patte	die Pfote, Tatze
tirer	ziehen, herausziehen
une épine	ein Dorn
depuis	seit, von … an
le moment	der Augenblick
approvisionner de	verproviantieren mit
le gibier	das Wild, Wildprett
nous vécûmes	wir lebten
vivre	leben
une intelligence	ein Einvernehmen
vivre en bonne intelligence	in gutem Einvernehmen leben
la chasse	die Jagd
à la chasse	auf der Jagd
avoir lieu	stattfinden
pris, e	genommen, gefangen

séparer	trennen
l'un de l'autre	von einander [= der eine von dem andern]
maintenant	jetzt
réjouir	freuen, erfreuen
retrouver	wieder finden
le peuple	das Volk
enchanter	entzücken
la reconnaissance	die Erkenntlichkeit, Dankbarkeit
la bête	das Tier
féroce	wild
s'écrier	ausrufen
la voix	die Stimme
unanime	einstimmig [Adjektiv]
d'une voix unanime	einstimmig [Adverb]
il faut	es ist nötig, man muß
falloir	nötig sein
accorder	bewilligen
la vie	das Leben
charitable	barmherzig
reconnaissant, e	erkenntlich, dankbar
affranchir un esclave	einen Sklaven befreien
combler de	überhäufen mit
le présent	das Geschenk
il le suivit	er folgte ihm
suivre q.	jem. folgen
près de lui	bei ihm, in seiner Nähe
sans	ohne zu
jamais	jemals
nuire	schaden
personne	irgend jemand
sans jamais nuire à personne	ohne jemals irgend jemandem zu schaden

27a.

le fruit	die Frucht, Folge
un entêtement	ein Eigensinn, eine Halsstarrigkeit
la chèvre	die Ziege
jeter	werfen, hinlegen
par-dessus	über
le torrent	der Bergstrom
profond, e	tief
elle voulait	sie wollte
opposer	entgegensetzen
ôter	wegnehmen, abnehmen, entfernen
le chemin	der Weg
bien oui!	jawohl!
c'est à toi à f.	es ist an dir (deine Sache) zu thun
faire place	Platz machen
repartir	erwidern
âgé, e	alt
plus âgé	älter
par conséquent	folglich
tu dois	du bist schuldig, du mußt
devoir	schuldig sein, müssen
la déférence	die Ehrerbietung
s'entêter dans	sich versteifen auf, hartnäckig bestehen auf
la prétention	der Anspruch
précipiter	stürzen
se précipiter	vorwärts stürzen
baisser	senken
la tête baissée	mit gesenktem Kopfe
la corne	das Horn
en avant	vorwärts, nach vorn
le choc	der Stoß
violent, e	heftig
tellement	derartig
chanceler	schwanken, wanken

rouler	rollen
le précipice	der Abgrund
entraîner	fortreißen

27b.

le meunier	der Müller
il avait soixante ans	er war 60 Jahre alt
un fils de treize ans	ein dreizehnjähriger Sohn
il devait	er sollte
devoir	sollen
dans un voyage	auf einer Reise
monter	steigen, aufsteigen, hinaufsteigen
la lieue	die Meile
le chemin	der Weg
une lieue de chemin	eine Meile Weges
se lasser	müde werden
il le suivit	er folgte ihm
suivre q.	jem. folgen
de loin	von weitem
beaucoup (de)	viel, viele
la peine	die Mühe
ceux qui	diejenigen, welche
ils voyaient	sie sahen
ils disaient	sie sagten
le tort	das Unrecht
avoir tort	unrecht haben
avoir tort de f.	unrecht daran thun, zu thun
descendre	absteigen, herabsteigen
encore	wiederum
étrange	wunderbar, seltsam
bien ingrat	recht undankbar
donc	daher, also
cruel, cruelle	grausam
ainsi	so, auf diese Weise

la bête	das Tier
pousser	treiben
ils poussèrent devant eux	sie trieben vor sich her
la sorte	die Art, Weise
de cette sorte	auf diese Weise
se moquer de	sich lustig machen über
tandis que	während ... dagegen
ils pouvaient	sie konnten
soulager q.	jem. Erleichterung verschaffen, jem. erquicken
contenter	zufriedenstellen
tout le monde	jedermann
c'est pourquoi	darum, deshalb
ils résolurent	sie beschlossen
résoudre de f.	beschließen zu thun
la volonté	der Wille
à leur volonté	nach ihrem Belieben

31a.

le génie	der Geist, das Talent
le génie des affaires	der Geschäftsgeist
Eugène	Eugen
il possède	er besitzt
posséder	besitzen
le proverbe	das Sprichwort
celui-là	jener (derjenige)
le mendiant	der Bettler
il sait	er weiß, kann
savoir	wissen, können
non	nein
il voit	er sieht
aborder	anreden
celui-ci	dieser
le besoin	das Bedürfnis

avoir besoin de qc.	etw. nötig haben, brauchen
le franc	der Frank
vous seriez	Sie würden sein
aimable	liebenswürdig
accepter	annehmen
le billet	der Schein, das Billet
le billet à ordre	der Schuldschein, Wechsel
rembourser q.	jem. sein Geld zurückerstatten
trois mois	ein Vierteljahr
impossible	unmöglich
bien des fois	sehr vielmal
rendre service	einen Dienst leisten
le service	der Dienst
pareil, -eille	ähnlich
je vous le répète	ich wiederhole es Ihnen
répéter	wiederholen
ainsi	also
écouter	zuhören
aussitôt que	sobald als
vous irez	Sie werden hingehen
toucher	rühren, berühren, einkassieren
une échéance	ein Fälligkeitstermin
je connais	ich kenne
prêt, e	bereit
se brouiller	sich verfeinden
eh bien	nun wohl!
autant	ebenso gut ist es
tout de suite	sogleich
tandis que	während ... dagegen

33a.

la pluie	der Regen
la foire	der Markt
la violence	die Heftigkeit

c'est pourquoi	deshalb
murmurer de	murren über
de ce que	darüber, daß
mauvais, e	schlecht
le temps	das Wetter
la forêt	der Wald
penser	denken
il pensa mourir	er wäre beinahe gestorben
la frayeur	der Schrecken
en (mit Part. Präs.)	indem, als
en voyant	indem (als) er sah
le brigand	der Räuber
celui-ci	dieser
il voulut	er wollte
le feu	das Feuer
faire feu	Feuer geben
la poudre	das Pulver
mouiller	naß machen
la poudre avait été mouillée	das Pulver war naß gemacht worden
partir	losgehen
ne ... point	nicht
s'échapper	entrinnen
heureusement	glücklicherweise
heureux, -se	glücklich
il vit	er sah
la sûreté	die Sicherheit
il dit en lui-même	er sagte zu sich
il a été	er ist gewesen
pour moi	für mich
la providence	die Vorsehung
si le temps avait été sec	wenn das Wetter trocken gewesen wäre
nager	schwimmen
le sang	das Blut
attendre q.	jem. erwarten, warten auf jem.

II. Abschnitt.

88.

Napoléon	Napoleon
Napoléon Iᵉʳ [premier]	Napoleon I.
le valet	der Diener, Knecht
le valet de bouche	der Kellermeiſter
la soif	der Durſt
avoir soif	Durſt haben
demander à f.	zu thun verlangen
il demanda à se rafraîchir	er verlangte (danach), ſich zu erfriſchen
rafraîchir	erfriſchen
ordonner que (mit Konjunktiv)	befehlen, daß
il ordonna que son valet de bouche allât chercher	er befahl, daß ſein Kellermeiſter holen ſollte
aller chercher	holen
la bouteille	die Flaſche
le vin	der Wein
une bouteille de vin	eine Flaſche Wein
Sire	Majeſtät
le service	der Dienſt
le valet de bouche de service	der dienſtthuende Kellermeiſter
interloqué, e	verſtört, beſtürzt
comment?	wie?

il n'y en a plus (: de vin)	es iſt keiner (nämlich: kein Wein) mehr da
un empereur	ein Kaiſer
froncer les sourcils	die Stirn runzeln
en fronçant	indem er runzelt
est-ce qu'on ne porte plus?	führt man nicht mehr mit?
porter	mitführen
le pardon	die Verzeihung
un avenir	eine Zukunft
à l'avenir	in Zukunft
afin que (mit Konjunktiv)	damit
afin que j'aie	damit ich habe
pour moi	für mich

89.

Anmerkung: Bisher dagewesene Ausdrücke, nach welchen der Konjunktiv zu setzen ist:

souhaiter	que	wünſchen, daß
désirer		
vouloir	⸱	wollen, ⸱
demander	⸱	verlangen, ⸱
permettre	⸱	erlauben, ⸱
prier	⸱	bitten, ⸱
trouver bon	⸱	für gut halten, daß
ordonner	⸱	befehlen, daß

attendre que	warten, bis
se réjouir ·	sich freuen, daß
être étonné que	erstaunt sein, daß
être surpris ·	überrascht sein, ·
c'est un malheur que	es ist ein Unglück, daß
il est rare que	es ist selten, daß
il est important que	es ist wichtig, ·
il est bon que	es ist gut, ·
il est mauvais ·	es ist schlecht, ·
il est temps ·	es ist Zeit, ·
quoique	obgleich
afin que	damit

---

la moisson	die Ernte
le midi	der Süden
le Midi	der Süden (die Länder des Südens)
le cousin	der Vetter
Mon cher cousin,	Lieber Vetter!
souhaiter que [mit Konj.]	wünschen, daß
je souhaite que vous ayez	ich wünsche, daß ihr habt
le pays	das Land
être avancé	weit (vorgeschritten) sein
il se fait	es geschieht, es geht von statten
se faire geschehen, von statten gehen	
agréablement	angenehm [Adv.]
agréable	angenehm [Adj.]
plus agréablement	auf angenehmere Weise
chez	bei [im Hause oder im Lande], zu
chez vous	1) bei euch (zu Hause oder zu Lande) 2) zu euch

la mesure	das Maß
à mesure que	in dem Maße, wie
ne... point	keineswegs
le blé	das Getreide
trop	zu, zu sehr
dès	von... an, gleich nach
dès le même jour	noch an demselben Tage
où on le bat aussitôt	wo man es sofort drischt
ainsi	so, auf diese Weise
le blé est aussitôt coupé	das Getreide wird sofort geschnitten
vous verriez	Sie würden sehen
le tas	der Haufe
le moissonneur	der Schnitter
rôtir	braten, rösten
le démon	der Teufel
hors de	außer, außerhalb
hors d'haleine	außer Atem
ils jettent	sie werfen
jeter	werfen
se jeter à terre	sich zu Boden werfen
au soleil même	mitten in der (die) Sonne
ils dorment	sie schlafen
pour	was... anbetrifft
pour moi	was mich anbetrifft
je vois	ich sehe
je pourrais	ich würde können, ich könnte
le moment	der Augenblick
dehors	draußen
sans	ohne zu
je ne pourrais être un moment dehors sans mourir	ich könnte keinen Augenblick draußen sein, ohne zu sterben
un air	eine Luft

chaud, e — warm, heiß

le four — der Backofen

allumer — anbrennen, anzünden

la chaleur — die Wärme, Hitze

continuer — fortdauern

autant... que — ebensosehr...wie, ebensoviel... wie

---

zu a: 38 j'aie

35 il ait;

zu b: 6 ils battent

22 battu, e;

zu c: 12 ce ruisseau

11 cette fleur

14 ces fleurs

25 cette année-là

40.

le berger — der Hirt

bien — recht

il est jour — es ist Tag

ne... pas encore — noch nicht

il n'est pas bien jour encore — es ist noch nicht recht Tag

je me lève — ich stehe auf

les habits, m. — die Kleider

grossier, -ère — grob

le paysan — der Landmann, Bauer

ceux des petits paysans — diejenigen der kleinen Bauern

le bas — der Strumpf

le soulier — der Schuh

le chapeau — der Hut

le pantalon — das Beinkleid, die Hose

la toile — die Leinwand

écru, e — ungebleicht

de grosse toile écrue — von dicker, ungebleichter Leinwand

la veste — die Jacke

le drap — das Tuch

le poil — das Haar von Tieren

à longs poils — mit langen Haaren, langhaarig

une veste de drap bleu à longs poils — eine Jacke von blauem, langhaarigem Tuch

la laine — die Wolle

de laine — wollen, aus Wolle

teint, e — gefärbt

teindre — färben

brun, brune — braun

teindre en brun — braun färben

voilà — da ist, da sind, das ist, das sind

un habillement — eine Kleidung

je jette — ich werfe

la voile — das Segel

la toile à voile — das Segelleinen, Segeltuch

il s'entr'ouvre — er öffnet sich halb

entr'ouvrir — halb öffnen

la poitrine — die Brust

la besace — der Quersack

à grande poche — mit einer großen Tasche

équiper — ausrüsten

je sors — ich gehe hinaus

le portail — das Portal

une église — eine Kirche

le noyer — der Nußbaum

rassembler — versammeln

se rassembler — zusammenkommen

le mouton — der Hammel

la chèvre — die Ziege

la vache — die Kuh

maigre — mager

peu — wenig

à peu près — ungefähr

du même âge que moi	von demselben Alter wie ich
avant que [mit Konj.]	ehe, bevor
avant que nous partions	ehe wir aufbrechen
partir pour	aufbrechen nach
la montagne	der Berg
les montagnes, f.	das Gebirge
nous partons	wir brechen auf
chasser	jagen
devant q.	vor jem. her
devant nous	vor uns her
le troupeau	die Herde
commun, commune	gemeinsam
il suit les sentiers	er folgt den Pfaden
inégal, e	ungleich
tortueux, -se	gewunden
aride	ausgetrocknet
la colline	der Hügel
après que	nachdem
gravir	erklimmen
après que nous avons gravi	nachdem wir erklommen haben
la hauteur	die Höhe, Anhöhe
nu, e	nackt, entblößt
on atteint	man erreicht
atteindre	erreichen
en moins d'une heure	in weniger als einer Stunde
la gorge	die Schlucht
spacieux, -se	geräumig
l'on [oft für on, man besonders nach et, ou, où]	man
on aperçoit	man bemerkt
la fumée	der Rauch
la culture	das bebaute Land
çà et là	hier und da
le châtaignier	der Kastanienbaum
gigantesque	riesenhaft
étendre	ausbreiten
la branche	der Zweig
à demi nu, e	halb nackt
brunir	bräunen
la gelée	der Frost
les feuilles pleuvent	die Blätter regnen hernieder
le souffle	der Hauch
devenu, e	geworden
devenir	werden [vor Adjektiven u. Substantiven]
la fantaisie	die Laune, das Belieben
à leur fantaisie	nach (ihrem) Belieben
le genêt	das Pfriemkraut
quant à	was ... anbetrifft
quant à nous	was uns anbetrifft
nous allons	wir gehen
le feu	das Feuer
nous ouvrons	wir öffnen
le frommage	der Käse
assaisonner	würzen, schmackhaft machen
le sel	das Salz
les grains de sel	die Salzkörner
comme	während
ruminer	wiederkäuen
quelquefois	zuweilen, manchmal
l'un d'entre nous	der eine von uns
il découvre	er entdeckt
découvrir	entdecken
une extrémité	ein äußerstes Ende
la gousse	die Hülse [von Kastanien u.s.w.]
la châtaigne	die Kastanie
oublier	vergessen

lancer	ſchleudern
la nuée	die Wetterwolke
une nuée de pierres	ein Hagel von Steinen
détacher	loslöſen
le fruit	die Frucht
une écorce	eine Rinde [von Bäumen u.ſ.w.]; eine Schale [von Kaſtanien]
entr'ouvert, e	halb geöffnet
nous couvrons	wir bedecken
la cendre	die Aſche
le foyer	der Herb
nous faisons	wir machen
cuire	backen, kochen

zu a: 38 en fronçant;
 33 ils voyageaient;
zu b, e: 8 trois parties qui sont
 29 l'homme à qui il appartient
 15 le sillon qu'il a creusé
 12 l'eau au bord de laquelle
 20 le vieil arbre derrière lequel;
zu c: 24 tout ce qu'une fée peut offrir
zu d, f [§ 86: nur adjektiviſch gebrauchte unbeſtimmte Fürwörter]:
 29 quelque objet
 12 quelques myosotis
 9 chaque bras
 15 tout le champ
 19 toute la maison
 28 de tout notre cœur
 4 tous les jours
 5 des différentes pièces
zu d, f [§ 87: nur ſubſtantiviſch gebrauchte unbeſtimmte Fürwörter]:
 1 nous avons chacun un crayon

18 tout me revient
24 tous me refusent
18 tous à la file
11 on revient
29 avez-vous perdu quelque chose?
31 rien n'est plus facile
4 il ne trouve rien
31 personne ne vous dominera
zu d, f [§ 88: adjektiviſch und ſubſtantiviſch gebrauchte unbeſtimmte Fürwörter]:
 4 les autres élèves
 18 j'arrivais avant les autres
 25 une telle quantité de raisins

41.

nécessaire	notwendig
parmi	unter, zwiſchen [von mehr als zweien]
une espèce	eine Art, Gattung
utile	nützlich
la nôtre	die unſrige
une abeille	eine Biene
certainement	ſicherlich
répondit celui-ci	antwortete dieſer
laquelle?	welche?
la brebis	das Schaf
tandis que	während ... dagegen
le miel	der Honig
tandis que ton miel ne m'est qu'agréable	während dein Honig (dagegen) mir nur angenehm iſt

zu b: 1 j'ai une règle
 2 le chat m'a griffé le museau
 2 le chien m'a mordu
zu a, c: 40 du même âge que moi
 27 de moi
 34 à moi
 38 pour moi

26 de lui
26 avec lui
40 devant nous
39 chez vous

42.

la trahison	der Verrat
la souris	die Maus
voulant	wollend, welche wollte
traverser	überschreiten, durchschreiten, durchschwimmen
la rivière	der Fluß
traverser une ri-vière	über einen Fluß setzen
demander qc. à q.	jem. um etw. bitten, jem. nach etw. fragen
une aide	eine Hilfe
la grenouille	der Frosch
elle demanda aide à une gre-nouille	sie bat einen Frosch um Hilfe
la foi	die Treue, der Glaube
de mauvaise foi	treulos, falsch
conduire	führen
à la nage	schwimmend
au milieu de	mitten auf
plonger	untertauchen
chercher à f.	suchen zu thun
noyer	ertränken
la bête	das Tier
se débattre	sich wehren, sich sträuben
le milan	der Weihe
fondre	herabstürzen
emporter	forttragen, wegschleppen
la serre	die Klaue, Kralle
attacher	verbinden, befestigen
la patte	die Taye, Pfote

subir   erleiden
Il reçut   er empfing
le châtiment de die Strafe für

—

zu a: 8 il s'appelle
40 je jette
30 ils jettent
zu b, c: 1 ma règle
41 la nôtre
33 sa part aurait augmenté
les nôtres

43.

les épis de blé	die Kornähren
son fils Gustave	sein Sohn Gustav
il alla	er ging
un état	ein Zustand
dans quel état étaient ses moissons	in welchem Zustand seine Ernte wäre
arriver	gelangen
à un champ	auf einem Felde, auf ein Feld
certains épis	gewisse (manche) Ähren
droit, e	gerade
se tenir droit, e	gerade stehen
lourd, e	schwer (von Gewicht) [Adj.]
lourdement	schwer [Adv.]
incliner	neigen
d'autres étaient lourdement in-clinés	andere waren schwer geneigt
vers	nach... hin, auf... zu
le dommage	der Schade
quel dommage que [mit Konj.]	wie schade, daß
c'est dommage que [mit Konj.]	es ist schade, daß
courber	biegen, beugen

quel dommage que ces épis soient si courbés!	wie schade, daß diese Ähren so gebogen sind!
combien	wie sehr
préférer	vorziehen, lieber mögen
je préfère ceux-ci	ich ziehe diese vor
vigoureux, -se	stark, kräftig
rouler	rollen
faire sortir	herausholen
vois!	siehe!
plein, e	voll
le poids	die Last, das Gewicht
pencher	neigen
fier, fière	stolz [Adj.]
fièrement	stolz [Adv.]
ils valent	sie sind wert
valoir	gelten, wert sein

zu a: 37 il s'élève
23 ils se relèvent
11 ils célèbrent
zu c, d: 14 à qui?
41 laquelle?

44.

le séminariste	der Seminarist, Zögling eines Priesterseminars
publier	veröffentlichen
il y a	vor (= es ist her)
il y a quelque temps	vor einiger Zeit
curieux, -se	merkwürdig
futur, e	zukünftig
songer	denken
il songeait à f.	er dachte daran, zu thun
un ordre	eine Ordnung, ein Rang

entrer dans les ordres	die Priesterweihe nehmen
la Provence	die Provence
en Provence	in der Provence
s'imaginer	sich denken, vermuten
un de mes frères	einer meiner Brüder, ein Bruder von mir
il sera arrivé	er wird angekommen sein
du moins	wenigstens
s'échapper	entwischen, entweichen
un échappé	ein Flüchtling
militaire	militärisch
une école militaire	eine Kriegsschule
il ne se sent aucune disposition	er fühlt keine Neigung in sich
sentir	fühlen
la disposition	die Neigung
se réfugier	flüchten
il se réfugie	er flüchtet
le séminaire	das Seminar
pour que [mit Konj.]	damit
pour qu'il puisse	damit er kann
la liberté	die Freiheit
une inclination	eine Neigung
un autel	ein Altar
prier de f.	bitten zu thun
témoigner	bezeugen, erweisen
il vous en remerciera	er wird Ihnen dafür danken
remercier q. de qc.	jem. für etw. danken
infini, e	unendlich [Adj.]
infiniment	unendlich [Adv.]
un honneur	eine Ehre
j'ai l'honneur de f.	ich habe die Ehre zu thun

sincère	aufrichtig
un attachement	eine Anhänglich-keit, Zuneigung
humble	demütig
le serviteur	der Diener
votre très humble serviteur	Ihr ergebenster ..

zu b: 15 les mottes soulevées
　　9 la main est reliée à
　　　l'avant-bras
　　36 vous serez très bien payé
　　19 une étincelle était tombée
　　19 ils étaient sortis

45.

Anmerkung: Weitere bisher da-gewesene Ausdrücke, nach wel-chem der Konjunktiv zu setzen ist (vergl. Wörterverzeichnis zu 39):

préférer que	lieber mögen, vor-ziehen, daß
valoir que	wert sein, daß
quel dommage que	wie schade, daß
c'est dommage que	es ist schade, ·
il est agréable que	es ist angenehm, daß
il est nécessaire que	es ist notwendig, daß
il est utile que	es ist nützlich, daß
avant que	ehe, bevor
pour que	damit

le mensonge	die Lüge
Il suffit que [mit Konj.]	es genügt, daß
Il suffit que le mensonge soit mensonge	es genügt, daß die Lüge Lüge ist
suffire	genügen

pour n'être pas	um nicht zu sein
digne	würdig
blesser	verwunden, verletzen
offenser	beleidigen
la conscience	das Gewissen
il ment	er lügt
mentir	lügen
nuisible	schädlich
le menteur	der Lügner
le faux monnayeur	der Falschmünzer
pris, e	genommen, gehalten (für)
prendre pour	irrtümlich halten für
la fausseté	die Falschheit
la parole	das Wort
reconnu, e	erkannt
reconnaître	erkennen

zu a: 43 ils soient
zu c: 31 celui d'entre vous
　　22 ceux qui
　　40 ceux des petits paysans
　　41 répondit celui-ci
　　43 je préfère celui-ci

46.

un écho	ein Echo
George	Georg
s'aviser (de f.)	sich einfallen lassen (zu thun), auf den Einfall kommen (zu thun)
le pré	die Wiese
sortir	herauskommen
entendre f.	thun hören
se mettre à f.	sich daran machen zu thun, an-fangen zu thun
sur quoi	worauf
sur quoi la voix reprit aussitôt	worauf d. Stimme sofort erwiderte

il faut que [mit Konj.]	es ist nötig, daß
il faut que tu sois	du mußt sein; es ist nötig, daß du bist
falloir	nötig sein, müssen
le garçon	der Junge, Knabe
un sot garçon	ein dummer Junge
le fond	die Tiefe
pour le coup	diesmal
la colère	der Zorn
se mettre en colère	in Zorn geraten
redoubler	verdoppeln
une injure	eine Beleidigung, Schmähung
la forêt	der Wald
l'écho les lui rendit	das Echo gab sie ihm zurück
supposer	vermuten
l'enfant qu'il supposait lui répondre	das Kind, von dem er vermutete, daß es ihm antwortete
une étendue	eine Ausdehnung, ein Umfang
le bocage	das Gebüsch
se venger de q.	sich rächen an jem.

zu a: 43 lourdement
43 fièrement
23 miraculeusement
41 certainement
31 successivement; —
26 ordinairement
32 facilement
33 véritablement
36 tranquillement
39 agréablement; —
35 lentement; —
44 infiniment
zu c: 24 ne m'en parlez pas
29 il s'en réjouit

30 il l'en avertit
44 il vous en remerciera

47.

voler dans	stehlen aus
une écurie	ein Stall, Pferdestall
se rendre	sich wohin begeben
il se tenait	er wurde abgehalten
à	in einer Entfernung von
la lieue	die Meile
à quinze lieues	in einer Entfernung von 15 Meilen
une intention	eine Absicht
l'intention d'en acheter un autre (: cheval)	die Absicht, ein anderes (nämlich: Pferd) zu kaufen
reconnaître	wiedererkennen
exposer	aussetzen, ausstellen
la vente	der Verkauf
exposer en vente	zum Verkauf stellen
la bride	der Zügel
saisir par la bride	beim Zügel ergreifen
il appartient	es gehört
tromper	täuschen
se tromper	sich irren
poli, e	höflich
il voulait	er wollte
il y a plus d'un an	es ist mehr (länger) als ein Jahr her
posséder	besitzen
il se peut que [mit Konj.]	es ist möglich, daß
il se peut qu'il ait	es ist möglich, daß es hat
la ressemblance	die Ähnlichkeit
prouver	beweisen
dites	saget, sagen Sie

borgne	einäugig
vrai, e	wahr
vraiment	wirklich [Adverb]
examiner	prüfen, untersuchen
attentif, -ve	aufmerksam
demeurer	bleiben
interdit, e	verblüfft
demeurer interdit, e	verblüfft sein
il devait	er mußte
devoir	sollen, müssen, dürfen, schuldig sein, verdanken
repartir	erwidern
le hasard	der Zufall
au hasard	aufs Geratewohl
gauche	link
vous n'y êtes pas	falsch (=Sie haben nicht das Richtige getroffen)
interrompre	unterbrechen
le fripon	der Spitzbube
interrompit le fripon	unterbrach ihn der Spitzbube
je me suis trompé de mot	ich habe mich versprochen
je voulais	ich wollte
droit, e	recht
l'œil droit	das rechte Auge
il voit	es sieht
il découvrit	er deckte auf
découvrir	aufdecken
disant	sagend
aveugle	blind
la question	die Frage
le but	der Zweck
mes questions avaient pour but	meine Fragen hatten den Zweck
dévoiler	enthüllen, ans Licht bringen

la fourberie	der Betrug, die Gaunerei
le vol	der Diebstahl
mettre au jour	ans Licht bringen
assister	anwesend sein, zugegen sein
ils se mirent à rire	sie fingen an zu lachen
battre des mains	in die Hände klatschen
attraper	ertappen, erwischen
obliger	verpflichten, zwingen
être obligé de f.	gezwungen sein zu thun
d'abord	zuerst, zunächst
légitime	rechtmäßig
emprisonner	ins Gefängnis werfen
la punition	die Strafe, Bestrafung
mériter	verdienen

46 l'écho les lui rendit

48.

placer	anlegen [Geld]
laborieux, -se	arbeitsam
gagner	gewinnen, verdienen [Geld]
beaucoup d'argent	viel Geld
éviter	vermeiden
soigneux, -se	sorgfältig
la dépense	die Ausgabe
non	nicht [bei anderen Wörtern als Verben]
indispensable	unbedingt nötig
une dépense non indispensable	eine nicht unbedingt nötige Ausgabe
donc	doch [hinter Imperativen]
faire de	machen mit

dites-moi donc ce que vous faites — fagen Sie mir doch, was Sie machen

je fais — ich mache

la dette — die Schuld

les intérêts, m. — die Zinsen

placer à intérêts — verzinslich anlegen

plaisanter — spaßen

je connais — ich kenne

connaître — kennen

je vous connais — ich kenne an (bei) Ihnen

douter que [mit Konj.] — bezweifeln, daß

je doute que vous placiez — ich bezweifle, daß Sie anlegen

dépenser — ausgeben

depuis que — seit, seitdem [Konjunktion]

au monde — auf der Welt

regarder comme — ansehen als, betrachten als

tout l'argent, je le regarde comme une dette — alles Geld betrachte ich als eine Schuld

être tenu de f. — gehalten sein zu thun

rembourser — zurückzahlen

employer à f. — dazu verwenden zu thun

élever — erziehen

bien élever — gut erziehen

considérer comme — ansehen als, betrachten als

le capital — das Kapital

servi, e — gedient, ausgezahlt

servir — auszahlen

je pourrai — ich werde können

zu a: 36 il essaye de f.

zu b: 12 ce ruisseau [vergl. zu 39c]

41 répondit celui-ci

43 je préfère ceux-ci

49.

Anmerkung: Weitere bisher dagewesene Ausdrücke, nach welchen der Konjunktiv zu setzen ist (vergl. Wörterverz. zu 39, 45):

être digne que — wert sein, daß

mériter — verdienen,

éviter — vermeiden,

douter — bezweifeln,

il suffit — es genügt,

il faut — es ist nötig,

il se peut — es ist möglich,

intelligent, e — intelligent, klug

s'attacher à q. — sich an jem. anschließen

le plus sincèrement — am aufrichtigsten

le gardien — der Wächter

de nos maisons et de nos troupeaux — unserer Häuser und Herden

la pensée — der Gedanke

le sentiment — das Gefühl

sensible à — empfänglich für

le souvenir de — die Erinnerung an

un outrage — eine Beleidigung, Kränkung

lécher — lecken

il vient de le frapper — er hat ihn soeben geschlagen

venir de f. — soeben gethan haben

la fidélité — die Treue

une épreuve — eine Probe

être à l'épreuve — erprobt sein

le seul qui [mit Konj.] — der einzige, welcher

le seul animal dont la fidélité soit à l'épreuve — das einzige Tier, dessen Treue erprobt ist

s'il	wenn er
s'ils	wenn sie
appeler	rufen (jem.)
les gémissements	das Ächzen, Stöhnen, Wimmern, Heulen
dans un voyage	auf einer Reise
il se souvienne	er erinnert sich [Konj.]
se souvenir de	sich erinnern an
la route	die Straße, der Weg
choisir	wählen, erwählen

48 je doute que vous placiez

50.

une histoire	eine Geschichte
la mouche	die Fliege
déjeuner	frühstücken
elles cher-chaient de quoi déjeuner	sie suchten etwas zu frühstücken
les confitures, f.	das Backwerk
régaler	bewirten
se régaler de	sich delektieren an
falsifier	verfälschen
il mourut	er starb
atroce	gräßlich
la souffrance	das Leiden, der Schmerz
dans d'atroces souffrances	unter gräßlichen Schmerzen
voyant	sehend, als er sah
il résolut	er beschloß
résoudre de f.	beschließen zu thun
la friandise	die Näscherei
contenter	zufriedenstellen
se contenter de	sich begnügen mit
l'alun, m.	der Alaun
rejeter	(zurück)werfen

la bière	das Bier
un verre de bière	ein Glas Bier
l'aloès, m.	Aloe-Saft
rester	übrig bleiben
impossible	unmöglich
le point	der Punkt
à ce point	bis zu einem solchen Grade
se suicider	Selbstmord begehen
justement	gerade (= eben)
la lettre	der Buchstabe
tuer	töten
tue-mouches	Fliegentod
étrange	wunderbar, sonderbar
chose étrange!	seltsam!
plus... mieux...	je mehr... desto besser...
se porter	sich befinden, sich fühlen
il était lui-même falsifié	es war selbst verfälscht

zu a: 39 plus agréablement
      49 le plus sincèrement
      18 bien
      19 plus
      32 moins
      40 en moins d'une heure
      44 du moins
zu b, c: vergl. zu 12e und
   12: que faites-vous?
   35: que voulais-tu nous dire?

51.

Anmerkung: Weitere bisher dagewesene Ausdrücke, nach welchen der Konjunktiv zu setzen ist (vergl. Wörterverz. zu 39, 45, 49):

il est étrange que	es ist sonderbar, daß
il est impossible que	es ist unmöglich, daß
le seul qui	der einzige, welcher

la providence	die Vorsehung
voulu	gewollt
vouloir que [mit Konj.]	wollen, daß
la providence a voulu qu'il y eût des riches qui eussent pitié des pauvres	die Vorsehung hat gewollt, daß es Reiche geben sollte, die mit den Armen Mitleid haben sollten
ils occupassent	sie beschäftigten (Konj.), sie sollten beschäftigen
occuper	beschäftigen
ils fissent	sie machten (Konj.)
faire vivre q.	jem. den Lebensunterhalt gewähren
bien du (de la, des)	sehr viel, sehr viele [vor Substantiven]
bien des soucis	sehr viele Sorgen
exempt, e (de)	frei (von)
un même	ein und derselbe
la distinction	die Unterscheidung, der Unterschied
elle ne fait pas de distinction	sie macht keinen Unterschied

zu d: 40 en moins d'une heure
47 il y a plus d'un an

52.

Charles	Karl
Charlemagne	Karl der Große
visiter	besichtigen, visitieren
amener	herbeiführen, vorführen
il voulut	er wollte
ils montrassent	sie zeigten [Konj.]
le vers	der Vers
sortir	hervorgehen
la classe	die Klasse, der Stand

moyen, -enne	mittlere
la classe moyenne	der Mittelstand
inférieur, e	geringer, nieder
des classes moyenne et inférieure	aus dem mittleren und niederen Stande
un ouvrage	ein Werk, eine Arbeit
passer	übertreffen
une espérance	eine Hoffnung
noble	vornehm
le contraire	das Gegenteil
au contraire	im Gegenteil, dagegen
produire	vorzeigen
misérable	elend
la pauvreté	die Armut, Armseligkeit
louer (de)	loben (wegen)
le zèle	der Eifer
le zèle à f.	das eifrige Streben danach, zu thun
remplir	erfüllen
rechercher qc.	nach etw. trachten
propre	eigen
le bien	das Wohl
votre propre bien	euer eignes Wohl
de tous vos moyens	mit allen (euren) Mitteln
s'efforcer de f.	sich (darum) bemühen, zu thun
atteindre à	heranreichen an
la perfection	die Vollkommenheit
un évêché	ein Bistum
de riches évêchés	reiche Bistümer
magnifique	großartig, prächtig
une abbaye	eine Abtei
je tiendrai	ich werde halten
estimable	achtbar

je vous tiendrai	ich werde euch für
pour des gens	achtbare Leute
considérables	halten
tourner	wenden
le front	das Antlitz
irriter	erzürnen
irrité, e	zornig
ils étaient de- meurés	sie waren geblie- ben
adresser à	richten an
principal, e	hauptsächlich
les principaux	die Vornehmsten
la nation	die Nation, das Volk
délicat, e	fein, zart
se reposer	(sich) ausruhen
vous qui vous reposez	ihr, die ihr euch ausruht
la fortune	das Vermögen
il faudrait	es würde nötig sein
vous obéissiez	ihr gehorchtet [Konj.]
obéir	gehorchen
il faudrait que vous obéissiez	ihr solltet gehor- chen
un ordre	ein Befehl
vous abandon- nassiez	ihr überließet [Konj.]
abandonner	aufgeben, im Stiche lassen, hingeben, überlassen
la mollesse	die Verweichlichung
le jeu	das Spiel
la paresse	die Faulheit, Trägheit
futile	wertlos
une occupation	eine Beschäftigung
le cas	der Fall
faire cas de	Wert legen auf
sachez!	wisset!
retenez!	merkt euch
retenir	sich etw. merken

se hâter de f.	sich (damit) be- eilen, zu thun
réparer	wieder gut machen
constant, e	beständig
une application	ein Fleiß
la négligence	die Nachlässigkeit
passé, e	vergangen, früher
la négligence passée	die frühere Nach- lässigkeit
vous obtiendrez	ihr werdet erhalten
rien	etwas [in ver- neinten Sätzen]
vous n'obtien- drez jamais rien	ihr werdet nie- mals etwas er- halten

---

zu a: 50 il était lui-même falsifié
zu a, c: 45 celui qui blesse la vérité
se blesse lui-même
zu b: 3 il leur dit
24 je lui parle
24 ne m'en parlez pas
zu c: 31 le vieillard fit venir ses
enfants devant lui

53.

Anmerkung: Weiter bisher dagewesene Ausdrücke, nach welchen der Konjunktiv zu setzen ist
(vergl. Wörterverz. zu 39, 45, 49, 51):

louer que	loben, daß
être irrité que	erzürnt (zornig) sein, daß

---

une éducation	eine Erziehung
Henri	Heinrich
aussitôt que	sobald als [mit histor. Plusqpf.]
aussitôt que Henri IV fut né	sobald als Hein- rich IV. geboren war

le grand-père	der Großvater
le roi	der König
le testament	das Testament
la boîte d'or	die Schachtel, Büchse golden
être à	gehören
cela est à vous, et ceci est à moi	das gehört Ihnen, und dieses da gehört mir
nourrir	ernähren
le prince	der Prinz, Fürst
la délicatesse	die Zartheit, Weichlichkeit
d'ordinaire ⎱ ordinairement ⎰	gewöhnlich [Adv.]
la qualité	die Eigenschaft
sachant	wissend
habiter	wohnen
une âme	eine Seele
faible	schwach
défendre que [mit Konj.]	verbieten, daß
habiller	ankleiden, anziehen
il défendit qu'on l'habillât	er verbot, daß man ihn kleidete
les babioles, f.	die Kinderspielsachen
flatter q.	jem. schmeicheln
qu'on le flattât	daß man ihm schmeichelte [Konj.]
plutôt	eher, vielmehr
un orgueil	ein Stolz, Hochmut
la générosité	der Edelmut, die Großmut
le petit-fils	der Enkel
accoutumer à f.	(daran)gewöhnen, zu thun
grimper	klettern
le rocher	der Felsen
habituer	gewöhnen

la fatigue	die Ermüdung, Anstrengung

52 vous abandonnassiez
52 ils montrassent
51 ils occupassent;
52 vous obéissiez
51 ils réjouissent

54.

la noix	die Nuß
Pierre	Peter
c'est moi qui l'ai vue le premier	ich habe sie zuerst (- vor dir) gesehen
Bernard	Bernhard
ramasser	aufheben (von der Erde)
là-dessus	hierüber
s'engager	sich entspinnen
violent, e	heftig
la querelle	der Streit
se fier à q.	jem. trauen, sich jem. anvertrauen
je veux	ich will
un accord	eine Übereinstimmung
mettre d'accord	einig machen
passer (par)	vorüberkommen (bei, an)
il passait par là	er kam dort vorüber
placer	stellen
au milieu de	mitten zwischen
la coquille	die Schale (einer Nuß)
une amande	ein Kern
garder	behalten
le prix de	der Preis für
le jugement	das Urteil
porter un jugement	ein Urteil fällen
ajouter	hinzufügen
riant	lachend

le dénouement	der Ausgang (eines Prozesses)
habituel, -elle	gewöhnlich
la plupart (du, de la, des)	der (die) meiste, die meisten
la plupart des procès	die meisten Prozesse
le procès	der Prozeß

zu a: 53 cela est à vous, et ceci est à moi

55.

la tige	der Stengel
desséché, e	verdorrt
je sais	ich weiß
un orage	ein Sturm
le chêne	die Eiche
le soutien	die Stütze
inconstant, e	unbeständig
le zéphyr	der Zephyr (lauer Wind)
un aquilon	ein Nordwind
promener	umherführen
la plaine	die Ebene
le vallon	das (kleine) Thal
le vent	der Wind
mener	führen
plaindre	beklagen
effrayer q.	jem. erschrecken
s'effrayer	(selbst) erschrecken
sans me plaindre ou m'effrayer	ohne mich zu beklagen oder zu erschrecken
la feuille de rose	das Rosenblatt
le laurier	der Lorbeerbaum
la feuille de laurier	das Lorbeerblatt

33 je vais	37 il alla
33 il va	38 il allât chercher
40 nous allons	
18 il allait	7 il ira

56.

le combat	der Kampf
le loup	der Wolf
le taureau	der Stier
un été	ein Sommer
tomber	sich niedersenken
bestial, e	tierisch
les bestiaux (= les bêtes)	die Tiere
retenu, e	zurückgehalten
la crèche	die Krippe, das Pfahlwerk
errer	umherirren
vert, e	grün
le coteau	der Abhang
ils suivent	sie folgen
pas à pas	Schritt für Schritt
le détour	die Krümmung
une eau	ein Gewässer
la vapeur	der Dampf, Dunst
'hennir	wiehern
bruyant, e	geräuschvoll
le rayon	der Strahl
la lune	der Mond
la tanière	die Höhle (von wilden Tieren)
attirer	anziehen, anlocken
en feu	feurig
le trait	der Pfeil
sortir de	verlassen (= herausgehen aus)
le poulain	das Füllen
un jeune poulain	ein junges Füllen
étrangler	erwürgen
la génisse	die Färse (junge Kuh)
bondir	springen, hüpfen
la corne	das Horn
en avant	nach vorn, vorwärts, gesenkt
rôder	umherstreifen

alentour	rings umher
ouvrant	öffnend
la gueule	das Maul, der Rachen
ardent, e	glühend
'hurler	heulen
partout	überall
de partout	von allen Seiten
baisser	senken
il voit les fronts	er sieht die Stir-
se baisser	nen sich senken
prêt, e (à f.)	bereit (zu thun)
lâcher	loslassen
la proie	die Beute
il fuit	er flieht
la balle	der Ball, die Kugel
	(eines Gewehrs)
la marche	der Marsch
la marche triom-	der Triumphzug
phale	
le hameau	der Weiler
de... en...	von... zu...
le corps	der Körper, Leichnam

39 ils dorment	18 je partais; —
19 dormi;	5 il se sert
45 il ment	2 ils servent
44 il ne se sent	48 servi, e; —
aucune dispo-	40 je sors
sition; —	18 je sortais
40 nous partons	19 sorti, e
40 avant que	
nous partions	

57.

la source	die Quelle
la source miné-	die Mineralquelle
rale	
le médecin	der Arzt
un établissement	eine Anstalt
un établissement	eine Warmbade-
thermal	anstalt

il reçoit	er empfängt
une arrivée	eine Ankunft
le baigneur	der Badegast
débarquer	landen, neu an-
	kommen
la foule	die Menge
en foule	haufenweise
le cabinet	das Studierzimmer,
	Sprechzimmer
écouter q.	jem. zuhören,
	jem. anhören,
	hören auf jem.
les doléances, f.	die Klagen
il écoute leurs	er hört ihre
doléances	Klagen an
le roman	der Roman
il lit	er liest
un intérêt	ein Interesse
opposer	entgegensetzen,
	entgegenstellen
le récit	die Erzählung
le client	der Kunde
la réponse	die Antwort
invariable	unveränderlich
prenez!	nehmt, nehmen Sie!
guérir	heilen
le docteur	der Doktor
consulter	um Rat fragen
on envoie	man schickt
ici	hierher
un appétit	ein Appetit
de bon appétit	mit gutem Appetit
je bois	ich trinke
boire sec	den Wein ohne
	Wasser trinken
la part	die Seite
ne... nulle part	nirgends
la lecture	die Lektüre
buvez!	trinken Sie!

ça	bieſes, bas
se passer	vergehen
ça se passera	bieſes wird ver-gehen

zu a: 40 il découvre
40 nous couvrons
47 il découvrit
27 ils couvrirent
8 couvert, e; —
40 il s'entr'ouvre
40 nous ouvrons
27 ouvrez-moi
56 ouvrant
27 j'ouvris
27 nous ouvrîmes
35 ouvert, e
40 entr'ouvert, e; —
24 j'offre; —
zu b: 11 c'est la violette
16 cela indique

58.

un automne	ein Herbſt
il est venu	er iſt gekommen
une alouette	eine Lerche
faire sa récolte	Ernte halten
un insecte	ein Inſekt
la contrée	die Gegend
septentrional, e	nördlich
la grive	die Droſſel, der Krammetsvogel
exact, e	pünktlich
la vendange	die Weinleſe
les vendanges	die Weinleſezeit, der Herbſt
la couronne	die Krone
imperceptible	unbemerkbar
le nord	der Norden
la Norvège	Norwegen
de Norvège	aus Norwegen
au temps	zur Zeit

le brouillard	der Nebel
le roitelet	der Zaunkönig
le sapin	die Tanne, Fichte
le magicien	der Zauberer
la chanson	das Lied
jusqu'à ce que [mit Konj.]	bis [Konjunktion]
un excès	ein Übermaß
le froid	die Kälte
descendre	herabſteigen, herabkommen
jusqu'à ce que l'excès du froid le fasse descendre	bis das Übermaß der Kälte ihn ver-anlaßt, herabzu-kommen
la saison	die Jahreszeit
rude	rauh
le secours	die Hilfe
demander secours	um Hilfe bitten
la fauvette	die Grasmücke
le buisson	der Buſch, der Strauch, das Gebüſch
craintif, -ve	furchtſam
vers le soir	gegen Abend
enhardir	kühn machen
s'enhardir à f.	ſich (dazu) erküh-nen, zu thun
entendre	vernehmen
trembler	zittern
sa voix trem-blante	ihre zitternde Stimme
le bûcheron	der Holzhauer
approcher qc. de q.	jemandem etwas näher bringen
le tison	der Feuerbrand [noch glühendes Holzſtück]
il a approché l'un de l'autre les tisons	er hat die Feuer-bründe einander näher gebracht

la veille — der vorhergehende Tag oder Abend
engourdi, e — erstarrt
pétiller — knistern
il accourt — es eilt herbei
accourir — herbeieilen
la part — der Anteil
la joie — die Freude
un peu de grain — ein wenig Korn
le visage — das Gesicht
ami, e — freundschaftlich, freundlich
entrer — hereinkommen
s'il voit... il entrera... — wenn es sieht, wird es hereinkommen

15 il tient
25 la vigne y tient
47 il m'appartient
52 retenez!
20 il tenait
29 il appartenait
30 il contenait
28 elles retenaient
20 contenant
26 ils obtiennent
48 être tenu de f.
56 retenu, e
52 je tiendrai
52 vous obtiendrez; —
49 il vient
11 on revient
49 il se souvienne
23 il revenait
19 ils revenaient
27 il revint
40 devenus libres

59.

inquiéter — beunruhigen
tomber malade — krank werden
si je tombe malade ou que je meure — wenn ich krank werde oder wenn ich sterbe

que deviendront ma femme et mes enfants? — was soll (wird) aus meiner Frau und meinen Kindern werden?
il connaît — er kennt
la créature — das Geschöpf
veiller (sur) — wachen (über)
un amour — eine Liebe
le secret — das Geheimnis
nous connaissons — wir kennen
croyons! — laß uns glauben!
espérer — hoffen
poursuivons! — laß uns fortsetzen!
poursuivre — fortsetzen, fortfahren
la paix — der Friede
l'un et l'autre — beide
l'un et l'autre nous mourons — wir sterben beide
être en âge de f. — alt genug sein, um zu thun
pourvoir à — sorgen für
la nécessité — die Notwendigkeit
les nécessités — die Bedürfnisse
avoir pour — haben als (zu)
ils auront pour père — sie werden zum Vater haben
le ciel — der Himmel

34 il court
58 il accourt
23 ils courent
24 elle courait;
27 je meurs
50 il mourut
33 ils moururent
30 mort, e
33 ils mourraient

60.

la portée — die Tragweite, der Bereich
respecter — achten
le mal — das Übel, Leid
tomber — niederfallen, niederstürzen
à mes yeux — vor meinen Augen

demi-mort(e) de halb tot vor Er-
fatigue   müdung
se garder de f. sich (davor) hüten,
                        zu thun
maltraiter   mißhandeln
réchauffer   erwärmen
reprendre   wiedererlangen
qu'elle reste (Ronj.) sie möge bleiben
libre de   frei in
qu'elle puisse   sie möge können
elle voudra   sie wird wollen
revoler   zurückfliegen
le barbare der Barbar, Unmensch
malheur aux bar- wehe den Un-
bares!   menschen!
d'autres animaux andere Tiere
satisfaire   befriedigen
la passion   die Leidenschaft
la chasse   die Jagd
respirer   atmen
la chair   das Fleisch
bon à f.   gut zu thun

---

48 je fais   18 il faisait froid
16 il fait   48 vous faites
40 nous faisons 16 ils font
58 jusqu'à ce que l'excès du froid
        le fasse descendre
31 il fit   33 ils disaient
51 ils fissent   47 disant
2 fait, e; —   47 dites!
45 il suffit [Präs.]; 24 disent-ils
4 il dit [Präs.] 3 il dit [hist.
3 il disait   Perf.]

61.

un jour d'été que an einem Som-
                        mertage, wo
extrème   äußerst
il fait chaud   es ist warm
brûler   brennen

ses joues étaient seine Wangen
brûlantes   glühten
mourir de soif sterben vor Durst
tout à coup plötzlich
une onde eine Welle, Woge
argenté, e silberglänzend
jaillir hervorsprudeln
précipiter stürzen
se précipiter vorwärts stürzen
la glace das Eis
la connaissance das Bewußtsein
sans connaissance bewußtlos
la fièvre das Fieber
dangereux, -se gefährlich
soupirer seufzen
la douleur der Schmerz
dans son lit de auf seinem
douleur Schmerzenslager
le poison das Gift
pernicieux, -se verderblich
qui aurait cru, wer hätte beim
à voir cette Sehen (Anblick)
source, qu'elle dieser Quelle ge-
contint un glaubt, daß sie
poison? ein Gift enthielt?
pur, e rein
la cause die Ursache
la maladie die Krankheit
une imprudence eine Unklugheit,
Unvorsichtigkeit
c'est ton impru- es ist deine Un-
dence vorsichtigkeit

---

30 croyons!   57 buvez!
30 il croyait; — 3 bu, e
57 je bois

62.

le geai der Eichelhäher
le garde-chasse der Jagdaufseher

Maurice	Moritz
prendre	fangen, gefangen nehmen
le filet	das Fädchen, Netz
apprendre à q. à f.	jem. thun lehren
il lui avait appris à prononcer	er hatte ihn aussprechen gelehrt
prononcer	aussprechen
un exemple	ein Beispiel
par exemple	zum Beispiel
le chasseur	der Jäger
me voilà	da bin ich
éprouver	empfinden
il venait l'écouter	er kam, um ihm zuzuhören
venir f.	kommen, um zu thun
un jour que	eines Tages, als
·il vit	er sah
étouffer	ersticken
honteux, -se	beschämt
confus, e	verwirrt
restituer	erstatten, zurückgeben

29 il mit	3 il prit
47 ils se mirent à rire	46 elle reprit
	45 pris, e
22 permis, e; —	60 repris, e
24 je comprends	25 surpris, e; —
26 il apprend	54 riant
8 il comprend	18 nous riions
57 prenez!	

63.

un habitant	ein Einwohner, Bewohner
s'adonner à qc.	sich einer Sache hingeben
laisser faire	gewähren lassen

assez	ziemlich, genug
considérable	ansehnlich, beträchtlich
le joueur	der Spieler
il ne peut ni ne doit	er kann nicht und darf nicht
marier	verheiraten
tant que	solange als
plaire	gefallen
la condition	die Bedingung
à une condition	unter einer Bedingung
déclarer	(feierlich) erklären
autant d'argent que j'en aurai compté	ebensoviel Geld, wie ich ausgezahlt haben werde
autant (de)	ebensoviel
commencer	anfangen, beginnen
sur-le-champ	auf der Stelle, sofort
un hôpital	ein Hospital
à partir de	von ... an

57 il reçoit	29 il aperçut	
40 on aperçoit	30 il s'aperçut	
28 nous recevons	de sa perte	
42 il reçut	47 il devait	
37 il conçut		

64.

le merle	die Amsel
la glu	der Vogelleim
le bec	der Schnabel
hier	gestern
plu	geregnet
la pluie	der Regen
valoir mieux	besser sein
le vaurien	der Nichtsnutz
je voudrais	ich möchte
la cage	der Käfig, das Vogelbauer
prendre garde à	achthaben auf

peut-être	vielleicht
le prisonnier	der Gefangene

---

54 je veux	47 il voulait
23 il veut	42 voulant
28 nous voulons	52 il voulut
47 je voulais	51 voulu
35 que voulais-tu	60 elle voudra;
nous dire?	43 ils valent
46 il faut que tu sois	
52 il faudrait que vous obéissiez	

65.

un avocat	ein Rechtsanwalt
acquitter	freisprechen
la cour	der Hof, Gerichtshof
en cour d'assises	vor dem Schwurgericht
grâce à	dank
le talent	das Talent, die Begabung
en l'absence de	in Abwesenheit, mangels
la preuve	der Beweis
palpable	handgreiflich
détourner	abwenden
la condamnation	die Verurteilung
prévu, e	vorhergesehen
prévoir	vorhersehen
le lendemain	der folgende Tag (oder Morgen)
le lendemain de	am Tage nach
un acquittement	eine Freisprechung
croire f.	zu thun glauben
fêter	feiern
la mise en liberté	die Freilassung
en (mit Part.Präs.)	dadurch, daß
la visite	der Besuch
rendre visite	einen Besuch abstatten

en rendant visite	dadurch, daß er einen Besuch abstattete
exprimer	ausdrücken
la reconnaissance	die Dankbarkeit, Erkenntlichkeit
lancer	zuwerfen
le regard	der Blick
foudroyer	niederschmettern, zerschmettern
une indignation	eine Entrüstung, ein Unwille
oser f.	zu thun wagen
coupable	schuldig
mieux que personne	besser als sonst jemand
mettre en liberté	in Freiheit setzen
faute de	aus Mangel an
le criminel	der Verbrecher
condamner	verurteilen
sortez!	hinaus!

---

2 je peux	48 je pourrai
24 elle peut	39 je pourrais
47 il se peut que	35 puis-je; —
8 nous pouvons	55 je sais
36 vous pouvez	35 tu sais
44 pour qu'il	53 sachant
puisse	52 sachez!
60 qu'elle puisse	40 les feuilles
28 quoique nous	pleuvent
ne puissions	64 plu
le voir	

66.

un agneau	ein Lamm
toute saisie	ganz ergriffen (Fem.)
en songeant	wenn ich denke
tout le monde	jedermann
une envie	ein Neid

faire envie	Reid erregen	la nature	die Natur
le boucher	der Schlachter	hélas!	ach!
le bourreau	der Henker	le vœu	das Gelübde, der
la cérémonie	die Feierlichkeit		Wunsch
sans cérémonie	ohne Umstände	le destin	das Geschick
le sang	das Blut	contraire	entgegengesetzt,
le sang-froid	die Kaltblütigkeit		widrig
de sang-froid	kaltblütig	mourir jeune	jung zu sterben
égorger	umbringen	n'est pas un des-	ist kein so widri-
le confrère	der Amtsbruder,	tin si contraire	ges Geschick
	Genosse	survivre à q.	jem. überleben
épier q.	jem. auflauern	si je survivais	wenn ich meine
manger	fressen	à ma mère	Mutter überlebte
à la fois	zugleich		
conjurer	sich verschwören	39 je vois	50 voyant
le jour	das Tageslicht	43 vois!	62 il vit
à peine	kaum	47 il voit	3 vu, e
ravir	rauben	28 nous voyons	65 prévu, e
		20 on voyait	39 vous verriez

Anhang zum II. Abschnitt.

38a.

une avarice	ein Geiz	la pièce d'or	das Goldstück
considérable	ansehnlich, beträchtlich	rapporter	zurückbringen
cousu, e	genäht	intact, e	unversehrt
condre	nähen	le journalier	der Tagelöhner
soigneusement	sorgfältig [Abv.]	sans	ohne zu
soigneux, -se	sorgfältig [Adj.]	toucher à	rühren an
le cuir	das Leder	le contenu	der Inhalt
le sac en cuir	der Lederbeutel	avare	geizig
annoncer	verkünden, bekannt machen	s'empresser de f.	sich beeilen zu thun
il s'engagea	er verpflichtete sich	réfléchir à qc.	über etw. nach-
engager	verpflichten		denken, etw.
la récompense	die Belohnung		überlegen
la pièce	das Stück	éluder	umgehen
		la promesse	das Versprechen
		il devait	er sollte, mußte

devoir	follen, müffen
y	darin
ne ... plus que	nur noch
décousu, e	aufgetrennt
découdre	auftrennen
approprier	aneignen
promis, e	verfprochen
promettre	verfprechen
donc	alfo
se soucier de	fich kümmern um
la réputation	der Ruf [in wel- chem man fteht]
assurer	verfichern
par lui	von ihm
un état	ein Zuftand
la contestation	der Streit
porter	bringen
le juge	der Richter
démêler	entwirren, herausfinden
la fourberie	der Betrug
un avare	ein Geizhals
la probité	die Ehrlichkeit
le détail	die Einzelheit
soutenant	behauptend
soutenir	behaupten
on voulait	man wollte
tandis que	während ... dagegen
ne ... point	keineswegs
toi	du
remporter	wieder wegtragen
garder	behalten
jusqu'à ce que [mit Konjunktiv]	bis [Konjunktion]
se présenter	fich einftellen
elle ait	fie hat [Konjunktiv]
quant à	was anbetrifft
quant à toi	was dich anbetrifft

conseiller	raten
la patience	die Geduld

39a.

la physionomie	der Gefichtsaus- druck, das Aus- fehen
Paris	Paris
il offre	er bietet dar
un aspect	ein Anblick
inaccoutumé, e	ungewohnt
de chaque côté	auf jeder Seite
le boulevard	das Boulevard (mit Bäumen be- pflanzte Straße an Stelle ehe- maliger Wälle)
depuis... jusqu'à	von... bis zu
la Bastille	die Baftille (ehemal. Staatsgefängnis in Paris)
la Madeleine	die Magdalenen-Kirche
s'étendre	fich ausdehnen, fich erftrecken
la boutique	der (kleinere) Laden
plutôt	eher, vielmehr, lieber
la baraque	die Bude
elles offrent	fie bieten, fie gewähren
le contraste avec	der Gegenfatz zu
bizarre	feltfam
élégant, e	elegant, vornehm
le magasin	der (größere, ele- gantere) Laden
vis-à-vis de	gegenüber
ils leur font vis- à-vis	fie find ihnen gegenüber
sembler f.	zu thun fcheinen
arroger	anmaßen
elles se sont arrogé	fie haben fich an- gemaßt

le droit	das Recht
une installation	eine Niederlassung
un asphalte	ein Asphalt
le trottoir	das Trottoir, der Bürgersteig
le client	der Kunde, der Käufer
attirer	anziehen, anlocken
le prix	der Preis
modéré, e	mäßig
modérer	mäßigen
la préférence	der Vorzug
une échoppe	eine Krambude
empêcher de f.	hindern zu thun
le monde fashionable	die vornehmen Leute
presser	drängen
le bazar	die Verkaufshalle
dont les magasins	deren Läden
encombrer (de)	anfüllen (mit)
le pantin	der Hampelmann
le ressort	die Feder (an einer Uhr u. s. w.)
la carriole	(zweirädrige) Halbkutsche
le bébé	das kleine Kind
le caparaçon	die Satteldecke
le mors	das Gebiß, der Zaum
dorer	vergolden
les jouets, m.	das Spielzeug
un album	ein Album
la curiosité	die Merkwürdigkeit
le pêle-mêle	das bunte Durcheinander
quelque chose qui	etwas, was
fasciner le regard	den Blick fesseln
le regard	der Blick
ajouter	hinzufügen
le tohu - bohu	das Tohuwabohu
craint, e	gefürchtet
craindre de f.	fürchten zu thun

asphixier	ersticken
heureusement	glücklicherweise
en être quitte pour	mit etw. davonkommen
la contusion	die Quetschung
grâce à	dank
le visiteur	der Besucher
un athlète	ein Athlet
précéder q.	vor jem. hergehen
il soutenait	er hielt ab
soutenir	abhalten, aufhalten
le choc	der Stoß
la lice	der Kampfplatz
passer	hinbringen, zubringen, verleben
le labyrinthe	das Labyrinth, der Irrgang
le délice	das Entzücken
je me suis trouvé	ich habe mich befunden
je ne sais (pas)	ich weiß nicht
une entrée	ein Eingang
le péristyle	der Säulengang
s'empresser de f.	sich beeilen zu thun
regagner	wieder erreichen, wieder gewinnen
le logis	die (kleine) Wohnung

40a.

le gouverneur	der Statthalter
une île	eine Insel
le roi	der König
une administration	eine Verwaltung
mis, e	gesetzt
le vaisseau	das Schiff
la part	die Seite
de la part de q.	von seiten jemandes, von jemandem

à peine	kaum
espérer	hoffen
ils suivirent	fie folgten
intercéder (pour)	eintreten, sich verwenden (für)
la faveur	die Gunst
en sa faveur	zu seinen Gunsten
attirer	zuziehen, zuwenden
le souverain	der Fürst, Herrscher

41a.

la reconnaissance	die Dankbarkeit, Erkenntlichkeit
Louis XIV [quatorze]	Ludwig XIV.
charger (de f.)	beauftragen (zu th.)
un amiral	ein Admiral
bombarder	beschießen
la ville d'Alger	die Stadt Algier
furieux, -se	wütend
éloigner	entfernen
la côte	die Küste
la flotte	die Flotte
foudroyer	zerschmettern
le corsaire	der Korsar
attacher	anbinden, befestigen
la bouche	die Mündung (einer Kanone u. f. w.)
le canon	die Kanone, das Geschütz
le vaisseau	das Schiff
le capitaine	der Kapitän
algérien, -enne	algerisch
prendre	gefangen nehmen
la course	Fahrt
dans une course	auf einer Fahrt
traiter	behandeln
le Français	der Franzose
il reconnaît	er erkennt (wieder)
reconnaître	(wieder) erkennen

ils vont	sie gehen, sie sind im Begriff
subir	erleiden
horrible	furchtbar, schrecklich
le supplice	die Todesstrafe
un officier	ein Offizier
nommer	nennen
nommé, e	Namens
une attention	eine Aufmerksamkeit
solliciter	flehen
obtenir	erreichen
le salut	das Heil, die Rettung
généreux, -se	edelmütig
inutile	unnütz, vergeblich
mettre le feu à qc.	Feuer an etw. legen, etw. anzünden
un Algérien	ein Algierer
il jette	er wirft
embrasser	umarmen
étroit, e	eng
adresser	richten
la parole	das Wort
le canonnier	der Kanonier, Artillerist
puisque	da . . . ja
le bienfaiteur	der Wohlthäter
je veux	ich will
le dey	der Dey
la présence	die Gegenwart
en présence de q.	in jemandes Gegenwart
la scène	die Scene, der Vorgang
se passer	sich abspielen, sich ereignen
toucher	rühren
accorder	bewilligen
refuser	abschlagen
jusque-là	bis dahin
durement	hart [Adv.]

42a.

la ferme	das Pachtgut
un air	eine Miene, ein Aussehen
être endormi, e	eingeschlafen sein, im Schlafe liegen
le hangar	der Schuppen (für Wagen)
le bouvier	der Ochsentreiber
prêter	leihen (jem. etw.)
ami, e	freundlich
profiter de qc.	etw. benutzen
accorder	bewilligen
le repos	die Ruhe
être couché, e	liegen (zum Schlafen)
rude	rauh, anstrengend
un ouvrage	ein Werk, eine Arbeit
calme	ruhig
le sommeil	der Schlaf
réparer	ausbessern, auffrischen
auprès de	nahe bei
épars, e	zerstreut, umherliegend
la fourche	die Heugabel
le râteau	der Rechen
la charrette	der Karren (zweirädrig)
allonger	lang ausstrecken
lourd, e	schwer (vom Gewicht)
le tombereau	der Bretterkarren
une étable	ein Stall
plein, e	voll
revenu, e	zurückgekehrt
la plaine	die Ebene
ils prennent	sie nehmen
le repas	das Mahl, die Mahlzeit
prendre le repas	die Mahlzeit einnehmen
loin	weit
de loin	von weitem
le râtelier	die Raufe
la luzerne	der Klee

le foin	das Heu
la queue	der Schwanz, Schweif
le crin	das Haar (am Schweife)
flotter	wehen
le flanc	die Seite, Flanke
caresser	liebkosen, streicheln
fouetter	peitschen
doubler	verdoppeln
la mouche	die Fliege
blesser	verwunden, verletzen
à	in einer Entfernung von
le poulain	das Füllen
familier, -ère	zahm
frotter	reiben
le poil	das Fell
bourru, e	struppig
le long de	längs, entlang, an... hin
le palier	der Holzvorsprung, Treppenabsatz
debout	stehend
être debout	stehen
la claire-voie	das Gitter
cornu, e	gehörnt
la barbe	der Bart
la soie	die Seide
de soie	seiden
la poule	das Huhn
hérisser	sträuben (die Federn)
bariolé, e	buntscheckig
gratter	aufkratzen
la graine	das Samenkorn
la paix	der Friede
il dort	er schläft
le griffon	der Greif
le marbre	der Marmor
de marbre	marmorn
le seuil	die Schwelle
assis, e	sitzend

être assis, e	ſitzen
léger, -ère	leicht (vom Gewicht)
le fuseau	die Spindel
un escabeau	eine Fußbank, ein Schemel
la ménagère	die Hausfrau
filer	ſpinnen
surveiller	überwachen
le regard	der Blick
la scène	die Scene
perché, e	ſitzend (von einem Vogel)
le toit	das Dach
le poulet	das Hühnchen
étourdi, e	unbeſonnen
il croit	er glaubt
chanter	krähen
en plein midi	am hellen Mittag

43 a.

le chevalier	der Ritter
habiter	bewohnen
le château	das Schloß
rester	übrig ſein
le vestige	die Spur
dépenser	ausgeben
indigent, e	arm
il vint	er kam
venir faire	kommen, um zu thun; kommen und thun
une hospitalité	eine Gaſtfreundſchaft
refuser	abſchlagen, verweigern
la hauteur	der Hochmut
disant	ſagend, indem er ſagte
un hôtel	ein Gaſthaus
la question	die Frage
faire une question	eine Frage ſtellen
continuer	fortſetzen

la route	der Weg, die Straße
à la bonne heure!	meinetwegen!
il reprit	er erwiderte
reprendre	erwidern
la condition	die Bedingung
à une condition	unter einer Bedingung
refuser de f.	ſich weigern zu thun
un habitant	ein Bewohner
la demeure	die Wohnſtätte, der Aufenthalt
faire sa demeure	ſeinen Aufenthalt nehmen
le grand-père	der Großvater
il viendra	er wird kommen
résider	ſich aufhalten, reſidieren
la volonté	der Wille
un espace	ein Raum
ainsi	alſo
la magnificence	die Pracht
posséder	beſitzen
peu de temps	kurze Zeit
plutôt	eher, vielmehr, lieber
charitable	barmherzig
vous acquerrez	Sie werden erwerben
acquérir	erwerben
éternel, -elle	ewig
pris, e	genommen
la parole	das Wort
prendre à cœur	ſich zu Herzen nehmen
la suite	die Folge
humain, e	menſchenfreundlich
bienfaisant, e	wohlthätig

44 a.

la Loire	die Loire
elle sort	ſie kommt heraus

le mont	der Berg [vor Namen]
les Cévennes, f.	die Sevennen
quelque quatorze cents mètres	ungefähr 1400 Meter
le mètre	das Meter
au-dessus de	über, oberhalb
un océan	ein Ocean
d'abord	zuerst
le nord	der Norden
elle va droit au nord	sie geht direkt (gerade) nach Norden
comme si	als ob
elle voulait	sie wollte
la manche	der Ärmel
la Manche	der Kanal
le prolongement	die Verlängerung
infléchir	einwärts biegen
un ouest	ein Westen
à l'ouest	nach Westen
la courbe	die Kurve
élégant, e	elegant
le point	der Punkt
élevé, e	erhoben, hoch
triste	traurig
la crue	die Anschwellung
subite	plötzlich
le bas-fond	die Untiefe
un endroit	ein Ort, eine Stelle
en maints endroits	an manchen Stellen
changer	verändern
supprimer	unterdrücken, beseitigen
une île	eine Insel
enfermer	einschließen
la digue	der Damm
puissant, e	mächtig
une origine	ein Ursprung
dater	herrühren [aus einer Zeit]

peut-être	vielleicht
le Romain	der Römer
la génération	die Generation, das Geschlecht
exhausser	erhöhen
étendre	erbreitern
se jouer de	sich lustig machen über, spotten, verspotten
un obstacle	ein Hindernis
opposer	entgegenstellen
énorme	ungeheuer
la pression	der Druck
les eaux	die Wassermassen
fougueux, -se	wild
crever	bersten, platzen
elles ont crevé	sie sind geborsten
le torrent	der Strom, die Flut
le cataracte	der große Wasserfall
la brèche	die Bresche
je me suis ouvert	ich habe mir geöffnet
labourer	aufwühlen
bouleverser	umstürzen, umwühlen
le monceau	der Haufe
le sable	der Sand
fertile	fruchtbar
une habitation	eine Wohnung
la cause	die Ursache
principal, e	hauptsächlich
désastreux, -se	unheilvoll
la forme	die Form, Gestalt
la vallée	das Thal
supérieur, e	ober
resserrer	einzwängen
déboiser	abholzen
violent, e	heftig, gewaltthätig
un orage	ein Sturm
éclater	ausbrechen, losbrechen

7*

la cime	der Gipfel
la goutte	der Tropfen
le fleuve	der Fluß, Strom
glisser	gleiten, hinabgleiten
le plan	die Fläche
le versant	die Abdachung
rien	irgend etwas [verneint]
absorber	aufsaugen
le bond	der Sprung
s'élever	steigen [von Flüssen]
capricieux, -se	launisch
errer	umherirren
paresseux, -se	faul, träge
immense	unermeßlich
au-dessous de	unter, unterhalb
le navire	das Schiff
s'arrêter	halt machen

46a.

le bonheur	das Glück
le choix	die Wahl
faire choix de qc.	etw. auswählen
un état	ein Stand, Beruf
se livrer	sich hingeben
y	demselben; darin
constant, e	beständig
étudier	studieren
soigneux, -se	sorgfältig
le rapport	die Beziehung
avoir rapport à	Bezug haben, sich beziehen auf
la profession	der Beruf
vous deviendrez	Sie werden werden
habile	geschickt, tüchtig
laborieux, -se	arbeitsam
économe	sparsam
frugal, e	einfach (im Essen und Trinken)

tempérant, e	mäßig
conserver	erhalten, bewahren
pratiquer	ausüben
la vertu	die Tugend
heureux, -se	glücklich
être de	verbunden sein mit

47a.

impatienter	ungeduldig machen
la lenteur	die Langsamkeit
le fiacre	die Droschke
prendre	mieten (eine Droschke)
passer	herausstecken
vif, vive	lebhaft
hors de	aus ... heraus
la portière	der Wagenschlag
ah ça!	heda!
faut-il que ce soit moi	muß ich es sein
monter	steigen
le siège	der Sitz, Kutschbock
le sourire	das Lächeln
oser f.	zu thun wagen

48a.

la leçon	die Lehrstunde, der Unterricht, die Unterweisung
une hirondelle	eine Schwalbe
une aile	ein Flügel
le petit	das Junge
regarder	zusehen, ausblicken
un peu	ein bißchen
vous voyez	ihr seht
voleter	flattern
agiter	hin und her bewegen
il se fait	es geschieht
se faire	geschehen
la difficulté	die Schwierigkeit

commencer	anfangen, beginnen
s'agir de	sich handeln um
menu, e	klein, fein
le gibier	das Wildprett
elle promet	sie verspricht
promettre	versprechen
la récompense	die Belohnung
attirer	anziehen, anlocken
un appât	eine Lockspeise
le moucheron	die Mücke
hésiter	zaudern, zögern
la place	die Stelle
la nourrice	die Amme
le coussin	das Kissen
professer	geben (eine Stunde)
au haut de	oben auf
la tour	der Turm
le vol	der Flug
enhardir	kühn machen
peut-être	vielleicht
décisif, -ve	entscheidend
sûr, e	sicher
le regard	der Blick
mesurer	abmessen
un abîme	ein Abgrund
le pavé	das Pflaster
il croie	es glaubt [Konj.]
se fier	trauen, vertrauen
novice	unerfahren
d'un côté	auf (nach, von) einer Seite
exiger	fordern
un acte	eine Handlung, That
noble	edel, würdevoll
sublime	erhaben
le départ	die Abreise
le point de départ	der Ausgangspunkt

cru, e	geglaubt
lancer	in Gang bringen
retomber	wieder fallen
trembler	zittern
nager	schwimmen, dahinschweben
soutenu, e	gestützt
soutenir	stützen, hochhalten
rassurer	beruhigen
fini, e	vorbei, zu Ende
désormais	von nun an
indifférent, e	gleichgültig
le vent	der Wind

50 a.

une araignée	eine Spinne
le ver	der Wurm
la soie	die Seide
le ver à soie	der Seidenwurm
en ces mots	mit folgenden Worten
railler	verspotten
que de	wie viel
la lenteur	die Langsamkeit
tu fais	du thust
combien peu de	wie wenig
tapisser (de)	tapezieren, überkleiden (mit)
innombrable	unzählbar, unzählig
le filet	das Fädchen
soit!	das mag sein!
fragile	zerreißbar

51a.

Pierre	Peter
le faubourg	die Vorstadt
le messager	der Bote
le facteur	der Briefträger
le porteur	der Träger

la ressource	die Hilfsquelle
emplir	füllen
la bourse	die Börse
le fonds	das Kapital
le crochet	der Haken
je prends	ich nehme
une ivraie	ein Unkraut
il vive	er lebt [Konj.]
un édifice	ein Gebäude
placer	stellen
le comptoir	das Geschäftszimmer, der Zahltisch
le suisse	der Thürsteher
la journée	der Tag
Blaise	Blasius
feu, e	verstorben, selig
le parrain	der Pate
une aise	eine Freude
être à l'aise	wohlauf sein
la misère	das Elend, die Not
s'adresser à q.	sich an jem. wenden

52a.

content, e	zufrieden
murmurer	murren
quel (quelle) que [mit Konj.]	welcher auch immer
la contrariété	die Widerwärtigkeit
mécontent, e	unzufrieden
faute de	aus Mangel an
la chaussure	die Fußbekleidung
nu-pieds	barfuß
assez	ziemlich
par un froid assez vif	bei ziemlich strenger Kälte
je vis	ich sah
amputer	abnehmen [ein Bein]
la vue	der Anblick

la réflexion	die Betrachtung, Überlegung
faire une réflexion	eine Betrachtung anstellen
il vaut mieux f. que de f.	es ist besser, zu thun, als zu thun
valoir mieux	besser sein
ne... pas du tout	überhaupt nicht

55a.

le pick-pocket	der Taschendieb
la monnaie	die Münze
le porte-monnaie	das Portemonnaie
jurer (de f.)	schwören (thun zu wollen)
le bout	das Ende, Stückchen
voler	bestehlen
bien résolu	fest entschlossen
frotter	reiben
se passer	vergehen
fatiguer	ermüden
auparavant	vorher
vérifier	kontrollieren
la présence	die Gegenwart
il ouvre	er öffnet
la stupéfaction	die Bestürzung
mis, e	gelegt
remplacer	ersetzen
écrit, e	geschrieben
écrire au crayon	mit Bleistift schreiben
le farceur	der Spaßmacher

56a.

le Parisien	der Pariser
à la campagne	auf dem Lande
passer	hinbringen, verleben
quinze jours	vierzehn Tage
une quinzaine de jours	etwa vierzehn Tage

les environs, m.	die Umgebung, Umgegend
se coucher	zu Bette gehen
naturel, -elle	natürlich
tard	spät
s'ouvrir	aufgehen [von der Thür]
le fracas	das Getöse
les hôtes	die Wirtsleute
impétueux, -se	ungestüm
la canne	der Spazierstock
annoncer	ankündigen
la promenade	der Spaziergang
paresseux, -se	faul
le paresseux	der Faullenzer
le villégiateur	der Sommerfrischler
sauter	springen
se débarbouiller	sich das Gesicht waschen
néanmoins	nichtsdestoweniger
réunir	sammeln, vereinigen
assez	genug, hinreichend
un esprit	ein Geist
les esprits	die Lebensgeister
le bateau	das Boot
le charbon	die Kohle

58a.

le chant	das Krähen
le coq	der Hahn
munir de	ausrüsten mit
une échelle	eine Leiter
à minuit	um Mitternacht, um 12 Uhr nachts
le moulin	die Mühle
dépouiller	berauben
le meunier	der Müller
le corridor	der Flur, Gang
la chambre à coucher	das Schlafzimmer

jeter un cri	einen Schrei ausstoßen
percer	durchdringen
reculer	zurückweichen
à voix basse	mit leiser Stimme
il pourrait	er könnte
se découvrir	entdeckt werden
lâche	feige
le lâche	der Feigling
renverser	zu Boden strecken
d'un coup de poignard	mit einem Dolchstoße
scélérat, e	ruchlos
en effet	in der That
s'emparer	sich bemächtigen
une auberge	eine Herberge
tout à coup	plötzlich
chanter	krähen
se réveiller	aufwachen
maudit, e	verwünscht
maudire	verwünschen, verfluchen
tordre le cou	den Hals umdrehen
volontiers	gern
déchirer	zerreißen
éprouver	empfinden
nous n'aurions pas dû	wir hätten nicht sollen
le meunier	der Müller
depuis lors	seit der Zeit
chaque fois que	jedesmal, wenn
de nouveau	von neuem
à la pointe du jour	bei Tagesanbruch
armer	bewaffnen
ils parurent	sie erschienen
paraitre	erscheinen
arrêter	festnehmen
séparer	trennen
un aubergiste	ein Gastwirt
léger, -ère	leicht (vom Gewicht)

le paroi	die Scheidewand
un entretien	eine Unterhaltung
prendre des pré-	Vorsichtsmaß-
cautions	regeln ergreifen
découvrir	verraten

62a.

un agneau	ein Lamm
la raison	das Recht
tout à l'heure	sogleich
se désaltérer	seinen Durst löschen
le courant	die Strömung
à jeun	nüchtern
une aventure	eine Abenteuer
le lieu	der Ort
rendre hardi	kühn machen
troubler	trüben
le breuvage	das Getränk
châtier de	züchtigen für
la témérité	die Tollkühnheit
que (mit Konj.)	mögen
la majesté	die Majestät
considérer	bedenken
au-dessous de	unterhalb
par conséquent	folglich
la façon	die Art, Weise
la boisson	das Getränk
cruel, -elle	grausam
je sais	ich weiß
l'an passé	vergangenes Jahr
teter q.	saugen an
épargner	schonen
ne ... guère	nicht eben
là-dessus	hierauf

manger	fressen
la forme	die Form

64a.

la bienfaisance	die Wohlthätigkeit
le Poitou	Poitou
courir f.	schleunigst thun
là	dahin, dorthin
inutile	vergeblich (Adj.)
un incendie	ein Brand, eine
	Feuersbrunst
le progrès	der Fortschritt
rapide	schnell (Adj.)
gagner	erreichen
si	ob
endommager	beschädigen
conserver	erhalten, bewahren
le meuble	das Möbel
répliquer	erwidern
être hors d'état	außer stande sein
aider q.	jem. helfen
la perte	der Untergang
inévitable	unvermeidlich
sûr, e	sicher
faire	ausmachen (= bilden)
à travers	durch... hindurch
embraser	anbrennen, in
	Brand setzen
crouler	einstürzen, herabstürzen
tenter	versuchen
échapper	entrinnen
la promptitude	die Schnelligkeit
s'élancer	vorwärts dringen
charger	aufladen
heureux, -se	glücklich

C. Übungsstücke.

1. Abschnitt.

1.

Der Lehrer: Wilhelm, was habt ihr in der Schule?
Wilhelm: In der Schule haben wir einen Bleistift.
Der Lehrer: Ludwig, hast du auch einen Bleistift?
Ludwig: Ja, (mein Herr)*, ich habe auch einen Bleistift.
Der Lehrer: Hat dein Nachbar August auch ein Lineal?
Ludwig: Ja, (mein Herr), August und Wilhelm haben jeder ebenfalls ein Lineal.
Der Lehrer: August, wo hast du dein Lineal?
August: Da habe ich mein Lineal und meinen Bleistift.

2.

Der Lehrer: Woraus ist die Hülle deines Bleistifts gemacht?
Ludwig: Die Hülle meines Bleistifts ist aus Holz gemacht.
Der Lehrer: Wozu dienen eure Bleistifte?
August: Unsere Bleistifte dienen zum Zeichnen oder zum Schreiben.
Der Lehrer: Was kannst (peux) du mit deinem Lineale thun?
Wilhelm: Mit meinem Lineale kann ich die Linien ziehen.
Der Lehrer: Woraus sind eure Lineale gemacht?
Ludwig: Unsere Lineale sind ebenfalls aus Holz gemacht.

3.

Ein Hund und eine Katze sind immer uneins. Der Hund ist eines Tages mit der Katze in der Küche. Ihr Herr nahm seinen Stock. Er sah sie an und sagte zu ihnen: „Warum seid ihr da? Wo ist der Braten?" — „Der Hund hat ihn gestohlen", antwortete ihm die Katze. Der Hund sagte zu seinem Herrn: „Ich bin ein Dieb; ich habe den Braten gestohlen. Aber wir sind beide (zwei) Bösewichte. Die Katze hat die Sahne getrunken, deshalb habe ich sie gebissen."

---

* Anmerkung: Das in runde Klammern ( ) Eingeschlossene ist im Deutschen, das in eckige Klammern [ ] Eingeschlossene im Französischen wegzulassen. Gesperrter Druck weist auf die folgende Klammer hin.

4.

Paul ist ein ²unverbesserlicher ¹Schüler. Alle Tage kommt er verspätet in der Schule an. Eines schönen Sonntags beim Abendessen weint er. Seine Mutter findet ihn. Sie sagt zu ihm: „Warum weinst du? Hast du Hunger?" — „Ja, (meine Mutter)", antwortete ihr Paul, „ich habe Hunger. Wenn es Frühstücksstunde ist, giebt mir die Magd nichts. Mittags, um vier Uhr, beim Abendessen ist es ebenso (= dasselbe), und ich finde nichts auf dem Tische. Warum gebt ihr mir nichts? Warum ist die Magd immer saumselig?" Aber seine Mutter sagte zu ihm: „Wir geben dir immer. Aber bist du nicht immer saumselig? Warum kommst du alle Tage verspätet in der Schule an? Kommen die anderen Schüler verspätet in der Schule an?" Paul entschuldigt sich, und seine Mutter giebt ihm zu essen.

5.

Wir haben den Zimmermann und den Tischler. Der Zimmermann legt die Balken der verschiedenen Zimmer unseres Hauses. Er bedient sich einer Axt, einer Säge, eines Meißels, eines Winkelmaßes und eines Bohrers. Er giebt seine Säge dem Tischler. Der Tischler macht die Thüren des Hauses. Mit der Säge allein zerschneidet er die großen Bretter. Mit dem Hobel hobelt er sie. Wie er die Thüren macht, legt er auch den Fußboden des Zimmers. Mit dem Bohrer bohrt er alle Löcher. Mit dem Hammer schlägt der Tischler die Nägel ein und nagelt die Bretter auf die Balken.

6.

Seht (regardez) die Drescher in unserer Scheune! Unsere Tenne ist groß. Die Drescher sind in der Scheune. Denn wir sind mitten im Winter, und alle anderen Arbeiten sind vollendet. Seht! Die Drescher dreschen die Garben wie mit Hämmern. Ein jeder hat seinen großen Dreschflegel. Ihre Dreschflegel sind immer im Takte, und die Körner springen wie Funken aus den Garben heraus. Der Erdboden ist von den Körnern bedeckt.

7.

Das erste ist aus Porzellan oder aus Silber oder aus Gold gemacht. Das zweite wird (= ist) immer von (par) seinem Herrn geschlagen und von den Hunden gebissen, wenn es mit langsamen Schritten auf den Pfaden marschiert. Das Ganze ist prächtig; seine Zweige sind groß, und der Pilger ist unter seinen schattigen Zweigen fröhlich.

8.

Der Kopf ist ein Teil des menschlichen Körpers, das heißt des Körpers des Menschen. Der menschliche Körper umfaßt drei Teile: den Rumpf, den Kopf und die Glieder. Der Kopf ist mit dem Rumpfe durch den Hals verbunden. Wir nennen den hinteren Teil des Halses den Nacken; der vordere Teil des Halses wird die Kehle genannt. Die Augen, welche ein Teil des Gesichtes sind, das heißt des vorderen Teiles des Kopfes, werden von den Wimpern und von den Augenbrauen geschützt. Das Augenlid dient dazu, das Auge zu öffnen und zu schließen. Die anderen Teile des Gesichtes sind (= werden genannt) das Kinn, die Ohren, der Mund, die Backen und die Nase. Der Teil des Kopfes, welcher mit Haaren bedeckt ist, das heißt der obere (Teil) und der hintere Teil des Kopfes, heißt der Schädel.

9.

Die Menschen haben 4 Glieder, welche sind: 2 Beine und 2 Arme. Wie der Kopf mit dem Rumpfe durch den Hals verbunden ist, [so] sind die Arme mit dem Rumpfe durch die beiden (zwei) Schultern verbunden. Die 3 Teile eines Armes sind: der Unterarm, der Oberarm und die Hand. Der Teil, welcher der Oberarm heißt, ist mit dem Unterarm durch den Ellbogen verbunden, und das Handgelenk verbindet die Hand mit dem Unterarm. Wir haben 10 Finger: 2 kleine Finger, 2 Ringfinger, 2 Mittelfinger, 2 Zeigefinger und 2 Daumen. 8 Finger bestehen (jeder) aus 3 Gliedern. Die 5 Finger der linken Hand (la main gauche) und 1 Finger der rechten Hand (la main droite) sind (= machen, font) 6 Finger. 9 Finger weniger (moins) 7 Finger sind 2 Finger.

10.

Wie wir 2 Ohren, 2 Augen, 2 Arme haben, [so] haben wir auch 2 Beine. Die 3 Teile der Beine sind der Fuß, der Unterschenkel und der Oberschenkel. Wie die Oberarme mit den Unterarmen durch die Ellbogen verbunden werden, [so] werden die Unterschenkel mit den Oberschenkeln durch die Kniee verbunden. Die Ferse ist der hintere Teil des Fußes, und die Wade ist der hintere Teil des Unterschenkels. Die große Zehe ist die dickste von unseren 5 Zehen.

11.

Seht die Menschen, welche von den Feldern kommen (= ankommen)! Was bringen sie in (à) ihren Händen? Das sind Veilchen [vergl. 6: Funken des étincelles]. Denn der Frühling ist angekommen. Das Veilchen ist eine Blume, welche ebenso bescheiden wie geheimnisvoll ist. Wenn der Frühling zurückkehrt, blüht diese Blume unter dem ²dichten und schattigen ¹Grase und atmet ihren süßen Duft aus. Sie wird von den Dichtern gepriesen und von allen Menschen geehrt und geliebt.

12.

Es ist ein schöner Tag. Der kleine Gustav sagt zu seiner jüngeren Schwester: „Ich mache meine Arbeiten fertig (= ich vollende). Was zeichnest du da? Machst du auch deine Arbeiten fertig?" — „Ja, Gustav," sagte Marie zu ihm; „dann (puis) gehen wir auf (à) den Feldern spazieren, wo wir uns ein Bouquet von zarten Blumen abschneiden." Gustav fragt seine Schwester: „Womit (= wovon) verschönern wir unser Bouquet?" Marie sagt zu ihm: „Wir verschönern es mit einigen prächtigen Vergißmeinnicht, welche am Ufer des klaren Baches blühen. Diese blaue und zarte Blume blüht immer im (au) Frühling."

13.

Die weißen ¹Lilien blühen unter den schattigen Baumgruppen.
Sie sind unsere Lieblingsblumen. Wenn ihre Glöckchen aufgeblüht sind,
sind dieselben (= sie) wie Perlen. Die fröhlichen ¹Menschen schneiden
sie ab und verschönern ihre Zimmer mit (de) den schönen Blumen, welche
das Abbild ihrer Unschuld und der Reinheit ihrer Herzen sind.

14.

Einer unserer großen öffentlichen Plätze ist mit neun großen Linden
geschmückt. Im Frühling verbreiten ihre Blüten einen süßen Duft. Eine
dieser Linden ist ein prächtiger Baum. Eines Tages sieht ein Mann eine
arme Frau, welche nicht fröhlich ist, mit langsamen Schritten unter diesem
Baume spazieren gehen und die Blüten auflesen. Dieser Mann fragt die
(= diese) Frau: „Warum lesen Sie (= lest ihr) diese Blüten auf?
Verkaufen Sie dieselben? (Verkauft ihr sie?)“ Die Frau antwortet ihm: „Ja, (mein Herr,) wir breiten sie auf dem Tische aus und
trocknen sie, und wenn sie trocken sind, verkaufe ich sie an den (= dem)
Apotheker.“

15.

Alle Felder werden von den Ackersleuten geackert, welche wir ehren.
Unermüdlich gehen diese Männer langsamen Schrittes (= mit lang-
samen Schritten) mit ihren Pferden oder (ihren) Ochsen vorwärts. Diese
Tiere, welche den Pflug ziehen, werden von ihren Herren gelenkt. Die
Erdschollen werden von der Pflugschar des Pfluges emporgehoben, welche
sich in die Erde einbohrt, die Furche gräbt und die Erdschollen an den
Rändern derselben (= an ihren Rändern) niederlegt.

16.

Paul hat eine schöne Taschenuhr. Ihr Zifferblatt ist aus Porzellan,
aber ihre Zeiger sind aus Gold. Sie hat 3 Zeiger. Der eine dieser
Zeiger, welcher sich einmal in der Stunde um das Zifferblatt dreht, ist
der große Zeiger. Der kleine Zeiger macht die Umdrehung um das
Zifferblatt in (innerhalb) 12 Stunden. Der Sekundenzeiger giebt die
Sekunden an, das heißt, er macht die Umdrehung um das kleine Zifferblatt 60 mal in der Stunde. Eines Tages fragt Pauls Mutter ihren
Sohn: „Wie viel Uhr ist es? (Quelle heure est-il?)“ Ihr Sohn
antwortet ihr: „Es ist 10 Minuten nach 5. (= Es ist 5 Uhr
und 10 Minuten.) Meine Uhr zeigt [zwar] an, daß es 5 Uhr ist. Aber
sie geht 10 Minuten nach (= sie ist verspätet um [de] 10 Minuten).“
Pauls Mutter sagt zu ihm: „Und meine Uhr geht vor (avancer);
denn sie zeigt an, daß es ¹/₄6 (= 6 Uhr und ¹/₄) ist.“

17.

Zwei Jahrhunderte bestehen aus 200 Jahren. Jedes Jahr hat
12 Monate und 365 oder 366 Tage. 7 Monate zählen jeder 31 Tage.
Das sind: Januar, März, Mai, Juli, August, Oktober und Dezember.

Die 4 Monate, welche (jeder) 30 Tage zählen, sind: April, Juni, September und November. ²Einen ⁴Monat ⁸giebt ¹es, welcher 28 oder 29 Tage hat; das ist [der] Februar. Wenn dieser Monat 28 Tage zählt, hat er 4 Wochen. Denn jede Woche hat 7 Tage. Die 11 anderen Monate haben jeder 4 Wochen und 2 oder 3 Tage. 15 Jahre sind (sont) 180 Monate, 5475 oder 5490 Tage, 131400 oder 131760 Stunden, 7884000 oder 7905600 Minuten. 9 Jahre weniger (moins) ¹/₄ Jahr (= 3 Monate) sind 8³/₄ Jahre (= 8 Jahre und 9 Monate).

18.

Ein Vater erzählte eines Tages seinem Sohne von seiner Jugend (= von seinen jungen Jahren). „Da sich in unserm Dorfe keine Schule befand (Part. Präs.: eine Schule sich nicht befindend in unserem Dorfe), marschierte ich noch im Jahre 1789 jeden Morgen bei Tagesanbruch mit meinem Bruder in ein ⁶benachbartes ¹Dorf, wo eine Schule war. Im Winter trugen wir (jeder) ein Holzscheit unter den (= unseren) Armen, indem wir in die (= unsere) Finger bliesen (Part. Präs.: blasend). Wir legten diese Scheiter neben den großen Ofen des Saales, und dann legte der Lehrer sie in den Ofen. Denn im Winter war es häufig sehr kalt in unserer Schule. Deshalb wurden die Fenster und [die] Thüren immer gut geschlossen. Aber im Frühling brachten wir oft Blumen mit, welche das Zimmer verschönerten und einen süßen Geruch verbreiteten (Part. Präs.).“ — „Wann kamt ihr in der Schule an?“ — „Wir kamen fast immer ³/₄8 an (= um 8 Uhr weniger ¹/₄). Denn Schlag 8 Uhr betrat unser Lehrer das Zimmer, und alle Schüler waren auf ihren Bänken, welche in einer Reihe aufgestellt (ranger) waren.“ — „Was befand sich denn (donc) noch in dem Zimmer (= Saale)?“ — „Ein Katheder mit einem Stuhle darauf und eine große schwarze Tafel an der mit Kalk getünchten Wand.“

19.

Neulich war ich auf dem Platze, wo Augusts Eltern ihr schönes Haus hatten. Sein Vater erzählte mir das große Unglück, welches durch den Ungehorsam ihres Sohnes verursacht wurde. „Eines Abends waren wir ausgegangen. Unser Sohn war allein im Hause. Er spielte mit den Zündhölzern.“ Ich fragte den unglücklichen Vater: „Hatten Sie (= hattet ihr) ihm nicht verboten mit den Streichhölzern zu spielen?“ Aber er sagte: „Ja, wir hatten es gethan. Aber August hatte trotz unseres ausdrücklichen Verbotes mit den Zündhölzern gespielt. Als wir zurückkehrten, hatten die Flammen schon unser ganzes Haus verzehrt. Wir fragten August: „Warum hattest du die Nachbarn nicht gerufen (appeler)?“ Aber er sagte weinend: „Ich hatte nicht gesehen, daß ein Funke auf das Stroh meines Bettes gefallen war, und (ich) wurde [erst] durch die Flammen geweckt.“

20.

Eines Tages ging ich mit einem alten Freunde unter den alten Bäumen unseres schönen Gartens spazieren. Die frischen Blumen blühten und verbreiteten einen süßen Duft. Wir hörten die Lieder der schönen Vögel. Während wir im Schatten dahingingen (= marschierten), fragte mich mein Freund: „Hörtest du nicht den Gesang des Dompfaffen?" Und ich antwortete ihm: „Ja, ich höre ihn noch. Du kannst ihn dort auf jenem (= diesem) Strauche sehen. Er gleicht einer schönen purpur-farbenen Blume (= Blume von Purpurfarbe). Sein Nest hängt auf diesem nahen Rosenstocke, welcher sich in dem ²klaren ¹Wasser dieses schönen Teiches spiegelt. In dem Neste sind (= es giebt) vier Eier, welche vier kleinen ²blauen ¹Perlen ähnlich sind (Part. Präs.: gleichend)."

21.

Die alte Erde ist gleichsam (= wie) unsere gute Mutter. Sie macht uns fröhlich durch schöne Blumen. ²Blaue ¹Veilchen atmen süßen Duft aus. Bescheidene Vergißmeinnicht schmücken die Felder und die Ufer unserer Teiche. Unsere Gärten werden von dichtem Grase und von Lilien verschönert, die (= welche) weiß wie das Licht der Sonne sind. Lustige Vögel antworten sich im Schatten der großen Bäume.

22.

Früher, als die Sklaverei noch nicht abgeschafft war, gab es freie Menschen und andere Menschen, welche nicht frei waren und (welche) Sklaven genannt wurden. Diese Sklaven, welche Neger waren, [die] in Afrika geraubt [waren], wurden von den reichen Grundbesitzern in den Vereinigten Staaten und in Indien verwendet. Sie wurden wie Tiere gekauft und verkauft. Sie arbeiteten für ihre Herren. Sie bebauten die Felder, und besonders wurden sie [dazu] verwendet, die Baumwollenflocken zu ernten. Aber oft waren die Tiere nicht so (= ebenso) unglücklich wie diese armseligen Menschen. Oft, wenn sie den ganzen Tag gearbeitet (travailler) hatten, schlugen ihre Herren sie zu Tode (= bis zum Tode).

23.

Ein Reiter kehrt eines Tages nach (à) Nanterre zurück. Vor dem Thore der Stadt begegnet er einem Standesherrn, welcher in seinem Wagen von Saint-Germain zurückkehrt. Die sechs Pferde des Wagens laufen sehr schnell. Der Kutscher will nicht aus dem Wege fahren; denn er lenkt die Pferde eines vornehmen Herrn. Er ruft dem Reiter zu: „Gehe aus dem Wege!" Der arme Mann will es wohl thun, aber sein Pferd will es nicht. Der Standesherr sagt zu ihm: „Halte mich nicht auf! Warum gehst du nicht aus dem Wege? Antworte mir!" Und der Reiter antwortet ihm: „Sehen Sie! Ich kann es nicht!" Darauf sagt der vornehme Herr zu seinem Kutscher: „Vorwärts (= laßt uns gehen)! Wir wollen (= laßt uns) darüber hinwegfahren!" Sie thun es und reißen den Mann und sein Pferd nieder. Aber der Wagen wird ebenfalls umgeworfen. Unser Reiter und sein Pferd stehen wunderbarer-weise wieder auf und entfliehen sehr schnell, während der Standesherr seinem Kutscher und seinem Bedienten zuruft: „Haltet sie auf und gebt ²diesem Schurken ¹hundert Schläge!"

24.

Unser Vater erzählte uns kürzlich, daß er eines Tages einige Feeen getroffen hätte (= hatte), welche sehr schnell forteilten (= sich entfernten). Wir fragten ihn: „Sprachst du [mit] ihnen?" — „Ja," antwortete uns unser Vater, „ich hielt sie auf, und wir sprachen einige Minuten zusammen." — „Wovon spracht ihr denn?" — „Ich fragte sie, warum sie sich so schnell entfernten. Da jammerte die eine dieser gütigen Feeen." — „Worüber (= wovon) jammerte sie?" — „Sie klagte die Menschen an. „Ehemals," sagte sie [zu] mir, „gaben wir den Menschen [die] Weisheit, [die] Schönheit, [die] Gesundheit. Aber heutzutage (= in dieser Zeit) wünschen sie nichts mehr von allen diesen guten Dingen. Ein Mann, welchen ich neulich in seinem Hause krank fand, sagte [zu] mir: „Gieb mir Gold oder entferne dich aus meinem Hause." Also flüchten wir uns aus eurer kleinen Welt!"

25.

Waret ihr schon einmal in dem prächtigen Weinberg unseres Nachbars? Wir waren vorige Woche (= die letzte ¹Woche) dort und (wir) waren ganz überrascht von der großen Menge Trauben, welche von den dichten Reben herabhingen. Der eine der drei Brüder, welche die Eigentümer des Weinberges sind, war mit uns dort und erzählte uns: „Eines Tages, als unser Vater seinen Tod nahen fühlte (= nahe daran war, zu sterben), wurde ich mit meinen Brüdern an sein Bett gerufen. „Verkauft den Weinberg, den ich euch hinterlasse, nicht," sagte er zu uns, „sondern bearbeitet ihn mit Sorgfalt, und ihr werdet einen großen Schatz darin (= dort) finden." Nach seinem Tode hatten wir nichts Eiligeres zu thun, als den ganzen Weinberg umzukehren, wie wir es niemals gethan hatten. Weder Gold noch Silber wurden gefunden. Aber die große Menge Trauben, welche schon in jenem Jahre geerntet wurden, waren der ²verborgene ¹Schatz, den unser Vater gemeint hatte."

26.

Ein reicher Mann hatte eine große Menge Freunde. Seine Verwandten und Bekannten waren fast immer in seinem Hause. Aber beim Herannahen des Todes war er sehr unglücklich. Er rief seine Freunde an sein Bett, jammerte und sagte zu ihnen: „Ihr, die [ihr] die zweite Art meiner Freunde waret, — denn die erste (das) waren mein liebes Geld und meine irdischen Güter, — ihr, die [ihr] mich immer begleitetet, laßt mich nicht allein in dieser letzten Stunde. Lasse ich noch eine dritte Art von Freunden [zurück], gute Werke? Nein, solche Freunde habe ich nicht. Ich kann nicht zu ihnen sagen: Redet für mich (moi) vor dem Throne Gottes, wo alle Menschen von den Handlungen ihres Lebens Rechenschaft ablegen; begleitet mich dorthin auf (dans) meiner langen Reise."

27.

Mein Freund Gustav erzählte mir eines Tages, daß sie zwei Rotkehlchen in einem ihrer Zimmer hätten (= hatten). „Wo habt ihr sie

denn gefangen (pris)?" fragte ich ihn. — „Wir haben sie nicht gefangen,"
antwortete er mir. „Vorigen Winter (= den letzten Winter) spielte
ich eines Tages mit meinen Brüdern und meiner Schwester. Es war
sehr kalt, dichte Flocken fielen [hernieder], die ganze Erde war weiß vom
Schnee, und der Nordwind wehte. Da hörte ich ein Geräusch an der
Fensterscheibe. Ich sah ein niedliches Rotkehlchen und seine Gefährtin
an das Fenster klopfen." — „Und ihr hattet Mitleid mit den schönen
Vögeln und öffnetet ihnen das Fenster?" — „Ja, wir ließen sie ins
Zimmer fliegen und bauten ihnen ein kleines Nest." — „Sind sie noch
da?" fragte ich meinen Freund. — „Nein," sagte Gustav zu mir, „der
Frühling kehrte bald zurück, die Sonne schmolz den Schnee, die Blumen
blühten in unserm Garten und verbreiteten ihren süßen Duft. Da öff-
neten wir die Fenster, und die niedlichen kleinen Vögel flogen davon und
bauten sich ein Nest auf einem schönen Baume, wo sie uns mit ihrem
fröhlichen Gesange sehr erfreuten."

28.

Gott ist der gute Vater aller Menschen. Der blaue Himmel, die
Sonne mit ihrem weißen Lichte, die Vögel, welche in den Sträuchern
singen, das schöne Vergißmeinnicht, welches am Rande der Bäche blüht,
das bescheidene Veilchen und die prächtige Rose, welche in unserem Garten
einen so süßen Duft verbreiten, die hohe Linde, welche uns mit ihrem
Schatten erfreut, alles ruft uns zu: „Gott ist gütig gegen seine Kinder."
Aber, o (ô) Mensch, frage dich einmal: „Ist mein Werk auch immer
gut? Dienen meine irdischen Güter auch dazu, das Leben der anderen
Menschen und besonders das Leben der Armen zu verschönern?" Ja,
habe Mitleid mit den Armen, und wenn sie Hunger haben, schenke
(= gieb) ihnen Brot. Wieviele Menschen giebt es, welche unglücklich
sind! Laßt uns jenen (= diesen) Kindern gleichen, welche in ihrem
kleinen Landhause mit ihrer Mutter fern von ihrem Vater lebten, den
wichtige Geschäfte in der Hauptstadt festhielten. Sie sagten häufig zu
sich: „Laßt uns immer fromm und gut sein, denn dann erfreuen wir
unseren Vater, welcher uns immer so schöne Sachen schenkt und uns so
viele Freude (Plural) bereitet (= verschafft)."

29.

Der kleine Arnold ging eines schönen Sonntags mit seiner jüngeren
Schwester, welche Marie hieß, im Gehölze spazieren. Da begegneten die
Kinder einem anderen Spaziergänger, welcher etwas suchte; denn er blickte
immer auf die Erde. Nach einer Viertelstunde fanden die Kinder bei
einer Bank unter einem alten Baume ein sehr schönes Messer mit zwei
Klingen; der Griff war aus Perlmutter (gemacht). Arnold freute sich
sehr darüber, da er noch kein (= noch nicht ein, ne ... pas encore un)
Messer hatte, und er steckte es in seine Tasche. Aber da fällt ihnen der
Herr wieder ein, welchen sie irgend einen Gegenstand haben suchen sehen.
Da sie ehrliche Kinder waren, kehrten sie sofort um, und Arnold fragte

ihn: „Haben Sie dieses Messer verloren?" Der Herr freute sich sehr
über ihre Ehrlichkeit und antwortete ihm: „Ja, es ist das Messer, welches ich verloren habe. Aber da ihr so ehrlich seid, schenke ich dir
dieses Messer."

30.

Ein Handelsmann hatte einen treuen Hund. Der letztere begleitete
seinen Herrn immer, wenn derselbe (= er) zum Markte der nahen Stadt
ritt (reiten = aller à cheval). Eines Tages kehren sie auch vom Markte
zurück. Nachdem sie seit einer halben Stunde aus der Stadt heraus
(= herausgegangen) sind, hört der Reiter das Bellen seines Hundes.
Da er nichts findet, will er ihn schlagen. Trotzdem flüchtet das treue
Tier nicht, sondern springt vor das Pferd, um es aufzuhalten. Nun gab
sein Herr einen Pistolenschuß auf ihn ab, da er glaubte, daß sein Hund
toll wäre (= war). Aber als das treue Tier tot war, merkte der
Handelsmann, daß er sein Felleisen verloren hatte.

31.

Eines Tages ließ ein ehrwürdiger Greis seine sieben Söhne vor
sich kommen. „Meine lieben Kinder," sagte er zu ihnen, „wir werden
nicht mehr lange zusammen leben, sondern ihr werdet bald keinen Vater
mehr haben. Seht diese sieben Stäbe an. Ein jeder von euch wird
glauben, daß es leicht sei (= ist), sie zu zerbrechen. Aber versucht dies,
wenn sie in ein Bündel gebunden sind." Die Söhne versuchten es der
Reihe nach, aber umsonst. „Wenn (quand) ich dieses Leben verlassen
habe (= haben werde), werdet ihr diesen Stäben gleichen. Solange ihr
einträchtig (= in Eintracht) bleiben werdet, werdet ihr nicht unglücklich
sein, und ihr werdet von euren Nachbarn geliebt und geehrt werden.
Aber wenn ihr in Uneinigkeit leben werdet, werden bald Bösewichte vorhanden sein, welche sich vereinigen werden, um euch alles wegzunehmen,
was ich euch hinterlassen haben werde, und nichts wird euch retten."

32.

Paul hatte eine kleine Fensterscheibe · zerbrochen. Deshalb wurde
der Glaser gerufen. Er brachte eine große Fensterscheibe mit. „Aber,
mein Herr," sagte Paul zu ihm, „die Scheibe, die Sie da haben, ist viel
größer, als die ^{2}zerbrochene ^{1}Scheibe." — „Dann werde ich einige Stücke
abschneiden," antwortete ihm der Glaser. Darauf zog er ein kleines
Werkzeug (un outil) aus der Tasche. „Das ist unser teuerstes Werkzeug. Sieh diesen kleinen Stein, welcher in dem hölzernen Stiele befestigt ist. Es ist kein (= nicht ein) gewöhnlicher Stein, sondern es ist
der härteste von allen Steinen. Um das Glas, welches ebenfalls sehr
hart ist, zu zerschneiden, wenden wir diesen Diamanten an, welcher noch
härter ist als das Glas. Aber da der Diamant nicht nur der härteste
Stein ist, sondern auch einer der ^{2}seltensten (^{1}Steine), ist er so
wertvoll."

33.

Zwei arme junge Leute reiſten zuſammen. Bald begegneten ſie drei anderen armen Reiſenden. Nun reiſten die fünf Männer zuſammen. Eines Tages fanden ſie eine große Summe, welche ſie teilten. Aber alle fünf waren ſchlechte Menſchen (= bösartige Perſonen). Während die beiden jüngſten vor den anderen (her)gingen, ſagte der eine zum andern: „Ich würde mich weit mehr freuen, wenn wir den Schatz gefunden hätten (= hatten), als wir allein waren. Und du würdeſt ebenfalls eine viel größere Menge Geld haben. Aber würde es uns nicht leicht ſein, das ganze Geld zu erhalten, wenn wir (hin)geſchickt würden (= wurden), [um] in der Stadt Lebensmittel [zu] kaufen? Wir würden dieſelben (= ſie) vergiften, und dann, wenn wir aus der Stadt zurückkehren würden, würden wir nicht davon eſſen. Aber unſere Gefährten würden davon eſſen und ſterben.“ Und da die Lebensmittel bald darauf auf-gezehrt waren, wurden ſie in die Stadt geſchickt. Während ſie unter-wegs waren, ſagte der eine der drei anderen Reiſenden zu ſeinen Ge-fährten: „Würdet ihr nicht viel reicher ſein, wenn eure Anteile durch die Anteile jener (= dieſer) beiden jungen Leute vergrößert wären (= waren)? Würde es uns nicht leicht ſein, ſie zu überraſchen, wenn ſie zurückkehren, und ihnen ihre Reichtümer wegzunehmen, da wir die Stärkeren ſind?“ Aber die jungen Leute verteidigten ſich bei ihrer Rückkehr tapfer (= aus allen ihren Kräften). Jedoch wurden ſie durch die Dolche ihrer Genoſſen ermordet. Aber die letzteren wurden ebenfalls für (de) ihr Verbrechen beſtraft. Nachdem ſie [nämlich] die vergifteten Lebensmittel gegeſſen hatten, ſtarben ſie.

34.

Gab es jemals einen beſſeren Hauptmann als d'Assas? Im Lager von Clostercamp würde das franzöſiſche Heer ohne die Aufopferung dieſes Mannes ein ganzes Regiment verloren haben, welches von dieſem ausgezeichneten Offizier (officier) gerettet wurde. Eines Abends näherten ſich die Feinde dem franzöſiſchen Lager, um das Regiment d'Auvergne zu überraſchen. D'Assas war in derſelben Nacht aus dem Lager heraus-gegangen, um das Terrain auszukundſchaften, und wurde von den feind-lichen Grenadieren ergriffen. Sie drohten ihm beim geringſten Schrei mit (de) dem Tode. Aber der alte Offizier ſagte ſich: „Iſt der Tod immer ſchlimmer als das Leben? Nein, oft iſt das Leben nicht unſer koſtbarſtes Gut. Wie (comment) würde der Geringſte unter meinen Leuten handeln? Er würde ſich aufopfern, um das Leben ſeiner Ge-fährten zu retten. Soll (= wird) er ein beſſerer Menſch ſein als ſein Hauptmann?“ Deshalb rief er mit lauter Stimme: „Zu Hilfe!“ Zwar wurde er ſofort niedergeſtochen; aber ſein Heer war infolge dieſes Rufes gewarnt und gerettet.

35.

Die Eltern des kleinen Auguſt hatten ihrem Sohne verboten bei Tiſche zu ſprechen, da er ein kleiner Schwätzer war. Eines ſchönen Sonntags vor dem Mittageſſen hatte das Dienſtmädchen den Hahn des

Badezimmers offen gelassen. August hatte es gesehen, und als man bei Tische war, bat er seine Mutter, ihm zu (de) erlauben, etwas zu sagen. Aber sie antwortete ihm: „Warte noch einige Minuten." Als nach Tisch (après dîner) sein Vater die Zeitungen fertig gelesen hatte, wurde (es) dem Kinde erlaubt zu (de) sprechen. „Ich wünschte nur zu sagen, daß fast der ganze Fußboden des Badezimmers schon vor dem Essen mit Wasser bedeckt war."

36.

Ein Herr verlor eines Tages den Schlüssel zu seinem Geldschrank. Am Abend jenes Tages hörte er ein Geräusch in dem Zimmer, wo dieser Geldschrank sich befand. Er betritt das Zimmer und ist sehr erstaunt, einen Dieb zu sehen, welcher mit einem Hammer und einem Meißel den Geldschrank aufzubrechen versucht. Der Dieb, welcher seinerseits (= von seiner Seite) überrascht ist, sich von dem Herrn beobachtet zu sehen, will entfliehen. Aber er wird von dem letzteren aufgehalten, der zu ihm sagt: „Sie sind sehr gütig, diesen Geldschrank für mich (moi) öffnen zu wollen. Seien Sie ruhig; Sie werden nicht bestraft werden, sondern Sie werden sehr gut bezahlt werden, wenn Sie ihn öffnen können, da ich den Schlüssel verloren habe."

37.

In Straßburg finden wir die schöne Bildsäule von Gutenberg, welcher, in Mainz ums Jahr 1400 geboren, gegen die Mitte des fünfzehnten Jahrhunderts nach Straßburg ging. Eine der wichtigsten Erfindungen ist von diesem Manne gemacht worden, [nämlich] die Erfindung der Buchdruckerkunst. Bücher waren zwar schon vor Gutenberg gedruckt worden. Aber bis zu seiner Zeit hatte noch niemand den Gedanken gehabt, bewegliche Lettern anzuwenden; sondern die ersten Bücher, welche mit dieser neuen Art von Buchstaben gedruckt worden sind, sind erst im Jahre 1455 gedruckt worden. Das Papier, welches man zu diesen Büchern gebrauchte, ist ebenfalls weit schlechter gewesen als heutzutage. Die Erfindung des Papiers ist viel älter als die Erfindung der Buchdruckerkunst. Ums Jahr 800 n. Chr. haben die Araber jene erstere (= erste) Erfindung schon gehabt, welche in Deutschland erst um 1190 eingeführt worden ist. Indessen haben die Araber selbst diese Erfindung nicht gemacht; sondern die Chinesen sind die Ersten gewesen, welche Papiermühlen hatten.

———·———

Anhang zum I. Abschnitt.

13a.

In unserem Garten (le jardin) findest du einige schöne Rosen und einige Disteln. Die Rosen haben einen guten Platz (= Ort), aber die Disteln befinden sich (= finden sich) in den Winkeln der Mauern und an einigen anderen unreinen Orten, wie am Rande des Grabens. Die Rosen und (die) Disteln haben Dornen. Aber die Rosen verursachen

(= geben) uns auch (eine) große Wonne. Durch ihren süßen Duft und durch ihre prächtige Schönheit zieren sie (= verschönern sie) unseren Garten. Aber die Disteln haben nur ihre bösen Dornen. Deshalb hegen wir (= haben wir) (eine) große Fürsorge für unsere Rosen. Aber die Distel wird aus dem Erdboden gerissen, sobald die Erde, wo sie wächst, fruchtbar ist; denn diese Blume ist ein unnützes Wesen. Deshalb werden die Rosen auch von allen Menschen geliebt und geehrt. Aber die Disteln werden verabscheut, und der Esel ist ihr einziger Freund.

17a.

Die Zahl der Häuser von Frankreich, welche nur ein Parterre haben, ist nicht so (= ebenso) groß wie die Hälfte der Zahl der Häuser, welche ein Parterre und ein Stockwerk und darüber haben (Part.). Denn die Zahl dieser Häuser beträgt (= ist) 5150901; aber es giebt nur 2458563 Häuser, welche nur ein Parterre haben. Die Zahl dieser Häuser und 1538008 sind (= machen) die Zahl der Häuser, welche ein Parterre und ein Stockwerk haben. Die Zahl der Häuser, welche ein Parterre, 4 Stockwerke und darüber haben, ist klein. Wir finden diese Häuser nur in einigen Bezirken (le département) von Frankreich, zum Beispiel (par exemple): Seine, 34271; Bouches-du-Rhône, 7373; Seine-Inférieure 3707; Var 2739.

21a.

Seht diesen hüpfenden, schäumenden und singenden Bach! Er ist unermüdlich, die Räder der Mühlen zu (à) drehen. Aber hört ihr auch den Zorn und die Schreie, welche heute in seinem Gesang liegen (= sind), und welche die Menschen anklagen, die (= welche) ihn in ihre Mühlen geleitet haben? Denn sie zwingen (= machen) ihn, für ihre Werke [zu] arbeiten. Er macht Feilen, schleift Messer und dreht große Räder, welche Mühlsteine drehen. Früher brauchte er (= hatte er) nicht für unermüdliche Menschen zu arbeiten. Dennoch langweilte er sich nicht. Wir sahen ihn unter dem blauen 'Himmel glücklich durch das Land fließen. In dem weißen 'Lichte der Sonne glich er einem silbernen Bande (= Band [le ruban] von Silber). Wir hörten ihn in seinem Bette murmeln. Er war ebenso glücklich, wie die Menschen, welche an seinen feuchten Ufern spazieren gingen. Schöne Blumen und 'schattige 'Bäume spiegelten sich in seinem klaren Wasser. Im Frühling suchten glückliche Menschen blaue Veilchen und aufgeblühte Vergißmeinnicht an seinen grünen Ufern. Fröhliche Lieder wurden von den Menschen und von lustigen Vögeln im Schatten seiner Bäume gesungen. Und auch andere Menschen, welche nicht so (= ebenso) glücklich waren, gingen dorthin, um zu träumen oder um ihre unruhigen Gedanken bei dem sanften Murmeln dieses Baches einzuschläfern.

26a.

Eines Tages fand in einer Wüste eine große Jagd statt. Auf dieser Jagd fanden einige Leute plötzlich einen Menschen in einer niedrigen

Höhle mitten in der Wüste. Man war starr vor Erstaunen und fragte ihn: „Was thut ihr denn da?" Zuerst sprach der Mann nicht, aber dann erzählte er ²jenen Leuten ¹seine Geschichte:

„Ehemals war ich nicht frei, wie ich (es) jetzt bin; sondern ich war der Sklave eines Herrn, welcher mich trotz all meines Fleißes sehr häufig schlug. Endlich nach langen Jahren eines solchen unglücklichen Lebens flüchtete ich mich eines Abends (Accusativ!) in die Wüste, wo ich mich in dieser Höhle verbarg."

— „Aber was hattest du denn während dieser Zeit zu essen?" fragten ihn jene Leute.

— „Ein Löwe versorgte mich mit Wild. Dieser Löwe ist ein sehr dankbares Tier. Bald nachdem ich hier (ici) angekommen war, fand ich ihn vor meiner Höhle. Stöhnend hielt er mir die eine seiner Pfoten entgegen. Ich sah sie an und fand darin (y) einen dicken Dorn, welchen ich ihm aus dem Fuße zog."

Nun führte man den armen Sklaven in das Haus seines Herrn. Aber da er den letzteren verlassen hatte, wurde er zum Tode verurteilt. In einer großen Schranke, welche von hohen Mauern umgeben war, wurde ein wilder Löwe auf (= gegen) den unglücklichen Mann losgelassen. Aber die Tausende von Menschen, welche zugegen waren, um das schreckliche Schauspiel [mit] anzusehen, waren starr vor Erstaunen, als der Löwe sich dem Manne näherte, ihn ansah und, mit dem Schweife wedelnd, ihm sanft die Hand leckte. Denn es war derselbe Löwe, welcher mit jenem Sklaven in der Höhle in so gutem Einvernehmen gelebt (vécu) hatte. Man hatte ihn an demselben Tage (= denselben Tag) gefangen wie (que) den Sklaven. Als nun die Leute, welche bei (à) dem Schauspiele zugegen waren, die Geschichte des barmherzigen Sklaven und des dankbaren Löwen gehört hatten, wurde allen beiden das Leben geschenkt (= bewilligt).

27a.

Am Rande eines tiefen Abgrundes befand sich ein kleiner Pfad. Ein Bergstrom stürzte sich über den letzteren hinweg in den Abgrund; dort hatte man ein langes Brett hingelegt. Auf diesem Brette begegnete eines Tages eine alte Ziege einer jungen Ziege. Die ältere der beiden bat die jüngere, ihr, indem sie umkehrte (en mit Part. Präs.), Platz zu (de) machen, und sagte zu ihr: „Gehe aus dem Wege, denn du bist mir Ehrerbietung schuldig." Aber die jüngere wollte es nicht thun und antwortete (Part. Präs.): „Kehre dorthin zurück, von wo du gekommen (= angekommen) bist, und laß mich vorbeigehen. An dir ist es, mir Platz zu machen." Die andere Ziege erwiderte nichts mehr, sondern sie stürmte mit gesenktem Kopfe vorwärts. Gleichzeitig stürmte die jüngere ebenfalls mit gesenkten Hörnern (= die Hörner nach vorn) vorwärts. Die Folge ihres Eigensinns war ein so heftiger Stoß, daß sie alle beide in den Abgrund stürzten (= fielen).

27b.

Neulich sah ich einen Müller und seinen Sohn vor unserem Hause vorüberkommen. Sie trieben einen Esel vor sich her. (Der) Vater und (der) Sohn waren sehr müde, während das Tier (dagegen) noch recht frisch war. Ich hörte einen vorübergehenden Mann den Vater fragen: „Wovon sind Sie denn so müde?" — „Wir haben schon eine lange Reise gemacht," antwortete ihm der Müller. — „Aber Sie haben [doch] nicht die ganze Reise zu Fuß gemacht, da Sie einen so großen und schönen Esel haben?" — „Ich will (je veux) Ihnen dies erzählen: Als wir aufbrachen, bestieg ich unseren Esel, da ich schon sechzig Jahre alt bin. Aber als wir zwei oder drei Meilen Weges zurückgelegt (= gemacht) hatten, wurde mein dreizehnjähriger Sohn müde und folgte uns nur mit vieler Mühe. Diejenigen, welche uns sahen, sagten, daß ich unrecht daran thäte (= daß ich unrecht hatte), ein so junges Kind zu Fuß gehen zu (de) lassen. Ich stieg also ab und gab meinen Platz meinem Sohne. Aber nach einigen Meilen sagten andere Leute, daß mein Sohn recht undankbar wäre (= war), seinen alten Vater zu Fuß gehen zu lassen. Deshalb stiegen wir alle beide auf den Esel. Aber einige andere Vorübergehende fanden wiederum dies grausam. Wir stiegen also alle beide ab und trieben den Esel den letzten Teil des Weges vor uns [her]. Aber da wir nicht jedermann zufriedenstellen können (nous pouvons), [so] werden wir vollständig nach unserm Belieben handeln (nous agirons)."

81a.

Ein armer Mann war trotz all seines Fleißes ins Unglück geraten (= gefallen). Da er seit langer Zeit krank war, war in seinem Hause kein Brot mehr für seine Kinder vorhanden, welche häufig vor (de) Hunger weinten. Endlich sagte er zu seiner Gattin: „Wir werden unseren guten Freund Eugen bitten, uns etwas zu (de) schenken; er wird mit unseren armen Kindern Mitleid haben." Eugen wurde von dem Schicksal der armen Leute gerührt und schickte ihnen Brot und eine schöne (gros) Summe (von) Geld.

In der Nähe der niedrigen Hütte dieser armen Familie war ein schönes Haus. Dasselbe (= es) gehörte einem Manne, welcher ehemals reich war. Aber da er häufig spielte und niemals arbeitete, hatte er all sein Gut verloren. Als er von den Wohlthaten Eugens hatte sprechen hören, ging er zu (chez) dem letzteren, jammerte über sein Geschick und sagte endlich zu ihm: „Ich brauche zweihundert Franks. Ich kenne Ihr gutes Herz. Sie werden mich nicht zurückweisen, sondern (Sie werden) diesen Schuldschein annehmen und mir das Geld verschaffen." Aber Eugen sagte zu sich: „Du wirst ihm nichts geben; denn wenn (quand) er dein Geld hat (= haben wird), wird er über deine Güte lachen und spielen, und du wirst ebenfalls ein Bettler sein." Und er antwortete ihm: „Es ist mir unmöglich, Ihren Schein anzunehmen." — „Aber, mein Herr," antwortete ihm der andere, „die ganze Summe wird Ihnen in einem Vierteljahr zurückgegeben werden." — „Ich kenne das (= dies). Nach diesem Vierteljahre werden diese zweihundert Franks ebenfalls verloren sein, und Sie werden nicht imstande (= bereit) sein, die Summe zu (à) bezahlen."

33a.

Ein Kaufmann ging eines Morgens zum Markte in die nahe Stadt. Als er aufbrach, fiel der Regen mit Heftigkeit, und der Wind wehte. Seine Frau murrte über das schlechte Wetter und besonders über den Regen. Aber als der Kaufmann am Abend zurückkehrte, sagte er zu seiner Frau: „Heute (= diesen) Morgen murrten wir über das schlechte Wetter. Aber wenn der Regen nicht gefallen wäre (= war), würde ich nicht mehr leben, und unsere Kinder würden keinen Vater mehr haben." Als die Frau dies hörte, wäre sie vor Schrecken beinahe gestorben. Aber der Kaufmann erzählte ihr: „Bei meiner Rückkehr vom Markte kam ich durch (= kam ich vorüber an) den Wald, welcher sich zwischen unserem Dorfe und der Stadt befindet. Nach einigen Minuten hörte ich ein Geräusch hinter mir (moi), und ich sah einen Räuber mir schnell folgen, die Pistole in der Hand. Er würde einen Schuß auf mich abgegeben haben, und du würdest mich verloren haben, wenn der Regen das Pulver seiner Pistole nicht naß gemacht hätte. Wir wollen (= laßt uns) also Gott preisen, welcher mich gerettet hat, indem er den Regen schickte."

---

2. Abschnitt.

38.

Als der Kaiser Napoleon I. eines Tages unterwegs war und schon eine lange Reise gemacht hatte (Part.), hatte [er] Durst. Da er seinem Kellermeister befohlen hatte (Part.), immer fünfzig Flaschen Wein mitzuführen (zu = de), freute er sich, sich endlich einen Augenblick erfrischen zu können. Nachdem sein Kellermeister gerufen worden war (Part.), befahl ihm Napoleon, eine der fünfzig Flaschen Wein zu holen. Der Diener ging hinaus, aber als er endlich nach einer Viertelstunde ohne Wein zurückgekehrt war (Part.), fragte ihn der Kaiser: „Wo ist mein Wein?" — „Verzeihung, Majestät," antwortete ihm der Kellermeister, „es ist keiner mehr da, da alles getrunken ist (Part.)." — „Nun wohl," rief Napoleon aus, „Sie werden in Zukunft einundfünfzig Flaschen Wein mitführen, damit Ihr Kaiser, wenn er Durst hat (Part.), etwas zu trinken hat (ait)."

39.

Ein Mann, welcher während einiger Jahre im Süden Ackersmann gewesen war, kehrte eines Tages zu seinen alten Eltern zurück, die in der Ile-de-France lebten. Sie sprachen auch von der Ernte in jenen beiden Teilen Frankreichs, und der Sohn sagte zu seinem Vater:

„Es ist selten, daß ihr in diesem Lande eine so reiche Ernte habt, wie wir (deren eine) fast immer in jenem Lande gehabt haben. Obgleich ich so lange dort gewesen bin, habe ich dort (deren) nie eine schlechte gesehen. Aber die Ernte des Südens geht auch auf (de) eine ganz andere Art von statten als bei euch. Nachdem wir das Getreide geschnitten und gebunden hatten (Part.), schafften (= trugen) wir es noch an demselben Tage in die Scheune, wo wir es sofort draschen. Denn da die Luft dort fast ebenso heiß ist (Part.) wie in einem Backofen, ist es gut, daß wir das Getreide immer bald auf (à) der Tenne haben. Aber bei euch läßt man die *gebundenen *Garben noch auf (dans) dem Felde, und häufig warten die Ackersleute sehr lange, bis die Luft und die Sonne das Getreide getrocknet haben. Das einzige, was (= die einzige Sache, welche) mir im Süden nicht angenehm gewesen ist (Konj.), (das) ist jene Hitze, welche ebensosehr die Nacht wie den Tag [über] fortdauert."

40.

An (par) einem schönen Herbsttage (le jour d'automne) ging ich mit meinem Vater, meiner Mutter und meiner jüngeren Schwester Marie im Gebirge spazieren. Nach einigen Stunden kamen wir auf einem großen Platze an, in dessen Mitte sich ein kleiner Bach befand, in welchem sich hohe Kastanienbäume spiegelten. Da wir alle ein wenig müde waren, setzten wir uns (= gingen wir, um uns zu setzen) unter einen jener schönen Bäume, deren lange Zweige und dichte Blätter uns gegen die Sonne schützten. Darauf setzten (= reihten) wir uns um unsere Beutel, in welchen wir Lebensmittel mitgebracht hatten.

Wir teilten dieselben (= sie) und waren bald im besten Zuge damit, unser Frühstück zu verzehren, als einige von uns in der Ferne (= sehr weit) das Geräusch von verschiedenen Glöckchen hörten. Dieses Geräusch näherte sich langsam unserem Platze, und nach einer kleinen Viertelstunde hörten wir auch die Stimmen mehrerer Menschen und das Bellen einiger Hunde. Darauf sahen wir aus dem Gehölze drei junge Hirten herauskommen (= herausgehen), neben denen ein langhaariger Hund [her]lief. Sie gingen vor einer Herde [her], welche aus einer großen Zahl (von) Hammeln und (von) Ziegen und aus einigen mageren Kühen bestand, an deren Hälsen kleine Glöckchen hingen, deren Geräusch wir gehört hatten. Fünf oder sechs weitere (= andere) Hirten marschierten hinter der ganzen Herde.

Worüber (= wovon) wir sehr erstaunt waren, (das) war der Anzug der Hirten. Einige hatten Hüte; jedoch die meisten (= die größte Anzahl) hatten keine Hüte, sondern wollene Mützen, welche braun gefärbt waren. Die Füße aller waren nackt, denn sie trugen weder Strümpfe noch Schuhe. Ihre Jacken waren aus blauem Tuche angefertigt und ihre Beinkleider aus grober Leinwand. Als die drei ersten Hirten bei dem Platze angekommen waren, auf dem wir uns befanden, fragte sie mein Vater:

„Woher (= von wo) kommt ihr (an)?" — „Von Milly," antwortete ihm der eine von den dreien, „jenem (Accusativ!) Dorfe am Fuße dieses Berges." — „Wann (quand) seid ihr denn aufgebrochen?" — „Wir sind mit Tagesanbruch fortgegangen, aber bei (à) dem Schritte unserer Herden gehen wir nur sehr langsam vorwärts. Fast alle Morgen führen

(= lenken) wir sie unter diese Kastanienbäume, unter welchen wir unser Frühstück essen, das aus Brot, (aus) Käse, (aus) einigen harten Eiern und aus frischem Wasser besteht."

41.

Es ist sehr wichtig, daß die Landleute Schafe haben (Konj.), denn sie schenken ihnen ihre Wolle, aus welcher unsere Kleider und unsere Strümpfe angefertigt werden. Aber es ist auch sehr angenehm, daß wir Bienen haben, denn ohne sie würden wir keinen Honig haben. Laßt uns also (donc) Gott dankbar (reconnaissant, e) sein, welcher uns jene beiden Gattungen von Tieren gegeben hat, deren eine uns so nützlich ist, während die andere (dagegen) uns durch ihren süßen Honig erfreut.

42.

Eine Maus lief am Ufer eines Flusses hin und her (= ging und kam), [über] welchen sie zu setzen wünschte. Da rief sie aus, daß es unter den Tieren keine unglücklichere Gattung gäbe (Indik.) als die ihrige. Endlich begegnete sie einem Frosche, den sie um Hilfe bat. „Ich würde," sagte sie [zu] ihm, „mein Bein an deines binden; dann würden wir uns zusammen ins Wasser werfen, und du würdest mich schwimmend an jenes Ufer dort ziehen. Wenn du mir diesen großen Dienst erweisen (rendre) wolltest, würde ich dich stets meinen liebsten Freund nennen."

Zuerst (d'abord) weist der Frosch die Maus ab; ²dann ¹aber ruft er sie zurück. „Nun wohl," sagte [zu] ihr das falsche Tier, „ich werde dir diesen Dienst erweisen." Nun bindet die Maus eine ihrer Pfoten an eine der seinigen, und sie werfen sich ins Wasser. Bis zur Mitte des Flusses geht ihre Reise gut. Aber dann sucht der Frosch seine Freundin zu ertränken, indem er untertaucht. Indessen wehrt sich die Maus. In diesem Augenblick stürzte ein Weihe auf die beiden Tiere (bête) herab und fraß (manger) sie alle beide.

43.

Ein Landmann und seine beiden Kinder, deren eines ein Sohn Namens Gustav war, während das andere eine Tochter Namens Marie war, gehen eines Tages in den Feldern spazieren, welche mit Kornähren bedeckt sind. Das junge Mädchen freute sich besonders über diejenigen unter denselben (= ihnen), welche ganz gerade standen. Da fragte der Landmann seinen Sohn: „Welche von diesen Ähren würdest du denn vorziehen? Magst du auch diese lieber, welche den Kopf so stolz erheben?" — „Du fragst mich, welche Ähren ich vorziehe?" antwortete ihm Gustav; „sicherlich diese anderen hier, deren Köpfe zur Erde hin geneigt sind. Wenn sie (s'ils) ebenso leer wären (Ind.), würden sie ihre Köpfe ebenso stolz erheben. Aber wem würden sie dann nützlich sein? Niemand würde unser Getreide kaufen."

44.

Ludwig XIV., [der] am (= den) 5. September 1638 geboren und am 1. September 1715, das heißt im Alter von 77 Jahren, gestorben

[ist], ist kein (= nicht ein) so großer Feldherr (le général) wie Napoleon I. gewesen, obgleich der letztere nicht immer (eine) große Neigung zum militärischen Leben gehabt hat.

Er war am 15. August 1769 in Ajaccio geboren, auf jener Korsika (la Corse) genannten Insel, welche zwei Monate vor seiner Geburt von den Franzosen besetzt (occuper) worden war. Im Alter von zehn Jahren wurde der kleine Napoleon Bonaparte von seinem Vater in die Kriegsschule von Brienne geschickt. Er blieb dort fünf Jahre, von 1779 bis (à) 1784. Aber das Leben in dieser Schule war dem jungen Napoleon so wenig angenehm, daß er eines Tages zu entwischen versuchte, und daß er sogar daran dachte, die Priesterweihe zu nehmen. Dieses wird uns durch einen Brief bewiesen (= gezeigt), den sein Bruder Joseph Bonaparte am 26. August 1785 an Herrn Isoard zu Aix in der Provence geschickt hat, und welcher vor einiger Zeit wieder aufgefunden und veröffentlicht worden ist. In diesem Briefe bittet Joseph seinen alten Freund, für seinen jüngeren Bruder Napoleon, der keine Neigung zu dem Dienste des Königs Ludwig XVI. hätte (Ind.) und der in das Seminar von Aix zu flüchten wünschte, den vierten Teil der Güte (Plur.) zu haben, welche er ihm erwiesen hätte (Ind.). Bald darauf finden wir jedoch den jungen Napoleon in der Kriegsschule von Paris wieder, und im Jahre 1792 war der zukünftige Kaiser schon Hauptmann.

45.

Eine Mutter sagte eines Tages zu ihrer kleinen Tochter, welche gelogen hatte: „Obgleich du noch jung bist, mußt du (il te faut) doch schon wissen, daß Gott will, daß wir alle aufrichtig und ehrlich sind (Konj.). Es giebt fast keine schlimmere Neigung als diejenige zu lügen. Welche andere giebt es, die so schädlich ist (Konj.) wie diese? Denn diejenigen, welche zum (à) Lügen neigen, neigen auch leicht (Adverb) zum Stehlen. Die Lügner sind nicht wert (= würdig), daß sie von den anderen Menschen geliebt oder geehrt werden. Es ist auch sehr selten, daß ihre Lügen ihnen nützlich sind, und es ist gut, daß die Lügner bestraft werden."

46.

Auf (de) einer Seite ist unsere Stadt ganz von schönen Wiesen umgeben, [die] im Frühling mit frischem Grase dicht bedeckt [sind]. An (par) einem schönen Mittwoch ging vor einiger Zeit der kleine Georg dort spazieren. Als er zurückgekehrt war, fragten ihn seine Eltern: „Nun, Georg, hast du deinen Spaziergang (la promenade) beendet? Erzähle uns davon! Wie hat er dir gefallen (plu)?" — „Ausgezeichnet," erwiderte der Knabe; „aber eins (= eine Sache) hat mich recht in Erstaunen gesetzt. Während ich die Wiesen langsam überschritt, kam ich auf den Einfall, mit lauter Stimme zu rufen: „Ho! Ho!" Aber was hörte ich da in dem nahen Gebüsch? Eine andere Stimme, welche mir ebenfalls zurief: „Ho! Ho!" Darauf rufe ich: „Wer bist du?" Aber die

geheimnisvolle Stimme wiederholt nur meine Worte. Ich glaubte, daß
ein anderer Knabe sich dort verborgen hätte (= war, Imperf.) und
sich über mich lustig machen (se moquer de) wollte. Ich ergriff
meinen frisch abgeschnittenen Stock. Aber obgleich ich in dem ganzen
Walde unermüdlich gesucht habe, habe ich merkwürdigerweise niemand
dort gefunden." Da sagte Georgs Mutter sanft zu ihm: „Du hast
recht thöricht gehandelt. Weißt du denn nicht, daß es das Echo ist,
welches dir geantwortet hat?"

47.

Eines Tages führten (mener) mehrere Landleute einen Mann vor
den Richter (le juge) einer kleinen Stadt. Der eine von jenen sagte zu
dem letzteren: „Dieser Mann da hat mir mein Lieblingspferd gestohlen.
Er verschaffte es sich dadurch, daß (en mit Part. Präs.) er meinen
Stall aufbrach." Der Richter antwortete ihm: „Beweisen Sie es uns,
wenn Sie können." — „Nun wohl," erwiderte der Bauer, „ich habe ihm
seine Gaunerei schon bewiesen, und ich werde sie Ihnen ebenfalls beweisen.
Vor drei Tagen entdeckte ich, daß man mir mein schönstes Tier in der
Nacht gestohlen hatte. Deshalb begab ich mich heute (= diesen) Morgen
mit einigen meiner Freunde zum Markte in diese Stadt, um mir ein
neues Pferd zu kaufen. Als wir angekommen waren, fanden wir bald
jenen Mann, welcher [gerade] im Begriffe war, mein Pferd einem anderen
meiner Freunde zu verkaufen. Ich sagte zu diesem: „Kaufe dieses Pferd
nicht, denn es ist das meinige." Als derjenige, welcher es verkaufen
wollte, diese Worte hörte, sagte er sehr höflich zu mir: „Das Ihrige?
Sie irren sich gewiß. Ich bin der rechtmäßige Besitzer." — „Nein,
mein Herr," antwortete ich ihm, „ich irre mich keineswegs. Es ist mein
Pferd, ich wiederhole es Ihnen. Man hat es mir vor drei Tagen gestohlen. Geben Sie es mir zurück!" — „Ich werde es Ihnen keineswegs
[über]lassen, denn es ist schon länger als ein Jahr her, seit ich es besitze."
— „Nun wohl," erwiderte ich ihm, indem ich schnell meine beiden
Hände auf die Augen des Tieres legte. „Wenn Sie es seit so langer
Zeit besitzen, wird es Ihnen sicherlich leicht sein, uns zu (de) sagen, mit
(de) welchem Auge es einäugig ist."

„Mein Pferd ist jedoch weder einäugig noch blind, und meine Frage
hatte nur den Zweck, zu (de) zeigen, daß dieser Mann der Dieb war."
— „Und was antwortete er Ihnen?" unterbrach ihn der Richter. —
„Zuerst," fuhr unser Bauer fort, „war er ganz verblüfft; denn unglücklicherweise hatte er das Tier nicht aufmerksam untersucht. Er antwortete
mir also aufs Geratewohl: „Mit dem rechten Auge." Bei (à) diesen
Worten fingen alle Anwesenden an zu lachen."

— „Nun," sagte der Richter zu dem Landmanne, „ich freue mich
sehr, daß Sie die Schurkerei dieses Spitzbuben so schnell ans Licht gebracht haben, und daß er gezwungen worden ist, das gestohlene Pferd
zurückzugeben. Er wird sofort ins Gefängnis geworfen werden."

48.

Der Nachbar eines Tischlers sagte eines Tages zu diesem: „Du bist sicher der arbeitsamste von allen Tischlern der Stadt. Niemals sieht man dich deine Säge und deinen Hobel niederlegen. Warum arbeitest du soviel?" — „Nun," antwortete jenem unser Tischler, „wenn ich nicht arbeitete, würde ich mich langweilen (ennuyer). Denn du weißt, daß alle diejenigen, welche nicht arbeiten, sich bald langweilen." — „Aber wozu verwendest du denn all das Geld, welches du verdienst?" — „Ich schicke einen Teil desselben meinen Eltern, weil dieselben (— sie) zu alt sind, um arbeiten zu können. So bezahle ich meine Schuld, indem ich ihnen die Ausgaben zurückbezahle, die sie für mich gemacht haben. ²Den anderen Teil ¹werde ich dazu verwenden, meine Kinder gut zu erziehen, und wenn ich ein Greis bin (— sein werde), werden sie ebenfalls versuchen, mein Leben zu verschönern. Das ist das Kapital, welches ich verzinslich anlege."

49.

Neulich schickte unser Nachbar meinem Vater einen Brief, in welchem er sagte: „Ich muß Sie [davon] benachrichtigen, daß Ihr Hund eines meiner Kinder gebissen hat. Wir können nicht verlangen, daß Sie ihn abschaffen. Aber wir bitten [darum], daß Sie [dafür] Sorge tragen (avoir soin), daß sich dieses nicht wiederholt (Konj.)." Nun sagte mein Vater zu uns: „Obgleich ich bezweifle, daß Hunde, welche so gut sind wie unserer, Kinder beißen, wünsche ich doch, daß solche Dinge in Zukunft vermieden werden. Wenn ihr wollt (— wünscht), daß wir ihn behalten (garder), und daß ich ihn nicht sofort verkaufe, wird es notwendig sein, daß ihr ihn stets [an]bindet, damit er kein schlimmeres Unglück anrichtet (— verursacht). Es bleibt mir nichts anderes übrig, obgleich es mir unangenehm ist, daß ich auf diese Weise unserem klugen Wächter, welcher uns seine Treue schon so häufig bewiesen hat, die Freiheit raube."

50.

Zwei Fliegen flogen auf einen Tisch, auf welchem sich Näschereien und Backwaren neben einem Glase befanden, das Bier enthielt. Alle beide hatten Hunger und Durst, denn sie hatten noch nicht gefrühstückt. Da sagte die eine von ihnen zu ihrer Gefährtin: „Ich werde ein wenig von diesem Biere lecken. Was wirst du fressen?" — „Was mich anbetrifft," erwiderte die andere, „[so] ziehe ich diese Näschereien vor. Denn was ist angenehmer und süßer als diese?"

Aber je mehr die letztere davon fraß, desto schlechter befand sie sich, und endlich fiel sie tot [nieder]. Ihre Gefährtin starb ebenfalls bald darauf. In diesem Augenblicke fliegt eine dritte Fliege auf den Tisch. Als sie die beiden anderen tot neben dem Backwerk und dem Glase sieht, sagt sie zu sich: „Wie? (— was?) Sollten (— würden) jene armen Tiere von diesen Lebensmitteln gefressen haben, und sollten diese verfälscht worden sein? Wovon soll (— werde) ich nun fressen? Am besten wird [es] sein, mich mit diesen Brotkrumen zu begnügen." Aber diese waren ebenfalls verfälscht, und sie starb auch.

Darauf näherte sich ihnen eine vierte Fliege, welche ausrief: „Weil es unmöglich ist, auf einer Erde zu (de) leben, wo die gewöhnlichsten Lebensmittel bis zu einem solchen Grade verfälscht werden, [so] werde ich von diesem ‚Fliegentod' fressen. Dann werde ich am wenigsten zu leiden haben, denn ich werde am schnellsten sterben (je mourrai)." Sie fraß davon, aber seltsamerweise (= seltsam!) starb sie nicht, denn jenes Papier war ebenfalls verfälscht.

51.

Ein armer Mann, welcher weniger als 700 Franken jährlich (par an) verdiente, sah einen reichen Herrn in seinem prächtigen Wagen. Er wünschte, daß er ebenso reich wäre wie jener, damit er auch einen so schönen Wagen und ein angenehmeres Leben haben könnte (= hätte). Aber sein Nachbar sagte ihm, warum es unmöglich wäre (= war), daß wir alle Reichtümer hätten, und daß es nicht selten sei (= wäre), daß reiche Leute trotz all ihrer Schätze unglücklicher wären, als der geringste ihrer Bedienten, obgleich sie von allen Menschen als glücklich angesehen würden.

52.

Der Kaiser Karl der Große, welcher von 768 bis (à) 814 regierte (régner), hatte in seinem großen Lande mehrere Schulen eingerichtet, in welchen junge Leute ebensowohl aus dem mittleren und niederen Stande, wie aus demjenigen der Vornehmen sich befanden. Er selbst arbeitete mit soviel Fleiß und soviel Sorgfalt, daß er häufig während der Nacht aufstand, um sich den Angelegenheiten seines Landes zu widmen. Als er schon ein Greis war, bemühte er sich noch, schreiben zu lernen. Daher befahl er den Schülern jener Schulen, daß auch sie arbeitsam sein sollten (= wären).

Eines Tages besichtigte Karl eine solche Schule. Er versammelte die Schüler um sich und ließ sich die Verse zeigen, die ein jeder von ihnen gemacht hatte. Nachdem er dieselben (= sie) sorgfältig geprüft hat, ruft er zunächst die Kinder zu sich heran (= in seine Nähe), welche aus den mittleren und niederen Ständen hervorgegangen sind, und richtet an sie die folgenden Worte: „Ich freue mich sehr, daß eure Arbeiten meine Hoffnung übertreffen. Ich (!) mache keinen Unterschied zwischen den Vornehmen und den Geringeren, sondern zwischen denen, welche sich der Trägheit überlassen, und denjenigen, welche mit Fleiß arbeiten. Jeder, der nur an sich und an sein Vergnügen denkt, wird von mir nichts bekommen (= haben). Aber ihr (!) werdet prächtige Abteien und reiche Bistümer bekommen, wenn ihr beständig auf diese Weise fortfahrt."

Darauf sah Karl der Große die Söhne der Vornehmen an und sprach zu ihnen mit (de) zornigem (= einem zornigen) Antlitz. „Es ist sonderbar," sagte er zu ihnen, „daß eure Arbeiten weit schlechter sind, als diejenigen jener Kinder. Es ist Zeit, daß ihr eure frühere Nachlässigkeit wieder gut macht, und daß auch ihr meinen Befehlen besser gehorcht!"

53.

Heinrich IV., welcher von 1593—1610 König von Frankreich gewesen ist, ist von seinem Großvater Heinrich d'Albret, [dem] König von Navarra, erzogen worden. Sobald der Prinz geboren war, begab sich sein Großvater in das Zimmer seiner Tochter, und obgleich sie sich lange sträubte, entführte er ihn ihr, um ihn selbst zu erziehen (= damit er ihn selbst erzöge).

Eines Tages war Heinrich d'Albret sehr zornig, weil (= daß) er einen der Diener lügen hörte, um dem zukünftigen König von Frankreich zu schmeicheln. „Habe ich euch nicht befohlen," rief er ihm zu, „daß ihr ihm niemals schmeicheln solltet? Du wärest (= würdest sein) wert, daß ich dich für deine Lüge hart bestrafte. Denn es ist ein großes Unglück, daß die Fürsten nicht immer die Wahrheit hören."

So wollte der König von Navarra, daß die Diener die Seele seines Enkels nicht mit (de) Hochmut erfüllten, sondern daß sie zum Edelmut erzogen werden sollte. Aber er hielt auch für gut, daß der kleine Heinrich wie die anderen Kinder des Landes ernährt würde, daß er mit ihnen die Berge erklimmen und auf die Felsen klettern sollte, um seinen Körper an die Anstrengungen zu gewöhnen.

54.

Eines Tages hatten zwei Knaben, Bernhard und Peter, eine Nuß gefunden. Bernhard hob sie auf und wollte sie essen. Jedoch Peter rief ihm zu: „Gieb sie mir, denn ich (!) habe (= ich bin es, der hat) sie zuerst gesehen." In dem Augenblick, als (que) sich hierüber zwischen ihnen ein heftiger Streit entspann, trat ein junger Mann zu ihnen (= bot sich ihnen dar). „Gehört dir diese Nuß?" fragte er Bernhard; „hast du sie gefunden?" — „Nein," unterbrach ihn Peter, „sie gehört ihm nicht. Er nahm sie mir weg, obgleich ich sie zuerst gesehen hatte."

„Nun," fuhr der junge Mann fort, „traut mir, ich (!) werde euch einig machen." — „Ja," antworteten ihm die beiden Knaben, „wir wollen Ihnen trauen." Er zerbrach die Nuß und sagte lachend zu ihnen: „Diese Schale gehört dir, Bernhard, weil du die Nuß aufgehoben hast. Und diese gehört dir, Peter, denn du hast sie zuerst gesehen. Aber der Kern gehört mir; ich behalte ihn als (pour) Preis für mein Urteil."

55.

Bernhards Mutter sagte eines Tages zu ihm: „Ich möchte (je voudrais) ein Bouquet (von) Blumen auf den Tisch stellen. Hole (deren) einige aus dem Garten." — „Ja, Mama," antwortete ihr Bernhard, „ich gehe sogleich hin (= dorthin) und schneide dir ein schönes Bouquet ab." Als er im Begriff war, das Zimmer zu verlassen (= aus dem Zimmer herauszugehen), bat ihn seine kleine Schwester, ihr zu erlauben, daß sie mit ihm ginge. Zuerst wies Bernhard sie ab, indem er sagte: „Gehe weg! Ich werde allein gehen." ¹Als ¹aber seine Mutter zu ihm sagte: „Ich (!) wünsche, daß ihr zusammen geht," begleitete ihn Marie.

Ehe sie [nun] in den Garten gingen, holten sie [erst] ihre großen Strohhüte (= Hüte von Stroh), welche sie vor (= gegen) der heißen Sonne schützten.

Als die beiden Kinder den Garten betreten hatten (histor. Plusqpf.), sagte der Knabe zu seiner Schwester: „Laß uns zu jenem Beete (la planche) dort gehen; dort werden wir die schönsten Rosen finden." — „Ja," erwiderte Marie, „gehe dorthin; ich werde hier bleiben und einige Vergißmeinnicht abschneiden. Aber sieh doch dieses merkwürdige Blatt hier. Woher kommt denn das (= es)?" — „Das ist ein Blatt von der hohen Eiche unseres Nachbarn. Der Wind wird es (davon) losgelöst und auf dieses Beet getragen haben. Wirf es in den Bach, dann ist es möglich, daß es bis zum Meere (la mer) geht."

56.

Neulich kehrten der alte Hirt und sein Sohn, welche unserem Nachbarn schon seit so langer Zeit dienen, mit ihrer Herde zurück, indem sie den Körper eines toten Wolfes im Triumphzuge umherführten. Der Greis erzählte uns stolz, wo sie das Tier getötet hatten:

„Ehe wir gestern (hier) aufbrachen, sagte ich zu meinem Sohne: „Ich ahne heute ein Unglück; ich werde meine Flinte (le fusil) mitnehmen (= mit mir nehmen)." Ich holte sie, und wir brachen nach den Wiesen auf, welche sich in einer Entfernung von zwei Meilen von unserem Dorfe am Rande des großen Waldes hinziehen (= ausbreiten). Als die Nacht sich endlich niedersenkte, sagte August zu mir: „Es ist Zeit, daß wir die Hunde in die Herde verteilen; dann laß uns einige Stunden schlafen." — „Nein," erwiderte ich ihm, „ich (!) werde nicht einschlafen. Die Pferde und (die) Stiere sind so unruhig, als ob (comme si) auch sie das Herannahen irgend einer Gefahr ahnten. Du weißt, daß ein Wolf in diesem Walde umherstreift." — „Aber, (mein) Vater," antwortete mir August, „wir haben unsere treuen Wächter. Es ist wirklich unmöglich, daß das Tier das Gehölz verläßt."

Ungefähr eine halbe Stunde später hörten wir das Stöhnen einer unserer Färsen und das Bellen unserer Hunde. Als wir uns der Stelle näherten, von welcher der Lärm herkam (= ausging), sahen wir (nous vîmes) bei (à) den Strahlen des Mondes, daß der Wolf der Färse an die Kehle (= an die Kehle der Färse) gesprungen war (= hatte), welche den Wald betreten hatte, daß er gerade im Begriff war, sie zu erwürgen, und daß einige Stiere mit ihren Hörnern und die Hunde ihn wütend bekämpften. Bei (à) unserem Herannahen ließ der Wolf seine Beute los und wollte fliehen. Aber ich rief ihm zu: „Warte, mein Freund, du wirst deine Schurkerei bald bereuen," und (ich) gab einen so guten Schuß auf ihn ab, daß er tot [nieder]fiel."

57.

Jeden Sommer kommen eine große Menge (von) Badegästen in einem durch seine Mineralquellen berühmten Dorfe an. Alle Tage hört der Arzt der Warmbadeanstalt dieselben Klagen, an welche er so gewöhnt

128　　　　C. Übungsstücke. 57—59.

ist, daß er schließlich einem jeden der ihn (= seiner) um Rat Fragenden, ohne auf seine Erzählung zu hören, antwortet: „Das ist ein sehr ernster (grave) Fall; aber nehmen Sie unsere Bäder, und alles dies wird vergehen."

Eines Tages ging die Thüre zu (de) seinem Sprechzimmer wieder auf (= öffnete sich wieder). Ohne seine Lektüre zu unterbrechen, bot der Doktor ⁰dem Herrn, welcher in das Zimmer eintrat, ¹einen Stuhl an. Derselbe (= dieser) erzählte ihm, daß man ihn dorthin geschickt hätte (Ind.), obgleich er nicht im geringsten Schmerzen litte (= von nirgends litte), obgleich (que) er mit gutem Appetit äße und sehr gut schliefe. Aber wie groß (= welches) war das Erstaunen (un étonnement) dieses Herrn, als der Arzt, welcher ihm ebensowenig zugehört hatte wie seinen anderen Kunden, ihm antwortete: „Trinken Sie unser Wasser, und Sie werden von allen diesen Leiden geheilt werden!"

58.

Kürzlich ging ich mit meinem Freunde spazieren. Als wir zu der Kirche gelangten, war ich ganz erstaunt, daß die ganze Kirche und die benachbarten Häuser mit Schwalben fast bedeckt waren. Ich leugne nicht, daß ich niemals soviele (derselben) zusammen gesehen hatte (Konj.). Ich war eben im Begriff, meinen Freund zu fragen, woher alle diese Vögel kämen (Ind.), als dieser meiner Frage zuvorkam, indem er zu mir sagte: „Da sind die Schwalben, welche sich dort versammeln und (welche) bald nach den Gegenden des Südens aufbrechen werden. Sieh jene große Schwalbe, welche hierhin und dahin fliegt, indem sie die Ordnung aufrecht erhält. Sie werden im Süden bleiben, bis der Frühling wiederkehrt (= zurückkehrt); dann werden auch sie zu ihren Nestern zurückkehren, und eine jede von ihnen wird das ihrige wiederfinden."

„Aber," antwortete ich meinem Freunde, „glücklicherweise (heureusement) gehen nicht alle Vögel beim Herannahen der rauhen Jahreszeit weg (= sind es nicht alle Vögel, welche weggehen)." — „Nein," antwortete er mir, „einige bleiben das ganze Jahr bei uns. Andere, die Drossel, der Zaunkönig und die Wintergrasmücke, verlassen zur Zeit der Nebel Norwegen und die anderen Länder des Nordens und kommen, [um] die kalte Jahreszeit bei uns zuzubringen (passer). Jedesmal, wenn (que) ich ein Rotkehlchen sehe, erinnere ich mich eines Streites, welchen mein Vater mit unserem Nachbar gehabt hat. Eines Tages war eines dieser Tierchen (= kleinen Tiere) in das Zimmer des letzteren hereingekommen. Aber der hartherzige (= harte) Mann dankte ihm schlecht für sein Vertrauen. Wenn wir uns nicht ins Mittel gelegt hätten (Ind.), hätte (würde haben) er es während des ganzen Jahres in dem Käfig gefangen gehalten."

59.

Ein armer Mann besuchte (= ging hin, um zu sehen) eines Tages seinen Nachbarn, welcher ebenso arm war wie er selbst. Sie redeten lange (weitläufig) über das Schicksal, welches ihre Familien erleiden würden, wenn (= dann wenn) sie selber gestorben wären (= sein würden).

Der arme Mann beunruhigte sich sehr darüber. Jedoch sein Nachbar antwortete ihm: „Ich hoffe, daß unsere Kinder alt genug sein werden, um für sich selber zu sorgen, ehe wir sterben." — „Aber wäre es (= würde es sein) denn unmöglich, daß wir vor dieser Zeit stürben?" — „Nun, wenn du vor mir stürbest (Ind.)," unterbrach [ihn] der Nachbar, „würde ich sicherlich dazu beitragen, ihnen den Lebensunterhalt zu gewähren (à les faire vivre). Denn auch du, mein Freund, hast uns schon oft geholfen, wenn ich krank geworden war. Aber vor allen Dingen (= besonders) laß uns zu (en) Gott Vertrauen haben. Er ist es, der sogar denjenigen, welche sich ihr Unglück selbst zugezogen haben, hilft, wenn sie ihre Zuflucht zu ihm nehmen."

60.

Zwei Knaben brachten von ihrem Spaziergange (la promenade) eine Schwalbe mit. „Sagt mir doch," fragte sie ihr Vater, „was thut ihr hier mit dieser Schwalbe? Wir verwünschen die Unmenschen, welche die armen Vögel umbringen (= sterben lassen), damit sie ihre Leidenschaft für die Jagd befriedigen. Und ihr selber fangt welche (en prenez)? Laßt sie sofort zu ihrem Neste zurückfliegen!" — „Aber, (mein) Vater...," antworteten die Knaben. — „Widersprecht mir nicht," unterbrach [sie] ihr Vater zornig. „Habe ich euch nicht schon manchmal verboten Vögel zu fangen? Ich hoffe, daß ihr es nie wieder thun werdet."

„Aber wir haben diese Schwalbe [gar] nicht gefangen," sagte der eine der beiden Knaben bescheiden, „wir haben sie soeben halb tot vor Kälte und Hunger unter einem Gebüsche gefunden." — „Nun, dann würde es genügt haben, wenn (= daß) ihr sie in der Hand erwärmtet und ihr einige Insekten suchtet. Ihr müßt dies jetzt schnell thun, und dann öffnet das Fenster und laßt sie fliegen, wohin sie will (= wollen wird)."

61.

Eines Abends wurde Wilhelm, mit dem sein Freund Paul am Morgen nach den nahen Bergen aufgebrochen war, von dem letzteren zu seinen Eltern krank zurückgebracht (rapporter). Diese beunruhigten sich sehr über (de) den Anblick (un aspect), der sich ihnen darbot. „Wer hätte geglaubt, daß ihr so zurückkehren würdet?" riefen sie aus. Paul erzählte ihnen das Unglück, welches ihnen zugestoßen (arriver) war. „Gegen Mittag war es furchtbar (= äußerst) warm. Wilhelm glaubte vor Durst [zu] sterben. Endlich gelangten wir zu einer aus einem Felsen hervorsprudelnden Quelle. Obgleich ich zu Wilhelm sagte: „Trinke noch nicht, sondern laß uns noch einige Augenblicke warten, ehe wir trinken," eilte er auf die Quelle zu, indem er mir zurief: „Ich glaube nicht, daß es mir schädlich ist (Konj.)." Ich (!) trank nicht von dem Wasser, welches kalt wie Eis war; er aber trank davon und stürzte sogleich fast bewußtlos nieder. Wir wollen hoffen (Imperativ), daß er von dem Fieber, das er sich selbst durch seine Unvorsichtigkeit zugezogen hat, geheilt werden wird. Glauben Sie mir, er wird es nie wieder thun, sondern (er wird) sich stets an diesen unglücklichen Tag erinnern."

62.

Ein alter Jagdaufseher, welcher Moritz hieß, fing eines Tages einen Eichelhäher in seinen Netzen. Mit sehr viel Fleiß und (sehr viel) Eifer lehrte er ihn einige Worte (aus)sprechen. Einige Monate später besuchte ihn (kam, um ihn zu sehen) sein kleiner Nachbar Bernhard. Er zeigte ²dem letzteren ¹den Eichelhäher, indem er sagte: „Dieser Vogel versteht alles, was ich zu ihm sage." Bernhard indessen glaubte ihm nicht, sondern erwiderte lächelnd: „Beweisen Sie es mir!" — „Nun gut, ich werde es Dir beweisen." Darauf rief der Jäger seinem Vogel zu: „Wo bist Du?" Dieser antwortete sofort: „Da bin ich." Bei diesen Worten fingen beide an zu lachen. Von jenem Tage an kam Bernhard häufig, um dem Vogel zuzuhören.

Eines Tages, als Moritz ausgegangen war, betrat Bernhard das Zimmer, und da er den Eichelhäher allein fand (Part.), nahm er ihn und steckte ihn in die Tasche. Aber in dem Augenblicke, als (que) er im Begriffe war, das Haus zu verlassen, kehrte der Jagdaufseher zurück. Er war sehr überrascht, als (= daß) er den Vogel nicht fand. Bernhard fängt an zu weinen, und indem er ihn um Verzeihung bittet, teilt er ihm mit, daß er den Diebstahl begangen hat. Darauf übergiebt er ihm den Eichelhäher.

63.

Der Sohn eines reichen Kaufmanns war ein Spieler. Sein Vater merkte bald diese Leidenschaft seines Sohnes. Aber da er noch immer hoffte, daß dieser endlich einsehen (= begreifen) würde, daß er jene gefährliche Leidenschaft überwinden (vaincre) müßte (Ind.), ließ er ihn einige Zeit gewähren. Eines Tages jedoch, als sein Sohn ihn abermals (= noch) um eine ziemlich beträchtliche Summe bittet, erwidert ihm der Kaufmann: „Bis heute habe ich alles Geld bezahlt, welches du deinen Freunden schuldig gewesen bist, und ich werde auch diese Summe bezahlen, weil mir das Geld weniger lieb ist als die Ehre meines Namens. Aber das Hospital, dessen Armen wir hätten viel mehr helfen sollen (Plusqpf. des Fut.), wird auf der Stelle eine ebenso große Summe empfangen. Wir werden [es] in Zukunft immer so machen, bis du begreifst, daß die Wohlthätigkeit (la bienfaisance) sich mehr [für] uns geziemt, als das Spiel." Von jenem Tage an spielte der junge Mann nicht mehr.

64.

Als wir neulich in dem nahen Walde spazieren gingen, bemerkten wir plötzlich in einem Gebüsche zwei Knaben, welche im Begriffe waren, eine mit Vogelleim bedeckte Rute (la verge) auf einen Zweig zu binden. Mein Vater fragte sie: „Sagt uns doch, was (= das, was) ihr hier machen wollt?" Obgleich sie zuerst lügen wollten, mußten sie doch schließlich zugeben, daß sie eine Amsel fangen wollten, die sie häufig in jenem Gebüsche gesehen hatten. „Und was wolltet ihr denn mit dem armen Vogel machen?" — „Seien Sie nicht böse auf uns! Wir wollten ihn [ja] in ein schönes Vogelbauer stecken, um uns an seinem Gesange zu erfreuen (= freuen über)." — „Aber glaubt ihr denn, daß das Leben in einem schönen Käfig demjenigen in der Freiheit gleichkommt? Und muß man denn die Vögel zu Gefangenen machen, wenn man sich an ihnen erfreuen will? Wäre es (— würde es sein) nicht viel besser, wenn (— daß) ihr sie in ihrem Gebüsche ließet (Konj.), damit sie ²auch die Herzen der anderen Menschen ¹mit (de) Freude erfüllten?"

65.

Der berühmte Rechtsanwalt Dupin hatte für einen Angeklagten so gut geredet, daß alle Anwesenden ganz ergriffen (— erregt) waren und der Gerichtshof den letzteren freisprechen mußte. Am Tage nach seiner Freilassung begab sich der Angeklagte zu dem Hause des Rechtsanwalts. „Könnten Sie (Impf. des Fut.) mir wohl sagen, ob Herr Dupin zu Hause (— darin) ist?" fragte er den Diener. — „Ja, er ist in seinem Studierzimmer." Der Angeklagte trat ein. „Mein Herr," sagte er, „ich möchte Ihnen meinen aufrichtigsten Dank aussprechen! Es thut mir leid, daß (je suis fâché que mit Konj.) ich Ihnen denselben (— ihn) nur mit (— durch) Worten ausdrücken kann; aber ..." — „Wie, Elender!" unterbrach ihn der Rechtsanwalt, welcher seinen Unwillen nicht beherrschen konnte (Part.), „obgleich Sie wohl wissen, daß Sie das Verbrechen begangen haben, wagen Sie [es] sich vor mir zu zeigen? Sie sollen wissen (— wisset), daß Sie mir (!) Ihre Freisprechung nicht verdanken. Sondern leider (— unglücklicherweise) hat man Sie aus Mangel an handgreiflichen Beweisen nicht verurteilen können. Gehen Sie sofort hinaus, und kommen Sie mir nie wieder!"

66.

Ein reicher Bauer besaß eine große Herde Schafe (— von Schafen). Der Hirte, dessen Fürsorge diese übergeben war, sorgte für sie, wie ein Vater für seine Kinder sorgt. Jeden Sonnabend kam ein Schlachter aus der nahen Stadt, um einige der fettsten Lämmer zu kaufen. Eines Tages kam er abermals mit seinem Wagen an. Ein Schaf, welches ihn kommen sah (Part.), wurde sehr unruhig und suchte vergeblich mit seinem Lamme zu entfliehen. „Worüber beunruhigst du dich?" fragte dieses seine Mutter. — „Sollte ich (— würde ich sollen) nicht zittern, wenn ich diesen Henker ankommen sehe? Ist es nicht kaum einige Wochen her, seit er mich deines Bruders beraubt (dépouiller) hat? Und wann wird man kommen, um auch dich wegzuschleppen? Wird man dich mir vielleicht ²heute ¹schon wegnehmen? Würden wir uns jemals wiedersehen? Nein, nie (jamais)! Und ich, die [ich] dich nicht schützen kann, obgleich ich deinen Untergang voraussehe, was wird dann aus mir werden? Ich werde vor Schmerz sterben!" — „Aber, (meine) Mutter," erwiderte das Lamm, „glaubst du denn, daß es besser wäre (Präs. Konj.), wenn (— daß) du vor mir stürbest (Präs. Konj.)? Nein, ich würde deinen Tod sicherlich nicht überleben!"

Anhang zum II. Abschnitt.

88a.

Zwei Männer, ein armer Tagelöhner und ein reicher Geizhals, brachten eines Tages einen Streit vor den Richter. Als der reiche Mann von dem Richter gebeten worden war (histor. Plusqpf.), ihm alle Einzelheiten der Angelegenheit zu (de) erzählen, that er dies mit (en) folgenden Worten:

„Nachdem ich mein Pferd an einen Kaufmann verkauft hatte (Part. Präs.), hatte der letztere mir 800 Franks bezahlt. Nachdem das Geld sorgfältig in einen Lederbeutel genäht war (Part.), kehrte ich in mein Haus zurück. Aber unterwegs verlor ich den Beutel. Als ich meinen Verlust bekannt gemacht und 100 Franks demjenigen versprochen hatte, welcher den Beutel unversehrt zurückbringen würde, brachte dieser Tagelöhner ihn nach einigen Tagen. Sofort zählte ich das Geld; aber ich fand nur noch 700 Franks in dem Beutel, während ich (deren) 800 darin [ein]genäht hatte. Dieser Mann hatte (était) sich also schon die ²versprochenen ¹Goldstücke angeeignet.“

„Nein, (mein Herr),“ antwortete der Tagelöhner, „ich habe Ihr Geld nicht angerührt (= ich habe nicht an Ihr Geld gerührt). Ich bin stets ebenso ehrlich wie arm gewesen. Sie wünschen nur die ²versprochenen ¹100 ²Franks zu behalten. Ich kümmere mich weniger um diese Belohnung als um meinen Ruf, denn ich habe niemals ein wertvolleres Gut gehabt. Ihr Beutel ist Ihnen unversehrt zurückgebracht worden, und wenn Sie darin nur die Summe von 700 Franks gefunden haben, [so] haben Sie [eben] keine größere (= deren nicht eine größere) darin eingenäht.“

Der Richter hatte bald die Ehrlichkeit des Tagelöhners und den Betrug des Geizhalses herausgefunden. Nachdem er einen Augenblick über das Mittel nachgedacht hatte (Part.), einen solchen Geiz zu (de) bestrafen, sagte er zu dem reichen Manne:

„Nun wohl, diese 700 Franks, welche von dem Tagelöhner in diesem Beutel gefunden worden sind, sind also nicht das Geld, welches Sie verloren haben; denn Sie haben einen Beutel verloren, der 800 Franks enthielt (= enthaltend). Warten Sie also, bis eine Person Ihnen Ihren Beutel zurückbringt. Und was dich anbetrifft,“ sagte der Richter zu dem Tagelöhner, „[so] behalte diesen Beutel, bis der Mann sich einstellt, welcher einen Beutel verloren hat (ait), der 700 Franks enthält (= enthaltend).“

39 a.

Wenn man an (par) den Boulevards von Paris zwischen der Magdalenenkirche und der Bastille in den ²letzten ¹acht Tagen des Jahres vorüberkommt, ist man von dem seltsamen Anblick ganz überrascht, welchen jene Boulevards bieten. Obgleich es auch während der übrigen (= anderen) 357 Tage des Jahres eine sehr große Menge von Menschen giebt, welche an jenem Teile der französischen Hauptstadt vorüberkommen, ist doch die Zahl derjenigen, welche gegen das Ende des Jahres vorbeikommen, erstaunlich (= in Erstaunen setzend).

Vom Morgen bis zum Abend ist der ganze Fahrdamm (la chaussée) mit Wagen fast bedeckt, deren Pferde mit langsamen Schritten vorwärts gehen und sogar gezwungen sind, von Zeit zu (en) Zeit stehen zu bleiben (s'arrêter). Auf den Bürgersteigen marschiert man langsam (Adverb) hintereinander (= der eine nach dem andern); man stößt (enfoncer) sich die Ellbogen in die Rippen (la côte), und oft wird man aufgehalten.

Dieser Mann (hier) trägt einen Haufen (von) Spielzeug in (à) der Hand; jene Frau trägt noch nichts; sie will erst etwas kaufen, denn der erste Januar, der erste Tag des neuen Jahres, steht vor der Thür (= ist im Begriff anzukommen), jener Tag, welchen die Kinder seit so langer Zeit (= lange) erwartet haben, wo sie unter ihren kleinen Betten das ²gewünschte ¹Spielzeug suchen. Deßhalb drängen sich die Leute so auf den Boulevards gegen das Ende des alten Jahres. Die einen betreten jene eleganten Läden, die andern bleiben vor diesen kleinen Buden stehen, welche auf (de) die andere Seite des Trottoirs gebaut worden sind. Obgleich die großen Verkaufshallen die besten und (die) schönsten Gegenstände haben, haben die armseligen Krambuden auch ihre Kunden, welche von den ²mäßigen ¹Preisen angelockt werden. Man findet dort ebenfalls ²sprechende ¹Kinder, kleine Halbkutschen, die von Federn getrieben (pousser) werden, hölzerne Pferde, welche zwar nicht mit (de) ²vergoldeten ¹Zäumen geschmückt sind, ²die ¹aber trotzdem auch einen sehr schönen Anblick gewähren.

40 a.

Ein Mann kehrte eines Tages von der Insel, deren Statthalter er gewesen war, zurück. Denn er wurde von·dem Herrscher, welchem jene Insel gehörte, abberufen. Während er auf (dans) der Insel gewesen war, hatte er immer verschiedene Freunde gehabt, auf welche er nun rechnen [zu] können hoffte. Aber als er abreiste, wollte ihn niemand begleiten, um vor dem Könige seinem Herrn zu Gunsten des Mannes einzutreten, in dessen Hause sie so viele angenehme Stunden verlebt (passer) hatten. Die einen, welche seine besten Freunde gewesen waren, hatten alle seine Wohlthaten vollständig vergessen und wollten ihn nicht mehr wiedersehen. Andere, auf (en) welche er (ein) ebenso großes Vertrauen gesetzt hatte, begleiteten ihn nur bis zu seinem Schiffe. Ein einziger Mann, welchen er niemals sehr geehrt hatte, blieb ihm treu. Er machte die lange Reise mit ihm (lui) und sprach für seinen Freund vor dem Throne des Königs.

41a.

Ein algerischer Kapitän war auf einer seiner Fahrten von den Franzosen gefangen genommen worden. Aber er wurde von ihnen gut behandelt. Besonders ein französischer Offizier Namens Choiseul war es, der für ihn sprach und sich sehr gütig gegen ihn zeigte. „Denn,“ sagte Choiseul zu seinen Gefährten, „wer kann sagen, daß wir niemals unsere Feinde werden zu bitten brauchen (Konj.), daß sie Mitleid mit uns haben [möchten]?“

Nachdem der Kapitän in die Stadt Algier zurückgekehrt war, konnte er ⁸dem französischen Offizier bald ¹die Wohlthaten vergelten. Ludwig XIV. hatte nach Algier eine große Flotte geschickt, deren Admiral Duquesne hieß, welcher die Stadt beschoß. Um die französische Flotte zu zwingen, sich von der algerischen Küste zu (à) entfernen, befahl der Dey, an die Kanonen die Franzosen anzubinden, welche man gefangen genommen hatte und deren Glieder auf diese Weise auf die ²feindlichen ¹Schiffe geschleudert wurden. Choiseul, welcher sich unter ihnen befand, wurde ebenfalls an ein Geschütz angebunden. Aber in dem Augenblick, als (que) der Dey im Begriff war zu befehlen zu schießen, warf sich jener algerische Kapitän auf den Franzosen, umarmte ihn fest, indem er mit lauter Stimme ausrief: „Nun wohl, laß mich mit dir sterben, wenn ich dein Leben nicht retten kann!“ Der Dey, welcher von (einer) so großen Dankbarkeit gerührt war (Part.), hatte Mitleid mit dem unglücklichen Franzosen.

42a.

Eines Tages war ich von einem meiner Freunde, mit welchem wir oft in dem Garten meiner Eltern gespielt hatten, gebeten worden, ihn auf (à) das Gut der seinigen zu (de) begleiten und einige Tage mit ihm dort zu bleiben. Er sagte mir, daß bei ihnen die Ernte schon angefangen (commencer) hätte (Indik.), was meinen Wunsch (le désir) noch vergrößerte, das Landleben (= Leben des Landes) kennen zu (de) lernen.

Wir kamen Sonntag an. [Am] Montag wurden wir bei Tages-anbruch durch einen großen Lärm geweckt, den wir auf (dans) dem Hofe (la cour) hörten. Wir standen sofort auf und gingen auf den Hof. Als wir dort ankamen, waren die Schuppen, in welchen die Wagen und (die) Karren gewesen waren, schon leer. Denn die Knechte, welche ihre an-strengende Arbeit gegen 4 Uhr (des) Morgens anfingen, waren schon im Begriff, die Pferde und (die) Ochsen an die Wagen zu spannen (mettre). Bald nachher brachen sie zu den Feldern auf, während wir dagegen dort blieben, weil mein Freund mir die Teile, aus denen das große Gut seiner Eltern bestand, zu zeigen wünschte.

Von drei Seiten war der Hof von dem Herrenhaus (la maison do maître) und (von) den Ställen umgeben. Neben den Ställen für die Pferde hatten die Ochsen und (die) Kühe die ihrigen, neben welchen (deren) andere für die Schafe und Ziegen vorhanden waren.

Mittags kehrten die Landleute mit ihren Wagen zurück. Nachdem sie ²ihren Tieren ¹zu fressen und zu saufen (= trinken) gegeben hatten,

brachten ihnen die Frauen und (die) Mägde das Mittagessen. Bald nach=
her lagen sie in einer Reihe in der Tenne der Scheune, welche sie gegen
die Sonne und die heiße Luft schützte. Ich ging mit meinem Freunde
in die Ställe. Dort zogen die Pferde das Heu und den Klee aus den
Raufen, welche sich vor ihnen befanden. Mein Freund erzählte mir, daß
sein Vater bald noch einige neue Pferde kaufen würde. Was uns be=
sonders erfreute, das war ein junges Füllen, welches das Heu aus (dans)
der Hand fraß, die wir ihm hinhielten.

43a.

Ein armer Pilger, welcher seit langer Zeit umherreiste, kam endlich
vor dem prächtigen Schlosse eines reichen Ritters an. Als er in das=
selbe (= dort) eingetreten war, drohten ihm die Diener [damit], daß
ihre Hunde ihn sogleich aus dem Hause jagen würden. Endlich fragte
ihn einer von ihnen, welcher barmherziger war als die anderen: „Woher
kommen Sie (an)?" — „Ich komme aus einer Stadt, die sehr weit entfernt
von hier liegt (= ist)," antwortete ihm der Pilger. — „Aus welcher?"
— „Aus Nanterre." — „Und was suchen Sie hier? Mit wem wünschen
Sie zu sprechen?" — „Mit Ihrem Herrn."

Nachdem man ihn vor den Ritter geleitet (= begleitet) hatte, bat
ihn der arme Pilger um (die) Gastfreundschaft für eine Nacht. Zuerst
runzelte der hartherzige (= harte) Mann die Stirn und wies ihn ab.
Aber der andere erwiderte ihm: „Wen könnte ich bitten, Mitleid mit mir
zu haben, wenn Sie mich zwingen, Ihr Haus zu verlassen? Ich sterbe
vor Hunger und (vor) Durst, und es ist kein anderes Haus in der Nähe
des Ihrigen vorhanden." — „Ich wiederhole Ihnen, daß Sie nicht hier
bleiben können. Mein Schloß ist kein Gasthaus." — „Nun wohl, ich
werde dieses Haus sofort verlassen; aber erlauben Sie mir nur, Ihnen
drei Fragen zu stellen." — „Meinetwegen! Welches sind Ihre Fragen?"
— „Wer wird nach Ihnen in diesem prächtigen Schlosse wohnen
(= wird kommen und wohnen)?" — „Mein Sohn." — „Und wem ge=
hörte (= war) es vor Ihnen?" — „Meinem Vater." — „Und welches
war sein Bewohner vor diesem?" — „Mein Großvater." — „Ihr Schloß
ist also wirklich (= in [en] Wahrheit) ein Gasthaus, und Sie sind nur
die Gäste desselben; denn ein jeder von Ihnen bewohnt es nur kurze
Zeit. Verschaffen Sie sich also lieber durch gute Werke eine ewige Wohn=
stätte im Himmel, indem Sie menschenfreundlicher und barmherziger gegen
die Armen sind."

Der reiche Mann nahm [sich] diese Worte des Pilgers zu Herzen
und gewährte (accorder) ihm darauf, was er ihm abgeschlagen hatte.

44a.

Der größte Strom Frankreichs heißt Loire. Sie entspringt auf
(= kommt heraus aus) dem höchsten Berge der Sevennen, welcher mont
Mézen genannt wird (Part.). Das obere Thal dieses Flusses ist
zwischen hohen Bergen eingezwängt, deren Abdachungen ehemals mit

²dichten ¹Wäldern bedeckt waren. Wenn damals ein Sturm losbrach, hielten die Bäume und (die) Sträuche das Wasser auf, und der Boden hatte (die) Zeit, dasselbe (= es) aufzusaugen (zu = de). Aber später wurden diese Berge abgeholzt. Von dieser Zeit an ist die Loire einer der gefährlichsten (dangereux, -se) Ströme ganz Frankreichs geworden. Allemal, wenn (que) ein Sturm losbricht oder wenn der Schnee schnell schmilzt, steigt der Strom innerhalb einiger Stunden um (de) mehrere Meter. Die Wassermassen gleiten auf der geneigten Fläche hinab und stürzen mit einem Sprunge in das Bett des Flusses, ohne von Bäumen aufgehalten oder (ni) vom Erdboden aufgesogen zu werden. Einige Stunden später sind die Felder mit Wasser und (mit) Sand bedeckt. Wie viele bebaute Ländereien haben die wilden Fluten (= die wilden Fluten haben sie) schon umgewühlt! Wie viele Wohnungen haben sie schon niedergerissen! Wie viele fruchtbare Felder haben sie schon aufgewühlt! Welchen unermeßlichen Schaden hat die Loire schon angerichtet (= verursacht)!

Das sind jene unheilvollen Anschwellungen, durch welche dieser Fluß in so trauriger Weise berühmt geworden ist! Zwar wehrten sich die Menschen seit langer Zeit gegen seine gewaltthätigen Wassermassen. Die Römer haben ihn schon in mächtige Dämme eingeschlossen, durch die sie ihre Felder schützten oder wenigstens zu schützen versuchten. Dieselben (= sie) sind von jeder Generation erbreitert und erhöht worden. Indessen ist alles vergeblich gewesen! Unter dem ungeheuren Druck der Wassermassen bersten die Dämme, und die Fluten entweichen durch die in die Dämme gebohrten Breschen.

Was nicht weniger gefährlich ist als diese plötzlichen Anschwellungen der Loire, das sind ihre wechselnden (= beweglichen) Untiefen. Wie vielmal hat sie schon ihr Bett verändert! Wie viele Inseln hat sie schon beseitigt, und wie viele neue hat ¹dieser ²ebenso gewaltthätige wie launische ²Fluß schon geschaffen!

46a.

Welcher Mensch möchte lieber (= würde vorziehen) unglücklich als glücklich sein? Aber wie viele Menschen giebt es in der Welt, die wirklich glücklich sind (Konj.)? Die einen sagen: „Wenn ich Reichtümer hätte (Ind.), würde ich mich darin glücklich fühlen." Aber sie vergessen, daß die Reichen keineswegs immer glücklich sind. Die anderen sagen: „Die Vergnügungen werden uns das Glück verschaffen. Laßt es uns darin suchen!" Und sie geben sich denselben (y) hin, ohne das zu finden, was sie beständig suchen. Dennoch will Gott, daß wir alle glücklich sind. Und wir werden es sein, wenn wir arbeitsam, sparsam, mäßig, zufrieden (content, e) und fromm sind.

47a.

Ein wichtiges Geschäft rief einen Herrn zur Stadt. Um schneller dorthin zu gelangen, mietete er eine Droschke. Aber der Kutscher ließ sein Pferd gehen, wie es wollte. Endlich rief ihm der Herr zu: „Möchten

Sie nicht lieber (Imperf. des Fut.) im Wagen schlafen als auf Ihrem Bocke?" — „Ich dachte schon daran," erwiderte ihm der Kutscher sehr höflich, „aber ich habe nicht gewagt, es Ihnen zu sagen."

48 a.

Oben auf dem Turm unserer Kirche haben mehrere Schwalben ihre Nester gebaut. Während des ganzen Winters sind diese leer gewesen. Denn bei (à) dem Herannahen der kalten Jahreszeit (la saison) versammeln sich jene, um zusammen ihre lange Reise nach dem (= zum) Süden zu machen. Aber jedes Jahr, wenn der Frühling wiederkehrt (= zurückkehrt), kehren sie ebenfalls zurück, und eine jede von ihnen findet ihr Nest leicht wieder.

Heute war ich oben auf dem Turme. Von meinem ²verborgenen ¹Platze [aus] war es mir leicht, jene Vögel zu beobachten, ohne von ihnen gesehen zu werden. Welch merkwürdigen Anblick (un aspect) hatte ich da! Auf dem Rande eines Nestes, welches ganz nahe bei mir war, und in dem sich eine kleine Schwalbe befand, saß (= hielt sich) seine Mutter. Dann fliegt diese um das Nest herum, und das Junge sieht aufmerksam zu und versucht ebenfalls, sich ein bißchen zu heben. Das geht gut. Darauf erhebt es sich noch ein wenig und gelangt auf den Rand des Nestes. Nun fliegt die Mutter weg; sie holt ihrem Jungen eine Belohnung. Bald nachher kehrt sie mit einer Mücke zurück und reicht sie ihm dar.

Aber die Unterweisung ist noch nicht zu Ende. Jetzt handelt es sich [darum], aus dem Neste herauszukommen. Wird das Junge genug (assez de) Mut haben, um der Kraft seiner Flügel zu vertrauen? Und wird diese genügen, um es durch die Lüfte zu tragen? Die Mutter prüft es sorgfältig. Da sie findet, daß es nicht auf das Pflaster fallen wird, beruhigt sie es; sie ruft es und wendet alle Mittel an, um es zu veranlassen, aus dem Neste herauszukommen. Das Junge zaudert noch einen Augenblick; aber dann folgt es seiner Mutter voller (= voll von) Mut und Vertrauen.

50 a.

Eine Spinne sagte eines Tages zu einem Seidenwurm: „Wer (= welcher) von uns beiden arbeitet schneller? Ehe du ein einziges Fädchen vollendest, werde ich diese ganze Mauer schon mit unzähligen Fädchen bedeckt haben." — „Wie?" antwortete ihm der Wurm bescheiden, „du verspottest mich? Nun, was ist nützlicher, schnell und schlecht (zu arbeiten) oder langsam und gut zu arbeiten? Es ist wahr, daß ich langsamer arbeite als du (toi), aber ich arbeite wenigstens besser. Warte, bis wir unsere Arbeiten beendigt haben, und niemand wird zweifeln, daß die deinige weit schlechter ist (hinzufügen: ne) als die meinige."

51 a.

Ehemals gab es eine Vorstadt Saint-Marceau, welche heutzutage einen Teil von Paris bildet. Eines Tages ging ich dort mit einem meiner Freunde spazieren. Dieser zeigte mir daselbst (y) ein schönes

Gebäude, indem er sagte: „Früher hättest du hier ein kleines Geschäftszimmer sehen können (= du würdest gekonnt [pu] haben), das sich an
(= gegen) die Mauer dieses Gebäudes lehnte (= gestellt war). Heute
sieht man da nichts mehr davon; denn es ist länger als fünfzehn Jahre
her, seit man es abgerissen (= niedergelegt) hat. Jenes Geschäftszimmer
gehörte einem jungen Manne, welcher der kleine Peter hieß. Obgleich
er noch sehr jung war, war er doch eine recht wichtige Person. Sehr
viele Leute aus den benachbarten Straßen beschäftigten ihn." — „Und
wozu verwandten sie ihn denn?" fragte ich meinen Freund. — „Er war
der Wasserträger der einen, der Briefträger der anderen, der Bote der
dritten. Das, worüber wir immer am meisten erstaunt waren, (das)
waren seine große Ehrlichkeit und sein unermüdlicher Fleiß. Vom (von
= depuis) Morgen bis zum Abend war er unterwegs. Eines Tages
sagte er zu mir: „Ich muß früh aufstehen, damit niemand vergessen wird."
Aber obgleich er soviel zu thun hatte, war er immer fröhlich. Je mehr
er arbeitete, desto wohler befand er sich. Da er sich mit wenigem be-
gnügte und jede nicht unbedingt notwendige Ausgabe vermied, besaß er
bald ein Kapital von mehr als 235 Franken für die Tage der (de) Not."

52a.

Es giebt sehr viele Menschen, welche mit der Vorsehung niemals
zufrieden sind, und welche immer neue Forderungen (la demande) an sie
stellen (= richten). Die einen sagen zu sich selbst: „Warum sind wir
nicht reicher?" Ein anderer murrt: „Warum besitze ich nicht auch
ein prächtiges Haus und schöne Pferde?" Ein jeder denkt nur an sich,
und fast keiner denkt an die große Menge anderer Menschen, welche noch
weit unglücklicher als er sind.

Jene erinnern mich immer an einen armen Mann, welchem ich eines
Tages begegnete. Er sprach mit mir von seiner großen Armut und sagte
zu mir: „Ich (!) habe ebenfalls einmal gegen das Schicksal gemurrt, als
ich [nämlich] gezwungen war, barfuß zu gehen. Da ich aber einen Mann
sah, dem man beide Beine abgenommen hatte, wußte ich (je savais),
daß es Leute gab, die noch viel unglücklicher als ich waren. Von jenem
Tage an bin ich stets zufrieden gewesen."

55a.

Ein Taschendieb hatte das Portemonnaie aus der Tasche eines
Handelsmannes gestohlen, welcher zum Markte gegangen war. Dieser
war gerade im Begriff eine Schuld zu bezahlen, als er seinen Verlust
bemerkte. Zuerst war er ganz verblüfft, und er erschrak heftig. Dann
aber sagte er zu sich selbst: „Es ist zwar recht schade, daß ich mein Geld
verloren habe. Jedoch werde ich mich an dem Diebe rächen. Ich werde
noch einmal zum Markte gehen. Aber ehe ich weggehe, werde ich in
meine Tasche ein altes Portemonnaie stecken, das nur ein Stückchen (von)
Papier enthält (Part.), auf welches ich die Worte schreiben (= ge-

schrieben haben) werde: „Dieses Mal bin ich es nicht, der bestohlen ist (Konj.)! Du verdienst, daß wir dich hängen!"

Er geht also weg, nachdem er gethan hat (Part.), wie er (es) gesagt hat. Beim Gehen (= indem er ging) legte er zuweilen seine Hand auf die Tasche, in der sein Portemonnaie war. Aber wie groß (= welches) war seine Bestürzung, als ¹er, ¹zu Hause (= bei sich) an-gekommen, ²das Portemonnaie öffnete, in welchem er ein anderes Stückchen Papier fand, auf das mit Bleistift die Worte geschrieben waren: „Niemand wird gehängt, ehe man ihn hat."

56 a.

Eines Tages sagte die Gattin eines Parisers zu ihm: „Mein Lieber, werden wir den ganzen Sommer dieses Jahres zu Hause (= bei uns) verleben? Möchtest du nicht lieber (Imperf. des Fut.), daß wir auf (= für) etwa vierzehn Tage aufs Land gingen? Unsere Freunde haben uns schon so häufig gebeten, im (en) Sommer einige Wochen bei ihnen zuzubringen!" Zuerst sträubte (Präs.) sich ihr Gatte (un époux), welcher wohl wußte (= wissend), daß das Leben auf dem Lande für jemand, der nicht daran gewöhnt ist, nicht immer so angenehm ist, wie man es sich vorstellt (représenter). ²Schließlich ¹aber erwidert er höf-lich: „Nun wohl, ich willige in deinen Plan (le projet) ein. Indessen wünsche ich, daß wir es nicht bereuen!"

Man reist also nach dem Dorfe in der Umgegend von Saint-Quentin ab, in welchem die Freunde wohnen. Diese empfinden (= fühlen) eine lebhafte Freude [darüber], sie endlich bei sich zu sehen. Aber unser Pariser sieht bald, daß das, was er geahnt hat, noch übertroffen wird. Er, der gewohnt ist, erst gegen Mitternacht (minuit) zu Bette zu gehen, ist gezwungen, sich dort schon um zehn Uhr schlafen zu legen. Und ob-gleich er wegen (à cause de) der Fliegen und der Mäuse erst gegen Morgen einschläft, muß er um fünf Uhr sein Bett verlassen. Und warum weckt man ihn schon? Um das Kohlenboot vorbeikommen zu sehen!

58 a.

Eines Tages führten mehrere Männer zwei Diebe, deren Hände sie auf dem Rücken [zusammen]gebunden hatten, vor den Richter. Sie wurden von dem Gastwirt begleitet, in dessen Hause man die Diebe er-griffen hatte. Der letztere erzählte dem Richter: „Das sind die beiden Ruchlosen, von denen der Müller des benachbarten Dorfes vor drei Jahren ermordet worden ist, und welche jetzt die Strafe für (de) ihr Verbrechen erhalten werden. Durch das Krähen eines Hahnes sind sie endlich entdeckt worden (= es ist durch..., daß sie sind...). Gestern Abend (hier au soir) kamen sie und baten mich (= mich bitten), sie eine Nacht in meiner Herberge schlafen zu lassen. Ich gab ihnen ein Schlafzimmer, welches von meinem nur durch eine leichte Scheidewand getrennt ist. Um Mitternacht wurde ich durch das Krähen eines Hahnes geweckt. Da hörte

ich), daß meine beiden Gäste sich unterhielten. Ohne sie belauschen (= anhören) zu wollen, vernahm ich dennoch ihre ganze Unterhaltung, weil sie
ziemlich laut (assez haut) sprachen. Der eine von ihnen rief aus:
„Verwünschter Hahn! Müssen wir uns denn immer an den toten Müller
erinnern?" — „Ja," erwiderte ihm der andere, „jedesmal, wenn ich
einen Hahn krähen höre, erinnere auch ich mich an jene schreckliche (terrible) Nacht, in welcher wir den armen Mann getötet haben." Nachdem
sie wieder eingeschlafen waren, kleidete ich mich sofort an und holte schnell
einige Nachbarn. Darauf bemächtigten wir uns der Schurken."

„Nun," sagte der Richter zu diesen, „werdet ihr jetzt gestehen, den
Müller ermordet zu haben?" Der eine von ihnen leugnete ihr Verbrechen
noch immer. Aber der andere, welcher es (en) bereute (Part.), fing
an zu weinen und gestand alles. „Wie gelangtet ihr denn in die Mühle?"
fragte ihn der Richter. — „Wir gelangten vermittelst einer Leiter hinein
(y). Während wir auf (= in) dem Gange vorwärtsschritten, ging plötzlich eine Thüre auf, und der Mann, welchem die Mühle gehört hat, trat
(= ging) heraus, von einem Geräusche geweckt und eine Kerze (la chan-
delle) in der Hand haltend. Ehe ich meinen Gefährten hindern konnte
(= zurückhielt), hatte er den Müller schon mit einem Dolchstoße zu
Boden gestreckt."

62 a.

Ein Lamm löschte seinen Durst in der reinen Flut (= Woge)
eines klaren Baches. Ein Wolf, welcher noch nüchtern war und (welcher)
glaubte, daß das Tier gut [dazu] wäre (Ind.), seinen Hunger zu stillen
(apaiser), kam unerwartet [dazu] und trank zwanzig Schritte weit (à)
oberhalb (au-dessus de) des Ortes, wo das Lamm trank. Plötzlich
näherte er sich diesem, indem er ihm wütend (= voll von Wut) zurief:
„Ihr werdet von Tag zu (en) Tag kühner. Geziemt es sich für dich,
mein Getränk zu trüben?" — „Majestät," erwiderte das Lamm, „ich
verstehe Sie nicht. Warum geraten Sie denn in Zorn? Ist es möglich,
daß ich Ihr Wasser trübe, wenn ich mehr als zwanzig Schritte unterhalb
Eurer Majestät trinke?" — „Trotzdem trübst du es. Es ist Zeit, daß
ihr die Strafe für eure Tollkühnheit erhaltet. Ich werde nicht länger
zulassen, daß ihr euch über mich lustig macht (so rire de), und ihr
sollt (= müßt) dies endlich verlernen." — „Aber ich erinnere mich nicht,
jemals über Sie gelacht zu haben." — „Du lügst! Lachtet ihr [etwa]
nicht vergangenes Jahr, als eure Hunde mich bissen?" — „Möge Eure
Majestät glauben, daß ich vergangenes Jahr noch nicht geboren war!"
— „Verwünschtes Tier, wirst du auch leugnen, daß du neulich übles von
mir redetest (Konj.)? Man teilte mir alle eure Schmähungen mit." —
„Ich weiß nichts davon."

Nun nahm das grausame Tier, weil es nicht wünschte (Part.),
gezwungen zu sein, seine schöne Beute loszulassen, seine Zuflucht zu einer
anderen Form des (de) Prozesses. „Obgleich du leugnest, an dem Verbrechen der Deinigen teilgenommen (prendre part à) zu haben, mußt

du doch für sie leiden." Indem er das sagte, packte (= nahm) er das arme Lamm mit der Schnauze, schleppte es (weg) tief in den Wald (= in die Tiefe des Waldes) und fraß es dort.

64 a.

Ein Beispiel von seltenem (= von einem seltenen) Mut und (von) seltener Wohlthätigkeit wird uns von einem Einwohner eines Dorfes von Poitou erzählt. Eines Abends war in diesem Dorfe Feuer ausgebrochen. Durch einen Sturm wurden die Flammen von Haus zu Haus gejagt. Endlich erreichen sie auch eine niedrige Hütte, welche mitten in der langen Reihe der Häuser steht (= ist). Plötzlich hört man einen halb erstickten Schrei aus dieser Hütte (herauskommen), deren Balken die Flammen schon in Brand gesetzt haben. Da erinnert man sich, daß der Greis, welchem jene elende Hütte gehört, krank und außer stande ist, sein Bett zu verlassen. Aber nicht einer der Anwesenden will das Haus betreten, welches jeden Augenblick (= in jedem Augenblick) einzustürzen droht. Alle sagen: „Jeder muß sich selbst helfen. Ist mein Leben nicht ebenso-viel wert wie seines?" Plötzlich eilte ein Landmann herbei, dessen Haus, sein ganzes Vermögen, ebenfalls in (en) Flammen stand (= war). Ob-gleich die anderen ihn zurückhalten wollen, gelingt es ihm (= gelangt er) sie zurückzustoßen (= zurückzutreiben, zu = à). Ohne [ein] Wort zu sagen, schlug er die Thür der brennenden Hütte ein und stürmte durch die Flammen und den Rauch hindurch vorwärts. Er gelangte bis zu dem von der Feuersbrunst schon erreichten Bette. Er lud den Unglück-lichen auf seine Schultern, und eine halbe Minute, ehe die Wände ein-stürzten, waren beide gerettet.

D. Alphabetisches Wörterverzeichnis.

A.

à 1 in (à l'école in der Schule, 3 à la cuisine in der Küche, 22 aux Indes in Indien, 37 à Mayence in Mainz) — 2 zu — 12 an (au bord am Rande) — 40 mit [bei Eigenschaften, z. B. à longs poils mit langen Haaren, langhaarig] — 47 in einer Entfernung von (à quinze lieues in einer Entfernung von 15 Meilen) — 44a nach (à l'ouest nach Westen)

abandonner 52 aufgeben, im Stiche lassen, hingeben, überlassen

abattre zu 39 Gr. 17 niederschlagen

abbaye, f. 52 Abtei

abeille, f. 41 Biene

abîme, m. 48a Abgrund

aboiements: les a., m. 30 das Bellen

abolir 22 abschaffen

abord: d'a. 47 zuerst, zunächst

aborder 31a anreden

absence, f. 19 Abwesenheit — 65 en l'a. in Abwesenheit, mangels

absorber 44a einsaugen

abstenir: s'a. zu 58 Gr.16 sich enthalten

accepter 31a annehmen

accompagner 26 begleiten

accomplir 6 vollenden

accord, m. 54 Übereinstimmung; mettre d'a. einig machen

accorder 25a bewilligen

accourir 58 herbeilaufen, herbeieilen [il accourt]

accoutumer (à f.) 53 gewöhnen (zu th.)

accuser 3 anklagen

acheter 22 kaufen

acquérir 43a erwerben

acquittement, m. 65 Freisprechung

acquitter 65 freisprechen

acte, m. 48a Handlung, That

action, f. 26 Handlung, That

admettre zu 62 Gr.17 zulassen

administration, f. 40a Verwaltung

adonner: s'a. à qc. 68 sich einer Sache hingeben

adresser à 52 richten an — 51a s'a. à q. sich an jem. wenden

affaire, f. 28 Angelegenheit, Geschäft

affranchir 25a befreien (Sklaven)

afin que (mit Konj.) 38 damit

Afrique: l'A., f. 22 Afrika

âge, m. 24 Alter (un grand â. ein hohes Alter) —44 à l'â. de im N. von — 59 être en â. de f. alt genug sein, um zu th.)

âgé, e 27a alt

agir 28 handeln — 48a s'a. de sich h. um

agiter 48a hin und her bewegen

agneau, m. 66 Lamm

agréable 39 angenehm; agréablement auf angenehme Weise — W 46 Anm. il est agréable que (mit Konj.) es ist angenehm, daß

ah ça! 47a heda!

aide, f. 42 Hülfe; demander aide à q. jem. um Hülfe bitten

aider q. 21a jem. helfen

aiguille, f. 18 Nadel, Zeiger (einer Uhr)

aile, f. 48a Flügel

aimable 31a liebenswürdig
aimer 11 lieben
ainsi 39 so, auf diese Weise — 43a also
air, m. 39 Luft — 42a Aussehen, Miene
aire, f. 6 Dreschtenne
aise, f. 81a Freude; être à l'aise wohl auf sein
ajouter 54 hinzufügen
album, m. 39a Album
alentour 56 rings umher
Alger 41a Algier
Algérien, m. 41a Algierer (Mann aus Algier)
algérien, -enne 41a algerisch
allée, f. 18 Gang (dans l'a. auf dem G.)
Allemagne: l'A., f. 37 Deutschland
aller 4 gehen, hingehen — 18 aller f. hingehen und etw. th.; hingehen, um etw. zu th. — 38 aller f. im Begriff sein etw. zu th. — 38 aller chercher holen — zu 55 Gr. 15 aller reisen, s'en aller weggehen — [18 il allait, 33 je vais, 33 il va, 37 il alla, 38 il allât chercher, 40 nous allons]
allonger 42a lang ausstrecken
allumer 39 anbrennen, anzünden
allumette, f. 19 Zündholz, Streichholz
aloès, m. 50 Aloe-Saft
alors 24 nun, da, dann, darauf, damals
alouette, f. 58 Lerche
alun, m. 50 Alaun
amande, f. 54 Kern
âme, f. 53 Seele
amener 52 herbeiführen, vorführen
Amérique: l'A., f. 32 Amerika
ami, m. zu 5 Gr. 19 Freund
ami, e 58 freundschaftlich, freundlich
amie, f. zu 5 Gr. 19 Freundin
amiral, m. 41a Admiral
amour, m. 59 Liebe
amputer 52a amputieren, abnehmen (ein Bein)
an, m. 37 Jahr; vers 1340 oder vers l'an 1340 ums Jahr 1340
âne, m. 7 Esel
angle, m. 13a Winkel
animal, m. 15 Tier
année, f. 14 Jahr
annoncer 38a verkünden — 56a ankündigen
annulaire, m. 9 Ringfinger, Goldfinger
août, m. 17 August (Monat)
apercevoir 29 bemerken [29 il aperçut, 40 on aperçoit] — 30 s'apercevoir de qc. etw. merken
appartement, m. 17a (herrschaftliche) Wohnung

appartenir 39 gehören [39 il appartenait, 47 il appartient]
appât, m. 48a Lockspeise
appeler 8 nennen — 49 rufen — s'appeler 8 heißen [il s'appelle]
appétit, m. 57 Appetit; de bon a. mit gutem R.
application, f. 52 Fleiß
apporter 18 mitbringen, herbeischaffen
apprendre 26 lernen, erfahren, lehren, mitteilen; a. à f. th. lernen — 21a apprendre qc. à q. jem. etwas lehren — 62 apprendre à q. à f. qc. jem. etw. th. lehren
approche, f. 11 Annäherung, Herannahen
approcher 58 näher bringen (qc. de q. jem. etw.) — 29 s'a. de q. sich jem. nähern
approprier 38a aneignen
approvisionner 25a verproviantieren
après 18 nach — 23 darauf, danach, später
après que 40 nachdem
aquilon, m. 55 Nordwind
Arabe, m. 37 Araber
araignée, f. 50a Spinne
arbre, m. 14 Baum
arbuste, m. 20 Strauch
ardent, e 56 glühend
argent, m. 7 Silber — 26 Geld
argenté, e 61 silberglänzend
aride 40 ausgetrocknet
arme, f. 34 Waffe
armée, f. 34 Heer
armer 58a bewaffnen
arracher 13a herausreißen
arrêter 52 aufhalten, festnehmen — 25a s'a. stehen bleiben, halt machen.
arrivée, f. 57 Ankunft
arriver 4 ankommen — 43 gelangen
arroger 39a anmaßen
Asie: l'A., f. 32 Asien
aspect, m. 39a Anblick
asphalte, m. 39a Asphalt
asphixier 39a ersticken
assaisonner 40 würzen, schmackhaft machen
assassiner 33 ermorden
asseoir, 18 setzen
asservir zu 56 Gr. 16 unterjochen
assez 63 ziemlich, genug
assis, e 42a sitzend
assister 47 anwesend sein, zugegen sein
assurer 38a versichern
atelier, m. 17a Werkstätte
athlète, m. 39a Athlet
atroce 50 gräßlich
attachement, m. 44 Anhänglichkeit, Ergebenheit
attacher 42 anbinden, befestigen — 49 s'a. à q. sich an jem. anschließen

atteindre 40 erreichen — 52 atteindre
à qc. heranreichen an etw. — [40 on
atteint]
attendre 35 erwarten, warten — a. que
(mit Konj.) warten, bis
attentif, -ve 47 aufmerksam
attention, f. 41a Aufmerksamkeit
attirer 55 anziehen, anlocken — 40a zu
wenden
attraper 47 ertappen, erwischen
auberge, f. 58a Herberge
aubergiste, m. 58a Gastwirt
aucun: ne ... aucun, ne ... aucune
zu 40 Gr. 86 keiner, keine
au-dessous de 62a unterhalb
au-dessus 17a darüber
augmenter 33 vermehren, vergrößern
Auguste 1 August (Person)
aujourd'hui 22 heute
auparavant 55a vorher
auprès de 42a bei (in der Nähe)
aurore, f. 90 Morgenröte
aussi 1 auch, ebenfalls
aussi ... que 11 ebenso ..., wie
aussi longtemps que 31 solange als
aussitôt 29 sogleich, sofort
aussitôt que 55 sobald als (für deutsches
Plusqpf. das franz. histor. Plusqpf.)
austère 21 streng, ernst
autant (de) 63 ebensoviel
autant ... que 39 ebensosehr ... wie, ebensoviel ... wie
autel, m. 44 Altar
automne, m. 58 Herbst
autour de 16 um ... herum
autre 4 ander — 24 ne ... pas autre
chose nichts anderes
autrefois 22 einst, ehemals, früher
avancer 15 vorwärts gehen, — 34 s'a.
vorrücken — 39 être avancé(e) weit
(fortgeschritten) sein
avant 18 vor (von der Zeit) — 55 en
a. nach vorn, vorwärts, gesenkt
avant-bras, m. 9 Unterarm
avant que (mit Konj.) 40 ehe, bevor
avare 58a geizig; un a. Geizhals
avarice, f. 58a Geiz
avec 2 mit
avenir, m. 38 Zukunft (à l'a. in Zukunft)
aventure, f. 62a Abenteuer
avertir de 30 benachrichtigen von, aufmerksam machen auf — 34 warnen vor
aveugle 47 blind
aviser: s'a. de f. 46 sich einfallen lassen
zu th., auf den Einfall kommen zu th.
avocat, m. 55 Rechtsanwalt

avoir 59 pour père zum Vater haben —
83 avoir à f. zu th. brauchen — 16 il
y a es gibt, es ist (sind) vorhanden,
es befindet (befinden) sich — 24 il y
a ... que es ist (sind) her ... seit —
44 il y a quelque temps vor einiger
Zeit
avril, m. 14 April

B.

babioles: les b., f. 53 Kinderspielzeug
baguette, f. 31 Stab
baigneur, m. 57 Badegast
bain, m. 35 Bad
baïonnette, f. 34 Bajonett
baisser 55 senken
balle, f. 56 Ball, Kugel (eines Gewehres)
banc, m. 18 Bank
baraque, f. 39a Bude
barbare, m. 60 Barbar, Unmensch
barbe, f. 42a Bart
bariolé, e 42a buntscheckig
bas, basse 25 niedrig — 58a à voix
basse mit leiser Stimme
bas (Adv.) 26 unten
bas, m. 40 Strumpf
bas-fond, m. 44a Untiefe
Bastille: la B. 39a Bastille (ehemaliges
Pariser Staatsgefängnis)
bateau, m. 56a Boot; le b. à charbon
das Kohlenboot
bâtir 27 bauen
bâton, m. 3 Stock
battage, m. 6 Dreschen
batteur, m. 6 Drescher
battre 6 schlagen, dreschen — 47 b. des
mains in die Hände klatschen — [6 ils
battent; 22 battu, e]
bavard, m. 35 Schwätzer
bazar, m. 39a Verkaufshalle
beau, bel, belle 4 schön; un beau dimanche eines schönen Sonntags —
58a avoir beau crier gut schreien
haben
beaucoup 27 sehr (bei Verben, z. B. nous
nous réjouîmes b. wir freuten uns sehr)
— 98 b. de viel, viele
beauté, f. 24 Schönheit
bébé, m. 39a kleines Kind
bec, m. 64 Schnabel
becqueter 27 picken; b. dans la main
aus der Hand fressen (von Vögeln)
bel vergl. beau
bénin, bénigne 24 gütig
berger, m. 40 Hirt

Bernard 54 Bernhard
besace, f. 40 Querſack
besoin, m. 31a Bedürfniß; avoir b. de
  qc. etwas nötig haben
bestial, e 56 tieriſch
bête, f. 40 Tier
bien 18 gut, wohl (Adv.); ſehr, recht (vor
  Adj. und Adv. z. B. bien froid) — 27
  weit, viel (vor Komparativen) — 51 bien
  du (de la, de l', des) ſehr viel (vor
  Subſt.) — 27a bien oui ja wohl; — le
  bien 26 das Gut, 52 das Wohl
bienfaisance, f. 64a Wohlthätigkeit
bienfaisant, e 43a wohlthätig
bienfait, m. 28 Wohlthat
bienfaiteur, m. 41a Wohlthäter
bientôt 15 bald
bière, f. 50 Bier
billet, m. 31a Schein, Billet; le b. à ordre
  Schuldſchein, Wechſel
bise, f. 27 Nordwind
bizarre 39a ſeltſam
Blaise 51a Blaſius
blanc, blanche 13 weiß
blanchir 18 weißen; b. à la chaux mit
  Kalk tünchen
blé, m. 39 Getreide
blesser 45 verwunden, verletzen
bleu, e 12 blau
bocage, m. 46 Gebüſch
bœuf, m. 15 Ochſe
boire 3 trinken — 57 b. sec den Wein
  ohne Waſſer trinken — [3 bu, e; 57
  je bois; 57 buvez!]
bois, m. 2 Holz — 27 Gehölz — 2 de
  bois aus Holz, hölzern
boisson, f. 62a Getränk
boîte, f. 53 Schachtel, Büchſe
bombarder 41a beſchießen
bon, bonne 14 gut — W 39 Anm. trouver
  bon que (mit Konj.) für gut halten, daß;
  il est bon que (mit Konj.) es iſt gut, daß
bond, m. 44a Sprung
bondir 56 springen, hüpfen
bonheur, m. 21a Glück
bonnet, m. 18 Mütze
bonté, f. 28 Güte
bord, m. 12 Rand, Ufer
borgne 47 einäugig, auf einem Auge blind
bosquet, m. 13 Baumgruppe
bouche, f. 8 Mund — 41a Mündung
  (einer Kanone)
boucher, m. 66 Schlachter
boulevard, m. 39a Boulevard (mit Bäumen
  bepflanzte Straße an Stelle ehemaliger
  Wälle)
bouleverser 44a umſtürzen

bouquet, m. 11 Bouquet
bourreau, m. 66 Henker
bourru, e 42a ſtruppig
bourse, f. 51a Börſe
bout, m. 55a Ende, Stückchen
bouteille, f. 38 Flaſche; une b. de vin
  eine F. Wein
boutique, f. 39a (kleinerer) Laden
bouvier, m. 42a Ochſentreiber
bouvreuil, m. 20 Dompfaffe
branche, f. 40 Zweig
bras, m. 9 Arm, Oberarm
brave 21a brav
brebis, f. 41 Schaf
brèche, f. 44a Breſche
bref, brève zu 25 Gr. 42 kurz
breuvage, m. 62a Getränk
bride, f. 47 Zügel; saisir par la b. beim
  Z. ergreifen
brigand, m. 33a Räuber
brin: un b. 21a ein bißchen
briser 31 zerbrechen, zerreißen; se b.
  reißen, zerriſſen werden
brouillard, m. 58 Nebel
brouiller: se b. 31a ſich verfeinden
bruit, m. 18 Geräuſch, Lärm
brûler 61 brennen, glühen
brun, brune 40 braun; teindre en brun
  braun färben
brunir 40 bräunen
bruyant, e 56 geräuſchvoll
bu vergl. boire
bûche, f. 18 Holzſcheit
bûcheron, m. 58 Holzhauer
buisson, m. 58 Buſch, Strauch, Gebüſch
but, m. 47 Zweck; avoir pour b. zum
  Zwecke (den Zweck) haben
buvez vergl. boire

C.

ça 57 dieſes, das
çà et là 40 hier und da
cabinet, m. 57 Studierzimmer, Sprechzimmer
cacher 25 verbergen
cadence, f. 6 Takt (en c. im T.)
cadet, cadette 12 jünger (sa sœur cadette
  seine jüngere Schweſter)
cadran, m. 16 Zifferblatt
cage, f. 64 Käfig, Vogelbauer
caisse, f. 28 Kiſte
calme 42a ruhig
camp, m. 34 Lager
campagne, f. 28 Land; la maison de c. das
  Landhaus — 56a à la c. auf dem Lande

canne, f. 56a Spazierstock
canon, m. 41a Kanone, Geschütz
canonnier, m. 41a Kanonier, Artillerist
caparaçon, m. 39a Satteldecke
capitaine, m. 34 Hauptmann — 41a Kapitän
capital, m. 48 Kapital
capitale, f. 28 Hauptstadt
capricieux, -se 44a launisch
car 4 denn
caractère, m. 37 Buchstabe, Letter
caresser 42a liebkosen, streicheln
carriole, f. 39a Kutsche (zweirädrige Halb-kutsche)
cas, m. 52 Fall; faire c. de Wert legen auf
casser 81 zerbrechen
cataracte, m. 44a (großer) Wasserfall
cause, f. 61 Ursache
causer 19 verursachen
caverne, f. 25a Höhle
ce 11 das (c'est la violette das ist das Veilchen)
ce (cet), cette, ces 26 dieser, jener (vor Subst.) — 28 folgender — 39 ce . . . -ci dieser . . . hier (ce pays-ci dieses Land hier)
ceci 53 dieses hier
cela 16 dies — zu 57 Gr. 229 cela même gerade dies, cela seul dies allein
célèbre 37 berühmt
célébrer 11 feiern, preisen
celui 31 derjenige (c. d'entre vous b. unter euch)
celui-ci 41 dieser (alleinstehend! z. B. répondit celui-ci antwortete dieser)
celui-là 31a jener (alleinstehend!)
cendre, f. 40 Asche
centaine, f. 24 das Hundert
cependant 28 indessen, jedoch
cérémonie, f. 66 Feierlichkeit; sans c. ohne Umstände
certain, e zu 40 Gr. 88 ein gewisser (48 certains épis gewisse, manche, Ähren)
certainement 41 sicherlich
c'est-à-dire 8 das heißt
ceux (qui) 22 diejenigen (welche)
ceux-ci 43 diese (alleinstehend!)
Cévennes: les C., f. 44a die Sevennen
chacun, e 1 ein jeder
chair, f. 60 Fleisch
chaire, f. 18 Katheder
chaise, f. 18 Stuhl
chaleur, f. 39 Wärme, Hitze
chambre, f. 5 Zimmer — 58a la ch. à coucher das Schlafzimmer
champ, m. 11 Feld — 48 à un ch. auf ein F. — 68 sur-le-champ auf der Stelle, sofort

chanceler 27a schwanken, wanken
changer 44a ändern
chanson, f. 27 Gesang — 58 Lied
chant, m. 11 Gesang, Lied — 58a das Krähen
chanter 21 singen, besingen — 48a krähen
chapeau, m. 40 Hut
chaque 9 jeder (ch. bras j. Arm)
charade, f. 7 Silbenrätsel
charbon, m. 56a Kohle (le bateau à ch. das Kohlenboot)
chardon, m. 18a Distel
charger 41a beauftragen (de f. zu th.) — 64a aufladen
charitable 26a barmherzig
Charles 52 Karl; Charlemagne Karl der Große
charpentier, m. 5 Zimmermann
charrette, f. 49a (zweirädriger) Karren
charrue, f. 15 Pflug
chasse, f. 60 Jagd — 26a à la ch. auf der J.
chasser 40 jagen
chasseur, m. 62 Jäger
chat, m. 3 Katze
châtaigne, f. 40 Kastanie
châtaignier, m. 40 Kastanienbaum
château, m. 48a Schloß
châtier (de) 69a züchtigen (für)
châtiment, m. 42 Strafe (de für)
chaud, e 39 warm, heiß — 61 il fait chaud es ist warm
chaumière, f. 26 Hütte
chaussure, f. 52a Fußbekleidung
chaux, f. 18 Kalk; blanchir à la ch. mit K. tünchen
chemin, m. 33 Weg; en ch. unterwegs
chêne, m. 55 Eiche
cher, chère 25 lieb, teuer — 39 Mon cher cousin, lieber Vetter!
chercher 29 suchen — 58 aller ch. holen — 40 ch. à f. zu th. suchen
cheval, m. 15 Pferd
chevalier, m. 48a Ritter
cheveu, m. 8 Haar
chèvre, f. 40 Ziege
chez 39 bei, zu (chez vous bei, zu, euch, in eurem Hause, in eurem Lande)
chien, m. 3 Hund
Chinois, m. 37 Chinese
choc, m. 27a Stoß
choisir 49 wählen, erwählen
choix, m. 40a Wahl; faire ch. de qc. etw. auswählen
chose, f. 4 Sache, Ding; la même ch. dasselbe
Christophe 18 Christoph

ciel ($lur. les cieux), m. 59 Himmel
cil, m. 8 Wimper
cime, f. 44a Gipfel
ciseau, m. 5 Meißel
claire-vole, f. 42a Gitter
classe, f. 52 Klasse, Stand; la c. moyenne
  der Mittelstand; la c. inférieure der
  niedere Stand
clef, f. 36 Schlüssel (de zu)
client, m. 57 Kunde — 39a Käufer
clochette, f. 13 Glöckchen
clou, m. 5 Nagel
clouer 5 nageln
cocher, m. 23 Kutscher
cœur, m. 18 Herz — 28 nous l'aimons
  de tout notre c. wir lieben ihn von
  ganzem Herzen — 43a prendre à c.
  sich zu Herzen nehmen
coffre-fort, m. 36 Geldschrank
colère, f. 48 Zorn; se mettre en c. in
  Z. geraten
colline, f. 40 Hügel
combat, m. 56 Kampf
combattre zu 39 Gr. 17 kämpfen, bekämpfen
comblen 43 wie sehr — 28 combien
  (de) wie viel, wie viele — 50a combien
  peu de wie wenig
combler (de) 25a überhäufen (mit)
comme 5 wie — 25 da, weil — 40
  während — 44a comme si als ob
commencer 63 anfangen, beginnen
comment? 38 wie?
commettre zu 62 Gr.17 begehen
commun, e 40 gemeinsam
compagne, f. 27 Gefährtin
compagnon, m. 33 Begleiter, Gefährte
complet, complète zu 12 Gr. 40 vollständig
composer 38 zusammensetzen — 8 se c.
  de bestehen aus
comprendre 8 verstehen, begreifen, umfassen — [8 il comprend, 24 je com-
  prends]
compromettre zu 62 Gr.17 bloßstellen
compte, m. 26 Rechnung, Rechenschaft;
  rendre c. Rechenschaft ablegen
compter 17 zählen, rechnen; 81 auszahlen
comptoir, m. 51a Zähltisch, Geschäftszimmer
concevoir 37 fassen (une idée einen
  Gedanken), begreifen — [il conçut]
concorde, f. 31 Eintracht
concourir zu 59 Gr.16: c. à beitragen
  zu, mitwirken bei; c. pour sich bewerben um
concret, concrète zu 12 Gr.40 konkret
conçut vergl. concevoir

condamnation, f. 65 Verurteilung
condamner 65 verurteilen — 25a c. à
  mort zum Tode v.
condition, f. 63 Bedingung; à une c.
  unter einer B.
conduire 42 führen
confiance, f. 27 Vertrauen
confire zu 60 Gr.17 einmachen
confitures: les c., f. 50 Backwerk
confrère, m. 66 Amtsbruder, Genosse
confus, e 62 verwirrt
conjurer 66 sich verschwören
connaissance, f. 26 Bekanntschaft; (les
  personnes de sa c. seine Bekannten)
  — 61 Bewußtsein (sans c. bewußtlos)
connaître 26 kennen (apprendre à c.
  f. lernen) — [48 je connais; 59 il
  connaît; 59 nous connaissons]
consacrer 17a widmen
conscience, f. 45 Gewissen
conseiller 38a raten
consentir zu 56 Gr.16 einwilligen (à in)
conséquent: par c. 27a folglich
conserver 46a erhalten, bewahren
considérable 63 ansehnlich, beträchtlich
considérer 48 ansehen, betrachten (comme
  als) — 62a bedenken
consommer 33 verzehren, aufzehren
constant, e 52 beständig
consulter 57 um Rat fragen
consumer 19 verzehren
contenir 20 enthalten — zu 58 Gr.16
  im Zaume halten — [20 contenant;
  30 il contenait]
content, e 52a zufrieden
contenter 50 zufriedenstellen; se c. de
  sich begnügen mit
contenu, m. 38a Inhalt
contestation, f. 38a Streit
continuer 36 fortfahren; 39 fortdauern;
  43a fortsetzen
contraire 66 entgegengesetzt, widrig —
  52 le c. das Gegenteil (au c. im G.,
  dagegen)
contrariété, f. 52a Widerwärtigkeit
contraste, m. 39a Gegensatz (avec zu)
contre 18 gegen
contredire q. zu 60 Gr.17 jem. widersprechen
contrée, f. 58 Gegend
contrevenir zu 58 Gr.16 zuwiderhandeln
contusion, f. 39a Quetschung
convenir zu 58 Gr. 16 übereinkommen;
  c. de etw. eingestehen; c. à passen, sich
  geziemen für
coq, m. 58a Hahn
coque, f. 20 Eierschale

coquille, f. 54 Schale (einer Nuß)
coquin, m. 28 Schlingel, Schurke
corne, f. 56 Horn
cornu, e 42a gehörnt
corps, m. 8 Körper — 56 Leichnam
corridor, m. 58a der Flur
corsaire, m. 41a Korsar
côte, f. 41a Küste
côté, m. 18 Seite (à côté de neben) — 39a de chaque c. auf jeder S. — 46a d'un c. nach (auf, von) einer S.
coteau, m. 56 Abhang
coton, m. 22 Baumwolle
cou, m. 8 Hals
coucher: se c. 56a zu Bette gehen — 42a être couché(e) liegen (zum Schlafen)
coude, m. 9 Ellbogen
coudre 38a nähen [cousu, e]
couler 21a fließen
coup, m. 18 Schlag, Hieb, Schuß; 34 Stich — 58a Stoß — 18 sur le c. de huit heures Schlag 8 Uhr — 30 il lui tira un c. de pistolet er gab einen Pistolenschuß auf ihn ab — 46 pour le c. diesmal — 58a d'un c. de poignard mit einem Dolchstoße — 61 tout à c. plötzlich
coupable 65 schuldig
couper 5 zerschneiden, abschneiden
cour, f. 65 Hof, Gerichtshof; en c. d'assises vor dem Schwurgericht
courage, m. 24 Mut
courant, m. 62a Strömung
courbe, f. 44a Kurve
courber 43 biegen, beugen
courir 28 laufen, eilen — 64a c. f. schleunigst th. — [28 ils courent; 24 elle courait; 84 il court]
couronne, f. 58 Krone
course, f. 41a Fahrt (dans une c. auf einer F.)
court vergl. courir
cousin, m. 39 Vetter
coussin, m. 46a Kissen
couteau, m. 9 Messer (un c. à deux lames ein M. mit zwei Klingen) — 21a repasser des couteaux Messer schleifen
couvrir (de) 8 bedecken (mit) [8 couvert, e; 27 ils couvrirent; 40 nous couvrons]
craindre (de) 89a fürchten (zu th.)
craintif, -ve 58 furchtsam
crâne, m. 8 Schädel
crayon, m 1 Bleistift — 55a écrire au c. mit B. schreiben
créature, f. 59 Geschöpf
crèche, f. 56 Krippe, Pfahlwerk

créer zu 48 Gr. 18 schaffen
crème, f. 8 Sahne
creuser 15 graben
crever 44a bersten, platzen
cri, m. 34 Ruf, Schrei (à un c. bei einem R.) — 58a jeter un c. einen Sch. ausstoßen
crier 23 rufen, zurufen — 61a schreien
crime, m. 33 Verbrechen
criminel, m. 65 Verbrecher
crin, m. 42a Haar (des Schweifes)
crochet, m. 51a Haken
croire (q.) 30 glauben (jem.) — 65 c. f. zu th. g. — [30 il croyait; 59 croyons!]
croître 12 wachsen [12 nous croissons; 13 elle croît]
crouler 64a einstürzen, herabstürzen
croyait vergl. croire
crue, f. 44a Anschwellen, Anschwellung (des Wassers)
cruel, -elle 27b grausam
cuir, m. 38a Leder
cuire 40 backen, kochen, braten
cuisine, f. 8 Küche
cuisse, f. 10 Oberschenkel
cultiver 22 bauen, bebauen (Felder)
culture, f. 40 bebautes Land
curieux, -se 44 merkwürdig
curiosité, f. 39a Merkwürdigkeit

D.

danger, m. 34 Gefahr
dangereux, -se 61 gefährlich
dans 6 in; 22 dans les États-Unis in den Vereinigten Staaten — 27 becqueter d. picken aus; 47 voler d. stehlen aus
dater 44a herrühren (aus einer Zeit)
davantage 38 mehr (am Ende von bejahten Sätzen)
de 2 von, aus — 56 de...en...von... zu... (de hameaux en hameaux von Weiler zu Weiler) — 60 vor (demi-mort de fatigue halb tot vor Ermüdung)
débarbouiller: se d. 56a sich das Gesicht waschen
débarquer 57 landen, neu ankommen
débattre zu 39 Gr. 17 verhandeln — 42 se d. sich wehren, sich sträuben
déboiser 44a abholzen
debout 42a stehend; 42a être d. stehen
décembre, m. 17 Dezember
de ce que 33a darüber, daß
déchirer 50a zerreißen
décisif, -ve 42a entscheidend
déclarer 65 (feierlich) erklären

découdre 38a auftrennen [décousu, e]
découvrir 40 entdecken — 47 aufdecken
— 58a verraten; se d. entdeckt werden
— [40 il découvre; 47 il découvrit]
défendre 19 verteidigen, verbieten (de f.
zu th.); 58 d. que (mit Konj.) verbieten, daß
défense, f. 19 Verbot
déférence, f. 27a Ehrerbietung
défiance, f. 38 Mißtrauen
dehors 39 braußen
déjà 19 schon
déjeuner 50 frühstücken — 4 le d. das
Frühstück
délicat, e 52 fein, zart
délicatesse, f. 53 Zartheit, Schwächlichkeit
délice, m. 89a Wonne
délier 31 aufbinden, losbinden
demander 12 fragen (à q. jem.) — 40
d. qc. à q. jem. nach etw. fragen, jem.
um etwas bitten — 38 d. à f. verlangen zu th. — W 39 Anm. d. que
(mit Konj.) verlangen, daß
démêler 38a entwirren, herausfinden
demeure, f. 43a Wohnstätte, Aufenthalt;
faire sa d. seinen Aufenthalt nehmen
demeurer 47 bleiben; d. interdit(e) bestürzt sein
demi, e 16 halb (une demi-heure eine
halbe Stunde) — 40 à demi nu(e)
halb nackt — 60 demi-mort(e) de fatigue halb tot vor Ermüdung
démon, m. 39 Teufel
dénouement, m. 54 Ausgang (eines Prozesses)
départ. m. 48a Abreise; le point de d.
der Ausgangspunkt
dépense, f. 48 Ausgabe
dépenser 48 ausgeben
déposer 15 niederlegen
dépouiller 58a berauben
depuis 29 seit, von ... an; d. longtemps
seit langer Zeit — 39a depuis ...
jusqu'à von ... bis zu
depuis que 48 seit, seitdem (Konjunktion)
dernier 24 le d., la dernière der (die)
letzte — 25 ce dernier, cette dernière
der (die) letztere
derrière 8 hinter; le d. der hintere Teil
dès 39 von ... an; gleich nach; d. le même
jour noch an demselben Tage
désaccord: en d. 3 uneins
désaltérer: se d. 62a seinen Durst löschen
désapprendre zu 62 Gr. 17 verlernen
désastreux, -se 44a unheilvoll
descendre 58 herabsteigen, absteigen, herabkommen

désert, m. 25a Wüste
désirer (f.) 29 wünschen (zu th.) —
W 39 Anm. d. que (mit Konj.) w., daß
désobéissance, f. 19 Ungehorsam
désormais 48a von nun an
desséché, e 55 verdorrt
dessiner 2 zeichnen
dessous 18 darunter — 44a au-d. de
unter, unterhalb
dessus 18 darauf, auf demselben, darüber,
über demselben — 20 au-d. darüber —
44a au-d. de über, oberhalb
destin, m. 66 Geschick
détacher 40 loslösen
détail, m. 17a Einzelheit
détenir zu 58 Gr. 18 gefangen halten
détester 13a verabscheuen
détour, m. 56 Krümmung
détourner 65 abwenden
dette, f. 48 Schuld
deux: 15 les d. beide — 31 en d. entzwei, in zwei Teile
devait vergl. devoir
devant 3 vor (vom Ort); le d. der vordere
Teil — 40 d. vor ... her (devant nous
vor uns her)
devenir 40 werden (vor Adj. und Subst.)
— 59 que deviendront ma femme et
mes enfants? was wird (soll) aus meiner
Frau und meinen Kindern werden? —
[40 devenu, e]
deviner 25 raten, erraten
dévoiler 47 enthüllen, ans Licht bringen
devoir 47 sollen, müssen, dürfen, schuldig
sein, verdanken [il devait]
dévouement, m. 34 Aufopferung
dévouer 34 weihen, aufopfern, widmen
dey, m. 41a Dey (ehemals Statthalter
von Algier)
diamant, m. 32 Diamant
Dieu 26 Gott
différent, e 5 verschieden — zu 40 Gr.
86 différents, différentes verschiedene
digne 45 würdig — W 49 Anm. être
d. que (mit Konj.) wert sein, daß
digue, f. 44a Damm
diligence, f. 25 Fleiß
dimanche, m. 4 Sonntag
dîner 33 zu Mittag essen; le d. das
Mittagessen
dire 3 sagen [3 il disait; il dit (histor.
Perf.); 4 il dit (Präs.); 24 disent-ils;
33 ils disaient; 47 dites! disant]
diriger 15 lenken, leiten
disait vergl. dire
disconvenir de zu 58 Gr. 16 etw. leugnen
discorde, f. 31 Zwietracht

discourir de zu 50 Gr. 16 weitläufig reden über

discret, discrète zu 12 Gr. 40 verschwiegen

disent vergl. dire

disposition, f. 44 Neigung

distinction, f. 51 Unterscheidung, Unterschied (elle ne fait pas de d. sie macht keinen Unterschied)

distraire 21a zerstreuen

dit vergl. dire

divers, diverses zu 40 Gr. 86 verschiedene

division, f. 16 Einteilung

docteur, m. 57 Doktor

doigt, m. 9 Finger, Zehe; le d. du milieu Mittelfinger

doléances: les d., f. 57 Klagen

dominer 31 beherrschen

dommage, m. 48 Schaden; quel d. que (mit Konj.) wie schade, daß; c'est d. que (mit Konj.) es ist schade, daß

don, m. 13a Gabe, Geschenk

donc 24 denn (in Fragen) — 48 doch (hinter Imperativen) — 27b daher, also

dorer 39a vergolden

dormir 19 schlafen [dormi; 39 ils dorment]

doubler 42a verdoppeln

douleur, f. 61 Schmerz

doute, m. 29 Zweifel

douter que (mit Konj.) 48 bezweifeln, daß

doux, douce 11 süß, sanft

drap, m. 40 Tuch

droit, e 1) 48 gerade (ils se tenaient droits sie standen gerade) — 44a elle va droit au nord sie geht gerade nach Norden — 2) 47 recht (l'œil droit das rechte Auge) — 3) 39a le droit das Recht

dur, e 32 hart

E.

eau, f. 12 Wasser — 56 Gewässer

échapper 64a entrinnen — 44 s'é. entwischen, entweichen — 44 un échappé ein Flüchtling

échéance, f. 31a Fälligkeitstermin

échelle, f. 58a Leiter

écho, m. 46 Echo

échoppe, f. 39a Krambude

éclat, m. 13a Glanz

éclater 44a ausbrechen, losbrechen

école, f. 1 Schule

économe 46a sparsam

écorce, f. 40 Rinde (von Bäumen), Schale (von Kastanien)

écouter q. 57 jem. zuhören, jem. anhören, hören auf jem.

écrier: s'é. 28 ausrufen

écrire 2 schreiben

écru, e 40 ungebleicht

écumer 21a schäumen

écurie, f. 47 Stall, Pferdestall

édifice, m. 51a Gebäude

éducation, f. 58 Erziehung

effet, m. 21a Eindruck, Wirkung — 58a en e. in der That

efforcer: s'e. (de f.) 52 sich bemühen (zu th.)

effrayer 55 erschrecken (jem.); s'e. (selbst) erschrecken

église, f. 40 Kirche

égorger 66 umbringen

Égypte: l'É., f. 22 Ägypten

eh bien 35 nun! nun wohl!

élancer: s'é. 64a vorwärts bringen

élégant, e 39a elegant, vornehm

élève, 4 m. Schüler, f. Schülerin

élever 37 erheben [elle s'élève] (44a élevé, e erhoben, hoch) — 48 erziehen — 44a s'é. steigen (von Flüssen)

éloigner 41a entfernen

éluder 38a umgehen

embellir 12 verschönern

embraser 64a anbrennen, in Brand setzen

embrasser 41a umarmen

embusquer 34 in einen Hinterhalt legen

émouvoir zu 65 Gr. 18 erregen

emparer: s'e. 58a sich bemächtigen

empêcher (de f.) 89a hindern (zu th.)

empereur, m. 38 Kaiser

emplir 51a füllen

employer 22 anwenden, verwenden, gebrauchen (48 à f. zu th.)

empoisonner 88 vergiften

emporter 42 forttragen, wegschleppen

empresser: s'e. 38a sich beeilen (de f. zu th.)

emprisonner 47 ins Gefängnis werfen

en 1) 11 davon, desselben, derselben; 23 von ihnen; 29 darüber, daraus, aus derselben; —

2) 16 in, innerhalb; 37a en ces termes mit folgenden Worten; 22 en Égypte in Ägypten; 37 en Europe in Europa, en Allemagne in Deutschland, en France in Frankreich, 44 en Provence in der Provence; —

3) 18 im Jahre; —

4) en mit Part. Präs. 34 indem; 65 dadurch, daß; —

5) en avant 27a vorwärts

enceinte, f. 26a Schranke

enchanter 26a entzücken

encombrer 39a anfüllen

encore 18 noch, noch immer — 27b abermals — 40 ne... pas encore noch nicht encourir ju 59 Gr. 16 fid etw. zuziehen

endommager 64a befchädigen

endormir 21a einfchläfern — 42a être endormi (e) eingefchlafen fein, im Schlafe liegen — ju 56 Gr. 16 s'endormir ein- fchlafen

endroit, m. 13a Ort, Stelle; 44a en maints endroits an manchen Stellen

enfant, m. 25 Kind

enfermer 44a einfchließen

enfin 24 endlich, fchließlich, kurz, mit einem Worte

enfoncer 5 einfchlagen — s'e. 15 fich einbohren, einbringen

enfuir: s'e. 23 entfliehen

engager: s'e. 54 fich entfpinnen

engourdi, e 58 erftarrt

enhardir 58 kühn machen; s'e. à f. fich erkühnen ju th.

enlever 22 entführen, rauben, wegnehmen

ennemi, e 34 feindlich — un e. ein Feind

ennuyer 21a langweilen

énorme 44a ungeheuer

enragé, e 80 toll

ensemble 24 zufammen

ensuite 37 dann, darauf

entendre 18 hören, 58 vernehmen — e. par 26 verftehen unter, meinen mit

entêté, e 13a eigenfinnig

entêtement, m. 27a Eigenfinn, Hals- ftarrigkeit

entêter: s'e. dans 27a fich verfteifen auf, hartnäckig beharren auf

entier, entière 7 ganz; un entier ein Ganzes

entourer (de) 34 umringen, umgeben (von, mit)

entraîner 27a fortreißen

entre 18 unter, zwifchen (von zweien) — d'entre 31 unter (= von), z. B. celui d'entre vous derjenige unter (von) euch

entrée, f. 39a Eingang

entreprendre ju 62 Gr. 17 unternehmen

entrer dans 18 eintreten in, betreten — 58 hereinkommen

entretenir ju 58 Gr. 16 unterhalten

entretien, m. 58a Unterhaltung

entr'ouvrir 40 halb öffnen [il s'entr'ouvre]

enveloppe, f. 2 Hülle

envers 28 gegen (freundlich oder feindlich)

envie, f. 66 Neid; faire envie Neid erregen

envieux, -se (de) 21a neidifch (auf)

environner 25a umgeben

environs: les e., m. 56a Umgebung, Umgegend (à in)

envoler: s'e. 27 wegfliegen

envoyer 28 fchicken [57 on envoie]

épais, épaisse 11 dicht

épargner 69a fchonen

épars, e 42a zerftreut, umhergeftreut

épaule, f. 9 Schulter

épi, m. 6 Ähre; 43 les épis de blé die Kornähren

épier 66 auflauern (q. jem.)

épine, f. 18a Dorn

épouse, f. 28 Gattin

épreuve, f. 49 Probe; être à l'é. be- währt fein

éprouver 62 empfinden

équerre, f. 5 Winkelmaß

équiper 40 ausrüften

équivaloir ju 64 Gr. 18 gleichkommen

errer 56 umherirren

escabeau, m. 42a Fußbank, Schemel

esclavage, m. 22 Sklaverei

esclave, m. 22 Sklave

espace, m. 43a Raum; un e. de temps ein Zeitraum

espèce, f. 41 Art, Gattung

espérance, f. 52 Hoffnung

espérer 59 hoffen

esprit, m. 56a Geift, les esprits die Lebensgeifter

essayer 31 verfuchen (36 de f. ju th.)

estimable 52 achtbar

estrade, f. 18 erhöhter Platz

et 1 und

étable, f. 42a Stall

établir 37 einrichten; s'é. fich niederlaffen

établissement, m. 57 Anftalt; un é. thermal Warmbadeanftalt

étage, m. 17a Stockwerk

étang, m. 20 Teich

état, m. 43 Zuftand — 46a Stand, Beruf — 64a être hors d'état de f. außer ftande fein ju th.

État, m. 22 Staat   dans les États- Unis in den Vereinigten Staaten

été, m. 56 Sommer

étendre 40 ausbreiten — 44a erbreitern — 39a s'é. fich erftrecken

étendue, f. 46 Ausdehnung, Umfang

éternel, -elle 43a ewig

éternité, f. 26 Ewigkeit

étincelle, f. 6 Funke

étonnement, m. 25a Erftaunen

étonner 36 in Erftaunen fetzen; étonné(e) de f. erftaunt darüber, ju th. — W 39 Anm. être étonné(e) que (mit Konj.) erftaunt fein, daß

étouffer 62 erfticken

étourdi, e 42a unbefonnen

étrange 50 wunderbar, sonderbar — W 51
Anm. il est étrange que (mit Konj.)
es ist sonderbar, daß — 50 chose étrange!
seltsam!

étrangler 56 erwürgen

être 4 sein — 46a être de verbunden
sein mit — 47 vous n'y êtes pas
falsch, Sie haben nicht das Richtige getroffen — 50a soit! das mag sein,
meinetwegen — 53 être à gehören (ceci
est à moi dies gehört mir) — 27a c'est
à moi de s. es ist an mir (meine Sache)
zu th. — 13a un être ein Wesen

étroit, e 41a eng; embrasser étroitement fest umarmen

étudier 46a studieren

Eugène 31a Eugen

Europe: l'E., f. 37 Europa

évêché, m. 52 Bistum

éveiller 18 wecken

éviter 48 vermeiden — W 49 Anm.
é. que (mit Konj.) v., daß

exact, e 58 pünktlich

examiner 47 prüfen, untersuchen

excellent, e 28 ausgezeichnet

excès, m 58 Übermaß

excuser 4 entschuldigen

exemple, m. 65 Beispiel; par e. zum B.

exempt, e (de) 51 frei (von)

exhaler 11 ausatmen

exhausser 44a erhöhen

exiger 48a fordern

exposer 47 aussetzen, ausstellen; e. en
vente zum Verkaufe stellen

exprès, expresse 19 ausdrücklich

exprimer 65 ausdrücken

extrême 61 äußerst

extrémité, f. 40 äußerstes Ende

F.

fabrication, f. 37 Anfertigung

fabriquer 37 anfertigen

facile 31 leicht (zu thun) (Adj.) — 32
facilement leicht (Adv.)

façon, f. 52a Art, Weise

facteur, m. 51a Briefträger

faible 58 schwach

faim, f. 4 Hunger; avoir f. H. haben

faire 2 machen, thun (48 de mit) —
64a ausmachen (= bilden) — 31 lassen,
veranlassen (faire venir kommen lassen,
veranlassen zu kommen; 48 faire sortir
herausholen) — 63 laisser faire gewähren lassen — 39 se faire geschehen,
von statten gehen (48a il se fait es

geschieht) — 18 il faisait froid es war
kalt (51 il fait chaud es ist warm) —
[2 fait, e; 18 vous faites; 16 il fait.
ils font; 18 il faisait; 31 il fit;
40 nous faisons; 48 je fais; 51 ils
fissent; 58 il fasse; 60 faites!]

faisceau, m. 81 Bündel

falloir 46 nötig sein, müssen — il faut
que tu sois — 52 il faudrait que vous
obéissiez — zu 64 Gr. 18 Konstruktion
von il faut

falsifier 50 verfälschen

familier, -ère 42a zahm

famille, f. 31 Familie

fantaisie, f. 40 Laune, Belieben; à leur f.
nach (ihrem) Belieben

farceur, m. 55a Spaßmacher

fasciner (le regard) 39a (den Blick) fesseln

fashionable 39a vornehm; le monde f.
die vornehmen Leute

fasse vergl. faire

fatigue, f. 53 Anstrengung, Ermüdung

fatiguer 55a ermüden

faubourg, m. 51a Vorstadt

fausseté, f. 45 Falschheit

faut vergl. falloir

faute de 65 aus Mangel an

fauvette, f. 58 Grasmücke

faux, fausse zu 11 Gr. 38 falsch — 45
le faux monnayeur Falschmünzer

faveur, f. 40a Gunst; en sa f. zu seinen
Gunsten

favori, favorite 12 Lieblings- (ses fleurs
favorites seine Lieblingsblumen)

fée, f. 24 Fee

femme, f. 14 Frau

fenêtre, f. 18 Fenster

ferme, f. 42a Gut, Pachtgut

fermer 8 schließen, zumachen

féroce 25a wild

fertile 13a fruchtbar

fêter 65 feiern

feu, m. 40 Feuer — 38a faire f. F.
geben — 41a mettre le f. à qc. an
etw. F. legen, etw. anzünden — en f.
feurig

feu, e 51a verstorben, selig

feuille, f. 27 Blatt

février, m. 17 Februar

fiacre, m. 47a Droschke; prendre un f.
eine D. mieten

fidèle 50 treu

fidélité, f. 40 Treue

fier, fière 43 stolz (Adv. fièrement)

fier: se f. à q. 46a jem. trauen, vertrauen

fièvre, f. 61 Fieber

figure, f. 8 Gesicht

file, f. 18 Reihe; à la f. in einer R.

filer 42a spinnen

filet, m. 62 Fädchen, Netz

fille, f. 24 Tochter; la jeune f. des junge Mädchen

fils, m. 14 Sohn

fin, f. 28 Ende; sans f. unendlich

finir 35 beendigen; finir de lire fertig lesen; le déjeuner fini nach beendigtem Frühstück — 48a fini, e vorbei, zu Ende

fit vergl. faire

fixer 32 befestigen, heften

flamme, f. 19 Flamme

flanc, m. 49a Seite, Flanke

flatter q. 53 jem. schmeicheln

fléau, m. 6 Dreschflegel

fleur, f. 11 Blume — 14 Blüte

fleurir 11 blühen — 13 aufblühen

fleuve, m. 44a Fluß, Strom

flocon, m. 22 Flocke

flotte, f. 41a Flotte

flotter 42a wehen

foi, f. 42 Treue, Glaube; de mauvaise f. treulos, falsch

foin, m. 42a Heu

foire, f. 33a Markt, Messe

fois, f. 16 Mal; une f. par minute einmal in der Minute — 58a chaque f. que jedesmal, wenn — 66 à la f. zugleich

fol vergl. fou

folle, f. 24 Närrin

fond, m. 18 Hintergrund — 46 Tiefe

fondre 27 schmelzen; 42 herabstürzen

fonds, m. 51a Kapital, Schatz

font vergl. faire

force, f. 31 Kraft

forcer 36 zwingen, aufbrechen

foret, m. 5 Bohrer

forêt, f. 46 Wald

forme, f. 44a Form, Gestalt

former 17 bilden

fort, e 31 stark — 34 d'une voix forte mit lauter Stimme

fort 23 sehr (vor Adj. und Adv.)

fortune, f. 52 Vermögen

fossé, m. 18a Graben

fou, fol, folle zu 20 Gr. 43 thöricht — 24 le fou der Narr, la folle die Närrin

foudroyer 65 zerschmettern, niederschmettern

fouetter 42a peitschen

fougueux, -se 44a wild, aufbrausend

foule, f. 57 Menge; en f. haufenweise

four, m. 39 Backofen

fourberie, f. 47 Betrug, Gaunerei

fourche, f. 42a Heugabel

foyer, m. 40 Herd

fracas, m. 56a Getöse

fragile 32 zerbrechlich — 50a zerreißbar

frais, fraiche 13 frisch

franc, franche zu 14 Gr. 36 frei

français, e 34 französisch (l'armée française das f. Heer) — 41a le Français der Franzose

France: la F. 37 Frankreich

frapper 27 treffen; 25a schlagen, klopfen

frayeur, f. 33a Schrecken

frère, m. 25 Bruder

friandise, f. 50 Näscherei

fripon, m. 47 Spitzbube

froid, e 18 kalt (il faisait froid es war t.) — 58 le froid die Kälte (52a par un f. assez vif bei ziemlich strenger K.)

frommage, m. 40 Käse

froncer les sourcils 38 die Stirn runzeln

front, m. 8 Stirn — 52 Antlitz

frotter 42a reiben

frugal, e 46a einfach (im Essen und Trinken)

fruit, m. 40 Frucht, Folge

fuir 23 fliehen [56 il fuit]

fumée, f. 40 Rauch

furieux, -se 25a wütend

fuseau, m. 42a Spindel

futile 52 wertlos

futur, e 44 zukünftig

G.

gagner 48 gewinnen, verdienen (Geld) — 68a erreichen

gai, e 21 lustig

garçon, m. 46 Junge, Knabe

garde: prendre g. à 64 achthaben auf

garde-chasse, m. 62 Jagdaufseher

garder 54 behalten — 60 se g. de f. sich davor hüten, zu th.

gardien, m. 49 Wächter

gare! 23 Achtung! Vorsicht!

gauche 47 link

geai, m. 62 Eichelhäher

gelée, f. 40 Frost

gémir 25a ächzen, seufzen

gémissements: les g., m. 49 das Ächzen, Stöhnen, Wimmern, Heulen

général, e 62 allgemein; en g. im allgemeinen

génération, f. 44a Generation, Geschlecht

généreux, -se 41a edelmütig

générosité, f. 53 Edelmut, Großmut

genêt, m. 40 Piriemkraut

génie, m. 31a Geist, Anlage (de für)

génisse, f. 56 Färse (= junge Kuh)

genou, m. 10 Knie (Plur. les genoux)
gens, m. 28 Leute
gentil, gentille zu 26 Gr. 42 artig; 27 niedlich
George 46 Georg
gerbe, f. 6 Garbe
gibier, m. 26a Wild, Wildprett
gigantesque 40 riesenhaft
glace, f. 61 Eis
glisser 44a gleiten
glu, f. 64 Vogelleim
gorge, f. 8 Gurgel, Kehle — 40 Schlucht
gousse, f. 40 Hülse (von Kastanien)
goutte, f. 44a Tropfen; une g. d'eau ein T. Wasser
gouverneur, m. 40a Statthalter
grâce, f. 26 Gnade — 65 grâce à dank
grain, m. 6 Korn — 40 les grains de sel die Salzkörner
graine, f. 42a das Samenkorn
grand, e zu 5 Gr. 34 groß
grandir 13a wachsen
grand-père, m. 53 Großvater
grange, f. 6 Scheune, Scheuer
gras, grasse zu 26 Gr. 42 fett
gratter 42a aufkratzen
gravir 40 erklimmen
grec, grecque zu 14 Gr 36 griechisch
grenadier, m. 34 Grenadier
grenouille, f. 42 Frosch
griffer 3 zerkratzen
griffon, m. 42a Greif
grimper 53 klettern
grive, f. 58 Drossel, Krammetsvogel
gros, grosse 10 dick
grossier, -ère 40 grob
guère: ne ... g. 68a nicht eben
guérir 57 heilen
gueule, f. 56 Rachen, Maul
Guillaume 1 Wilhelm
Gustave 12 Gustav

H.

Anmerkung: 'h bezeichnet das aspirierte h, welches wie ein Konsonant zu behandeln ist!

habile 48a geschickt
habillement, m. 40 Anzug
habiller 18 kleiden, ankleiden
habit, m. zu 5 Gr. 19 Rock — 40 les habits die Kleider
habitant, m. 68 Einwohner, Bewohner
habitation, f. 17a das Wohnen — 44a die Wohnung
habiter 53 wohnen, bewohnen
habituel, -elle 54 gewöhnlich

habituer 53 gewöhnen
'hache: la h. 5 Axt
'haie: la h. 27 Hecke
haleine, f. 7 Atem (reprendre h. wieder A. schöpfen) — 39 hors d'h. außer A.
'hameau: le h. 56 der Weiler
'hangar: le h. 48a Schuppen (für Wagen)
'hardi, e 62a kühn
'hasard: le h. 47 Zufall; au h. aufs Geratewohl
'hâter: se h. de f. 52 sich beeilen zu th.
'haut 8 oben — le haut der obere Teil — au haut de oben auf — haut, haute hoch
'hauteur: la h. 40 Höhe, Anhöhe — 48a Hochmut
hélas! 66 ach!
'hennir 56 wiehern
'Henri 58 Heinrich
herbe, f. 11 Gras, Kraut
'hérisser 42a sträuben (die Federn)
'hésiter 48a zaudern, zögern
heure, f. 4 Stunde — à quatre heures um 4 Uhr — 16 il est onze heures es ist 11 Uhr — 43a à la bonne h.! meinetwegen! — 69a tout à l'h. sogleich
heureux, -se 21a glücklich — 38a heureusement glücklicherweise
hier 64 gestern
hirondelle, f. 60 Schwalbe
histoire, f. 50 Geschichte
hiver, m. 6 Winter — 18 en h. im W.
homme, m. 8 Mensch, Mann — 26 un h. à cheval ein Reiter
honnête 24 rechtschaffen, ehrlich
honnêteté, f. 29 Ehrlichkeit
honneur, m. 44 Ehre
honorer 11 ehren
'honteux, -se 62 beschämt
hôpital, m. 68 Hospital
'horrible 41a furchtbar, schrecklich
'hors de 39 außer, außerhalb — 47a aus ... heraus
hospitalité, f. 43a Gastfreundschaft
hôte, m. 27 Wirt, Gast — 56a les hôtes die Wirtsleute
hôtel, m. 43a Gasthaus
humain, e 8 menschlich — 48a menschenfreundlich
'humble 44 demütig, ergeben; votre très humble serviteur ... Ihr ergebenster
humide 20 feucht
'hurler 56 heulen

I.

ici 26 hier — 57 hierher — ici-bas 26 hienieden

Idée, f. 37 Gedanke; concevoir l'i. de f. den G. faffen zu th.
Île, f. 40a Infel, dans une í. auf einer J.
Image, f. 13 Bild, Abbild, Ebenbild
Imaginer: s'i. 44 sich denken, vermuten
Immense 44a unermeßlich
Impatienter 47a ungeduldig machen
Imperceptible 58 unbemerkbar
Impétueux, -se 56a ungestüm
Important, e 28 wichtig — W 39 Anm. il est i. que (mit Konj.) es ist wichtig, daß
Importer 37 einführen
Impossible 50 unmöglich — W 51 Anm. il est i. que (mit Konj.) es ist u., daß
Imprimer 37 drucken
Imprimerie, f. 37 Buchdruckerkunst
Imprudence, f. 61 Unklugheit, Unvorsichtigkeit
Impur, e 13a unrein
Inaccoutumé, e 39a ungewohnt
Incendie, m. 64a Brand, Feuersbrunst
Inclination, f. 44 Neigung
Incliner 43 neigen
Inconstant, e 55 unbeständig
Incorrigible 4 unverbesserlich
Index: les I., f. 22 Indien; aux I. in J.
Index, m. 9 Zeigefinger
Indifférent, e 48a gleichgültig
Indigent, e 43a arm
Indignation, f. 65 Entrüstung, Unwille
Indiquer 16 angeben, anzeigen (die Zeit)
Indispensable 48 unbedingt nötig
Inégal, e 40 ungleich
Inévitable 64a unvermeidlich
Infatigable 15 unermüdlich
Inférieur, e 52 geringer, nieder; la classe inférieure der niedere Stand
Infini, e 44 unendlich (Abv. infiniment)
Infléchir 44a einwärts biegen
Ingrat, e 27b undankbar
Injure, f. 46 Beleidigung, Schmähung
Innocence, f. 13 Unschuld
Innombrable 50a unzählbar, unzählig
Inquiet, inquiète zu 12 Gr. 40 unruhig
Inquiéter 59 beunruhigen
Insecte, m. 58 Insekt
Insolent, e 13a unverschämt
Installation, f. 39a Niederlassung
Instant, m. 34 Augenblick; à l'i. sogleich, sofort
Intact, e 38a unversehrt
Intelligence, f. 25a Einvernehmen; vivre en bonne i. in gutem E. leben
Intelligent, e 49 intelligent, klug
Intention, f. 47 Absicht (l'i. de f. die A. zu th.)

Intercéder pour 40a eintreten für, sich verwenden für
Interdire zu 60 Gr.17 untersagen — interdit, e 47 bestürzt (demeurer i. b. sein)
Intéresser 36 interessieren
Intérêt, m. 57 Interesse — 48 les intérêts die Zinsen (placer à intérêts verzinslich anlegen)
Interloqué, e 38 verstört
Interrompre 47 unterbrechen; interrompit le fripon unterbrach ihn (!) der Spitzbube
Intervenir zu 58 Gr.16 dazwischentreten, sich ins Mittel legen
Inutile 13a unnütz — 41a vergeblich (Adj.)
Invariable 57 unveränderlich
Inventer 37 erfinden
Inventeur, m. 27 Erfinder
Invention, f. 87 Erfindung
Ira vergl. aller
Irriter 52 erzürnen — irrité, e zornig — W 53 Anm. être irrité(e) que (mit Konj.) erzürnt (zornig) sein, daß
Ivraie, f. 51a Unkraut

J.

Jaillir 6 herausspringen — 61 heraussprudeln
Jamais 25 jemals; ne ... j. niemals, nie
Jambe, f. 9 Bein — 10 Unterschenkel
Janvier, m. 17. Januar
Jardin, m. 20 Garten
Jaune 64 gelb
Jésus-Christ 37 Jesus-Christus; après J. C. (= après Jésus-Christ) n. Chr. (= nach Christi Geburt)
Jeter 39 werfen; se j. à terre sich zu Boden w. — [39 ils jettent; 40 je jette]
Jeu, m. 52 Spiel
Jeudi, m. 17 Donnerstag
Jeun: à j. 62a nüchtern
Jeune 24 jung
Joie, f. 58 Freude
Joncher 6 bestreuen, bedecken
Joue, f. 8 Wange, Backe
Jouer 19 spielen — 44a se j. de sich lustig machen über, verspotten
Jouets: les j.. m. 39a Spielzeug
Joueur, m. 63 Spieler
Jour, m. 3 Tag; 66 Tageslicht — 3 un j. eines Tages — 18 au petit j. bei Tagesanbruch — 19 l'autre j. kürzlich, neulich — 40 il est j. es ist Tag — 47 mettre au j. ans Licht bringen — 61 un j. d'été que an einem Sommertage, wo (als) — 62 un j. que eines

Tages, als — 22 de nos jours heutzutage — 56a quinze jours vierzehn Tage; une quinzaine de jours etwa vierzehn Tage
journal, m. 35 Zeitung
journalier, m. 38a Tagelöhner
journée, f. 61a Tag
joyeux, -se 7 erfreut, fröhlich
juge, m. 38a Richter
jugement, m. 54 Urteil; porter un j. ein U. fällen
juillet, m. 17 Juli
juin, m. 17. Juni
jurer (de f.) 56a schwören (th. zu wollen)
jusqu'à ce que (mit Konj.) 58 bis
jusque (jusqu') 22 bis — 39a depuis... jusqu'à von... bis zu — 41a jusquelà bis dahin
justement 50 gerade (= eben)

L.

là 1 da dort — 64a dahin, dorthin
laborieux, -se 48 arbeitsam
labourage, m. 15 Ackern
labourer 15 ackern — 44a aufwühlen
laboureur, m. 15 Ackersmann
labyrinthe, m. 39a Labyrinth, Irrgang
lâche 58a feige; le l. der Feigling
lâcher 56 loslassen
là-dessus 54 hierüber — 62a hierauf
laine, f. 40 Wolle; de l. wollen
laisser 25 lassen, hinterlassen
lame, f. 29 Klinge
lamenter: se l. 19 jammern
lancer 40 schleudern — 65 zuwerfen — 48a in Gang bringen
laquais, m. 28 Lakai, Bedienter
laquelle? 41 welche?
las, lasse zu 25 Gr. 42 müde
lasser: se l. 27b müde werden
laurier, m. 55 Lorbeerbaum; la feuille de l. Lorbeerblatt
lécher 49 lecken
leçon, f. 48a Lehrstunde, Unterricht, Unterweisung; professer une l. eine Stunde erteilen
lecture, f. 57 Lektüre
léger, -ère 42a leicht (vom Gewicht)
légitime 47 rechtmäßig
lendemain: le l. 65 der folgende Tag oder Morgen; le l. de am Tage nach
lent, e 7 langsam (35 Adv. lentement); 7 à pas lents mit langsamen Schritten
lenteur, f. 47a Langsamkeit
lequel? 41 welcher?
lettre, f. 28 Brief — 50 Buchstabe

lever: se l. 20 aufgehen, aufstehen, sich erheben [40 je me lève]
liberté, f. 44 Freiheit — 65 mettre en l. in F. setzen
libre 22 frei
lice, f. 36a Kampfplatz
lien, m. 31 Band
lier 31 binden
lieu, m. 69a Ort — 25a avoir l. stattfinden
lieue, f. 47 Meile
ligne, f. 2 Linie
lime, f. 21a Feile
limpide 12 hell, klar (l'eau l.)
lion, m. 26a Löwe
lire 35 lesen [57 il lit]
Lille, m. 13 Lille
lit, m. 19 Bett — 61 dans son l. de douleur auf seinem Schmerzenslager
livre, m. 18 Buch
livrer: se l. 46a sich (einer Sache) hingeben
local, m. 17a Räumlichkeit
logement, m. 17a Wohnung
logis, m. 39a (kleine) Wohnung
loin 28 weit weg, weit entfernt, fern — 27b de l. von weitem
Loire: la L. 44a die Loire
long, longue zu 25 Gr. 42 lang — 26 un long voyage eine weite Reise — 42a le long de längs, entlang, an... hin
longtemps 29 lange; depuis l. seit langer Zeit
lors: depuis l. 58a seit der Zeit
lorsque 6 wenn (= dann wenn), als (von der Zeit!)
louer (de) 52 loben (wegen) — W 58 Anm. l. que (mit Konj.) loben, daß
Louis 1 Ludwig — 41a Louis XIV Ludwig XIV.
loup, m. 56 Wolf
lourd, e 43 schwer (vom Gewicht)
lumière, f. 13 Licht
lundi, m. 17 Montag
lune, f. 58 Mond
luzerne, f. 42a Klee

M.

M. (= monsieur) 18 Herr; de M. Christophe des Herrn Christoph
madame 24 gnädige Frau; madame la fée Frau Fee
Madeleine: la M. 39a die Magdalenenkirche (in Paris)
magasin, m. 17a Niederlage, (eleganter) Laden

magicien, m. 58 Zauberer
magnificence, f. 43a Pracht
magnifique 52 großartig, prächtig
mai, m. 17 Mai
maigre 40 mager
main, f. 9 Hand — 15 tenir de la m.
   mit der H. halten — 47 battre des
   mains in die Hände klatschen
maint, e zu 40 Gr.86 mancher
maintenant 19 jetzt
maintenir zu 58 Gr.16 aufrecht erhalten
mais 3 aber, sondern
maison, f. 5 Haus — 17a la m. d'habitation das Wohnhaus
maître, m. 1 Lehrer — 3 Herr
majesté, f. 62a Majestät
mal zu 50 Gr.55 schlecht, schlimm (Adv.)
   — 60 le mal Übel, Leid
malade 24 krank — 59 tomber m. f.
   werden
maladie, f. 61 Krankheit
malgré 19 trotz
malheur, m. 19 Unglück — W 39 Anm.
   c'est un m. que (mit Konj.) es ist ein
   U., daß — 60 m. aux barbares! wehe
   den Unmenschen!
malheureux, -se 19 unglücklich
malin, maligne zu 25 Gr.42 bösartig
maltraiter 60 mißhandeln
maman, f. 35 Mama
manche: 15 le m. Stiel, Griff — 44a la
   manche der Ärmel; la Manche der
   Kanal (zwischen Frankreich und England)
manger 4 essen — 66 fressen
marbre, m. 42a Marmor; de m. marmorn
marchand, m. 22 Kaufmann
marche, f. 56 Marsch; la m. triomphale
   der Triumphzug (en m. t. im T.)
marché, m. 30 Markt (Wochenmarkt) —
   47 le m. se tenait der M. wurde abgehalten
marcher 7 marschieren, gehen
mardi, m. 17 Dienstag
marier 63 verheiraten
marquer 16 angeben, bezeichnen
mars, m. 17 März
marteau, m. 5 Hammer
matin, m. 18 Morgen — 51a matin
   früh am Morgen
maudire zu 60 Gr.17 verfluchen, verwünschen
Maurice 62 Moritz
mauvais, e zu 34 Gr.49 schlecht, schlimm
   — W 39 Anm. il est m. que (mit
   Konj.) es ist schlecht, daß
Mayence 37 Mainz

méchant, e 13a böse — 3 le m. der
   Bösewicht
mécontent, e 59a unzufrieden
médecin, m. 57 Arzt
médire de q. zu 60 Gr.57 schlechtes reden
   von jem., jem. übles nachreden
meilleur, e zu 34 Gr.49 besser; le m.
   der beste
membre, m. 8 Glied
même 27 sogar — 4 le m. derselbe, der
   nämliche — 40 le m ... que derselbe ...
   wie — 51 un m. ein und derselbe
menacer (q.) 34 drohen (jem.); m. q. de
   f. jem (damit) drohen, zu th.
ménagère, f. 42a Hausfrau
mendiant, m. 31a Bettler
mener 55 führen
mensonge, m. 45 Lüge
menteur, m. 45 Lügner
mentir 45 lügen [il ment]
menton, m. 8 Kinn
menu, e 48a klein, fein
menuisier, m. 5 Tischler
mercredi, m. 17 Mittwoch
mère, f. 4 Mutter
mériter 47 verdienen — W 49 Anm. m.
   que (mit Konj. v., daß
merle, m. 64 Amsel
messager, m. 51a Bote
mesure, f. 39 Maß; à m. que in dem
   Maße wie
mesurer 48a abmessen
mètre, m. 44a Meter
mettre 29 setzen, stellen, legen, stecken —
   46 se m. en colère in Zorn geraten
   — 46 se m. à f. sich daran machen,
   zu th.; anfangen zu th. 'il se mit à
   crier er fing an zu rufen. — [29 il
   mit; 47 ils mirent]
meuble, m. 64a Möbel
meule, f. 21a Mühlstein
meunier, m. 27b Müller
meurs vergl. mourir
midi, m. 4 Mittag; à m. mittags — 39
   le m. der Süden; le Midi die Länder
   des Südens
miel, m. 41 Honig
miette: la m. de pain 27 Brotkrume
   Plur. les miettes de pain)
mieux zu 50 Gr.55 besser; le m. am besten
milan, m. 42 der Weihe (Raubvogel)
milieu, m. 6 Mitte; au m. de mitten in
   '40 mitten auf, 54 mitten zwischen)
   9 le doigt du m. der Mittelfinger
militaire 44 militärisch (une école m.
   Kriegsschule
millier, m. 25a das Tausend

mine, f. 32 Mine

minuit: 58a à m. um Mitternacht, um 12 Uhr nachts

minute, f. 16 Minute

miraculeux, -se 23 wunderbar; miraculeusement wunderbarerweise

mirent vergl. mettre

mirer 12 spiegeln

mise: la m. en liberté 65 Freilassung

misérable 52 elend

misère, f. 51a Elend, Not

miséricorde, f. 26 Erbarmen

mit vergl. mettre

mobile 37 beweglich

modérer 39a mäßigen; modéré, e mäßig

modeste 11 bescheiden

moi: à moi! 34 zu Hilfe!

moindre zu 34 Gr.49 geringer

moins 32 weniger — 40 en m. d'une heure in weniger als einer Stunde — 44 du moins wenigstens

mois, m. 17 Monat — 31a trois m. ein Vierteljahr

moisson, f. 39 Ernte

moissonneur, m. 39 Schnitter

moitié, f. 16 Hälfte

mollesse, f. 52 Verweichlichung

mollet, m. 10 Wade

moment, m. 39 Augenblick; 48a à ce m. in diesem A.

mon, ma, mes 1 mein

monceau, m. 44a Haufe

monde, m. 24 Welt — 48 au m. auf der W. — 66 tout le m. jedermann — 39a le m. fashionable die vornehmen Leute

monnaie, f. 55a Münze

monnayeur: le faux m. 45 Falschmünzer

monotone 21a einförmig

monsieur 1 mein Herr — 36 le m. der Herr

mont, m. 44a Berg (vor Namen, z. B. le mont Mézen)

montagne, f. 40 Berg, les montagnes das Gebirge

monter 27b steigen, hinaufsteigen, aufsteigen

montre, f. 16 Taschenuhr

montrer 31 zeigen

moquer: se m. de 27b sich lustig machen über

morceau, m. 32 Stück

mordre 8 beißen

mors, m. 39a Gebiß, Zaum

mort, f. 22 Tod (26 à sa m. bei seinem Tode) — 25a condamner à m. zum T. verurteilen — [vergl. auch mourir]

mot, m. 85 Wort — 47 je me suis trompé de m. ich habe mich versprochen — 50a en ces mots mit folgenden Worten

motte, f. 15 Erdscholle

mou, mol, molle zu 20 Gr. 43 weich

mouche, f. 50 Fliege

moucheron, m. 48a Mücke

mouiller 33a naß machen

moulin, m. 21a Mühle

mourir 26 sterben (61 de soif vor Durst — 30 mort, e tot — [27 je meurs; 30 mort, e; 33 ils mourraient; 38 ils moururent; 50 il mourut]

mouton, m. 40 Hammel

mouvoir zu 65 Gr. 18 bewegen

moyen, m. 8 Mittel; au m. d. vermittelst — 52 de tous vos moyens mit allen (euren) Mitteln — moyen, -enne 52 mittlere; la classe moyenne der Mittelstand

muet, muette zu 12 Gr. 40 stumm

munir (de) 58a ausrüsten (mit)

mur, m. 13a Mauer — 18 Wand (contre le m. an der W.)

muraille, f. 25a Mauer

murmure, m. 21a Murmeln

murmurer 21a murmeln — 33a murren (de über)

museau, m. 8 Schnauze

myosotis, m. 12 Vergißmeinnicht

mystérieux, -se 11 geheimnisvoll

N.

nacre, f. 20 Perlmutter

nage: à la n. 42 schwimmend

nager 33a schwimmen — 48a dahinschweben

naissance, f. 37 Geburt

naître 37 geboren werden [né, e geboren]

Napoléon Ier 38 Napoleon I.

nation, f. 52 Nation, Volk

nature, f. 66 Natur

naturel, -elle 56a natürlich

navire, m. 44a Schiff

né vergl. naître

néanmoins 56a nichtsdestoweniger

nécessaire 41 notwendig — W 46 Anm. il est n. que (mit Konj) es ist n., daß

nécessité, f. 56 Notwendigkeit; les nécessités die Bedürfnisse

négligence, f. 52 Nachlässigkeit

négociant, m. 30 Handelsmann

nègre, m. 22 Neger

neige, f. 27 Schnee

ne...pas vergl. pas

nez, m. 8 Nase
nid, m. 20 Nest
ni ... ni ... ne 25 weder ... noch (ils ne
  trouvèrent ni or ni argent sie fanden
  weder Gold noch Silber)
noble 52 vornehm — 48a edel, würdevoll
noir, e 18 schwarz
noix, f. 54 Nuß
nom, m. 17 Name
nombre, m. 9 Zahl, Anzahl
nommer 41a nennen; nommé, e Namens
non 1 nein — 48 nicht (bei anderen
  Wörtern als Verben, z. B. non indispensable nicht unbedingt nötig)
nord, m. 58 Norden
Norwège: la N. 58 Norwegen
notre, notre, nos 2 unser
nôtre: le n. 33 der unsrige
nourrice, f. 48a Amme
nourrir 53 ernähren
nouveau, nouvel, nouvelle, zu 20 Gr. 43
  neu — 58a de nouveau von neuem
novembre, m. 17 November
novice 48a unerfahren
noyer, m. 40 Nußbaum
noyer 42 ertränken
nu, e 40 nackt, entblößt — 52a nu-
  pieds barfuß
nuée, f. 40 Wetterwolke; une n. de pierres
  ein Hagel von Steinen
nuire 25a schaden
nuisible 45 schädlich
nuit, f. 34 Nacht
nul: ne ... nul, ne ... nulle zu 40 Gr. 88
  kein
nuque, f. 8 Nacken

O.

obéir 52 gehorchen
object, m. 20 Gegenstand
obliger (à f.) 47 verpflichten, zwingen (zu
  th.); être obligé(e) de f. gezwungen
  sein zu th.
observer 36 beobachten
obstacle, m. 44a Hindernis
obtenir 26 erhalten, bekommen, erwerben;
  zu 58 Gr. 16 erlangen — 41a erreichen
  [26 ils obtiennent; 52 vous obtien-
  drez]
occupation, f. 52 Beschäftigung
occuper 51 beschäftigen
océan, m. 44a Ocean
octobre, m. 17 Oktober
œil, m. 8 Auge (Plur. les yeux) — 60
  à mes yeux vor meinen Augen

œuf, f. 20 Ei
œuvre, f. 26 Werk
offenser 45 beleidigen
officier, m. 41a Offizier
offrir 24 bieten, anbieten [j'offre]
oiseau, m. 20 Vogel
ombrage, m. 20 Schatten
ombre, f. 11 Schatten (13 à l'o. im Sch.)
ombreux, -se 7 schattig
omettre zu 62 Gr. 17 unterlassen, auslassen
on (zuweilen l'on, besonders nach et, ou,
  où) 11 man
onde, f. 61 Welle, Woge
ongle, m. 9 Nagel (am Finger oder an
  der Zehe)
opposer 57 entgegensetzen, entgegenstellen
or, m. 7 Gold — 53 d'or golden
or 24 also (am Anfang von Sätzen)
orage, m. 55 Sturm
ordinaire 26 gewöhnlich (Adj.) — 53
  d'ordinaire. ordinairement gewöhnlich
  (Adv.)
ordonner 38 befehlen (que mit Konj. daß)
ordre, m. 44 Ordnung, Rang — 52 Befehl
  — 44 entrer dans les ordres die
  Priesterweihe nehmen
oreille, f. 8 Ohr
orgueil, m. 53 Stolz, Hochmut
Orient, m. 37 Morgenland (en im)
origine, f. 44a Ursprung
orner 14 schmücken
orteil: le gros o. 10 die große Zehe
oser 65 wagen (f. zu th.)
ôter 27a wegnehmen, abnehmen, entfernen
ou 2 oder
où 1 wo, wohin — 25a d'où woher
oublier 40 vergessen
ouest, m. 44a Westen (à l'ouest nach W.)
oui 1 ja
outrage, m. 49 Beleidigung, Kränkung
ouvert, e 35 offen [vergl. ouvrir]
ouvrage, m. 52 Arbeit, Werk
ouvrir 8 öffnen — 56a s'o. aufgehen (von
  der Thüre) — [27 ouvrez-moi; j'ouvris;
  nous ouvrîmes; 35 ouvert, e; 40 nous
  ouvrons; 56 ouvrant]

P.

paille, f. 19 Stroh
pain, m. 27 Brot
paix, f. 59 Friede
palier, m. 42a Holzvorsprung, Treppenabsatz
palpable 65 handgreiflich
pantalon, m. 40 Beinkleid, Hose

pantin, m. 39a Hampelmann
papeterie, f. 37 Papiermühle
papier, m. 87 Papier
par 8 durch, von (beim Passiv
paraître 58a erscheinen
parce que 36 weil
parcourir zu 59 Gr. 16 durchlaufen
par-dessus 28 darüber, darüber hinweg — 27a über ... hinweg
pardon, m. 38 Verzeihung
pareil, -eille 31a ähnlich
parent, m. 26 der Verwandte; la parente die Verwandte — 19 les parents die Eltern
paresse, f. 52 Faulheit, Trägheit
paresseux, -se 14a faul, träge — 56 le paresseux der Faulenzer
parfum, m. 11 Duft
Paris 39a Paris
Parisien, m. 56a Pariser
parler à q. 94 sprechen (mit jem.) — 18a à p. franc offen gestanden
parmi 41 unter, zwischen (mehr als zweien)
paroi, m. 58a Scheidewand
parole, f. 45 Wort — 41a adresser la p. à q. das W. an jem. richten
parrain, m. 51a Pate
part, f. 55 Anteil — 57 Seite (40a de la p. de q. von seiten jemandes — 57 ne ... nulle p. nirgends
partager 38 teilen
partais vergl. partir
partie, f. 8 Teil
partir 18 aufbrechen, fortgehen (pour nach); zu 57 Gr.16 abreisen; 55a losgehen; 65 à p. de von ... an; [18 je partais; 40 avant que nous partions; nous partons]
partout 55 überall; de p. von allen Seiten
parvenir zu 58 Gr. 18 gelangen
pas: ne ... pas 4 nicht (ils n'arrivent pas sie kommen nicht an — zu 40 Gr. 88 ne ... pas de kein — zu 40 Gr. 88 ne ... pas un(e) kein — 58a ne ... pas du tout überhaupt nicht — ne pas 7 Schritt (à p. lents mit langsamen Schritten; 56 p. à p. Schritt für Schritt)
passé, e 52 vergangen, früher
passer 28 kommen (= vorüberkommen z. B. au travers d'une ville durch eine Stadt; gehen (ils passent par-devant sie gehen darüber hinweg — 54 p. par vorüberkommen an (il passait par là er kam dort vorüber) — 58a zubringen, hinbringen, verleben — 52 übertreffen — se passer 41a sich abspielen, sich ereignen; 57 vergehen

passion, f. 60 Leidenschaft
patience, f. 58a Geduld
patte, f. 42 Pfote, Tatze
Paul 4 Paul
paupière, f. 8 Augenlid
pauvre 14 arm — 18a armselig
pauvreté, f. 52 Armut, Armseligkeit
pavé, m. 48a Pflaster
payer 55 bezahlen
pays, m. 39 Land
paysan, m. 40 Landmann, Bauer
peine, f. 36 Mühe — 48a avoir p. à f. M. haben zu th. — 65 à p. kaum
pêle-mêle, m. 39a buntes Durcheinander
pèlerin, m. 7 Pilger
pencher 48 neigen
pendant 19 während (Präpos.)
pendant que 14 während (Konjunkt.)
pendre 20 hängen, herabhängen
pensée, f. 40 Gedanke
penser 83a denken (il pensa mourir er wäre beinahe gestorben)
percer 5 bohren — 84 durchbohren — 58a durchdringen
perché, e 42a sitzend (von Vögeln)
perdre 20 verlieren
père, m. zu 5 Gr.19 Vater
perfection, f. 52 Vollkommenheit
péristyle, m. 58a Säulengang
perle, f. 18 Perle
permettre 22 erlauben (28 de f. zu th.) — W 89 Anm. p. que (mit Konj.) e., daß
pernicieux, -se 61 verderblich
perpétuel, -elle 51 beständig, fortwährend
personne: I. unbestimmtes (männliches) Fürwort: niemand 1) Nominativ: personne ne (31 p. ne vous dominera) — 2) Accusativ: ne ... personne (zu 40 Gr.87, z. B. 46 il ne trouva p.) — 25a irgend jemand (in Sätzen mit verneintem Sinn, z. B. sans nuire à p. ohne irgend jemandem zu schaden) — II. la personne 26 die Person
perte, f. 30 Verlust — 64a Untergang
pétiller 58 knistern
petit, e 9 klein — zu 34 Gr.40 gering — le p. 42a das Junge — le petit-fils 55 Enkel
peu 40 wenig; à p. près ungefähr — 42a un p. ein bißchen
peuple, m. 25a Volk
peut vergl. pouvoir
peut-être 64 vielleicht
peux vergl. pouvoir
phalange, f. 9 Fingerglied
pharmacien, m. 14 Apotheker

physionomie, f. 39a Gesichtsausdruck, Aussehen

pick-pocket, m. 55a Taschendieb

pièce, f. 38a Stück; la p. d'or Goldstück

pied, m. 10 Fuß

pierre, f. 82 Stein

Pierre 54 Peter

pieux, -se 28 fromm

piocher 25 hacken

pire zu 34 Gr.40 schlimmer (Adj.); le p. der schlimmste

pis zu 50 Gr.55 schlimmer (Adv.); le p. am schlimmsten

pistolet, m. 30 Pistole; il lui tira un coup de p. er gab einen Pistolenschuß auf ihn ab

pitié, f. 27 Mitleid; avoir p. de M. haben mit

place, f. 14 Platz (27a faire p. P. machen) — 48a Stelle

placer 48 anlegen (Geld, à intérêts verzinslich) — 54 stellen — 55a stecken

plaider 26 reden (vor Gericht)

plaindre 55 beklagen

plaine, f. 55 Ebene

plaire 63 gefallen

plaisanter 48 spaßen

plaisir, m. 28 Vergnügen, Freude

plan, m. 44a Fläche

planche, f. 5 Brett

plancher, m. 5 Fußboden

plante, f. 13a Pflanze

plat, m. 7 Schüssel

platane, m. 7 Platane

plein, e 43 voll — 42a en plein midi am hellen Mittag

pleurer 4 weinen

pleuvoir 40 regnen [les feuilles pleuvent; 64 plu]

plonger 42 untertauchen

pluie, f. 64 Regen

plupart: la p. (du, de la, de l', des) 54 der (die) meiste, die meisten

plus 19 mehr — 17a p. de la moitié mehr als die Hälfte; 47 il y a p. d'un an es ist mehr (länger) als ein Jahr her — 50 plus... mieux... je mehr... desto besser... — 19 ne... p. nicht mehr — 19 ne... p. de kein mehr — 24 ne... p. rien nichts mehr — 38a ne... p. que nur noch — zu 50 Gr.55 le p. am meisten

plusieurs zu 40 Gr.88 mehrere

plutôt 53 eher, vielmehr, lieber

poche, f. 29 Tasche

poêle, m. 18 Ofen

poète, m. 11 Dichter

poids, m. 43 Last, Gewicht

poignard, m. 33 Dolch — 58a d'un coup de p. mit einem Dolchstoß

poignarder 84 erdolchen

poignet, m. 9 Handgelenk

poil, m. 40 Haar (von Tieren; à longs poils langhaarig) — 42a Fell

point: ne... p. 89 keineswegs — ne... p. de 13a kein — le p. 50 Punkt (à ce p. bis zu einem solchen Grade)

pointe, f. 34 Spitze — 58a à la p. du jour bei Tagesanbruch

poison, m. 61 Gift

Poitou: le P. 64a Poitou (ehemalige französ. Provinz)

poitrine, f. 40 Brust

poli, e 47 höflich

porcelaine, f. 7 Porzellan

portail, m. 40 Portal

porte, f. 5 Thür, Thor

portée, f. 60 Tragweite, Bereich

porte-monnaie, m. 55a Portemonnaie

porter 9 tragen — 38 mitführen — 38a bringen — 54 p. un jugement ein Urteil fällen — 50 se p. sich befinden (= sich fühlen)

porteur, m. 51a Träger (le p. d'eau Wasserträger)

portière, f. 47a Wagenschlag

poser 5 legen

posséder 47 besitzen

postérieur, e 10 hintere (la partie postérieure der hintere Teil)

pouce, m. 9 Daumen

poudre, f. 33a Pulver

poulain, m. 56 Füllen

poule, f. 42a Huhn

poulet, m. 42a Hühnchen

pour 22 für, wegen, was... anbetrifft — 4 um zu (p. aller um zu gehen)

pourpre, m. 20 Purpurfarbe

pour que (mit Konj.) 44 damit

pourquoi 3 warum; voilà p. (48 c'est p.) darum, deshalb

pourrai vergl. pouvoir

poursuivre 59 fortsetzen, fortfahren

pourtant 19 doch, dennoch, trotzdem

pourvoir (à) 59 sorgen (für)

pousser 18 stoßen — 27b treiben

poutre, f. 5 Balken

pouvoir 2 können, dürfen — 47 il se peut que (mit Konj.) es ist möglich, daß — [2 je peux: 8 nous pouvons; 24 elle peut; 28 quoique nous ne puissions le voir: 35 puis-je; 36 vous pouvez; 39 je pourrais: 44 pour qu'il puisse; 48 je pourrai; 60 qu'elle puisse]

pratiquer 46a ausüben
pré, m. 46 Wiese
précaution, f. 56a Vorsichtsmaßregel (prendre des précautions Vorsichtsmaßregeln ergreifen)
précéder (q.) 86a vorhergehen, vor jem. hergehen
précieux, -se 82 wertvoll, kostbar
précipice, m. 27a Abgrund
précipiter 61 stürzen
prédire zu 60 Gr. 17 vorhersagen
préférence, f. 39a Vorzug
préférer 43 vorziehen, lieber mögen — W 46 Anm. préférer que (mit Konj.) lieber mögen, daß
premier: le p., la première 7 der (die) erste
prendre 3 nehmen, ergreifen — 62 fangen, gefangen nehmen — 45 p. pour (irrtümlich) halten für — [3 il prit; 45 pris, e; 57 prenez!]
près: 40 à peu p. ungefähr — 25 p. de bei, in der Nähe von; p. de s. nahe daran zu th.
prescrire 28 vorschreiben
présence, f. 41a Gegenwart; en p. de q. in G. jemandes, vor jemandes Augen
présent, e 25a gegenwärtig, zugegen — le présent 28 Geschenk
présenter 25a darreichen, entgegenhalten; 86 zeigen, darbieten — se p. 38a sich einstellen
presque 18 fast
pressentir zu 56 Gr. 16 ahnen
presser 39a drängen — 84 être pressé(e) de se eilig haben mit — 25 ils n'eurent rien de plus pressé que de retourner sie hatten nichts Eiligeres zu thun als umzukehren
pression, f. 44a Druck
prêt, e (à s.) 56 bereit (zu th.)
prétention, f. 27a Anspruch
prêter (qc. à q.) 49a (jem. etw.) leihen
preuve, f. 65 Beweis
prévenir (q.) zu 58 Gr. 16 zuvorkommen (jem.), warnend benachrichtigen
prévaloir zu 64 Gr. 18 vorwiegen
prévoir 65 vorhersehen [prévu, e]
prier 27 bitten (de s. zu th.); je vous prie bitte! — W 39 Anm. prier que (mit Konj.) bitten, daß
prince, m. 53 Prinz, Fürst
principal, e 52 hauptsächlich; les principaux die Vornehmsten
printemps, m. 11 Frühling
pris vergl. prendre
prisonnier, m. 64 Gefangene
prit vergl. prendre
prix, m. 54 Preis (de für)

probité, f. 39a Rechtschaffenheit
procès, m. 54 Prozeß
procurer 28 verschaffen
produire 25 hervorbringen — 52 vorzeigen — [25 il produisit]
professer 48a erteilen (eine Stunde)
profession, f. 46a Beruf
profiter (de qc.) 49a benutzen (etw.)
profond, e 27a tief
progrès, m. 64a Fortschritt
proie, f. 56 Beute
prolongement, m. 44a Verlängerung
promenade, f. 56a Spaziergang
promener 55 umherführen — se p. 12 spazieren gehen
promeneur, m. 29 Spaziergänger
promesse, f. 38a Versprechen
promettre zu 62 Gr. 17 versprechen
promouvoir zu 65 Gr. 18 befördern
promptitude, f. 64a Schnelligkeit
prononcer 62 aussprechen
propre 52 eigen
propriétaire, m. 22 Grundbesitzer, Eigentümer, Hauswirt
protéger 8 schützen
prouver 47 beweisen
Provence: la P. 44 die Provence (ehemalige französ. Provinz)
provenir zu 58 Gr. 16 herrühren
proverbe, m. 31a Sprichwort
providence, f. 51 Vorsehung
public, publique 14 öffentlich
publier 44 veröffentlichen
puis 14 dann, darauf — [vergl. auch pouvoir]
puisque 41a da... ja
puissant, e 44a mächtig
puisse vergl. pouvoir
punir (de) 33 bestrafen (für)
punition, f. 47 Strafe, Bestrafung
pur, e 61 rein
pureté, f. 13 Reinheit

Q.

qualité, f. 53 Eigenschaft
quand 4 wenn (= dann wenn), als (von der Zeit!)
quant à 40 was... anbetrifft
quantité, f. (de) 25 Menge
quart, m. 16 der vierte Teil; un q. d'heure eine Viertelstunde; trois quarts d'heure drei Viertelstunden
que 16 daß — 32 als (nach Komparativen) — 25 ne... que nur, erst — 50a que de wie viel, wie viele
quel (quelle) que (mit Konj.) 59a welcher auch immer

quelque 20 irgend ein — 44a ungefähr
(quelque quatorze cents mètres ungefähr 1400 Meter)
quelque chose 18 etwas — 89a quelque
chose qui etwas, was
quelquefois 40 zuweilen, manchmal
quelques 12 einige (vor Substantiven)
quelques-uns (unes) zu 40 Gr. 87 einige
(ohne folgendes Substantiv)
quelqu'un (une) zu 40 Gr. 87 jemand
querelle, f. 54 Streit
question, f. 47 Frage — 43a faire une
q. eine F. stellen
queue, f. 25a Schwanz, Schweif; remuer
la q. mit dem Sch. wedeln
qui 14 wer (à qui wem) — 29 welcher
(à qui welchem)
quiconque zu 40 Gr. 87 jeder, der
quinzaine: une q. de jours 56a etwa
vierzehn Tage
quitte: en être q. pour 39a loskommen mit
quitter 24 verlassen
quoi: sur quoi 46 worauf
quoique (mit Konj.) 28 obgleich

R.

rabot, m. 5 Hobel
raboter 5 hobeln
raconter 18 erzählen
rafraîchir 38 erfrischen
railler 50a verspotten
raisin, m. 25 Traube
raison, f. 62a Recht
ramasser 14 auflesen, aufheben (von der
Erde)
rameau, m. 7 Zweig
ranger 13 reihen, aufreihen — se r. 23
aus dem Wege gehen
rapide 64a schnell
rappeler 26 zurückrufen, abberufen —
31 r. qc. à q. jem. an etw. erinnern
rapport, m. 46a Beziehung, Bezug; avoir
r. à Bezug haben auf, sich beziehen auf
rapporter 38a zurückbringen
rare 32 selten — W 39 Anm. il est r. que
(mit Konj.) es ist s., daß
rassembler 40 versammeln; se r. zusammenkommen
rassurer 48a beruhigen
râteau, m. 42a Rechen
râtelier, m. 42a Raufe
ravir 66 rauben
rayon, m. 56 Strahl
recevoir 28 empfangen, erhalten [28 nous
recevons; 42 il reçut; 67 il reçoit]

réchauffer 60 erwärmen
rechercher (qc.) 52 trachten (nach etw.)
récit, m. 57 Erzählung
reçoit vergl. recevoir
récolte, f. 22 Ernte — 58 faire sa r. E.
halten
récolter 22 ernten, einernten
récompense, f. 38a Belohnung
reconnaissance, f. 65 Dankbarkeit, Erkenntlichkeit
reconnaissant, e 25a bankbar, erkenntlich
reconnaître 34 rekognoszieren, auskundschaften — 45 erkennen — 47 wiedererkennen — [45 reconnu, e]
recourir zu 59 Gr. 16 seine Zuflucht
nehmen
recouvrir zu 57 Gr.16 wiederbedecken
recueillir 34 sammeln; se r. nachbenken
reculer 58a zurückweichen
reçut vergl. recevoir
redire zu 60 Gr. 17 wiedersagen
redoubler 46 verdoppeln
refaire zu 60 Gr. 17 wiedermachen
réfléchir à qc. 38a über etw. nachbenken,
etw. überlegen
réflexion, f. 52a Betrachtung, Überlegung;
faire une r. eine B. anstellen
réfugier: se r. 44 flüchten
refuser 24 abweisen, zurückweisen — 41a
abschlagen — 43a verweigern; r. de f.
sich weigern zu th.
regagner 39a wiedergewinnen, wieder-
erreichen
régaler 50 bewirten; se r. de sich belei-
tieren an
regard, m. 65 Blick
regarder 3 ansehen, sehen (29 à terre
auf die Erde) — 48a zusehen, aufsehen,
aufbliden — 48 r. comme ansehen,
betrachten als
régiment, m. 34 Regiment
règle, f. 1 Lineal
rejeter 50 zurückwerfen
rejoindre q. 28 jem. wieder treffen,
wieder mit jem. zusammenkommen
réjouir 27 freuen; se r. de f. sich barüber
freuen zu th. — W 39 Anm. se r. que
(mit Konj.) sich freuen, daß
relâche, m. 25 Unterbrechung; sans r.
unaufhörlich
relever 36 heben, aufrichten — 23 se r.
wieder aufstehen, sich wieder erheben
[ils se relèvent]
relier à 8 verbinden mit, binden an
rembourser: 31a r. q. jem. sein Geld
zurückerstatten; 48 r. qc. etw. zurückzahlen

11*

remercier (q. de qc.) 44 danken (jem. für etw.)

remettre zu 62 Gr. 17 übergeben, zustellen

remonter 28 wiedersteigen

remplacer 55a ersetzen

remplir 52 erfüllen

remporter 38a wieder wegtragen

remuer 26a bewegen; r. la queue mit dem Schweife wedeln

rencontrer (q.) 28 begegnen (jem.), treffen (jem.)

rendormir: se r. zu 56 Gr. 16 wiedereinschlafen

rendre 26 zurückgeben, vergelten; r. compte Rechenschaft ablegen — 62a r. hardi kühn machen — 65 r. visite einen Besuch abstatten — 47 se r. sich (wohin) begeben

renverser 28 umwerfen, niederreißen — 58a zu Boden strecken

répandre 14 ausbreiten, verbreiten

réparer 52 wieder gut machen — 42a ausbessern, auffrischen

repartir 47 erwidern — zu 56 Gr. 16 wieder abreisen

répartir zu 56 Gr. 16 verteilen

répartition, f. 17a Verteilung (pour auf)

repas, m. 42a Mahlzeit, Mahl; prendre le r. die M. einnehmen

repasser des couteaux 21a Messer schleifen

repentir: se r. de zu 56 Gr. 16 etw. bereuen

répéter 20 wiederholen

replet, replète zu 12 Gr. 40 stark beleibt

répliquer 64a erwidern

répondre 8 antworten

réponse, f. 57 Antwort

repos, m. 42a Ruhe

reposer: se r. 52 ausruhen

repousser 34 zurücktreiben, vertreiben

reprendre 7 wiedernehmen, wiedererlangen — 48 erwidern — zu 62 Gr. 17 tadeln — 7 r. haleine wieder Atem schöpfen

réputation, f. 38a Ruf (in welchem jem. steht)

réserver 28 aufheben, zurückbehalten

résider 48a sich aufhalten, residieren, wohnen

résoudre (de s.) 50 beschließen (zu tun) — [il résolut]

respecter 60 achten

respirer 60 atmen

ressemblance, f. 47 Ähnlichkeit

ressembler 20 gleichen, ähnlich sein

ressentir zu 56 Gr. 16 lebhaft fühlen

resserrer 44a einzwängen

ressort, m. 89a Feder (an Uhren u. dergl.)

ressource, f. 51a Hilfsquelle

rester 81 bleiben — 50 übrig sein

restituer 62 erstatten, zurückgeben

retard: on r. 4 verspätet, säumselig

retenir 28 zurückhalten — 52 sich etw. merken — [28 elles retiennent; 52 retenez; 56 retenu, e]

retirer 29 zurückziehen, herausziehen

retomber 48a wiederfallen

retour, m. 38 Rückkehr (à mon r. bei meiner R.)

retourner 26 umkehren, zurückkehren

retrouver 30 wiederfinden, wieder auffinden

réunir 56a sammeln, vereinigen

réveiller: se r. 58a aufwachen

revenir 11 zurückkehren, zurückkommen — 18 wieder einfallen — [11 on revient; 19 ils revenaient; 28 il revenait; 27 il revint]

rêver 21a träumen

revoir 27 wiedersehen

revoler 60 zurückfliegen

rez-de-chaussée, m. 17a Erdgeschoß, Parterre

riant vergl. rire

riche 22 reich

richesse, f. 33 Reichtum

rien 52 etwas (in verneinten Sätzen) — 31 rien ... ne nichts (Nominativ, rien n'est plus facile nichts ist leichter) — 4 ne ... rien nichts (Accus., il ne trouve rien er findet nichts)

rime, f. 21a Reim

rire 18 lachen [nous riions; 54 riant]

rive, f. 21a Ufer

rivière, f. 42 Fluß (traverser une r. über einen F. setzen)

robinet, m. 85 Hahn, Krahn

rocher, m. 53 Felsen

rôder 56 umherstreifen

roi, m. 58 König

roitelet, m. 58 Zaunkönig

Romain, m. 44a Römer

roman, m. 57 Roman

rompre 31 zerbrechen

rose, f. 20 Rose — 55 la feuille de r. Rosenblatt

rosier, m. 20 Rosenstock

rôti, m. 8 Braten

rôtir 30 braten, rösten

roue, f. 21a Rad

rouge-gorge, m. 27 Rotkehlchen

rouler 43 rollen; 21a sich vorwärts bewegen

route, f. 49 Straße, Weg
rouvrir ju 57 Gr. 16 wiedereröffnen
rude 58 rauh — 42a anstrengend
ruisseau, m. 12 Bach
ruminer 40 wiederkäuen

S.

sable, m. 44a Sand
sabot, m. 18 Holzschuh
sac, m. 18 Sack, Beutel, Tornister
sachant, sachez vergl. savoir
sagesse, f. 24 Weisheit
sais vergl. savoir
saisir 34 ergreifen (47 par bei)
saison, f. 58 Jahreszeit
salle, f. 18 Saal; la s. de bains Bade-
    zimmer
salut, m. 41a Heil, Rettung
samedi, m. 17 Sonnabend
sang, m. 66 Blut; le s.-froid Kaltblütig-
    keit; de s.-froid kaltblütig
sans 18 ohne (s. bruit o. Geräusch; 29
    s. doute o. Zweifel) — 39 ohne zu
santé, f. 24 Gesundheit
sapin, m. 58 Tanne, Fichte
satisfaire 60 befriedigen
sauter 25a springen
sauver 24 retten; se s. (sich) flüchten
savoir 35 wissen — ju 65 Gr. 18 können
    (= gelernt haben) — [35 tu sais; 52
    sachez; 53 sachant; 55 je sais]
scélérat, e 58a ruchlos
scène, f. 41a Scene, Vorgang
scie, f. 5 Säge
se 4 sich
sec, sèche ju 14 Gr. 36 trocken — 57
    boire sec den Wein ohne Wasser trinken
sécher 14 trocknen
second: le s., la seconde 7 der (die)
    zweite
seconde, f. 16 Sekunde
secourir (q.) ju 59 Gr. 16 helfen (jem.)
secours, m. 58 Hilfe; demander s. um
    H. bitten
secret, secrète ju 12 Gr. 40 geheim —
    59 le s. das Geheimnis
seigneur, m. 23 vornehmer Herr; le grand
    s. der Standesherr
sel, m. 40 Salz; les grains de s. Salz-
    körner
semaine, f. 17 Woche
sembler 21a scheinen (39a s. f. ju th. sch.)
séminaire, m. 44 Seminar
séminariste, m. 44 Seminarist (Zögling
    eines Priesterseminars)

sensible (à) 49 empfänglich (für)
sentier, m. 7 Pfad; dans le s. auf
    dem Pf.
sentiment, m. 40 Gefühl
sentir 44 fühlen
séparer 17a trennen
septembre, m. 17 September
septentrional, e 58 nördlich
serre, f. 42 Klaue, Kralle
serrer 18 drängen
sert vergl. servir
servante, f. 4 Magd, Dienstmädchen
service, m. 38 Dienst — 81a rendre s.
    einen D. leisten
servir 2 dienen (à f. ju th.) — 48 aus-
    zahlen — ju 56 Gr. 16 s. q. jem. dienen
    — 17a s. de bienen als — 5 se s. sich
    bedienen — [2 ils servent; 5 il sert,
    il se sert; 48 servi, e]
serviteur, m. 44 Diener
seuil, m. 42a Schwelle
seul, e 2 allein; 35 einzig — W 51 Anm.
    le s. qui (mit Konj.) der einzige, der
seulement 30 nur, erst
si 31 wenn — 64a ob — 33 si j'avais
    été wenn ich gewesen wäre — 49 s'il
    wenn er, s'ils wenn sie
si 23 so
siècle, m. 17 Jahrhundert
siège, m. 47a Sitz, Kutschbock
siffleur, siffleuse 21 pfeifend
silence, m. 11 das Schweigen, die Stille
sillon, m. 15 Furche
sincère 44 aufrichtig
Sire 38 Majestät
soc, m. 15 Pflugschar
sœur, f. 12 Schwester
soie, f. 42a Seide; de soie seiden — 50a
    le verre à s. Seidenwurm
soif, f. 38 Durst; avoir s. D. haben
soigneux, -se 48 sorgfältig
soin, m. 25 Sorgfalt, Fürsorge — 64a
    les soins Mühe
soir, m. 19 Abend — 58 vers le s.
    gegen A.
sol, m. 6 Erdboden
soleil, m. 13 Sonne — 39 au s. même
    mitten in die S.
solliciter 41a flehen
somme, f. 31 Summe
sommeil, m. 42a Schlaf
son, sa, ses 3 sein, ihr
songer 44 denken (s. à f. daran b. ju th.)
sors vergl. sortir
sort, m. 31 Schicksal, Geschick
sorte, f. 26 Art — 27b de cette s. auf
    diese Weise

sortir 18 ausgehen, herausgehen, hinausgehen, herauskommen — 52 hervorgehen — 56 s. de verlassen (= herausgehen aus) — 48 faire s. herausholen — [18 je sortais; 19 sorti, e; 40 je sors; 65 sortez! hinaus!]
sot, sotte zu 26 Gr. 42 dumm
souci, m. 51 Sorge
soucier: se s. de 88a fich kümmern um
souffle, m. 40 Hauch
souffler 18 blasen
souffrance, f. 50 Leiden, Schmerz; dans d'atroces souffrances unter gräßlichen Schmerzen
souffrir (de) 57 leiden (an)
souhaiter 24 wünschen - 39 s. que (mit Konj.) w., daß
soulager q. 27b jem. Erleichterung verschaffen, jem. erquicken
soulever 15 emporheben
soulier, m. 40 Schuh
soumettre zu 62 Gr.17 unterwerfen
souper, m. 4 Abendessen (an s. beim A.)
soupirer 61 seufzen
source, f. 57 Quelle; la s. minérale Mineralquelle
sourcil, m. 8 Augenbraue — 38 froncer les sourcils die Stirn runzeln
sourire zu 62 Gr.17 lächeln — 47a le s. das Lächeln
souris, f. 42 Maus
sous 7 unter
soutenir zu 58 Gr.16 behaupten, stützen — 80a aushalten, abhalten — 48a hochhalten
soutien, m. 55 Stütze
souvenir, m. 12 Erinnerung, Andenken — 49 le s. de die E. an — 40 se s. de sich erinnern an
souvent 14 oft, häufig
souverain, m. 40a Fürst
spacieux, -se 40 geräumig
spectacle, m. 25a Schauspiel
statue, f. 37 Bildsäule
Strasbourg 37 Straßburg
stupéfaction, f. 55a Bestürzung
subir 42 erleiden
subite 44a plötzlich
sublime 48a erhaben
subvenir (à) zu 58 Gr.16 sorgen (für)
successif, -ve 51 aufeinander folgend; successivement der Reihe nach
suffire 46 genügen; il suffit que (mit Konj.) es genügt, daß
suicider: se s. 50 Selbstmord begehen
suisse, m. 51a Thürsteher
suite, f. 19 Folge; par s. de infolge

suivant 17a nach, gemäß
suivre (q.) 80 folgen (jem.); suivi(e) de in Begleitung — [40 il suit; 56 ils suivent]
superbe 7 prächtig
supérieur, e 44a obere (la vallée supérieure das obere Thal)
supplice, m. 41a Todesstrafe
supposer 46 vermuten
supprimer 44a unterdrücken, beseitigen
sur 4 auf
sûr, e 48a sicher
sûreté, f. 88a Sicherheit
sur-le-champ 66 auf der Stelle, sofort
surprendre 25 überraschen [surpris, e] — W 39 Anm. être surpris que (mit Konj.) überrascht sein, daß
surtout 22 besonders
surveiller 42a überwachen
survenir zu 58 Gr.16 unerwartet kommen
survivre (à q.) 66 überleben (jem.)

T.

table, f. 4 Tisch (35 à t. bei T.)
tableau, m. 18 Wandtafel
taire: se t. 18 schweigen [tout se taisait alles schwieg]
talent, m. 65 Talent, Begabung
talon, m. 10 Ferse, Hacke
tandis que 41 während ... dagegen
tanière, f. 56 Höhle (der wilden Tiere)
tant (de) 18 so viel, so viele
tant que 65 solange wie
tapisser (de) 50a tapezieren, überkleiden (mit)
tard 56a spät
tas, m. 59 Haufe
taureau, m. 56 Stier
teindre 40 färben (t. en brun braun f.) [teint, e]
tel, telle zu 40 Gr.68 mancher — un tel, une telle 25 ein solcher
tellement 27a derartig
témérité, f. 68a Tollkühnheit
témoigner 44 bezeugen, zu erkennen geben, erweisen
tempérant, e 46a mäßig
temps, m. 16 Zeit — W 84 Anm. il est t. que (mit Konj.) es ist Z. daß — 25 en même t. gleichzeitig — 44a peu de t. kurze Z. — 58 au t. zur Z. - 83a Wetter
tendre 27 reichen, hinhalten
tendre 12 zart
tenir 15 halten — 25 t. à gehören an — 48 être tenu de f. gehalten sein

ju th. — [15 il tient; 20 il tenait;
48 tenu, e; 52 je tiendrai]
tenter 64a verſuchen
terme, m. 25a Ausdruck
terrain, m. 25 Erdreich
terre, f. 15 Erde — 29 regarder à t.
auf die E. ſehen — 89 se jeter à t.
ſich zu Boden werfen
terrestre 26 irdiſch
terrible 25a ſchrecklich
testament, m. 53 Teſtament
tête, f. 8 Kopf, Haupt
teter (q.) 62a ſaugen (an)
tiendrai, tient vergl. tenir
tige, f. 55 Stengel
tilleul, m. 14 Linde
tirer 30 ziehen, ſchießen; il lui tira un
coup de pistolet er gab einen Piſtolenſchuß auf ihn ab — 25a herausziehen
tison, m. 58 Feuerbrand (noch glühendes
Holzſtück)
tohu-bohu, m. 39a Tohuwabohu
toile, f. 40 Leinwand; la t. à voiles
Segeltuch
toit, m. 42a Dach
tombeau, m. 26 Grab
tomber 14 fallen — 56 ſich hernieder-
ſenken — 60 niederfallen, niederſtürzen
— 59 t. malade krank werden
tombereau, m. 42a Bretterkarren
ton, ta, tes 1 dein
tordre (le cou) 58a (den Hals) umbrehen
torrent, m. 27a Bergſtrom — 44a Strom,
Flut
tort, m. 27b Unrecht; avoir t. unrecht
haben; avoir t. de f. unrecht daran
th., zu th.
tortueux, -se 40 gewunden
toucher 31a rühren (à an); berühren,
einfaſſieren
toujours 8 immer, ſtets
tour, m. 16 Umbrehung (de um)
tour, f. 48a Turm
tourner 16 brehen, ſich brehen — 52 wenden
tous, toutes zu 40 Gr. 87 alle (alleinſtehend)
— tous les, toutes les 4 alle (vor
Subſt., tous les jours alle Tage)
tout 18 alles (24 tout ce que alles, was
[Acc.]) — ganz (Abv.) — le tont zu
40 Gr.87 das Ganze — zu 40 Gr.87
tont, toute jeber — 4 tout le, toute
la ber (die) ganze (15 tout le champ
das ganze Feld)
tout à coup 61 plötzlich
tout à fait 26 vollſtändig
tout de suite 31a ſogleich
tracer 2 ziehen (une ligne eine Linie)

trahison, f. 42 Verrat
train, m. 36 Zug; être en t. de f. im
beſten Zuge damit ſein, zu th.
trait, m. 56 Pfeil
traiter 13a behandeln
tranquille 36 ruhig
transmettre zu 62 Gr.17 überliefern
travail, m. 6 Arbeit (Plur. travaux)
travailler 25 arbeiten, bearbeiten
travers: 23 au t. de (64a à t.) burch...
hinburch
traverser 42 überſchreiten, burchſchreiten,
burchſchwimmen; t. une rivière über
einen Fluß ſetzen
trembler 58 zittern
très 14 ſehr (vor Adj. unb Abv., t. pauvre
ſ. arm)
trésor, m. 25 Schatz
triste 44a traurig; tristement trauriger-
weiſe
trois 8 brei
tromper 47 täuſchen; se t. ſich irren; je
me suis trompé de mot ich habe mich
verſprochen
tronc, m. 8 Rumpf
trône, m. 26 Thron
trop 39 zu, zu ſehr
trottoir, m. 39a Trottoir, Bürgerſteig
trou, m. 5 Loch
troubler 62a trüben
troupeau, m. 40 Herbe
trouver 4 finden — 18 se t. ſich befinden
tuer 50 töten

U.

un, une 1 ein, eine — 59 l'un et l'autre
beide (l'un et l'autre nous mourons
wir ſterben beide) — 25a l'un l'autre
einanber (l'un de l'autre voneinanber)
unanime: d'une voix u. 25a einſtimmig
union, f. 31 Verbindung; l'u. fait la force
Einigkeit macht ſtark
unir 22 vereinigen
usage, m. 37 Gebrauch
utile 41 nützlich — W 45 Anm. il est u.
que (mit Konj.) es iſt n., baß

V.

va vergl. aller
vache, f. 40 Kuh
vain: en vain 31 vergeblich, umſonſt
vais vergl. aller
vaisseau, m. 40a Schiff

valent vergl. valoir
valet, m. 38 Diener, Knecht; le v. de bouche Kellermeister
vallise, f. 30 Felleisen
vallée, f. 44a Thal
vallon, m. 55 (kleines) Thal
valoir 48 gelten, wert sein — 45 v. que (mit Konj.) wert sein, daß — 64 v. mieux besser sein — [48 ils valent]
vapeur, f. 56 Dampf, Dunst
vaurien, m. 64 Nichtsnutz
veille, f. 58 der vorhergehende Tag oder Abend
veiller (sur) 50 wachen (über)
vendange, f. 58 Weinlese; les vendanges Weinlesezeit, Herbst
vendre 14 verkaufen
vendredi, m. 17 Freitag
vénérable 81 ehrwürdig
venger: 46 se v. de q. sich rächen an jem.
venir 49 kommen; v. de f. soeben gethan haben — 65 v. f. kommen, um zu th. — [49 il vient]
vent, m. 55 Wind
vente, f. 47 Verkauf; exposer en v. zum V. stellen
ver, m. 50a Wurm; le v. à soie Seidenwurm
vérifier (qc.) 55a (etw.) kontrollieren
véritable 38 wirklich
vérité, f. 28 Wahrheit; à la v. zwar
verre, m. 32 Glas (50 un v. de bière ein G. Bier)
verriez vergl. voir
vers, m. 52 Vers
vers 37 gegen (von der Zeit, v. 1340 ums Jahr 1340; 58 v. le soir gegen Abend) — 43 nach ... hin, auf ... zu
versant, m. 44a Abdachung
verser 23 umwerfen
vert, e 56 grün
vertu, f. 46a Tugend
veste, f. 40 Jacke
vestige, m. 48a Spur
veut, veux vergl. vouloir
vide 18 leer
vie, f. 26 Leben
vieillard, m. 81 Greis
vient vergl. venir
vieux, vieil, vieille zu 20 Gr. 43 alt
vif, vive 47a lebhaft
vigne, f. 25 Weinberg, Weinrebe
vigoureux, -se 43 kräftig, stark
village, m. 18 Dorf
ville, f. 19 Stadt; être en v. in der S. sein, ausgegangen sein — 41a la v. d'Alger die S. Algier

villégiateur, m. 56a Sommerfrischler
vin, m. 38 Wein
violence, f. 38a Heftigkeit
violent, e 54 heftig — 44a gewaltthätig
violette, f. 11 Veilchen
visage, m. 58 Gesicht
vis-à-vis de 39a gegenüber; ils leur font vis-à-vis sie sind ihnen gegenüber
visite, f. 65 Besuch; rendre v. einem B. abstatten
visiter 52 besichtigen, visitieren
visiteur, m. 39a Besucher
vit vergl. voir
vite 26 schnell
vitre, f. 27 Fensterscheibe
vitrier, m. 32 Glaser
vivre 26 leben — 51 faire v. q. jem. den Lebensunterhalt gewähren — [26 ils vivaient; 66 si je te survivais]
vivres: les v., m. 38 Lebensmittel
vœu, m. 66 Gelübde, Wunsch
voilà 40 das ist (sind), da ist (sind) — 62 me v. da bin ich — 8 v. pourquoi darum, deshalb
voile, f. 40 Segel
voir 8 sehen — [3 vu, e; 20 on voyait; 26 nous voyons; 39 vous verriez; 39 je vois; 43 vois! 47 il voit; 50 voyant; 51 elle voit; 62 il vit]
voisin, e 18 benachbart, nahe — 1 le voisin Nachbar
voit vergl. voir
voiture, f. 23 Wagen, Droschke
voix, f. 34 Stimme — 2a d'une v. unanime einstimmig
vol, m. 47 Diebstahl — 48a Flug
voler 8 stehlen (47 dans aus) — 55a bestehlen — 27 fliegen
voleter 48a flattern
voleur, m. 3 Dieb
volonté, f. 27b Wille; à leur v. nach (ihrem) Belieben
volontiers 58a gern
volupté, f. 13a Wonne
votre, votre, vos 2 euer
vouloir 23 wollen · W. 39 Anm. v. que (mit Konj.) w., daß — zu 64 Gr. 18 en v. à q. böse sein auf jem. (66 jem. nachfehlen) — 64 je voudrais ich möchte — [23 il veut; 26 nous voulons; 35 voulais-tu; 48 voulant; 47 je voulais, il voulait; 51 voulu, je veux; 52 il voulut; 60 elle voudra]
voyage, m. 26 Reise; un long v. eine weite R. — 49 dans un v. auf einer R.
voyager 33 umherreisen
voyageur, m. 33 Reisende

voyait, voyant vergl. voir
vrai, e 47 wahr; vraiment wirklich
vu vergl. voir
vue, f. 52a Anblick

ganben, es befindet (befinden) sich —
47 vous n'y êtes pas falsch, Sie haben
nicht das Richtige getroffen

Y.

y 25 baran, an bieselbe — 46a barin,
demselben — zu 23 Gr. 7 bort, borthin
— 16 il y a es giebt, es ist (find) vor»

Z.

zèle, m. 52 Gifer; le z. à f. das eifrige
Streben banach, zu th.
zéphyr, m. 55 Zephyr (lauer Wind)

A.

abberufen 26 rappeler
Abbild 13 une image
Abbachung 44a le versant
Abend 19 le soir (58 gegen A. vers le
s.) — 58 der vorhergehende A. la veille
Abendeffen 4 le souper (beim A. au s.)
Abenteuer 62a une aventure
aber 3 mais
abermals 27b encore
Abgrund 27a le précipice; 48a un abime
Abhang 56 le coteau
abholzen 44a déboiser
abmeffen 48a mesurer
abnehmen 27a (= entfernen) ôter — 52a
(ein Bein a.) amputer
Abreife 48a le départ
abreifen (nach) zu 57 Gr. 16 partir (pour)
abschaffen 22 abolir
abschlagen 41a refuser
abschneiden 5 couper
Absicht 47 une intention (zu th. de f.)
abspielen: sich a. 41a se passer
abstatten 65 rendre (einen Besuch a. r.
visite)
absteigen 58 descendre
Abtei 52 une abbaye
abweifen 24 refuser
abwenden 65 détourner
Abwesenheit 19 une absence
ach 68 hélas
achtbar 52 estimable
achten 60 estimer
achthaben (auf) 64 prendre garde (à)
Achtung! 23 gare!
ächzen 25a gémir — 49 das Ächzen les
gémissements, m.
ackern 15 labourer — das A. le labourage
Ackersmann 15 le laboureur

Abmiral 41a un amiral
Afrika 22 l'Afrique, f.
Ägypten 22 l'Égypte, f.
ahnen (zu 56 Gr. 16) pressentir
ähnlich 31a pareil, -eille — ä. fein ressembler
Ähnlichkeit 47 la ressemblance
Ähre 6 un épi [f. b.]
Album 39a un album
algerisch 41a algérien, -enne
Algier 41a Alger
Algierer 41a un Algérien
alle 4 (vor Subst.) tous les, toutes les
— zu 40 Gr. 87: fonst: tous, toutes
allein 2 seul, e
alles 18 tout — 24 a., was (Acc.) t. ce
que
allgemein 32 général, e; im allgemeinen
en g.
als 1) (von der Zeit) 4 quand, 6 lorsque
— 62 eines Tages als un jour que
— 2) (nach Komparativ) 32 que
als ob 44a comme si
lfo 24 or (am Anfang von Sätzen) —
27b donc — 43a ainsi
alt (zu 20 Gr. 43) vieux, vieil, vieille —
27a âgé, e — 27b er war 60 Jahre
alt il avait soixante ans [f. âge]
Altar 44 un autel
Alter 24 un âge [f. b.]
Amerika 32 l'Amérique, f.
Amme 48a la nourrice
Amsel 64 le merle
Amtsbruder 66 le confrère
an 12 à
anbetrifft: was a. 39 pour; 38a quant à
anbieten 24 offrir [j'offre]
anbinden 42 attacher
Anblick 39a un aspect — 52a la vue
anbrennen 39 allumer — 64 embraser

Andenken 12 le souvenir
ander 4 autre — 94 nichts anders ne... pas autre chose
ändern 44a changer
aneignen 38a approprier
anfangen 46 se mettre à — 63 commencer
anfertigen 37 fabriquer
Anfertigung 37 la fabrication
anfüllen 89a encombrer
angeben 16 marquer, indiquer
Angelegenheit 28 une affaire
angenehm 39 agréable [f. b.]
Anhänglichkeit 44 un attachement
Anhöhe 40 la hauteur
anhören 57 écouter
anklagen 8 accuser
ankleiden 58 habiller
ankommen 4 arriver
Ankunft 57 une arrivée
anlegen (Geld) 48 placer (verzinslich à intérêts)
anloden 56 attirer
anmaßen 89a arroger
Annäherung 11 une approche
annehmen 81a accepter
anreden 81a aborder
ansehen 8 regarder, 48 considérer (als comme)
ansehnlich 68 considérable
Anspruch 27a la prétention
Anstalt 57 un établissement
anstrengend 42a rude
Anstrengung 58 la fatigue
Anteil 58 la part
Antlitz 52 le front
Antwort 57 la réponse
antworten 8 répondre
anwenden 22 employer
anwesend fein 47 assister
Anzahl 9 le nombre
anzeigen 16 indiquer
anziehen 58 (= ankleiden) habiller — 56 (= anloden) attirer
Anzug 40 un habillement
anzünden 30 allumer
Apotheker 14 le pharmacien
Appetit 57 un appétit (mit gutem A. de bon a.)
April 14 avril, m.
Araber 37 un Arabe
Arbeit 6 le travail (Plur. les travaux) — 52 un ouvrage
arbeiten 25 travailler
arbeitsam 48 laborieux, -se
arm 14 pauvre — 48a indigent, e
Arm 9 le bras

Ärmel 44a la manche
armselig 18a pauvre
Armseligkeit 52 la pauvreté
Armut 52 la pauvreté
Art (= Weise) 96 la sorte, 69a la façon — (= Gattung) 41 une espèce
artig (zu 26 Gr. 42) gentil, gentille
Artillerist 41a le canonnier
Arzt 57 le médecin
Asche 40 la cendre
Asien 32 l'Asie, f.
Asphalt 89a un asphalte
Atem 7 une haleine [f. b.]
Athlet 39a un athlète
atmen 60 respirer
auch 1 aussi
auf 4 sur — auf... zu 43 vers
aufbinden 81 délier
aufblicken 48a regarder
aufblühen 18 fleurir
aufbrechen 86 forcer — 18 (= fortgehen) partir [f. b.] (nach punr)
aufboden 47 découvrir [f. b.]
Aufenthalt 48a la demeure [f. b.]
ausstreichen 48a réparer
aufgeben 58 abandonner
aufgehen 20 se lever — 58a (von der Thüre) s'ouvrir
aufhalten 28 arrêter — 48a sich a. (residieren) résider
aufheben 28 réserver — 14 (von der Erde) ramasser
aufkratzen 42a gratter
aufladen 84a charger
auflauern 66 épier (jem. q.)
auflesen 14 ramasser
aufmerksam 47 attentif, -ve — 30 a. machen auf avertir de
Aufmerksamkeit 41a une attention
aufopfern 34 dévouer
Aufopferung 84 le dévouement
aufrecht erhalten (zu 56 Gr. 16) maintenir
aufrichten 86 relever
aufrichtig 44 sincère
aufsehen 48a regarder
aufstehen 20 se lever
aufsteigen 27b monter
auftrennen 88a découdre [décousu, e]
aufwachen 58a se réveiller
aufwühlen 44a labourer
aufzehren 83 consommer
Auge 8 un œil (Plur. les yeux)
Augenblick 34 un instant; 89 le moment
Augenbraue 8 le sourcil
Augenlid 8 la paupière
August 1 (Person) Auguste; 17 (Monat) août, m.

aus 2 de; 47a aus ... heraus hors de; 47 stehlen aus voler dans
ausatmen 11 exhaler
ausbessern 49a réparer
ausbrechen 44a éclater
ausbreiten 14 répandre; 40 étendre
Ausdehnung 46 une étendue
Ausdruck 25a le terme
ausdrücken 65 exprimer
ausdrücklich 19 exprès, expresse
Ausgabe 48 la dépense
Ausgang (eines Prozesses und dergl.) 54 le dénouement
Ausgangspunkt 48a le point de départ
ausgeben 48 dépenser
ausgehen 18 sortir [f. b.] — 19 aus-gegangen (= in der Stadt) sein être en ville
ausgetrocknet 40 aride
ausgezeichnet 28 excellent, e
aushalten 39a soutenir
auskundschaften 34 reconnaitre
auslassen (zu 62 Gr. 17) omettre
ausmachen (= bilden) 64a faire
ausrufen 28 s'écrier
ausruhen 52 se reposer
ausrüsten 40 équiper; 58a munir (mit de)
Aussehen 39a la physionomie — 42a un air
außer, außerhalb 39 hors de
äußerst 61 extrême — das äußerste Ende 40 l'extrémité, f.
aussetzen 47 exposer
aussprechen 62 prononcer
ausstellen 47 exposer
ausstoßen (einen Schrei) 58a jeter (un cri)
ausüben 46a pratiquer
auswählen 46a faire choix de
auszahlen 31 compter -- 48 servir
Axt 5 la hache

B.

Bach 12 le ruisseau
Backe 8 la joue
backen 40 cuire
Backofen 39 le four
Backwerk 50 les confitures, f.
Bad 35 le bain
Badegast 57 le baigneur
Badezimmer 35 la salle de bains
Bajonett 34 la baïonnette
bald 15 bientôt
Balken 5 la pontre

Ball (Kugel) 56 la balle
Band 31 le lien
Bank 18 le banc
Barbar 60 le barbare
barfuß 59a nu-pieds
barmherzig 25a charitable
Bart 42a la barbe
Bastille 39a la Bastille [f. b.]
bauen 27 bâtir — 22 (Land) cultiver
Bauer 40 le paysan
Baum 14 un arbre
Baumgruppe 13 le bosquet
Baumwolle 22 le coton
bearbeiten 25 travailler
beauftragen 41a charger (zu th. de f.)
bebauen (Felder) 22 cultiver
bedecken 8 couvrir [f. b.] (mit de)
bedenken 62a considérer
bedienen 5 servir
Bedienter 23 le laquais
Bedingung 63 la condition [f. b.]
Bedürfnis 31a le besoin — 59 die Be-dürfnisse les nécessités, f.
beeilen: sich b. zu th. 52 se hâter de f.; 38a s'empresser de f.
beendigen 35 finir [f. b.]
Befehl 52 un ordre
befehlen 38 ordonner (daß que mit Konj.)
befestigen 32 fixer
befinden: sich b. 18 se trouver — 16 es befindet (befinden) sich il y a — 50 sich befinden (= sich fühlen) se porter
befördern (zu 65 Gr. 18) promouvoir
befreien (Sklaven) 25a affranchir
befriedigen 60 satisfaire
Begabung 65 le talent
begeben: sich wohin b. 47 se rendre
begegnen 23 rencontrer (jem. q.
begehen (zu 62 Gr. 17) commettre
beginnen 63 commencer
begleiten 26 accompagner
Begleiter 33 le compagnon
Begleitung: in B. 30 suivi (e) de
begnügen: 50 sich b. mit se contenter de
begreifen 8 comprendre — zu 63 Gr. 18 concevoir
Begriff: 33 im B. sein zu th. aller f. [f. b.]
behalten 54 garder
behandeln 13a traiter
behaupten (zu 58 Gr. 16) soutenir
beherrschen 31 dominer
bei (= in der Nähe) 25 près de; 42a au-près de — 39 chez (bei euch = in eurem Hause oder Lande chez vous)
beide 15 les deux — 59 l'un et l'autre [f. un]
Bein 9 la jambe

beinahe: 33a er wäre b. gestorben il pensa mourir

Beinkleid 40 le pantalon

Beispiel 65 un exemple; zum B. par e.

beißen 3 mordre

beitragen (zu) (zu 59 Gr.16) concourir à

bekämpfen (zu 59 Gr.17) combattre

Bekanntschaft 26 la connaissance; seine Bekannten les personnes de sa c.

beklagen 55 plaindre

bekommen 96 obtenir

beleidigen 45 offenser

Beleidigung 46 une injure — 40 un outrage

Belieben: nach (ihrem) B. 40 à leur fantaisie; 27b à leur volonté

Bellen 30 les aboiements, m.

Belohnung 88a la récompense

bemächtigen: sich b. 58a s'emparer

bemerken 29 apercevoir [s. b.]

bemühen: sich b. 52 s'efforcer (zu th. de f.)

benachbart 18 voisin, e

benachrichtigen 30 avertir — zu 58 Gr.16 warnend b. prévenir

benutzen 42a profiter (etw. de qc.)

beobachten 86 observer

berauben 58a dépouiller

Berg 40 la montagne — (vor Namen) 44a le mont (z. B. le mont Mélen)

Bergstrom 27a le torrent

Bereich 60 la portée

bereit 56 prêt, e (zu th. à f.)

bereuen (zu 56 Gr.16) se repentir (etw. de qc.)

Bernhard 54 Bernard

bersten 44a crever

Beruf 40a un état; la profession

beruhigen 48a rassurer

berühmt 37 célèbre

berühren 31a toucher

beschädigen 64a endommager

beschäftigen 51 occuper

Beschäftigung 52 une occupation

beschämt 62 honteux, -se

bescheiden 11 modeste

beschießen 41a bombarder

beschließen 60 résoudre (zu th. de f.) [il résolut]

beschränkt = töricht

besichtigen 52 visiter

besingen 21 chanter

besitzen 47 posséder

besonders 22 surtout

besser sein 64 valoir mieux

beständig 31 perpétuel, -elle; 52 constant, e

bestehen 8 se composer (aus de)

bestehlen 55a voler

bestrafen 88 punir (für de)

Bestrafung 47 la punition

bestreuen 6 joncher

bestürzt 38 interloqué, e — 47 interdit, e (bestürzt sein demeurer interdit)

Bestürzung 55a la stupéfaction

Besuch 65 la visite [s. b.]

Besucher 30a le visiteur

betrachten 48 regarder, considérer (als comme)

beträchtlich 63 considérable

Betrachtung (= Überlegung) 52a la réflexion (eine B. anstellen faire une r.)

betreten 18 entrer dans

Betrug 47 la fourberie

Bett 19 le lit [s. Lager] — 56a zu B. gehen se coucher

Bettler 31a le mendiant

beugen 43 courber

beunruhigen 50 inquiéter

Beute 56 la proie

Beutel 18 le sac

bevor 40 avant que (mit Konj.)

bewaffnen 58a armer

bewahren 46a conserver

bewährt sein 49 être à l'épreuve

bewegen (zu 65 Gr.18) mouvoir — 25a remuer — 48a hin und her b. agiter

beweglich 37 mobile

Beweis 65 la preuve

beweisen 47 prouver

bewerben: s. b. um (zu 59 Gr.16) concourir pour

bewilligen 25a accorder

bewirten 50 régaler

bewohnen 55 habiter

Bewohner 65 un habitant

bewußtlos 61 sans connaissance

Bewußtsein 61 la connaissance

bezahlen 56 payer

bezeugen 44 témoigner

beziehen: sich b. auf 46a avoir rapport à

Beziehung 46a le rapport

bezweifeln 48 douter (daß que mit Konj.)

biegen 43 courber

Biene 41 une abeille

Bier 50 la bière

bieten 24 offrir [j'offre]

Bild 13 une image

bilden 17 former

Bildsäule 37 la statue

binden 31 lier

bis 1) Präpos.: 22 jusque [s. b.] — 2) Konjunktion: 58 jusqu'à ce que mit Konj.

Bistum 52 un évêché

bißchen: ein b. 21a un brin; 46a un peu

bitten 27 prier [f. b.] — 42 jem. um etw. b. demander qc. à q.
blasen 18 souffler
Blasius 51a Blaise
Blatt 27 la feuille
blau 12 bleu, e
bleiben 47 demeurer — 31 rester
Bleistift 1 le crayon [f. b.]
Blick 65 le regard
blicken 20 regarder
blind 47 aveugle
bloßstellen (zu 62 Gr.17) compromettre
blühen 11 fleurir
Blume 11 la fleur
Blut 66 le sang
Blüte 14 la fleur
Boden: 89 sich zu B. werfen se jeter à terre — 58a zu B. strecken renverser
bohren 5 percer
Bohrer 5 le foret
Boot 56a le bateau [f. b.]
Börse 51a la bourse
bösartig (zu 25 Gr.42) malin, maligne
böse 13a méchant, e — auf jem. b. sein (zu 64 Gr.18) en vouloir à q.
Bösewicht 3 le méchant
Bote 51a le messager
Boulevard 89a le boulevard [f. b.]
Bouquet 11 le bouquet
Brand 64a un incendie; in B. setzen embraser
braten 39 rôtir — der B. 3 le rôti
brauchen 31a avoir besoin (etw. de qc.) — 33 zu th. b. avoir à f.
braun 40 brun, e [f. b.]
bräunen 40 brunir
brav 21a brave
brennen 61 brûler
Bresche 44a la brèche
Brett 5 la planche
Bretterkarren 42a le tombereau
Brief 28 la lettre
Briefträger 51a le facteur
bringen 38a porter
Brot 27 le pain; Brotkrume la miette de p. (Plur. les miettes de pain)
Bruder 25 le frère
Brust 40 la poitrine
Buch 18 le livre
Buchdruckerkunst 37 une imprimerie
Büchse 53 la boite
Buchstabe 37 le caractère — 50 la lettre
Bude 39a la baraque
Bündel 21 le faisceau
bunt: 39a buntes Durcheinander le pêle-mêle — 42a buntscheckig bariolé, e
Bürgersteig 89a le trottoir
Busch 58 le buisson

C.

Chinese 37 le Chinois
Christoph 18 Christophe
Christus 37 Jésus-Christ [f. b.]

D.

da 1) = dort: 1 là; 40 da ist (sind) voilà; 62 da bin ich me voilà — 2) = weil: 25 comme; 41a da... ja... puisque
Dach 42a le toit
dadurch, daß 65 en (mit Part. Präs.)
dagegen 52 au contraire
daher (= also) 27b donc
dahin 64a là; 41a bis d. jusque-là
damals 24 alors
damit 38 afin que (mit Konj.) — 44 pour que (mit Konj.)
Damm 44a la digue
Dampf 56 la vapeur
danach 33 après
dank 65 grâce à
dankbar 25a reconnaissant, e
Dankbarkeit 65 la reconnaissance
danken 44 remercier (jem. für etw. q. de qc.)
dann 14 puis; 24 alors
dann, wenn 4 quand — 6 lorsque
daran 25 y
darauf 1) = dann: 14 puis; 24 alors; 37 ensuite — 2) = später: 33 après — 3) = auf demselben: 18 dessus
daraus 29 en
darbieten 33 présenter
darin 46a y
darreichen 25a présenter
darüber 18 dessus; 20 au-dessus; 23 (= darüber hinweg) par dessus — 33a darüber, daß de ce que
darum 3 voilà pourquoi — 27b c'est pourquoi
darunter 18 dessous
Daumen 9 le pouce
davon 23 en
das (= dieses) 1) vor être: ce (11 das ist das Veilchen c'est la violette) — 2) sonst: cela, ça (16 das zeigt an cela indique; 57 das wird vergehen ça se passera) — 40 das ist (sind) voilà — 8 das heißt c'est-à-dire
daß 16 que
dasselbe 4 la même chose
dazwischentreten (zu 58 Gr.16) intervenir
dein 1 ton, ta, tes
demütig 44 humble

benten 44 songer (baran b. ju th. s. à f.)
— 88a penser — 44 fich b. s'imaginer
benn 4 car — 94 (in Fragefätzen) donc
bennoch 19 pourtant
berartig 27a tellement
berjenige 31 celui
berfelbe 4 le même (40 wie que) —
51 ein und b. un même — 11 bes-
felben, berfelben en — 18 auf (über)
bemfelben bessus — 95 an biefelbe y
— 29 aus bemfelben en
beshalb 3 voilà pourquoi — 27b c'est
pourquoi
befto: 50 je mehr ... befto beffer plus ...
mienx
Teutfchland 37 l'Allemagne, f.
Dezember 17 décembre, m.
Diamant 82 le diamant
bicht 11 épais, épaisse
Dichter 11 le poète
bid 10 gros, grosse
Dieb 3 le voleur
Diebftahl 47 le vol
biejenigen 22 ceux
bienen 2 servir [f. b.]
Diener 38 le valet
Dienft 38 le service — 32a einen D.
leiften rendre s.
Dienstag 17 mardi, m.
Dienftmädchen 4 la servante
biefer 1) vor Subftantiven: 26 ce (cet),
cette, ces; biefer ... hier 39 ce ...-ci
(ce pays-ci) — 2) alleinftehenb: 41
celui-ci (répondit celui-ci) (48 Plur.
ceux-ci)
bies, biefes [f. bas] — 58 biefes hier
ceci — ju 57 Gr.290 gerabe bies cela
même; bies allein cela seul
biesmal 46 pour le coup
Ding 4 la chose
Diftel 13a le chardon
boch 19 pourtant — 48 donc (hinter
Imperativen)
Toftor 57 le docteur
Dolch 88 le poignard [f. b.]
Dompfaffe 20 le bouvreuil
Donnerstag 17 jeudi, m.
Dorf 18 le village
Torn 13a une épine
bort, borthin 1 là — ju 26 Gr.7 y
brängen 18 serrer — 50a preffer
braußen 89 dehors
brehen 16 tourner; fich brehen tourner
brei 8 trois
brefchen 6 battre — 6 bas D. le battage
Trefcher 6 le batteur
Drefchflegel 6 le fléau

Drefchtenne 6 une aire
brohen 84 menacer (jem. q.)
Drofchfe 28 la voiture — 47a le fiacre
Droffel 58 la grive
Druck 44a la preffion
brucken 87 imprimer
Duft 11 le parfum
bumm (ju 25 Gr.42) sot, sotte
Dunft 55 la vapeur
burch 8 par — burch ... hindurch 28 au
travers de, 64a à travers
burchbohren 84 percer
burchbringen 58a percer
burchlaufen (ju 59 Gr.16) parcourir
burchfchreiten 42 traverser
bürfen 85 pouvoir [f. b.] — 47 devoir
Durft 86 la soif (D. haben avoir s.) —
62a feinen D. löfchen se désaltérer

E.

Ebenbild 18 une image
Ebene 55 la plaine
ebenfalls 1 aussi
ebenso ... wie 11 aussi ... que
ebenfofehr ... wie 89 autant ... que
ebenfoviel 68 autant (de) (wie que)
Echo 46 un écho
ebel 48a noble
Edelmut 58 la générosité
edelmütig 41a généreux, -se
ehe 40 avant que (mit Konj.)
ehemals 22 autrefois
eher 53 plutôt
Ehre 44 un honneur
ehren 11 honorer
Ehrerbietung 27a la déférence
ehrlich 24 honnête
Ehrlichkeit 29 une honnêteté
ehrwürdig 31 vénérable
Ei 20 un œuf
Eiche 55 le chêne
Eichelhäher 62 le geai
Eifer 58 le zèle
eifrig: bas eifrige Streben banach, ju th.
52 le zèle à f.
eigen 52 propre
Eigenfchaft 53 la qualité
Eigenfinn 27a un entêtement
eigenfinnig 13a entêté, e
Eigentümer 22 le propriétaire
eilen 28 courir [f. b.]
eilig: 24 es eilig haben mit être preffé de
— 25 fie hatten nichts Eiligeres ju th.
als ils n'eurent rien de plus preffé
que de

einanber 25a l'un l'autre (von einanber l'un de l'autre)

einbohren: fich e. 15 s'enfoncer

einbringen 15 s'enfoncer

Einbrud 21a un effet

einernten 22 récolter

einfach (im Essen und Trinken) 46a frugal, e

Einfall: 46 auf den E. kommen zu th. s'aviser de f.

einförmig 21a monotone

einführen 37 importer

Eingang 39a une entrée

eingestehen (zu 58 Gr. 16) convenir de

einig: 54 e. machen mettre d'accord

einige 1) vor Subst. 12 quelques — 2) alleinstehend (zu 40 Gr. 87) quelques-uns, quelques-unes

Einigkeit macht stark 31 l'union fait la force

einkaffieren 31a toucher

einmachen (zu 60 Gr. 17) confire

einnehmen (die Mahlzeit) 42a prendre (le repas)

einrichten 37 établir

einsaugen 44a absorber

einschlafen (zu 56 Gr. 16) s'endormir

einschläfern 21a endormir

einschlagen 5 enfoncer

einschließen 44a enfermer

einst 22 autrefois

einstellen: fich e. 38a se présenter

einstimmig 25a 1) Adj. unanime, 2) Adv. d'une voix unanime

einstürzen 64a crouler

Einteilung 16 la division

Eintracht 31 la concorde

eintreten: 18 e. in entrer dans — 40a e. für intercéder pour

Einvernehmen 25a une intelligence [f. b.]

einwärts biegen 44a infléchir

einwilligen (zu 56 Gr. 16) consentir (in à)

Einwohner 68 un habitant

Einzelheit 17a le détail

einzig 35 seul, e [f. b.]

einzwängen 44a resserrer

Eis 61 la glace

elegant 39a élégant, e

elend 52 misérable

Elend 51a la misère

Ellbogen 9 le coude

Eltern 19 les parents, m.

empfangen 28 recevoir [f. b.]

empfänglich 49 sensible (für à)

empfinden 62 éprouver

emporheben 15 soulever

Enbe 28 la fin — 55a (= Stückchen) le bout — 40 äußerstes E. une extrémité — 48a zu E. fein être fini, e

enblich 24 enfin

eng 41a étroit, e

Enfel 53 le petit-fils

entblößt 40 nu, e

entbeden 40 découvrir [f. b.]

entfernen 27a ôter — 41a éloigner 24 fich e. se sauver — 26 weit entfernt loin

Entfernung: 47 in einer E. von à

entführen 22 enlever

entfliehen 23 s'enfuir [ils s'enfuient]

entgegengesetzt 66 contraire

entgegenhalten 25a présenter

entgegenfetzen 57 opposer

entgegenstellen 57 opposer

enthalten 20 contenir [f. b.] — fich e. (zu 58 Gr. 16) s'abstenir

enthüllen 47 dévoiler

entlang 42a le long de

entrinnen 64a échapper

Entrüstung 65 une indignation

entscheidend 48a décisif, -ve

entschuldigen 4 excuser

entspinnen: fich e. 54 s'engager

entweichen 44 s'échapper

entwirren 38a démêler

entwischen 44 s'échapper

entzücken 25a enchanter

entzwei 31 en deux

Erbarmen 26 la miséricorde

erbreitern 44a étendre

Erbboden 8 le sol

Erde 15 la terre [f. b.]

Erdgeschoß 17a le rez-de-chaussée

erdolchen 34 poignarder

Erdreich 25 le terrain

Erdscholle 15 la motte

ereignen: fich e. 44a se passer

erfahren (zu 62 Gr. 17) apprendre

erfinden 37 inventer

Erfinder 37 un inventeur

Erfindung 37 une invention

erfreuen 25a réjouir — erfreut 7 joyeux, -se

erfrischen 38 rafraichir

erfüllen 52 remplir

ergeben: 44 Ihr ergebenster.. votre très humble serviteur

ergreifen 34 saisir — 3 prendre [f. b.]

erhaben 48a sublime

erhalten 1) = bekommen 26 obtenir [f. b.]; 28 recevoir [f. b.] 2) = bewahren 46a conserver

erheben 20 lever; 37 élever

erhöhen 44a exhausser

erinnern: 31 jem. an etw. e. rappeler qc. à q. — 49 fich e. an se souvenir de

Erinnerung 12 le souvenir (49 an de.)

erkennen 45 reconnaître [reconnu, e] —
  44 su e. geben témoigner
erkenntlich 25a reconnaissant, e
Erkenntlichkeit 65 la reconnaissance
erklären (feierlich) 68 déclarer
erklimmen 40 gravir
erkühnen: sich e. su th. 58 s'enhardir à s.
erlangen (su 58 Gr. 16) obtenir
erlauben 22 permettre [s. b.]
Erleichterung: jem. E. verschaffen 27b
  soulager q.
erleiden 42 subir
ermorden 38 assassiner
ermüden 55a fatiguer
Ermüdung 55 la fatigue
ernähren 58 nourrir
ernst 21 austère
Ernte 22 la récolte [s. b.] — 39 la moisson
ernten 22 récolter
erquicken 27b soulager
erraten 25 deviner
erregen (su 65 Gr. 18) émouvoir
erreichen 64a gagner; 40 atteindre [s. b.]
erscheinen 58a paraître
erschrecken 55: jem. e. effrayer, selbst e.
  s'effrayer
ersetzen 55a remplacer
erst 25 ne ... que; 80 seulement
erstarrt 58 engourdi, e
erstatten 62 restituer
Erstaunen 26a un étonnement — in E.
  setzen 36 étonner — erstaunt étonné, e
  [s. étonner]
erste 7 premier, première
ersticken 62 étouffer
erstrecken: sich e. über s'étendre
ertappen 47 attraper
erteilen (eine Stunde) 48a professer
ertränken 42 noyer
erwählen 49 choisir
erwärmen 60 réchauffer
erwarten 55 attendre
erweisen 44 témoigner
erwerben 43 acquérir
erwidern 46 reprendre [s. b.] — su 56
  Gr.16 repartir — 64a répliquer
erwischen 47 attraper
erwürgen 56 étrangler
erzählen 18 raconter
Erzählung 57 le récit
erheben 48 élever
Erziehung 53 une éducation
erzürnen 54 irriter [s. b.]
Esel 7 un âne
essen 4 manger
etwas 18 quelque chose (39a was qui)
  — 52 (in verneinten Sätzen) rien

euer 2 votre, votre, vos
Eugen 81a Eugène
Europa 37 l'Europe, f.
ewig 48a éternel, -elle
Ewigkeit 26 une éternité

F.

Fädchen 62 le filet
Fahrt 41a la course (auf einer F. dans
  une c.)
Fall 52 le cas
fallen 14 tomber
fällen (ein Urteil) 54 porter (un jugement)
falsch (su 11 Gr.38) faux, fausse — 42
  (= treulos) de mauvaise foi — 47 (= Sie
  haben nicht das Richtige getroffen) vous
  n'y êtes pas
Falschheit 46 la fausseté
Falschmünzer 46 le faux monnayeur
Familie 81 la famille
färben 40 teindre [s. b.]
Färse (= junge Kuh) 56 la génisse
fassen (einen Gedanken) 37 concevoir une
  idée [il conçut]
fast 18 presque
faul 44a paresseux, -se
Faulenzer 56a le paresseux
Faulheit 52 la paresse
Februar 17 février, m.
Feder (an Uhren u. dergl.) 89a le ressort
Fee 24 la fée
Feierlichkeit 66 la cérémonie
feiern 11 célébrer — 65 fêter
feige 58a lâche
Feigling 58a le lâche
Feile 41a la lime
fein 48a menu, e — 52 délicat, e
Feind 34 un ennemi
feindlich 34 ennemi, e
Feld 11 le champ (43 auf e. F. à un ch.)
Fell 48a le poil
Fellkoffer 30 la valise
Felsen 58 le rocher
Fenster 18 la fenêtre
Fensterscheibe 27 la vitre
fern 28 loin
Ferse 10 le talon
fertig lesen 85 finir de lire
fesseln (den Blick) 89a fasciner (le regard)
festnehmen 98 arrêter
fett (su 25 Gr. 42) gras, grasse
feucht 90 humide
Feuer 40 le feu [s. b.]
Feuerbrand 58 le tison

Feuersbrunst 64a un incendie
feurig 56 en feu
Fichte 58 le sapin
Fieber 61 la fièvre
finden 4 trouver
Finger 9 le doigt
Fingerglied 9 la phalange
Fingernagel 9 un ongle
Fläche 44a le plan
Flamme 19 la flamme
Flanke 42a le flanc
Flasche 38 la bouteille [f. b.]
flattern 48a voleter
flehen 41a solliciter
Fleisch 60 la chair
Fleiß 25 la diligence — 52 une application
Fliege 50 la mouche
fliegen 27 voler
fliehen 28 fuir [56 il fuit]
fließen 21a couler
Flocke 22 le flocon
Flotte 41a la flotte
flüchten 24 se sauver — 44 se réfugier
Flüchtling 44 un échappé
Flug 48a le vol
Flügel 48a une aile
Flur (der) 58a le corridor
Fluß 42 le fleuve — 44a la rivière
Flut 44a le torrent
Folge 19 la suite — 27a le fruit
folgen 30 suivre (jem. q.) [f. b.] — 28 folgender ce (cet), cette, ces
folglich 27a par conséquent
fordern 48a exiger
Form 44a la forme
fortdauern 39 continuer
fortfahren 36 continuer — 59 poursuivre
fortgehen 18 partir
fortreißen 27a entrainer
Fortschritt 64a le progrès
fortsetzen 59 poursuivre — 43a continuer
forttragen 42 emporter
fortwährend 31 perpétuel, -elle
Frage 47 la question [f. b.]
fragen 12 demander [f. b.]
Frankreich 37 la France
Franzose 41a le Français
französisch 34 français, e
Frau 14 la femme — 24 Frau Fee madame la fée
frei 22 libre — zu 14 Gr. 36 franc, franche — 51 frei von exempt, e de
Freiheit 44 la liberté [f. b.]
Freilassung 65 la mise en liberté
freisprechen 65 acquitter
Freisprechung 65 un acquittement

Freitag 17 vendredi, m.
fressen 66 manger — 27 becqueter [f. b.]
Freude 28 le plaisir — 58 la joie
freuen 27 réjouir [f. b.]
Freund (zu 5 Gr. 19) un ami
Freundin (zu 5 Gr. 19) une amie
freundlich, freundschaftlich 58 ami, e
Friede 59 la paix
frisch 18 frais, fraiche
fröhlich 7 joyeux, -se
fromm 28 pieux, -se
Frosch 42 la grenouille
Frost 40 la gelée
Frucht 40 le fruit
fruchtbar 13a fertile
früher 52 passé, e — (= ehemals) 22 autrefois
Frühling 11 le printemps
Frühstück 4 le déjeuner
frühstücken 50 déjeuner
fühlen 44 sentir — (zu 56 Gr. 16) lebhaft fühlen ressentir
führen 42 conduire — 55 mener
füllen 51a emplir
Füllen 56a le poulain
Funke 6 une étincelle
für 22 pour
Furche 15 le sillon
furchtbar 41a horrible
fürchten 39a craindre (zu th. de f.) [craint, e]
furchtsam 58 craintif, -ve
Fürsorge 25 le soin
Fürst 53 le prince — 40a le souverain
Fuß 10 le pied
Fußbank 42a un escabeau
Fußbekleidung 52a la chaussure
Fußboden 5 le plancher

G.

Gabe 13a le don
Gang 18 une allée — 58a le corridor
ganz 7 entier, -ère — 18 der (die) ganze tout le, toute la — 7 ein Ganzes un entier — (zu 40 Gr. 87) das Ganze le tout — 18 ganz (Adv.) tout
Garbe 6 la gerbe
Garten 20 le jardin
Gast 27 un hôte
Gastfreundschaft 43a une hospitalité
Gasthaus 43a un hôtel
Gastwirt 58a un aubergiste
Gattin 28 une épouse
Gattung 41 une espèce
Gaunerei 47 la fourberie

Gebäude 51a un édifice
geben (qu 4 Gr. 3) donner — 16 es giebt
  il y a
Gebirge 40 les montagnes, f.
Gebiß (= Zaum) 58a le mors
geboren werden 37 naître [né, e]
Gebrauch 37 un usage
gebrauchen 22 employer
Geburt 37 la naissance
Gebüsch 46 le bocage — 58 le buisson
Gedanke 37 une idée — 40 la pensée
Geduld 38a la patience
Gefahr 34 le danger
gefährlich 61 dangereux, -se
Gefährte 36 le compagnon
Gefährtin 27 la compagne
gefallen 63 plaire
gefangen halten (qu 58 Gr. 16) détenir
gefangen nehmen 41a prendre
Gefangene 64 le prisonnier
Gefängnis: ins G. werfen 47 emprisonner
Gefühl 49 le sentiment
gegen 18 (feindlich) contre — 28 (freund-
  lich oder feindlich) envers — 37 (Zeit)
  vers (gegen Abend vers le soir)
Gegend 58 la contrée
Gegensatz 30a le contraste (qu avec)
Gegenstand 20 un objet
Gegenteil 52 le contraire (im G. au c.)
gegenüber 39a vis-à-vis de
Gegenwart 41a la présence (in G. en p.)
gegenwärtig 25a présent, e
gehen 4 aller [s. b.] — 7 marcher —
  28 passer
geheim (qu 12 Gr. 40) secret, secrète
Geheimnis 59 le secret
geheimnisvoll 11 mystérieux, -se
Gehölz 27 le bois
gehorchen 52 obéir
gehören 29 appartenir [s. b.] — 53 être à
  [s. être]
gehörnt 44a cornu, e
Geist 51a le génie — 56a un esprit
Geiz 58a avarice
Geizhals 58a un avare
geizig 58a avare
gelangen 43 arriver; (qu 58 Gr.16) parvenir
gelb 64 jaune
Geld 25 un argent
Geldschrank 35 le coffre-fort
gelten 43 valoir [ils valent]
Gelübde 63 le vœu
gemäß 17a suivant
gemeinsam 40 commun, e
Generation 44a la génération
genug 63 assez
genügen 45 suffire [s. b.]

Georg 48 George
gerade 48 droit [s. b.] — 50 (= eben)
  justement — (qu 57 Gr.229) gerade dies
  cela même
Geratewohl: 47 aufs G. au hasard
geräumig 40 spacieux, -se
Geräusch 18 le bruit
geräuschvoll 58 bruyant, e
Gerichtshof 65 la cour
gering (qu 34 Gr.49) petit — 52 geringer
  (= nieder) inférieur, e
gern 58a volontiers
Gesang 11 le chant — 27 la chanson
Geschäft 28 une affaire
Geschäftszimmer 51a le comptoir
geschehen 39 se faire
Geschenk 13a le don — 28 le présent
Geschichte 50 une histoire
Geschick 31 le sort — 66 le destin
geschickt 46a habile
Geschlecht 44a la génération
Geschöpf 59 la créature
Geschütz 41a le canon
Gesicht 8 la figure — 58 le visage
Gestalt 44a la forme
gestern 64 hier
Gesundheit 24 la santé
Getöse 56a le fracas
Getränk 62a la boisson; le breuvage
Getreide 39 le blé
gewähren lassen 63 laisser faire
gewalttätig 44a violent, e
Gewässer 56 une eau
Gewicht 48 le poids
gewinnen 48 gagner
Gewissen 45 la conscience
gewisser: ein g. (qu 40 Gr.88) certain, e;
  48 gewisse (= manche) Ähren certains épis
gewöhnen 58 habituer, accoutumer (qu
  th. à s.)
gewöhnlich: Adj. 26 ordinaire; 54 habituel, -elle — Adv. 53 d'ordinaire,
  ordinairement
gewunden 40 tortueux, -se
geziemen: sich g. für (qu 58 Gr.16) convenir à
Gift 61 le poison
Gipfel 44a la cime
Gitter 42a la claire-voie
Glanz 13a un éclat
Glas 32 le verre (50 ein G. Bier un v.
  de bière)
Glaser 32 le vitrier
Glaube 42 la foi
glauben 30 croire (jem. q.) [s. croire]
gleich noch 39 dès
gleichen 20 ressembler

gleichgültig 48a indifférent, e
gleichkommen (zu 64 Gr. 18) équivaloir
gleichzeitig 28 en même temps
gleiten 44a glisser
Glied 8 le membre
Glöckchen 13 la clochette
Glück 21a le bonheur
glücklich 21a heureux, -se [f. b.]
glühen: 61 seine Wangen glühten ses
   joues étaient brûlantes — 56 glühend
   ardent, e
Gnade 26 la grâce
gnädige Frau 24 madame
Gold 7 un or
golden 53 d'or
Goldfinger 9 un annulaire
Goldstück 38a la pièce d'or
Gott 26 Dieu
Grab 26 le tombeau
graben 15 creuser
Graben 13a le fossé
Grad: 50 bis zu einem solchen G. à ce
   point
Gras 11 une herbe
Grasmücke 58 la fauvette
gräßlich 50 atroce
grausam 27b cruel, -elle
Greif 42a le griffon
Greis 31 le vieillard
Grenadier 34 le grenadier
grenzen an 25 tenir à [f. b.]
griechisch (zu 14 Gr. 36) grec, grecque
Griff 15 le manche
grob 40 grossier, -ère
groß (zu 5 Gr. 40) grand, e
großartig 52 magnifique
Großmut 53 la générosité
Großvater 53 le grand-père
grün 56 vert, e
Grundbesitzer 22 le propriétaire
Gunst 40a la faveur [f. b.]
Gurgel 8 la gorge
Gustav 12 Gustave
gut Adj. 14 bon, bonne [f. b.] — Adv.
   18 bien
Gut 26 le bien — 42a (= Pachtgut) la
   ferme
Güte 28 la bonté
gütig 24 bénin, bénigne

H.

Haar 8 le cheveu — 40 (von Tieren) le
   poil — 42a (des Schweifes) le crin
haben: zum Vater h. 59 avoir pour père
Hacke (= Ferse) 10 le talon ⚫

hacken 26 piocher
Hagel: 40 ein H. von Steinen une nuée
   de pierres
Hahn 58a le coq — 35 (= Krahn) le
   robinet
Haken 51a le crochet
halb 16 demi, e [f. b.] — h. öffnen 40
   entr'ouvrir [il s'entr'ouvre]
Hälfte 16 la moitié
Hals 8 le cou
Halsstarrigkeit 27a un entêtement
halten 15 tenir [f. b.] — 45 irrtümlich
   h. für prendre pour
halt machen 25a s'arrêter
Hammel 40 le mouton
Hammer 5 le marteau
Hampelmann 39a le pantin
Hand 9 la main [f. b.[
handeln 28 agir — 48a es handelt sich
   um il s'agit de
Handelsmann 30 le négociant
Handgelenk 9 le poignet
handgreiflich 65 palpable
Handlung 26 une action — 48a un acte
hängen 20 pendre
hart 32 dur, e
hartnäckig beharren bei 27a s'entêter dans
Hauch 40 le souffle
Haufe 39 le tas — 44a le monceau
haufenweise 57 en foule
häufig 14 souvent
Haupt 8 la tête
Hauptmann 34 le capitaine
hauptsächlich 52 principal, e
Hauptstadt 28 la capitale
Haus 5 la maison
Hausfrau 42a la ménagère
Hauswirt 22 le propriétaire
heben 36 relever
Hecke 27 la haie
heda! 47a ah ça!
Heer 34 une armée
heftig 54 violent, e
Heftigkeit 33a la violence
Heil 41a le salut
heilen 57 guérir
Heinrich 53 Henri
heiß 39 chaud, e
heißen 8 s'appeler [il s'appelle] — das
   heißt c'est-à-dire
helfen 21a aider (jem. q.) — (zu 59 Gr. 16)
   secourir (jem. q.)
hell 12 limpide — 42a am hellen Mittag
   en plein midi
Henker 66 le bourreau
her: es ist (sind) ... her seit 24 il y a ...
   que

herabhängen 20 pendre
herabkommen 58 descendre
herabsteigen 58 descendre
herabstürzen 42 fondre — 64a crouler
Herannahen 11 une approche
herausfinden 38 démêler
herausgeben 18 sortir [f. b.]
herausholen 48 faire sortir
herauskommen 46 sortir [f. b.]
herausreißen 18a arracher
herausspringen 6 jaillir
herausziehen 20 retirer — 35a tirer
herbeieilen 58 accourir [il accourt]
herbeiführen 52 amener
herbeilaufen 58 accourir [il accourt]
herbeischaffen 21a apporter
Herberge 58a une auberge
Herbst 58 un automne
Herd 40 le foyer
Herde 40 le troupeau
hereinkommen 58 entrer
Herr 3 le maître — 36 le monsieur; 1 mein Herr monsieur; 18 des Herrn Christoph de M. (= monsieur) Christophe — 23 der vornehme H. le seigneur
herrühren (zu 58 Gr.16) provenir — 44a (aus einer Zeit h.) dater
hervorbringen 52 produire [il produisit]
hervorgehen 52 sortir [f. b.]
hervorsprudeln 61 jaillir
Herz 13 le cœur [f. b.]
Heu 48a le foin
Heugabel 44a la fourche
heulen 56 hurler; das H. 49 le gémissement
heute 22 aujourd'hui
heutzutage 22 de nos jours
Hieb 28 le coup
hienieden 28 ici-bas
hier 26 ici; 40 hier und da çà et là
hierher 57 ici
hierauf 69a là-dessus
hierüber 54 là-dessus
Hilfe 42 une aide (jem. um H. bitten demander aide à q.) — 58 le secours (demander s.) — 34 zu Hilfe! à moi!
Hilfsquelle 51a la ressource
Himmel 50 le ciel (Plur. les cieux)
hin: 45a an...hin le long de
hin und her bewegen 45a agiter
hinabgleiten 44a glisser
hinaufsteigen 37b monter
hinaus! 65 sortez!
hinausgeben 18 sortir [f. b.]
hinbringen (Zeit) 39a passer
hindern 39a empêcher (zu th. de f.)
Hindernis 44a un obstacle

hingeben: sich h. 45a se livrer; 52 s'abandonner; 68 s'adonner
hingehen 4 aller [f. b.]
hinhalten (= reichen) 27 tendre
hinreichend 55a assez
hinter 8 derrière; der hintere Teil 8 le derrière, 10 la partie postérieure
Hintergrund 18 le fond
Hinterhalt: 34 in einen H. legen embusquer
hinterlassen 25 laisser
hinzufügen 54 ajouter
Hirt 40 le berger
Hitze 89 la chaleur
Hobel 5 le rabot
hobeln 5 raboter
hoch 8 haut, e — 44a élevé, e — 24 ein hohes Alter un grand âge
Hochmut 48a la hauteur — 58 un orgueil
Hof 65 la cour
hoffen 50 espérer
Hoffnung 52 une espérance
höflich 47 poli, e
Höhe 40 la hauteur
Höhle 35a la caverne — (der wilden Tiere) 56 la tanière
holen 38 aller chercher
Holz 2 le bois (aus Holz de bois)
hölzern 2 de bois
Holzhauer 58 le bûcheron
Holzscheit 18 la bûche
Holzschuh 18 le sabot
Honig 41 le miel
hören 18 entendre — 57 auf jem. hören écouter q.
Horn 56 la corne
Hose 40 le pantalon
Hospital 68 un hôpital
Hügel 40 la colline
Huhn 42a la poule
Hühnchen 42a le poulet
Hülle 2 une enveloppe
Hülse 40 la gousse
Hund 3 le chien
Hundert: das H. 24 la centaine
Hunger 4 la faim (H. haben avoir f.)
hüpfen 21a bondir
Hut 40 le chapeau
hüten: sich h. zu th. 60 se garder de f.
Hütte 25 la chaumière

I.

immer 3 toujours
in 1 à; 6 dans; 16 en [f. diese Wörter]
indem 34 en (mit Part. Präf.)
indessen 28 cependant

Indien 22 les Indes, f.
infolge 19 par suite de
Inhalt 88a le contenu
innerhalb 16 en
Insekt 58 un insecte
Insel 40a une île (auf einer J. dans une í.)
intelligent 49 intelligent, e
Interesse 57 un intérêt
interessieren 36 intéresser
irdisch 96 terrestre
irgend ein 29 quelque
irgend jemand = jemand; 25a (in Sätzen mit verneintem Sinn) personne (z.B. sans nuire à personne)
irren: sich i. 47 se tromper
Irrgang 30a le labyrinthe

J.

ja 1 oui — 27a ja wohl bien oui
Jacke 40 la veste
Jagd 60 la chasse (25a auf der J. à la ch.)
Jagdaufseher 62 le garde-chasse
jagen 40 chasser
Jäger 62 le chasseur
Jahr 14 une année — 37 un an [f. b.] — 18 im Jahre en
Jahreszeit 58 la saison
Jahrhundert 17 le siècle
jammern 19 se lamenter
Januar 17 janvier, m.
jeder 1) (vor Subst.) 9 chaque; zu 40 Gr.87 tout, toute — 2) (alleinstehend, = ein jeder) 1 chacun — 3) jeder, der (zu 40 Gr.87) quiconque
jedermann 66 tout le monde
jedoch 28 cependant
jemals 25 jamais
jemand (zu 40 Gr.87) quelqu'un, e
je mehr ... desto besser 50 plus ... mieux
jener 1) vor Substantiven: 25 ce (cet), cette, ces; ce...-là (cette année-là) — 2) alleinstehend (zu 45 Gr. 90) celui-là
Jesus-Christus 37 Jésus-Christ [f. b.]
jetzt 19 maintenant
Juli 17 juillet, m.
jung 24 jeune — 12 jünger cadet, cadette (seine jüngere Schwester sa sœur cadette)
Junge: der J. 46 le garçon — das J. 48 le petit
Juni 17 juin, m.

K.

Käfig 64 la cage
Kaiser 88 un empereur
Kalk 18 la chaux
kalt 18 froid, e (es war k. il faisait f.)
kaltblütig 66 de sang-froid
Kaltblütigkeit 66 le sang-froid
Kälte 18 le froid
Kampf 56 le combat
kämpfen (zu 39 Gr.17) combattre
Kampfplatz 39a la lice
Kanal (zwischen Frankreich und England) 44a la Manche
Kanone 41a le canon
Kanonier 41a le canonnier
Kapital 48 le capital — 51a le fonds
Kapitän 41a le capitaine
Karl 52 Charles (K. der Große Charlemagne)
Karren (zweirädriger) 42a la charrette
Käse 40 le fromage
Kastanie 40 la châtaigne
Kastanienbaum 40 le châtaignier
Katheder 18 la chaire
Katze 3 le chat
kaufen 22 acheter
Käufer 39a le client
Kaufmann 22 le marchand
kaum 66 à peine
Kehle 8 la gorge
kein (zu 40 Gr.86) ne ... pas de — 13a ne ... point de — (zu 40 Gr.88) ne ... aucun(e); ne ... nul (nulle) — ne ... pas un(e) — 19 kein ... mehr ne ... plus de
keineswegs 39 ne ... point
Kellermeister 38 le valet de bouche
kennen 26 connaître [f. b.]
Kern 54 une amande
Kind 25 un enfant — 39a kleines K. le bébé
Kinderspielzeug 53 les babioles, f.
Kinn 8 le menton
Kirche 40 une église
Kissen 48a le coussin
Kiste 28 la caisse
Klagen (die) 57 les doléances, f.
klar (Wasser) 12 limpide
Klasse 52 la classe
klatschen 47 battre (in die Hände des mains)
Klaue 42 la serre
Klee 42a la luzerne
kleiden 18 habiller
Kleider 40 les habits. m.
klein 9 petit, e — 48a menu, e
klettern 53 grimper

Klinge 29 la lame
klopfen 27 frapper
klug 40 intelligent, e
kochen 40 cuire
Kohle 56a le charbon
kommen 49 venir [il vient]; 65 f., um zu th. venir f. — 28 (= vorüberkommen) passer
König 58 le roi
konkret (zu 12 Gr. 40) concret, concrète
können 2 pouvoir [f. b.] — (= gelernt haben, zu 65 Gr. 18) savoir
kontrollieren 55a vérifier
Kopf 8 la tête
Korn 6 le grain — 48 die Kornähren les épis de blé
Körper 8 le corps
Korsar 41a le corsaire
kostbar 32 précieux, -se
Knabe 46 le garçon
Knecht 38 le valet
Knie 10 le genou (Plur. les genoux)
knistern 58 pétiller
Kraft 31 la force
kräftig 48 vigoureux, -se
Krahn 35 le robinet
Kralle 42 la serre
Krambude 59a une échoppe
Krammetsvogel 58 la grive
krank 24 malade; 59 f. werden tomber m.
Krankheit 61 la maladie
Kränkung 49 un outrage
Kraut 11 une herbe
Kriegsschule 44 une école militaire
Krippe 56 la crèche
Krone 58 la couronne
Krümmung 56 le détour
Küche 8 la cuisine
Kugel 56 (eines Gewehres) la balle
Kuh 40 la vache
kühn für hardi, e; 58 f. machen enhardir
Kummern: sich f. um 36a se soucier de
Kunde 57 le client
Kurve 44a la courbe
kurz (zu 25 Gr. 42) bref, brève — 24 (= mit einem Worte) enfin — 48a kurze Zeit peu de temps
kürzlich 19 l'autre jour
Küste 41a la côte
Kutschbock 47 le siège
Kutsche 59a (zweirädrige Halbkutsche) la carriole
Kutscher 28 le cocher

L.

Labyrinth 59a le labyrinthe
lächeln (zu 62 Gr. 17) sourire

Lächeln 47a le sourire
lachen 18 rire [nous riions; 54 riant]
Laden 17a (eleganterer) le magasin — 59a (kleinerer) la boutique
Lager 34 (im Krieg) le camp — 61 auf seinem Schmerzenslager dans son lit de douleur
Lakai 28 le laquais
Lamm 66 un agneau
Land 39 le pays — 28 (Gegensatz zur Stadt) la campagne (auf dem L. à la c.) — 40 bebautes Land la culture
landen 57 débarquer
Landhaus 28 la maison de campagne
Landmann 40 le paysan
lang (zu 25 Gr. 42) long, longue — 29 seit langer Zeit depuis longtemps
lange 29 longtemps — 47 es ist länger als ein Jahr her il y a plus d'un an
langhaarig 40 à longs poils
längs 42a le long de
langsam 7 lent, e [f. b.]
Langsamkeit 47a la lenteur
langweilen 21a ennuyer
Lärm 18 le bruit
lassen 26 laisser (68 gewähren lassen laisser f.) — 51 (= veranlassen) faire [f. b.] (kommen lassen, veranlassen zu kommen faire venir)
Last 48 le poids
laufen 28 courir [f. b.]
Laune 40 la fantaisie
launisch 44a capricieux, -se
leben 28 vivre [ils vivaient]
Leben 26 la vie
Lebensmittel 33 les vivres, m.
Lebensunterhalt: jem. den L. gewähren 51 faire vivre q.
lebhaft 47a vif, vive
lecken 49 lécher
Leder 58a le cuir
leer 18 vide
legen 5 poser — 29 mettre [f. b.]
lehren 21a apprendre (jem. etw. qc. à q.) — 62 jem. etw. th. lehren apprendre à q. à f. qc.
Lehrer 1 le maître
Lehrstunde 48a la leçon
Leichnam 56 le corps
leicht 43a (l. vom Gewicht) léger, -ère; 31 (L. zu th.) facile (52 Adv. facilement)
Leid 60 le mal
leiden 57 souffrir (an de)
Leiden 50 la souffrance
Leidenschaft 60 la passion
leihen (jem. etw.) 48a prêter

Leinwand 40 la toile
leise: 58a mit leiser Stimme à voix basse
leiten 15 diriger
Leiter 58a une échelle
Lettüre 57 la lecture
lenken 15 diriger
Lerche 58 une alouette
lernen 26 apprendre (th. l. a. à f.)
lesen 35 lire [il lit]
Letter 37 le caractère
letzte 24 dernier, -ère
letztere: der (die) l. 24 ce dernier, cette
  dernière
leugnen (zu 58 Gr.16) disconvenir (etw.
  de)
Leute 25 les gens, m. — 39a die vornehmen L. le monde fashionable
Licht 13 la lumière — 47 ans L. bringen
  dévoiler, mettre au jour
lieb 25 cher, chère — 39 Lieber Vetter!
  Mon cher cousin,
Liebe 59 un amour
lieben 11 aimer
liebenswürdig 31a aimable
lieber 53 plutôt; 43 l. mögen préférer
  [f. b.]
liebkosen 42a caresser
Lieblings- 12 favori, favorite (seine
  Lieblingsblumen ses fleurs favorites)
Lied 11 le chant — 58 la chanson
liegen 42a (zum Schlafen) être couché, e
Lilie 13 le lis
Linde 14 le tilleul
Lineal 1 la règle
Linie 2 la ligne
link 47 gauche
loben 52 louer [f. b.]
Loch 5 le trou
Lockspeise 48a un appât
Loire 44a la Loire
Lorbeerbaum 55 le laurier
Lorbeerblatt 55 la feuille de laurier
losbinden 31 délier
losbrechen (= ausbrechen) 44a éclater
losgehen 33a partir
loskommen mit 39a en être quitte pour
loslassen 56 lâcher
loslösen 40 détacher
Löwe 25a le lion
Ludwig 1 Louis — 41a L. XIV.
  Louis XIV
Luft 39 un air
Lüge 45 le mensonge
lügen 45 mentir [il ment]
Lügner 45 le menteur
lustig 21 gai, e — sich l. machen über
  27b se moquer de; 44a se jouer de

M.

machen 2 faire [f. b.] — 46 sich daran
  m. zu th. se mettre à f. — 62a kühn
  machen rendre hardi
mächtig 44a puissant, e
Mädchen: 24 das junge M. la jeune fille
Magd 4 la servante
Magdalenenkirche 89a la Madeleine
mager 40 maigre
Mahl, Mahlzeit 42a le repas (einnehmen
  prendre)
Mai 17 mai, m.
Mainz 37 Mayence
Majestät 38 Sire — 62a die M. la
  Majesté
Mal 16 la fois [f. b.]
Mama 35 la maman
man 11 on [zuweilen l'on, besonders nach
  et, ou, où]
mancher (zu 40 Gr.86) maint, e; (zu 40
  Gr.88) tel, telle
manchmal 40 quelquefois
Mangel: aus M. an 65 faute de
mangels 65 en l'absence de
Mann 8 un homme
Markt 30 le marché (47 der M. wurde
  abgehalten le m. se tenait) — 33a
  la foire
Marmor 42a le marbre [f. b.]
Marsch 56 la marche
marschieren 7 marcher
März 17 mars, m.
Maß 39 la mesure [f. b.]
mäßig 39a modéré, e; 46a tempérant, e
mäßigen 39a modérer
Mauer 13a le mur — 25a la muraille
Maul 56 la gueule
Maus 42 la souris
mehr 19 plus [f. b.] — 33 (am Ende von
  bejahten Sätzen) davantage
mehrere (zu 40 Gr.88) plusieurs
Meile 47 la lieue
mein 1 mon, ma, mes
meinen 25 entendre (mit par)
meinetwegen! 43a à la bonne heure
Meißel 5 le ciseau
meiste: der (die) meiste, die meisten 54 la
  plupart (du, de la, des) — am meisten
  (zu 50 Gr.55) le plus
Menge 25 la quantité (de) — 57 la
  foule
Mensch 8 un homme
menschenfreundlich 43a humain, e
menschlich 8 humain, e
merken 30 s'apercevoir (etw. de qc.) —
  52 sich (etw.) merken retenir

merkwürdig 44 curieux, -se
Merkwürdigkeit 80a la curiosité
Messe 35a la foire
Messer 29 le couteau [f. b.]
Meter 44a le mètre
mieten 47 prendre (eine Droschke un fiacre)
militärisch 44 militaire
Mine 34 la mine
Minute 16 la minute
mißhandeln 60 maltraiter
Mißtrauen 38 la défiance
mit 2 avec — 8 de (bedecken mit couvrir de) — 40 (bei Eigenschaften) à (mit langen Haaren à longs poils)
mitbringen 18 apporter
mitführen 38 porter
Mitleid 27 la pitié (M. haben mit avoir p. de)
Mittag 4 le midi; mittags à midi — 36 zu Mittag essen dîner; das Mittagessen le dîner
Mitte 6 le milieu
mitteilen (zu 62 Gr. 17) apprendre
Mittel 8 le moyen [f. b.] — (zu 58 Gr. 16) sich ins M. legen intervenir
Mittelfinger 9 le doigt du milieu
Mittelstand 52 la classe moyenne
mitten: 6 mitten in, 40 mitten auf, 54 mitten zwischen au milieu de — 59 mitten in die Sonne au soleil même
Mitternacht: um M. 58a à minuit
mittlere 52 moyen, -enne
Mittwoch 17 mercredi, m.
mitwirken (bei) (zu 59 Gr. 16) concourir (à)
Möbel 64a le meuble
mögen: 48 (lieber mögen préférer — 64 ich möchte je voudrais — 60 sie möge bleiben qu'elle reste (Konj.)
möglich: es ist m., daß 47 il se peut que (mit Konj.)
Monat 17 le mois
Mond 56 la lune
Montag 17 lundi, m.
Morgen 18 le matin — 65 der folgende M. le lendemain
Morgenland 37 l'Orient, m.
Morgenröte 30 une aurore
Moritz 62 Maurice
Mücke 44a le moucheron
müde (zu 26 Gr. 42) las, lasse — 27b müde werden se lasser
Mühe 56 la peine
Mühle 21a le moulin
Mühlstein 21a la meule
Müller 27b le meunier
Mund 8 la bouche

Münze (einer Kanone) 41a la bouche
Münze 56a la monnaie
murmeln 21a murmurer — das M. 21a le murmure
murren 35a murmurer (über de)
müssen 46 falloir (du mußt fein il faut que tu sois) — 47 devoir
Mut 34 le courage
Mutter 4 la mère
Mütze 18 le bonnet

N.

nach 18 après — 44a nach Westen à l'ouest — 17a (= gemäß) suivant — 50 gleich nach dès — 48 nach...hin vers — 40 aufbrechen nach partir pour
Nachbar 1 le voisin
nachdem 40 après que
nachdenken 54 se recueillir — 36a nachdenken über etw. réfléchir à qc.
Nachlässigkeit 52 la négligence
nachstellen (jem.) 66 en vouloir (à q.)
Nacht 34 la nuit — 58a um 12 Uhr nachts à minuit
Nacken 8 la nuque
nackt 40 nu, e
Nadel 16 une aiguille
Nagel 5 le clou — (am Finger oder an der Zehe) 9 un ongle
nageln 5 clouer
nahe (= benachbart) 18 voisin, e — 25 nahe daran zu th. près de f.
Nähe: in der N. von 25 près de
nähen 38a coudre [cousu, e]
näher: jemandem etw. näher bringen 58 approcher qc. de q.
nähern: sich jem. n. 29 s'approcher de q.
Name 17 le nom — 41a Ramond nommé, e
Napoleon I. 58 Napoléon Ier
Narr 24 le fou
Närrin 24 la folle
Näscherei 50 la friandise
Nase 8 le nez
naß machen 33a mouiller
Nation 52 la nation
Natur 66 la nature
natürlich 58a naturel, -elle
Nebel 58 le brouillard
neben 18 à côté de
Neger 52 le nègre
nehmen 3 prendre [f. b.]
Neid 66 une envie (N. erregen faire e.)
neidisch 21a curieux, -se (auf de)
neigen 48 incliner, pencher

Neigung 44 une inclination, la disposition
nein 1 non
nennen 8 appeler — 41a nommer
Rest 20 le nid
Netz 62 le filet
neu (zu 20 Gr. 48) nouveau, nouvel, nouvelle — 58a von neuem de nouveau
neulich 19 l'autre jour
nicht 4 ne... pas — 48 (bei anderen Wörtern als Verben) non (nicht unbebingt nötig non indispensable) — 62a nicht eben ne... guère
nichts 4 ne... rien [f. b.] — 24 nichts anderes ne... pas autre chose; nichts mehr ne... plus rien
nichtsbestoweniger 56a néanmoins
Nichtsnutz 64 le vaurien
nie 25 ne... jamais
niedere 52 inférieur, e
niederfallen 60 tomber
Niederlage (Laden) 17a le magasin
niederlassen: sich n. 37 s'établir
Niederlassung 39a une installation
niederlegen 15 déposer
niederreißen 23 renverser
niederschlagen (zu 39 Gr. 17) abattre
niederschmettern 65 foudroyer
niedersenken: sich n. 56 tomber
niederstürzen 60 tomber
nieblich 27 gentil, gentille
niedrig 25 bas, basse
niemals 25 ne... jamais
niemand 31 ne... personne [f. b.]
nirgends 57 ne... nulle part
noch, noch immer 18 encore — 39 noch an bemselben Tage dès le même jour — 40 noch nicht ne... pas encore
Norden 58 le nord
nördlich 58 septentrional, e
Nordwind 27 la bise — 55 un aquilon
Norwegen 58 la Norvège
Not 51a la misère
nötig: 48 unbebingt n. indispensable — 31a etw. n. haben avoir besoin de — 46 nötig sein falloir [f. b.]
notwendig 41 nécessaire [f. b.]
Notwendigkeit 59 la nécessité
November 17 novembre, m.
nüchtern 62a à jeun
nun 24 alors — nun (= nun wohl) 35 eh bien! — 48a von nun an désormais
nur 25 ne... que; 30 seulement — nur noch 38a ne... plus que
Nuß 54 la noix
Nußbaum 40 le noyer
nützlich 41 utile [f. b.]

O.

ob 64a si
oben 8 haut; oben auf au haut de
Oberarm 9 le bras
obere 44a supérieur, e
oberhalb 44a au-dessus de
Oberschenkel 10 la cuisse
obgleich 28 quoique (mit Konj.)
Ocean 44a un océan
Ochse 15 le bœuf
Ochsentreiber 42a le bouvier
ober 2 ou
Ofen 18 le poêle
offen 35 ouvert, e — 13a offen gestanden à parler franc
öffentlich 14 public, publique
Offizier 41a un officier
öffnen 8 ouvrir [f. b.]
oft 14 souvent
Ohr 8 une oreille
ohne 18 sans (ohne Geräusch sans bruit)
ohne zu 39 sans
Oktober 17 octobre, m.
Ordnung 44 un ordre
Ort 13a un endroit — 62a le lieu

P.

Papier 37 le papier
Papiermühle 37 la papeterie
Paris 39a Paris
Pariser 56a le Parisien
Parterre 17a le rez-de-chaussée
passen (zu 58 Gr. 16) convenir à
Pate 51a le parrain
Paul 4 Paul
peitschen 42a fouetter
Perle 13 la perle
Perlmutter 20 la nacre
Person 26 la personne
Peter 54 Pierre
Pfad 7 le sentier (auf b. Pf. dans le s.)
pfeifend 21 siffleur. siffleuse
Pfeil 56 le trait
Pferd 15 le cheval
Pferdestall 47 une écurie
Pflanze 13a la plante
Pflaster 48a le pavé
Pflug 15 la charrue
Pflugschar 15 le soc
Pfote 42 la patte
Pfriemkraut 40 le genêt
picken 27 becqueter
Pilger 7 le pèlerin
Pistole 30 le pistolet [f. b.]

Platane 7 le platane
Platz 14 la place (27a P. machen faire p.) — 18 erhöhter P. une estrade
platzen 44a crever
plötzlich 44a (Adj.) subite — 61 (Adv.) tout à coup
Poitou 64a le Poitou
Portal 40 le portail
Portemonnaie 55a le porte-monnaie
Porzellan 7 la porcelaine
Pracht 48a la magnificence
prächtig 7 superbe — 52 magnifique
Preis 54 le prix (für de)
preisen 11 célébrer
Priesterweihe: die P. nehmen 44 entrer dans les ordres
Prinz 58 le prince
Probe 49 une épreuve
Provence: die P. 44 la Provence
Prozeß 54 le procès
prüfen 47 examiner
Pulver 38a la poudre
Punkt 50 le point
pünktlich 58 exact, e
Purpurfarbe 20 le pourpre

Q.

Quelle 57 la source
Quersack 40 la besace
Quetschung 89a la contusion

R.

Rachen 56 la gueule
rächen: 46 sich an jem. r. se venger de q.
Rad 21a la roue
Rand 12 le bord
Rat: 57 um R. fragen consulter
raten 25 (= erraten) deviner — 38a (= einen Rat geben) conseiller
rauben 22 enlever — 66 ravir
Räuber 38a le brigand
Rauch 40 la fumée
Raufe 42a le râtelier
rauh 58 rude
Raum 43a un espace
Räumlichkeit 17a le local
Rebe 25 la vigne
Rechen 42a le râteau
Rechenschaft ablegen 26 rendre compte
rechnen 17 compter
Rechnung 26 le compte
recht 47 droit, e (das rechte Auge l'œil droit) — 18 (vor Adj. und Adv.) bien (recht kalt bien froid)

Recht 39a le droit — 66a la raison
rechtmäßig 47 légitime
Rechtsanwalt 65 un avocat
rechtschaffen 24 honnête
Rechtschaffenheit 38a la probité
reden (vor Gericht) 26 plaider
Regen 64 la pluie
Regiment 34 le régiment
regnen 40 pleuvoir [f. b.]
reiben 42a frotter
reich 22 riche
reichen 27 tendre (= hinhalten)
Reichtum 38 la richesse
Reihe 18 la file (in einer R. à la file) — 81 der R. nach successivement
reihen 18 ranger
Reim 21a la rime
rein 61 pur, e
Reinheit 18 la pureté
Reise 26 le voyage [f. b.]
reisen (zu 55 Gr.15) aller
Reisende 83 le voyageur
reißen (= zerrissen werden) 81 se briser
Reiter 28 un homme à cheval
rekognoszieren 34 reconnaître
residieren 43a résider
retten 24 sauver
Rettung 41a le salut
richten (an) 52 adresser (à)
Richter 38a le juge
riesenhaft 40 gigantesque
Rinde (von Bäumen) 40 une écorce
Ringfinger 9 un annulaire
rings umher 56 alentour
Ritter 48a le chevalier
Rock (zu 5 Gr.19) un habit
rollen 43 rouler
Roman 57 le roman
Römer 44a le Romain
Rose 20 la rose
Rosenblatt 52 la feuille de rose
Rosenstock 20 le rosier
rösten 30 rôtir
Rotkehlchen 27 le rouge-gorge
ruchlos 58a scélérat, e
Rückkehr 88 le retour (bei meiner Rück-kehr à mon retour)
Ruf 84 (= Schrei) le cri (bei einem R. à un c.) — 84a (= guter Ruf) la réputation
rufen 28 crier — 49 jem. r. appeler
Ruhe 42a le repos
ruhig 36 tranquille — 42a calme
rühren 31a toucher
Rumpf 8 le tronc
rumpeln 38 froncer (die Stirn rumpeln froncer les sourcils)

S.

Saal 18 la salle
Sache 4 la chose — 27a es iſt meine
  Sache ju th. c'est à moi à f.
Sack 18 le sac
Säge 5 la scie
ſagen 8 dire [ſ. b.]
Sahne 8 la crème
Salz 40 le sel (Salzkörner les grains
  de sel)
Samenkorn 42a la graine
ſammeln 34 recueillir — 56a réunir
Sand 44a le sable
ſanft 11 doux, douce
Satteldecke 39a le caparaçon
ſaugen 62a teter (an q.)
Säulengang 39a le péristyle
ſaumſelig 4 en retard
Scene 41a la scène
Schachtel 53 la boite
Schädel 8 le crâne
ſchade: 43 es iſt ſch., daß c'est dommage
  que (mit Konj.); wie ſch., daß quel
  dommage que (mit Konj.)
ſchaden 25a nuire
Schaden 43 le dommage
ſchädlich 45 nuisible
Schaf 41 la brebis
ſchaffen (ju 43 Gr. 13) créer
Schale 20 (von Giern) la coque — 40
  (von Kaſtanie) une écorce — 54 (von
  Nüſſen) la coquille
Schatten 11 une ombre — 20 un ombrage
ſchattig 7 ombreux, -se
Schatz 25 le trésor
ſchäumen 21a écumer
Schauſpiel 25a le spectacle
Scheidewand 58a la paroi
Schein (Schuldſchein) 31a le billet
ſcheinen 21a sembler (39 ju th. f.)
Schemel 42a un escabeau
ſchenken = geben
Scheuer, Scheune 6 la grange
ſchicken 28 envoyer [ſ. b.]
Schickſal 31 le sort
Schiff 40a le vaisseau — 44a le navire
Schlächter 66 le boucher
Schlaf 42a le sommeil — im Sch. liegen
  être endormi, e
ſchlafen 19 dormir [39 ils dorment]
Schlafzimmer 58a la chambre à coucher
Schlag 18 le coup
ſchlagen 6 battre
ſchlecht: Adj. (ju 34 Gr. 49) mauvais, e
  [ſ. b.]; Adv. (ju 50 Gr. 55) mal
ſchleifen 21a repasser

ſchleudern 40 lancer
ſchleunigſt thun 64a courir faire
ſchließen 8 fermer
ſchließlich 24 enfin
ſchlimm = ſchlecht
Schlingel 28 le coquin
Schloß 46a le château
Schlucht 40 la gorge
Schlüſſel 36 la clef (ju de)
ſchmackhaft machen 40 assaisonner
Schmähung 46 une injure
ſchmeicheln 58 flatter (jem. q.)
ſchmelzen 27 fondre
Schmerz 61 la douleur — 50 la souffrance [ſ. b.]
ſchmücken 14 orner
Schnabel 64 le bec
Schnauze 8 le museau
Schnee 27 la neige
ſchnell 64a (Adj.) rapide — 23 (Adv.) vite
Schnelligkeit 64a la promptitude
Schnitter 39 le moissonneur
ſchon 19 déjà
ſchön 4 beau, bel, belle; (eines ſchönen
  Sonntags) un beau dimanche
Schönheit 24 la beauté
ſchonen 62a épargner
ſchöpfen [ſ. haleine]
Schranke 25a une enceinte
Schrecken 33a la frayeur
ſchrecklich 25a terrible — 41a horrible
Schrei 34 le cri
ſchreiben 2 écrire
ſchreien 58a crier
Schritt 7 le pas [ſ. b.]
Schuh 40 le soulier
Schuld 48 la dette
ſchuldig 65 coupable — 47 (jem. etw.)
  ſchuldig ſein devoir
Schuldſchein 31a le billet à ordre
Schule 1 une école
Schüler 4 un élève
Schülerin 4 une élève
Schulter 9 une épaule
Schuppen (für Wagen) 42a le hangar
Schurke 23 le coquin
Schuß 18 le coup (30 abgeben tirer)
Schüſſel 7 le plat
ſchützen 8 protéger
ſchwach 53 faible
Schwalbe 60 une hirondelle
ſchwanken 27a chanceler
Schwanz = Schweif
ſchwarz 18 noir, e
Schwätzer 35 le bavard
Schweif 25a la queue (mit dem Sch.
  wedeln remuer la queue)

schweigen 18 se taire [tout se taisait]

Schweigen 11 le silence

Schwelle 49a le seuil

schwer (vom Gewicht) 48 lourd, e

Schwester 12 la sœur

Schwierigkeit 48a la difficulté

schwimmen 38a nager — schwimmend 42 à la nage

schwören 55a jurer [f. b.]

Schwurgericht: 65 vor dem Sch. en cour d'assises

Seele 58 une âme

Segel 40 la voile

Segeltuch 40 la toile à voiles

sehen 8 regarder — voir [f. b.]

sehr 1) vor Adj. und Adv.: 14 très, 18 bien, 28 fort; 2) bei Verben: 27 beaucoup — 43 wie sehr combien — 51 sehr viel bien (du, de la, des)

Seide 49a la soie

seiden 49a de soie

Seidenwurm 50a le ver à soie

sein 4 être — 27a es ist an mir (= meine Sache) zu th. c'est à moi à f. — 50a das mag sein! soit!

sein, ihr 3 son, sa, ses

seit 1) Präposition 29 depuis (seit langer Zeit depuis longtemps, 58a seit der Zeit depuis lors) — 2) Konjunktion (= seitdem) 48 depuis que; 34 es ist (sind) ... her, seit il y a ... que

Seite 18 le côté [f. b.] — 49a (= Flanke) le flanc — 57 la part (40a von seiten de la part) — 56 von allen Seiten de partout

Sekunde 16 la seconde

selbst: 58 es (das Papier) war selbst verfälscht 11 était lui-même falsifié

selig 51a feu, e

selten 32 rare [f. b.]

seltsam 27b étrange — 59a bizarre

Seminar 44 le séminaire

Seminarist 44 le séminariste

senken 56 baisser; (nach vorn) gesenkt en avant

September 17 septembre, m.

setzen 18 asseoir — 29 mettre [il mit; 47 ils mirent] — 42 über einen Fluß f. traverser une rivière

seufzen 61 soupirer

Sevennen 44a les Cévennes, f.

sicher 48a sûr, e

Sicherheit 38a la sûreté

sicherlich 41 certainement

Silbenrätsel 7 la charade

Silber 7 un argent

silberglänzend 61 argenté, e

singen 21 chanter

Sitz 47a le siège

sitzend 47a assis, e; (von Vögeln) perché, e

Sklave 22 un esclave

Sklaverei 22 un esclavage

so 28 si — 39 (= auf diese Weise) ainsi [sobald als 58 aussitôt que [f. b.]

sofort 29 aussitôt — 34 à l'instant

sogar 27 même

sogleich 29 aussitôt — 34 à l'instant — 31a tout de suite — 62a tout à l'heure — 62 sur-le-champ

Sohn 14 le fils

solange als 31 aussi longtemps que — 65 tant que

solcher: ein solcher, eine solche 25 un tel, une telle

sollen 47 devoir [il devait]

Sommer 56 un été

Sommerfrischler 56a le villégiateur

sonderbar 50 étrange [f. b.]

sondern 3 mais

Sonnabend 17 samedi, m.

Sonne 13 le soleil

Sonntag 4 dimanche, m.

Sorge 51 le souci

sorgen für (zu 58 Gr.16) subvenir à — 59 pourvoir à

Sorgfalt 25 le soin

sorgfältig 48 soigneux, -se

so viel, so viele 18 tant de

sparsam 46a économe

Spaßen 48 plaisanter

Spaßmacher 55a le farceur

spät 56a tard — später 37 après

spazieren gehen 12 se promener

Spaziergang 56a la promenade

Spaziergänger 29 le promeneur

Spazierstock 50a la canne

spiegeln 12 mirer

Spiel 52 le jeu

spielen 19 jouer

Spieler 63 le joueur

Spielzeug 59a les jouets, m.

Spindel 49a le fuseau

Spinne 50a une araignée

spinnen 49a filer

Spitzbube 47 le fripon

Spitze 34 la pointe

sprechen 24 parler (mit jem. à q.)

Sprechzimmer 57 le cabinet

Sprichwort 31a le proverbe

springen 37a sauter — 56 bondir

Sprung 44a le bond

Spur 48a le vestige

Staat 22 un État

Stab 31 la baguette

Stadt 19 la ville [f. b.]

Stall 42a une étable — 47 (Pferdestall) une écurie

Stand 46a un état — 52 la classe [f. b.] — 64a außer stande sein zu th. être hors d'état de f.

Standesherr 98 le grand seigneur

stark 81 fort, e — 43 vigoureux, -se — stark beleibt (zu 12 Gr.40) replet, replète

statten: von f. gehen 89 se faire

stattfinden 25a avoir lieu

Statthalter 40a le gouverneur

stecken 29 mettre [il mit, 47 ils mirent] — 55a placer

stehen 42a être debout — 43 gerade f. se tenir droit, e — 42a stehend debout — 25a stehen bleiben s'arrêter

stehlen 8 voler (47 aus dans)

steigen 27b monter — 44a (von Flüssen) s'élever

Stein 82 la pierre

Stelle 13a un endroit [f. b.] — 48a la place — 63 auf der Stelle (= sofort) sur-le-champ

stellen 29 mettre [il mit, 47 ils mirent] — 47 zum Verkaufe f. exposer en vente

Stengel 55 la tige

sterben 25 mourir [f. b.]

stets 8 toujours

Stich 34 le coup — 52 im Stiche lassen abandonner

Stiel 15 le manche

Stier 56 le taureau

Stille 11 le silence

Stimme 34 la voix

Stirn 8 le front [f. runzeln]

Stock 3 le bâton

Stockwerk 17a un étage

stolz 43 fier, fière

Stolz 53 un orgueil

Stoß 27a le choc

stoßen 18 pousser

Strafe 42 le châtiment (für de) — 47 la punition

Strahl 56 le rayon

Straßburg 37 Strasbourg

Straße 49 la route

sträuben 42a hérisser — 42 sich f. se débattre

Strauch 20 un arbuste — 58 le buisson

Streben [f. zèle]

streicheln 42a caresser

Streichholz 19 une allumette

Streit 54 la querelle — 38a la contestation

streng 21 austère •

Stroh 19 la paille

Strom 44a le torrent, le fleuve

Strömung 62a le courant

Strumpf 40 le bas

struppig 42a bourru, e

Stück 32 le morceau — 38a la pièce

Stückchen 55a le bout

studieren 46a étudier

Studierzimmer 57 le cabinet

Stuhl 18 la chaise

stumm (zu 12 Gr.40) muet, muette

Stunde 4 une heure — 48a (=Lehrstunde) la leçon

Sturm 55 un orage

stürzen 61 précipiter

Stütze 55 le soutien

stützen (zu 58 Gr. 16) soutenir

suchen 29 chercher (40 zu th. à f.)

Süden 30 le midi; die Länder des Südens le Midi

Summe 31 la somme

süß 11 doux, douce

T.

tadeln (zu 62 Gr.17) reprendre

Tag 3 le jour [f. b.] — 51a la journée — 58 der vorhergehende Tag la veille — 65 der folgende Tag le lendemain; am Tage nach le lendemain de — bei Tagesanbruch 18 au petit jour, 58a à la pointe du jour

Tageslicht 66 le jour

Tagelöhner 38a le journalier

Takt 6 la cadence (im T. en c.)

Talent 65 le talent

Tanne 58 le sapin

tapezieren 50a tapisser

Tasche 29 la poche

Taschendieb 55a le pick-pocket

Taschenuhr 16 la montre

Tatze 42 la patte

täuschen 47 tromper

Tausend: das T. 25a le millier

Teich 20 un étang

Teil 8 la partie — 16 der vierte Teil le quart — 31 in zwei Teile zerbrechen casser en deux

teilen 33 partager

Testament 53 le testament

teuer 25 cher, chère

Teufel 39 le démon

Thal 44a la vallée — 55 kleines Thal le vallon

That 26 une action — 58a in der Th. en effet

Thor 5 la porte

thöricht (zu 20 Gr. 48) fou, fol, folle
Thron 26 le trône
thun 2 faire [f. d.]
Thür 5 la porte
Thürsteher 51a le suisse
tief 27a profond, e
Tiefe (= Hintergrund) 48 le fond
Tier 15 un animal — 40 la bête
tierisch 56 bestial, e
Tisch 4 la table (25 bei Tisch à table)
Tischler 5 le menuisier
Tochter 24 la fille
Tod 22 la mort [f. d.]
Todesstrafe 41a le supplice
toll 30 enragé, e
Tollkühnheit 44a la témérité
Tornister 18 le sac
tot 30 mort, e
töten 50 tuer
trachten 52 rechercher (nach etw. qc.)
träge 44a paresseux, -se
tragen 9 porter
Träger 51a le porteur
Trägheit 52 la paresse
Tragweite 60 la portée
Traube 25 le raisin
trauen (jemandem) 48a se fier (à q.)
träumen 21a rêver
traurig 44a triste
treffen 27 frapper [f. falsch] — 28 jem.
  treffen (= begegnen) rencontrer q. —
  28 jem. wieder treffen rejoindre q.
treiben 27b pousser
trennen 17a séparer
Treppenabsatz 41a le palier
treu 30 fidèle
Treue 42 la foi — 49 la fidélité
treulos 42 de mauvaise foi
trinken 3 boire [f. d.]
Triumphzug 56 la marche triomphale
trocken (zu 14 Gr. 76) sec, sèche
trocknen 14 sécher
Tropfen 44a la goutte [f. d.]
Trottoir 39a le trottoir
trotz 19 malgré
trotzdem 19 pourtant
trüben 44a troubler
Tuch 40 le drap
tüchtig 44a habile
Tugend 46a la vertu
tünchen 18 blanchir (mit Kalk à la chaux)
Turm 48a la tour

U.

übel 60 le mal
übles nachreden (zu 60 Gr. 17) médire

über 44a au-dessous de — über ... hinweg
  27a par-dessus
überall 56 partout
übereinkommen (zu 58 Gr. 16) convenir
Übereinstimmung 54 un accord
übergeben (zu 62 Gr. 17) remettre
überhäufen 25a combler (mit de)
überhaupt nicht 59a ne ... point
überlassen 52 abandonner
überleben 66 survivre (jem. à q.)
überlegen 38a réfléchir (etw. à qc.)
überliefern (zu 62 Gr. 17) transmettre
Übermaß 58 un excès
überraschen 26 surprendre [f. d.]
überschreiten 42 traverser
übertreffen 52 passer
überwachen 42a surveiller
übrig sein 50 rester
Ufer 12 le bord — 21a la rive
Uhr 16 (Taschenuhr) la montre [f. heure]
  — 58a um 12 Uhr nachts à minuit
um: 16 um ... herum autour de — 4 um
  zu pour (um zu gehen pour aller)
umarmen 41a embrasser
umbringen 66 égorger
umdrehen (den Hals) 58a tordre (le cou)
Umdrehung 16 le tour (um de)
Umfang 48 une étendue
umfassen 8 comprendre [il comprend]
umgeben 34 entourer (mit de) — 25a
  environner
Umgebung 56a les environs, m. (in à)
Umgegend 56a les environs, m. (in à)
umgehen (etw.) 38a éluder
umherführen 55 promener
umhergestreut 42a épars, e
umherirren 56 errer
umherreisen 38 voyager
umherstreifen 56 rôder
umkehren 25 retourner
umringen 34 entourer
umsonst 31 en vain
Umstände: 60 ohne U. sans cérémonie
umstürzen 38 bouleverser
umwerfen 25 verser, renverser
umwühlen 44a bouleverser
unbemerkbar 58 imperceptible
unbedingt nötig 48 indispensable
unbesonnen 44a étourdi, e
unbeständig 55 inconstant, e
und 1 et
undankbar 27b ingrat, e
uneins 3 en désaccord
unendlich: Adj. 44 infini, e — Adv. 28
  sans fin, 44 infiniment
unerfahren 48a novice
unermeßlich 44a immense

unermüdlich 15 infatigable
unerwartet kommen (zu 56 Gr. 16) survenir
ungeackert 40 éeru, e
ungeduldig machen 47a impatienter
ungefähr 40 à peu près — 44a ungefähr 1400 Meter quelque quatorze cents mètres
ungeheuer 44a énorme
Ungehorsam 19 la désobéissance
ungestüm 56a impétueux, -se
ungewohnt 39a inaccoutumé, e
ungleich 40 inégal, e
Unglück 19 le malheur [f. b.]
unglücklich 19 malheureux, -se
unheilvoll 44a désastreux, -se
Unklugheit 61 une imprudence
Unmensch 60 le barbare
unmöglich 50 impossible [f. b.]
unnütz 13a inutile
Unrecht 27b le tort [f. b.]
unrein 13a impur, e
unruhig (zu 12 Gr.40) inquiet, inquiète
Unschuld 13 une innocence
unser 2 notre, notre, nos
unsrige: der unsrige 33 le nôtre
unten 26 bas
unter 7 sous — 44a (= unterhalb) au-dessous de — 31 (= von) d'entre — 18 (= zwischen, von zweien) entre — 41 (= zwischen, von mehr als zweien) parmi
Unterarm 9 un avant-bras
unterbrechen 47 interrompre [f. b.]
Unterbrechung 25 le relâche
unterdrücken 44a supprimer
Untergang 64a la perte
unterhalb 44a au-dessous de
unterhalten (zu 58 Gr.16) entretenir
Unterhaltung 58a un entretien
unterjochen (zu 56 Gr.16) asservir
unterlassen (zu 62 Gr.17) omettre
unternehmen (zu 62 Gr.17) entreprendre
Unterricht 48a la leçon
untersagen (zu 60 Gr.17) interdire
Unterscheidung 51 la distinction
Unterschenkel 10 la jambe
Unterschied 51 la distinction [f. b.]
untersuchen 47 examiner
untertauchen 42 plonger
unterwegs 33 en chemin
Unterweisung 48a la leçon
unterwerfen (zu 62 Gr.17) soumettre
Untiefe 44a le bas-fond
unveränderlich 57 invariable
unverbesserlich 4 incorrigible
unvermeidlich 64a inévitable
unverschämt 13a insolent, e ●

unversehrt 38a intact, e
Unvorsichtigkeit 61 une imprudence
Unwille 65 une indignation
unzählbar, unzählig 50a innombrable
unzufrieden 52a mécontent, e
Ursache 61 la cause
Ursprung 44a une origine
Urteil 54 le jugement [f. fällen]

V.

Vater (zu 5 Gr.19) le père
Veilchen 11 la violette
verabscheuen 13a détester
veranlassen 31 faire [f. b.]
verbergen 25 cacher
verbieten 19 défendre [f. b.]
verbinden 8 relier (mit à)
Verbindung 31 une union
Verbot 19 la défense
verbrechen 33 le crime
Verbrecher 65 le criminel
verbreiten 14 répandre
verbanken 47 devoir [il devait]
verderblich 61 pernicieux, -se
verdienen 47 mériter [f. b.] — 48 (Geld) gagner
verdoppeln 46 redoubler — 42a doubler
verdorrt 55 desséché, e
vereinigen 22 unir — 56a réunir — 22 die Vereinigten Staaten les États-Unis
verfälschen 50 falsifier
verfeinden: sich v. 31a se brouiller
verfluchen (zu 60 Gr.17) maudire
vergeblich: Adj. 41a inutile — Adv. 31 en vain
vergehen 57 se passer — 52 vergangen (= früher) passé, e
vergelten 26 rendre
vergessen 40 oublier
vergiften 33 empoisonner
Vergißmeinnicht 12 le myosotis
Vergnügen 28 le plaisir
vergolden 39a dorer
vergrößern 33 augmenter
verhandeln (zu 39 Gr.17) débattre
verheiraten 63 marier
Verkauf 47 la vente [f. b.]
verkaufen 14 vendre
Verkaufshalle 39a le bazar
verkünden 38a annoncer
verlangen 38 demander (zu th. à f.)
Verlängerung 44a le prolongement
verlassen 24 quitter — 56 (= heraus-gehen aus) sortir de
verlernen (zu 62 Gr.17) désapprendre

verletzen 45 blesser
vertieren 29 perdre
Berluſt 30 la perte
vermehren 88 augmenter
vermeiden 48 éviter (ſ. b.)
vermittelſt 8 au moyen de
Bermögen 52 la fortune
vermuten 44 s'imaginer — 46 supposer
vernehmen 58 entendre
veröffentlichen 44 publier
verpflichten 47 obliger (ju th. à f.)
verproviantieren 25a approvisionner
Berrat 42 la trahison
verraten 58a découvrir
Berѕ 52 le vers
verſammeln 40 rassembler
verſchaffen 28 procurer
verſchieben 5 différent, e — (ju 40 Gr.86)
  verſchiedene différents, différentes; divers, diverses
verſchönern 12 embellir
verſchwiegen (ju 12 Gr.40) discret, discrète
verſchwören: ſich v. 66 conjurer
verſichern 38a assurer
verſpätet 4 en retard
verſpotten 44a se jouer de — 50a railler
verſprechen (ju 62 Gr.17) promettre —
  47 ich habe mich verſprochen je me suis
  trompé de mot
Berſprechen 38a la promesse
verſtehen 24 comprendre [je comprends]
  — 25 verſtehen unter entendre par
verſteifen: 27a ſich v. auf s'entêter dans
verſtorben 51a feu, e
verſtört 38 interloqué, e
verſuchen 31 essayer (36 ju th. à f.) —
  64a tenter
verteidigen 19 défendre
verteilen (ju 56 Gr.16) répartir
Berteilung 17a la répartition (auf pour)
vertrauen 48a se fier à
Bertrauen 27 la confiance
vertreiben 34 repousser
verurſachen 19 causer
verurteilen 65 condamner
Berurteilung 65 la condamnation
Berwaltung 40a une administration
Berwandte: 28 der B. le parent, die B.
  la parente
Berweichlichung 52 la mollesse
verweigern 48a refuser
verwenden 22 employer (48 ju th. à f.)
  — 40a ſich v. für intercéder pour
verwirrt 62 confus, e
verwunden 45 blesser
verwünſchen (ju 60 Gr.17) maudire

verzehren 19 consumer; 38 consommer
Berzeihung 38 le pardon
verzinslich anlegen 57 placer à intérêts
Better 89 le cousin
viel, viele 28 beaucoup (de) — 27 (vor
  Komparativen) bien
vielleicht 64 peut-être
vielmehr 58 plutôt
Biertelſtunde 16 un quart d'heure —
  (trois quarts d'heure)
vierzehn: 56a etwa 14 Tage une quinzaine
  de jours
viſitieren 52 visiter
Bogel 20 un oiseau
Bogelbauer 64 la cage
Bogelleim 64 la glu
Bolf 26a le peuple — 52 la nation
voll 48 plein, e
vollenden 6 accomplir
Bollkommenheit 52 la perfection
vollſtändig: Adj. (ju 12 Gr.40) complet,
  complète — Adv. 96 tout à fait
von 2 de — 8 (beim Baſſiv) par — 31
  (= unter) d'entre — von... an 39 dès,
  63 à partir de — von... ju... 56
  de... en...
vor 3 (vom Ort) devant — 18 (von der
  Zeit) avant — 44 (= es iſt...her) il
  y a (vor einiger Zeit il y a quelque
  temps) — vor... her 40 devant —
  60 halb tot vor... demi-mort (e) de —
  61 ſterben vor Durſt mourir de soif
vorbei (= ju Ende) 48a fini, e
vorbeikommen = vorüberkommen
vorführen 52 amener
Borgang 41a la scène
vorhanden: es iſt (ſind) a. 16 il y a
vorher 55a auparavant
vorhergehen (tem.), vor jem. hergehen 39a
  précéder q. — 58 der vorhergehende
  Tag oder Abend la veille
vorherſagen (ju 60 Gr.17) prédire
vorherſehen 65 prévoir
vorn: nach vorn 56 en avant
vornehm 52 noble — 39a élégant, e —
  39a die vornehmen Leute le monde
  fashionable — 28 ein vornehmer Herr
  un seigneur — 52 die Bornehmſten
  les principaux
vorrücken 34 s'avancer
vorſchreiben 28 prescrire
Borſehung 51 la providence
Borſicht! 28 gare!
Borſichtsmaßregel 56a la précaution
  (ergreifen prendre)
Borſtadt 51a le faubourg
vorüberkommen 54 passer (an, bei par)

vorwärts 56 en avant
vorwärts bringen 64a s'élancer
vorwärts gehen 15 avancer
vorwärts stürmen 27a se précipiter
vorwärtswälzen: sich v. 21a rouler
vorwiegen (zu 64 Gr.18) prévaloir
vorzeigen 52 produire
vorziehen 48 préférer
Vorzug 39a la préférence

W.

wachen 59 veiller (über sur)
wachsen 12 croître [s. b.] — 13a grandir
Wächter 49 le gardien
Wade 10 le mollet
Waffe 34 une arme
wagen 65 oser (zu th. f.)
Wagen 28 la voiture
Wagenschlag 47a la portière
Wahl 46a le choix
wählen 49 choisir
wahr 47 vrai, e
während 19 (Präposition) pendant — (Konjunktion) 19 pendant que; 40 comme; 41 während ... dagegen tandis que
Wahrheit 28 la vérité
wahrnehmen (zu 63 Gr.18) apercevoir
Wald 46 la forêt
Wand 18 le mur (an der W. contre le m.)
Wandtafel 18 le tableau
Wange 8 la joue
wanken 27a chanceler
warm 39 chaud, e — 61 es ist w. il fait chaud
Wärme 39 la chaleur
warnen 34 avertir (vor de) — warnend benachrichtigen (zu 58 Gr.16) prévenir
warten 35 attendre (bis que mit Konj.)
warum 3 pourquoi
was ... anbetrifft 40 quant à
waschen: 56a sich das Gesicht waschen se débarbouiller
Wasser 12 une eau
Wasserfall (großer) 44 le cataracte
Wechsel (= Schuldschein) 31a le billet à ordre
wecken 18 éveiller
wedeln: 25a mit dem Schweife wedeln remuer la queue
weder ... noch ... 25 ni ... ni ... ne [s. ni]
Weg 33 le chemin — 49 (= Straße) la route — 23 aus dem W. gehen se ranger
wegen 22 pour

wegfliegen 27 s'envoler
weggehen (zu 55 Gr.15) s'en aller
wegnehmen 22 enlever — 27a ôter
wegschleppen 42 emporter
wehe den Unmenschen! 60 malheur aux barbares!
wehen 42a flotter
wehren: sich w. 42 se débattre
weich (zu 20 Gr.43) mou, mol, molle
weigern: sich w. 43a refuser (zu th. de f.)
Weihe (der) 42 le milan
weihen 34 dévouer
weil 36 parce que
Weiler 56 le hameau
Wein 38 le vin
Weinberg 25 la vigne
weinen 4 pleurer
Weinlese 58 la vendange; Weinlesezeit (= Herbst) les vendanges, f.
Weinrebe 25 la vigne
Weise 26 la sorte — 62a la façon — auf diese Weise 89 ainsi, 27b de cette sorte — 23 wunderbarerweise miraculeusement — 39 auf angenehmere Weise plus agréablement
Weisheit 24 la sagesse
weiß 13 blanc, blanche
weißen 18 blanchir
weit, weit weg, weit entfernt 28 loin — von weitem 27b de loin — weit sein (= vorgeschritten sein) 39 être avancé, e — weit (vor Komparativen) 27 bien — eine weite Reise 26 un long voyage
weitläufig reden über (zu 59 Gr.16) discourir de
welcher 29 qui (welchem à qui) — welcher? 41 lequel? (laquelle?) — welcher... auch immer 52a quel (quelle) ... que (mit Konj.)
Welle 61 une onde
Welt 24 le monde (auf der W. au m.)
wenden 52 tourner — 51a sich an jem. w. s'adresser à q.
wenig 40 peu — weniger 32 moins [s. b.] — wenigstens 44 du moins
wenn 31 si (wenn ich gewesen wäre si j'avais été) — 49 wenn er s'il, wenn sie s'ils — (= dann wenn) 4 quand, 6 lorsque
wer 14 qui? (wem? à qui?)
werden (vor Adj. und Subst.) 40 devenir [s. b.]
werfen 39 jeter [s. b.]
Werk 26 une œuvre — 52 un ouvrage
Werkstätte 17a un atelier
wert sein 43 valoir [s. b.] — W 49 Anm. être digne (que mit Konj.)

Wert legen auf 52 faire cas de
wertlos 52 futile
wertvoll 32 précieux, -se
Wesen 13a un être
Westen 44a un ouest (nach W. à l'ouest)
Wetter 38a le temps
Wetterwolke 40 la nuée
wichtig 28 important, e (f. b.)
widersprechen jem. (zu 60 Gr. 17) contredire q.
Widerwärtigkeit 52a la contrariété
widmen 34 dévorer — 17a consacrer
widrig 66 contraire
wie 5 comme — derselbe ... wie 40 le même ... que — (f. ebenso) — wie? 38 comment? — wie viel 28 combien (de), 50a que (de) — wie sehr 48 combien — wie wenig 50a combien peu (de)
wieder abreisen (zu 56 Gr. 16) repartir
— auffinden 80 retrouver
— aufstehen 28 se relever
— bedecken (zu 57 Gr. 16) recouvrir
— einfallen 18 revenir
— einschlafen (zu 56 Gr. 16) se rendormir
— erheben 28 relever
— erkennen 47 reconnaître (f. b.)
— erlangen 60 reprendre
— erreichen 39a regagner
— fallen 48a retomber
— finden 30 retrouver
— gewinnen 39a regagner
— gut machen 52 réparer
wiederholen 20 répéter
wiederkäuen 40 ruminer
— machen (zu 60 Gr. 17) refaire
— nehmen 7 reprendre
— öffnen (zu 57 Gr. 16) rouvrir
— sagen (zu 60 Gr.17) redire
— sehen 27 revoir
— steigen 28 remonter
— wegtragen 38a remporter
wiehern 56 hennir
Wiese 40 le pré
wild 25a féroce — 44a fougueux, -se
Wild, Wildpret 25a le gibier
Wilhelm 1 Guillaume
Wille 27b la volonté
Wimmern 49 le gémissement
Wimper 8 le cil
Wind 56 le vent
Winkel 13a un angle
Winkelmaß 5 une équerre
Winter 6 un hiver (13 im W. en h.)
wirklich: Adj. 38 véritable — Adv. 47 vraiment
Wirkung 21a un effet

Wirt 27 un hôte
Wirtsleute 56a les hôtes, m.
wissen 85 savoir (f. b.)
wo 1 où
Woche 17 la semaine
Woge 61 une onde
woher 25a d'où
wohin 1 où
wohl 18 bien — das W. 52 le bien
wohlauf sein 51a être à l'aise
Wohltat 28 le bienfait
Wohltäter 41a le bienfaiteur
wohltätig 48a bienfaisant, e
Wohltätigkeit 64a la bienfaisance
wohnen 58 habiter — das Wohnen 17a l'habitation, f.
Wohnhaus 17a la maison d'habitation
Wohnstätte 48a la demeure
Wohnung 17a (gewöhnlich) le logement — 38a (kleine) le logis — 17a (herrschaftliche) un appartement
Wolf 56 le loup
Wolle 40 la laine
wollen (= von Wolle) 40 de laine
wollen (= wünschen) 28 vouloir (f. b.)
Wonne 80a le délice
worauf 46 sur quoi
Wort 86 le mot — 45 la parole — mit einem Worte (= kurz) 24 enfin — mit folgenden Worten 25a en ces termes, 50a en ces mots
wunderbar 28 miraculeux, -se (f. Weise) — 50 étrange
Wunsch 66 le vœu
wünschen 24 souhaiter (58 daß que mit Konj.) — 28 désirer (f. b.)
würdevoll 48a noble
würdig 45 digne
Wurm 50a le ver
würzen 40 assaisonner
Wüste 25a le désert
wütend 25a furieux, -se

Z.

Zahl 9 le nombre
zählen 17 compter
zahm 48a familier, -ère
zart 12 tendre — 52 délicat, e
Zartheit 58 la délicatesse
Zauberer 58 le magicien
zaudern 48a hésiter
Zaum 39a le mors — (zu 56 Gr.16) im Zaume halten contenir
Zaunkönig 58 le roitelet
Zehe 9 le doigt — die große Zehe 10 le gros orteil

zeichnen 2 dessiner
Zeigefinger 9 un index
zeigen 31 montrer — 33 présenter
Zeiger (an der Uhr) 16 une aiguille
Zeit 16 le temps [f. b.]
Zeitung 35 le journal
Zephyr (lauer Wind) 55 le zéphyr
zerbrechen 31 briser, casser, rompre
zerbrechlich 32 fragile
zerkratzen 3 griffer
zerreißbar 50a fragile
zerreißen (etwas) 31 briser — 58a déchirer — zerrissen werden, reißen 31 se briser
zerschmettern 65 foudroyer
zerschneiden 5 couper
zerstreuen 21a distraire — 42a zerstreut (umhergestreut) épars, e
Ziege 40 la chèvre
ziehen 30 tirer — 2 (eine Linie) tracer
ziemlich 63 assez
Zifferblatt 16 le cadran
Zimmer 5 la chambre
Zimmermann 5 le charpentier
Zinsen 48 les intérêts, m.
zittern 58 trembler
zögern 48a hésiter
Zorn 46 la colère (in Zorn geraten se mettre en colère)
zornig 52 irrité, e [f. b.]
zu 2 à — 39 (ins Haus, ins Land) chez — 39 (= zu sehr) trop
zubringen (Zeit) 39a passer
züchtigen 62a châtier (für de)
zuerst 47 d'abord — (= vor dir, vor allen anderen) 54 le premier, la première
Zufall 47 le hasard
Zuflucht: (zu 59 Gr. 16) seine Zuflucht nehmen recourir
zufrieden 52a content, e
zufriedenstellen 50 contenter
Zug 36 le train [f. b.]
zugegen 25a présent, e — 47 zugegen sein assister
Zügel 47 la bride
zugleich 66 à la fois
zuhören 57 écouter (jem. q.)

Zukunft 38 un avenir (in Z. à l'a.)
zukünftig 44 futur, e
zulassen (zu 62 Gr.17) admettre
zumachen 8 fermer
zunächst 47 d'abord
Zündholz 10 une allumette
Zuneigung 44 un attachement
zurückbehalten 28 réserver
zurückbringen 38a rapporter
zurückerstatten 81a (jem. sein Geld z.) rembourser q.
zurückfliegen 60 revoler
zurückgeben 26 rendre
zurückhalten 28 retenir [f. b.]
zurückkehren 11 revenir — 25 retourner
zurückrufen 26 rappeler
zurücktreiben 84 repousser
zurückweichen 58a reculer
zurückweisen 24 refuser
zurückwerfen 50 rejeter
zurückzahlen 48 rembourser
zurückziehen 29 retirer
zurufen 23 crier
zusammen 24 ensemble
zusammenkommen 40 se rassembler — wieder mit jem. zusammenkommen 28 rejoindre q.
zusammensetzen 37 composer
zusehen 48a regarder
Zustand 43 un état
zustellen (zu 62 Gr.17) remettre
zuvorkommen (zu 58 Gr. 16) prévenir (jem. q.)
zuweilen 40 quelquefois
zuwerfen 65 lancer
zuwiderhandeln (zu 58 Gr.16) contrevenir
zuziehen: (zu 59 Gr.16) sich etw. z. encourir qc.
zwar 28 à la vérité
Zweck 47 le but (meine Fragen hatten den Z. mes questions avaient pour b.)
Zweifel 29 le doute
Zweig 7 le rameau — 40 la branche
Zwietracht 31 la discorde
zwingen 36 forcer — 47 obliger (zu th. à f.)
zwischen 18 (von zweien) entre — 41 (von mehr als zweien) parmi

Verlag der Rengerschen Buchhandlung (Gebhardt & Wilisch) in Leipzig.

Durch alle Buchhandlungen oder durch die voranstehende
Verlagshandlung ist zu beziehen:

Kommentar

zur

Auswahl französischer Gedichte

von

Dr. E. Gropp und Dr. E. Hausknecht.

Derselbe enthält außer den Erklärungen der Gedichte
(87 Seiten) den bereits 1886 in demselben Verlage erschienenen
„Abriß der französischen Verslehre" (16 Seiten) und eine Auswahl metrischer Übersetzungen (82 Seiten). Preis broschiert
1 M. 60 Pf., in Ganzleinwand gebunden 1 M. 80 Pf.

In 2. Auflage ist erschienen:

Auswahl englischer Gedichte

von

Dr. E. Gropp und Dr. E. Hausknecht.

278 S. gr. 8° in Ganzleinen geb. Preis 2 M.

Vom Kommentar hierzu ist Teil I (metrische Übersetzungen)
erschienen, die anderen Teile sind noch in Vorbereitung.

☞ Beide Gedichtsammlungen, die französische
wie die englische, sind von dem Preußischen Unter-
richtsministerium als Lehrbücher genehmigt worden.
Die Verlagshandlung stellt bei beabsichtigter Einführung gern
Dedikations-Exemplare zur Verfügung.

Zu beziehen durch alle Buchhandlungen oder durch obige Verlagshandlung.

Methodisches Französisches Lese- und Übungsbuch.

Nach den neuen Lehrplänen bearbeitet

von

Dr. W. Fleischhauer

Gymnasial-Oberlehrer in Hannover.

II. Teil.

Leipzig 1896

Renger'sche Buchhandlung

Gebhardt & Wilisch.

Druck von Hugo Willesh in Chemnitz.

Vorwort.

Während der I. Teil des Methodischen Französischen Lese- und Übungsbuches desselben Verfassers das Pensum der Unterstufe, also die Formenlehre einschließlich der wichtigsten unregelmäßigen Verben umfaßt, enthält der vorliegende II. Teil den Stoff bis zum Abschluß der eigentlichen grammatischen Unterweisung, also die unregelmäßigen Verben in logischer Gruppierung und die Syntax.

Für die Auswahl des Lesestoffes ist vor allem die heute wohl ziemlich allgemein als berechtigt anerkannte Forderung maßgebend gewesen, daß der Schüler mit der fremden Nationalität vertraut werden soll[1]). Die historischen Abschnitte behandeln daher ausschließlich französische Geschichte. Besondere Berücksichtigung hat die neuere französische Geschichte bis 1870 erfahren. Und zwar sind, da der Schüler ja modernes Französisch lernen soll, dieser Stufe nach Form und Inhalt entsprechende Originalstücke aus neueren und neuesten anerkannt guten Autoren aufgenommen worden. Die prosaischen Stücke sind u. a. entlehnt: Xavier de Maistre, Thierry, A. Dumas, Thiers, Mignet, Augier, Coppée, Bernadille, Henri Martin, Zola, Bournon, Duruy, Daudet, zum Teil unter Benutzung der beiden in der Rengerschen Buchhandlung erschienenen reichhaltigen Sammlungen von Leitritz „Paris et ses environs" und „La France." In der Poesie sind neben Lafontaine besonders A. Chénier, Collin d'Harleville, Béranger, A. de Musset vertreten.

Um die mit einer „rein gelegentlichen Behandlung des Grammatischen je nach dem Bedürfnis der Lektüre und ohne bestimmten Lerngang"[2]) verbundenen Gefahren zu vermeiden, ist in dem Inhaltsverzeichnis bei jedem Lesestück genau angegeben, welcher grammatische Stoff bei demselben durchgenommen und eingeübt werden soll. Die hinzugefügten Zahlen beziehen sich auf die entsprechenden Paragraphen der in demselben Verlage erschienenen Praktischen Französischen Grammatik desselben Verfassers. Aus dem Inhaltsverzeichnis ist ferner ersichtlich, wie die in der eben genannten Grammatik in alphabetischer Reihenfolge aufgeführten unregelmäßigen Verben „in logischer Gruppierung"[3]) behandelt werden sollen. Die im Inhaltsverzeichnis mit „rep." bezeichneten unregelmäßigen Verben sind schon im I. Teile dieses Methodischen Französischen Lese-

---

[1]) Vergl. Münch-Glauning, Methodik der neueren Sprachen V 47. — [2]) Münch-Glauning V 29, V 82. — [3]) Lehrpläne S. 29.

und Übungsbuches behandelt und sind nun im Zusammenhang zu wiederholen.

Auch in diesen II. Teil ist ein **Wörterverzeichnis zu den einzelnen Lesestücken** aufgenommen worden, und zwar behufs Vermeidung
der mancherlei Nachteile, die erfahrungsgemäß mit dem „Präparieren"
verbunden sind. Wir brauchen nur zu erinnern an die Lücken, welche in
den Präparationsheften infolge zeitweiligen Fehlens dieses oder jenes
Schülers entstehen; an die durch solche Lücken und das Verlieren der
vollen Präparationshefte hervorgerufenen Unzuträglichkeiten; an die vielen
beim „Präparieren" mit unterlaufenden und dann schwer wieder auszurott-
baren Unrichtigkeiten und Ungenauigkeiten; an den großen Zeitverlust,
welcher aus der Kontrolle, Verbesserung und Vervollständigung der Präparationshefte entsteht: lauter Bedenken, wie sie ähnlich z. B. auch von
Münch[1]) mit Recht dagegen geltend gemacht werden, daß der Schüler
sich seine Grammatik selbst mache. Übrigens kommen ja auch die mit dem
selbständigen Präparieren verbundenen Vorteile zu ihrem Rechte, da ja
ein jedes Wort nur einmal, nämlich an der Stelle seines ersten Vorkom-
mens, aufgeführt wird.

Um das „**Ausgehen von der Anschauung, das Selbstfinden der
Gesetze aus dem Anschauungsstoff**"[2]) zu ermöglichen, sind am Ende des
Wörterverzeichnisses zu jedem Lesestücke die für den betreffenden gramma-
tischen Abschnitt schon in früheren Lesestücken vorkommenden Beispiele zu-
sammengestellt. Ihre Auffindung wird dadurch erleichtert, daß einerseits die
Nummer jenes früheren Lesestückes hinzugefügt ist und andererseits jene
Beispiele bei ihrem ersten Vorkommen etwas fetter gedruckt sind.

Sowohl in den Wörterverzeichnissen zu den einzelnen Lesestücken,
als auch in dem alphabetischen Wörterverzeichnis ist ferner das **phraseo-
logische** Gebiet gebührend berücksichtigt. Überall da, wo der deutsche
Sprachgebrauch von dem französischen abweicht, ist statt der einzelnen
Vokabel die entsprechende Verbindung angegeben. Denn die Fähigkeit
des Schülers, nicht nur über einen bestimmten Wortschatz, sondern auch
über einen gewissen Vorrat an Redensarten frei verfügen zu können, ist
ja für eine jede seiner Bethätigungen unbedingtes Erfordernis, mag diese
nun aus Übersetzungen, Beispielbildung, Sprechübungen oder aus größeren
oder kleineren freien französischen Arbeiten bestehen[3]). Bei dieser Gelegenheit sei übrigens darauf hingewiesen, daß der Verf. absichtlich kein gedrucktes
Questionnaire beigegeben hat. Sagt doch schon Kühn[4]) mit Recht: „Durch
die Aufnahme von Questionnaires wird allerdings der Aufgabe des Lehrers
vorgegriffen." Ähnlich spricht sich Münch[5]) über den Wert derselben aus;
und ein hervorragender Romanist nennt sie geradezu „eine Beleidigung
des Lehrers."

Was die deutschen Übungsstücke anlangt, so schließen sich dieselben bezüglich des in ihnen zur Verwendung kommenden Vokabel- und

---

[1]) V 29. — [2]) Münch-Glauning V 7. — [3]) Münch-Glauning V 26. 31. 34.
— [4]) „Zur Methode des franzöf. Unterrichts." 1888 S. 20. — [5]) V 24.

Phrasenschatzes an die entsprechenden und früheren französischen Lesestücke eng an; inhaltlich dienen sie den entsprechenden Lesestücken zum Teil zur Ergänzung, bezw. Erklärung, und suchen sie auch hierdurch das Interesse des Schülers wach zu erhalten. Auch hat sich der Verf. bemüht, dieselben so zu gestalten, daß die Übersetzung „zur Darstellung und Anschauung wirklichen französischen Worttextes führt."[1] Übrigens sind aus praktischen Gründen bei größerer Länge sowohl die deutschen Übungsstücke, als auch die Lesestücke in kleinere, inhaltlich abgeschlossene Abschnitte zerlegt. Und zwar ist dies in der Weise geschehen, daß sich z. B. das Übungsstück 32, 1 nur an den 1. Abschnitt des Lesestückes 32 anlehnt, so daß der Übersetzung jenes Übungsstückes 32, 1 nicht die Lektüre des ganzen Lesestückes 32, sondern nur des 1. Abschnittes desselben vorauszugehen braucht. Auch die Anstellung der sonstigen Übungen, sowie die Übersicht über die Disposition in solch längeren Stücken wird hierdurch erleichtert.

In dem alphabetischen Wörterverzeichnis ist bei jedem einzelnen Worte und bei jeder Redensart das Lesestück angegeben, in welchem dieselben zum ersten Male vorkommen. Bei den mannigfachen, außer den Übersetzungen anzustellenden Übungen wird diese Einrichtung gute Dienste leisten. Will man z. B. bei dem in II 32, 1 vorkommenden applaudir quelqu'un an früher dagewesene Verben mit derselben Konstruktion erinnern, so kann man mit Hilfe jener Einrichtung leicht finden, daß schon vorkamen: 23 rencontrer q., 30 suivre q., 34 menacer q., 53 flatter q., 57 écouter q., II 1 précéder q. Oder will man eine Übersetzung oder ein Diktat anfertigen lassen, so kann man sich ebenfalls schnell überzeugen, ob man ein bestimmtes Wort oder eine Phrase bei den Schülern als bekannt voraussetzen kann. Ferner sei auf die Hilfe hingewiesen, welche jene Einrichtung bei gelegentlichen synonymischen Besprechungen leistet. Wenn es sich z. B. um das Wort „Reihe" handelt, so kann man leicht wieder auffinden und zum Vergleiche nebeneinanderstellen, in welchem Zusammenhange diesem Worte „Reihe" das französische file, rang, ligne, queue, tour entspricht. Auch zu den der Sicherung der Vokabelkenntnis dienenden Übungen, Wiederholung mit wechselnder Gruppierung, Beispielbildung u. dergl.[2] wird also das derartig eingerichtete Wörterverzeichnis mit Nutzen zu verwenden sein. Beiläufig sei bemerkt, daß in das alphabetische Wörterverzeichnis zu diesem II. Teile auch dasjenige zum I. Teile mit aufgenommen worden ist, weil die gleichzeitige Benutzung zweier Wörterverzeichnisse in der Praxis zu umständlich und zeitraubend ist.

Und so hofft der Verfasser, daß dieser II. Teil seines „Methodischen Französischen Lese- und Übungsbuches" dieselbe freundliche und wohlwollende Aufnahme finden möge wie der I. Teil und seine „Praktische Französische Grammatik".

Hannover, im August 1896.   Fleischbauer.

---

[1] Münch-Glauning ♥ 35. — [2] Münch-Glauning V 66.

Inhalt.

I. Abschnitt.

*) Die §§ verweisen auf Fleischhauer, Praktische Französische Grammatik.

A. Lesestücke.

I. Abschnitt.

1. Sur l'efficacité des voyages.

Un Anglais hypocondriaque s'adressa au docteur Mead, homme d'esprit et célèbre médecin de son pays. Le docteur lui dit: «Je ne puis rien pour vous, et le seul homme capable de vous soulager est bien loin. — Où est-il? — A Moscou.»

Le malade part pour Moscou; mais il était précédé d'une lettre du docteur Mead. Arrivé à Moscou, on lui apprend que l'homme qu'il cherchait s'en était allé à Rome. Le malade part pour l'Italie et arrive à Rome, d'où on l'envoie à Paris, d'où on l'envoie à Vienne, d'où on l'envoie je ne sais où, d'où on l'envoie à Londres, où il arrive guéri.

Le meilleur des médecins est celui après lequel on court et qu'on ne trouve point.

2. Examen du général Drouot.

C'était durant l'été de 1793. Une nombreuse et florissante jeunesse se pressait, à Châlons-sur-Marne, dans une des salles de l'École d'artillerie.

Le célèbre La Place y faisait, au nom du gouvernement, l'examen de 180 candidats au grade d'élève sous-lieutenant. La porte s'ouvre. On voit entrer une sorte de paysan, petit de taille, l'air ingénu, de gros souliers aux pieds, et un bâton à la main.

Un rire universel accueille le nouveau venu. L'examinateur lui fait remarquer ce qu'il croit être une méprise; et sur sa réponse qu'il vient subir l'examen, il lui permet de s'asseoir.

On attendait avec impatience le tour du petit paysan. Il vient enfin. Dès les premières questions, La Place reconnaît une fermeté d'esprit qui le surprend. Il pousse l'examen au delà de ses limites naturelles: les réponses sont toujours claires, précises. La Place est touché; il embrasse le jeune homme et lui annonce qu'il est le premier de la ‚promotion'; l'École se lève tout entière, et accompagne en triomphe dans la ville le fils du boulanger de Nancy, le général Drouot.

Vingt ans après, La Place disait à l'Empereur: «Un des plus beaux examens que j'aie vu passer dans ma vie, est celui de votre aide de camp, le jeune Drouot.»

3. L'âne vêtu de la peau du lion.

Un âne trouva par hasard une peau de lion et s'en revêtit. Ainsi déguisé, il s'en alla dans les forêts et répandit partout la terreur et la consternation; tous les animaux fuyaient devant lui. Enfin il rencontra son maître qu'il voulut épouvanter aussi. Mais le bon homme aperçut quelque chose de long aux deux côtés de la tête de l'animal et lui dit: «Maître baudet, quoique vous soyez vêtu comme un lion, vos oreilles vous trahissent et montrent que vous n'êtes réellement qu'un âne.»

Un sot a toujours un endroit qui le découvre et le rend ridicule.

4. Un bon domestique.

C'est un parfait honnête homme que M. Joanetti.

«Morbleu! lui dis-je un jour, c'est pour la troisième fois que je vous ordonne de m'acheter une brosse! Quelle tête! quel animal!» Il ne répondit pas un mot: il n'avait rien répondu la veille à une pareille incartade. «Il est si exact,» disais-je; je n'y concevais rien. — «Allez chercher un linge pour nettoyer mes souliers,» lui dis-je en colère. Pendant qu'il allait, je me repentais de l'avoir ainsi brusqué. Mon courroux passa tout à fait lorsque je vis le soin avec lequel il tâchait d'ôter la poussière de mes souliers sans toucher à mes bas: j'appuyai ma main sur lui en signe de réconciliation. Je me souvins tout à coup qu'il y avait longtemps que je n'avais point donné d'argent à mon domestique. «Joanetti, lui dis-je, en retirant mon pied, avez-vous de l'argent?» Un demi-sourire do justification parut sur ses lèvres à cette demande. «Non, monsieur, il y a huit jours que je n'ai pas un sou; j'ai dépensé tout ce qui m'appartenait pour vos petites emplettes. — Et la brosse? c'est sans doute pour cela?» Il sourit encore. Il aurait pu dire à son maître: «Non, je ne suis point une tête vide, un animal, comme vous l'avez dit à votre fidèle serviteur. Payez-moi 23 francs 10 centimes que vous me devez, et je vous achèterai une brosse.» Il se laissa maltraiter injustement plutôt que d'exposer son maître à rougir de sa colère.

Que le ciel le bénisse! Chrétiens! avez-vous lu?

«Tiens, Joanetti, tiens, lui dis-je, cours acheter la brosse. — Mais, monsieur, voulez-vous rester ainsi avec un soulier blanc et l'autre noir? — Va, te dis-je, acheter la brosse; laisse cette poussière sur mon soulier.» Il sortit; je pris le linge et je nettoyai délicieusement mon soulier gauche, sur lequel je laissai tomber une larme de repentir.

5. Simplicité des habitants de Martigues.

La simplicité des habitants de Martigues en Provence est telle que, dans le patois provençal, leur nom ‚lé Martigao‘ est proverbial.

C'est un Martigao, ce paysan qui, voulant couper une branche d'arbre, prend sa serpe, monte à l'arbre, s'assied sur la branche et la coupe entre lui et le tronc.

Ce sont trois députés martigaos qui, envoyés à Aix pour présenter une requête au parlement, se font indiquer, aussitôt après leur arrivée, la demeure du premier président et sont introduits dans l'hôtel. Conduits par un huissier, ils traversent quelques pièces dont le luxe les émerveille; l'huissier les laisse dans le cabinet qui précède la salle d'audience, et, étendant la main vers la porte, il leur dit: «Entrez!» et se retire. Mais la porte que leur avait montrée l'huissier était fermée hermétiquement par une lourde tapisserie ainsi que c'était la coutume de l'époque; de sorte que les pauvres députés, ne voyant, entre les larges plis de la portière, ni loquet, ni clef, ni issue, s'arrêtèrent très embarrassés et ne sachant comment faire pour passer outre. Ils tinrent alors conseil, et au bout d'un instant, le plus avisé des trois dit: «Attendons que quelqu'un entre ou sorte, et nous ferons comme il fera.»

L'avis parut bon, fut adopté, et ces députés attendirent. Le premier qui vint fut le chien du président qui passa sans façon par-dessous le rideau.

Les trois députés se mirent aussitôt à quatre pattes, passèrent à la manière du chien et, comme leur requête leur fut accordée, leurs concitoyens ne doutèrent pas un instant que ce ne fût à la manière convenable dont ils l'avaient présentée, plus encore qu'à la justice de la demande, qu'ils devaient leur prompt et entier succès.

6. Le paon se plaignant à Junon.

Le paon se plaignait à Junon.
«Déesse, disait-il, ce n'est pas sans raison
    Que je me plains, que je murmure:
    Le chant dont vous m'avez fait don
    Déplaît à toute la nature;
Au lieu qu'un rossignol, chétive créature,
    Forme des sons aussi doux qu'éclatants,
    Est lui seul l'honneur du printemps.»
    Junon répondit en colère:
    «Oiseau jaloux, et qui devrais te taire,
Est-ce à toi d'envier la voix du rossignol,
Toi que l'on voit porter à l'entour de ton col
Un arc-en-ciel nué de cent sortes de soies;
    Qui te panades, qui déploies
Une si riche queue et qui semble à nos yeux
    La boutique d'un lapidaire?
    Est-il quelque oiseau sous les cieux
    Plus que toi capable de plaire?
Tout animal n'a pas toutes propriétés.
Nous vous avons donné diverses qualités:
Les uns ont la grandeur et la force en partage;
Le faucon est léger, l'aigle plein de courage,
    Le corbeau sert pour le présage;
La corneille avertit des malheurs à venir:
    Tous sont contents de leur ramage.
Cesse donc de te plaindre; ou bien, pour te punir,
    Je t'ôterai ton plumage.»

7. Le petit poisson et le pêcheur.

Petit poisson deviendra grand,
Pourvu que Dieu lui prête vie;
Mais le lâcher en attendant,
Je tiens pour moi que c'est folie;
Car de le rattraper, il n'est pas trop certain.

Un carpeau, qui n'était encore que fretin,
Fut pris par un pêcheur au bord d'une rivière.
«Tout fait nombre, dit l'homme, en voyant son butin,
Voilà commencement de chère et de festin:
    Mettons-le en notre gibecière.»
Le pauvre carpillon lui dit en sa manière:
«Que ferez-vous de moi? je ne saurais fournir
    Au plus qu'une demi-bouchée.
    Laissez-moi carpe devenir,
    Je serai par vous repêchée,
Quelque gros partisan m'achètera bien cher;
    Au lieu qu'il vous en faut chercher
    Peut-être encor cent de ma taille
Pour faire un plat: quel plat! croyez-moi, rien qui vaille.
— Rien qui vaille! eh bien! soit, repartit le pêcheur:
Poisson, mon bel ami, qui faites le prêcheur,
Vous irez dans la poêle, et, vous avez beau dire,
    Dès ce soir on vous fera frire.»

Un *Tiens* vaut, ce dit-on, mieux que deux *Tu l'auras*.
    L'un est sûr, l'autre ne l'est pas.

8. Parabole.

Un homme est jeté par la tempête dans une île inconnue,
dont les habitants étaient en peine de trouver leur roi, qui s'était
perdu; et, ayant beaucoup de ressemblance de corps et de visage
avec ce roi, il est pris pour lui, et reconnu en cette qualité par
tout le peuple. D'abord il ne savait quel parti prendre; mais il
se résolut enfin à se prêter à sa bonne fortune. Il reçut tous les
respects qu'on voulut lui rendre, et il se laissa traiter de roi.

Mais comme il ne pouvait oublier sa condition naturelle, il songeait, en même temps qu'il recevait ces respects, qu'il n'était pas le roi que ce peuple cherchait, et que le royaume ne lui appartenait pas. Ainsi il avait une double pensée: l'une par laquelle il agissait en roi, l'autre par laquelle il reconnaissait son état véritable, et que ce n'était que le hasard qui l'avait mis dans la place où il était.

9. Les châteaux en Espagne.

On peut bien quelquefois se flatter dans la vie.
J'ai, par exemple, hier, mis à la loterie;
Et mon billet enfin pourrait bien être bon.
Je conviens que cela n'est pas certain: oh! non;
Mais la chose est possible, et cela doit suffire.
Puis, en me le donnant, on s'est mis à sourire,
Et l'on m'a dit: «Prenez, car c'est là le meilleur.»
Si je gagnais pourtant le gros lot! quel bonheur!
J'achèterais d'abord une ample seigneurie...
Non, plutôt une bonne et grasse métairie.
J'aurai donc, à mon tour, des gens à mon service!
Dans le commandement je serai peu novice;
Mais je ne serai point dur, insolent, ni fier,
Et me rappellerai ce que j'étais hier.
Ma foi, j'aime déjà ma ferme à la folie.
Moi, gros fermier!... J'aurai ma basse-cour remplie
De poules, de poussins que je verrai courir:
De mes mains, chaque jour, je prétends les nourrir.
C'est un coup d'œil charmant! et puis cela rapporte.
Quel plaisir, quand, le soir, assis devant ma porte,
J'entendrai le retour de mes moutons bêlants;
Que je verrai, de loin, revenir à pas lents
Mes chevaux vigoureux et mes belles génisses!
Ils sont nos serviteurs, elles sont nos nourrices.
Plus heureux que monsieur le Grand Turc sur son trône,
Je serai riche, riche, et je ferai l'aumône.
Tout bas, sur mon passage, on se dira: «Voilà
Ce bon monsieur Victor.» Cela me touchera.
Je puis bien m'abuser; mais ce n'est pas sans cause:

Mon projet est, au moins, fondé sur quelque chose,
Sur un billet. Je veux revoir ce cher... Eh! mais...
Où donc est-il?... Tantôt encore je l'avais.
Depuis quand ce billet est-il donc invisible?
Ah! l'aurais-je perdu?... Serait-il bien possible?...
Mon malheur est certain... me voilà confondu.
Que vais-je devenir? Hélas! j'ai tout perdu.

10. Le laboureur et ses enfants.

Travaillez, prenez de la peine;
C'est le fonds qui manque le moins.

Un riche laboureur, sentant sa mort prochaine,
Fit venir ses enfants, leur parla sans témoins.
«Gardez-vous, leur dit-il, de vendre l'héritage
Que nous ont laissé nos parents:
Un trésor est caché dedans.
Je ne sais pas l'endroit, mais un peu de courage
Vous le fera trouver: vous en viendrez à bout.
Remuez votre champ dès qu'on aura fait l'août:
Creusez, fouillez, bêchez, ne laissez nulle place
Où la main ne passe et repasse.»
Le père mort, les fils vous retournent le champ,
Deçà, delà, partout; si bien qu'au bout de l'an
Il en rapporte davantage.
D'argent, point de caché. Mais le père fut sage
De leur montrer avant sa mort
Que le travail est un trésor.

11. Jeanne Darc et ses juges.

Ainsi, une pauvre fille de 21 ans se trouvait seule, sans appui, contre des juges vendus à ses ennemis, qui supprimaient arbitrairement toutes les preuves de son innocence, qui cherchaient à l'embarrasser par des questions absurdes, captieuses, ou infiniment délicates, et se voyaient déconcertés souvent par d'héroïques réponses.

— Jeanne, lui disaient-ils, n'avez-vous pas dit que les étendards faits par les gens de guerre à la ressemblance du vôtre leur porteraient bonheur?

— Non, je disais seulement: Entrez hardiment parmi les Anglais, et j'y entrais moi-même.

— Quelle était la pensée des gens qui vous baisaient les mains, les pieds, les vêtements?

— Les pauvres gens venaient volontiers à moi, parce que je ne leur faisais point de déplaisir; je les soutenais selon mon pouvoir.

— Croyez-vous avoir bien fait de partir sans la permission de vos parents? Ne doit-on pas honorer père et mère?

— Ils m'ont pardonné.

— Pensez-vous donc ne point pécher en agissant ainsi?

— Dieu le commandait; quand j'aurais eu cent pères et cent mères, je serais partie.

— Croyez-vous que votre roi a bien fait de tuer ou faire tuer monseigneur de Bourgogne?

— Ce fut un grand dommage pour le royaume de France. Mais, quoi qu'il y eût entre eux, Dieu m'a envoyée au secours du roi de France.

— Sainte Catherine et sainte Marguerite haïssent-elles les Anglais?

— Elles aiment ce que Notre-Seigneur aime et haïssent ce qu'il hait.

12. Trait de bonté.

Mᵐᵉ Geoffrin avait commandé deux vases de marbre au célèbre sculpteur Bouchardon. Deux ouvriers les lui apportent. Elle s'aperçoit que l'un des couvercles est cassé. «Hélas! oui, madame, lui dirent les ouvriers, et notre camarade à qui ce malheur est arrivé en est si fâché qu'il n'a pas osé se présenter devant vous; il est bien à plaindre; car si le maître a connaissance de sa maladresse, il le renverra, et c'est un homme qui a une nombreuse famille. — Allons, allons, dit madame Geoffrin, cela suffit; je n'en parlerai pas, et qu'il soit tranquille.»

Lorsque les ouvriers furent partis, elle se dit à elle-même: «Ce pauvre homme a eu bien de l'inquiétude et du chagrin; il faut que je le fasse consoler.» Elle appelle un de ses gens: «Allez, lui dit-elle, chez M. Bouchardon; vous demanderez un tel, vous lui donnerez ces douze francs et trois francs à ses camarades qui m'ont si bien parlé de lui.»

13. Louis XI à Plessis-lès-Tours.

Vivant pour ainsi dire seul à Plessis, sans la reine, sans ses enfants, ne voyant que ses conseillers qui avaient leur logis non au château, mais à Tours, Louis XI s'occupait aussi, dans les intervalles que lui laissaient les affaires, de son parc, de ses ouvriers, du train intérieur de sa maison. Il aimait à se familiariser avec les petites gens, à s'entretenir sans façon avec eux, se plaisant à les mettre à leur aise, tout autant qu'à troubler les grands par ses menaces ou ses railleries.

Un jour, ayant descendu dans les cuisines, il y trouva un petit garçon qui tournait la broche; cet enfant ne le connaissait pas. «Que gagnes-tu? lui dit-il. — Autant que le roi, répondit l'enfant, lui et moi gagnons notre vie; Dieu le nourrit, et il me nourrit.» La réponse lui plut, il le tira de la cuisine, l'attacha au service de sa personne et lui fit beaucoup de bien.

14. Départ de Guillaume, duc de Normandie, pour la conquête de l'Angleterre.

I.

Quatre cents navires à grandes voiles et plus d'un millier de bateaux de transport s'éloignèrent de la rive au même signal.

Le vaisseau de Guillaume marchait à la tête, portant, au haut de son mât, la bannière envoyée par le pape, et une croix sur son pavillon. Ses voiles étaient de diverses couleurs, et l'on y avait peint en plusieurs endroits les trois lions, enseignes de la Normandie; à la proue était sculptée une figure d'enfant portant un arc tendu, avec la flèche prête à partir.

Ce bâtiment, meilleur voilier que les autres, les précéda durant tout le jour, et, la nuit, il les laissa loin en arrière. Au matin, le duc fit monter un matelot au sommet du grand mât, pour voir si les autres vaisseaux venaient. «Je ne vois que le ciel et la mer,» dit le matelot; et aussitôt on jeta l'ancre. Le duc affecta une contenance gaie, et, de peur que le souci et la crainte ne se répandissent parmi l'équipage, il fit servir un repas copieux et des vins fortement épicés.

15. Départ de Guillaume, duc de Normandie, pour la conquête de l'Angleterre.

II.

Le matelot remonta, et dit que cette fois il apercevait quatre vaisseaux; la troisième fois, il s'écria: «Je vois une forêt de mâts et de voiles.»

Les troupes de Guillaume abordèrent à Pevensey, près de Hastings, le 28 septembre de l'année 1066. Les archers débarquèrent d'abord; ils portaient des vêtements courts, et leurs cheveux étaient rasés; ensuite descendirent les cavaliers, portant des cottes de maille et des heaumes en fer poli, armés de longues et fortes lances et d'épées droites à deux tranchants. Après eux sortirent les travailleurs de l'armée, pionniers, charpentiers et forgerons, qui déchargèrent, pièce à pièce, sur le rivage trois châteaux de bois, taillés et préparés d'avance.

Le duc ne vint à terre que le dernier de tous; au moment où son pied touchait le sable, il fit un faux pas et tomba sur le visage. Un murmure s'éleva; des voix crièrent: «Dieu nous garde! c'est mauvais signe.» Mais Guillaume se relevant dit aussitôt: «Qu'avez-vous? Quelle chose vous étonne? J'ai saisi cette terre de mes mains, et, par la splendeur de Dieu, tant qu'il y en a, elle est à vous.» Cette vive repartie arrêta subitement l'effet du mauvais présage. L'armée prit sa route vers la ville de Hastings; près de ce lieu, on traça un camp, et l'on construisit deux des châteaux de bois, dans lesquels on plaça des vivres.

16. Vie de Napoléon à Sainte-Hélène.

Napoléon commença son nouveau genre de vie en tâchant de s'y résigner. Ayant pris à la guerre l'habitude de veiller une partie de la nuit, il avait le sommeil irrégulier et peu suivi. Il s'éveillait souvent, se levait pour lire ou travailler, se recouchait ensuite, et, s'il ne pouvait dormir, montait à cheval dès la pointe du jour, rentrait quand le soleil se faisait sentir, déjeunait seul, puis dictait ou se reposait; il gagnait ainsi trois ou quatre heures de l'après-midi, recevait alors ses compagnons d'exil, se promenait en voiture avec eux, leurs femmes et leurs enfants, dînait à la fin du jour, et passait les soirées dans leur compagnie, tantôt lisant en commun quelques bons ouvrages, tantôt parlant du passé,

et les tenant attentifs aux récits de sa vie. Il s'efforçait de
prolonger la soirée; car plus il se couchait tard, plus il avait
l'espérance de trouver le sommeil. — «Quelle conquête sur le
temps!» s'écriait-il, quand il avait pu atteindre onze heures ou
minuit.

17. Le souhait de la violette.

Quand Flore, la reine des fleurs,
Eut fait naître la violette
Avec de charmantes couleurs,
Les plus tendres de sa palette,
Avec le corps d'un papillon,
Et ce délicieux arome
Qui la trahit dans le sillon:
«Enfant de mon chaste royaume,
Quel don puis-je encore attacher,
Dit Flore, à ta grâce céleste?
— Donnez-moi, dit la fleur modeste,
Un peu d'herbe pour me cacher!»

18. L'âne prêté.

Un paysan alla un jour chez son voisin, pour le prier de
lui prêter son âne. Ce voisin qui n'était pas disposé à ce service,
lui répondit qu'il était bien fâché de ce qu'il ne l'avait pas
demandé plus tôt, et qu'il l'avait prêté à un autre. Comme il
s'excusait ainsi, l'âne se mit à braire. «Ah! dit le paysan, voilà
votre âne qui assure que vous l'avez prêté à un autre; il faut
avouer que vous êtes fort obligeant! — Je vous trouve bien
singulier, lui répliqua le paysan, de croire plutôt mon âne que
moi-même.»

19. Promenade dans la lande bretonne.

Ce pays est bien triste! une grossière bourre,
Se déchirant à peine au soc qui le laboure,
Est le plus fin tapis qui se trouve en ces prés.
Le houx aux nœuds de fer, aux feuillages lustrés,
L'ajonc tout hérissé d'épines meurtrières,
Et le grêle genêt que l'on brûle aux chaumières,
Dans les halliers épais sont les plus doux abris

Où les petits oiseaux puissent faire leurs nids.
Ce pays est bien triste! Aucune perspective,
Rien qui s'ouvre au regard, rien qui parle et qui vive.
Des plaines sans lointain, des cieux sans profondeur,
Où passe le soleil comme un pâle coureur.
Avec ses accidents voilà le paysage.
Quelquefois une lande, aride pâturage,
Déroule tout d'un coup, au détour d'un chemin,
De ses mornes arpents le sauvage lointain.
Quelques vaches au flanc maigre, aux cornes bizarres,
D'un air infortuné paissent ses herbes rares;
Et, si quelque passant longe ces tristes lieux,
Lèvent leur tête lourde, et le suivent des yeux.

20. Le grand Ferré.

I.

Il y a un lieu assez fort dans le village de Longueil, près de Compiègne. En 1430 les habitants y portèrent des vivres et des armes, et jurèrent de se défendre jusqu'à la mort contre les Anglais. Leur capitaine avait pour serviteur un autre paysan très grand, très vigoureux, et aussi brave qu'il était fort: c'était le grand Ferré.

Les Anglais qui occupaient un fort près de ce village, en apprenant ces préparatifs de défense, furent pleins de mépris pour de telles gens. Deux cents hommes y marchèrent. On ne faisait pas bonne garde; les portes mêmes étaient ouvertes; ils entrèrent hardiment. Au bruit qu'ils firent, ceux qui étaient dans les maisons, coururent aux fenêtres, et voyant tant d'hommes bien armés, tombèrent en grand effroi. Le capitaine descendit toutefois avec quelques-uns des siens et se mit à frapper bravement sur les Anglais; mais il fut bientôt entouré et blessé mortellement. A cette vue, les autres et le grand Ferré se dirent: «Descendons et vendons cher notre vie, car il n'y a pas de miséricorde à attendre.» Ils se précipitèrent à coups redoublés sur les Anglais; ils frappaient comme s'ils battaient le grain sur l'aire. Les bras se levaient, puis s'abattaient, et à chaque coup un Anglais tombait.

Comme le grand Ferré dépassait tous ses compagnons de la tête, on le voyait brandir sa hache, frapper, redoubler les coups, dont pas un ne manquait son homme. Les casques étaient brisés, les têtes fendues, les bras coupés. Ses compagnons, encouragés, faisaient merveille. Bien peu de ceux qui étaient venus pour faire ce coup, purent se sauver, grâce au grand Ferré, qui en tua, ce jour-là, plus de quarante.

21. Le grand Ferré.

II.

Les Anglais furent bien confus et irrités de voir que tant de leurs braves hommes d'armes avaient péri par les mains de ces vilains. Le lendemain ils revinrent en plus grand nombre. Les gens de Longueil sortirent à leur rencontre, le grand Ferré marchant à leur tête. Quand ils le virent et qu'ils sentirent le poids de son bras et de sa hache de fer, ils auraient bien voulu n'être pas venus. Ils ne s'en allèrent pas si vite que beaucoup ne fussent mortellement blessés, tués ou pris.

A ce dernier combat, le grand Ferré s'était fort échauffé. Il but de l'eau froide et fut aussitôt pris par la fièvre. Quand les Anglais apprirent que le grand Ferré était malade, ils se réjouirent, et pour ne pas lui donner le temps de se guérir, ils dépêchèrent douze soldats avec ordre de le tuer. Sa femme les vit venir de loin et lui cria: «Oh! mon pauvre Ferré, voici les Anglais, que vas-tu faire?» Il oublie son mal, se lève rapidement, et, prenant sa lourde hache, sort dans la cour. Quand ils entrèrent, il leur dit: «Ah! brigands! vous venez pour me prendre au lit! Vous ne me tenez pas encore.» Il s'adossa au mur pour n'être pas entouré, et, jouant de la hache, leur fit subir une mort cruelle. Sur douze, il en tua cinq, le reste se sauva.

22. Vercingétorix.

I.

Pendant que César préparait l'asservissement de Rome, quelqu'un s'efforçait de préparer la délivrance de la Gaule. Il y avait alors, dans les montagnes d'Auvergne, un jeune homme, nommé Vercingétorix, dont le père avait été autrefois condamné à mourir par le feu, pour avoir tenté de se faire roi.

14 A. Lesestücke. 22—23.

César cherchait partout à remplacer les républiques de la
Gaule par des rois qui fussent ses serviteurs. Il avait attiré près
de lui Vercingétorix, lui avait donné le titre d'ami et lui avait
fait entrevoir la couronne d'Auvergne. Mais Vercingétorix était
revenu dans ses montagnes, décidé à ne pas livrer sa patrie pour
venger son père, et, au lieu de se faire le lieutenant de César
dans la Gaule asservie, il résolut d'arracher la Gaule à César
ou de mourir.

Il ranima d'abord le cœur de ses compatriotes, les hommes
d'Auvergne, puis il parvint à conjurer secrètement la Gaule
presque entière. On attendit que César fût parti pour l'Italie.
Alors vingt nations du centre et de l'ouest se levèrent aussitôt
et proclamèrent Vercingétorix chef suprême de la guerre. César
revint comme la foudre et, franchissant les montagnes en plein
hiver, descendit en Auvergne à travers six pieds de neige
(53 à 52 av. J. C.). Vercingétorix comprit qu'il n'était pas
vraisemblable qu'il vainquît les Romains en bataille rangée,
parce que leur science militaire était trop grande, et il entreprit
de les vaincre par la famine.

23. Vercingétorix.
II.

Il fit résoudre par le conseil des confédérés gaulois qu'on
brûlerait toutes les villes et tous les villages autour de l'ennemi,
afin qu'il n'y trouvât point de subsistances. Plus de vingt villes
du Berry furent brûlées en un jour; mais, quand il s'agit de
brûler aussi Avaricum, qui est aujourd'hui Bourges, les hommes
du Berry supplièrent qu'on épargnât leur capitale, qui était,
disaient-ils, la plus belle ville de la Gaule, et ils promirent de
la bien défendre.

Ils la défendirent, en effet, avec grand courage; mais il
ne purent empêcher les Romains d'y pénétrer par escalade. Les
Romains tuèrent tout dans la place, quarante mille personnes, et
les ressources qu'ils y trouvèrent rendirent inutile le sacrifice
de tant d'autres villes.

Puis César mit le siège devant Gergovie, capitale de
l'Auvergne, qui était située sur une montagne, à peu de distance
de Clermont-Ferrand, et il tenta de forcer la ville par escalade,

comme il avait fait à Avaricum. Mais Vercingétorix tomba sur les Romains pendant qu'ils donnaient l'assaut, et les rejeta, avec grande perte, du haut de la montagne de Gergovie jusque dans leur camp. César fut obligé de lever le siège. C'était la première bataille que César eût perdue, et ce fut pour Vercingétorix une grande gloire.

24. Le maréchal et le poète.

Le maréchal de la Feuillade ayant montré à Boileau quelques vers, que celui-ci n'approuva pas: «Vous êtes bien difficile, lui dit le premier, de ne pas approuver une poésie que le roi et madame la Dauphine ont trouvée excellente. — Je ne doute point, reprit Boileau, que le roi ne soit très habile à prendre des villes et à gagner des batailles; je doute aussi peu que madame la Dauphine ne soit une princesse pleine d'esprit; mais, avec votre permission, monsieur le maréchal, je crois me connaître en vers aussi bien qu'eux.»

Le courtisan accourt chez le roi, et lui dit d'un air vif et impétueux: «Sire, n'admirez-vous pas l'insolence de Boileau, qui dit se connaître en vers mieux que Votre Majesté? — Oh! pour cela, répondit le roi, je suis fâché d'être obligé de vous dire que Boileau a raison.»

25. Mort de Turenne (1675).

Il monta à cheval le samedi à deux heures, après avoir mangé; et comme il avait bien des gens avec lui, il les laissa tous à trente pas de la hauteur où il voulait aller. M. d'Hamilton, qui se trouva près de l'endroit où il allait, lui dit: «Monsieur, venez par ici, on tire du côté où vous allez. — Monsieur, lui dit-il, vous avez raison, je ne veux point du tout être tué aujourd'hui.» Il eut à peine tourné son cheval, qu'il aperçut Saint-Hilaire, le chapeau à la main, qui lui dit: «Monsieur, jetez les yeux sur cette batterie que je viens de faire placer là.» M. de Turenne revint, et à l'instant il eut le bras et le corps fracassés du même coup qui emporta le bras et la main qui tenait le chapeau de Saint-Hilaire. Le fils de ce dernier se jeta en larmes sur lui. «Ce n'est pas moi, lui dit Saint-Hilaire, c'est ce grand homme qu'il faut pleurer.»

On dit que les soldats jetaient des cris qui s'entendaient de deux lieues; nulle considération ne pouvait les contenir; ils criaient qu'on les menât au combat; qu'ils voulaient venger la mort de leur père, de leur général, de leur protecteur, de leur défenseur, qu'avec lui ils ne craignaient rien, mais qu'ils vengeraient bien sa mort; qu'on les laissât faire, qu'ils étaient furieux, et qu'on les menât au combat.

26. Le grondeur.

M. GRICHARD. Bourreau! me feras-tu toujours frapper à la porte?

LOLIVE. *(arrivant tout essoufflé).* Monsieur, je travaillais au jardin; au premier coup de marteau, j'ai couru si vite que je suis tombé en chemin.

M. GRICHARD. Je voudrais que tu te fusses rompu le cou! Que ne laisses-tu la porte ouverte?

LOLIVE. Eh! monsieur, vous me grondâtes hier, parce qu'elle l'était. Quand elle est ouverte, vous vous fâchez; quand elle est fermée, vous vous fâchez aussi. Je ne sais plus comment faire.

M. GRICHARD. Comment faire? Infâme!

LOLIVE. Oh ça! monsieur, quand vous serez sorti, voulez-vous que je laisse la porte ouverte?

M. GRICHARD. Non.

LOLIVE. Voulez-vous que je la tienne fermée?

M. GRICHARD. Non.

LOLIVE. Néanmoins faut-il, monsieur...

M. GRICHARD. Encore! tu raisonneras, ivrogne?

LOLIVE. *(à part).* Morbleu! j'enrage d'avoir raison.

M. GRICHARD. Te tairas-tu?

LOLIVE. Monsieur, je me ferais hacher: il faut qu'une porte soit ouverte ou fermée. Choisissez; comment la voulez-vous?

M. GRICHARD. Je te l'ai dit mille fois, coquin! Je la veux... je la... Mais voyez ce maraud-là. Est-ce à un valet à me faire des questions? Si je te prends, traître, je te montrerai bien comment je la veux... As-tu balayé l'escalier?

LOLIVE. Oui, monsieur, depuis le haut jusqu'en bas.

M. GRICHARD. Et la cour?

LOLIVE. En cas que vous y trouviez une ordure comme cela, je veux perdre mes gages.

M. GRICHARD. Je t'ai défendu cent fois de racler ton maudit violon; cependant j'ai entendu ce matin...

LOLIVE *(l'interrompant).* Ce matin? Ne vous souvenez-vous pas que vous me le mîtes hier en mille pièces?

M. GRICHARD *(à part).* Oh, il faut que je chasse ce coquin-là... Jamais valet ne m'a fait enrager comme celui-ci. Il me ferait mourir de chagrin... *(A Lolive).* Hors d'ici!

27. Générosité de Louis XII.

Louis XII, roi de France, auparavant duc d'Orléans, fut sollicité de tirer vengeance de quelques injures personnelles qui lui avaient été faites avant qu'il montât le trône. Il répondit: «Ce n'est point au roi de France à venger les injures faites au duc d'Orléans.»

28. Tête-à-tête avec un cerf.

Tout à coup, en dessinant un rocher qui me barrait la route, j'aperçus à dix pas de moi un jeune cerf qui buvait. Je m'arrêtai et, instinctivement, je cherchai sur mes épaules ma carabine heureusement absente. Je demeurai donc immobile, regardant le gracieux animal savourer à longs traits l'eau limpide, et s'arrêter parfois pour contempler l'image tremblante que lui renvoyait l'onde à peine troublée. Au bout d'un moment, il se releva, fit quelques pas sur la berge, m'aperçut, et — je supplie le lecteur de me croire — il vint à moi. Ses oreilles dressées, son regard fixe, témoignaient d'un indicible étonnement auquel ne se mêlait aucun symptôme de défiance ou de crainte. Je retins ma respiration pour prolonger le plus possible ce tête-à-tête avec un habitant des forêts. Cette singulière confiance me charmait et m'intimidait à la fois. Le cerf s'arrêta à un pas de moi, et, l'instinct du chasseur se réveillant soudain, il me vint l'idée de le saisir par les cornes; si rapide que fût mon mouvement, l'agile bête se déroba et disparut en un clin d'œil dans la forêt.

29. Probité de Turenne.

Les habitants d'une ville d'Allemagne offraient au maréchal de Turenne une somme de cent mille écus pour qu'il ne fît point passer son armée sur leur territoire. Turenne répondit aux députés: «Comme votre ville n'est point sur la route que j'ai résolu de faire prendre à l'armée, je ne puis accepter l'argent que vous m'offres.»

30. Chute d'Alésia.

Après une bataille acharnée, où la victoire fut longtemps incertaine, Vercingétorix et les défenseurs d'Alésia furent rejetés, à l'approche de la nuit, dans l'antique cité qui avait été le berceau de la Gaule et qui allait en être le tombeau. Le lendemain, Vercingétorix convoqua ses compagnons, et s'offrit à eux pour qu'ils satisfissent aux Romains par sa mort, ou qu'ils le livrassent vivant. On envoya savoir les volontés de César. Le proconsul ordonna qu'on livrât les chefs et les armes, et vint siéger sur un tribunal élevé entre les retranchements.

Vercingétorix se rend au siège de César et jette ses armes au pied du vainqueur. César fut implacable envers l'homme qui lui avait fait perdre, un seul jour, le nom d'invincible. Il éclata en reproches sur son amitié trahie, sur ses bienfaits méprisés, et livra le héros de la Gaule aux liens des licteurs. Vercingétorix, réservé aux pompes outrageantes du triomphe, dut attendre six années entières, que la hache du bourreau vînt enfin affranchir son âme et l'envoyer rejoindre ses pères dans le cercle céleste.

31. Héroïque résistance des carrés de la garde à la bataille de Waterloo (1815).

Les débris des bataillons de la garde, poussés pêle-mêle dans le vallon, se battent toujours sans vouloir se rendre. A ce moment on entend ce mot qui traversa les siècles proféré par le général Cambronne: «La garde meurt et ne se rend pas!» Cambronne, blessé presque mortellement, reste étendu sur le terrain, ne voulant pas que ses soldats quittent leurs rangs pour l'emporter.

Le deuxième bataillon du 3e des grenadiers, demeuré dans le vallon, réduit de 500 à 300 hommes, ayant sous ses pieds ses propres camarades, devant lui des centaines de cavaliers abattus, refuse de mettre bas les armes, et s'obstine à combattre. Serrant toujours ses rangs à mesure qu'ils s'éclaircissent, il attend une dernière attaque, et, assailli sur ses quatre faces à la fois, fait une décharge terrible qui renverse des centaines de cavaliers.

Furieux, l'ennemi amène de l'artillerie, et tire à outrance sur les quatre angles du carré. Les angles de cette forteresse abattus, le carré se resserre, ne présentant plus qu'une forme irrégulière, mais persistante. Il dédouble ses rangs pour occuper plus d'espace, et protéger aussi les blessés qui ont cherché asile dans son sein; chargé encore une fois, il demeure debout, abattant par son feu de nouveaux ennemis; trop peu nombreux pour rester en carré, il profite d'un moment de répit afin de prendre une forme nouvelle, et se réduit alors en un triangle tourné vers l'ennemi, de manière à sauver en rétrogradant tout ce qui s'est réfugié derrière ses baïonnettes.

Il est bientôt assailli de nouveau. — «Ne nous rendons pas!» s'écrient ces braves gens, qui ne sont plus que 150. — Tous alors, après avoir tiré une dernière fois, se précipitent sur la cavalerie acharnée à les poursuivre, et avec leurs baïonnettes tuent des hommes et des chevaux, jusqu'à ce qu'enfin ils succombent dans ce sublime et dernier effort.

Anhang zum I. Abschnitt.

10a. Un naufrage.

La Sémillante, chargée de troupes pour la Crimée, était partie en 1854 de Toulon avec le mauvais temps. Le vent était terrible; mais on avait pour capitaine un vaillant marin, et tout le monde était tranquille à bord. Cependant, la nuit, ça se gâta encore. Du vent, de la pluie, la mer énorme, comme on ne l'avait jamais vue.

Le matin, la brume de mer se lève, une brume du diable à ne pas distinguer un fanal à quatre pas. On commence à être inquiet. Tout l'équipage est en haut. Le capitaine ne quitte pas la dunette... Dans l'entre-pont, où les soldats sont renfermés il fait noir; l'atmosphère est chaud. Quelques-uns sont malades, couchés sur leurs sacs. Le navire tangue horriblement; il est impossible de se tenir debout. On cause assis à terre, par groupes, en se cramponnant aux bancs; il faut crier pour s'entendre. Il y

en a qui commencent à avoir peur ... Écoutez donc! les naufrages
sont fréquents dans ces parages-ci. Un brigadier, un Parisien qui
blague toujours, vous donne la chair de poule avec ses plaisanteries:

— Un naufrage!... mais c'est très amusant, un naufrage.
Nous en serons quittes pour un bain à la glace.

Tout à coup, un craquement ... Qu'est-ce que c'est?
Qu'arrive-t-il?...

— Le gouvernail vient de partir, dit un matelot tout mouillé
qui traverse l'entre-pont en courant.

— Bon voyage! crie cet enragé de brigadier; mais cela ne
fait plus rire personne.

Grand tumulte sur le pont. La brume empêche de se voir.
Les matelots vont et viennent, effrayés, à tâtons... Plus de
gouvernail! La manœuvre est impossible... La Sémillante, en
dérive, file comme le vent... A l'avant de la frégate, on entend
comme un coup de canon... Les brisants! les brisants!... C'est
fini, il n'y a plus d'espoir, on va droit à la côte corse... Le
capitaine descend dans sa cabine... Au bout d'un moment, il
vient reprendre sa place sur la dunette, — en grand costume...
Il a voulu se faire beau pour mourir.

Dans l'entre-pont, les soldats, anxieux, se regardent, sans
rien dire... Les malades essayent de se redresser... C'est alors
que la porte s'ouvre et que l'aumônier paraît sur le seuil avec
son étole:

— A genoux, mes enfants!

Tout le monde obéit. D'une voix retentissante, le prêtre
commence la prière des agonisants.

Tout à coup, un choc formidable, un cri, un seul cri, un
cri immense, des bras tendus, des mains qui se cramponnent, des
regards effarés où la vision de la mort passe comme un éclair...

Miséricorde!...

10b. Le corbeau et le renard.

Maître Corbeau, sur un arbre perché,
     Tenait en son bec un fromage.
Maître Renard, par l'odeur alléché,
     Lui tint à peu près ce langage:
«Hé! bonjour, monsieur du Corbeau;

Que vous êtes joli! que vous me semblez beau!
    Sans mentir, si votre ramage
    Se rapporte à votre plumage,
Vous êtes le phénix des hôtes de ces bois.»
A ces mots, le corbeau ne se sent pas de joie;
    Et, pour montrer sa belle voix,
Il ouvre un large bec, laisse tomber sa proie.
Le renard s'en saisit et dit: «Mon bon monsieur,
    Apprenez que tout flatteur
    Vit aux dépens de celui qui l'écoute.
Cette leçon vaut bien un fromage, sans doute.»
    Le corbeau, honteux et confus,
Jura, mais un peu tard, qu'on ne l'y prendrait plus.

18a. Passage du Saint-Bernard par l'armée française.

1) On se mit en route entre minuit et deux heures du matin
pour devancer l'instant où la chaleur du soleil faisant fondre les
neiges précipitait des montagnes de glace sur la tête des voyageurs
téméraires qui s'engageaient dans ces gorges affreuses. Il fallait
huit heures pour parvenir au sommet du col, à l'hospice même
du Saint-Bernard, et deux heures seulement pour redescendre à
Saint-Remy. On avait donc le temps de passer avant le moment
du plus grand danger. Les soldats surmontèrent avec ardeur les
difficultés de cette route; ils étaient fort chargés, car on les avait
obligés à prendre du biscuit pour plusieurs jours, et avec du
biscuit une grande quantité de cartouches. Ils gravissaient ces
sentiers escarpés chantant au milieu des précipices, rêvant la
conquête de cette Italie où ils avaient goûté tant de fois les
jouissances de la victoire, et ayant le pressentiment de la gloire
immortelle qu'ils allaient acquérir. Pour les fantassins, la peine
était moins grande que pour les cavaliers. Ceux-ci faisaient la
route à pied, conduisant leur monture par la bride. C'était sans
danger à la montée; mais à la descente, le sentier fort étroit les
obligeant à marcher devant le cheval, ils étaient exposés, si
l'animal faisait un faux pas, à être entraînés avec lui dans les
précipices. Il arriva, en effet, quelques accidents de ce genre,
mais en petit nombre, et il périt quelques chevaux, mais presque
point de cavaliers. Vers le matin, on parvint à l'hospice, et là

une surprise ménagée par le Premier Consul ranima les forces
et la bonne humeur de ces braves troupes. Les religieux munis
d'avance des provisions nécessaires avaient préparé des tables,
et servirent à chaque soldat une ration de pain, de vin et de
fromage. Après un moment de repos, on se remit en route, et
on se rendit à Saint-Remy sans événement fâcheux.

2) Chaque jour il devait passer une des divisions de l'armée.
L'opération devait donc durer plusieurs jours, surtout à cause du
matériel, qu'il fallait faire passer avec les divisions. On se mit
à l'œuvre pendant que les troupes se succédaient. On fit d'abord
voyager les vivres et les munitions. Pour cette partie du matériel
qu'on pouvait diviser, placer sur le dos des mulets dans de
petites caisses, la difficulté ne fut pas aussi grande que pour le
reste. On s'occupa enfin de l'artillerie. Les affûts et les caissons
avaient été démontés et placés sur des mulets. Restaient les
pièces de canon elles-mêmes. On imagina de partager par le
milieu des troncs de sapin, de les creuser, d'envelopper avec deux
de ces demi-troncs une pièce d'artillerie et de la traîner ainsi
enveloppée le long des ravins. Grâce à ces précautions, aucun
choc ne pouvait l'endommager. Des mulets furent attelés à ce
singulier fardeau, et servirent à élever quelques pièces jusqu'au
sommet du col. Mais la descente était plus difficile: on ne pouvait
l'opérer qu'à force de bras, et en courant des dangers infinis,
parce qu'il fallait retenir la pièce et l'empêcher, en la retenant,
de rouler dans les précipices.

3) Malheureusement les mulets commençaient à manquer.
Les muletiers surtout, dont il fallait un grand nombre, étaient
épuisés. On songea dès lors à recourir à d'autres moyens. On
offrit aux paysans des environs jusqu'à mille francs par pièce de
canon qu'ils consentiraient à traîner de Saint-Pierre à Saint-Remy.
Il fallait cent hommes pour en traîner une seule, un jour pour
la monter, un jour pour la descendre. Quelques centaines de
paysans se présentèrent et transportèrent en effet quelques pièces
de canon, conduits par les artilleurs qui les dirigeaient. Mais
l'appât même du gain ne put pas les décider à renouveler cet
effort. Ils disparurent tous, et, malgré les officiers envoyés à leur
recherche et prodiguant l'argent pour les ramener, il fallut y
renoncer, et demander aux soldats des divisions de traîner eux-

mêmes leur artillerie. On pouvait tout obtenir de ces soldats dévoués. Pour les encourager, on leur promit l'argent que les paysans ne voulaient plus gagner; mais ils refusèrent, disant que c'était un devoir d'honneur pour une troupe de sauver ses canons, et ils se saisirent des pièces abandonnées. Des troupes de cent hommes, sortis successivement des rangs, les traînaient chacune à son tour. La musique jouait des airs animés dans les passages difficiles et les encourageait à surmonter les obstacles d'une nature si nouvelle. Arrivé au faîte des monts, on trouvait les rafraîchissements préparés par les religieux du Saint-Bernard; on prenait quelque repos, pour recommencer à la descente de plus grands et de plus périlleux efforts. On vit même deux divisions, à qui l'heure avancée ne permettait pas de descendre dans la même journée, aimer mieux bivouaquer dans la neige que de se séparer de leurs canons. Heureusement le ciel était serein, et on n'eut pas à braver, outre les difficultés des lieux, les rigueurs du temps.

4) Bonaparte était encore à Martigny, ne voulant pas traverser le Saint-Bernard qu'il n'eût assisté de ses propres yeux à l'expédition des dernières parties du matériel. Il se mit enfin en marche pour traverser le col le 20 mai, avant le jour. L'aide de camp Duroc, et son secrétaire de Bourrienne l'accompagnaient. Les arts l'ont dépeint, franchissant les neiges des Alpes sur un cheval fougueux; voici la simple vérité: il gravit le Saint-Bernard monté sur un mulet, revêtu de cette fameuse redingote grise qu'il a toujours portée, conduit par un guide du pays, montrant dans les passages difficiles la distraction d'un esprit occupé ailleurs, entretenant les officiers répandus sur la route, et puis, par intervalles, interrogeant le conducteur qui l'accompagnait, se faisant conter sa vie, ses plaisirs, ses peines, comme un voyageur oisif qui n'a pas mieux à faire. Le conducteur, qui était tout jeune, lui exposa naïvement les particularités de son obscure existence, et surtout le chagrin qu'il éprouvait de ne pouvoir, faute d'un peu d'aisance, épouser l'une des filles de cette vallée. Le Premier Consul, tantôt l'écoutant, tantôt questionnant les passants dont la montagne était remplie, parvint à l'hospice où les bons religieux le reçurent avec empressement. A peine descendu de sa monture, il écrivit un billet qu'il confia à son guide, en lui recommandant

de le remettre exactement à l'administrateur de l'armée, resté de l'autre côté du Saint-Bernard. Le soir, le jeune homme, retourné à Saint-Pierre, apprit avec surprise quel puissant homme il avait conduit le matin, et sut que le général Bonaparte lui faisait donner un champ, une maison, les moyens de se marier enfin et de réaliser tous les rêves de sa modeste ambition.

5) Ce montagnard vient de mourir de nos jours, dans son pays, propriétaire du champ que le dominateur du monde lui avait donné. Cet acte singulier de bienfaisance, dans un moment de si grande préoccupation, est digne d'attention. Si ce n'est là qu'un pur caprice de conquérant, jetant au hasard le bien ou le mal, tour à tour renversant des empires ou édifiant une chaumière, de tels caprices sont bons à citer, ne serait-ce que pour tenter les maîtres de la terre; mais un pareil acte révèle autre chose. L'âme humaine, dans ces moments où elle éprouve des désirs ardents, est portée à la bonté: elle fait le bien comme une manière de mériter celui qu'elle sollicite de la Providence.

31a. Guillaume Mona.

1) Dans le village de Fouly vivait, il y a quelques années, un pauvre paysan, nommé Guillaume Mona.

Un ours venait toutes les nuits voler ses poires; car à ces bêtes tout est bon. Cependant, il s'adressait de préférence à un poirier chargé de crassanes. Qui est-ce qui se douterait qu'un animal comme ça a les goûts de l'homme, et qu'il ira choisir dans un verger justement les poires fondantes? Or, le paysan de Fouly préférait aussi, par malheur, les crassanes à tous les autres fruits. Il crut d'abord que c'étaient des enfants qui venaient faire du dégât dans son enclos; il prit en conséquence son fusil, le chargea avec du sel de cuisine et se mit à l'affût. Vers les onze heures, un rugissement retentit dans la montagne. «Tiens, dit-il, il y a un ours dans les environs.» Dix minutes après, un second rugissement se fit entendre, mais si puissant, si rapproché, que Guillaume pensa qu'il n'aurait pas le temps de gagner sa maison, et se jeta à plat ventre contre terre, n'ayant plus qu'une espérance, que c'était pour ses poires et non pour lui que l'ours venait. Effectivement, l'animal parut presque aussitôt au coin du verger, s'avança en droite ligne vers le poirier en question, passa à dix pas de Guillaume, monta lestement sur l'arbre, dont les branches craquaient sous le poids de son corps, et se mit à y faire une consommation telle, qu'il était évident que deux visites pareilles rendraient la troisième inutile. Lorsqu'il fut rassasié, l'ours descendit lentement, comme s'il avait du regret d'en laisser, repassa près de notre chasseur, à qui le fusil chargé de sel ne pouvait pas être dans cette circonstance d'une grande utilité, et se retira tranquillement dans la montagne. Tout cela avait duré une heure à peu près, pendant laquelle le temps avait paru plus long à l'homme qu'à l'ours. Cependant, l'homme était un brave . . . et il avait dit tout bas, en voyant l'ours s'en aller: «C'est bon, va-t'en; mais ça ne se passera pas comme ça, nous nous reverrons.»

2) Le lendemain, un de ses voisins, qui vint le visiter, le trouva occupé à scier en lingots les dents d'une fourche.

— Qu'est-ce que tu fais donc là? lui dit-il.

— Je m'amuse, répondit Guillaume.

Le voisin prit les morceaux de fer, les tourna et les retourna dans sa main en homme qui s'y connaît, et, après avoir réfléchi un instant:

— Tiens, Guillaume, dit-il, si tu veux être franc, tu avoueras que ces petits chiffons de fer sont destinés à percer une peau plus dure que celle d'un chamois.

— Peut-être, répondit Guillaume.

— Tu sais que je suis bon enfant, reprit François (c'était le nom du voisin); eh bien, si tu veux, à nous deux l'ours; deux hommes valent mieux qu'un.

— C'est selon, dit Guillaume.

Et il continua de scier son troisième lingot.

— Tiens, continua François, je te laisserai la peau à toi tout seul, et nous ne partagerons que la prime et la chair.

— J'aime mieux tout, dit Guillaume.

— Mais tu ne peux pas m'empêcher de chercher la trace de l'ours dans la montagne, et, si je la trouve, de me mettre à l'affût sur son passage.

— Tu es libre.

Et Guillaume, qui avait achevé de scier ses trois lingots, se mit, en sifflant, à mesurer une charge de poudre double de celle que l'on met ordinairement dans une carabine.

— Il paraît que tu prendras ton fusil de munition? dit
François.

— Un peu! trois lingots de fer sont plus sûrs qu'une balle
de plomb.

— Cela gâte la peau.

— Cela tue plus raide.

— Et quand comptes-tu faire ta chasse?

— Je te dirai cela demain.

— Une dernière fois, tu ne veux pas?

— Non.

— Je te préviens que je vais chercher la trace.

— Bien du plaisir.

— A nous deux, dis?

— Chacun pour soi.

— Adieu, Guillaume.

— Bonne chance, voisin!

Et le voisin, en s'en allant, vit Guillaume mettre sa double
charge de poudre dans son fusil de munition, y glisser ses trois
lingots et poser l'arme dans un coin de la maison. Le soir, en
repassant devant la maison, il aperçut, sur le banc qui était près
de la porte, Guillaume assis et fumant tranquillement sa pipe.
Il vint à lui de nouveau.

— Tiens, lui dit-il, je n'ai pas de rancune. J'ai trouvé la
trace de notre bête; ainsi je n'ai plus besoin de toi. Cependant,
je viens te proposer, encore une fois, de faire à nous deux?

— Chacun pour soi, dit Guillaume...

Après, le voisin ne put rien dire de ce que fit Guillaume
dans la soirée.

8) A dix heures et demie, sa femme le vit prendre son fusil,
rouler un sac de toile grise sous son bras et sortir. Elle n'osa
lui demander où il allait, car Guillaume n'était pas homme à
rendre compte à une femme.

François, de son côté, avait véritablement trouvé la trace
de l'ours; il l'avait suivie jusqu'au moment où elle s'enfonçait
dans le verger de Guillaume, et, n'ayant pas le droit de se
mettre à l'affût sur les terres de son voisin, il se plaça entre la
forêt de sapins qui est à mi-côte de la montagne et le jardin de
Guillaume.

Comme la nuit était assez claire, il vit sortir celui-ci par sa porte de derrière. Guillaume s'avança jusqu'au pied d'un rocher grisâtre qui avait roulé de la montagne jusqu'au milieu de son clos, et qui se trouvait à vingt pas tout au plus du poirier, s'y arrêta, regarda autour de lui si personne ne l'épiait, déroula son sac, entra dedans, ne laissant sortir par l'ouverture que sa tête et ses deux bras, et, s'appuyant contre le roc, se confondit bientôt tellement avec la pierre, par la couleur de son sac et l'immobilité de sa personne, que le voisin, qui savait qu'il était là, ne pouvait pas même le distinguer. Un quart d'heure se passa ainsi, dans l'attente de l'ours. Enfin un rugissement prolongé l'annonça. Cinq minutes après François l'aperçut.

Mais, soit par ruse, soit qu'il eût éventé le second chasseur, il ne suivait pas sa route habituelle; il avait, au contraire, décrit un circuit, et, au lieu d'arriver à la gauche de Guillaume, comme il avait fait la veille, cette fois il passait à sa droite, hors de la portée de l'arme de François, mais à dix pas tout au plus du bout du fusil de Guillaume.

Guillaume ne bougea pas. On aurait pu croire qu'il ne voyait pas même la bête sauvage qu'il-était venu guetter, et qui semblait le braver en passant si près de lui. L'ours, qui avait le vent mauvais, parut, de son côté, ignorer la présence d'un ennemi, et continua lestement son chemin vers l'arbre. Mais au moment où, se dressant sur ses pattes de derrière, il embrassait le tronc de ses pattes de devant, présentant à découvert sa poitrine que ses épaisses épaules ne protégeaient plus, un sillon rapide de lumière brilla tout à coup contre le rocher, et la vallée entière retentit du coup de fusil à double charge et du rugissement que poussa l'animal, mortellement blessé.

Il n'y eut peut-être pas une seule personne dans tout le village qui n'entendît pas le coup de fusil de Guillaume et le rugissement de l'ours.

4) L'ours s'enfuit, repassant, sans l'apercevoir, à dix pas de Guillaume, qui avait rentré ses bras et sa tête dans son sac et qui se confondait de nouveau avec le rocher.

Le voisin regardait cette scène, appuyé sur ses genoux et sur sa main gauche, serrant sa carabine de la main droite, pâle et retenant son haleine. Pourtant, c'est un crâne chasseur! Eh bien, il a avoué que, dans ce moment-là, il aurait autant aimé à être dans son lit qu'à l'affût.

Ce fut bien pis quand il vit l'ours blessé, après avoir fait un circuit, chercher à reprendre sa trace de la veille, qui le conduisait droit à lui. Il fit un signe de croix, car ils sont pieux, les chasseurs suisses, recommanda son âme à Dieu et s'assura que sa carabine était armée. L'ours n'était plus qu'à cinquante pas de lui, rugissant de douleur, s'arrêtant pour se rouler et se mordre le flanc à l'endroit de sa blessure, puis reprenant sa course.

Il approchait toujours. Il n'était plus qu'à trente pas. Deux secondes encore, et il venait se heurter contre le canon de la carabine du voisin, lorsqu'il s'arrêta tout à coup, aspira bruyamment le vent qui venait du côté du village, poussa un rugissement terrible et rentra dans le verger.

— Prends garde à toi, Guillaume, prends garde! s'écria François en s'élançant à la poursuite de l'ours et oubliant tout pour ne penser qu'à son ami: car il vit bien que, si Guillaume n'avait pas eu le temps de recharger son fusil, il était perdu; l'ours l'avait éventé.

Il n'avait pas fait dix pas, qu'il entendit un cri. Celui-là, c'était un cri humain, un cri de terreur et d'agonie tout à la fois; un cri dans lequel celui qui le poussait avait rassemblé toutes les forces de sa poitrine, toutes les prières à Dieu, toutes ses demandes de secours aux hommes:

— A moi!...

Plus rien, plus même une plainte ne succéda au cri de Guillaume.

François ne courait pas, il volait; la pente du terrain précipitait sa course. A mesure qu'il approchait, il distinguait plus clairement la monstrueuse bête qui se mouvait dans l'ombre, foulant aux pieds le corps de Guillaume et le déchirant par lambeaux.

François était à quatre pas d'eux, et l'ours était si acharné à sa proie, qu'il n'avait pas paru l'apercevoir. Il n'osait tirer de peur de tuer Guillaume, s'il n'était pas mort; car il tremblait tellement, qu'il n'était plus sûr de son coup. Il ramassa une pierre et la jeta à l'ours.

L'animal se retourna, furieux, contre son nouvel ennemi; ils étaient si près l'un de l'autre, que l'ours se dressa sur ses pattes de derrière pour l'étouffer; François le sentit bourrer avec sa poitrine le canon de sa carabine. Machinalement il appuya le doigt sur le chien: le coup partit.

L'ours tomba à la renverse: la balle lui avait traversé la poitrine et brisé la colonne vertébrale.

5) François le laissa se traîner en hurlant sur ses pattes de devant et courut à Guillaume. Ce n'était plus un homme, ce n'était plus même un cadavre. C'étaient des os et de la chair meurtrie, la tête avait été dévorée presque entièrement.

Alors, comme il vit, au mouvement des lumières qui passaient derrière les croisées, que plusieurs habitants du village étaient réveillés, il appela à plusieurs reprises, désignant l'endroit où il était. Quelques paysans accoururent avec des armes, car ils avaient entendu les cris et les coups de feu. Bientôt tout le village fut assemblé dans le verger de Guillaume.

Sa femme vint avec les autres. Ce fut une scène horrible. Tous ceux qui étaient là pleuraient comme des enfants.

On fit pour elle, dans toute la vallée du Rhône, une quête qui rapporta sept cents francs. François lui abandonna sa prime, fil vendre à son profit la peau et la chair de l'ours. Enfin chacun s'empressa de l'aider et de la secourir.

II. Abschnitt.

22. Les Parisiens.

1) Si l'on considère l'aspect général de Paris, on reconnaît aisément qu'il s'y trouve plusieurs villes très différentes les unes des autres, ayant chacune sa physionomie et parfois même ses mœurs particulières. Chacun choisit, en général, pour y habiter, le quartier le plus conforme à ses goûts, à sa fortune et à la nature de ses occupations.

Si le genre de vie diffère, il n'en est pas moins certain que les Parisiens ont entre eux une foule de traits communs, une solidarité de caractère qui les unit et les rend facilement reconnaissables.

Prompt à l'enthousiasme, le Parisien est séduit par tout ce qui est brillant et a du prestige. Il use et parfois abuse des belles phrases plus sonores que profondes. Les orateurs qu'il applaudit le plus ne sont pas toujours les plus raisonnables, mais ils ont bien parlé, ils ont enlevé leur auditoire, et cela suffit.

2) Cependant, on aime surtout à Paris ce qui est réellement beau et grand. C'est un goût naturel et très vif que celui qu'on y éprouve pour le théâtre: bien des Parisiens oublient de dîner pour aller entendre le drame en vogue; mais les jours de représentations gratuites, ce sont toujours nos grandes scènes littéraires et lyriques où la foule court de préférence.

Le Parisien est badaud par excellence. Voyez, dès qu'arrive un de ces accidents malheureusement trop fréquents dans nos rues, quel rassemblement se forme aussitôt: on se presse, on se bouscule pour voir, savoir ,ce qu'il y a eu', et longtemps après que la cause de l'émotion a cessé, on a peine encore à se séparer, les commentaires continuent. Le Parisien se complaît dans le

‚brouhaha‘, le tumulte de sa ville, qui abasourdit et effraye tant ceux qui n'en ont pas l'habitude; lui, il s'y meut à l'aise; il se glisse à travers la foule, au milieu des voitures et presque sous les pieds des chevaux.

8) Nulle part le commerce n'est aussi actif qu'à Paris. Sans même parler de ces luxueux magasins et bazars, célèbres dans tout l'univers, la moindre petite boutique y réalise chaque jour un chiffre d'affaires fait pour étonner. Nulle part on n'est si inventif, si ingénieux à produire du nouveau. ‚L'article de Paris‘ est un produit spécial à la grande ville et qui ne saurait se fabriquer ailleurs. Il y a un véritable génie, de la part des parisiens, à l'inventer, à le renouveler sans cesse. La mode aussi naît à Paris et, de là, se répand partout. L'élégance parisienne, le ‚chic‘, se reconnaissent au premier coup d'œil; tout le monde convient que les Parisiennes donnent le ton et sont les arbitres incontestables de toute mode nouvelle.

4) Faut-il parler de l'esprit parisien? Où la plaisanterie existe-t-elle plus franche, la riposte plus rapide et plus malicieuse? Le gamin de Paris, l'ouvrier des faubourgs en ont une inépuisable provision; jamais ils ne restent court, comme on dit: entre eux, c'est un assaut constant de quolibets et de saillies; à Paris surtout, on est sûr du succès quand on a les rieurs de son côté.

L'ouvrier parisien travaille vite, bien et avec goût. A ce qu'il fait, il imprime en quelque sorte un cachet particulier, une véritable marque de fabrique. Les modes, les articles de Paris, c'est bien là l'œuvre de ses mains: tout ce qu'il produit est habilement fait, joli, ou au moins gracieux; l'art industriel est en pleine culture à Paris. L'ouvrier a ses défauts, cependant; il dépense sans compter et sans toujours penser assez au lendemain. Il aime le plaisir et souvent un peu trop le cabaret.

5) On a dit beaucoup de mal de Paris; on l'a traité de Babylone moderne où la corruption, la dépravation des mœurs seraient la loi commune; mais le bon sens fait vite justice d'une pareille calomnie.

Il est certain que la population parisienne a ses bas-fonds. Mais il en est ainsi dans toutes les grandes agglomérations d'hommes, à Londres, à Berlin, à Vienne et dans les autres grandes capitales: c'est là, malheureusement, leur plaie incurable.

A ce qu'il peut y avoir en lui de bas et de coupable, Paris
oppose triomphalement tout ce qu'il a de noble et de beau: ses
établissements d'instruction, ses musées, ses académies, ses
bibliothèques, ses conservatoires, ses théâtres, ses établissements
charitables, tous ses monuments admirables. A cette population
sans aveu, qui est en partie l'écume de toutes les nations du
monde, Paris oppose sa population intelligente, travailleuse,
économe, hospitalière, généreuse et polie.

83. Le soleil.

Dans le centre éclatant de ces orbes immenses,
Qui n'ont pu nous cacher leur marche et leurs distances,
Luit cet astre du jour, par Dieu même allumé,
Qui tourne autour de soi sur son axe enflammé.
De lui partent sans fin des torrents de lumière;
Il donne, en se montrant, la vie à la matière;
Il dispense les jours, les saisons, et les ans
A des mondes divers autour de lui flottants.
Ces astres, asservis à la loi qui les presse,
S'attirent dans leur course, et s'évitent sans cesse,
Et, servant l'un à l'autre et de règle et d'appui,
Se prêtent les clartés qu'ils reçoivent de lui.
Au delà de leur cours, et loin dans cet espace
Où la matière nage, et que Dieu seul embrasse,
Sont des soleils sans nombre, et des nombres sans fin.
Dans cet abîme immense, il leur ouvre un chemin.

84. Le réveil de Paris.

1) Il est six heures. Une nuit brumeuse, à peine trouée par
les clartés rougeâtres des becs de gaz, et tout au fond de laquelle
on soupçonne plutôt qu'on ne la voit la première blancheur de
l'aube encore lointaine, enveloppe Paris. L'Angélus achève de
sonner au clocher voisin, et chaque note tombe par le brouillard dans le silence de la rue. Presque pas un bruit de voiture,
mais déjà de nombreux piétons. Des ombres passent en se hâtant,
silencieuses et grelottantes. On n'entend que le claquement sourd
de leurs pieds, qui se pressent vers un but inconnu. De loin en
loin, je croise quelque traînard qui semble muser le long des

magasins fermés et bayer aux corneilles. Paris n'est pas encore éveillé, et il a déjà ses flâneurs, pauvres noctambules effarouchés, que le premier frisson matinal a chassés peut-être du banc, du chantier ou de l'arche de pont dont ils avaient fait leur chambre à coucher.

2) Quelques boutiques seulement sont ouvertes, et leur devanture interrompt par une clarté fuligineuse les longues lignes noires des façades hermétiquement closes. Ce sont les marchands de vin, les boulangeries, les crèmeries. Des garçons bouchers en bras de chemise, les yeux encore bouffis de sommeil, poussent les grilles de la boutique et préparent l'étalage. Des ouvriers, la pipe à la bouche, l'outil à la main, entrent chez le boulanger et en sortent avec un pain de deux francs sous le bras.

Mon cocher a franchi le grand bras de la Seine, et s'est acheminé derrière l'Hôtel de Ville, vers l'église Saint-Gervais. Quelques hommes commencent à déboucher de toutes les ruelles voisines. Les uns vont s'adosser à la caserne; d'autres se groupent au bas des marches, à droite du portail. De minute en minute, ils arrivent plus nombreux. Vers sept heures et demie, on les voit affluer de toutes parts. Les premiers ont, presque tous, une pelle ou une pioche à la main: ce sont les maçons et les terrassiers. Les seconds sont les fumistes. La plupart portent sur le dos une hotte remplie des outils de leur profession. Quelques-uns tiennent à la main le marteau et les autres outils. Des marches de l'église un gardien de la paix les surveille, tandis que les patrons vont et viennent, embouchent leurs hommes et discutent en quelques paroles rapides les conditions du marché.

3) Cinquante pas seulement, et nous voici place Baudoyer, devant la mairie du quatrième arrondissement. Il est huit heures. Déjà une longue file sur trois ou quatre rangs occupe le trottoir. Blouses, bergerons et paletots se mêlent.

La physionomie de l'attroupement a changé: ce n'est plus la mine alourdie des maçons ou des fumistes; ceux-là ont la figure intelligente et l'air éveillé. Un bourdonnement confus sort de la foule. Une vague odeur d'essence de térébenthine et de céruse arrive jusqu'à mes narines. Ce sont les peintres en bâtiment. Tous portent au bras ou suspendu à l'épaule un petit paquet renfermant les pinceaux et les cottes maculées.

Trottinant menu, menu, un panier au bras, les cheveux retenus par un filet, alertes comme des souris, voici les petites ouvrières qui s'en vont à la besogne quotidienne. Celle-ci est enveloppée dans un waterproof qui a fait un long usage; celle-là dans une grande blouse bleue qui lui donne l'air d'un garçon; mais chez presque toutes, même les plus pauvres et les plus laides, la coquetterie se trahit par un détail de costume: une cravate de couleurs voyantes, un nœud rouge ou bleu dans la chevelure.

4) Et puis ce sont les porteurs de journaux qui vont traînant la jambe et laissent tomber dans les boîtes la feuille du matin, encore tout humide et tout odorante.

Enfin les facteurs de la poste aux lettres, allègres et vifs, peut-être par l'approche des étrennes, portant d'un air délibéré sur leur poitrine cette boîte oblongue d'où s'échappent, chaque fois qu'elle s'ouvre, tant de papiers mystérieux qui contiennent dans leurs plis la joie ou le deuil.

Un tintement de clochette. Le tombereau des boues approche avec son escorte de balayeurs. Les servantes s'empressent de descendre leurs boîtes d'ordures; les concierges des deux sexes apparaissent sur les trottoirs, balais en main, et les conversations s'engagent de l'un à l'autre; les premiers fiacres viennent se ranger aux stations.

Quelques minutes encore, et l'on entend le bruit cadencé de quatre vigoureux sabots frappant le pavé d'un même coup et d'une lourde machine qui roule sans effort: c'est le premier omnibus. Là-bas, sur la Seine, le premier bateau-mouche va partir.

5) Huit heures et demie sonnaient, comme j'arrivais rue aux Ours; c'était déjà un peu tard: les blanchisseuses commençaient à se disperser. Il y en avait de tous les âges et de toutes les couleurs, des femmes brunes, blondes, rousses, minces, énormes, jeunes et jolies, vieilles et flétries; le plus grand nombre tenant un panier d'osier noir, beaucoup portant une couverture sous le bras, les mains fourrées sous leur tablier, pour se réchauffer.

En revenant sur mes pas, j'ai vu les tailleurs d'habit, groupés place Louvois. Il y a bien d'autres grèves que je ne pouvais aller chercher à tous les points cardinaux de Paris.

Paris, d'un bout à l'autre, est comme recouvert d'un réseau de métiers dont les marchés se tiennent chaque jour de grand matin, avant que la ville soit bien éveillée.

Mais il est temps de rentrer. Les magasins s'ouvrent de toutes parts, excepté les cafés, qui restent les derniers calfeutrés et endormis. On voit s'agiter autour des comptoirs et de la devanture la fourmilière des commis du Louvre. Les premiers cris commencent: cri du petit ramoneur, cri du marchand de mottes à brûler et du porteur d'eau. Au moment où je descends de voiture, le cri du marchand d'habits, cette alouette du quartier latin, part comme une flèche derrière moi. Il est neuf heures, et Paris est enfin réveillé.

35. Regrets des jeunes années.

O jours de mon printemps, jours couronnés de rose,
A votre fuite en vain un long regret s'oppose.
Beaux jours, quoique souvent obscurcis de mes pleurs,
Vous, dont j'ai su jouir, même au sein des douleurs,
Sur ma tête bientôt vos fleurs seront fanées.
Hélas! bientôt le char des rapides années
Vous aura loin de moi fait voler sans retour.
Oh! si du moins alors je pouvais à mon tour,
Champêtre possesseur, dans mon humble chaumière
Offrir à mes amis une ombre hospitalière;
Voir mes lares charmés, pour les bien recevoir,
A de joyeux banquets, la nuit, les faire asseoir;
Et là nous souvenir au milieu de nos fêtes,
Combien chez eux longtemps, dans leurs belles retraites,
Soit sur ces bords heureux, opulents avec choix,
Où Montigny s'enfonce en ses antiques bois;
Soit où la Marne lente, en un long cercle d'îles,
Ombrage de bosquets l'herbe et les prés fertiles,
J'ai su, pauvre et content, savourer à longs traits
L'amitié, les plaisirs, et l'étude et la paix.

36. Le tableau.

(*Entre un domestique apportant un tableau*).

LE DOMESTIQUE. On vient d'apporter ce tableau pour monsieur le marquis.

3*

GASTON. Mettez-le sur cette chaise, près de la fenêtre...
là! c'est bien. (*Le domestique sort.*) Viens voir cela, Montmeyran.

LE DUC DE MONTMETRAN. C'est charmant! le joli effet de soir!
Ne trouvez-vous pas, madame?

ANTOINETTE. Oui, charmant!... et comme c'est vrai! que tout
cela est calme, recueilli! On aimerait à se promener dans ce
paysage silencieux.

GASTON. Regarde-moi donc cette bande de lumière verte, qui
court entre les tons orangés de l'horizon et le bleu froid du
reste du ciel! comme c'est rendu!

LE DUC. Et le premier plan!... quelle pâte, quelle solidité.

GASTON. Et le miroitement presque imperceptible de cette
flaque d'eau sous le feuillage... est-ce joli!

POIRIER. Eh bien! qu'est-ce que ça représente?

VERDELET. Ce que ça représente? Parbleu! ça représente neuf
heures du soir, en été, dans les champs.

POIRIER. Ce n'est pas intéressant, ce sujet-là, ça ne dit rien!
J'ai dans ma chambre une gravure qui représente un chien au
bord de la mer, aboyant devant un chapeau de matelot... à la bonne
heure! ça se comprend, c'est ingénieux, c'est simple et touchant.

GASTON. Eh bien, monsieur Poirier, puisque vous aimez les
tableaux touchants, je vous en ferai faire un d'après un sujet
que j'ai pris moi-même sur nature: Il y avait sur une table un
petit oignon coupé en quatre, un pauvre petit oignon blanc! Le
couteau était à côté... Ce n'était rien, et ça tirait les larmes
des yeux.

VERDELET, *bas à Poirier.* Il se moque de toi.

POIRIER, *bas à Verdelet.* Laisse-le faire.

LE DUC. De qui est ce paysage?

GASTON. D'un pauvre diable plein de talent, qui n'a pas le sou.

POIRIER. Et combien avez-vous payé ça?

GASTON. Cinquante louis.

POIRIER. Cinquante louis! le tableau d'un inconnu qui meurt
de faim! A l'heure du dîner, vous l'auriez eu pour vingt-cinq francs.

ANTOINETTE. Oh! mon père!

POIRIER. Voilà une générosité bien placée!

GASTON. Comment, monsieur Poirier? trouveriez-vous mauvais
qu'on protège les arts?

POIRIER. Qu'on protège les arts, bien! mais les artistes, non! Ce sont tous des fainéants et des débauchés.

37. Lettre de Béranger à Victor Escousse.

Monsieur,   Paris, 6 juin 1829.

Je m'empresse de vous remercier des chansons que vous avez bien voulu m'envoyer. Je me contenterai de vous témoigner ma reconnaissance pour celle qui m'est consacrée, elle est trop louangeuse pour que je vous en félicite; mais je puis vous assurer que les autres m'ont paru charmantes. Si vous êtes aussi jeune que vous me donnez lieu de le présumer, je ne puis que vous prédire des succès dans la carrière poétique.

Agréez, Monsieur, l'assurance de ma considération distinguée.

Béranger.

38. En route.

Je suis né voyageur; je suis actif et maigre;
J'ai, comme un Bédouin, le pied sec et cambré;
Mes cheveux sont crépus ainsi que ceux d'un nègre,
Et par aucun soleil mon œil n'est altéré.
Aussi j'aime à dormir sans bandeaux et sans voiles,
Loin de toute maison, aux clartés des étoiles,
Sous l'azur infini de quelque ciel lointain,
Couché dans un désert, immense, infranchissable,
      Sur un bon oreiller de sable
Où me vient réveiller le vent frais du matin.

39. Chute de Napoléon Ier.

1) Durant dix années, Napoléon alla de victoire en victoire, à Milan, à Berlin, à Madrid, à Lisbonne; et toujours l'insaisissable ennemi échappait. Il eut la folle pensée d'aller encore jusqu'à Moscou, quand ses meilleurs soldats étaient au fond de l'Espagne et que le sol allemand sourdement miné, tremblait déjà sous ses pas. Au retour, l'hiver tua la grande armée; alors les peuples que nous foulions se soulevèrent et, en France, les libéraux refusèrent leur concours. Le colosse tomba; dans sa chute, il semblait entraîner la patrie elle-même. Elle lui a pourtant pardonné, car elle lui doit une gloire incomparable.

Des victoires gagnées par la supériorité du génie et non par celle du nombre, d'immenses travaux accomplis, l'industrie éveillée, l'agriculture encouragée par la sécurité donnée aux acquéreurs des biens nationaux, une administration éclairée, vigilante et rapide, l'unité du pays consolidée et sa grandeur dépassant tous les rêves, voilà ce qui plaidera toujours pour lui dans la postérité et au cœur de la France. Aussi, conduit par son instinct, le peuple ne s'y trompa jamais: lui qui avait payé de son sang toutes les victoires de l'Empereur, il aimait, il regretta Napoléon.

2) Cependant ce puissant homme de guerre et d'administration qui restera la plus grande figure de l'histoire militaire a laissé la France plus petite qu'il ne l'avait reçue, épuisée de sang et d'or, privée de dix-huit départements que la république lui avait donnés et qu'elle possédait encore le 18 brumaire, à l'abri des victoires de Zurich et de Bergen. Les fautes du politique avaient perdu le général invincible. Aussi se demandera-t-on si la France n'a point payé trop cher cette puissance éphémère? Et peut-être, dans cette épopée merveilleuse et terrible, l'histoire trouvera-t-elle un des plus mémorables exemples de l'expiation qui suit toujours les grandes fautes. Les désastres firent alors deux victimes; mais il y avait aussi deux coupables: l'Empereur et la France: l'un qui, à dix ans de la révolution, refaisait sous des formes nouvelles l'ancien régime, et qui s'était précipité dans l'abîme pour n'avoir voulu mettre de frein ni à son ambition ni à son génie; l'autre qui avait mérité ses malheurs en se jetant dans les bras d'un jeune et glorieux général, et qui, pour échapper à l'ennui de se gouverner elle-même, avait laissé relever ce qu'elle venait d'abattre. Nos pères ont leur part de responsabilité dans les malheurs de la patrie, car, en donnant à Napoléon la toute-puissance, ils lui ont aussi donné la dangereuse ivresse du pouvoir absolu.

40. Les souvenirs du peuple.

1)　　On parlera de sa gloire
　　　Sous le chaume bien longtemps;
　　　L'humble toit, dans cinquante ans,
　　Ne connaîtra plus d'autre histoire.
　　　Là viendront les villageois
　　　Dire alors à quelque vieille:

Par des récits d'autrefois,
Mère, abrégez notre veille.
Bien, dit-on, qu'il nous ait nui,
Le peuple encor le révère.
   Oui, le révère.
— Parlez-nous de lui, grand'mère,
   Parlez-nous de lui.

Mes enfants, dans ce village,
Suivi de rois, il passa.
Voilà bien longtemps de ça:
Je venais d'entrer en ménage.
A pied grimpant le coteau
Où pour voir je m'étais mise,
Il avait petit chapeau
Avec redingote grise.
Près de lui je me troublai;
Il me dit: Bonjour, ma chère,
   Bonjour, ma chère.
— Il vous a parlé, grand'mère!
   Il vous a parlé!

2) L'an d'après, moi pauvre femme,
A Paris étant un jour,
Je le vis avec sa cour:
Il se rendait à Notre-Dame.
Tous les cœurs étaient contents;
On admirait son cortège;
Chacun disait: Quel beau temps!
Le ciel toujours le protège.
Son sourire était bien doux;
D'un fils Dieu le rendait père,
   Le rendait père.
— Quel beau jour pour vous, grand'mère!
   Quel beau jour pour vous!

Mais quand la pauvre Champagne
Fut en proie aux étrangers,
Lui, bravant tous les dangers,

Semblait seul tenir la campagne.
Un soir, tout comme aujourd'hui,
J'entends frapper à la porte;
J'ouvre; bon Dieu! c'était lui,
Suivi d'une faible escorte.
Il s'assied où me voilà,
S'écriant: Oh! quelle guerre;
    Oh, quelle guerre!
— Il s'est assis là, grand'mère!
    Il s'est assis là!

J'ai faim, dit-il, et bien vite
Je sers piquette et pain bis;
Puis il sèche ses habits,
Même à dormir le feu l'invite.
Au réveil, voyant mes pleurs,
Il me dit: Bonne espérance!
Je cours de tous ces malheurs
Sous Paris venger la France.
Il part, et comme un trésor
J'ai depuis gardé son verre,
    Gardé son verre.
— Vous l'avez encor, grand'mère!
    Vous l'avez encor!

Le voici. Mais à sa perte
Le héros fut entraîné.
Lui, qu'un pape a couronné,
Est mort dans une île déserte.
Longtemps aucun ne l'a cru;
On disait: Il va paraître.
Par mer il est accouru;
L'étranger va voir son maître.
Quand d'erreur on nous tira,
Ma douleur fut bien amère!
    Fut bien amère!
— Dieu vous bénira, grand'mère,
    Dieu vous bénira.

41. Guerre de Crimée (1854—1856).

1) Depuis les traités de 1815, la Russie exerçait sur l'Europe une prépondérance menaçante. Le czar Nicolas était devenu la personnification d'un système redoutable de compression et de conquête. Il n'avait jamais pardonné à la royauté de Juillet d'être sortie d'une émeute légitime; en Allemagne, il avait appuyé les souverains dans leur résistance aux vœux des peuples. Il avait tout fait pour dénationaliser la Pologne, dont les traités de 1815 lui avaient reconnu la possession, à la condition qu'il lui assurerait un gouvernement constitutionnel. Un instant étonné par la révolution de 1848, le czar avait bientôt repris son ambition. Après avoir sauvé l'Autriche en écrasant les Hongrois révoltés contre elle, il avait pensé que la présence d'un Napoléon sur le trône de France garantissait à la Russie l'alliance des Anglais, et il avait cru le moment venu de saisir l'éternel objet de la convoitise moscovite: Constantinople.

En toute occasion, il affectait un protectorat hautain sur les sujets chrétiens de l'empire turc; il finit par essayer de s'entendre sous main avec l'Angleterre pour le partage des dépouilles de l',homme malade' (le Sultan). En 1853, il fit occuper les Principautés danubiennes et arma à Sébastopol une flotte qui semblait formidable. L'empereur Napoléon donna le premier signal de la résistance en envoyant hardiment la flotte française de la Méditerranée, à Salamine, pour la tenir à portée de Constantinople et de la mer Noire.

2) Il entraîna l'Angleterre, d'abord hésitante, dans son alliance, et s'assura la neutralité de l'Autriche et de la Prusse. La destruction par les Russes d'une flottille turque à Sinope fut le signal du commencement des hostilités. La flotte anglo-française entra dans la mer Noire, tandis qu'une armée expédiée des ports de la Grande-Bretagne et des nôtres se rassembla sous les murs de Constantinople. Le 14 septembre 1854, les alliés, forts de 70000 hommes, débarquèrent sur les côtes de la Crimée, et la victoire de l'Alma permit de commencer le siège de Sébastopol, forteresse formidable qu'il fallait anéantir pour mettre Constantinople à l'abri d'un coup de main.

Ce siège, le plus terrible qu'on ait vu dans les annales de l'histoire moderne, dura près d'un an. De continuels combats,

deux victoires, celles d'Inkermann et de Traktir, méritèrent à
nos soldats moins de gloire que leur indomptable courage contre
un climat terrible et un ennemi qui se renouvelait sans cesse.
Enfin, le 8 septembre 1855, après des miracles de constance, la
furie française et la solidité anglaise eurent leur récompense:
la tour Malakoff fut emportée et la ville prise. Quelques mois
auparavant, l'empereur Nicolas était mort, en prévoyant la ruine
de ses vastes desseins.

8) La flotte anglo-française dans la Baltique avait détruit
Bomarsund, le boulevard avancé de la Russie contre la Suède,
et dans la mer Noire nos canonnières cuirassées, servant pour
la première fois, avaient obligé la forteresse de Kinburn à se
rendre, ce qui nous ouvrait la Russie méridionale; une escadre
alliée avait même pris Pétropaulosk, sur l'océan Pacifique. Enfin
la diplomatie française avait fait entrer dans la ligue contre la
Russie le roi de Suède et le roi de Sardaigne; elle allait entraîner
peut-être l'empereur d'Autriche. Le successeur de Nicolas, le czar
Alexandre II, demanda la paix; elle fut conclue à Paris, sous
les yeux du souverain dont le pays avait eu la part la plus
glorieuse à la guerre. Cette paix (30 mars 1856) neutralisait la
mer Noire, interdisait par conséquent à la Russie d'y avoir une
flotte de guerre, lui enlevait quelques portions de la Bessarabie,
rendait libre jusqu'à ses embouchures la navigation du Danube,
et proclamait dans le sens de la liberté les droits des neutres
pendant les guerres maritimes.

Ainsi la Russie reculait, le droit des gens faisait un pas,
et la France recouvrait la plénitude de son influence en Europe.
Les visites de la reine d'Angleterre, du roi de Portugal, du roi
de Sardaigne, Victor-Emmanuel, d'autres souverains encore, à
l'empereur Napoléon III, furent un éclatant témoignage de la
grandeur que la France venait de retrouver. Mais cette gloire
était tout le profit que nous tirions d'une guerre où beaucoup
de sang et d'or avaient été dépensés. Nous venions de faire
en Crimée de la politique de sentiment dont les Anglais eurent
le bénéfice. Quand vinrent nos malheurs, les Russes se souvinrent
de Sébastopol pour nous laisser accabler et l'Angleterre l'oublia
afin de n'avoir pas à nous tendre la main.

42. Paris au mois d'août 1870.

1) Alors commencèrent à s'écouler, longues et pénibles, les journées de ce mois d'août, pendant lequel un brûlant et splendide soleil plana constamment, comme une ironie, sur la capitale pleine d'angoisse et d'épouvante.

D'abord ce fut le déluge des sinistres nouvelles, Reichshoffen, désastre effroyable, dont le patriotisme populaire se consolait à peine en faisant entrer dans ses légendes la charge sublime des grands cuirassiers! Puis les télégrammes se succédant, effrayants et obscurs: Pas de nouvelles de Frossard. Tout peut encore se réparer. Hâtez la défense de Paris. Et Forbach! Et la reculade sur tous les points! Et Strasbourg bloqué! Et Metz cerné! Et les premières lances des uhlans aperçues ici, là, partout, toujours plus près! Ce furent les Chambres en permanence, les ministres renversés avec rage, la gauche impérieuse et menaçante, l'éclosion des lois de détresse, des mesures désespérées, les murailles couvertes des affiches de l'état de siège. Puis vint l'absence de nouvelles. On commença à vivre dans la rue, discutant, pérorant, des journaux en main. La foule, affolée de crédulité et d'espérance, accueillit toutes les fables, victoires sous Metz, carrières de Jaumont.

2) Paris changea d'aspect tous les jours. Hier sillonné par les ridicules uniformes des pompiers de province, réunis contre une émeute possible par le gouvernement éperdu, il s'emplissait aujourd'hui d'anciens soldats, d'hommes de la réserve, sales, à demi équipés, ivres souvent, et accompagnait le lendemain de chants et de hurrahs frénétiques le départ de ces mobiles pas encore armés. Après s'être un jour pavoisé sur un faux bruit de victoire, il courait en masse voir ses fortifications qui n'avaient servi jusque-là qu'aux joies faubouriennes du dimanche, à présent bouleversées par la pioche des terrassiers, couvertes de chevaux et de travailleurs et montrant çà et là, dans l'herbe de leurs talus, le bronze étincelant des grosses pièces de siège. Pris de la fièvre militaire, les citoyens allaient apprendre l'exercice dans les cours des casernes, où on les voyait alignés en pelotons et faisant sonner les crosses sur le pavé. Des portes des mairies, où la foule stationnait, lisant les placards humides, sortaient des bourgeois, portant sur l'épaule un fusil, la baïonnette renversée.

Par les faubourgs, les habitants de la banlieue, déjà ramenés par
la peur de l'invasion, arrivaient avec leur pauvre mobilier sur
une charrette à bras, l'homme dans le brancard, la femme poussant
derrière, les enfants chargés de paquets; et, dernier symptôme
du prochain blocus, de nombreux troupeaux de bœufs maigres et
harassés et de moutons gris de poussière, s'entassaient dans les
parcs construits à la hâte, au milieu des jardins publics et le
long des boulevards suburbains.

42. Napoléon au lendemain de Sedan.

1) Napoléon III était dans la pauvre maison du tisserand,
sur la route de Donchéry. Dès cinq heures du matin, il avait
voulu quitter la sous-préfecture, mal à l'aise de sentir Sedan
autour de lui, comme un remords et une menace, toujours tour-
menté du reste par le besoin d'apaiser un peu son cœur sensible,
en obtenant pour sa malheureuse armée des conditions meilleures.
Il désirait voir le roi de Prusse. Il était monté dans une calèche
de louage, il avait suivi la grande route large, bordée de hauts
peupliers. C'était sur cette route qu'il venait de rencontrer
Bismarck, accouru à la hâte, en vieille casquette, en grosses bottes
graissées, uniquement désireux de l'amuser, de l'empêcher de
voir le roi, tant que la capitulation ne serait pas signée.

2) Le roi était encore à Vendresse, à 14 kilomètres. Où
aller? sous quel toit attendre? Là-bas, perdu dans une nuée
d'orage, le palais des Tuileries avait disparu. Sedan semblait
s'être reculé déjà à des lieues, comme barré par un fleuve de sang.
Il n'y avait plus de châteaux impériaux, en France, plus de
demeures officielles, plus même de coin chez le moindre des
fonctionnaires, où il osât s'asseoir. Et c'était dans la maison du
tisserand qu'il voulut échouer, la misérable maison aperçue au
bord du chemin, avec son étroit potager enclos d'une haie, sa
façade d'un étage, aux petites fenêtres mornes. En haut, la chambre,
simplement blanchie à la chaux, était carrelée, n'avait d'autres
meubles qu'une table de bois blanc et deux chaises de paille. Il
y patienta pendant des heures, d'abord en compagnie de Bismarck
qui souriait à l'entendre parler de générosité, seul ensuite, traînant
sa misère, collant sa face terreuse aux vitres, regardant encore

ce sol de France, cette Meuse qui coulait si belle, au travers des vastes champs fertiles.

3) Puis, le lendemain, les jours suivants, ce furent les autres étapes abominables: le château de Bellevue, ce riant castel bourgeois, dominant le fleuve, où il coucha, où il pleura, à la suite de son entrevue avec le roi Guillaume, le cruel départ, Sedan évité par crainte de la colère des vaincus et des affamés, le pont de bateaux que les Prussiens avaient jeté à Iges, le long détour au nord de la ville, les chemins de traverse, les routes écartées de Floing, de Fleigneux, d'Illy, toute cette lamentable fuite en calèche découverte; et là, sur ce tragique plateau d'Illy, encombré de cadavres, la légendaire rencontre, le misérable empereur, qui, ne pouvant plus même supporter le trot du cheval, s'était affaissé sous la violence de quelque crise, fumant peut-être machinalement son éternelle cigarette, tandis qu'un troupeau de prisonniers, hâves, couverts de sang et de poussière, ramenés de Fleigneux à Sedan, se rangeaient au bord du chemin pour laisser passer la voiture, les premiers silencieux, les autres grondant, les autres peu à peu exaspérés, éclatant en huées, les poings tendus, dans un geste d'insulte et de malédiction.

Ensuite, il y eut encore la traversée interminable du champ de bataille, il y eut une lieue de chemins défoncés, parmi les débris, parmi les morts, aux yeux grands ouverts et menaçants, il y eut la campagne nue, les vastes bois muets, la frontière en haut d'une montée, puis la fin de tout qui dévalait au delà, avec la route bordée de sapins, au fond de la vallée étroite.

Et quelle première nuit d'exil, à Bouillon, dans une auberge, l'hôtel de la Poste, entouré d'une telle foule de Français réfugiés et de simples curieux, que l'empereur avait cru devoir se montrer, au milieu de murmures et de coups de sifflet!

Anhang zum II. Abschnitt.

32a. L'étoile du soir.

Pâle étoile du soir, messagère lointaine,
Dont le front sort brillant des voiles du couchant,
De ton palais d'azur, au sein du firmament,
    Que regardes-tu dans la plaine?
La tempête s'éloigne, et les vents sont calmés;
La forêt, qui frémit, pleure sur la bruyère.
La phalène dorée, dans sa course légère
    Traverse les prés embaumés.
    Que cherches-tu sur la terre endormie?
Mais déjà vers les monts je te vois t'abaisser;
Tu fuis, en souriant, mélancolique amie,
Et ton tremblant regard est près de s'effacer.
Étoile qui descends sur la verte colline,
Triste larme d'argent du manteau de la Nuit,
Toi que regarde au loin le pâtre qui chemine,
Tandis que pas à pas son long troupeau le suit,
Étoile, où t'en vas-tu, dans cette nuit immense?
Cherches-tu sur la rive un lit dans les roseaux?
Où t'en vas-tu si belle à l'heure du silence,
Tomber comme une perle au sein profond des eaux?

34a. Le dimanche à Paris.

1) Le public du dimanche n'est pas toujours commode. Il manque d'élégance, de distinction, d'aristocratie. Ce jour-là, c'est toute une population nouvelle qui prend possession de Paris, de ses spectacles, de ses cafés, de ses promenades, de ses jardins publics, de ses boulevards, de son Palais-Royal, de ses gares, de sa banlieue. Elle coule à flots par les rues. La grande ville lui appartient pour tout le jour. D'où sort-elle? Des comptoirs des humbles boutiques, des bureaux d'employés, des administrations, des ministères. C'est un public de petits bourgeois, de petits marchands, mêlé de vrais ouvriers. Dès la veille, tout ce monde a observé le ciel avec un intérêt sérieux. Le matin, dès l'aube, bien des fenêtres se sont ouvertes pour laisser passer un œil interrogateur et un nez qui aspire la brise matinale. Le

soleil est à son poste, la journée s'annonce belle; c'est parfait.

2) Voici l'invasion qui commence. Les trottoirs sont recouverts d'une foule endimanchée, qui s'avance à la hâte et dont toute l'allure montre qu'elle est sortie dans l'intention formelle de s'amuser. On assiège les tramways et les gares; d'énormes queues s'allongent sur les berges de la Seine, aux embarcadères des bateaux omnibus; on rencontre des fiacres où sont empilées six personnes, rouges de plaisir, riant tout haut, et une septième assise à côté du cocher, qui se retourne pour échanger des plaisanteries avec les six autres. Un large flot humain roule incessamment par toutes les grilles du Luxembourg et monte vers l'Observatoire, s'éparpillant en route aux tables en plein air des cafés et autour des saltimbanques, des chanteurs, des chiens savants et des acrobates. Le jardin des Tuileries ressemble à une fourmilière. Les Champs-Élysées sont noirs de monde, et des voitures attelées de rosses hectiques trottinent du côté de l'Arc de Triomphe.

3) Poussez jusqu'à la porte Maillot, et vous allez découvrir un bois de Boulogne que vous ne connaissez pas, si vous ne l'avez jamais vu qu'en semaine. Au lieu des cavaliers élégants, montant selon toutes les règles de l'art des chevaux de 2000 écus et saluant avec grâce à droite et à gauche, des calèches à huit ressorts glissant sur les avenues finement sablées et ratissées, avec leur attelage trottant haut sous la main savante d'un cocher à l'air rogue, et leur laquais raide, impassible, les bras croisés; au lieu des breaks emportant autour du lac de belles dames, vous aurez des commis en nouveautés vêtus d'un complet de 49 francs, cahotés par des locatis à 40 sous l'heure, des cochers au pantalon noisette et au chapeau de toile cirée, et tout le long des allées, au bord des étangs, sur chaque pelouse et sous chaque arbre, des gens assis ou étendus de leur long, lisant, fumant, mangeant du pâté et du saucisson. Les échos du bois, étonnés, répètent de toutes parts des gazouillements de jeunes filles et des rires d'enfants.

40a. Retour de Napoléon Iᵉʳ de l'île d'Elbe.
(20 mars 1815).

1) Cependant de l'île d'Elbe Napoléon écoutait tous les bruits qui lui arrivaient de France. Il voyait les Bourbons accumuler les fautes, et leur impopularité grandir. Menacé d'être

enlevé dans son île pour être jeté sur quelque rocher plus solitaire, il préféra tenter encore une fois la fortune. Il s'embarque avec quelques centaines d'hommes et aborde au golfe Juan, près de Cannes, dans le département du Var (1er mars).

2) «Français, dit-il dans une proclamation, élevé au trône par votre choix, tout ce qui a été fait sans vous est illégitime. Soldats, tous ceux que nous avons vus depuis vingt-cinq ans parcourir l'Europe pour nous susciter des ennemis, qui ont passé leur vie à combattre contre nous dans les rangs des armées étrangères, prétendraient-ils enchaîner nos aigles? Venez vous ranger sous les drapeaux de votre chef; son existence ne se compose que de la vôtre; ses droits ne sont que ceux du peuple et les vôtres; son intérêt, son honneur et sa gloire ne sont autres que votre intérêt, votre honneur et votre gloire. La victoire marchera au pas de charge, l'aigle avec les couleurs nationales, volera de clocher en clocher jusqu'aux tours Notre-Dame.»

3) De Cannes à Grenoble, la petite troupe ne rencontra pas un obstacle. «Citoyens, disait l'Empereur aux paysans, je compte sur le peuple, parce que je suis l'homme du peuple.» Il avouait franchement qu'il s'était trompé en voulant donner à la France l'empire du monde, ne parlait que de paix et de liberté, promettait une constitution et des garanties. Près de Grenoble il rencontra les premières troupes envoyées contre lui. Il s'avança seul et dit: «Y a-t-il quelqu'un d'entre vous qui veuille tuer son Empereur?» Les armes tombèrent des mains des soldats, qui répondirent par un immense cri de ,Vive l'Empereur'! Labédoyère lui amena le 7e de ligne; chaque soldat avait repris sa cocarde tricolore, religieusement gardée depuis dix mois au fond des sacs. Dès lors la route ne fut qu'un triomphe; à Grenoble, les habitants enfoncèrent eux-mêmes les portes de leur ville pour le laisser entrer; à Lyon, où il arriva le 10, accueil aussi enthousiaste. Il n'y resta que jusqu'au 13 et y reprit l'exercice du pouvoir souverain; Ney, parti de Paris tout dévoué au roi, vit ses régiments céder à l'entraînement universel et vint lui-même rejoindre à Auxerre son ancien chef. Le 20 mars, Napoléon rentrait aux Tuileries, que Louis XVIII avait quittées la veille. Pas un coup de fusil n'était parti pour défendre les Bourbons, pas une goutte de sang n'avait été versée pour le rétablissement de l'Empire.

41a. Le retour dans la patrie.

1) Qu'il va lentement, le navire
A qui j'ai confié mon sort!
Au rivage où mon cœur aspire,
Qu'il est lent à trouver un port!
France adorée!
Douce contrée!
Mes yeux cent fois ont cru te découvrir.
Qu'un vent rapide
Soudain nous guide
Aux bords sacrés où je reviens mourir.
Mais enfin le matelot crie:
Terre! terre! là-bas, voyez!
Ah! tous mes maux sont oubliés.
Salut à ma patrie! (Ter.)

2) Oui, voilà les rives de France;
Oui, voilà le port vaste et sûr,
Voisin des champs où mon enfance
S'écoula sous un chaume obscur.
France adorée!
Douce contrée!
Après vingt ans enfin je te revois;
De mon village
Je vois la plage,
Je vois fumer la cime de nos toits.
Combien mon âme est attendrie!
Là furent mes premiers amours;
Là ma mère m'attend toujours.
Salut à ma patrie!

3) Loin de mon berceau, jeune encore,
L'inconstance emporta mes pas
Jusqu'au sein des mers où l'aurore
Sourit aux plus riches climats.
France adorée!
Douce contrée!
Dieu te devait leurs fécondes chaleurs.
Toute l'année,

Là, brille ornée
De fleurs, de fruits, et de fruits et de fleurs.
  Mais, là, ma jeunesse flétrie
  Rêvait à des climats plus chers;
  Là, je regrettais nos hivers.
    Salut à ma patrie!

4) Poussé chez des peuples sauvages
   Qui m'offraient de régner sur eux,
   J'ai su défendre leurs rivages
   Contre des ennemis nombreux.
     France adorée!
     Douce contrée!
Tes champs alors gémissaient envahis.
     Puissance et gloire,
     Cris de victoire,
Rien n'étouffa la voix de mon pays.
   De tout quitter mon cœur me prie,
   Je reviens pauvre, mais constant.
   Une bêche est là qui m'attend.
     Salut à ma patrie!

5) Au bruit des transports d'allégresse,
   Enfin le navire entre au port.
   Dans cette barque où l'on se presse,
   Hâtons-nous d'atteindre le bord.
     France adorée!
     Douce contrée!
Puissent tes fils te revoir ainsi tous!
     Enfin j'arrive,
     Et sur la rive
Je rends au ciel, je rends grâce à genoux.
   Je t'embrasse, ô terre chérie!
   Dieu! qu'un exilé doit souffrir!
   Moi, désormais je puis mourir.
     Salut à ma patrie! (Ter.)

42a. Le dernier jour de l'année.

Un pas encore, encore une heure,
Et l'année aura, sans retour,

Atteint sa dernière demeure;
L'aiguille aura fini son tour.
Pourquoi de mon regard avide,
La poursuivre ainsi tristement,
Quand je ne puis, d'un seul moment,
Retarder sa marche rapide?
Du temps qui vient de s'écouler
Si quelques jours pouvaient renaître,
Il n'en est pas un seul, peut-être,
Que ma voix daignât rappeler!
Mais des ans la fuite m'étonne;
Écoutons!... le timbre sonore
Lentement frémit douze fois;
Il se tait... Je l'écoute encore,
Et l'année expire à sa voix.
C'en est fait; en vain je l'appelle,
Adieu!... Salut, sa sœur nouvelle,
Salut! Quels dons chargent ta main?
Quel bien nous apporte ton aile?
Quels beaux jours dorment dans ton sein?
Que dis-je! à mon âme tremblante
Ne révèle point tes secrets.
D'espoir, de jeunesse, d'attraits,
Aujourd'hui tu parais brillante,
Et ta course insensible et lente
Peut-être amène les regrets!
Ainsi chaque soleil se lève,
Témoin de nos vœux insensés;
Ainsi toujours son cours s'achève,
En entraînant, comme un vain rêve,
Nos vœux déçus et dispersés.
Mais l'espérance fantastique,
Répandant sa clarté magique
Dans la nuit du sombre avenir,
Nous guide, d'année en année,
Jusqu'à l'aurore fortunée
Du jour qui ne doit pas finir.

48a. Prise de la Bastille.
(14 juillet 1789).

1) Depuis neuf heures du matin jusqu'à deux heures, il n'y eut qu'un mot d'ordre d'un bout de Paris à l'autre: «A la Bastille! A la Bastille!» Les citoyens s'y rendaient de tous les quartiers par pelotons, armés de fusils, de piques, de sabres. La foule qui l'environnait était déjà considérable; les sentinelles de la place étaient postées, et les ponts levés comme dans un moment de guerre.

Un député, nommé Thuriot de la Rosière, demanda alors à parler au gouverneur, M. Delaunay. Admis en sa présence, il le somma de changer la direction de ses canons. Le gouverneur répondit que les pièces avaient été de tout temps sur les tours; qu'il n'était pas en son pouvoir de les faire descendre; que, du reste, instruit des inquiétudes des Parisiens, il les avait fait retirer de quelques pas et sortir des embrasures. Thuriot obtint avec peine de pénétrer plus avant, et d'examiner si l'état de la forteresse était aussi rassurant pour la ville que le disait le gouverneur. Il trouva, en avançant, trois canons dirigés sur les avenues de la place et prêts à balayer ceux qui entreprendraient de la forcer. Environ quarante Suisses et quatre-vingts invalides étaient sous les armes. Thuriot les pressa, ainsi que l'état-major de la place, au nom de l'honneur et de la patrie, de ne pas se montrer ennemis du peuple; les officiers et les soldats jurèrent tous de ne pas faire usage de leurs armes s'ils n'étaient point attaqués. Thuriot monta ensuite sur les tours; de là il aperçut une multitude immense qui accourait de toutes parts et le faubourg Saint-Antoine qui s'avançait en masse. Déjà au dehors on était inquiet de ne pas le voir revenir, et on le demandait à grands cris. Pour rassurer le peuple, il se montra sur le rebord de la forteresse, et fut salué par des applaudissements qui partirent du jardin de l'Arsenal. Il descendit, rejoignit les siens, leur fit part du résultat de sa mission, et se rendit ensuite au comité.

2) La multitude impatiente demandait la reddition de la forteresse. De temps en temps on entendait s'élever du milieu d'elle ces paroles: «Nous voulons la Bastille! Nous voulons la Bastille!» Plus résolus que les autres, deux hommes sortirent

tout à coup de la foule, s'élancèrent sur un corps de garde, et frappèrent à coups de hache les chaînes du grand pont. Les soldats leur crièrent de se retirer en les menaçant de faire feu; mais ils continuèrent à frapper, et eurent bientôt brisé les chaînes, abaissé le pont sur lequel ils se précipitèrent avec la foule. Ils avancèrent vers le second pont pour l'abattre de même. La garnison fit alors une décharge de mousqueterie qui les dispersa. Ils n'en revinrent pas moins à l'attaque et pendant plusieurs heures tous leurs efforts se dirigèrent contre le second pont, dont l'approche était défendue par le feu continuel de la place. Le peuple outré de cette résistance opiniâtre, essaya de briser les portes à coups de hache et de mettre le feu au corps de garde; mais la garnison fit une décharge à mitraille qui fut meurtrière pour les assiégeants et qui leur tua ou blessa beaucoup de monde. Ils n'en devinrent que plus ardents; et, secondés par l'audace et par la constance des braves Hélie et Hulin, qui étaient à leur tête, ils continuèrent le siège avec acharnement.

3) Il y avait plus de quatre heures que la Bastille était assiégée, lorsque les gardes françaises survinrent avec du canon. Leur arrivée fit changer le combat de face. La garnison elle-même pressa le gouverneur de se rendre. Le malheureux Delaunay, craignant le sort qui l'attendait, voulut faire sauter la forteresse, et s'ensevelir sous ses débris et sous ceux du faubourg. Il s'avança en désespéré, avec une mèche allumée à la main, vers les poudres. La garnison l'arrêta elle-même, arbora le pavillon blanc sur la plate-forme, et renversa ses fusils, canons en bas, en signe de paix. Mais les assaillants combattaient et s'avançaient toujours en criant: «Abaissez les ponts.» A travers les créneaux, un officier suisse demanda à capituler et à sortir avec les honneurs de la guerre. «Non, non!» cria la foule. Le même officier proposa de mettre bas les armes si on leur promettait la vie sauve. «Abaissez le pont, lui répondirent les plus avancés des assaillants, il ne vous arrivera rien.» Sur cette assurance, ils ouvrirent la porte, abaissèrent le pont, et les assiégeants se précipitèrent dans la Bastille. Ceux qui étaient à la tête de la multitude voulurent sauver de sa vengeance le gouverneur, les Suisses et les invalides; mais elle criait: «Livrez-les-nous, livrez-les-nous; ils ont fait feu sur leurs concitoyens, ils méritent d'être pendus.» Le gouverneur, quelques Suisses et

quelques invalides furent arrachés à la protection de leurs défenseurs et inhumainement mis à mort par la foule implacable.

Les vainqueurs de la Bastille se dirigèrent ensuite sur
l'Hôtel de Ville en offrant la pompe la plus populaire et la plus
effrayante. Ceux qui s'étaient le plus signalés étaient portés
en triomphe et couronnés de lauriers. Ils étaient escortés de
plus de quinze cents hommes, les yeux ardents, les cheveux en
désordre, ayant toute sorte d'armes. L'un portait les clefs et le
drapeau de la Bastille, l'autre le règlement pendu à la baïonnette
de son fusil; un troisième, chose horrible, portait la tête du
gouverneur, mise sur sa pique.

Ce fut dans cet appareil que le cortège des vainqueurs de
la Bastille, suivi d'une foule immense qui inondait les places
et les quais, entra dans la salle de l'Hôtel de Ville pour apprendre
au comité son triomphe, et décider du sort des prisonniers
qui restaient.

B. Wörterverzeichnis.

I. Abschnitt.

1.

sur	über
une efficacité	eine Wirksamkeit
un Anglais	ein Engländer
hypocondriaque	hypochondrisch, schwermütig
s'adresser à q.	sich an jem. wenden
un esprit	ein Geist
un homme d'esprit	ein geistreicher Mann
le pays	das Vaterland
pouvoir	vermögen
capable de f.	fähig, imstande zu th.
soulager q.	jem. Erleichterung verschaffen
Moscou	Moskau
précéder q.	jem. vorhergehen, vorausgehen, vor jem. hergeh.
il était précédé d'une lettre	ihm ging ein Brief voraus
Rome	Rom
à Rome	nach Rom
l'Italie, f.	Italien
Paris	Paris
Vienne	Wien
Londres	London
après q.	hinter jem. her
courir après q.	hinter jem. herlaufen
I, 57 on envoie,	
I, 28 il envoya	

2.

un examen	ein Examen, eine Prüfung
le général	der General, Feldherr
durer	dauern
durant	während (Präpos.)
nombreux, -se	zahlreich
la jeunesse	die Jugend
presser	drängen
sur	an
Châlons-sur-Marne	Chalons an der Marne
une artillerie	eine Artillerie
une école d'artillerie	eine Artillerieschule
faire un examen	eine Prüfung abhalten
le gouvernement	die Regierung
le candidat (à)	der Kandidat, Bewerber (um, für)
le grade	der (milit.) Rang
le sous-lieutenant	der Unterleutnant
s'ouvrir	aufgehen (v. d. Thür)
une sorte de paysan	eine Art Bauer
la taille	der Wuchs
un air	e. Miene, e. Aussehen
ingénu, e	unbefangen
à la main	in der Hand
le rire	das Gelächter
universel, -elle	allgemein
accueillir	empfangen, aufnehmen

le nouveau venu	der Ankömmling
un examinateur	ein Examinator
remarquer	bemerken
faire remarquer qc. à q.	jem. etw. zu verstehen geben; jem. auf etw. aufmerks. mach.
la méprise	der Irrtum, das Mißverständnis
subir un examen	sich einer Prüfung unterziehen
une impatience	eine Ungeduld
avec impatience	ungeduldig (Adv.)
le tour	die Reihe
on attendait le tour du paysan	man wartete, bis d. Reihe an den Landmann kam
dès	gleich bei
il reconnaît	er erkennt
la fermeté	die Festigkeit, Sicherheit
pousser	treiben
au delà de	jenseits, über ... hinaus
la limite	die Grenze
naturel, -elle	natürlich
clair, e	klar
précis, e	scharf, genau
toucher	rühren
embrasser	umarmen, küssen
annoncer	verkünden
la promotion	die Beförderung
le triomphe	der Triumph
le boulanger	der Bäcker
passer un examen	eine Prüfung bestehen
un des plus beaux examens que j'aie vu passer	eine der schönsten Prüfungen, die ich habe bestehen sehen
un aide de camp	ein Adjutant
de votre aide de camp, le jeune Drouot	Ihres Adjutanten, des jungen Drouot

zu b: I, 34 il se recueille.

3.

vêtir	kleiden
la peau	das Fell
le lion	der Löwe
par hasard	zufällig
la peau de lion	das Löwenfell
revêtir (de)	bekleiden (mit)
il s'en revêtit	er bekleidete sich mit demselben
déguiser	verkleiden
la terreur	der Schrecken
la consternation	die Bestürzung
il répandit partout la terreur et la consternation	er verbreitete überall Schrecken u. Bestürzung
épouvanter	erschrecken, in Schrecken setzen
quelque chose de long	etwas Langes
le maître	der Meister
maître baudet	Meister Langohr
trahir	verraten
réel, -elle	wirklich
réellement	in Wirklichkeit
le sot	der Dummkopf
un endroit	ein Ort, eine Stelle
découvrir	verraten
ridicule	lächerlich
rendre (ridicule)	(lächerlich) machen

zu c: I, 56 il fuit
I, 23 ils s'enfuient

4.

le domestique	der Diener
parfait, e	vollständig, vollkommen
un parfait honnête homme	ein grundehrlicher Mann
morbleu!	zum Henker!
pour la troisième fois	zum dritten Male
ordonner de f.	befehlen zu th.
la brosse	die Bürste
quel, quelle	was für ein

il n'avait rien | er hatte nichts ge-
répondu | antwortet
la veille | am vorhergehenden Tag
répondre à | antworten auf
pareil, -eille | ähnlich
une incartade | eine Schmähung
exact, e | sorgfältig
je n'y concevais | es war mir unbe-
rien | greiflich
le linge | die Leinwand, das
 | Leinentuch
nettoyer | reinigen, putzen
en colère | zornig
brusquer q. | jem. anfahren
je me repentais | ich bereute ihn an-
de l'avoir brus- | gefahren zu haben
qué
le courroux | der Zorn
passer | schwinden
tâcher de f. | versuchen zu th., sich
 | bemühen zu th.
ôter | wegnehmen, entfernen
la poussière | der Staub
toucher à | rühren an
appuyer | stützen
le signe | das Zeichen
la réconciliation | die Versöhnung
en signe de ré- | zum Zeichen der
conciliation | Versöhnung
en retirant | indem ich zurückzog
le sourire | das Lächeln
un demi-sourire | e. schwaches Lächeln
la justification | die Rechtfertigung
il parut | er erschien
paraître | scheinen, erscheinen
la lèvre | die Lippe
la demande | die Anfrage
le sou | der Sou (5 Cen-
 | times = 4 Pf.)
une emplette | ein (kleiner) Einkauf
encore | abermals, wiederum
il aurait pu | er hätte können
je ne suis point | ich bin kein Tier,
un animal, | wie Sie gesagt
comme vous | haben
l'avez dit

il se laissa mal- | er ließ sich lieber
traiter plutôt | mißhandeln, als
que d'exposer | daß er ausgesetzt
 | hätte
injuste | ungerecht
exposer à f. | dem (der Gefahr)
 | aussetzen zu th.
rougir de | erröten über
bénir | segnen
que le ciel le bé- | der Himmel möge
nisse | ihn segnen
le chrétien | der Christ
lu, e | gelesen
tiens | da, nimm!
courir f. | eilen, um zu th.;
 | eilen und th.;
 | schleunigst th.
délicieux, -se | köstlich, prächtig
la larme | die Thräne
le repentir | die Reue

5.

la simplicité | die Einfalt
tel, telle | so groß, derartig
le patois | das Platt, die
 | Mundart
provençal, e | provenzalisch
proverbial, e | sprichwörtlich
la serpe | die Hippe, das
 | Gartenmesser
il s'assied | er setzt sich
le tronc | der Stamm
le député | der Abgesandte,
 | Abgeordnete
présenter | überreichen
la requête | die Bittschrift, das
 | Gesuch
le parlement | das Parlament
la demeure | die Wohnung
le président | der Vorsitzende,
 | Präsident
introduire | einführen, hineinführen
un hôtel | ein vornehmes Haus
un huissier | ein Thürhüter
la pièce | das Gemach
le luxe | der Luxus, die Pracht

émerveiller	in die höchste Verwunderung setzen
laisser	stehen lassen
le cabinet	kleines Zimmer, Nebenzimmer
une audience	eine Audienz
la salle d'audience	das Audienzzimmer
étendre	ausstrecken
étendre la main vers qc.	mit der Hand auf etw. hinweisen
entrer	näher treten, hineingehen
se retirer	sich entfernen
hermétique	luftdicht
la tapisserie	der Wandteppich
ainsi que	(ebenso) wie
la coutume	die Gewohnheit
une époque	eine Epoche
c'était la coutume de l'époque	es war in jener Zeit Mode
de sorte que	so daß
large	breit, weit
le pli	die Falte
la portière	die Portiere, der Thürvorhang
le loquet	der Thürdrücker, die Klinke
une issue	ein Ausgang (= Ausgangsthür)
les députés ne voyant ni loquet ni clef	da die Abgesandten weder eine Klinke noch einen Schlüssel sahen
s'arrêter	halt machen, stehen bleiben
ils s'arrêtèrent	sie blieben stehen
embarrassé, e	verlegen
comment faire	wie sie es anfangen sollten
passer outre	weiter kommen
le conseil	der Rat
tenir conseil	Rat halten
le bout	das Ende
au bout	nach Verlauf
avisé, e	schlau
un avis	eine Meinung, ein Vorschlag

adopter un avis	einen Vorschlag annehmen
la façon	die Art, Weise
sans façon	ohne Umstände
par-dessous qc.	unter etw. weg
le rideau	der Vorhang
à quatre pattes	auf allen vieren
la manière	die Art, Weise
à la manière	nach Art
accorder	bewilligen
le concitoyen	der Mitbürger
ils ne doutèrent pas que ce ne fût	sie zweifelten nicht, daß es war
no pas douter que ne ... ne (mit Konj.)	nicht zweifeln, daß
convenable	schicklich, angemessen
la manière dont	die Art, wie
la justice	die Gerechtigkeit, Billigkeit
la demande	das Gesuch
prompt, e	schnell
entier, entière	vollständig
le succès	der Erfolg

---

zu b: I, 40 il suit
I, 59 poursuivons
I, 56 ils suivent
I, 30 suivi, e
I, 28 il prescrit
zu c: I, 25 il produisit

6.

le paon	der Pfau
se plaindre à q.	sich bei jem. beschweren
Junon	Juno
la déesse	die Göttin
la raison	der Grund
murmurer	murren
le don	die Gabe, das Geschenk
faire don de qc. à q.	jem. mit etw. beschenken
déplaire	mißfallen
au lieu que	anstatt, daß
le rossignol	die Nachtigall

chétif, chétive	jämmerlich
le son	der Ton, Klang
éclatant, e	glänzend, schallend
jaloux, -se	eifersüchtig, miß·günstig
est-ce à toi d'en-	ist es an dir (=
vier la voix du	deine Sache),
rossignol?	auf die Stimme der Nachtigall neidisch zu sein?
c'est à moi de f.	es ist meine Sache zu th.
envier qc.	neidisch sein auf etw.
à l'entour de	um... herum
(für autour de)	
le col (für le cou)	der Hals
un arc-en-ciel	ein Regenbogen
nué, e (für nu-	schillernd
ancé, e)	
la soie	die Seide
se panader	einherstolzieren
(für se pavaner)	
déployer	entfalten
la queue	der Schwanz, Schweif
sembler	scheinen
la boutique	der (kleinere) Laden
le lapidaire	b. Edelsteinschleifer
il est	es giebt
sous les cieux	in der ganzen Welt
la propriété	b. Eigentümlichkeit
la grandeur	die Größe
le partage	das Erbteil
le faucon	der Falke
léger, -ère	leicht (von Gewicht)
un aigle	ein Adler
plein, pleine de	voller (Mut)
(courage)	
le corbeau	der Rabe
le présage	die Vorbedeutung
la corneille	die Krähe
à venir	zukünftig
content, e (de)	zufrieden (mit)
le ramage	das Gezwitscher
cesser (de f.)	aufhören (zu th.)
donc	daher, also
ou bien	sonst, andernfalls

le plumage	das Gefieder

———

zu a: I, 40 on atteint
I, 40 teint, e
zu b: I, 37 né, e
zu c: I, 57 il lit
II, 4 lu, e
I, 18 tout se taisait

7.

le poisson	der Fisch
le petit poisson	das Fischlein
le pêcheur	der Fischer
pourvu que	wenn... nur; vor·
(mit Konj.)	ausgesetzt, daß
prêter qc. à q.	jem. etw. leihen
pourvu que Dieu	vorausgesetzt, daß
lui prête la vie	Gott ihm das Leben läßt
en attendant	bis dahin
pour moi	für meine Person
la folie	die Narrheit, Thorheit
rattraper	wieder einfangen
certain, e	gewiß, sicher
le carpeau	(klein.) Setzkarpfen
ne... encore que	noch kaum
le fretin	die Fischbrut
faire nombre	mitzählen
le butin	die Beute
le commencement	der Anfang
chère et festin	prächtiger Schmaus
le festin	der Schmaus
la gibecière	die Jagdtasche
le carpillon	der kleine Karpfen
fournir	liefern
au plus	höchstens
une bouchée	ein Mund voll, ein Bissen
la carpe	der Karpfen
repêcher	wieder fischen
acheter cher	teuer kaufen (oder bezahlen)
la taille	der Wuchs, die Körpergröße
le plat	das Gericht (Essen)
rien qui	nichts, was

rien qui vaille	nichts Ordentliches
soit!	das mag sein, meinetwegen
faire le prêcheur	den Sittenprediger spielen
la poêle	die Pfanne
avoir beau dire	gut reden haben
ce soir	heute Abend
frire	braten (in der Pfanne)
un *Tiens* vaut mieux que deux *Tu l'auras*	ein Sperling in der Hand ist besser als eine Taube auf dem Dache
valoir mieux	besser sein, mehr wert sein
sûr, e	sicher

8.

la parabole	die Parabel
jeter	verschlagen
la tempête	d. Sturm, d. Unwetter
une île	eine Insel
dans une île	auf eine Insel
inconnu, e	unbekannt
la peine	die Sorge, Unruhe
être en peine de	in Sorge sein um
il s'était perdu	er war verloren gegangen
se perdre	verloren gehen
reconnaître	anerkennen
en cette qualité	in dieser Eigenschaft, als solcher
le parti	der Entschluß
prendre un parti	e. Entschluß fassen
se résoudre à f.	sich dazu entschließen, zu th.
se prêter	sich überlassen
la fortune	das Glück
recevoir	entgegennehmen
le respect	die Achtung, Ehrerbietung
les respects	die Beweise der Achtung
rendre des respects	Ehrerbietung erweisen
traiter	behandeln
traiter q. de roi	jem. König heißen

la condition	der Stand
en même temps que	während [Konjunktion]
le royaume	das Königreich
double	doppelt, zweifach
par	infolge
agir en	handeln als
un état	ein Stand, eine Lage, Stellung
la place	die Stelle
dans une place	an eine Stelle

zu a: I, 48 je connais
I, 59 il connaît
II, 2 il reconnaît
I, 59 nous connaissons
I, 45 reconnu, e; —
II, 4 il parut; —
I, 13 elle croit
I, 12 nous croissons; —
zu b: I, 50 il résolut; —
zu c: I, 28 ils vivaient
I, 66 si je survivais à ma mère

9.

le château	das Schloß
l'Espagne, f.	Spanien
un château en Espagne	ein Luftschloß
la loterie	die Lotterie
mettre à la loterie	in der Lotterie setzen
le billet	das Los (Lotterie-)
je pourrais	ich könnte
convenir	zugeben, einräumen
possible	möglich
puis	außerdem, ferner
le gros lot	das große Los
le bonheur	das Glück
ample	weit, umfangreich
la seigneurie	d. herrschaftliche Gut
la métairie	die Meierei
à mon tour	meinerseits
le commandement	der Befehl, das Befehlen

novice (dans)	unerfahren (in)
le novice	der Neuling
ne... point	gar nicht
insolent, e	unverschämt
je me rappelle-	ich werde mich er-
ral ce que	innern, was ich
j'étais hier	gestern war
ma foi,	meiner Treu!
la ferme	das Gut, Pachtgut
à la folie	wie närrisch
le fermier	b. Pächter, Landwirt
la basse-cour	der Wirtschaftshof
remplir. de	anfüllen mit
la poule	das Huhn
le poussin	das Küchlein
de mes mains	eigenhändig
chaque jour	täglich [Adv.]
prétendre f.	beabsichtigen zu th.
nourrir	füttern
le coup d'œil	der Blick, Anblick
charmer	entzücken
rapporter	einträglich sein,
	Geld einbringen
le soir	am Abend, abends
assis, e	sitzend
bêler	blöken
quel plaisir	welches Vergnügen,
quand j'enten-	wenn ich hören
drai... et que	werde... und
je verrai...	wenn ich sehen
	werde...
de loin	von weitem
la nourrice	die Amme
le Turc	der Türke
le Grand Turc	der Sultan
monsieur le	der Herr Sultan
Grand Turc	
une aumône	ein Almosen
faire l'aumône	Almosen geben
dire tout bas	ganz leise sagen
le passage	das Vorbeigehen
bien	allerdings, zwar, freilich
abuser q.	jem. täuschen
le projet	der Plan
au moins	wenigstens
fonder	gründen, begründen

eh!	ei!
tantôt encore	eben noch
quand	wann
invisible	unsichtbar
confondre	in Verwirrung
	bringen
confondu, e	bestürzt
que vais-je de-	was soll (wird)
venir?	aus mir werden?
j'ai tout perdu	ich habe alles ver-
	loren

zu d: II, 5 il s'assied

10.

le laboureur	der Landmann
prendre de la	sich Mühe geben
peine	
le fonds	das Kapital, d. Schatz
manquer	fehlen, versagen
prochain, e	nahe
le témoin	der Zeuge
l'héritage, m.	das Erbe
dedans	darin, in demselben
un peu de cou-	etwas Mut wird
rage vous le	euch ihn auf-
fera trouver	finden lassen
un peu de	ein wenig, ein
	bißchen, etwas
trouver	auffinden
venir à bout de	zu Ende kommen
	mit, fertig wer-
	den mit, etw.
	bewältigen
remuer	aufwühlen
dès que	sobald (als)
faire l'août	Ernte halten
(für faire la	
moisson)	
fouiller	umackern
bêcher	umgraben
nulle place où la	keine Stelle, über
main ne passe	welche die Hand
	nicht ginge
repasser	wieder gehen
deçà	herüber

delà	hinüber
deçà et delà	hin und her
partout	überallhin, nach allen Seiten
sage	weise

11.

Jeanne Darc	Johanna Darc (die Jungfrau von Orleans)
le juge	der Richter
la fille	das Mädchen
un appui	eine Stütze
contre	gegenüber (feindlich)
supprimer	unterdrücken, beseitigen
arbitraire	willkürlich
embarrasser	in Verlegenheit bringen
absurde	abgeschmackt, albern
captieux, -se	verfänglich
déconcerter	aus der Fassung bringen
héroïque	heldenmütig
un étendard	eine Standarte
faire	anfertigen
la guerre	der Krieg
les gens de guerre	die Krieger
à la ressemblance	nach dem Muster
porter	bringen
porter bonheur	Glück bringen
entrer	sich hineinstürzen
hardi, e	kühn
baiser	küssen
les vêtements, m.	die Kleider
volontiers	gern
faire	bereiten
ne... point de	kein
le déplaisir	das Mißfallen, der Kummer
soutenir q.	jem. beistehen
selon	nach, gemäß
le pouvoir	d. Macht, d. Gewalt
selon mon pou- voir	nach (meinen) besten Kräften
faire bien de...	gut daran thun zu...
partir	fortgehen, sich aufmachen
la permission	die Erlaubnis
pardonner	verzeihen

penser (f.)	denken, glauben (zu th.)
pécher	sündigen
pensiez-vous ne point pécher?	glaubten Sie nicht zu sündigen?
commander	befehlen
quand	wenn
je serais partie	ich würde fort- gegangen sein, ich wäre fort- gegangen
monseigneur	der gnädige Herr
la Bourgogne	Burgund (Herzogtum)
le royaume de France	das Königreich Frankreich
quoi que (mit Konj.)	was auch (immer)
il y a	es liegt vor
quoi qu'il y eût	was auch (immer) vorlag
au secours de q.	jemandem zu Hilfe
le roi de France	der König von Frankreich
saint, e	heilig
sainte Catherine	die heil. Katharina
sainte Marguerite	die heilige Mar- garete
Notre-Seigneur	der Herr (Christus)

zu b: I, 1 où sommes-nous?
II, 6 est-ce à toi? —
.I, 12 que faites-vous?
I, 35 que voulais-tu nous dire?
I, 59 que deviendront ma femme et mes enfants?
I, 1 qu'est-ce que tu as?
I, 38 est-ce qu'on ne porte plus? —
I, 1 ton voisin a-t-il?

12.

le trait	der Zug. Charakterzug
la bonté	die Herzensgüte
Mᵐᵉ (= madame)	Frau
commander à	bestellen bei
le vase	die Vase

le marbre — der Marmor
de marbre — marmorn
deux vases de marbre — zwei Marmor- basen
le sculpteur — der Bildhauer
un ouvrier — ein Arbeiter
apporter — bringen
le couvercle — der Deckel
le camarade — der Kamerad
arriver — passieren, zustoßen
fâché, e — betrübt
je suis fâché de qc. etw. thut mir leid
il est bien à plaindre — er ist recht zu be- klagen
la connaissance — die Kenntnis
avoir connais- sance de — Kenntnis erhalten von
la maladresse — d. Ungeschicklichkeit
renvoyer — entlassen
allons, allons — nun, nun
lorsque les ou - als die Arbeiter vriers furent partis — fortgegangen waren
une inquiétude — eine Unruhe, Sorge
le chagrin — der Kummer
consoler — trösten
il faut que je le fasse consoler — ich muß ihn trösten lassen
un de ses gens — einer ihrer Leute
demander q. — nach jem. fragen
un tel — der und der

———

zu a: I, 27 les miettes de pain
I, 40 les grains de sel
I, 43 les épis de blé
I, 27 les rouges-gorges
zu b: I, 34 il s'était avancé
I, 47 je me suis trompé de mot
II, 8 il s'était perdu; —
I, 58 il est venu
II, 11 je serais partie
I, 19 ils étaient sortis
I, 53 aussitôt que Henri IV fut né
I, 19 une étincelle était tombée

I, 51 ils étaient demourés
I, 35 il est resté; —
zu c: I, 58 s'il voit... il entrera—
I, 66 si je survivais à ma mère
I, 33 si j'avais été seul

13.

Plessis-lès-Tours Plessis bei Tours [ein Schloß]
pour ainsi dire — so zu sagen, ge- wissermaßen
la reine — die Königin
le conseiller — der Rat, Ratgeber
le logis — die Wohnung [meist kleine]
ils avaient leur logis non au château, mais à Tours — sie hatten ihre Wohnung nicht im Schlosse, son- dern in Tours
s'occuper de — sich beschäftigen mit
un intervalle — ein Zwischenraum, eine Pause
le parc — der Park
intérieur, e — innere
le train intérieur die inneren An- gelegenheiten
il aimait à se familiariser — er liebte es, sich vertraut zu machen
aimer à f. — es lieben zu th.; gern th.
se familiariser sich vertraut machen
se plaire à f. — sich darin gefallen, zu th.; Gefallen daran finden, zu th.
mettre q. à son es jem. gemütlich aise — machen
troubler — stören, beunruhigen
la menace — die Drohung
la raillerie — der Scherz, die Spötterei
descendre — hinabgehen
la broche — der Bratspieß
nourrir — ernähren

tirer   herausziehen
attacher   zuteilen
faire du bien   gutes erweisen,
                       Wohlthaten er-
                       weisen

---

zu a: II, 12 un de ses gens; —
zu b: I, 2 la règle est faite
      I, 2 les enveloppes sont
         faites;
      I, 54 c'est moi qui l'ai
         vue le premier;
      I, 52 vous qui vous reposez

14.

le départ (pour)   die Abreise, der Auf-
                       bruch (nach, zu)
le duc   der Herzog
la Normandie   die Normandie
le duc de Nor-   der Herzog von
   mandie   der Normandie
la conquête   die Eroberung
l'Angleterre, f.   England
le navire   das Schiff
le millier (de)   das Tausend
plus d'un millier   mehr als ein
                       Tausend
le bateau   das Boot
le transport   der Transport
éloigner   entfernen
la rive   das Ufer
le signal   das Signal, Zeichen
à un signal   auf ein Zeichen
le vaisseau   das Schiff, Kriegsschiff
à la tête   an der Spitze
le mât   der Mast
la bannière   das Banner
le pape   der Papst
la croix   das Kreuz
le pavillon   die Flagge
la couleur   die Farbe
diverses cou-   verschiedene
   leurs   (= mancherlei)
                       Farben
en plusieurs en-   an mehreren
   droits   Stellen

---

une enseigne   eine Fahne
la proue   der Bug
sculpter   schnitzen
la figure   die Gestalt, Figur
un arc   ein Bogen
tendre   spannen
la flèche   der Pfeil
partir   abfliegen
le bâtiment   das Gebäude,
                       Fahrzeug
le voilier   der Segler
précéder q.   jem. vorausfahren
il les précéda   es ging (fuhr)
                       ihnen voraus
la nuit   nachts, in der Nacht
loin   weit
en arrière   zurück, hinten
le matelot   der Matrose
le sommet   der Gipfel, die
                       oberste Spitze
le grand mât   der Hauptmast
si   ob
la mer   das Meer, die See
une ancre   ein Anker
jeter l'ancre   vor Anker gehen,
                       Anker werfen
affecter   erheucheln
la contenance   die Fassung, Ge-
                       mütsruhe
gai, e   fröhlich, heiter
la peur   die Furcht
de peur que...   aus Furcht, daß
   ne (mit Konj.)
la crainte   die Furcht
de peur qu'ils ne   aus Furcht, daß sie
   se répandissent   sich verbreiteten
un équipage   eine Schiffsmann-
                       schaft
servir   auftragen (Speisen)
le repas   die Mahlzeit, das
                       Mahl
copieux, -se   reichlich
épicer   würzen

---

zu a, c, d: I, 43 dans quel état
              étaient ses moissons

15.

remonter	wieder hinaufsteigen
la troisième fois	beim dritten Male
la troupe	die Truppe
aborder	landen (intranf.)
un archer	ein Bogenschütze
débarquer	landen (tranf. und intranf.)
court, e	furz
raser	scheren
descendre	aussteigen, ans Land gehen
le cavalier	der Reiter
la maille	die Masche
la cotte de maille	das Panzerhemd
le heaume	der Ritterhelm
le fer	das Eisen
polir	polieren
armer (de)	bewaffnen (mit)
la lance	die Lanze
de longues et fortes lances	lange und starke Lanzen
une épée	ein Degen, Schwert
le tranchant	die Schneide
à deux tranchants	zweischneidig
le travailleur	der Arbeiter
le pionnier	der Pionier
le forgeron	der Schmied
décharger	ausladen
la pièce	das Stück
pièce à pièce	Stück für Stück
le rivage	der Strand
tailler	schneiden, zurechtschneiden
préparer	vorbereiten, herrichten
d'avance	im voraus
la terre	das Land
venir à terre	ans Land kommen
il vint à terre le dernier de tous	er kam zuletzt von allen (= nach allen andern) ans Land
au moment où	in dem Augenblicke, als
toucher	berühren
le sable	der Sand
le faux pas	der Fehltritt
le murmure	das Murmeln

s'élever	laut werden
garder	behüten
c'est mauvais signe	das ist ein böses Zeichen
par	bei (in Schwüren)
la splendeur	die Herrlichkeit
vif, vive	lebhaft, schlagfertig
la repartie	die Erwiderung
arrêter	hemmen
subite	plötzlich (Adj.)
un effet	ein Eindruck, e. Wirkung
le présage	das Vorzeichen
prendre une route	e. Weg einschlagen
la ville de Hastings	die Stadt Hastings
le lieu	der Ort
tracer	abstecken
construire	aufbauen
placer	legen

---

zu b, c: I, 60 qu'elle reste
I, 60 qu'elle puisse
II, 4 que le ciel le bé-
nisse; —
I, 39 je ne pourrais être
un moment dehors sans
mourir
I, 61 qui aurait cru
II, 4 il aurait pu
II, 11 je serais partie

16.

à Sainte-Hélène	auf Sankt-Helena
le genre	die Art
le genre de vie	die Lebensweise
se résigner à	sich hineinfinden in
y	in dasselbe
prendre une habitude	eine Gewohnheit annehmen
l'habitude de veiller	die Gewohnheit zu wachen
le sommeil	der Schlaf
irrégulier, -ère	unregelmäßig
il avait le sommeil irrégulier	er hatte einen unregelmäßigen Schlaf

suivi, e	anhaltend, ununterbrochen
il s'éveillait	er wachte auf
s'éveiller	aufwachen
il se recouchait	er ging wieder zu Bett
se recoucher	wieder zu Bett gehen
monter	steigen
la pointe du jour	der Tagesanbruch
rentrer	nach Hause zurückkehren
faire sentir	fühlbar machen
dicter	diktieren
il se reposait	er ruhte aus
se reposer	ausruhen
trois ou quatre heures	drei bis vier Stunden
une après-midi	ein Nachmittag
un exil	eine Verbannung
se promener en voiture	spazieren fahren
il se promenait en voiture	er fuhr spazieren
passer	zubringen, hinbringen, verleben
la soirée	der Abend
la compagnie	die Gesellschaft
tantôt... tantôt	bald... bald
en commun	gemeinsam (Abv.)
le passé	die Vergangenheit
prolonger	verlängern, in die Länge ziehen
plus il se couchait tard, plus...	je später er zu Bett ging, desto mehr...
se coucher	zu Bett gehen
tard	spät
trouver le sommeil	Schlaf finden
la conquête sur	der Triumph über
quand (mit Plusqpf.)	wenn
quand il avait pu...	wenn er hatte können
minuit	Mitternacht, zwölf Uhr nachts

17.

le souhait	der Wunsch
Flore	Flora
Flore, la reine des fleurs	Flora, die (=jene) Königin der Blumen
faire naître	hervorbringen, erzeugen
la palette	die Palette, das Farbenbrett
le pavillon	der Schmetterling
un arome	ein Aroma, Duft
chaste	keusch, makellos
la grâce	die Anmut
céleste	himmlisch
un peu d'herbe	ein wenig Gras

I, 53 aussitôt que Henri IV fut né
II, 12 lorsque les ouvriers furent partis;
aber II, 16 quand il avait pu

18.

prêter	verleihen
disposé, e	geneigt
tôt	frühe
braire	schreien (vom Esel)
assurer	versichern
avouer	gestehen
obligeant, e	freundlich, zuvorkommend
singulier, -ère	sonderbar

19.

la promenade	der Spaziergang
la lande	die Heide
breton, -onne	bretagnisch
triste	traurig
la bourre	filziger Boden
déchirer	zerreißen
se déchirer à	sich zerteilen vor
labourer	aufwühlen
fin, fine	fein
le tapis	der Teppich
le houx	die Stechpalme
le nœud	der Knoten
de fer	eisern
le feuillage	das Laub, der belaubte Zweig

lustrer — glänzend machen, putzen
l'ajonc, m. — der Stechginster
hérissé, e — beseßt (mit Stacheln)
une épine — ein Dorn
meurtrier, -ère — mörderisch
grêle — schlank
le hallier — der (dichte) Busch
un abri — ein Obdach, eine Zufluchtsstätte
faire un nid — ein Nest bauen
la perspective — die Aussicht, Fernsicht
le lointain — der Hintergrund
la profondeur — die Tiefe
pâle — bleich, blaß
le coureur — der Läufer
un accident — eine Eigenschaft
le paysage — die Landschaft
le pâturage — die Weide (= Anger)
dérouler — aufrollen, entfalten
tout d'un coup — mit einem Male
le détour — die Biegung
morne — düster, trübe
un arpent — ein Morgen (Landes)
sauvage — wild
le flanc — die Seite, Flanke
bizarre — seltsam
d'un air — mit einer Miene
infortuné, e — unglücklich
elles paissent — sie weiden, sie
(von paître) — fressen ab
rare — spärlich
le passant — der Passant, Wanderer
longer qc. — an etw. entlang gehen
des yeux — mit den Augen

—

II, 11 quoi qu'il y eût; —
I, 51 la providence a voulu
qu'il y eût des riches
qui eussent pitié des
pauvres; —
II, 7 rien qui vaille
II, 2 un des plus beaux examens
que j'aie vu passer
I, 49 le seul animal dont la
fidélité soit à l'é-
preuve.

20.

le village de — das Dorf Longueil
Longueil
porter — schaffen (= bringen)
jurer (de f.) — schwören (th. zu wollen)
ils jurèrent de — sie schwuren, sich
se défendre — verteidigen zu wollen
brave — brav, tapfer
occuper — besetzen, besetzt halten
le fort — das Fort, die kleine Festung
apprendre qc. — hören von etw.
les Anglais... en — die Engländer...
apprenant — als sie hörten
le préparatif (de) — d. Vorbereitung (zu)
la défense — die Verteidigung
le mépris — die Verachtung
deux cents hommes — 200 Mann
la garde — die Wache
faire bonne garde — gut Wache halten
être ouvert(e) — aufstehen
à un bruit — bei einem Lärm
un effroi — ein Schrecken
tomber en effroi — in Schrecken geraten
toutefois — dennoch, jedoch
frapper — schlagen, klopfen
mortel, -elle — tödlich, sterblich
la vue — der Anblick
à une vue — bei einem Anblick
vendons cher notre vie — wir wollen unser Leben teuer verkaufen
il y a à f. — es giebt (ist) zu th.
frapper — zuschlagen
comme si — als ob
s'abattre — niederfausen
dépasser (de la tête) — überragen (um einen Kopf)
brandir — schwingen
manquer — verfehlen
les coups dont — die Schläge, von
pas un ne — denen fein ein-
manquait son — ziger seinen
homme — Mann verfehlte

le casque	der Helm
fendre	spalten
encourager	ermutigen
la merveille	das Wunder
faire merveille	Wunder thun
peu	wenige
le coup	der Streich
faire un coup	e. Streich ausführen
ils étaient venus pour faire ce coup	sie waren gekommen, um diesen Streich auszuführen
plus de	über (= mehr als)

zu a: I, 43 d'autres étaient lourdement inclinés; —

I, 36 vous serez très bien payé

I, 48 bien élever

I, 18 je fermais bien la porte

zu b: II, 9 j'ai tout perdu

II, 4 il n'avait rien répondu

I, 4 il ne trouve rien

I, 27 nous nous réjouîmes beaucoup

zu c: I, 19 la flamme avait déjà consumé

I, 22 ils étaient souvent battus

I, 39 le blé est aussitôt coupé

I, 39 où on le bat aussitôt

21.

irrité(e) de s.	erzürnt (darüber) zu th.
un homme d'armes	ein Bewaffneter
périr	umkommen, zu Grunde gehen
le vilain	der Lump
la rencontre	die Begegnung
ils sortirent à leur rencontre	sie zogen ihnen entgegen
quand ils le virent et qu'ils sentirent	als sie ihn sahen und (als sie) fühlten

le poids	die Wucht
s'en aller	von bannen ziehen
ils ne s'en allèrent pas si vite que beaucoup ne fussent mortellement blessés	sie zogen nicht so schnell von bannen, daß nicht viele tödlich verwundet wären
échauffer	erhitzen
être pris(e) par la fièvre	Fieber bekommen
quand les Anglais apprirent que le grand Ferré était malade	als die Engländer erfuhren, daß der große Ferré krank sei
donner le temps à q. de f.	jem. Zeit lassen zu th.
se guérir	wieder gesund werden
dépêcher	schnell abschicken
avec ordre de f.	mit dem Befehle zu th.
oh! mon pauvre Ferré	o armer Ferré
voici	da ist, da sind
aller faire	thun wollen
le mal	das Leiden
rapide	schnell (Adj.)
dans la cour	auf den Hof
ah!	ha!
le brigand	der Räuber, Schuft
tenir	(in der Gewalt) haben
s'adosser à	sich (mit dem Rücken) an etw. lehnen
le mur	die Mauer
entourer	umzingeln
jouer de	spielen mit
cruel, -elle	grausam, schmerzlich
il leur fit subir une mort cruelle	er ließ sie einen schmerzlichen Tod erleiden
sur douze, il en tua cinq	von zwölf tötete er fünf

zu b: I, 4 ils n'arrivent pas
I, 45 pour n'être pas
II, 11 pensiez-vous ne point
pêcher?

22.

César	Cäsar
un asservissement	eine Unterjochung
la délivrance	die Befreiung
la Gaule	Gallien
l'Auvergne	die Auvergne (ehemal. franz. Provinz)
le jeune homme	der Jüngling
nommer	nennen
nommé, e	Namens
condamner à f.	dazu verurteilen z. th.
pour avoir fait	dafür, daß er gethan hatte
tenter de f.	versuchen zu th.
se faire roi	sich zum Könige machen
remplacer	ersetzen
la république	die Republik
il l'avait attiré près de lui	er hatte ihn an sich gezogen
le titre	der Titel
le titre d'ami	der Titel Freund
entrevoir	durchblicken
il lui avait fait entrevoir la couronne	er hatte ihn die Krone durchblicken lassen
décidé à f.	entschlossen zu th.
livrer	hingeben, ausliefern
venger	rächen
au lieu de f.	anstatt zu th.
le lieutenant	der Statthalter, Stellvertreter
arracher	entreißen
le compatriote	der Landsmann
le cœur de ses compatriotes, les hommes d'Auvergne	das Herz seiner Landsleute, der Leute von Auvergne
je parviens à f.	ich gelange dahin zu th.; es gelingt mir zu th.
secrètement	heimlich, im geheimen

conjurer	zu einer Verschwörung vereinigen
la nation	der Volksstamm
le centre	b. Mittelpunkt, b. Mitte
l'ouest, m.	der Westen
proclamer chef suprême	als obersten Führer ausrufen
le chef	der Führer, Anführer
suprême	oberster
la foudre	der Blitz
franchir	überschreiten, passieren
en plein hiver	mitten im Winter
descendre	hinabsteigen
à travers	durch... hindurch
six pieds de neige	sechs Fuß hoher Schnee
comprendre	einsehen
vraisemblable	wahrscheinlich
il est vraisemblable que...	es ist wahrscheinlich, daß...
le Romain	der Römer
la bataille	die Schlacht
rangé, e	ordentlich
en bataille rangée	in einer ordentlichen Feldschlacht
la science	die Wissenschaft
militaire	Kriegs-
la science militaire	die Kriegskunst
il entreprit de les vaincre	er unternahm es, sie zu besiegen
la famine	die Hungersnot

23.

confédéré, e	verbündet
gaulois, e	gallisch
brûler	verbrennen
y	darin
les subsistances, f.	die Subsistenzmittel
le Berry	Berry (ehemal. franz. Herzogtum)
s'agir de	sich handeln um
il s'agit de f.	es handelt sich darum, zu th.

supplier que (mit Konj.) — inständig darum bitten, daß
épargner — schonen
ils supplièrent qu'on épargnât — sie baten inständig darum, man sollte schonen
promettre de f. — versprechen zu th.
en effet — in der That, wirklich
empêcher de f. — daran hindern zu th.
pénétrer — eindringen
l'escalade, f. — das Ersteigen der Mauern
la ressource — die Hilfsquelle, das Hilfsmittel
inutile — unnütz, vergeblich, zwecklos
le sacrifice — das Opfer
le siège — die Belagerung
mettre le siège devant une ville — die Belagerung e. Stadt eröffnen
Gergovie — Gergovia
être situé(e) — gelegen sein, liegen
la distance — die Entfernung
à peu de distance — in geringer Entfernung
forcer — bezwingen
tomber sur q. — über jem. herfallen
un assaut — ein Angriff, Sturm
donner l'assaut — Sturm laufen
avec grande perte — unter großen Verlusten
du haut de — von... herab
lever — aufheben

24.

le maréchal — der Marschall
approuver — billigen, gutheißen
difficile — schwer, schwierig, schwer zu befriedigen
le premier — ersterer
la poésie — die Dichtkunst, Dichtung
le dauphin — der (französische) Kronprinz
la dauphine — die (französische) Kronprinzessin

madame la dauphine — die Frau Kronprinzessin
habile — geschickt
habile à f. — geschickt darin zu th.
prendre une ville — eine Stadt erobern
la princesse — die Prinzessin, Fürstin
se connaître en — sich verstehen auf
le courtisan — der Höfling
impétueux, -se — ungestüm, aufgeregt
admirer qc. — etw. bewundern, sich über etw. wundern
une insolence — eine Unverschämtheit, Frechheit
dire f. — behaupten zu th.
la Majesté — die Majestät
avoir raison — recht haben

zu a: I, 48 tout l'argent je le regarde comme une dette; —
I, 24 j'offre la beauté aux jeunes filles
I, 42 elle demanda aide à une grenouille
zu b, c: I, 48 je doute que vous placiez
II, 5 ils ne doutèrent pas que ce ne fût

25.

Il monta à cheval, après avoir mangé — er stieg zu Pferde, nachdem er gegessen hatte
avec — bei [v. d. Begleitung]
laisser — zurücklassen
à trente pas — 30 Schritte weit
aller — reiten
par ici — hierher
d'un côté — nach (auf, von) einer Seite
ne... point du tout — keineswegs
à peine... que — kaum... als
jeter les yeux sur e. — Blick werfen auf
la batterie — die Batterie

placer — aufſtellen
revenir — umkehren
fracasser — zerſchmettern
emporter — wegreißen
pleurer — beweinen
il faut pleurer — man muß beweinen
jeter un cri — einen Schrei ausſtoßen
s'entendre — gehört werden
la considération — die Überlegung, Rückſicht
le protecteur — der Beſchützer
le défenseur — der Verteidiger
ils criaient qu'on les laissât faire — ſie riefen, man ſollte ſie (nur) machen laſſen
furieux, -se — wütend

---

zu a: II, 5 je ne suis point un animal, comme vous l'avez dit [vergl. zu I, 24 b]
zu b: I, 61 qui aurait cru, à voir cette source, qu'elle contînt un poison;
aber II, 21 quand les Anglais apprirent que le grand Ferré était malade

26.

le grondeur — der Zänker
essoufflé, e — außer Atem
tomber — hinfallen
se rompre le cou — den Hals brechen
que (=pourquoi) — warum
que ... ne — warum ... nicht
que ne laisses-tu? — warum läßt du nicht?
laisser ouvert(e) — auf laſſen
gronder — ſchelten, auszanken
elle l'était — ſie war es (nämlich offen)
fâcher — ärgern
infâme — niederträchtig
oh ça! — na nu!
néanmoins — nichtsdeſtoweniger
raisonner — Einwendungen machen
un ivrogne — ein Trunkenbold

à part — beiſeite
enrager — wütend ſein
hacher — zerhacken, in kleine Stücke ſchlagen
voyez — ſeh doch einer
le maraud — der Lump
c'est à moi à (oder de) f. — es iſt an mir (meine Sache) zu th.
faire une question — eine Frage ſtellen
prendre q. — jem. kriegen
le traître — der Verräter
balayer — kehren, fegen
un escalier — eine Treppe
depuis...jusque — von...bis
depuis le haut jusqu'en bas — von oben bis unten
en cas que — falls
une ordure — ein Schmutz, Stäubchen
les gages, m. — d. Lohn (d. Dienſtboten)
racler le violon — auf der Geige kratzen
ce matin — heute Morgen
mettre en mille pièces — kurz und klein ſchlagen
chasser — fortjagen
le chagrin — der Ärger
hors d'ici! — hinaus!

---

zu a: I, 36 il ordonna que son valet de bouche allât chercher
I, 37 je souhaite que vous ayez
I, 51 la providence a voulu qu'il y eût des riches
I, 53 il défendit qu'on l'habillât
II, 23 ils supplièrent qu'on épargnât;
I, 43 quel dommage que ces épis soient si courbés;
I, 45 il suffit que le mensonge soit mensonge
I, 46 il faut que tu sois
I, 47 il se peut qu'il ait.

зu b: II, 7 pourvu que Dieu lui
    prête vie
зu c: II, 14 de peur qu'ils ne se
    répandissent

27.

auparavant	vorher, früher
solliciter de f.	auffordern zu th.
la vengeance	die Rache
tirer vengeance de	Rache nehmen für
personnel, -elle	persönlich
faire une injure	eine Beleidigung zufügen

___

I, 40 avant que nous partions
I, 58 jusqu'à ce que l'excès du
    froid le fasse descendre
I, 35 attends que ton père ait
    fini de lire son journal.

28.

le tête-à-tête	das Zwiegespräch, Zusammentreffen (zweier),
le cerf	der Hirsch
dessiner	zeichnen, abzeichnen
barrer	versperren
s'arrêter	innehalten
instinctif, -ve	instinktmäßig
la carabine	d. Büchse, d. Stutzen
absent, e	abwesend, nicht vorhanden
immobile	unbeweglich
gracieux, -se	anmutig
savourer	schlürfen
parfois	zuweilen
contempler	betrachten
renvoyer	zurückstrahlen
troubler	trüben
la berge	die steile Böschung
supplier de f.	inständig bitten z. th.
le lecteur	der Leser
venir à q.	auf jem. zukommen
dresser les oreilles	die Ohren spitzen
fixe	fest
témoigner de	Zeugnis ablegen von
indicible	unsagbar

un étonnement   ein Staunen, Er-
                 staunen

mêler	mischen
le symptôme	d. Anzeichen, d. Spur
retenir sa respiration	den Atem anhalten
le plus possible	so sehr als möglich
intimider	einschüchtern
un instinct	ein Instinkt, Naturtrieb
se réveiller	aufwachen, erwachen
l'instinct se réveillant	indem der Instinkt erwachte
soudain	jählings, plötzlich
saisir	fassen, packen
le mouvement	die Bewegung
agile	behend, flink
se dérober	sich davonmachen
le clin d'œil	der Blick
en un clin d'œil	im Nu, im handumdrehen

___

зu b: I, 28 quoique nous ne puis-
    sions le voir

29.

la probité	die Rechtschaffenheit
une ville d'Allemagne	eine deutsche Stadt
un écu	ein Thaler
passer	ziehen (v. Truppen)
le territoire	das Gebiet
la route que j'ai résolu de faire prendre à l'armée	der Weg, den ich beschlossen habe, das Heer einschlagen zu lassen
accepter	annehmen

___

зu b: I, 38 afin que j'aie
      I, 44 pour qu'il puisse

30.

la chute	der Fall, Sturz
Alésia	Alesia
acharné, e	erbittert
la victoire	der Sieg
incertain, e	ungewiß, unsicher

à l'approche de beim Anbruch der
  la nuit   Nacht
antique   alt (=altertümlich)
la cité   die Stadt, Altstadt
le berceau   die Wiege
le lendemain   am folgenden Tage
convoquer   zusammenberufen
satisfaire   Genüge leisten
envoyer   hinschicken
savoir   erfahren
envoyer savoir   hinschicken, um zu erfahren
la volonté   der Wille, Wunsch
le proconsul   der Prokonsul
siéger   eine Gerichts- sitzung abhalten
le tribunal   der Richterstuhl
élever   errichten
le retranchement die Verschanzung
le siège   der Sitz
au pied de q.   jem. zu Füßen
le vainqueur   der Sieger, Besieger
implacable   unversöhnlich, unerbittlich
invincible   unbesieglich
le nom d'invin- der Name „Un-
  cible   besieglicher"
éclater (en)   ausbrechen (in)
la reproche (sur) der Vorwurf (über)
une amitié   eine Freundschaft
mépriser   verachten
le héros   der Held
le lien   die Fessel
le licteur   d. Liktor (römischer Gerichtsdiener)
la pompe   der Pomp, die Pracht
outrageant, e   schmachvoll
six années en- sechs volle Jahre
  tières
la hache   das Beil
affranchir   befreien
le cercle   der Kreis

zu a, b: I, 40 après que nous
    avons gravi
    I, 41 tandis que ton miel
    ne m'est qu'agréable

zu c: II, 9 quel plaisir quand
    j'entendrai ... et que
    je verrai ...
    II, 21 quand ils le virent
    et qu'ils sentirent...
    I, 59 si je tombe malade
    ou que je meure

31.

la résistance   der Widerstand
le carré   das Viereck, Carré
la garde   die Garde
à la bataille de in der Schlacht bei
les débris, m.   die Trümmer, Überreste
le bataillon   das Bataillon
pêle-mêle   bunt durcheinander
toujours   immer weiter
à ce moment   in diesem Augenblick
traverser un   eine Zeit über-
  temps   dauern
proférer   aussprechen
se rendre   sich ergeben
rester   zurückbleiben
le terrain   der Kampfplatz
le rang   die Reihe
réduire   reduzieren, vermindern
abattre   niedermachen
refuser de f.   sich weigern zu th.
mettre bas les die Waffen strecken
  armes
s'obstiner à   (hartnäckig) bestehen auf
il s'obstine à f. er besteht darauf z. th.
serrer les rangs die Reihen schließen
toujours   immer wieder
éclaircir   lichten
une attaque   ein Angriff
assaillir   angreifen
la face   die Front
la décharge   die Salve
faire une décharge e. Salve abgeben
terrible   schrecklich
renverser   zu Boden strecken
à outrance   aufs äußerste, wie toll
un angle   ein Winkel, e. Ecke
la forteresse   die Festung

resserrer	wieder schließen
ne … plus que	nur noch
la forme	die Form, Gestalt
persister	ausharren
dédoubler	(doppeltes) teilen
occuper	einnehmen, besetzen
un espace	ein Raum
un asile	eine Zufluchtsstätte
le sein	der Schoß, d. Mitte
charger	angreifen
debout	stehend, aufrecht
demeurer debout	standhalten
profiter de qc.	etw. benutzen
le répit	der Aufschub, die Ruhe
prendre une forme	eine Gestalt annehmen
se réduire en	sich verwandeln in
le triangle	das Dreieck
afin de	um … zu
rétrograder	rückwärts gehen
de nouveau	von neuem, wieder
la cavalerie	die Kavallerie, Reiterei
acharné, e (à f.)	erpicht (darauf z. th.)
succomber	unterliegen, erliegen
sublime	erhaben
un effort	eine Anstrengung, e. Versuch
dans un effort	bei einem Versuch

I, 39 je ne pourrais être un moment dehors sans mourir

II, 25 il monta à cheval après avoir mangé

Anhang zum I. Abschnitt.

10 a.

le naufrage	der Schiffbruch
charger de	beladen mit
la troupe	die Truppe
la Crimée	die Krim
le temps	das Wetter
terrible	schrecklich
le capitaine	der Kapitän
vaillant, e	wacker
le marin	der Seemann
à bord	an Bord
la nuit	in der Nacht, nachts
se gâter	schlimmer werden
la mer	das Meer, die See
énorme	ungeheuer
voir	erleben
le matin	am Morgen, morgens
la brume	der Nebel
la brume de mer	der Seenebel
se lever	emporsteigen
le diable	der Teufel
distinguer	unterscheiden
le fanal	die Schiffslaterne
à quatre pas	auf vier Schritt
un équipage	e. Schiffsmannschaft
en haut	auf Deck
la dunette	die Deckkajüte
le pont	die Brücke, d. Deck
un entre-pont	ein Zwischendeck
le soldat	der Soldat
renfermer	einschließen
il fait noir	es ist dunkel
une atmosphère	eine Atmosphäre
couché, e	liegend
le navire	das Schiff
tanguer	stampfen
debout	stehend, aufrecht
causer	plaudern
le groupe	die Gruppe
par groupes	in Gruppen
cramponner	anklammern
crier	schreien
en	welche, einige
la peur	die Furcht

avoir peur	sich fürchten
fréquent, e	häufig
les parages, m.	die Gewässer
le brigadier	der Korporal
le Parisien	der Pariser
blaguer	aufschneiden
il vous donne la	er verursacht einem
chair de poule	eine Gänsehaut
la plaisanterie	der Spaß
amuser	belustigen, amüsieren
en être quitte pour	loskommen mit
le craquement	der Krach
arriver	passieren
qu'arrive-t-il?	was giebt's?
le gouvernail	das Steuer
le matelot	der Matrose
mouiller	durchnässen
bon voyage!	glückliche Reise!
le tumulte	der Tumult, Lärm
empêcher de f.	hindern zu th.
aller et venir	hin und her gehen
à tâtons	im Finstern tappend
la manœuvre	das Manövrieren, Lenken des Schiffes
en dérive	abtreibend (= von Wind und Strömung aus dem Kurse verschlagen)
filer	schnell segeln, dahinsausen
un avant	ein Vorderteil
la frégate	die Fregatte
le canon	die Kanone, das Geschütz
un coup de canon	ein Kanonenschuß
le brisant	die Brandung
c'est fini	es ist vorbei
un espoir	eine Hoffnung
aller droit à qc.	gerade auf etw. los gehen oder fahren
la côte	die Küste
corse	korsisch
descendre	hinabgehen
la cabine	die Koje, Kajüte
au bout d'un moment	einen Augenblick später

reprendre	wieder einnehmen
le costume	das Kostüm
en grand costume	in Gala
anxieux, -se	ängstlich
redresser	(wieder) aufrichten
un aumônier	ein Feldprediger
le seuil	die Schwelle
une étole	eine Stola
à genoux!	auf die Kniee!
retentir	(wieder) schallen
d'une voix reten-	mit schallender
tissante	Stimme
le prêtre	der Priester
la prière	das Gebet
agoniser	mit dem Tode ringen
le choc	der Stoß
formidable	furchtbar
immense	ungeheuer
tendre	ausstrecken
effaré, e	bestürzt
la vision	die Erscheinung, b. Gesicht
un éclair	ein Blitz

10 b.

le renard	der Fuchs
perché, e	sitzend (von Vögeln)
une odeur	ein Geruch
allécher (für attirer)	anlocken
le langage	die Sprache, Redeweise
hé!	heda!
bonjour	guten Tag, guten Morgen
que (in Ausrufen)	wie, wie sehr
joli, e	hübsch
se rapporter	entsprechen
le phénix	der Phönix
à ces mots	bei diesen Worten
il ne se sent pas de joie	er ist außer sich vor Freude
se saisir	sich bemächtigen
le flatteur	der Schmeichler
aux dépens	auf Kosten
la leçon	die Lehre
jurer	schwören
tard	spät
ou ne m'y prendra plus	das wird mir nicht wieder passieren

18a, 1.

le passage (de)	b. Überschreitung, der Übergang(über)
le Saint-Bernard	b. Sankt Bernhard
se mettre en route	sich auf den Weg machen
deux heures du matin	zwei Uhr morgens
devancer q.	jem. zuvorkommen
faire fondre	zum Schmelzen bringen
la neige	die Schneemasse
téméraire	kühn, tollkühn
s'engager	sich hineinwagen
affreux, -se	fürchterlich
il faut	es ist (sind) nötig, man braucht etw.
le sommet	der höchste Punkt
le col	der Gebirgspaß
le sommet du col	die Paßhöhe
un hospice	ein Hospiz
redescendre	wieder hinabsteigen
avoir le temps de f.	Zeit haben zu th.
passer	hinüberkommen
surmonter	übersteigen, überwinden
une ardeur	ein Eifer, Mut
avec ardeur	mutig (Adv.)
la difficulté	die Schwierigkeit
charger	beladen, belasten
le biscuit	der Zwieback
la cartouche	die Patrone
escarpé, e	steil, abschüssig
le précipice	der Abgrund
rêver qc.	träumen von etw.
goûter	kosten, schmecken
la jouissance	der Genuß, d. Freude
la victoire	der Sieg
le pressentiment	die Ahnung
avoir le pressentiment de qc.	eine Ahnung von etw. haben
la gloire	der Ruhm
immortel, -elle	unsterblich
le fantassin	der Fußsoldat, Infanterist
le cavalier	der Kavallerist
faire une route	e. Weg zurücklegen
la monture	das Tier zum Reiten
la montée	der Aufstieg
la descente	der Abstieg
étroit, e	eng, schmal
entraîner	fortreißen, hinabreißen
il arrive	es passiert (passieren)
en effet	in d. That, wirklich
un accident	ein Unfall, Unglücksfall
périr	umkommen, zu Grunde gehen
vers le matin	gegen Morgen
la surprise	die Überraschung
ménager une surprise	eine Überraschung bereiten
le consul	der Konsul
ranimer	wieder beleben
une humeur	eine (gute oder schlechte) Laune
brave	brav, tapfer
le religieux	der Klosterbruder
munir de	versehen mit
la provision	der Vorrat
la ration	die Ration
le repos	die Ruhe
se remettre en route	sich wieder auf den Weg machen
un événement	ein Ereignis

18a, 2—8.

fâcheux, -se	unangenehm
la division	die Abteilung
une opération	eine Operation, Unternehmung
à cause de	wegen
le matériel	das Material, Kriegsmaterial
passer	hinüberschaffen
se mettre à l'œuvre	sich ans Werk machen
succéder	folgen
se succéder	einander folgen
voyager	hinübergehen
les munitions, f.	die Kriegsvorräte
diviser	teilen
le dos	der Rücken

le mulet	der Maulesel
le reste	das Übrige, der übrige Teil
un affût	eine Lafette
le caisson	b. Sitzkasten (unter einem Sitz)
démonter	abnehmen, herunternehmen
la pièce de canon	das Geschütz
imaginer de f.	auf den Gedanken kommen zu th.
partager par le milieu	in der Mitte teilen
creuser	aushöhlen
envelopper	umhüllen
la pièce d'artillerie	das Geschütz
traîner	ziehen, schleppen
le long de	längs, an ... entlang
le ravin	die Schlucht
la précaution	die Vorsichtsmaßregel
le choc	der Stoß
endommager	beschädigen
atteler	anspannen
le fardeau	die Last
élever	hinaufschaffen
difficile	schwer, schwierig
opérer	bewerkstelligen
à force de ...	mit Hilfe vieler ...
courir des dangers	Gefahren ausstehen
empêcher de f.	hindern zu th.
malheureusement	leider
le muletier	b. Maultiertreiber
épuiser	erschöpfen, verbrauchen
dès lors	von nun an
les environs, m.	die Umgebung, Umgegend
par	per, pro
monter	hinaufschaffen
descendre	hinunterschaffen
se présenter	sich einstellen
transporter	hinüberschaffen
un artilleur	ein Artillerist
un appât	eine Lockspeise, ein Reiz

le gain	der Gewinn
décider	bestimmen
renouveler	erneuern
un effort	eine Anstrengung, ein Versuch
un officier	ein Offizier
la recherche	die Aufsuchung
prodiguer	verschwenden
ramener	zurückführen, zurückholen
renoncer à	verzichten auf
demander (à q. de f.)	verlangen, fordern (von jem. zu th.)
dévoué, e	aufopfernd
encourager	ermutigen
refuser	die Annahme verweigern
le devoir	die Pflicht
le canon	die Kanone
se saisir	sich bemächtigen
le rang	die Reihe
chacun(e) à son tour	abwechselnd
la musique	die Musik
un air	eine Melodie, Weise
des airs animés	lustige Weisen
le passage	die Stelle
dans un passage	an einer Stelle
un obstacle	ein Hindernis
le faîte des monts	der Bergrücken
trouver	vorfinden
le rafraîchissement	die Erfrischung
prendre quelque repos	sich etwas Ruhe gönnen
recommencer	wieder anfangen
périlleux, -se	gefährlich
permettre	gestatten
dans une journée	an einem Tage
aimer mieux f.	lieber th. wollen
bivouaquer	bivouakieren
séparer	trennen
heureux, -se	glücklich
serein, e	heiter, klar
braver q.	jem. trotzen
outre	außer
les lieux, m.	das Terrain
la rigueur	die Härte, Rauheit
le temps	die Witterung

18a, 4—5.

que...ne (mit Konj.)	ohne daß
assister	beiwohnen
une expédition	eine Fortschaffung
se mettre en marche	sich aufmachen
avant le jour	vor Tagesanbruch
le secrétaire	der Sekretär, Geheimschreiber
un art	eine Kunst
dépeindre	schildern, darstellen
franchir	überschreiten, passieren
les Alpes, f.	die Alpen
le cheval	das Roß
fougueux, -se	feurig
voici	dies (folgendes) ist (sind)
simple	einfach
monté, e	sitzend (auf einem Reittiere)
fameux, -se	berühmt
la redingote	der Überrock
gris, e	grau
le guide	der Führer
la distraction	die Zerstreutheit
ailleurs	anderswo
par intervalles	mit Unterbrechungen
interroger	ausfragen
le conducteur	der Führer
conter	erzählen
oisif, -ve	müßig
il n'a pas mieux à faire	er hat nichts Besseres zu thun
exposer	auseinandersetzen
naïf, naïve	ungekünstelt
la particularité	die Einzelheit
obscur, e	dunkel, unbekannt
une existence	ein Dasein
une aisance	e. Wohlhabenheit
épouser	heiraten
la vallée	das Thal
questionner	befragen
passer	vorübergehen
un empressement	ein Eifer, eine Zuvorkommenheit
le billet	der Schein, b. Billet
confier	anvertrauen
recommander	empfehlen

un administrateur	ein Administrator, Verwalter
puissant, e	mächtig
savoir	erfahren
réaliser	verwirklichen
le rêve	der Traum
une ambition	ein Ehrgeiz
le montagnard	der Bergbewohner
le dominateur	der Beherrscher
un acte	eine Handlung, That
la bienfaisance	die Wohlthätigkeit
la préoccupation	das Beschäftigtsein
digne de qc.	eine Sache wert
une attention	eine Aufmerksamkeit, Beachtung
le caprice	die Laune
le conquérant	der Eroberer
jeter	hinwerfen
le bien	das Gute
le mal	das Böse
tour à tour	abwechselnd
un empire	ein Kaiserreich
édifier	aufbauen
citer	anführen, erwähnen
tenter	in Versuchung führen
pareil, -eille	solch
révéler	offenbaren
autre chose	etwas anderes
le désir	der Wunsch
porter	hinreißen
solliciter qc. de q.	jem. um etw. anflehen

31a, 1.

un ours	ein Bär
la poire	die Birne
la préférence	der Vorzug
de préférence	vorzugsweise, mit Vorliebe
le poirier	der Birnbaum
charger de	beladen mit
la crassane	die Bergamottbirne
se douter de qc.	etw. vermuten, ahnen
comme ça	so, solch
le goût	der Geschmack

le verger — der Obſtgarten
fondant, e — ſaftig
or — nun aber
par malheur — unglücklicherweiſe, leider
les fruits, m. — das Obſt
le dégât — der Schaden
faire du dégât — Schaden anrichten
un enclos — ein Gehege
la conséquence — die Folge
en conséquence — infolgedeſſen
le fusil — das Gewehr
charger — laden
un affût — eine Lauer, ein Anſtand
à l'affût — auf die Lauer
le rugissement — das Gebrüll
retentir — wiederhallen
tiens — ſieh!
les environs — die Umgegend
puissant, e — mächtig
rapproché, e — nahe
avoir le temps de f. — Zeit haben zu th.
gagner — erreichen
plat, e — platt
le ventre — der Bauch
se jeter à plat ventre contre terre — ſich platt auf die Erde werfen
effectivement — wirklich, in d. That
le coin — die Ecke
en droite ligne — in gerader Linie
en question — in Frage ſtehend, fraglich
leste — hurtig
craquer — krachen
faire une consommation — eine Mahlzeit einnehmen
rassasier — ſättigen
rassasié, e — ſatt
le regret — das Bedauern
avoir du regret — bedauern
en — welche (= einige)
laisser — übrig laſſen
repasser — wieder vorüberkommen
la circonstance — der Umſtand
dans cette circonstance — unter dieſen Umſtänden
une utilité — ein Nutzen
dire bas — leiſe ſagen

31a, 2.

visiter — beſuchen
scier — ſägen, zerſägen
le lingot — der Bolzen
la dent — Zahn, Zinke
la fourche — die Heugabel
retourner — wieder umdrehen
en homme — wie ein Menſch
réfléchir — nachdenken
franc, franche — aufrichtig
le chiffon — das Stückchen
destiner — beſtimmen
le chamois — die Gemſe
je suis bon enfant — ich bin e. guter Kerl
François — Franz
c'est selon — je nachdem! das kommt darauf an
laisser — überlaſſen
la prime — die Prämie
la trace — die Spur
le passage — der Weg
tu es libre — das ſteht dir frei
achever — vollenden
achever de f. — fertig th.
siffler — pfeifen
mesurer — abmeſſen
la charge — die Ladung
la poudre — das Pulver
double (de) — doppelt ſo groß (wie)
mettre — thun, hineinthun
le fusil de munition — das Kommißgewehr
un peu (= je crois bien) — allerdings!
le plomb — das Blei
gâter — verderben
tuer raide — ſchnell töten
compter f. — beabſichtigen zu th.
demain — morgen
adieu — lebe wohl
la chance — das Glück, d. Ausſicht
bonne chance! — viel Glück!
glisser — gleiten laſſen
poser — ſtellen
fumer — rauchen
la pipe — die Pfeife, Tabakspfeife
la rancune — der Groll

avoir besoin de qc.   etw. nötig haben,
                 brauchen
proposer   vorschlagen
dans la soirée   i. Laufe des Abends

81 a, 2.

à dix heures et   um ¹/₂ 11 Uhr
  demie
gris, e   grau
il n'était pas   er war nicht der
  homme à f.   Mann dazu, z. th.
de mon côté   meinerseits
il n'avait pas le   er hatte kein Recht
  droit de f.   zu th.
la côte   der Abhang
à mi-côte   auf der Mitte des
           Abhanges, in
           halber Höhe
clair, e   hell
sortir   heraustreten
la porte de derrière   die Hinterthür
grisâtre   gräulich
le clos   die Einfriedigung
tout au plus   höchstens
épier   belauern
entrer   hineinschlüpfen
sortir   heraustreten
une ouverture   eine Öffnung
appuyer (contre)   lehnen (an)
le roc   der Fels, Felsen
se confondre   verschmelzen
une immobilité   e. Unbeweglichkeit
ne ... pas même   nicht einmal
distinguer   unterscheiden, erkennen
une attente   eine Erwartung
prolonger   lang ziehen
annoncer   ankündigen
la ruse   die List
par   aus
par ruse   aus List
éventer   wittern
le circuit   der Umweg
décrire un circuit   e. Umweg machen
à la gauche   zur Linken, links
la portée   die Schußweite
bouger   sich rühren

guetter q.   jem. auflauern
braver q.   jem. trotzen
paraître f.   zu th. scheinen
la présence   die Gegenwart
continuer   fortsetzen
dresser   aufrichten
la patte de devant   die Vordertatze
à découvert   ungedeckt
le sillon de lumière   der Lichtstrahl
briller   glänzen, aufleuchten
la vallée   das Thal
pousser   ausstoßen

81 a, 4.

rentrer   wieder hineinstecken
regarder qc.   einer Sache zusehen
la scène   die Scene, b. Vorgang
serrer   drücken
retenir son ha-   den Atem anhalten
  leine
crâne   famos
aimer autant à f.   ebensogern th.
faire un circuit   e. Umweg machen
reprendre   wieder aufnehmen
droit à q.   gerade auf jem. los
la croix   das Kreuz
faire un signe   sich bekreuzen
  de croix
suisse   schweizerisch, Schweizer
recommander   empfehlen
assurer   vergewissern
armé, e   schußfertig
rugir   brüllen
rouler   hin und her wälzen
la blessure   die Wunde
la course   der Lauf
approcher   näher kommen
se heurter contre qc.   an etw. stoßen
le canon   der Lauf (einer
          Schußwaffe)
aspirer   einatmen
du côté de qc.   von etw. her
je prends garde   ich sehe mich vor
  à moi
s'élancer   fortstürzen
la poursuite   die Verfolgung

avoir le temps de f. Zeit haben zu th.
recharger — wieder laden
une agonie — ein Todeskampf
rassembler — zusammennehmen
la prière — das Gebet
la demande de — die Bitte um
ne … plus même nicht einmal mehr
la plainte — die Klage, der Klagelaut
succéder à — folgen auf
la pente — die Abdachung
précipiter — beschleunigen
clair, e — deutlich
monstrueux, -se — riesenhaft
fouler aux pieds — mit Füßen treten
le lambeau — der Fetzen
déchirer en lam- in Stücke reißen
  beaux
étouffer — erwürgen
bourrer — verstopfen
machinal, e — mechanisch
appuyer — drücken
le chien — d. Hahn (am Gewehr)
partir — losgehen
tomber à la ren- rückwärts nieder-
  verse — stürzen
traverser — durchbohren

briser — zerschmettern
la colonne — die Säule
la colonne verté- die Wirbelsäule
  brale

31a, 5.

trainer — fortschleppen
le cadavre — der Kadaver
un os — ein Knochen
meurtrir — zerquetschen
dévorer — verschlingen
passer — sich hin und her bewegen
la croisée — das Fenster
réveillé, e — wach
à plusieurs re- zu wiederholten
  prises — Malen
désigner — bezeichnen, angeben
assembler — versammeln
horrible — furchtbar, entsetzlich
faire — veranstalten
le Rhône — die Rhone
la quête — die Sammlung
  (von Almosen)
le profit — der Nutzen
s'empresser de f. sich beeilen zu th.
aider q. — jem. beistehen

II. Abschnitt.

32, 1.

le Parisien — der Pariser
un aspect — e. Anblick, Aussehen
aisé, e — leicht (zu thun)
il se trouve — es befindet
  (befinden) sich
l'un (l'une) l'autre einander
l'un (l'une) de l'autre von einander
la physionomie der Gesichtsausdruck, d. Aussehen
les mœurs, f. die Sitten
particulier, -ère besondere, eigentümlich

le quartier — das Stadtviertel
conforme — angemessen, entsprechend
le goût — der Geschmack, die
  Geschmacks-
  richtung
différer — verschieden sein, sich
  unterscheiden
en (bei Komparativen) darum
la solidarité — die Solidarität, Gemeinschaftlichkeit
le caractère — der Charakter
reconnaissable erkennbar
prompt, e — schnell sich hingebend

un enthousiasme	eine Begeisterung
briller	glänzen
le prestige	der Nimbus, Reiz
user de qc.	etw. gebrauchen
abuser de qc.	etw. mißbrauchen
la phrase	der Satz, b. Redensart
sonore	wohlklingend
profond, e	tief, tiefsinnig
un orateur	ein Redner
applaudir q.	jem. Beifall klatschen
les orateurs qu'il applaudit	die Redner, denen er Beifall klatscht
raisonnable	vernünftig
enlever	hinreißen
un auditoire	eine Zuhörerschaft

zu a: I, 30 il s'aperçut de sa perte
I, 34 ils le menacent de le poignarder
I, 40 elle suit les sentiers
I, 53 qu'on le flattât
I, 57 il écoute leurs doléances
II, 3 ils le fuyaient
II, 14 il les précéda
II, 6 envier la voix du rossignol
zu b: I, 34 l'armée française
zu c: I, 55 sans me plaindre ou m'effrayer

32, 2.

surtout	vor allem
le théâtre	das Theater
oublier de f.	vergessen zu th.
ils oublient de dîner	sie vergessen zu Mittag zu essen
le drame	das Drama, Schauspiel
la vogue	die Beliebtheit
être en vogue	Mode sein
un jour	an einem Tage
la représentation	die Vorstellung
gratuit, e	unentgeltlich
la scène	die Scene, Bühne
littéraire	litterarisch

une scène littéraire	eine Bühne für nur gesprochene Stücke (z.B. das Théâtre-Français)
lyrique	lyrisch
une scène lyrique	eine Bühne für gesungene Stücke (z.B. die Opéra)
la préférence	der Vorzug
de préférence	vorzugsweise, mit Vorliebe
le badaud	der Bummler
par excellence	im wahrsten Sinne des Wortes
arriver	sich ereignen
un accident	e. Unfall, Unglücksfall
malheureusement	leider
fréquent, e	häufig
trop fréquent	nur zu häufig
le rassemblement	der Auflauf, das Gedränge
se former	entstehen
bousculer	hin und her stoßen
il y a	es ist los
pour savoir ce qu'il y a eu	um zu erfahren, was es gegeben hat (was los gewesen ist)
une émotion	eine Aufregung
avoir cessé	beseitigt sein
avoir peine à f.	Mühe haben zu th.
séparer	trennen
le commentaire	die Erklärung, Besprechung
se complaire dans	Gefallen finden an
le brouhaha	d. lärmende Getöse
le tumulte	der Tumult, das Getümmel
abasourdir	betäuben
avoir l'habitude de qc.	etw. gewohnt sein
à l'aise	gemächlich
glisser	gleiten
se glisser	sich schlängeln

zu a: II, 4 il tâchait d'ôter
   II,32,1 le genre de vie diffère
zu b: vergl. zu I, 41; 52 a, b; 54

32, 3.

le commerce	der Handel
actif, -ve	lebhaft
même	auch nur
luxueux, -se	luxuriös
le magasin	Niederlage, eleganter Laden
le bazar	die Verkaufshalle
un univers	ein Weltall
tout l'univers	die ganze Welt
le moindre	der unbedeutendste
réaliser	verwirklichen
réaliser des affaires	Geschäfte abschließen
le chiffre	die Zahl, Ziffer
fait(e) pour étonner	erstaunlich
inventif, -ve	erfinderisch
ingénieux, -se (à f.)	erfinderisch, scharfsinnig (darin, zu th.)
un article de Paris	ein Artikel Pariser [Adj.]
le produit	b. Produkt, Erzeugnis
spécial, e	eigentümlich
il ne saurait	er kann nicht
se fabriquer	angefertigt werden
ailleurs	anderswo
véritable	wahr, echt
le génie	das Genie, die natürliche Anlage
de la part	von seiten
renouveler	erneuern
sans cesse	unaufhörlich
la mode	die Mode
naître	entstehen
de	von ... aus
une élégance	eine Eleganz
parisien, -enne	Pariser [Adj.]
le chic	der Schick, Schneid
se reconnaître	sich erkennen lassen
au premier coup d'œil	auf den ersten Blick

la Parisienne	die Pariserin
le ton	der Ton
donner le ton	den Ton angeben
un arbitre (de)	ein Schiedsrichter (über)
incontestable	unbestreitbar

I, 52 des classes moyenne et
        inférieure

32, 4.

falloir	brauchen
l'esprit, m.	der Witz
la plaisanterie	der Spaß, Scherz
exister	bestehen, vorhanden sein
la riposte	die (schnelle) Widerrede
malitieux, -se	boshaft, malitiös
le gamin	der Straßenjunge
le faubourg	die Vorstadt
inépuisable	unerschöpflich
la provision	der Vorrat
rester court	eine Antwort schuldig bleiben
jamais ils ne restent court	niemals bleiben sie eine Antwort schuldig
le quolibet	die Anzüglichkeit
la saillie	der Geistesblitz
le rieur	der Lacher
avec goût	geschmackvoll [Adv.]
imprimer	aufdrücken
en quelque sorte	gewissermaßen
le cachet	das Gepräge, b. Stempel
la marque de fabrique	das Fabrikzeichen
la fabrique	die Fabrik
bien	in der That
joli, e	hübsch
un art	eine Kunst
industriel, -elle	gewerblich, industriell
un art industriel	ein Kunstgewerbe
la culture	der Betrieb
le défaut	der Fehler, Mangel
le cabaret	die Kneipe, Weinschenke

6*

zu a: I, 66 mourir jeune n'est pas
    un destin si contraire
II, 25 il faut pleurer
I, 22 il n'est plus permis
    de vendre
I, 33 il me serait facile de
    les reprendre
zu b: II, 4 il se laissa maltraiter
    injustement plutôt que
    d'exposer
    (vergl. I, 25 ils n'eurent
    rien de plus pressé
    que de retourner)
zu c: I, 26 avec lui, pour lui;
    I, 18 dessous, dessus
    I, 20 au-dessus; I, 25 y
    1, 23, 29 en; II, 10 dedans

32, 5.

Babylone	Babylon
moderne	modern
la corruption	die Verderbtheit
la dépravation	die Entartung
la loi	das Gesetz
commun, e	allgemein gültig
le sens	der Sinn
le bon sens	der gesunde Men-schenverstand
faire justice de qc.	etw. richtig stellen
pareil, -eille	solch
la calomnie	die Verleumdung
la population	die Bevölkerung
le bas-fond	die Untiefe
les bas-fonds	b. schlechten Elemente
il en est ainsi	das ist der Fall
une agglomération	eine Anhäufung
Berlin	Berlin
la plaie	die Wunde
incurable	unheilbar
à ce qu'il peut y avoir	dem, was es geben mag
triomphalement	triumphierend
opposer	gegenüberstellen
noble	edel
une instruction	ein Unterricht
le musée	das Museum

une académie	e. Akademie, Hochschule
la bibliothèque	die Bibliothek (
le conservatoire	b. Konservatorium
charitable	barmherzig, mildthätig
un établissement	eine Wohlthätig-
charitable	keitsanstalt
le monument	das Denkmal
admirable	bewundernswert
un aveu	e. Geständnis, Bekenntnis
sans aveu	verworfen
en partie	zum Teil, teilweise
une écume	e. Schaum, Abschaum
travailleur, -euse	arbeitsam
économe	sparsam
hospitalier, -ère	gastfreundlich
généreux, -se	edelmütig

I, 4 c'est l'heure du déjeuner
I, 44 c'est un échappé
I, 61 c'est ton imprudence; —
II, 22 il est vraisemblable que...
I, 22 il n'est plus permis de
    vendre
I, 33 il me serait facile de les
    reprendre; —
I, 18 il faisait froid; —
II, 26 elle l'était

33.

un orbe (= un globe)	e. Himmelskörper
immense	unermeßlich, ungeheuer
la marche	der Weg
un astre	ein Gestirn
un axe	eine Achse
enflammer	anzünden
enflammé, e	glühend
partir	ausgehen, herkommen
le torrent	der Strom, b. Flut
donner	verleihen, spenden
la matière	die Materie, b. Stoff
dispenser (=dis-tribuer)	verteilen, austeilen
divers, e	verschiedenartig
des mondes divers	verschiedenartige Welten

flotter	schweben
asservir	unterwerfen
presser	vorwärtstreiben
la course	der Lauf
éviter	meiden
servir à q. de qc.	jem. als etw. dienen
servant l'un à	indem sie einander
l'autre de règle	als Richtschnur
	dienen
la règle	die Regel, Richtschnur
la clarté	die Helligkeit, d. Licht
le cours	die Bahn
nager	schwimmen, dahinschweben
embrasser	umfassen
sans nombre	zahllos, unzählbar
un abîme	ein Abgrund
ouvrir	eröffnen

I, 54 la plupart des procès; —
I, 51 bien des soucis; —
I, 18 tant d'années
I, 28 combien de plaisirs
I, 28 beaucoup de belles choses
I, 48 beaucoup d'argent
I, 25 une quantité de raisins
I, 50 un verre de bière
I, 63 autant d'argent
I, 58 un peu de grain
II, 3 quelque chose de long
I, 25 ils n'eurent rien de plus
    pressé que de retourner
I, 51 elle ne fait pas de distinction
I, 19 nous n'avons plus de mai-
    son; —
I, 2 de bois
I, 7 d'argent, d'or, de porcelaine
I, 8 couvert de cheveux
I, 25 sans relâche
I, 25 ils ne trouvèrent ni or ni
    argent; —
I, 6 des étincelles
I, 21 des fleurs
I, 21 de gais oiseaux
I, 60 d'autres animaux
I, 43 d'autres étaient lourdement
    inclinés

34, 1.

le réveil	das Erwachen
brumeux, -se	nebelig
trouer	durchlöchern, durchdringen
rougeâtre	rötlich
le gaz	das Gas
le bec de gaz	die Gasflamme,
	Gaslaterne
soupçonner	argwöhnen, vermuten
on soupçonne	man vermutet
plutôt qu'on	mehr, als man
ne voit	sieht
la blancheur	die Weiße, der
	helle Schein
une aube	e. Morgendämmerung
lointain, e	fern
envelopper	umhüllen, einhüllen
l'Angélus, m.	das Angelus
achever	vollenden
achever de f.	vollenden zu th.,
	fertig th.
sonner	läuten
le clocher	der Kirchturm
la note	die Note, der Ton
tomber	hineinklingen
presque pas un	fast kein Geräusch
bruit	
le piéton	der Fußgänger
passer	vorbeihuschen
silencieux, -se	still, schweigsam
grelottant, e	zähneklappernd
le claquement	das Klappen
sourd, e	dumpf
se presser	eilen
le but	das Ziel
de loin en loin	dann und wann
croiser	kreuzen
croiser q.	den Weg jemds. kreuzen
le traînard	b. Nachzügler, Bummler
sembler (f.)	scheinen (zu th.)
muser	schlendern
le long de	längs, an ... ent-
	lang, an ... hin
bayer	gaffen
bayer aux cor-	Maulaffen feil-
neilles	halten

éveillé, e	wach
le flâneur	der Müßiggänger, Pflastertreter
le noctambule	der Nachtwandler
effaroucher	aufscheuchen
le frisson	der Schauder
matinal, e	morgendlich, Morgen-
chasser	verjagen, vertreiben
le chantier	der Bauplatz
une arche	ein Bogen (von Brücken)
faire qc. de qc.	etw. zu etw. machen
la chambre à coucher	das Schlafzimmer

zu a: II, 7 rien qui vaille
I, 46 sur quoi la voix reprit aussitôt
zu b: II, 20 les coups dont pas un ne manquait son homme

84, 2.

la devanture	das Schaufenster
fuligineux, -se	rußig
la ligne	die Reihe
noir, e	dunkel
les longues lignes noires	die langen, dunklen Reihen
la façade	die Façade (Vorderseite eines Gebäudes)
clos, e	verschlossen
le marchand de vin	d. Weinschenkeninhaber
la boulangerie	die Bäckerei, der Bäckerladen
la crèmerie	d. Frühstücksstube
le garçon	der Geselle
le garçon boucher	d. Schlachtergeselle
la chemise	das Hemd
en bras de chemise	in Hemdärmeln
bouffi(e) de sommeil	verschlafen (Adj.)
pousser	aufstoßen
la grille	das Gitter
un étalage	e. Auslage (von Waren)

la pipe	d. Pfeife, Tabakspf.
à la bouche	im Munde
un outil	ein Werkzeug
franchir un fleuve	über e. Fluß fahren
s'acheminer	sich auf den Weg machen
un hôtel de ville	ein Rathaus
l'Hôtel de ville	das (Pariser) Präfektur-Gebäude (des Seine-Departements)
l'église Saint-Gervais	die Sankt-Gervasius-Kirche
déboucher	herauskommen
la ruelle	die Gasse
la caserne	die Kaserne
grouper	gruppieren
au bas de	unten an
la marche	die Stufe
à droite	rechts
arriver	eintreffen
vers sept heures et demie	gegen ½8 Uhr
affluer	herbeiströmen
de toutes parts	von allen Seiten
la pelle	die Schaufel
la pioche	die Hacke
le maçon	der Maurer
le terrassier	der Erdarbeiter
le fumiste	der Ofensetzer
le dos	der Rücken
la hotte	der Tragkorb
la profession	der Beruf
le gardien de la paix	d. Schutzmann
surveiller	überwachen
le patron	d. Arbeitgeber, Meister
aller et venir	hin und her gehen
embaucher	dingen
discuter qc.	über etw. verhandeln
le marché	der Handel, d. Geschäft

zu a: I, 49 de nos maisons et de nos troupeaux
I, 15 ses bœufs ou ses chevaux
II, 15 de longues et fortes lances

34, 3.

nous voici	da find wir
la place Baudoyer	d. Baudoyer-Platz
la mairie	d. Bürgermeister- amt, Rathaus
un arrondissement	ein Stadtbezirk
une file à trois rangs	eine drei Glieder tiefe Reihe
le trottoir	das Trottoir, der Bürgersteig
la blouse	der Kittel, die Bluse
le bergeron	d. kurze Jacke [der Hafenarbeiter]
le paletot	der [zweite] Überrock
un attroupement	eine Zusammen- rottung
la mine	die Miene
alourdi, e	blöde, stumpf
un air	ein Aussehen
le bourdonnement	das Summen
confus, e	wirr
sortir	herausbringen
vague	unbestimmt
une odeur	ein Geruch
l'essence de térépenthine, f.	der Terpentingeist
la céruse	das Bleiweiß
la narine	das Nasenloch, der Nasenflügel
le peintre	der Maler
le peintre en bâtiments	der Häuseran- streicher
suspendre	hängen, aufhängen
suspendre à l'épaule	über die Schulter hängen
le paquet	das Paket, Bündel
renfermer	einschließen, enthalten
le pinceau	der Pinsel
la cotte	die Arbeitshose
maculer	beflecken
trottiner	trippeln
menu	mit kleinen Schritten
le panier	der Korb
alerte	munter, flink
voici	das ist (sind)
une ouvrière	eine Arbeiterin

la besogne	d. Arbeit, Beschäftigung
quotidien, -enne	täglich [Adj.]
le waterproof [englisch]	der [wasserdichte] Regenmantel
il a fait un long usage	er hat eine lange Dienstzeit hinter sich
laide	häßlich
la coquetterie	die Gefallsucht
le détail	die Einzelheit
le costume	d. Kostüm, d. Anzug
la cravate	das Halstuch
une couleur voyante	e. leuchtende Farbe
le nœud	die Schleife
rouge	rot
la chevelure	das Haar, d. Haarwuchs

---

zu a: II, 16 il avait le sommeil irrégulier
zu b: I, 34 l'armée française
II, 33 des mondes divers
I, 52 votre négligence passée
I, 58 leur voix tremblante
I, 18 le grand tableau noir
I, 12 les fleurs bleues et tendres
I, 40 de grosse toile écrue
I, 40 une veste de drap bleu à longs poils
I, 4 un beau dimanche
I, 9 le petit doigt
I, 6 leurs grands fléaux
II, 34, 2 les longues lignes noires

34, 4.

le porteur	der Träger, Austräger
trainer	schleppen, nachschleppen
la boîte	der Briefkasten
la feuille du matin	d. Morgenzeitung
odorant, e	riechend
le facteur	der Briefträger
la poste	die Post
la poste aux lettres	die Briefpost

allègre	munter
les étrennes, f.	b. Neujahrsgeschenke
d'un air délibéré	mit wichtiger Miene
la boîte	die Tasche
oblong, oblongue	länglich
d'où	woher, woraus, aus welcher
s'échapper	herausschlüpfen
chaque fois que	jedesmal, wenn
le deuil	die Trauer
le tintement	das Klingeln
le tombereau	der Bretterkarren
la boue	der Schmutz
le tombereau de boue	der Schmutzwagen
approcher	nahen, näher kommen
une escorte	ein Gefolge
le balayeur	der Straßenkehrer
s'empresser de f.	sich beeilen zu th.
descendre	hinuntertragen
la boîte d'ordures	der Schmutzkasten
le concierge	d. Pförtner, Portier
le sexe	das Geschlecht
le balai	der Besen
la conversation	die Unterhaltung
le fiacre	die Droschke
ranger	(in Ordnung) aufstellen
la station	die Haltestelle
cadencé, e	taktmäßig
le sabot	der Huf
le pavé	das Pflaster
la machine	die Maschine
rouler	dahinrollen
un effort	eine Mühe
un omnibus	ein Omnibus
le bateau-mouche	(kleines) Dampfboot
partir	abgehen

—

zu a: II, 6 cesser de f. }
I, 62 se hâter de f. } (womit?)
I, 34 menacer de f. }

I, 60 se garder de f. (wovor?)

I, 36 étonné de f. }
II, 21 irrité de f. } (worüber?)
I, 27 se réjouir de f. }

I, 44 prier de f. }
II, 28 supplier de f. }
I, 52 s'efforcer de f. } (worum?)
II, 23 il s'agit de f. }

I, 37 il conçut l'idée de f. }
I, 44 j'ai l'honneur de f. }
I, 47 l'intention d'en acheter un autre } (welcher?)
II, 16 l'habitude de veiller }
II, 21 avec ordre de f. }

II, 21 donner à q. le temps de f. } (wozu?)

zu b: I, 66 toute saisie
I, 25 ils furent tout surpris
zu c: I, 2 ils servent à tracer les lignes
II, 13 il aimait à se familiariser
II, 22 il entreprit de les vaincre
(vergl. auch zu a!)

54, 5.

sonner	schlagen
huit heures et demie sonnaient	es schlug ½ 9 Uhr
arriver	anlangen
la rue	die Straße
un ours	ein Bär
j'arrivais rue aux Ours	ich langte in der Bärenstraße an
la blanchisseuse	die Waschfrau
disperser	zerstreuen
un âge	ein Lebensalter
blond, e	blond
roux, rousse	rot [vom Haare]
mince	dünn
énorme	ungeheuer
flétri, e	welk
un osier	eine Weide

le panier d'osier	der Weidenkorb	II, 31 s'obstiner à f.	
la couverture	die Decke	II, 31 acharné à f.	(worauf?)
fourrer	stecken, hineinstecken	I, 13 se plaire à f.	
le tablier	die Schürze	II, 24 habile à f.	(worin?)
revenir sur ses pas	umkehren	II, 32,6 ingénieux à f.	
le tailleur	der Schneider	I, 61 qui aurait cru	
groupé(e) place	auf dem Louvois-	à voir cette	(wobei?)
Louvois	Platze gruppiert	source...	
la grève	der Arbeitsmarkt	I, 52 le zèle à f.	(wonach?)
aller chercher	aufsuchen	II, 22 je parviens à f.	(wohin?)
les quatre points	die vier Haupthim-	I, 59 s'enhardir à f.	
cardinaux	melsgegenden	I, 2 servir à f.	
comme	gleichsam	I, 48 employer à f.	
recouvrir de	bedecken mit	II, 8 se résoudre à f.	
le réseau	das Netz	II, 22 condamner à f.	(wozu?)
le métier	das Handwerk	II, 22 décidé à f.	
de grand matin	früh morgens	I, 56 prêt à f.	
s'ouvrir	geöffnet werden	I, 60 bon à f.	
excepté	außer (= ausge-	aber: II, 23 empêcher	
	nommen)	de f.	
le café	der Kaffee, das Café	I, 25 près de f.	(woran?)
calfeutrer	zustopfen, verschließen	II, 11 faire bien de f.	
agiter	hin und her bewegen	II, 1 capable de f.	
le comptoir	der Ladentisch	I, 48 être tenu de f.	(wozu?)
la fourmilière	d. Ameisenhaufen,	I, 47 être obligé	
	Schwarm	de f.	
le commis	der Commis, Hand-		

zu b: I, 29 il désirait en avoir un (: un couteau); I, 47 l'intention d'en acheter un autre (: un cheval); I, 38 il n'y en a plus (: de vin); I, 63 autant d'argent que j'en aurai compté (: d'argent).

le commis — der Commis, Handlungsgehilfe
le ramoneur — d. Schornsteinfeger
le marchand — der Händler
la motte à brûler — der Lohkuchen
le porteur d'eau — der Wasserträger
descendre de voiture — aussteigen [aus dem Wagen]
le marchand d'habits — der Kleiderhändler [mit alten Kleidern]
latin, e — lateinisch
le quartier latin — das Studentenviertel [i. Paris]
réveillé, e — wach

[Aber: I, 43 d'autres (: épis) étaient lourdement inclinés.]

zu c: I, 54 c'est moi qui l'ai vue le premier; II, 15 il vint à terre le dernier de tous

___

zu a: II, 4 exposer à f. (wem?)
I, 44 songer à f.
I, 53 accoutumer à f. (woran?)
I, 46 se mettre à f.

35.

le regret (de) — das Bedauern, der Schmerz (um)
couronner (de) — frönen (mit)

la fuite — die Flucht
obscurcir — verdunkeln
les pleurs, m. — die Thränen
savoir f. — verstehen zu th.
fané, e — welf, verblüht
le char — der [zweirädrige] Wagen
il vous aura fait voler — er wird euch haben eilen lassen
champêtre — ländlich
le possesseur — der Besitzer
humble — bescheiden
les lares, m. — die Hausgötter [der Römer]
recevoir — aufnehmen
le banquet — das Gastmahl
pour les faire asseoir — um sie zu veranlassen, sich zu setzen
la fête — das Fest
combien — wie (= wie sehr)
combien longtemps — wie lange
la retraite — der Rückzug, die Zufluchtsstätte
heureux, -se — glücklich
opulent, e — sehr reich
le choix — die Wahl, Auswahl
antique — altertümlich
ombrager — beschatten
fertile — fruchtbar
à longs traits — in vollen Zügen
une étude — ein Studium, Wissen

I, 65 oser f., II, 9 prétendre f., I, 29 désirer f., II, 7 vous avez beau dire; — I, 46 l'enfant qu'il supposait lui répondre; II, 11 pensiez-vous ne point pécher? I, 65 croire f.; II, 24 dire f.; — I, 26 apprendre à connaître; II, 13 aimer à f.; I, 42 chercher à f.; I, 38 il demanda à se rafraîchir; I, 33 avoir à f.; II, 20 il y a à f.; —

I, 19 défendre
I, 28 permettre
I, 36 essayer
I, 46 s'aviser } de f.

I, 50 résoudre
II, 4 tâcher
II, 22 tenter } de f.
II, 34, 1 achever
II, 22 il entreprit de les vaincre.
Aber: II, 32, 2 ils oublient de dîner
II, 20 ils jurèrent de se défendre
II, 23 promettre de f.
II, 4 ordonner de f.

36.

le tableau — das Gemälde
près de — zu, in die Nähe von
là — dahin, dorthin
venir faire — kommen und thun
un effet de soir — e. Abendstimmung
Antoinette — Antonie
comme c'est vrai — wie wahr das ist
calme — ruhig
que tout cela est calme — wie ruhig all das ist
recueilli, e — andächtig, stimmungsvoll
la bande — der Streifen
orangé, e — orangefarben
un horizon — ein Horizont
rendre — wiedergeben
le plan — der Plan
le premier plan — der Vordergrund
la pâte — die Farbenwirkung
la solidité — die Festigkeit, [der Zeichnung]
le miroitement — die Spiegelung
la flaque — die Lache, Pfütze
représenter — vorstellen, darstellen
parbleu! — zum Henker!
neuf heures du soir — 9 Uhr abends
en été — im Sommer
le sujet — d. Gegenstand [einer Darstellung]
la gravure — der Kupferstich, Stahlstich
aboyer — bellen

à la bonne heure! das laſſe ich mir
    gefallen
simple — einfach
puisque — da ... ja
d'après — nach, gemäß
prendre sur — der Natur ab-
nature — lauſchen
un oignon — eine Zwiebel
couper en quatre — in 4 Teile zer-
    ſchneiden
à côté — daneben
tirer — herauslocken
bas — leiſe [Abb.]
se moquer de — ſich luſtig machen über
le diable — der Teufel
plein(e) de talent — talentvoll
combien avez- — wie viel haben Sie
vous payé ça? — dafür bezahlt?
le louis — der Louisdor
    (= 20 francs)
l'heure du dîner — die Mittagszeit
avoir — bekommen
voilà — das nenne ich
bien placé(e) — gut angebracht
trouver mauvais — mißbilligen
protéger — beſchützen
un artiste — ein Künſtler
le fainéant — d.Faulenzer, Tagedieb
le débauché — der Schlemmer,
    Wüſtling

---

zu a: II, 34, 1 sembler f.; II, 25
  ils criaient qu'on les laissât
  faire; I, 56 il voit les fronts
  se baisser; I, 46 entendre
  faire; I, 31 le vieillard fit
  venir ses enfants devant lui.
zu b: II, 35 pour les faire asseoir; II, 12 il faut que je
  le fasse consoler; II, 10 un
  peu de courage vous le fera
  trouver; I, 31 le vieillard
  fit venir ses enfants devant
  lui; II, 21 il leur fit subir
  une mort cruelle; II, 22 il
  lui avait fait entrevoir la

couronne; II, 29 la route
  que j'ai résolu de faire
  prendre à l'armée; II, 35
  il vous aura fait voler.
zu c: I, 56 il voit les fronts se
  baisser; II, 4 il se laissa
  maltraiter; II, 25 ils criaient qu'on les laissât faire;
  II, 2 un des plus beaux
  examens que j'aie vu passer.
zu e: I, 59 que deviendront ma
  femme et mes enfants; I,
  50 elles cherchaient de
  quoi déjeuner; II, 32, 2
  pour savoir ce qu'il y a eu

37.

Monsieur, — Geehrter Herr!
vous avez bien — Sie waren ſo
  voulu m'en- — freundlich, mir
  voyer — zu ſchicken
témoigner sa — ſeinen Dank aus-
  reconnaissance — ſprechen
consacrer — widmen
louangeur, -euse — ſchmeichelhaft
trop louangeur — zu ſcheichelhaft,
  pour que ... — als daß ...
  (mit Konj.)
féliciter q. de qc. — jem. zu etw. Glück
  wünſchen, gra-
  tulieren
donner lieu de qc. — Veranlaſſung zu
  etw. geben
présumer — vermuten, annehmen
la carrière — die Laufbahn
poétique — dichteriſch
agréer — genehmigen
une assurance — eine Verſicherung
la considération — die Achtung, Hochachtung
distinguer — auszeichnen
Agréez l'assuran- — hochachtungsvoll
  ce de ma con-
  sidération dis-
  tinguée.

зu a: I, 42 elle demandait aide
à une grenouille; I, 44 il
vous en remerciera; II, 33
servant l'un à l'autre de
règle; I, 31 rappelez-vous
que l'union fait la force;
I, 58 il a approché l'un de
l'autre les tissons; I, 29 il
s'approcha de l'homme; I,
62 il lui avait appris à
prononcer.

28.

en route	unterwegs
le Bédouin	der Beduine
cambré, e	eingebogen
crépu, e	kraus
altérer	beeinträchtigen
le bandeau	die Augenbinde
le voile	der Schleier
une étoile	ein Stern
l'azur	der Azur, das Blau
être couché(e)	liegen (z. Schlafen)
le désert	die Wüste, Einöde
infranchissable	unüberschreitbar
un oreiller	ein Kopfkissen
réveiller	wecken

II, 22 se faire roi, proclamer
chef suprème; — I, 47 mes questions avaient pour but; I, 59 ils
auront pour père; I, 45 prendre
pour; I, 52 je vous tiendrai pour
des gens estimables; — I, 49
regarder comme, considérer comme; — II, 33 servant l'un à
l'autre de règle.

39, 1.

durant dix années	10 Jahre lang
Milan	Mailand
Lisbonne	Lissabon
insaisissable	ungreifbar
échapper	entrinnen
fou, fol, folle	toll
il eut la pensée	er kam a. d. Einfall

le soldat	der Soldat
allemand, e	deutsch
miner	untergraben
trembler	beben
une armée	eine Armee
fouler	niedertreten
soulever	erheben
libéral, e	freisinnig
refuser	abschlagen, verweigern
le concours	die Mitwirkung
le colosse	der Koloß
entraîner	mit sich fortreißen
la patrie	das Vaterland
la gloire	der Ruhm
incomparable	unvergleichlich
gagner	erringen
la supériorité	die Überlegenheit
une industrie	eine Industrie, ein Gewerbe
une agriculture	eine Landwirtschaft
la sécurité	die Sicherheit
donner	gewähren
un acquéreur	ein Erwerber
national, e	national, des Volkes
une administration	eine Verwaltung
éclairer	aufklären
vigilant, e	umsichtig
une unité	eine Einheit
consolider	festigen
dépasser	übertreffen
le rêve	der Traum
voilà ce qui	dies [Nominativ]
la postérité	die Nachwelt
conduire	leiten
se tromper à	sich täuschen über
regretter	bedauern, beklagen

зu a: II, 34, 1 presque pas un
bruit; I, 48 une dépense
non indispensable; II, 13
ils avaient leur logis non
au château, mais à Tours;—
I. 4 ils n'arrivent pas; II,
26 que ne laisses-tu?; —
II, 10 nulle place où la
main ne passe; II, 15 ils

ne s'en allèrent pas si vite
que beaucoup ne fussent
mortellement blessés; —
II, 32, 3 il ne saurait f.;
II, 7 rien qui vaille.
ȝu b: vergl. ȝu I, 45 c.

39, 2.

puissant, e	mächtig
épuiser	erschöpfen
priver	berauben
le département	das Departement, der Bezirk
le brumaire	der Nebelmonat [23. Okt.—21. Nov.]
à l'abri	unter dem Schutze
la victoire de	der Sieg bei
la faute	b.Fehler, b.Schuld
le politique	der Staatsmann
perdre	verderben, zu Grunde richten
la puissance	die Macht
éphémère	vergänglich
une épopée	ein Heldengedicht
merveilleux, -se	wunderbar
mémorable	denkwürdig
une expiation	eine Sühne
le désastre	dasUnglück, Unheil
la victime	das Opfer
faire une victime	ein Opfer fordern
deux victimes:	zwei Opfer: [näm-
l'Empereur et	lich] der Kaiser
la France	und Frankreich
la révolution	die Revolution
refaire	wieder herstellen
ancien, -enne	alt, ehemalig, früher
pour avoir fait	weil er gethan hatte
le frein	das Gebiß
mettre un frein à qc.	etw. im Zaume halten
une ambition	ein Ehrgeiz
glorieux, -se	ruhmbedeckt, ruhmreich
un ennui	c. Langeweile, Sorge
gouverner	regieren
relever	wieder aufrichten

abattre	niederwerfen
la responsabilité	b.Verantwortung
la toute-puissance	die Allmacht
une ivresse	eine Trunkenheit, ein Rausch
absolu, e	absolut, unumschränkt

ȝu a: I, 14 une bonne femme;
I, 21 la vieille terre; I,
56 un jeune poulain; I, 16
un sot garçon; I, 52 votre
propre bien; I, 49 le seul
animal; I, 43 certains épis;
II, 14 diverses couleurs; —
I, 52 de riches évêchés.
ȝu b: II, 7 acheter cher; II, 20
vendons cher notre vie; II,
32, 4 ils restent court; II,
9 dire tout bas.
ȝu c: I, 25 ils ne trouvèrent ni
or ni argent; I, 63 il ne
peut ni ne doit; II, 34, 1
on soupçonne plutôt qu'on
ne voit

40, 1.

le peuple	das Volk
la chaume	das Strohdach
le toit	das Dach
dans	in (= nach Ablauf von)
le villageois	der Dorfbewohner
abréger	abkürzen, verkürzen
la veille	der Abend
révérer	verehren
la grand'mère	die Großmutter
voilà longtemps	es ist seitdem
de çà	lange her
le ménage	die Haushaltung
entrer en ménage	sich verheiraten [familiär]
grimper	erklettern, hinaufklettern
la redingote	der Überrock
gris, e	grau
bonjour	guten Tag, guten Morgen

ʒu a: I, 18 chacun allait s'as-
sooir; I, 65 il venait l'écouter; II, 4 cours acheter la
brosse; II, 30 on envoya
savoir; II, 34, 1 la chambre
à coucher; — II, 20 ils
étaient venus pour faire ce
coup; I, 49 il vient de le
frapper.
ʒu b: II, 12 il est bien à plaindre.

40, 2.

moi, pauvre fem-	als ich arme Frau
me, à Paris	eines Tages in
étant un jour	Paris war
Notre-Name	die Liebfrauen-
	kirche (in Paris)
le cortège	der Zug, Aufzug,
	das Gefolge
la Champagne	die Champagne
être en proie à qc.	von etw. heimge-
	sucht werden
étranger, -ère	fremd, ausländisch
un étranger	ein Fremdling
braver q.	jem. trotzen
tenir la campagne	d. Feld behaupten
servir	auftragen [Speisen]
la piquette	der Tresterwein
	[geringer Wein]
le pain bis	das Schwarzbrot
inviter	einladen
au réveil	beim Erwachen
venger de	rächen für
sous Paris	unter den Mau-
	ern von Paris
depuis	seitdem [Adv.]
garder	bewahren, aufheben
le voici	da ist es
la perte	der Untergang,
	das Verderben
désert, e	öde, verlassen
aller faire	thun werden
par mer	übers Meer
une erreur	ein Irrtum
tirer d'erreur	von seinem Irr-
	tume befreien

amer, -ère	bitter, herb

I, 23 ils rencontrent un homme
à cheval; II, 32, 1 les orateurs
qu'il applaudit le plus; I, 34
ils le menacent de le poignarder;
I, 40 elle suit les sentiers; I,
57 il écoute leurs doléances; II,
6 envier la voix du rossignol;
I, 53 qu'on le flattât; II, 14 il
les précéda.

41, 1.

la Crimée	die Krim
la guerre de	der Krimkrieg
Crimée	
le traité	der Vertrag
la Russie	Rußland
exercer	ausüben
la prépondérance	das Übergewicht
menaçant, e	bedrohlich
le czar	der Zar
Nicolas	Nikolaus
la personnification	d. Verkörperung
le système	das System
redoutable	furchtbar
la compression	die Unterdrückung
la royauté	das Königtum
une émeute	ein Aufruhr
appuyer	unterstützen
le souverain	der Fürst
la résistance à	d. Widerstand gegen
dénationaliser	der Selbständig-
	keit berauben
la Pologne	Polen
reconnaitre	zuerkennen
la possession	der Besitz
assurer	sichern
constitutionnel, -elle	verfassungs-
	mäßig
reprendre	wieder aufnehmen
l'Autriche, f.	Österreich
écraser	zerschmettern
le Hongrois	der Ungar
révolter	aufwiegeln
se révolter	sich empören

penser	meinen
la présence	die Gegenwart
le trône de France	der Thron von Frankreich
garantir	verbürgen
une alliance	e. Bund, Bündnis
croire	halten für
saisir	in Besitz nehmen
éternel, -elle	ewig
la convoitise	die Begehrlichkeit
moscovite	russisch
Constantinople	Konstantinopel
une occasion	eine Gelegenheit
en toute occasion	bei jeder Gelegenheit
le protectorat	das Protektorat, Schutzherrschaft
hautain, e	hochmütig
le sujet	der Unterthan
chrétien, -enne	christlich
un empire	e. Reich, Kaiserreich
turc, turque	türkisch
finir par f.	schließlich th.
s'entendre pour	sich verständigen über
sous main	unter der Hand
le partage	die Teilung
la dépouille	die Beute, der Raub
le sultan	der Sultan
la principauté	das Fürstentum
le Danube	die Donau
danubien, -enne	an d. Donau liegend
armer	ausrüsten
la flotte	die Flotte
formidable	furchtbar
l'empereur Napoléon	Kaiser Napoleon
le signal de	das Signal zu
la Méditerranée	das mittelländische Meer
Salamine	Salamis
la mer Noire	das Schwarze Meer

zu a: I, 22 en Égypte, dans les
États-Unis, aux Indes; I, 32
en Asie, en Amérique; I,
37 en Orient, en Europe,
en France; I, 44 en Pro-
vence; — II, 1 partir pour
l'Italie.

zu b: I, 4 la même chose; — I,
33 ils trouvèrent une grosse
somme et la partagèrent; —
I, 28 son épouse.

41, 2.

entraîner	hineinziehen
la neutralité	die Neutralität
la Prusse	Preußen
la destruction	die Vernichtung, Zerstörung
le Russe	der Russe
la flottille	die Flottille (kleine Flotte)
une hostilité	eine Feindseligkeit
anglo-français, e	englisch-französisch
entrer	einfahren
expédier	absenden
le port	der Hafen
la Grande-Bre-tagne	Großbrittannien
allié, e	verbündet
fort(e) de mille hommes	1000 Mann stark
sur la côte	an der Küste
permettre	gestatten
la victoire de l'Alma	der Sieg an der Alma
le siège de Sé-bastopol, for-teresse formi-dable	die Belagerung von Sebastopol, einer furchtba-ren Festung
anéantir	vernichten, zerstören
mettre à l'abri de	schützen vor
un coup de main	ein Handstreich
voir	erleben
ce siège, le plus terrible qu'on ait vu	diese Belagerung, die schrecklichste, d. man erlebt hat
les annales, f.	die Annalen
l'histoire mo-derne	die neuere Geschichte
près de	annähernd

continuel, -elle	fortwährend, beständig
mériter	einbringen
indomptable	unbezähmbar
le climat	das Klima
le miracle	das Wunder
la constance	die Beständigkeit, Ausdauer
la furie	die Wut
la récompense	der Lohn, die Belohnung
la tour	der Turm
emporter	nehmen [im Kriege]
auparavant	früher [Adv.]
l'empereur Nicolas	Kaiser Nikolaus
prévoir	voraussehen
la ruine	der Untergang, das Scheitern
vaste	groß angelegt
le dessein	der Plan, d. Absicht

I, 52 votre propre bien.

41, 3.

la Baltique	die Ostsee
le boulevard	das Bollwerk
avancer	vorschieben
la Suède	Schweden
la canonnière	das Kanonenboot
cuirasser	panzern
servir	Dienste thun
méridional, -e	südlich
la Russie méridionale	Südrußland
une escadre	ein Geschwader
un océan	ein Ocean
sur l'océan Pacifique	am stillen Ocean
la diplomatie	die Diplomatie
la ligue	der Bund
entrer dans une ligue	einem Bunde beitreten
la Sardaigne	Sardinien
entraîner	für sich gewinnen
le successeur	der Nachfolger

Alexandre	Alexander
demander la paix	um Frieden bitten
conclure une paix	einen Frieden schließen
neutraliser	neutralisieren, für neutral erklären
la portion	der Teil
la Bessarabie	Beßarabien
une embouchure	eine Mündung
la navigation (de)	d. Schiffahrt (auf)
proclamer	feierlich aussprechen
le droit	das Recht
neutre	neutral
maritime	See-
la guerre maritime	der Seekrieg
reculer	zurückweichen
le droit des gens	das Völkerrecht
recouvrer	wiedererlangen
la plénitude	der Vollbesitz
une influence	ein Einfluß
la visite à	der Besuch bei
le Portugal	Portugal
le témoignage (de)	das Zeugnis (für)
le profit	der Nutzen
en Crimée	in der Krim
la politique	die Politik
faire de la politique	Politik treiben
venir	hereinbrechen
le bénéfice	der Vorteil, Nutzen
accabler	niederdrücken

zu a: I, 58 de Norvège vient le roitelet; — II, 11 le roi de France; II, 14 duc de Normandie; II, 41, 1 le trône de France.

zu b: II, 41, 2 ce siège, le plus terrible qu'on ait vu; I, 26 les premiers de ses amis, l'argent et les biens terrestres; II, 39, 2 deux coupables: l'Empereur et la France; I, 38 Napoléon Iᵉʳ; II, 14 les trois lions, enseignes de la Normandie;

II, 2 de votre aide de camp, le jeune Drouot; II, 22 le cœur de ses compatriotes, les hommes d'Auvergne; II, 41, 2 le siège de Sébastopol, forteresse formidable.

42, 1.

s'écouler	verfließen, verstreichen
pénible	mühsam
la journée	der Tag
splendide	glänzend
planer	schweben
une ironie	eine Jronie
une angoisse	eine Angst
une épouvante	ein Schrecken
le déluge	die Flut, Sündflut
sinistre	unheilvoll
la nouvelle	b.Neuigfeit,Nachricht
Reichshoffen	franz. Bezeichnung der Schlacht bei Wörth
effroyable	entsetzlich
consoler de	trösten über
le patriotisme	Patriotismus, Vaterlandsliebe
populaire	des Volkes
faire entrer dans	aufnehmen in
la légende	die Legende, das Märchen
la charge	der Angriff
le cuirassier	der Kürassier
le télégramme	das Telegramm, die Depesche
succéder à	folgen auf
se succéder	einander folgen
obscur, e	dunkel
les télégrammes se succédant, effrayants et obscurs	die erschreckenden und dunklen Depeschen, die einander folgten
se réparer	wieder gut werden

hâter	beschleunigen
la reculade	das Zurückweichen
bloquer	einschließen, blockieren
cerner	einschließen, umzingeln
un uhlan	ein Ulan
la Chambre	die Kammer[gesetzgebende Versammlung]
la permanence	die Permanenz, Fortdauer
le ministre	der Minister
renverser q.	jem. stürzen
la rage	die Wut
avec rage	wütend [Adv.]
impérieux, -se	gebieterisch
une éclosion	ein Ausbrüten
la détresse	die Angst
la mesure	die Maßregel
la muraille	die Mauer
une affiche	ein Anschlag, Zettel
une absence	ein Ausbleiben
dans la rue	auf der Straße
pérorer	hochtrabend reden
affoler	bethören
la crédulité	b. Leichtgläubigkeit
la fable	die Fabel
la carrière	der Steinbruch[1]

I, 40 je me lève; II, 16 il s'éveillait; II, 28 l'instinct se réveillant; II, 16 il se reposait; II, 16 plus il se couchait tard; II, 16 il se recouchait; I, 44 il se réfugie; II, 5 ils s'arrêtèrent; II, 31 il s'obstine à f.; I, 8 il s'appelle; I, 18 tout se taisait; I, 12 il se promena; II, 16 il se promenait en voiture; I, 57 ça se passera; I, 27 il s'envola.

42, 2.

changer	ändern
sillonner	furchen, durchziehen

---

[1] Am 18. August 1870 sollten 3 deutsche Armeecorps von Bazaine in die Steinbrüche von Jaumont zurückgeworfen sein.

un uniforme	eine Uniform
le pompier	d. Feuerwehrmann
la province	die Provinz
réunir	sammeln, vereinigen
éperdu, e	fassungslos
emplir de	füllen mit
la réserve	die Reserve
sale	schmutzig
ivre	betrunken
le hurrah	der Hurraruf
frénétique	wahnsinnig
les mobiles	die Mobilgarde
(= la garde na-	
tionale mobile)	
se pavoiser	sich mit Flaggen
	bedecken
le bruit	das Gerücht
la masse	die Masse
en masse	massenweise
la fortification	die Befestigung
jusque-là	bis dahin, bis jetzt
faubourien, -enne	der Vorstädte
présent, e	gegenwärtig, zugegen
à présent	jetzt
bouleverser	aufwühlen
le talus	die Böschung
le bronze	das Erz
étinceler	funkeln
la pièce	das Geschütz
le citoyen	der Bürger
un exercice	eine Übung, ein
	Exerzieren
aligner	(in Reih und Glied)
	aufstellen
le peloton	d. Zug (i. Bataillon)
sonner	erklingen
la crosse	der Kolben (von
	Gewehren)
la foule	die Volksmenge
stationner	stehen (bleiben)
le placard	der Anschlag, d. Plakat
le bourgeois	der Bürger
le fusil	das Gewehr
la banlieue	die Bannmeile
ramener	zurückführen, her-
	beiführen

la peur de	die Furcht vor
une invasion	e. feindlicher Überfall
pauvre	armselig
le mobilier	das Mobiliar
la charrette	der Karren
la charrette à bras	der Handkarren
le brancard	d. Gabel (Deichsel)
derrière	hinterher
pousser derrière	hinterhergehen
charger (de)	beladen, belasten (mit)
le blocus	die Einschließung,
	Blockade
harasser	abtreiben
entasser	aufhäufen, ansammeln
le parc	die Hürde
construire	errichten
la hâte	die Eile
à la hâte	eilig, in aller Eile
le long de	längs, entlang,
	an … hin
le boulevard	das Boulevard
suburbain, e	der Vorstädte

---

zu a: I, 65 en rendant visite; II, 4 en retirant; II,
5 les députés ne voyant
ni loquet ni clef; II, 20
les Anglais … en appre-
nant; II, 40, 2 moi, pauvre
femme, à Paris étant un
jour; II, 20 ceux … voyant;
II, 42, 1 les télégrammes
se succédant, effrayants et
obscurs; I, 58 sa voix tremblante; I, 61 ses joues
étaient brûlantes.

43, 1.

le tisserand	der Weber
la route de	die Straße nach
dès	schon seit
cinq heures du	5 Uhr morgens
matin	
la préfecture	die Präfektur
mal à l'aise	ärgerlich
le remords	der Gewissensbiß

la menace	die Drohung
tourmenter	quälen
du reste	übrigens
le besoin	das Bedürfnis
apaiser	besänftigen, beschwichtigen
sensible	empfindsam
la calèche	die Kalesche
le louage	die Miete
la grande route	die Hauptstraße
border	einfassen, am Rande besetzen
le peuplier	die Pappel
la casquette	die Mütze
la botte	der Stiefel
engraisser	einfetten
amuser	belustigen, amüsieren
la capitulation	die Kapitulation, Übergabe
signer	unterzeichnen

zu a: I, 44 un de mes frères.

43, 2.

le mètre	das Meter
le kilomètre	der Kilometer
à quatorze kilomètres	14 Kilometer weit
là-bas	dort
le palais	der Palast
les Tuileries, f.	die Tuilerien
reculer	zurückschieben
barrer	absperren
le fleuve	der Fluß, Strom
impérial, e	kaiserlich
la demeure	die Wohnstätte, der Aufenthalt(sort)
officiel, -elle	amtlich
ne ... plus même (de)	nicht einmal mehr (ein)
le coin	die Ecke, d. Winkel
le fonctionnaire	der Beamte
échouer	scheitern, mißlingen
misérable	erbärmlich
étroit, e	eng, schmal
le potager	der Gemüsegarten
enclore (Part. Prät. enclos, e)	einfriedigen

un étage	ein Stockwerk
en haut	oben
carreler	mit Fliesen auslegen
le meuble	das Möbel
pendant une heure	eine Stunde lang
la compagnie	die Gesellschaft
en compagnie	in Gesellschaft
traîner	schweigend ertragen
la misère	das Elend, die Not
coller	kleben, dicht andrücken
terreux, -se	erdfahl
le sol	der Boden
couler	fließen, dahinströmen

43, 3.

une étape	eine Etappe, ein Marschquartier
abominable	abscheulich
le castel	das Schlößchen
bourgeois, e	bürgerlich
coucher	übernachten
une entrevue	e. Zusammenkunft
cruel, -elle	schmerzlich
par crainte de	aus Furcht vor
affamer	aushungern
le pont	die Brücke
le pont de bateaux	die Schiffbrücke
le Prussien	der Preuße
jeter un pont	e. Brücke schlagen
un long détour	ein weiter Umweg
le chemin de traverse	der Seitenweg
écarter	entfernen
le chemin de	der Weg nach
lamentable	kläglich
tragique	tragisch, unheilvoll
le plateau	das Plateau, die Hochebene
encombrer de	anfüllen, dicht bedecken mit
le cadavre	d. Kadaver, d. Leiche
légendaire	sagenhaft
supporter	ertragen
le trot	der Trab
s'affaisser	zusammenbrechen
la violence	d. Heftigkeit, Gewalt

la crise	die Krisis, d. Anfall
fumer	rauchen
machinal, e	mechanisch
la cigarette	die Cigarette
hâve	abgezehrt
passer	vorüberfahren
gronder	murren
peu à peu	mehr und mehr, allmählich
exaspéré, e	außer sich vor Wut
la huée	das Hohngelächter
le poing	die Faust
tendre	ausstrecken
le geste	d. Gebärde, d. Geste
une insulte	eine Beschimpfung
la malédiction	die Verwünschung
la traversée	die Überschreitung
la traversée de	der Weg über
iuterminable	endlos
défoncé, e	bodenlos
le mort	die Leiche
aux yeux grands ouverts	mit weit aufgerissenen Augen
la frontière	die Grenze
en haut de	oben auf
la montée	der Anstieg, die Anhöhe
dévaler	sich senken, niedersinken
la vallée	das Thal
une auberge	eine Herberge
un hôtel	ein Gasthaus
l'hôtel de la poste	das Gasthaus zur Post

curieux, -se	neugierig
les murmures, m.	das Murren
au milieu des murmures	unter Murren
le sifflet	die Pfeife
le coup de sifflet	der Pfiff

zu a: I, 24 j'offre la beauté aux jeunes filles; II, 3 il répandit partout la terreur et la consternation; I, 31 l'union fait la force; I, 22 on cultive le coton.

zu b: II, 11 sainte Catherine, sainte Marguerite; I, 24 madame la fée; II, 24 madame la Dauphine; II, 9 monsieur le Grand Turc.

zu c: II, 11 le royaume de France; II, 15 la ville de Hastings; II, 20 le village de Longueil; II, 22 le titre d'ami; II, 30 le nom d'invincible; II, 2 une sorte de paysan; I, 17 le mois de janvier; — I, 43 son fils Gustave; II, 41, 1 l'empereur Napoléon; II, 41, 2 l'empereur Nicolas; I, 18 monsieur Christophe.

zu d: I, 52 vous n'obtiendrez jamais rien (vergl. I, 25a. sans nuire à personne.)

— · — · —

Anhang zum II. Abschnitt.

32 a.

une étoile	ein Stern
l'étoile du soir	der Abendstern
le messager	der Bote
la messagère	die Botin

lointain, e	fern
le voile	der Schleier
le couchant	der Abend
le palais	der Palast
un azur	ein Azur

d'azur	azurblau
le firmament	das Firmament, Himmelszelt
s'éloigner	abziehen
calmer	beruhigen
frémir	rauschen
la bruyère	das Heidekraut
la phalène	der Nachtfalter
dorer	vergolden
la course	der Flug
traverser qc.	über etw. dahinschweben
embaumé, e	duftig
le mont	der Berg
abaisser	senken
mélancolique	schwermütig
trembler	flimmern
s'effacer	erlöschen
le manteau	der Mantel
au loin	in der Ferne
le pâtre	der Hirt
cheminer	seines Wegs ziehen
immense	unermeßlich
le roseau	das Schilfrohr

34a, 1.

le public	das Publikum
le public du dimanche	das Sonntagspublikum
commode	umgänglich
manquer de	fehlen, Mangel haben an
je manque de	es fehlt mir an
la distinction	die Vornehmheit
une aristocratie	ein Adel
la possession	der Besitz
prendre possession	Besitz ergreifen
le spectacle	das Schauspiel
le palais	der Palast
royal, e	königlich
la gare	der Bahnhof
la banlieue	die Bannmeile
couler :	fließen
le flot	die Woge
couler à flots	wogen
le comptoir	das Kontor, Geschäftszimmer

humble	bescheiden
le bureau	die Schreibstube
un employé	ein Unterbeamter
le ministère	das Ministerium
le bourgeois	der Bürger
mêlé(e) de	untermischt mit
vrai, e	wirklich
dès la veille	schon am Abend vorher
le monde	die Leute
sérieux, -se	ernst
interrogateur, -trice	fragend
aspirer	einatmen
la brise	die Brise
le poste	der Posten
la journée	der Tag
annoncer	ankündigen
parfait, e	vollkommen, vortrefflich

34a, 2.

une invasion	eine Überschwemmung [bildlich]
recouvrir de	bedecken mit
endimanché, e	im Sonntagsstaat
la hâte	die Eile
à la hâte	eilig [Adv.]
une allure	ein Gebaren
formel, -elle	förmlich, ausdrücklich
assiéger	belagern
le tramway	die Pferdebahn
la queue	die (lange) Reihe (wartender Personen)
allonger	lang hinziehen
une embarcadère	ein Landeplatz
le bateau-omnibus	der Personendampfer
empiler	hineinzwängen
haut	laut [Adv.]
échanger	austauschen
incessant, e	unaufhörlich
la grille	das Gitterthor
un observatoire	ein Observatorium
éparpiller	verteilen
en route	unterwegs
en plein air	unter freiem Himmel

le saltimbaque	der Gaukler
le chanteur	der Sänger
savant, e	gelehrt
un acrobate	ein Seiltänzer
les Tuileries, f.	die Tuilerien
les Champs-Ély-sées	die Elysäischen Felder
atteler	anspannen, bespannen (de mit)
la rosse	die Mähre
hectique	schwindsüchtig
du côté de	nach ... hin
l'Arc de Triomphe	d. Triumphbogen

34a, 3.

pousser	weitergehen
le bois de Boulogne	das Boulogner Wäldchen [in Paris]
en semaine	alltags, wochentags
élégant, e	elegant, vornehm
monter un cheval	ein Pferd reiten
saluer	grüßen
à droite	nach rechts
à gauche	nach links
la calèche	die Kalesche
le ressort	die Feder
sur	über
une avenue	e. (größere) Allee
sabler	mit Sand bestreuen
ratisser	harken
un attelage	ein Gespann
trotter	traben
rogue	hochnäsig
raide	steif
impassible	kaltblütig
le break [englisch]	das Break [hoher Wagen mit 2 Längssitzen]
le lac	der See
la dame	die Dame
la nouveauté	die Neuheit, neuer Modeartikel
un complet	ein vollständiger Anzug aus gleichem Stoffe

cahoter	rütteln
le locatis	Mietsgaul
la noisette	die Haselnuß
noisette	haselnußbraun
la toile cirée	das Wachstuch
une allée	e. (kleinere) Allee
la pelouse	der Rasenplatz
de mon [ton] long	der Länge nach
fumer	rauchen
le pâté	die Pastete
le saucisson	die Wurst
le gazouillement	das Gezwitscher

40a.

Elbe	Elba
cependant	währenddessen
le bruit	das Gerücht
le bruit lui arrive	das Gerücht dringt zu ihm
les Bourbons	die Bourbonen
accumuler	aufhäufen
une impopularité	eine Unbeliebtheit (beim Volke)
grandir	wachsen
menacer	bedrohen
enlever	entfernen
solitaire	einsam
tenter la fortune	sein Glück versuchen
embarquer	einschiffen
le golfe	d. Golf, Meerbusen
la proclamation	der Aufruf
illégitime	ungesetzlich
susciter des ennemis	Feinde schaffen
enchaîner	fesseln
un aigle	ein Adler (Vogel)
une aigle	e. Adler (Feldzeichen)
se ranger	sich scharen
le drapeau	die Fahne
une existence	ein Dasein
le droit	das Recht
un intérêt	ein Vorteil
la charge	der Angriff
au pas de charge	im Sturmschritt
la tour	der Turm
un obstacle	ein Hindernis

le citoyen	der Bürger
concitoyens!	Mitbürger!
franc, franche	offen, freimütig
un empire (de)	e. Herrschaft (über)
la constitution	die Verfassung
la garantie	die Bürgschaft
répondre par	antworten mit
amener	zuführen
le 7e de ligne	b. 7. Linienregiment
la cocarde	die Kokarde
tricolore	dreifarbig
religieux, -se	religiös, sorgfältig
dès lors	von nun an
entrer	einziehen
un accueil	ein Empfang, eine Aufnahme
enthousiaste	begeistert
reprendre	wieder aufnehmen, wieder in die Hand nehmen
un exercice	eine Ausübung
souverain, e	oberste
dévoué(e) à q.	jem. ergeben
céder	weichen, nachgeben
un entraînement	eine Begeisterung
rentrer	wieder einziehen
les Tuileries	die Tuilerien
le fusil	das Gewehr
partir	losgehen
la goutte	der Tropfen
verser	vergießen
le rétablissement	die Wiederherstellung
un empire	ein Kaiserreich

41 a.

aller	fahren
confier	anvertrauen
aspirer	streben
adorer	anbeten
guider	führen
sacré, e	heilig, geweiht
là-bas	dort
le salut	das Heil
ter	dreimal zu wiederholen
une enfance	eine Kindheit

s'écouler	verfließen
obscur, e	gering
la plage	das Gestade
fumer	rauchen
la cime	der Giebel
attendrir	rühren [figürlich]
une inconstance	e. Unbeständigkeit
le climat	der Himmelsstrich, die Gegend
fécond, e	fruchtbar
orner de	schmücken mit
flétri, e	dahingeschwunden
regretter	vermissen
pousser	verschlagen
régner sur	herrschen über
gémir	ächzen, seufzen
constant, e	beharrlich
la bêche	das Grabscheit, der Spaten
au bruit	unter (bei) dem Lärm
le transport	die Aufwallung
une allégresse	ein Jubel
les transports d'allégresse	jubelnde Freude
la barque	die Barke
la grâce	der Dank
rendre grâce	Dank sagen
à genoux	auf den Knieen
chérir	zärtlich lieben
un exilé	ein Verbannter
désormais	nun, von nun an

42 a.

sans retour	unwiederbringlich
la demeure	der Aufenthalt
de	um [um wie viel?]
retarder	verzögern
la marche	der Gang
le timbre	b. Glocke [anklingen]
frémir	brausen, erklingen
expirer	sterben
c'en est fait	es ist damit vorbei
adieu	lebe wohl
le salut	das Heil
une aile	ein Flügel
révéler	offenbaren

un espoir	eine Hoffnung
un attrait	ein Reiz
la course	der Flug
insensible	unmerklich
amener	bringen
insensé, e	unvernünftig
vain, e	eitel, leer
décevoir	täuschen
fantastique	phantastisch
magique	zauberisch
sombre	düster, dunkel
guider	führen, leiten
fortuné, e	glücklich
finir	enden

43 a, 1.

la prise	die Einnahme, Erstürmung
le mot d'ordre	die Parole
la pique	die Pike, der Spieß
le sabre	der Säbel
environner	umgeben
la sentinelle	die Wache, der Wachtposten
poster	aufstellen [Wachen]
lever le pont	d. Brücke aufziehen
le gouverneur	der Kommandant
la direction	die Richtung
le canon	die Kanone
de tout temps	von je her
il est en mon pouvoir	es steht in meiner Gewalt
descendre	hinunterschaffen
instruire	unterrichten
une embrasure	eine Schießscharte
rassurer	beruhigen
diriger (sur)	richten (nach, auf)
une allée	ein Zugang
balayer	wegfegen
forcer	erstürmen
environ	ungefähr
le Suisse	der Schweizer
un invalide	ein Invalide
presser	dringend auffordern
un état-major	e. Stab, Generalstab
un officier	ein Offizier

faire usage	Gebrauch machen
attaquer	angreifen
la multitude	die Menge, Volksmenge
le faubourg Saint-Antoine	die Vorstadt Saint-Antoine
au dehors	draußen
demander	fordern
les cris	das Geschrei
à grands cris	mit lautem Geschrei
le rebord	der Sims
saluer.	grüßen, begrüßen
un applaudissement e.	Beifallsruf
un arsenal e.	Arsenal, Zeughaus
faire part	Mitteilung machen
le résultat	das Ergebnis
la mission	d. Mission, Sendung
le comité	der Ausschuß

43a, 2.

impatient, e	ungeduldig
la reddition	die Übergabe
s'élancer	sich stürzen
le corps de garde	die Wache (Wachtposten und Wachtlokal)
frapper (qc.)	schlagen (auf etw.)
à coups de hache	mit Axthieben
la chaîne	die Kette
faire feu	Feuer geben
abaisser	herunterlassen
de même	ebenso, auf dieselbe Weise
la garnison	die Besatzung
la décharge de mousqueterie	die Musketensalve
revenir à l'attaque	den Angriff erneuern
l'approche de	d. Annäherung an
défendre	verwehren
outré(e) de	außer sich über
opiniâtre	hartnäckig
mettre le feu à qc.	an etw. Feuer legen, etw. anzünden
la décharge de mitraille	die Kartätschensalve

assiéger	belagern
un assiégeant	ein Belagerer
le monde	die Leute
ardent, e	hitzig
seconder	unterstützen
une audace	eine Kühnheit
être à la tête	an der Spitze stehen
un acharnement	eine Erbitterung

43a, 3.

le canon	die Artillerie
la face	das Aussehen
sauter	springen
faire sauter	in die Luft sprengen
ensevelir	begraben
s'avancer vers qc.	auf etw. losstürzen
en désespéré	wie verzweifelt
la mèche	die Lunte
la poudre	das Pulver, der Pulvervorrat
arborer	aufpflanzen
la plate-forme	die Plattform, plattes Dach
le canon	der Lauf (einer Feuerwaffe)
en bas	nach unten
un assaillant	ein Angreifer
le créneau	die Schießscharte
suisse	schweizerisch, Schweizer
capituler	kapitulieren

proposer	vorschlagen
sauf, sauve	wohlbehalten
la vie sauve	freies Geleit
les plus avancés	die vordersten
sur	auf ... hin
se précipiter	stürzen [intransitiv]
sauver de	retten vor
la protection	der Schutz
inhumain, e	unmenschlich
mettre à mort	töten
se diriger vers qc.	sich nach etw. hinwenden
offrir	darbieten
populaire	volkstümlich
signaler	auszeichnen
couronner de	bekränzen mit
le laurier	der Lorbeer
escorter	geleiten
le désordre	die Unordnung
toute sorte de	allerhand
le drapeau	die Fahne
le règlement	das Reglement, b. Hausordnung
pendre	aufhängen
horrible	entsetzlich
chose horrible	entsetzlich anzusehen
un appareil	ein Gepränge
inonder	überschwemmen
le quai	der Quai, Flußdamm
décider de	entscheiden über

C. Übungsstücke.

1. Abschnitt.

1.

Der Doktor Mead, welcher einer der berühmtesten Ärzte gewesen ist, die es jemals in seinem Vaterlande gegeben hat (Konj.), wurde häufig von einem reichen Engländer um Rat gefragt, welcher keinerlei Schmerzen hatte (ne souffrait de nullo part),* der aber sehr krank zu sein glaubte, weil er [ein] Hypochonder (= hypochondrisch) war. Jedesmal, wenn ihn der Doktor fragt: „Wie geht es (= dies, ça)?“ erwidert ihm der reiche Mann: „Schlecht! Immer dasselbe.“ Endlich sagte der Arzt zu sich selbst: „Jetzt werden wir das letzte Mittel anwenden: wir werden diesen Unglücklichen auf Reisen schicken (= veranlassen zu reisen). Zuerst wird er nach Moskau reisen. Dann werden wir ihn nach Wien, (nach) Rom und (nach) Paris schicken.“

Als der Engländer in Moskau ankam, erfuhr er, daß der Arzt, welchen er dort suchte, nach Rom abgereist war. Er mußte also ebenfalls dorthin reisen, wenn er ihn um Rat fragen wollte. Auf diese Weise wurde er fast durch ganz Europa geschickt, ohne den Arzt zu finden, den er überall suchte. Endlich kehrt er geheilt nach London zurück. Die Anstrengungen der Reise haben ihn (Dativ!) seine Leiden vergessen lassen.

2.

Ums Jahr 1790 gab es in Nancy einen Bäcker, welcher Drouot hieß. Dieser Mann hatte einen Sohn, dessen Begabung und Fleiß seine Lehrer in Erstaunen setzten, der sich später in Ägypten auszeichnete (distinguer) und (der) erst 34 Jahre alt war (= hatte), als er General der (de) Artillerie und Adjutant des Kaisers Napoleon I. wurde.

Im Alter von 19 Jahren, das heißt im Jahre 1793, brach der junge Drouot nach Chalons an der Marne auf, wo sich eine Artillerieschule befand, die damals unter dem berühmten La Place in hoher Blüte stand (= blühte). Unser junger Bauer betritt den Saal, in welchem

* Anmerkung: Das in runde Klammern () Eingeschlossene ist im Deutschen, das in eckige Klammern [] Eingeschlossene im Französischen wegzulassen. Gesperrter Druck weist auf die folgende Klammer hin.

La Place im Namen der Regierung die Prüfung von 180 Kandidaten abhält. Obgleich diese jungen Leute Drouot mit einem allgemeinen Gelächter empfangen, zittert er keinen Augenblick, sondern er geht hin und setzt sich auf einen Stuhl mitten unter sie. Der Examinator unterbricht die Prüfung und fragt den jungen Mann lächelnd: „Was wünschen Sie?" — „Ich möchte mich der Prüfung unterziehen", antwortet ihm der Ankömmling bescheiden. „Nun wohl", fuhr (Herr) La Place fort, „lassen Sie uns sofort anfangen!" Der junge Bauer blieb keine einzige Antwort schuldig (= wußte auf [à] alle Fragen [zu] antworten). Schließlich steht der Examinator gerührt auf und umarmt ihn, indem er zu ihm sagt: „Mein junger Freund, Sie sollen (= werden) die Frucht Ihres Eifers ernten (= sammeln) und der Erste der Beförderung sein, denn Sie haben die Prüfung ausgezeichnet bestanden."

3.

Manche Dummköpfe verstehen es (= wissen) andere Menschen eine Zeit lang (= während einiger Zeit) [zu] täuschen, bis ihre Dummheit [la bêtise] durch irgend ein Wort oder irgend eine Handlung, welche sie lächerlich macht, verraten wird. Sie erinnern uns an den mit einem Löwenfell bekleideten Esel. Dieses thörichte Tier, welches die Arbeit haßte, entfloh eines Tages aus dem Hause seines Herrn. Es findet zufällig das Fell eines Löwen. Es bekleidet sich mit demselben. Die Tiere, welche diesem verkleideten Esel im Walde begegnen, fliehen voller (= voll von) Schrecken. Plötzlich sieht er seinen Herrn, welcher ihn sucht (= kommt, um ihn zu suchen). Meister Langohr eilt auf ihn zu, da er ihn ebenfalls in Schrecken setzen will (Part.). Sein Herr indessen bemerkt die langen Ohren, welche von dem Felle nicht bedeckt sind, und veranlaßt ihn mit Stockschlägen nach Hause zurückzukehren (rentrer).

4.

Ein Herr hatte einen sehr guten Diener, welcher Joanetti hieß. Der letztere diente seinem Herrn schon seit vielen Jahren. Er hielt das Haus in guter Ordnung, ohne viel Lärm zu machen, und sorgte aufmerksam für die Bedürfnisse seines Herrn. Wenn dieser ihm einen Befehl gegeben hatte, führte er ihn schleunigst aus (exécuter), ohne ihm jemals zu widersprechen. Er sah das Interesse seines Herrn stets als das seinige an, und er wäre (= würde sein) lieber gestorben, als daß er ihm einen Sou gestohlen hätte (= als zu stehlen). Durch alles dies erwarb er sich das Vertrauen seines Herrn. Kurz, dieser glaubte den besten Diener der Welt zu haben.

Eines Tages sagte er zu Joanetti: „Du mußt heute eine Bürste kaufen." Am folgenden Morgen fragte er ihn: „Wo ist die Bürste, welche du gekauft hast?" Aber er war sehr erstaunt, daß Joanetti ihm erwiderte: „Ich habe sie noch nicht gekauft". Da geriet sein Herr, der nicht begriff, warum sein sonst (= gewöhnlich) so pünktlicher Diener in diesem Falle seinem Befehle zuwidergehandelt hatte, in Zorn und nannte ihn einen Dummkopf. Der Diener enthielt sich jeder Antwort auf diese Schmähung, obgleich er hätte antworten können: „Ich (!) bin kein Dummkopf. Wie kann ich denn eine Bürste kaufen, wenn Sie mir kein Geld geben?"

Während er [nun] mit großer Sorgfalt die Schuhe seines Herrn putzt, ohne an die Strümpfe desselben (= seine) zu rühren, erinnert sich dieser plötzlich, daß es schon länger als eine Woche her ist, seit (= daß) er ihm kein Geld gegeben hat. Da (= nun) bereut er seinen ungerechten Zorn; er stützt zum Zeichen der Versöhnung seine Hand auf die Schulter seines Dieners, indem er zu ihm sagt: „Ich wünsche, daß Sie mich in Zukunft sofort [davon] in Kenntnis setzen (prévenir), sobald Sie das Geld ausgegeben haben (= haben werden), welches ich Ihnen gegeben habe (= haben werde)."

5.

Die Einwohner von Martigues, [einer] kleinen provenzalischen Stadt, wünschten eine neue Schule zu haben, da die ihrige seit langer Zeit nicht mehr genügte. Da sie aber sehr arm waren (Part.), war es unmöglich, daß sie dieselbe (= sie) aus (ihren) eigenen Mitteln bauten. Man hielt also Rat und kam überein, daß man drei Abgeordnete nach Aix schicken wollte (= würde), um das Parlament um Hilfe zu bitten. Das Gesuch wird geschrieben, und die Abgesandten brechen nach Aix auf, nachdem ihre Mitbürger sie über die Art belehrt (= in der Art unterwiesen) haben, wie sie die Bittschrift überreichen sollen. Am folgenden Tage kehrten die drei Abgeordneten nach Martigues zurück und legten von ihrer Reise Rechenschaft ab.

· „Als wir in Aix angekommen waren, fragten wir einen uns begegnenden Herrn nach der Wohnung des ersten Vorsitzenden des Parlaments. Er beschrieb sie uns sehr höflich. An der Thür des [vornehmen] Hauses, welches man uns angegeben hatte, bemerkten wir einen reich gekleideten Thürhüter. Wir zeigten unsere Bittschrift vor und teilten ihm mit, daß wir mit seinem Herrn zu sprechen wünschten. Darauf folgten wir ihm durch mehrere Gemächer, über deren Pracht wir ganz erstaunt waren. Schließlich ließ er uns in einem [kleinen] Zimmer stehen und ging hinaus, indem er zu uns sagte: „Treten Sie näher!" Aber er hatte gut (beau) sagen: „Treten Sie näher!" Es war nur eine einzige Thür vorhanden, nämlich (= das war) diejenige, durch welche wir in jenes Zimmer eingetreten waren, und an der Stelle, auf welche der Thürhüter mit der Hand hingewiesen hatte, sahen wir nur einen schweren Vorhang, zwischen dessen Falten wir weder Schlüssel noch Klinke entdeckten. Schon wollten wir ganz niedergeschlagen weggehen, als wir einen Hund, der uns in das Zimmer gefolgt war (avoir), unter jenem Wandteppich hindurchkriechen (passer) sahen. Sogleich machten wir [es], wie er [es] gemacht hatte, und überreichten unsere Bittschrift dem Präsidenten, welcher uns lächelnd empfing und uns sagte, er wäre überzeugt (= daß er überzeugt war), daß unsere Forderung bewilligt werden würde."

6.

Kürzlich lasen wir einige der Fabeln (la fable) von Lafontaine, jenem berühmten französischen Dichter, welcher am 8. Juli 1621 geboren wurde und am 13. April 1695 im Alter von 74 Jahren starb. Diejenige, welche mir am meisten gefiel, ist betitelt (intituler): „Der sich bei Juno beschwerende Pfau."

In dieser Fabel erzählt uns der Dichter von einem Pfau, welcher von allen Tieren verspottet wurde, wenn er sich vernehmen ließ. Schließlich nahm er seine Zuflucht zu Juno. „Ha! (ah!) Wie (= wie sehr) ich sie hasse, jene thörichten Tiere!" rief er aus. „Hilf mir, große Göttin, sonst sterbe ich vor Scham (la honte)." — „Aber worüber beklagst du dich denn? Was gefällt dir denn nicht?" erwidert Juno ihrem Lieblingsvogel. Dieser fuhr fort: „Obgleich du dich stellst, als ob du es nicht wüßtest (= obgleich du vorgiebst es nicht zu [de] wissen), hast du sicherlich schon bemerkt, daß ein jeder flieht, sobald ich meinen Schnabel aufthue (= öffne). Warum habt ihr mir nicht wenigstens eine Stimme gegeben, die so schön ist, wie die der Nachtigall?"

„So steht es also (c'est donc cela)?" antwortete die Göttin, indem sie dem Pfau einen niederschmetternden Blick zuwarf. „Was für ein undankbares Geschöpf bist du doch! Singen die Krähe und der Rabe vielleicht besser als du, und hat man jemals gehört, daß sie [Masf.!] sich beklagten (Konj.)? Aber du (!) wirst von deinem Hochmut [dazu] verführt, auf die Eigenschaften der anderen Tiere neidisch zu (à) sein. Und doch solltest gerade du (bist du es, der sollte [Imperf. d. Fut.]) am zufriedensten von allen sein! Dein Hals leuchtet in allen Farben (la couleur) des Regenbogens. Oder giebt es in der ganzen Welt irgend ein anderes Tier, dessen Farben an die Schönheit der deinigen heranreicht (Konj.)? Glaubst du, daß wir dir allein alle unsere Gaben verleihen (= geben) können (Konj.)? Wenn du noch einmal kommst und dich beklagst, werde ich, um dich zu bestrafen, gezwungen sein, dir dein prächtiges Gefieder wegzunehmen. Merke dir das!"

Der mißgünstige Pfau schwieg bei (à) diesen zornigen Worten und ging ganz beschämt von dannen (= weg).

7.

Jeden Mittwoch ging ein junger Bauer an das Ufer eines Flusses, um dort vermittelst eines Netzes Fische zu fangen. Wenn seine Jagdtasche voll war, kehrte er mit seiner Beute zu seiner Mutter zurück, welcher er die Fische, die er gefangen hatte, übergab, und von welcher dieselben (= sie) gekocht oder in einer Pfanne gebraten (frit, e) wurden. Auf diese Weise hatten die armen Leute schon häufig einen schönen Schmaus hergerichtet (= gemacht).

Eines Tages geschah es [nun], daß unser junger Fischer in seinem Netze soeben einen kleinen Karpfen gefangen hatte, als er die schwache Stimme des Fischleins hörte, welches für sein Leben fürchtete und ihn um Mitleid bat, indem es sagte: „Ich bin noch so klein, daß ich kaum

einen halben Bissen liefern werde. Warten Sie doch, bis ich größer geworden bin; dann werde ich zurückkehren, und Sie werden [es] sicherlich
nicht bereuen, Geduld gehabt zu haben. Willigen Sie ein?"

Der junge Landmann brach in Lachen aus (= fing an zu lachen),
als er diese verführerischen (= verführenden) Worte hörte. „Mein
Freund", erwiderte er, „ich finde [es] sehr seltsam, daß du den Sittenprediger spielst (Konj.), und ich fürchte, daß ich deinem Rate nicht folgen
kann (Konj.). Eines unserer Sprichwörter (le proverbe) sagt: Ein
Sperling in der Hand ist besser als eine Taube auf dem Dache. Verstehst
du das? Du bist ²allerdings (= das ist wahr) ¹noch sehr klein; aber immerhin (= dennoch) zählst du mit, und wenn ich noch einige von deiner
Größe fange, werde ich ein ziemlich gutes Gericht haben. ¹Wenn ²ich ⁴dich
³dagegen heute in Freiheit setze, ist es keineswegs sicher, daß du jemals
in mein Netz zurückkehrst (Konj.)."

„Du willst also kein (= nicht) Mitleid mit mir haben?" rief nun
das Fischlein aus. „Ach! Jetzt begreife ich, warum die Meinigen euch
hassen und verwünschen!" Der junge Fischer jedoch hörte den armen
Gefangenen nicht mehr an, sondern er steckte ihn in seine Tasche und setzte
seine Beschäftigung fort.

8.

Eines Tages verschwand der König einer Insel auf (de) geheimnisvolle Weise. Die Bewohner dieser Insel waren in großer Sorge
um ihn; sie suchten ihn überall, aber sie entdeckten ihn nirgends. Einige
Zeit später geschah es, daß sie an einer verborgenen Stelle ihrer Insel
einen Mann fanden, der mit ihrem verschwundenen König sehr viel Ähnlichkeit hatte. Sie hielten ihn für diesen und erwiesen ihm alle Ehrerbietung,
welche sie dem Fürsten schuldig waren. Zuerst wollte der Fremdling
(un étranger), welcher von einem Sturme auf die Insel verschlagen
worden war und (welcher) sehr erstaunt war, daß ihn Leute als König
anerkannten, die er gar nicht (= keineswegs) kannte, zu ihnen sagen:
„Offenbar (= es scheint, daß) verkennt ihr mich. Ich bin euer recht-
mäßiger König nicht." Jedoch die Ehrerbietung, die man ihm erweist,
schmeichelt ihm derartig, daß er sich endlich dazu entschließt, wie ein
(= als) König zu handeln.

Nun lebte der neue Fürst mit seinem Volke lange im besten Einvernehmen (une intelligence). Das gehoffte Glück zog (= trat) aber
nicht in seine Brust ein. Seine Sorge wuchs vielmehr von Tag zu Tag.
Denn immer lebte die Erinnerung an seine natürliche Stellung wieder
in ihm auf, und immer kam ihm der Gedanke wieder, daß er dieselbe
(= sie) nur dem Zufall und dem Betruge verdankte.

9.

Ein Bauer, welcher seit vielen Jahren im Dienste eines Pächters
stand (= war), hatte in Paris Geschäfte. In dem Laden eines Kauf-
mannes, bei welchem er etwas kaufen sollte, sah er eine lange Reihe von

Lose, die aneinander befestigt waren. Der Kaufmann bemerkte die Blicke wohl, mit denen der Bauer die Lose betrachtete. „Nun, (mein) lieber Freund", sagte er zu ihm, „seien Sie mir nicht böse, aber Sie sollten (Imperf. des Fut.) dem Glücke die Hand reichen. Denn ich zweifle nicht, daß Sie auch einmal reich sein wollen. Und giebt es eine Art, wie Sie es schneller werden könnten, als dadurch, daß Sie das große Los gewinnen?"

„Ich das große Los?" antwortete ihm Victor ganz verwirrt. — „Warum denn nicht (pas)?" fuhr der Kaufmann fort. „Irgend jemand muß es doch gewinnen, und warum sollte (= würde) es denn unmöglich sein, daß Sie es gewinnen könnten?" Es war nur zu natürlich, daß der kluge Kaufmann unsern guten Bauer leicht von dem überzeugte (Konj.), was der letztere selbst so gern wollte. „Nun wohl, geben Sie mir eins davon," sagte er; „aber es muß eins sein, das wirklich etwas wert ist (Konj.)." — „Wenn ich Ihnen einen Rat geben darf, [so] nehmen Sie dieses hier," erwiderte ihm der Kaufmann mit lächelnder Miene. „Obgleich ich natürlich nicht für (de) den Erfolg bürgen (= antworten) kann, glaube ich doch nicht, daß irgend ein (aucun) anderes diesem an (de) Güte gleichkommt (Konj.)."

Victor nimmt das Los entgegen, welches ihm angeboten worden ist, und macht sich auf den Heimweg (= reist wieder nach seinem Dorfe ab). Unterwegs baute (faire) er die schönsten Luftschlösser. Zunächst faßte er den Gedanken, ein umfangreiches herrschaftliches Gut zu kaufen. Dann aber dachte er, daß ein Pachtgut besser sein würde. Im (en) Geiste sitzt er schon auf (dans) dem ihm allein gehörenden Wirtschaftshofe. Die Küchlein laufen um ihn her; einige fressen die Körner und (die) Brotkrumen aus seiner Hand. Er vernimmt den Klang der Glöckchen seiner Kühe, welche die Hirten auf die Wiesen führen. Er sieht seine kräftigen Pferde, welche die mit Getreide angefüllten Wagen in die Scheune ziehen. Gegen seine Leute wird er weder stolz noch hart sein, sondern er wird wie ein gütiger Vater für sie sorgen. „Laßt uns doch jenes teure Los noch einmal sehen, welches uns all dies Glück verschaffen wird," ruft er endlich ganz entzückt aus. Er will es aus der Tasche seiner Beinkleider herausholen, in welche er es gesteckt zu haben glaubt; er findet es nicht darin. Er sucht es in seiner Jacke; umsonst! Das Los ist verloren, all seine Hoffnung ist vernichtet!

10.

An (par) einem schönen Herbsttage ließ ein Landmann seine drei Söhne kommen und sagte zu ihnen: „Setzt euch dorthin an (= bei) mein Bett, damit ich euch etwas sagen kann. Ich werde euch bald allein lassen müssen; denn ich fühle meinen Tod nahen (= nahe)." Diese Worte ihres geliebten Vaters, ohne den sie sich das Leben nicht denken konnten, erregte die Söhne sehr. „Ehe ich sterbe," fuhr der ehrwürdige Greis fort, „möchte ich euch ein Geheimnis mitteilen, welches ich bis heute sorgfältig gehütet habe. Ihr werdet sehr reich werden, vorausgesetzt, daß ihr die

Felder nicht verkauft, welche unsere Ahnen schon besessen haben, und (et que) sie mit (eben)soviel Sorgfalt und Fleiß als möglich bearbeitet; denn wisset, daß ein Schatz darin verborgen ist!"

Die Söhne versprachen es ihm, und sobald der Landmann gestorben (war) und Ernte gehalten war, gruben sie schleunigst die Felder um. Die Pflüge wurden eifrig (= mit Eifer) hierhin und dahin gezogen (= bewegt). Da der Vater aber die Stelle nicht hatte angeben können, wo der Schatz verborgen war, mußten sie die ganzen Felder umackern. Nach Verlauf mehrerer Wochen hatten sie diese Arbeit bewältigt, aber der Schatz wurde nicht entdeckt und die drei Brüder waren sehr niedergeschlagen. Im folgenden Jahre jedoch wußten sie, was ihr weiser Vater mit dem verborgenen Schatze gemeint hatte. Denn die Felder brachten eine doppelte Menge Getreide hervor.

11.

Es war im Jahre 1339, als (= daß) jener berühmte Krieg zwischen den Engländern und den Franzosen begann, welcher länger als 100 Jahre, d. h. bis zum Jahre 1453, dauerte. Gegen das Ende dieses Krieges eroberten die Engländer das ganze Land nördlich (= im Norden) von der Loire. Aber wem verdankten sie dies (= wem wurde dies verdankt)? Nur der Hülfe des Herzogs (le duc) von Burgund, dessen Vater von Karl VII., [dem] Könige von Frankreich, ermordet worden war. Schon waren die Engländer im Begriff, Orleans einzunehmen, als diese wichtige Stadt gerettet wurde. Aber wer war es, der die Engländer endlich aufhielt? Karl VII. selbst? Nein, denn dieser wagte [es] nicht mehr, sich ihnen entgegenzustellen, sondern ein schwaches Mädchen mußte die Feinde aus dem Vaterlande jagen.

Dieses Mädchen aus dem Volke hieß Jeanne Darc. Sie war im Jahre 1409 in Domrémy geboren, mitten in dem Teile Frankreichs, welcher dem Kriege am meisten ausgesetzt war. Die Leiden ihres Volkes hatten ihr das Herz bewegt (= erregt). Eines Nachts glaubte sie die Stimme des Herrn zu hören, welcher zu ihr sagte: „Johanna, gehe hin und befreie (délivrer) dein Vaterland. Die heilige Margarete und die heilige Katharina werden dir helfen." Und sie wollte die Engländer aus dem Lande jagen, selbst wenn sie bei (= in) diesem Unternehmen (une entreprise) stürbe. Ihr glühender Glaube belebte (ranimer) den Mut der Franzosen und erschreckte die Feinde. Am 29. April 1429 erschien sie vor Orleans, und in weniger als zwei Monaten waren die Ufer der Loire von den Engländern gesäubert (= gereinigt). Darauf führte sie Karl VII. nach Reims, wo er die Krone des Königreichs Frankreich empfing. Als sie aber die Stadt Compiègne befreien wollte, wurde sie am 24. Mai 1430 von den Soldaten des Herzogs von Burgund gefangen genommen.

Die Engländer bezahlten sie [mit] 10 000 Franken und machten ihr eine Art Prozeß. Aber ihre Verurteilung war beschlossen, ehe der Prozeß anfing. Und welches waren die Verbrechen, deren man sie anklagte?

Die erste Frage, die man an sie richtete, war: „Verboten die Gesetze der Kirche dir nicht, Männerkleider (des vêtements d'homme) anzulegen (revêtir)?" Dann fragte man sie: „Hatten deine Eltern dir erlaubt, euer Dorf zu verlassen? Und was ist ein Kind seinen Eltern vor allem schuldig? Welche Belohnung war dir versprochen worden?" Obgleich Johanna auf alle diese Fragen eine befriedigende Antwort geben konnte, wurde sie zum Tode verurteilt und am 30. Mai 1431 in Rouen verbrannt (brûler).

12.

Frau Geoffrin war eine sehr gute Frau, die sich durch ihre große Herzensgüte besonders unter den armen Leuten sehr viele Freunde erworben hatte. Derjenige, welcher sie vielleicht am meisten verehrte, war ein Arbeiter des berühmten Bildhauers Bouchardon. Eines Tages hatte jener Arbeiter mit zwei Kameraden zwei prächtige Marmorvasen zu Frau Geoffrin bringen sollen. Aber sie hatten kaum das Haus verlassen, als (que) ihm das Unglück passiert war, einen der wertvollen Deckel zu Boden fallen zu lassen. Nun hatten sich seine Kameraden bemüht ihn zu trösten, aber vergeblich. Ohne sie anzuhören, war er nach Hause geeilt. Es war gewiß, daß, wenn sein Herr von seiner Ungeschicklichkeit Kenntnis erhielte, er ihn auf der Stelle entlassen würde. Was wäre dann aus seiner zahlreichen Familie geworden? Während er noch mit großem (= sehr viel) Kummer daran dachte, indem er zu sich selber sagte: „Ach! Wieviel besser wäre es gewesen, wenn ich nie geboren wäre!" waren seine Kameraden zurückgekehrt und brachten ihm eine ziemlich beträchtliche Summe (von) Geld. Frau Geoffrin schickte es ihm, um ihn zu trösten; gleichzeitig versprach sie, seinem Herrn sein Unglück niemals mitzuteilen.

13.

Gegen das Ende seines Lebens hatte sich Ludwig XI., der von 1461 bis 1483 König von Frankreich war, nach Plessis bei Tours zurückgezogen. Dort lebte er gewissermaßen allein. Seine Kinder und die Königin waren nicht mit ihm dorthin gereist, weil der König es nicht gewünscht hatte. Seine Räte und all die anderen Leute, mit denen er über die Angelegenheiten seines (König)reiches beriet, mußten in Tours wohnen. Und diese freuten sich immer sehr, daß der König sie nur selten rufen ließ. Denn die großen Leute wurden von Ludwig XI. gehaßt. Wieviele Vornehme hatten schon die strengste (sévère) Strafe für den geringsten Ungehorsam erlitten! Die einzigen Leute dagegen, welche sich nicht vor dem Könige zu fürchten brauchten, (das) waren die kleinen Leute. Zu manchem von ihnen hatte er schon gesagt: „Sie und ich verstehen (= hören) uns gut miteinander;" sie wurden sogar oft von ihm zu Tisch (= Mittagessen) eingeladen.

14.

Wilhelm, [der] Herzog von der Normandie, stattete eines Tages Eduard (Edouard), [dem] Könige von England, einen Besuch ab. Da sah er, daß es Normannen (le Normand) waren, die die Bistümer und

fast alle anderen wichtigen Stellen innehatten (= Plätze besaßen).
Denn der König Eduard liebte die Normannen, bei welchen er einige Zeit
gelebt hatte, mehr als seine Engländer, und er versprach seinem Gaste
sogar, daß der letztere nach Eduards Tode König von England werden
sollte (= würde).

Als Eduard aber gestorben war, (er)wählten die Engländer einen von
ihren Leuten, Harold, [zum] Könige. Natürlich dachte Wilhelm keineswegs
daran, ihm sein eigenes Erbe zu überlassen. Er schickte also einen Boten
an ihn (= ihm), um ihn zu fragen, welches seine Absichten wären, und
ob er ihn als (pour) König von England anerkennen wollte. Aber Harold
schickte ihm eine Antwort zurück, die dem Herzoge nicht gefiel. Dieser
war ein stolzer und entschlossener Mann und faßte sogleich den Gedanken,
die Insel zu erobern. Bald kam eine große Menge Krieger unter seinen
Fahnen zusammen. Die einen wurden durch die Aussicht auf (la vue
de) eine reiche Beute angelockt, die anderen, welche die Großmut Wilhelms
schon kannten, hofften Schlösser oder [herrschaftliche] Güter [zu] erwerben.
Am 27. September 1066 brach ein von Wilhelm geführtes Heer von
mehr als 60 000 Mann (= Männern) zur Eroberung Englands auf.

15.

Da das Fahrzeug, auf welchem sich Wilhelm selbst befand, ein
besserer Segler als die anderen Schiffe war, ließ es diese bald weit zurück,
und als der folgende Morgen anbrach (= erschien), bemerkte man, daß
man allein war, und daß die anderen Schiffe jenem nicht gefolgt waren.
Der Herzog rief einen Matrosen, welchem er befahl, auf (à) die oberste
Spitze des Hauptmastes zu (de) klettern, um zu sehen, ob die Schiffe noch
nicht kämen. Aber als der Matrose auch beim zweiten Male mit der
Antwort zurückkehrte, daß er nur das Meer und den Himmel sähe (Ind.),
würde sich vielleicht unter der Schiffsmannschaft (die) Furcht verbreitet
haben, wenn Wilhelm, der dies vorhersah, ihr nicht dadurch zuvorgekommen
wäre, daß er mit (einer) heiterer Miene sagte: „Man soll sofort Anker
werfen und (man soll) ein reichliches Mahl und gewürzte Weine auftragen." Der Matrose wurde noch einmal auf den Hauptmast geschickt.
Als er diesmal zurückkehrte, rief er aus, daß er einen ganzen Wald von
Masten und (von) Segeln gesehen hätte (Ind.).

Noch an demselben Tage, [den] 28. September 1066, landete man
in Pevensey bei Hastings. Wilhelm war im Begriff, zuletzt von allen
den Sand des Gestades zu berühren, als er infolge eines Fehltrittes zu
Boden fiel. Die Truppen gaben ihre Bestürzung über (de) dieses böse
Vorzeichen durch halb unterdrückte Schreie zu erkennen. Aber Wilhelm
verlor [die] Fassung nicht. „Worüber beunruhigt ihr euch denn?" rief
er aus. „Ich habe dieses Land, dessen Herren ihr und ich bald sein
werden, umarmt." Die Wirkung dieser Worte war ungeheuer. Von allen
Seiten wurden die Rufe laut: „Es lebe unser Herzog, der zukünftige
König von England! Gott möge ihn segnen!"

16.

Am 18. Juni 1815 wurde das französische Heer unter Napoleon I. bei Waterloo von den von Blücher geführten Preußen (le Prussien) und einem Heere vollständig besiegt, welches einige der anderen Staaten Deutschlands und England unter den Befehl Wellingtons gestellt hatten. Einige Tage später wurde der französische Kaiser von den Engländern [zum] Gefangenen gemacht, die ihn als solchen nach Sankt-Helena führten. Dort lebte jener Mann, welcher länger als (= während mehr als) fünfzehn Jahre über (sur) die Hälfte von Europa geherrscht (régner) hatte, noch drei Jahre, bis er am 5. Mai 1821 im Alter von 52 Jahren starb.

Gleich nach seiner Ankunft auf jener Insel, die sich in einer Entfernung von 500 Meilen von allem Lande befindet, bemühte sich Napoleon, sich in die neue Lebensweise hineinzufinden, zu der er gezwungen war. Er stand früh (de bonne heure) auf. Dann ritt er einige Stunden spazieren (se promener à cheval). Nachdem er nach Hause zurückgekehrt war, frühstückte er, was er allein that, während er in Gesellschaft einiger Leute, welche ihm treu geblieben (waren) und ihm in seine Verbannung gefolgt waren, zu Mittag aß. Nach [dem] Frühstück ruhte er aus oder diktierte einen Teil der Geschichte seiner Kriege. Gegen Abend fuhr er mit seinen Freunden und ihren Familien spazieren, mit denen er auch die Abende zubrachte.

17.

Karl ging eines Tages mit seinem Freunde Gustav in dem Park spazieren, welcher sich in der Nähe der Stadt ausdehnt. Als sie eine Viertelstunde marschiert waren, gelangten sie an eine Stelle, wo die Luft von einem köstlichen Duft erfüllt war. „Woher rührt denn dieser Duft?" fragte Gustav seinen Freund. — „Es scheint mir, daß hier ganz in der Nähe Veilchen wachsen", antwortete ihm Karl. Sobald sie das Gras und die Blätter, welche den ganzen Erdboden bedeckten, ein wenig entfernt hatten, sahen sie jene schönen blauen Blumen, welche einen so süßen Duft verbreiteten. Als jeder von ihnen sich einen kleinen Strauß (= Bouquet) davon gepflückt hatte, setzten sie ihren Weg fort. Da sagte Karl: „Wie viele Ähnlichkeit haben [doch] diese bescheidenen Blumen mit manchen Leuten, welche, verborgen lebend, sich glücklich fühlen und (das) Glück und (die) Freude um sich (herum) verbreiten!"

18.

Ein Bauer besaß einen Esel. Eines Tages kam sein Nachbar, um ihn zu bitten, ihm denselben (= ihn) für eine halbe Stunde zu leihen. Aber der Bauer, welcher keineswegs ein zuvorkommender Mann war, fragte, warum er nicht früher gekommen wäre, und sagte, daß es ihm leid thäte, daß er seinem Freunde diesen Dienst nicht leisten (rendre) könnte, weil er seinen Esel schon einem anderen Freunde geliehen hätte (Ind.). Der Nachbar antwortete ihm, daß er dies nicht gewußt hätte, und er war gerade im Begriff sich zu entfernen, als sie den Esel schreien hörten. Da fragte der Nachbar den Bauer, warum er gelogen hätte. Der letztere

jedoch erwiderte, ohne [die] Fassung zu verlieren, daß er sehr erstaunt
darüber wäre, daß man seinem Esel eher glaubte als ihm selber.

19.

In Frankreich giebt es keine Gegend, welche trauriger ist als
die Bretagne, und besonders die untere (= niedrige) Bretagne, d. h. der
Teil des Landes, welcher an die See grenzt. Vergeblich möchte der
Reisende, welchen der Zufall dorthin führt, irgend einen Gegenstand entdecken, der seine Augen erfreut. Eine endlose (= unendliche) Ebene breitet
sich vor ihm aus. Das einzige, was (= die einzige Sache, welche)
sie hier und da unterbricht, (das) sind Hügel von geringer Höhe (peu
élevé, e) oder kleine Wälder, die mit Stechpalmen angefüllt sind, [welche]
groß wie Eichen [sind]. Ein dichter Nebel bedeckt fast beständig die
ganze Gegend. Die Sonne selbst bewegt sich am Himmel entlang, indem
sie ein blasses Licht verbreitet. Die kleinen Vögel, deren Schreie sich in
(à) den Lärm des nahen Meeres mischen (mêler), suchen in dem dichten
Laubwerk der Büsche eine Zufluchtsstätte, wo sie vor (= gegen) den Stürmen
geschützt sind. Aber was man auch über das Land sagen mag, [so] wird
doch ein jeder zugeben, daß man fast nirgends Leute findet, welche tapferer,
freimütiger (franc), treuer sind als die Bretagner (le Breton). Wie
groß auch (= welches auch) die Armut ist, in der sie leben, [so] sind
sie doch immer mit ihrem Schicksal zufrieden.

20.

Im Jahre 1430 eilte Johanna Darc der Stadt Compiègne zu
Hilfe, welche von den Engländern belagert (assiéger) wurde. Dank dem
Beispiele des (de) Mutes, welches das Mädchen den Soldaten so oft gegeben hatte, hatten diese endlich (die) Kraft gefunden, sich den Engländern
entgegenzustellen, und mit (einem) solchen Erfolge, daß die letzteren mehrmals vollständig besiegt wurden und gezwungen waren, fast alle ihre
Eroberungen aufzugeben. Die Landleute selbst, welche von den Fremd-
lingen (un étranger) am meisten zu leiden gehabt hatten, und welche
bisher (jusqu'alors) beim Herannahen der Feinde sogleich geflohen
waren, bewaffneten sich, um ihr Heim (= ihre Herbe) zu verteidigen.

Die Bewohner des Dorfes Longueil in der Nähe von Compiègne
thaten dasselbe, als die Engländer auf diese Stadt zu vorrückten. Sie
erwählten einen Hauptmann, welcher folgende Worte an sie richtete: „Mitbürger! Ihr wißt sehr wohl, wie sich diese verwünschten Engländer in
den Gegenden unseres Vaterlandes benommen (= betragen) haben, die
unglücklicherweise in (en) ihre Gewalt gefallen sind. Sie haben den
armen Leuten alles weggenommen; nichts haben sie ihnen gelassen; sie
haben sogar die Häuser und (die) Hütten in Brand gesteckt. Schon zu
lange haben sie hier die Herren gespielt. Wenn wir [auch] unser Dorf
nicht retten können, sollen sie wenigstens wissen, daß wir lieber sterben
wollen, als uns länger von ihnen mißhandeln zu lassen!"

Als die Engländer, welche glaubten, mit diesen Bauern leicht fertig zu werden, (von) 200 Mann stark erschienen, wurden sie sehr schlecht empfangen. Einer der Landleute, welcher wegen seiner Kraft und (seiner) Größe der große Ferrè hieß, tötete allein über 40 von ihnen mit seiner Axt. Seine Gefährten folgten seinem Beispiele, und bald waren fast alle Feinde getötet oder tödlich verwundet, und nur wenige konnten sich retten.

21.

Sobald der General der Engländer, welcher ein Fort in der Nähe von Longueil besetzt hielt, von dem Streiche der Bauern gehört hatte, war er so zornig, daß er sofort beschloß, schon am folgenden Tage neue Truppen zu ihnen zu senden (= schicken). Aber, um nicht auf (eine) ähnliche Weise überrascht zu werden, wollte er diesmal eine so große Anzahl von Soldaten [hin]schicken, daß der Untergang des ganzen Dorfes sicher wäre. Jedoch die Bauern waren nicht so thöricht, daß sie nicht (ne) vorausgesehen hätten, daß die Engländer versuchen würden, sich an ihnen zu rächen. Deshalb hatten sie sich sehr gut bewaffnet, und um sich nicht abermals von ihnen überraschen zu lassen, hielten sie so gut Wache, daß, als die Feinde erschienen, diese sie vollständig bereit fanden zu kämpfen. Der große Ferrè mit seiner eisernen Axt stand (= war) an der Spitze seiner Mitbürger. Der Erfolg war derselbe wie am vorhergehenden Tage. Sehr viele Engländer kamen in dem Kampfe um oder wurden tödlich verwundet oder gefangen genommen.

Wenige Tage später erfuhren die Engländer, daß der große Ferrè krank sei (= war). Sie schickten schnell zwölf Soldaten ab, welche ihn in seinem Bette töten sollten. Aber Ferrè, welcher vor der Gefahr gewarnt worden war, empfing sie auf dem Hofe, wo er sich mit dem Rücken an die Mauer gelehnt hatte, um nicht von den Feinden umringt zu werden. Und obgleich er krank war, schwang er seine Axt so gut gegen die Feinde, daß fünf tot zu Boden fielen; die übrigen entflohen.

22.

In weniger als drei Jahren, von 58 bis 55 v. Chr., war es Cäsar gelungen, ganz Gallien zu erobern. Aber es war nicht wahrscheinlich, daß die Bewohner der unterworfenen Länder ruhig blieben, wenn Cäsar die Republiken Galliens nicht durch Könige ersetzte, die seine Diener waren. In [der] Auvergne, jener Gegend Frankreichs, wo sich die Quelle der Dordogne befindet, wollte er Vercingetorix zum König machen. Dies war ein vornehmer Jüngling, welcher in jenem Lande geboren war und der Cäsar so sehr gefallen hatte, daß letzterer ihn an sich gezogen und ihm sogar den Titel Freund gegeben hatte. Aber kurze Zeit nachdem er ihn in sein Vaterland entlassen hatte, sah der Römer ein, daß er sich sehr getäuscht hatte, wenn (= indem) er glaubte, daß Vercingetorix ihn nicht mehr haßte, ihn, der ihm seinen Vater entrissen und getötet hatte.

Es war noch nicht sehr lange her, seit Vercingetorix nach Gallien zurückgekehrt war, da kam ein Bote in Rom an. Er teilte Cäsar mit, daß

es sicher sei (= war), daß sich in Gallien im geheimen ein allgemeiner
Aufstand (la révolte) vorbereite und daß Vercingetorix von den verschiedenen Völkerstämmen der Mitte und des Westens jenes Landes zum
obersten Anführer ausgerufen worden sei. Cäsar war über diesen neuen
Aufstand nicht sehr erstaunt. „Aber," rief er aus, „ist es wirklich wahr,
daß es mein junger Freund ist, der seine Landsleute führt?" Dies schien
ihm ganz unwahrscheinlich. Er brach mitten im Winter nach Gallien auf
und überschritt die Sevennen trotz sechs Fuß hohen Schnees.

23.

Da die Kriegskunst der Römer zu groß war (Part.), rechneten
weder Vercingetorix, noch seine gallischen Verbündeten darauf, daß sie die
Feinde in einer ordentlichen Schlacht besiegen könnten. Es wurde vielmehr beschlossen, daß man gegen einen solchen Feind ein anderes Mittel
anwenden [wollte], nämlich (= das war) sie dadurch auszuhungern, daß
man alle Städte und (alle) Dörfer um die Römer herum verbrannte.
Innerhalb eines einzigen Tages werden zwanzig Städte von Berry in
Brand gesteckt. Unglücklicherweise macht man nicht reine Arbeit
(= geht man nicht bis zum Ende), sondern man kommt überein, daß die
Hauptstadt des Landes, Avaricum (Bourges), geschont werden soll. Cäsar
eröffnet sofort die Belagerung dieses Platzes, in den er durch Ersteigen
der Mauern eindringt; von 40000 Soldaten oder Einwohnern retten sich
kaum 800.

Darauf schickte Cäsar seinen Feldherrn Labienus ab (= loslösen),
welcher mit drei Legionen (la légion) die Loire überschreiten und die
Senonen (les Sénons) unterwerfen sollte, während er selbst den übrigen
Teil des Heeres in [die] Auvergne führte. Er hoffte, auf diese Weise
würde die Unterjochung ganz Galliens in kurzer Zeit vollendet werden.
Er glaubte nun, sich der Hauptstadt der Auvergne, Gergovia[s], welche
auf einem Berge in geringer Entfernung von Clermont-Ferrand lag
(= war), ebenso leicht bemächtigen zu können wie der Hauptstadt von
Berry. Aber Vercingetorix verteidigte den Platz so gut, daß die Römer
die Belagerung schließlich aufheben mußten.

24.

Der Marschall de la Feuillade hatte eines Tages Boileau einige
Verse gezeigt, die er mit vieler Mühe gemacht hatte. Er nahm an, daß
sie dem berühmten Dichter ebenfalls gefielen, und bat ihn um seine
Meinung. Aber Boileau, welcher verhüten (= hindern) wollte, daß der
Marschall ihn noch einmal mit seiner Dichtkunst langweilte, antwortete
ihm: „Nun, Herr Marschall, wenn ich Ihnen die Wahrheit sagen darf,
[so] bezweifle ich, daß Sie jemals ein großer Dichter werden." — „Mein
Herr, Sie wissen nicht, daß Seine Majestät diese selben Verse ausgezeichnet
gefunden hat." — „Diese Dichtung hat der König gut gefunden? Trotzdem kann ich nicht leugnen, daß ich (!) sie keineswegs gutheiße. Niemand
zweifelt, daß Seine Majestät sich auf Schlachten sehr gut versteht; aber

ich für meine Person glaube mich auf Verse ebensogut zu verstehen
wie er."

Ludwig XIV., welchem der Höfling diese Worte schleunigst mit-
teilte, sagte zu ihm: „Mein Lieber, ich finde es zwar begreiflich, daß
Sie auf diesen Mann böse sind; aber er hat recht."

25.

Am 27. Juli 1675 war der Marschall Turenne, einer der größten
Generäle Ludwigs XIV., zu Pferde gestiegen, um auszukundschaften, wie
der Feldherr des Kaisers von Deutschland, Montecuculli [mit é!], seine
Truppen bei Sasbach aufgestellt hätte. Als er im Begriff war, eine An-
höhe zu ersteigen, rief ihm Herr Hamilton, welcher beobachtet hatte, daß die
Feinde nach der Seite schossen, wohin der Marschall ritt, zu, er solle sein
Pferd wenden und an den Fuß des Hügels zurückkehren. Turenne er-
widerte ihm, er fürchte sich zwar nicht vor den Kugeln (le boulet) der
Feinde und glaube nicht, daß letztere geschickt genug seien, um ihn zu
treffen (= erreichen). Aber er fuhr fort, er wolle trotzdem dem Rate
Hamiltons folgen, um sich nicht unnütz einer Gefahr auszusetzen.

Nachdem er einige Schritte hinabgeritten (= herabgestiegen) war,
wurde er von Saint-Hilaire, General der Artillerie, zurückgerufen. Dieser
hatte oben auf dem Hügel eine Batterie aufgestellt und rief dem Marschall
zu, er solle einen Blick darauf werfen. Turenne kehrte um; aber er war
kaum dorthin gelangt, als er von einer Kugel zerschmettert wurde, welche
gleichzeitig den Arm Saint-Hilaires wegriß. Als der Sohn des letzteren
seinen Vater so schrecklich (= grausam) verwundet sah (Part.), warf er
sich weinend auf ihn. Aber sein Vater sagte zu ihm, er solle nicht ihn,
sondern jenen großen Mann beweinen, welcher der Vater, der Beschützer
und der Verteidiger seiner Soldaten gewesen wäre.

26.

Herr Grichard kehrt eines Tages von einem Spaziergange nach
Hause zurück. Er klingelt (sonner) an der Thür; sein Diener Colive
kommt ganz außer Atem an.

Grichard. Warum öffnest du nicht sofort? Muß ich denn immer
[erst] eine Viertelstunde klingeln? Ich glaube, du schläfst während meiner
Abwesenheit. Falls du mich noch einmal so lange warten läßt, werde
ich dich ein bischen schneller laufen lehren.

Colive. Mein Herr, es thut mir leid, daß ich Ihnen widersprechen
muß; aber ich schlief keineswegs, sondern ich arbeitete im Garten. Es
ist möglich, daß ich Sie nicht habe sogleich klingeln hören. Aber sobald
ich es hörte, bin ich herbeigelaufen.

Grichard. Schweig! — Warum hast du die Thüre nicht auf gelassen? — (Colive schweigt). — Nun, wirst du bald antworten?

Colive. Aber, Herr Grichard, Sie haben mir [doch] soeben befohlen,
ich sollte schweigen! Ich habe sie geschlossen gehalten, weil ich fürchtete,
Sie würden schelten, wenn ich sie auf ließe. Gestern verboten Sie, daß

wir sie auf ließen. Sagen Sie mir doch, bitte, ob Sie sie geschlossen oder offen [haben] wollen.

Grichard. Seh doch einer diesen Schlingel! Ist es schicklich, daß ein Diener seinem Herrn solche unverschämte Fragen stellt? Es ist ein wahres Unglück, daß man mit (à) solchen Leuten zu thun (affaire) hat. Du verdientest (= wärest wert), daß ich dich auf der Stelle fortjagte. Und ich werde das sicherlich thun, wofern du nicht lernst, meinen Befehlen besser zu gehorchen. — Hast du die Treppe gefegt?

Lolive (lächelnd). Von oben bis unten.

Grichard. Zum Henker! Worüber lachst du? Mir scheint, du freust dich [noch], daß ich mich über deine Trägheit und (über deine) Nachlässigkeit ärgere?

Lolive. Nein, (mein Herr). Aber da ich nicht glaube, daß ich Sie jemals zufriedenstellen kann, so werden Sie gestatten, daß ich hingehe und mir einen anderen Dienst suche.

27.

Ehe Ludwig XII. König von Frankreich wurde, war er Herzog von Orléans. Damals hatte ihm jemand eine Beleidigung zugefügt. Seine Höflinge warteten, bis er König war. Dann forderten sie ihn auf, für jene Beleidigungen Rache zu nehmen. Sie wiederholten es ihm so lange, bis er ihnen erwiderte, der König von Frankreich habe allen Feinden des Herzogs von Orléans verziehen.

28.

Eines Tages war ich in den Wald gegangen, um einen prächtigen Felsen abzuzeichnen. Ich hatte mich an den Rand einer steilen Böschung gesetzt, an deren Fuß ein Bach floß (couler). Plötzlich sah ich zehn Schritte weit von der Stelle, wo ich saß, einen jungen Hirsch, welcher die Böschung hinabstieg und aus (dans) dem Bache trank. Ich blieb unbeweglich und hielt sogar den Atem an, weil ich fürchtete, daß jener flinke Bewohner des Waldes entfliehen würde, falls ich das geringste Geräusch machte. Aber wie groß auch die Freude war, welche das anmutige, das klare Wasser in langen Zügen schlürfende Tier in mir hervorrief, so erwachte doch die Leidenschaft des Jägers in meinem Herzen, und es that mir einen Augenblick leid, daß ich keine Büchse [bei mir] hatte. Jedoch glaube ich, daß ich nicht geschossen hätte, selbst wenn ich eine Büchse gehabt hätte.

Nach Verlauf einiger Minuten stieg der Hirsch die Böschung wieder hinauf. Wie groß (= welches) war aber mein Erstaunen, als ich ihn auf mich zukommen sah, sei es [nun], daß er mich noch nicht bemerkt hatte, oder daß er glaubte, sich vor mir nicht [zu] fürchten zu brauchen (= sollen). Als er sich mir bis auf (à) einen Schritt genähert hatte, machte er halt und betrachtete mich mit einem Blick, in welchem keine Spur von Mißtrauen oder von) Furcht lag (= es gab). So sahen der Hirsch und ich (uns) einander einen Augenblick an, ohne uns zu rühren (bouger), bis der Instinkt des Jägers abermals in mir erwachte. Da kam mir der Gedanke, ihn bei den Hörnern zu fassen. Aber ich hatte kaum meine Hände bewegt, als das flinke Tier schon entschlüpft und in den Wald geflohen war.

29.

Die Einwohner einer deutschen Stadt schickten eines Tages Abgeordnete mit einer großen Geldsumme an Turenne, damit dieser seine Truppen nicht durch ihr Gebiet ziehen ließe. Der Marschall bewilligte ihr Gesuch; nicht als ob er es wegen der 100 000 Thaler gethan hätte, die man ihm anbot — denn diese schickte er zurück, — sondern er hatte seinem Heere schon einen anderen Weg vorgeschrieben.

30.

Wenn Cäsar nach der unglücklichen Belagerung von Gergovia den Vorschlag einiger Ratgeber angenommen (hätte) und (wenn er) sich in die Provence zurückgezogen hätte, so wäre er nicht nur in Gallien, sondern auch in Rom verloren gewesen. Der Prokonsul wußte dies sehr wohl. Deshalb faßte er einen anderen Gedanken. Nachdem er seine Truppen durch das feindliche Gebiet hindurch nach dem Norden geführt hatte und (nachdem er) Labienus (é!) zu Hilfe geeilt war, kehrte er zurück und stieß auf (= traf) das Heer des Vercingetorix in der Nähe einer Alesia genannten Stadt. Heutzutage ist es gewiß, daß diese Stadt im Nord-Westen von Dijon lag. Dort besiegte Cäsar die Feinde, worauf er sie in die Stadt jagte. Obgleich diese einer der festesten Plätze Galliens war und (obgleich) das Heer des gallischen Helden noch 80 000 Fußsoldaten und 10 000 Reiter zählte, während Cäsar weniger als 60 000 Mann hatte, zwang letzterer die Stadt schließlich, sich ihm zu ergeben. Der unerbittliche Sieger erklärte, man könne nicht auf seine Gnade rechnen, wofern man ihm nicht den obersten Anführer ausliefere. Sobald Vercingetorix diese Bedingung vernommen hatte, bekleidete er sich mit seiner reichsten Rüstung (une armure), bestieg sein Schlachtroß, verließ die Stadt und lieferte sich den Liktoren des Römers aus.

31.

Nachdem Napoleon die Preußen (le Prussien) unter Blücher in der Schlacht bei Ligny am 16. Juni 1815 besiegt hatte, marschierte er nach (dem) Nord-Westen auf les Quatre-Bras. Dort verband er sich mit (à) dem Marschall Ney und rückte auf das Dorf Waterloo vor, um Wellington anzugreifen, der mit 70 000 Engländern den Mont-Saint-Jean zwischen Waterloo und Belle-Alliance besetzt hatte. Es war zwischen Wellington und Blücher ausgemacht (= übereingekommen) worden, daß derjenige von beiden, welcher angegriffen würde, (einen) verzweifelten Widerstand leisten (faire) sollte, damit der andere ihm zu Hilfe kommen könne. Wellington hatte sein Wort am [le] Tage von Ligny nicht gehalten; Blücher hielt das seinige am Tage von Waterloo.

Es war am 18. Juni 1815 gegen 11 Uhr morgens (= des Morgens), als (que) jene entscheidende Schlacht begann. Der Sieg war lange ungewiß. Dreimal richteten die Franzosen einen erbitterten Angriff gegen die Engländer. Dreimal wurden sie von dem englischen Feldherrn zurückgeschlagen, der (einen) heldenmütigen Widerstand leistete, sodaß er sich in jener Schlacht den Namen „Eiserner Herzog" erwarb. Gegen 8 Uhr abends neigte [sich] der Sieg auf die Seite der Franzosen. Wellington war verloren, wenn (= wofern) er nicht sofort Hilfe erhielt.

In diesem Augenblick stürzte sich ein neuer Feind in die rechte Flanke der Franzosen. Es war Blücher an der Spitze von 36000 Preußen. Anstatt nach der Maas (la Meuse) hin zu marschieren, wie Napoleon gehofft hatte, war er nach (au) Norden auf Wavres gezogen. Dort hatte er von der Gefahr, welche Wellington drohte, Kenntnis erhalten. Er bricht sogleich nach Waterloo auf, und ohne unterwegs halt zu machen, kommt der siebenzigjährige Greis (= Greis von 70 Jahren) nach einem äußerst schwierigen Marsche dort noch zur rechten Zeit (à temps) an. Die französischen Soldaten glauben sich verraten und fliehen bunt durcheinander. Nur die alte Garde besteht darauf, sich bis aufs äußerste zu verteidigen. Sie bildet sechs Carrés. Fünf werden der Reihe nach vernichtet (= zerstört). Ein einziges hält in dem Thale noch einige Zeit stand. Es ist dasjenige des Generals Cambronne, welcher jene berühmt (fameux) gewordenen Worte ausspricht: „Die Garde stirbt und ergiebt sich nicht!" Schließlich aber unterliegen auch die Trümmer dieses Carrés, nachdem sie einen großen Teil der verfolgenden Kavallerie durch schreckliche Salven niedergemacht haben.

Anhang zum 1. Abschnitt.

10a.

Von 1854 bis (à) 1856 führten die Russen (les Russes) Krieg mit den Türken (Krieg führen mit faire la guerre à). Während dieses Krieges, welcher unter dem Namen Krimkrieg (Guerre de Crimée) bekannt (= gekannt) ist, und in welchem die Franzosen und (die) Engländer den Türken halfen, verließen häufig mit Soldaten beladene Schiffe Toulon. Im Jahre 1854 brach die Semillante nach der Krim auf. Sie wurde von einem wackeren Kapitän geführt, welcher sich das Vertrauen der Schiffsmannschaft schon durch seinen Mut und seine Entschlossenheit (= Festigkeit) erworben hatte (être).

Der Anfang der Reise war schon keineswegs angenehm; denn es war sehr schlechtes Wetter; die See ging ungeheuer hoch (= war ungeheuer), und der Wind war schrecklich. In der Nacht wuchs die Heftigkeit des Sturmes noch. Am Morgen regnete es in Strömen (à verse); die

Dunkelheit (une obscurité) wurde nur zuweilen durch leuchtende Blitze unterbrochen. Außerdem stieg ein dichter Nebel empor, jener Seenebel, welcher immer der gefährlichste Feind der Seeleute gewesen ist. Kurz, weder der Kapitän, noch die Matrosen erinnerten sich, je ein ähnliches Unwetter erlebt zu haben, und mancher von den letzteren ahnte vielleicht schon, daß er die Seinigen niemals wiedersehen würde. Der Kapitän verließ die Deckkajüte nicht mehr. Obgleich er die Größe der Gefahr, welche ihnen allen droht, nicht einen Augenblick verkennt, giebt er ruhig seine Befehle, und die Matrosen gehorchen schweigend.

In dem weiten Zwischendeck, wo man die Truppen verteilt hatte, saßen diese auf der Erde und unterhielten sich, indem sie sich auf ihre Tornister stützten und an den Bänken anklammerten. „Ich fürchte, daß wir weder die Krim erreichen, noch jemals in unser liebes Vaterland zurückkehren werden (Präs. Konj.)", sagte ein junger Soldat zu seinem Freunde, welcher sich neben ihn gesetzt hatte (être). „Wie viel besser wäre es (= würde es sein), im Kampfe mit jenen verwünschten Russen zu sterben als die Beute des Meeres zu werden!" Mitten unter einer anderen Gruppe brachte ein Korporal, (ein) geborener Pariser, welcher so that, als ob er sich vor nichts fürchte (= welcher vorgab, nichts zu fürchten), die Soldaten, die ihn umgaben, mit seinen Späßen zum Lachen. Plötzlich vernimmt man am hinteren Teil der Fregatte einen Krach. Jedermann schweigt, sogar jener tolle Pariser, welcher soeben wieder eine lustige Geschichte angefangen hat. Fast in demselben Augenblick geht die Thür auf, und ein Matrose erscheint auf der Schwelle. „Wir haben kein Steuer mehr! Wir werden Schiffbruch leiden (faire naufrage)!" ruft er mit (d'un) verstörter Miene aus. — „Du lügst!" erwidern ihm einige der Soldaten, welche nicht glauben wollen, daß dies der letzte Tag ihres Lebens sein soll. Aber ein zweiter furchtbarer Stoß überzeugt sie [davon], daß der Matrose die Wahrheit gesagt hat. Die Thür geht wieder auf, und der Feldprediger betritt das Zwischendeck. „Es ist vorbei! Auf die Knie, (meine) Kinder!" ruft der Priester mit schallender Stimme. Alle gehorchen, die einen bedecken die Augen mit den Händen; die anderen falten (joindre) die Hände und murmeln ein Gebet. Von allen Seiten dringen die Wasser[massen] in das Schiff ein. Einige Augenblicke später ist (= hat) alles in den Wogen verschwunden!

10b.

Die Schmeichler leben immer auf Kosten derer, die auf sie hören. Ein Rabe mußte ebenfalls eines Tages die Wahrheit dieser Lehre erfahren (= empfinden). Er hatte einen Käse gestohlen. Indem er die Beute in seinem Schnabel hielt, floh er in ein nahes Gehölz. [Eben] ist er im Begriff, sie mit gutem Appetit zu verzehren, als er einen Fuchs sieht, welcher sich dem Baume nähert. Der Geruch des Käses hat ihn angelockt, und er beschließt sich desselben zu bemächtigen. Indem er sich auf die Erde setzt, sagt er höflich zu dem auf einem Zweige sitzenden Vogel: „Guten Tag, Herr von (du) Rabe! Sehen Sie doch, wie (= wie sehr)

Ihr hübsches Gefieder in den Strahlen der Sonne schimmert (= leuchtet)! Und Ihre Stimme! Wäre es (= würde es sein) denn nicht möglich, daß Sie sie mich (Dativ) ein einziges Mal hören ließen? Denn ich zweifle nicht, daß Sie, wenn Sie nur wollen, (ne) sehr gut singen können, und es ist gewiß, daß man Ihre Talente vollständig verkennt, wenn (= indem) man sagt, daß Ihr Gezwitscher nichts wert ist."

Diese Sprache gefiel dem Raben sehr, welcher die Falschheit des Fuchses nicht kannte. Er öffnete also den Schnabel und ließ den Käse fallen, dessen sich der Fuchs sofort lachend bemächtigte. Nun begriff er, warum ihn dieser hatte singen hören wollen.

18a.

1. Im Jahre 1796 hatte der General Bonaparte einen großen Teil Italiens erobert. Aber im Jahre 1799 war fast alles von den Österreichern (un Autrichien) verlorene Land wieder in ihren Händen. Als Bonaparte, der sich in jenem selben Jahre [zum] Ersten Konsul gemacht hatte, von diesen Siegen der Feinde Kenntnis erhalten hatte, beschloß er sogleich, sich nochmals an der Spitze eines Heeres nach Italien zu begeben. Im Jahre 1796 war er von Nizza (Nice) aufgebrochen und (war) am Meere entlang marschiert. Dieses Mal dagegen wollte er die Alpen überschreiten. Bevor er sich aber mit seinen 30000 Mann (= Männern) in diese Berge hineinwagte, schickte er einen seiner Generäle dorthin, welcher auskundschaften sollte, wo man den Übergang am besten bewerkstelligen könnte. Dieser General sprach sich für den großen Sankt-Bernhard aus, aber er sah den Übergang als sehr schwierig an. „Schwierig? das mag sein!" antwortete der Erste Konsul. „Aber ist er möglich?" — „Ich glaube es, aber mit ungeheuren Anstrengungen." — „Nun wohl, dann vorwärts (= laßt uns aufbrechen)!"

Es war in der Nacht vom 14. zum 15. Mai des Jahres 1800, als (que) die ersten Truppen Martigny verließen. Die größten Schwierigkeiten stellten sich ihnen entgegen. Zunächst handelte es sich [darum], hinüberzukommen, ehe die Wärme der Sonne die Eis- und Schneeberge zum Schmelzen brachte. Deshalb mußte man um (à) Mitternacht aufbrechen. Es waren für den Aufstieg 8 Stunden nötig. Obgleich die Soldaten schwere Lasten zu tragen hatten, erklommen sie die steilen Pfade singend. Die Reiter führten ihre Pferde am Zügel. Endlich gelangten die kühnen Reisenden zu der Paßhöhe, wo das Hospiz des heiligen Bernhard steht (= sich befindet). Als man sich dort durch den Wein, das Brot und den Käse, welche der erste Konsul im voraus dorthin geschickt hatte, und welche die Klosterbrüder auftrugen, erfrischt hatte, begann man den Abstieg, dessen Schwierigkeiten jedoch noch größer waren als die des Aufstieges, obgleich man nur zwei Stunden brauchte, um nach Saint-Remy zu gelangen.

2 3. Besonders die Reiter standen große Gefahren aus. Obgleich die Pfade von Saint-Pierre, jenem Dorfe, wo die Straße aufhörte, zur Paßhöhe sehr steil und wegen der Abhänge, an denen man die Pferde

entlang führen mußte, sehr gefährlich waren, waren sie doch breit genug, um neben den letzteren marschieren zu können. Vom Hospiz nach Saint-Remy dagegen war der Pfad nicht allein wenigstens ebenso steil, sondern auch (mais encore) so schmal, daß die Reiter vor ihren Pferden her gehen mußten, welche sie beim geringsten Fehltritt mit sich in die fürchterlichen Schlünde hinabreißen konnten. Einige Unfälle dieser Art passierten in der That, aber in (en) geringer Anzahl.

Man möge sich hiernach (= also) ein Bild von den Schwierigkeiten machen, die man überwinden mußte, um das Kriegsmaterial und besonders die Artillerie hinüberzuschaffen. Was die Kriegsvorräte und die Lebensmittel anbetrifft, [so] war die Mühe nicht zu groß. Man teilte sie und packte (= legte) sie in kleinen Kisten auf den Rücken der Maultiere. Die Lafetten und die Sitzkästen wurden abgenommen und ebenfalls auf Maultiere gepackt. Wie [sollte man es] aber mit den Geschützen selbst machen? ·Ihr Gewicht und die Gefahr, sie zu beschädigen, machte den Transport derselben sehr schwierig. Um letztere Gefahr zu vermeiden, umhüllte man jedes Geschütz mit einem Fichtenstamme, den man in der Mitte geteilt und ausgehöhlt hatte. Dann spannte man Maultiere an, welche diese sonderbare Last zur Paßhöhe schleppten. Auf diese Weise wurden einige Geschütze zum Hospiz hinaufgeschafft. Aber der Abstieg war noch weit gefährlicher als der Aufstieg. Die Maultiertreiber konnten sich ihrer Tiere nicht mehr bedienen, sondern sie mußten die Geschütze mit den Händen zurückhalten, um sie [daran] zu hindern, in die Schluchten zu rollen. Da man für den Transport eines einzigen Geschützes eine große Anzahl von Maultiertreibern und zwölf Stunden brauchte, so waren die Maultiertreiber bald verbraucht. Nun nahm man seine Zuflucht zu den Bauern der Umgegend. Sie schafften zwar einige Geschütze von Saint-Pierre nach Saint-Remy hinüber. Als sie aber zurückgekehrt waren, beklagten sie sich darüber, daß man sie solchen Gefahren ausgesetzt hätte, und sie erklärten, daß sie diesen Versuch nicht erneuern würden, selbst wenn man ihnen noch mehr als tausend Franks pro Geschütz anböte. Die Offiziere mußten also den Soldaten der Abteilungen befehlen, ihre Artillerie selbst zum Hospiz hinauf- und nach Saint-Remy hinunterzuschaffen. Und diese aufopfernden Leute überwanden mutig die Hindernisse, welche sogar den Bewohnern jener Berge zu groß erschienen waren.

4—5. Sobald die letzten Kanonen Martigny verlassen hatten, machte sich der Erste Konsul selbst auf den Weg. Er war so lange dort geblieben, um mit (de) (seinen) eigenen Augen über der Fortschaffung des übrigen Teiles der Artillerie zu wachen. Denn er wußte sehr wohl, daß diese Unternehmung bis zum Ende die größte Aufmerksamkeit erforderte (= verlangte). Am 20. Mai 1800 vor Tagesanbruch war es, als (que) er zur Überschreitung des Sankt-Bernhard aufbrach. Er legte den Weg auf einem einfachen Maultiere (sitzend) zurück und nicht auf einem feurigen Rosse, wie ihn die Künste dargestellt haben, und war mit seinem berühmten grauen Überrock bekleidet. Der General Duroc, sein Adjutant, und sein Sekretär begleiteten ihn. An den schwierigsten Stellen zeigte Bonaparte jene Kaltblütigkeit, durch die er alle in Erstaunen setzte. Er war ganz mit den Plänen beschäftigt, durch die er im Begriff war, sich (einen) neuen, unsterblichen Ruhm in Italien zu erwerben, wo er schon so viele Male die Freuden des Sieges gekostet hatte. Für (sur) die Gefahren, die ihn unterwegs umgaben, schien er blind zu sein.

Der Führer, dessen sich der Erste Konsul bei diesem berühmten Übergange über die Alpen bediente, war ein ganz junger Mann. Dieser wußte nicht, wer die drei Herren waren, die er zum Hospiz führte; er hielt sie für gewöhnliche Reisende. Als Bonaparte die Unterhaltung mit ihm damit begonnen hatte, daß (= indem) er ihn fragte, wo er geboren wäre, wie alt er wäre (= welches sein Alter wäre), ob seine Eltern noch lebten, ob er Geschwister (= Brüder und Schwestern) hätte, schilderte ihm der junge Bergbewohner alle Einzelheiten seines dunklen Daseins. Er sagte, daß er der glücklichste von allen Menschen sein würde, wenn er nur ein kleines Feld und ein kleines Haus besäße. Denn dann könnte er ein gewisses junges Mädchen aus seinem Dorfe heiraten. Bonaparte glaubte vielleicht, daß er für seine eigenen Pläne die Hilfe der Vorsehung erwerben würde, wenn er jenem armen jungen Manne hülfe. Sobald sie zum Hospiz gelangt waren, schrieb er einige Worte an den Administrator des Heeres, der in Saint-Pierre geblieben war. Bald nach seiner Rückkehr erhielt der junge Führer die Mittel, die er brauchte, um seinen höchsten Wunsch zu verwirklichen.

31a.

1. Wilhelm Mona war ein armer Bauer, welcher vor einigen Jahren in dem Schweizer Dorfe Fouilly lebte. Er besaß dort ein kleines Haus, hinter welchem sich ein ziemlich großer Obstgarten ausdehnte. Ein Fels-[block], der ehemals von dem Berge herab gerollt war, an welchen dieser Obstgarten grenzte, lag (= war) mitten in dem Garten. Dichte Tannenwälder bedeckten den oberen Teil des Berges. Das meiste Obst, welches in Wilhelms Garten wuchs, war nicht viel wert. Aber ein Birnbaum, der sich zur Linken von jenem Felsblock befand, war jedes Jahr mit den köstlichsten Bergamottbirnen beladen.

[An] einem schönen Herbsttage ging Wilhelm in seinem Garten spazieren. Als er zu seinem Lieblingsbaume gelangt war, sagte er zu (en) sich selber: „Sonntag wird es Zeit sein, daß wir diese Birnen pflücken." Sonnabend kam er wieder dorthin. Wie groß war aber sein Erstaunen, als er sah, daß eine große Menge der schönsten Birnen verschwunden war. Er war sehr erzürnt, daß ihm jemand zuvorgekommen war, und es that ihm leid, sie nicht früher gepflückt zu haben. Vergebens fragte er sich, wer der Dieb [wohl] gewesen wäre. Endlich dachte er, daß es wahrscheinlich Kinder wären, die in seinem Gehege den Schaden angerichtet hätten, und da er fürchtete, sie würden das bischen Obst, welches sie übrig gelassen hatten, auch noch stehlen, wenn er sie nicht daran (en) verhinderte, so beschloß er, sich auf die Lauer zu legen.

Am Abend lud er, ehe er sich in den Garten begab, sein Gewehr mit Salz, um den kleinen Dieben wenigstens eine Lehre zu geben. Dann verließ er gegen zehn Uhr das Haus.

Nach Verlauf einer Viertelstunde wurde die Stille der Nacht durch das Gebrüll eines Bären im Walde unterbrochen. „Seit wann giebt es denn in der Umgegend einen Bären?" fragte sich Wilhelm ganz erstaunt und ohne zu wissen (= nicht wissend), daß das Tier sich seinem eigenen Hause näherte. Zehn Minuten später erschien der Bär an der Ecke des Obstgartens und stieß ein zweites schreckliches Geheul aus. Wilhelm hatte keine Zeit mehr, sein Haus zu erreichen und warf sich platt auf die Erde, indem er hoffte, das wilde Tier werde ihn nicht sehen. Wirklich marschierte dieses gerade auf den Birnbaum los, ohne daß es den Bauer bemerkte. Nachdem es sich gesättigt hatte, stieg es wieder herab, verließ den Garten und schlug den Weg nach dem Walde hin ein. „Warte, (mein) Freund, ich werde dich meine Lieblingsbirnen fressen lehren," rief Wilhelm wütend hinter ihm her.

2. Es war nicht nur der Ärger darüber, daß der unverschämte Bär die saftigsten Birnen sozusagen ihm vor der Nase (= à son nez) weggenommen hatte, was (= welcher) in Wilhelm den Wunsch erregte (faire naître) das Tier zu töten, sondern er wollte auch die Prämie verdienen, welche dem versprochen war, der einen Bären erlegen (= töten) würde. Ferner konnte er noch das Fell teuer verkaufen. Endlich sollte das Fleisch ihm einen köstlichen Braten liefern. Alle diese Umstände bestimmten unseren Bauer [dazu], den Bären zu jagen, wie gefährlich dieses Unternehmen (une entreprise) auch war.

Da er glaubte, es wäre nicht wahrscheinlich, daß eine einzige Bleikugel genügen würde, um das Tier schnell zu töten, selbst wenn sie sein hartes Fell durchbohrte, und mehrere Eisenbolzen wären sicherer, so machte sich Wilhelm am Tage nach seinem ersten Zusammentreffen mit dem Bewohner des Waldes daran, drei Eisenbolzen herzustellen, indem er die Zinken einer Heugabel zersägte. Einer seiner Nachbarn, Namens Franz, welcher ihn besuchen wollte (= kam), fand ihn mit dieser Arbeit beschäftigt. Dieser war selbst ein tüchtiger (= geschickter) Jäger, der sich auf alle Arten Waffen, [die] zur Jagd im Gebirge nötig [waren], sehr gut verstand. Ferner hatte er ebenfalls das Gebrüll des Bären gehört. Deshalb wußte er auf (à) den ersten Blick (das), wozu die Bolzen dienen sollten, und daß sein Nachbar diesmal nicht Gemsen zu jagen beabsichtige. „Zwei Männer", sagte er zu ihm, „sind besser als einer. Erlaube also, daß ich mit dir gehe. Laß uns ausmachen, daß du das Fell für dich behältst und daß wir nur die Prämie und das Fleisch teilen."

Wilhelm jedoch nahm den Vorschlag seines Freundes nicht an, sei es, daß er den ganzen Nutzen für sich allein haben wollte, oder daß er keinen (= nicht einen) Augenblick [daran] zweifelte, er werde mit dem Tiere allein fertig werden. Aber es wäre vielleicht besser gewesen, wenn er dem Rate seines Nachbars gefolgt wäre und (wenn er) ihm gestattet hätte, ihn zu begleiten. Was Franz auch sagen mochte, alle seine Be-

mühungen waren vergeblich. Wilhelm hörte ihm nicht einmal zu, sondern
setzte ruhig seine Arbeit fort. Sobald er seine Bolzen fertig gesägt hatte,
that er in sein Gewehr eine Ladung Pulver, [die] doppelt so groß [war],
wie die, welche man gewöhnlich anwendet. Dann ließ er die drei Bolzen
hinein gleiten, und nachdem er dies gethan hatte, zeigte er so wenig
Neigung, sich länger mit seinem Nachbarn zu unterhalten, daß dieser sich
schließlich entfernte. Aber ehe er wegging, konnte er sich nicht enthalten,
Wilhelm zuzurufen: „Du bist der eigensinnigste Mensch, den ich kenne.
Da du nicht willst, daß wir dem Bären zusammen auflauern, so werde ich
hingehen und seine Spur selbst suchen, und falls ich sie finde, werde ich mich
auf seinem Wege auf die Lauer legen." — „Ein jeder mag thun, was (ce
qu'il) ihm gefällt! Lebe wohl, und viel Glück!" erwiderte ihm Wilhelm.

3. Franz machte sich sogleich auf, um die Spur des Bären zu
suchen. Endlich fand er sie. Er folgte ihr von dem Walde an, welcher
den oberen Teil des Berges bedeckte, bis sie sich in dem Obstgarten seines
Nachbarn verlor. Da er kein Recht hatte, dort hineinzugehen, kehrte er um.

Gegen zehn Uhr abends stieg er den Berg hinauf, mit seinem Gewehre bewaffnet, welches er mit einer Bleikugel geladen hatte. In halber
Höhe blieb er stehen, um dem Tiere aufzulauern. Von jenem Punkte
konnte er den ganzen Weg, welchen jenes am vorhergehenden Abend ein-
geschlagen hatte, mit (de) einem Blick übersehen (embrasser). Unter
sich im Thale unterschied er im hellen Lichte des Mondes die Häuser,
zwischen sich und demjenigen Wilhelms in dem Garten den Felsen und
links von diesem, höchstens zwanzig Schritte entfernt, den Birnbaum mit
den Bergamottbirnen.

Gegen ¹/₂ 11 Uhr sah er Wilhelm durch die Hinterthüre aus seinem
Hause heraustreten und auf den Felsen zu gehen. Dort machte er halt,
rollte einen Sack auf, den er unter dem Arme mitgebracht hatte, schlüpfte
hinein, so daß nur sein Kopf und seine beiden Arme aus demselben heraus-
sahen. Dann lehnte er sich, nachdem er sein Gewehr ergriffen hatte, mit
dem Rücken gegen den Felsen, und weil der Sack ungefähr dieselbe graue
Farbe hatte wie der Stein und (weil) Wilhelm sich nicht rührte, ver-
schmolz er so mit dem Felsen, daß Franz ihn nicht einmal unterscheiden
konnte, obgleich er ihn hatte kommen sehen und (obgleich er) wußte, daß
er dort war.

Gegen ³/₄ 11 Uhr (= 11 Uhr weniger ¹/₄) vernahmen die beiden
Jäger die Stimme des Bären, dessen lang gezogenes Gebrüll in dem
Walde und im ganzen Thale wiederhallte. Einige Minuten später sah
ihn Franz aus dem Walde heraustreten, während Wilhelm wegen des Berges
und Waldes, welche sich hinter ihm erhoben, natürlich noch nichts von ihm
sehen konnte, wie er [ja] auch nicht wußte, daß er von Franz be-
lauert wurde.

Franz hatte darauf gerechnet, daß das Tier den Weg vom vorhergehenden Abende einschlagen und so in den Bereich seines Gewehres
kommen werde. Aber der Bär machte einen Umweg, so daß er an die
Einfriedigung des Gartens gelangte, ohne von seiten Franzens irgend

eine (aucun) Gefahr auszustehen. Es war offenbar, daß er diesen Jäger
gewittert hatte. Er kam vielmehr rechts von Wilhelm an, so daß er bei
ihm vorbeigehen mußte, um zu dem Birnbaum zu gelangen. Er marschierte
gerade auf den letzteren los, indem er höchstens zehn Schritte weit von
dem Gewehre Wilhelms vorbeikam. Keiner von beiden schien die Gegenwart eines Feindes zu ahnen. Der Jäger wartete, bis der Bär seine
Brust ungedeckt darbot. In dem Augenblick, als dieser sich auf seinen
Hintertatzen aufrichtete, um auf den Baum zu steigen, gab jener seinen
Schuß auf ihn ab, worauf das Tier ein schreckliches Gebrüll ausstieß.

4. Franz hatte diesem ganzen Vorgange zugesehen und die Kaltblütigkeit seines Nachbars bewundert. Einen Augenblick hoffte er, der
Bär werde von der Stelle, wo er niedergestürzt war, nicht wieder aufstehen. Aber unglücklicherweise war derselbe nicht vollständig getötet
worden, sondern nur tödlich verwundet, denn plötzlich erhob er sich und
lief in gerader Linie auf Wilhelm los, der seinen Kopf und seine beiden
Arme wieder in den Sack gesteckt (hatte) und sich von neuem mit dem
Felsen verschmolzen hatte. Franz fürchtete, daß jetzt das letzte Stündlein
(= die letzte Stunde) seines Freundes gekommen sei, und er war sehr
erstaunt darüber, daß das Tier wiederum zehn Schritte weit von dem
Jäger vorüberging, den es offenbar noch nicht bemerkt hatte.

Es war natürlich, daß Franz sehr gespannt darauf war (= mit
der lebhaftesten Ungeduld wartete), ob der Bär die Spur dieses Abends
oder diejenige des vorhergehenden Abends wieder aufnehmen würde. Im
Grunde (= in der Tiefe) seines Herzens wünschte er, das Tier möchte
nicht zu der Stelle kommen, wo er sich befand. Nicht als ob er sich
vor (den) Gefahren fürchtete; denn er hatte (deren) schon sehr große ausgestanden. Nichtsdestoweniger fühlte er [in] sich nicht das geringste Verlangen (le désir), dem tödlich verwundeten Bären zu begegnen.

Zuerst schien er Glück zu haben. Nachdem der Bär aus dem
Garten herausgetreten war, machte er sich daran, den Berg wieder hinaufzusteigen, indem er denselben Umweg machte. Von Zeit zu Zeit machte
er halt, wälzte sich auf dem Erdboden hin und her, indem er schrecklich
brüllte und seine Wunden leckte; dann setzte er seinen Lauf fort. Plötzlich
wandte er sich nach links und nahm die Spur vom vorhergehenden Tage
wieder auf, so daß er in gerader Linie auf Franz zu lief, der ihn aufmerksam beobachtet hatte, ohne sich zu rühren. Als er ihn gerade auf
sich zu kommen sah, bekreuzte er sich und empfahl Gott seine Seele, denn
er wußte sehr wohl, daß dies die letzte Stunde seines Lebens sein könnte.
Während er sein Gewehr ergreift und sich überzeugt, ob es schußfertig
ist, kommt der verwundete Bär immer näher. Noch wenige Minuten,
wenige Sekunden, und er wird den Jäger bemerken und sich auf ihn
stürzen, indem er alles, was ihm an (de) Kräften übrig geblieben ist,
zusammennimmt.

Aber was ist das? Das Tier bleibt stehen, hebt den Kopf, atmet
den Wind geräuschvoll ein, der vom Dorfe her kommt, steigt schleunigst
den Berg wieder hinab und dringt von neuem in den Obstgarten ein.

Hat es den Mann gewittert, der es so grausam verwundet hat, und will es sich an ihm rächen? Franz hat keine Zeit, länger darüber nachzudenken. „Wilhelm, sieh dich vor!" ruft er aus, und indem er die Gefahr vergißt, welche er selbst soeben ausgestanden hat, und nur an die denkt, welche seinem Nachbarn droht, läuft er hinter dem Bären her. Aber er hat kaum einige Schritte gemacht, als er einen schrecklichen Ruf hört: „Zu Hilfe!"

Franz läuft nicht mehr, er fliegt. Endlich kommt er bei dem Steine in dem Garten an. Aber welch' entsetzlicher Anblick bietet sich seinen Augen dar! Das riesenhafte Tier bewegt sich in dem Schatten, indem es den Körper Wilhelms mit Füßen tritt. Franz wirft einen Stein nach (à) dem Bären, damit er seine Beute loslassen soll. In diesem Augenblick bemerkt das wütende Tier seinen neuen Feind. Es richtet sich auf seinen Hinterpfoten auf, um ihn zu erwürgen. Franz drückt den Zeigefinger auf den Hahn seines Gewehres, der Schuß geht los, und der Bär stürzt rückwärts nieder: die Kugel hat ihm die Wirbelsäule zerschmettert.

Nachdem der Bär den tödlichen Schuß aus der Waffe Franzens erhalten hatte, hatte er kaum noch Kräfte genug, um sich, heulend vor Schmerz, aus dem Obstgarten herauszuschleppen. Franz eilte zu Wilhelm, der fünf Schritte weit von ihm unbeweglich lag (= war). Er konnte noch nicht glauben, daß der Mann, den er noch (= erst) vor einer Stunde in voller Gesundheit gesehen hatte, nicht mehr lebte. Als er aber den Körper in der Nähe (de près) sah, welcher nicht die geringste Ähnlichkeit mehr mit einem Menschen hatte, zweifelte er nicht, daß es da nichts mehr zu retten gab und daß der Bär sein Werk vollendet hatte. Was er da vor sich sah, (das) war nur noch ein Haufe Knochen und zerquetschtes Fleisch.

Bald eilten mehrere Bauern, welche die Schüsse, die Rufe und das Gebrüll des Tieres geweckt hatten, mit Waffen herbei. Wilhelms Frau kam mit ihnen. Wer aber beschreibt ihren Schmerz bei dem entsetzlichen Anblick, der sich ihr darbot? Man suchte sie so gut als möglich zu trösten. Man veranstaltete für sie und ihre Kinder in dem ganzen Rhonethale eine Sammlung. Aber konnte ihnen all' das Mitleid, all' die Liebe, die man ihnen erwies, den Vater ersetzen?

---

2. Abschnitt.

32.

1. Der Reisende, welcher zum ersten Male nach Paris kommt und diese Hauptstadt von Frankreich aufmerksam durchstreift (= durcheilt), wird leicht die großen Unterschiede (la différence) merken, die zwischen den Vierteln der Stadt bestehen (= es giebt). Von der Magdalenenkirche bis zum Bastilleplatz erstrecken sich, einen ungeheuren (vaste) Halbkreis

bildend, jene berühmten inneren Boulevards und (jene) breiten Straßen, die von großartigen Häusern und prächtigen Läden umgeben (flanquer) sind. Wenn man gestern dort spazieren gegangen ist und (wenn man) sich heute in eins der von den Arbeitern bewohnten Stadtviertel begiebt, könnte man glauben, sich nicht in Teilen einer und derselben Stadt, sondern in verschiedenen Städten zu befinden.

Aber wie verschieden auch der Geschmack (Plural!), die Beschäftigungen und infolgedessen die Lebensweise der Pariser sein mögen, so kann man doch das Bestehen (une existence) einer großen Menge gemeinsamer Züge nicht leugnen, welche sie vereinigen und leicht erkennbar machen.

2. Die erste Eigenschaft, durch welche sich die Pariser von (den) anderen Leuten unterscheiden, ist ihre Leidenschaft für alles, was einen gewissen Nimbus hat, selbst wenn es in Wirklichkeit nicht viel wert ist. Deßhalb sind die Redner, welche in Paris die größte Achtung genießen, keineswegs immer diejenigen, welche die tiefsten Gedanken aussprechen. Sondern wenn sich ein Redner um die Gunst seiner Zuhörerschaft bewerben will, muß er sie vor allem hinzureißen verstehen (savoir f.) und sich stellen, als ob er selbst von der Wahrheit dessen, was er sagt, vollständig überzeugt wäre. Leider haben solche Leute ihre Macht schon häufig mißbraucht, und das Volk hat schon mehr als einmal bereut, sich von ihren wohlklingenden Redensarten haben verführen zu lassen.

Eine Anstalt, welche der Pariser, selbst der aus den niederen Ständen, nicht entbehren könnte, ist das Theater. Besonders an den Tagen der unentgeltlichen Vorstellungen, welche die vier hauptsächlichsten Theater von Paris, das Théâtre-Français, das Odéon, die Opéra und die Opéra-Comique, um die sich der Staat sehr verdient gemacht hat, viermal jährlich zu geben gezwungen sind, ist das Gedränge schrecklich. Um ein Billet zu bekommen, bleibt der Pariser mehrere Stunden an einer Stelle, ohne sich zu rühren.

3. Der Handel ist in Paris äußerst lebhaft. Selbst die unbedeutendsten kleinen Läden schließen dort täglich eine erstaunliche Zahl von Geschäften ab. Aber die meisten Geschäfte werden natürlich von den luxuriösen Läden und den großen Verkaufshallen abgeschlossen, welche sich zwischen der inneren und äußeren (extérieur, e) Linie der Boulevards, auf den inneren Boulevards und zwischen diesen und der Seine befinden. Wir brauchen den Leser nur an den Laden Au Bon Marché und an den Bazar A la Ménagère zu erinnern, [die] in der ganzen Welt berühmt [sind]. Der arme und reiche Reisende wird dort leicht irgend ein seinem Geschmacke entsprechendes Andenken finden, einen jener entzückenden „Pariser Artikel", in denen die Pariser ebensoviel Geschmack, Eleganz und wahres Genie entfalten, wie in den Erzeugnissen der Mode.

4. Es ist natürlich, daß alle diese Gegenstände der Mode und des Kunstgewerbes, welches in der Hauptstadt von Frankreich in vollem Betriebe ist, einen großen Teil ihres hübschen und anmutigen Aussehens dem Pariser Arbeiter verdanken, welcher ebenso geschickt wie schnell arbeitet.

Was er auch immer hervorbringt, allem drückt er sozusagen einen besonderen Stempel auf, so daß es leicht ist, das Werk seiner Hände zu erkennen.

Wie die Pariser Eleganz und Mode, so ist auch der Pariser Witz in der ganzen Welt berühmt. Einem Streite zwischen zwei Arbeitern oder (zwei) Straßenjungen zuzuhören, ist zuweilen recht unterhaltend. Nur muß man sich hüten, in denselben verwickelt (engager) zu werden, denn der echte Pariser hat einen so unerschöpflichen Vorrat von schlagfertigen und boshaften Widerreden und (von) Anzüglichkeiten, daß es ihm nicht schwer wird (— ist), die Lacher auf seine Seite zu bekommen (— haben). Man würde vielleicht zu spät einsehen, daß es besser gewesen wäre zu schweigen, als sich mit ihm einzulassen (commettre).

6. Manche Leute haben behauptet, die Pariser Bevölkerung sei die schlechteste von der ganzen Welt. Allerdings ist es unmöglich, zu leugnen, daß es in jener Stadt schlechte Elemente giebt. Aber es ist eine Verleumdung, zu sagen, daß in Paris die Verderbtheit der Sitten allgemein sei. Sie ist es dort nicht mehr, als in den anderen großen Hauptstädten, in Berlin, (in) Wien und (in) London, wo der Abschaum der Bevölkerung des ganzen Landes nur zu leicht eine Zufluchtsstätte findet.

Um zu beweisen, daß es nicht nur eine Verleumdung, sondern auch eine Thorheit ist, zu sagen, daß in Paris die Entartung der Sitten das allgemein gültige Gesetz sei, wird es genügen, an einige jener Pariser Anstalten zu erinnern, welche dazu dienen, die Geistesbildung (la culture intellectuelle) zu verbreiten, das Herz zu erheben, die Sitten besser und edler zu machen. Man denke an die Magdalenenkirche und an die große Zahl der anderen großartigen Kirchen, an das Louvre, jene Sammelstätte (= Anhäufung) von Wundern der Kunst, an die Bibliothèque Nationale, wo die Erzeugnisse aller Wissenschaften gesammelt (= versammelt) werden. Und wo findet sich eine solche Menge von Wohlthätigkeitsanstalten für die Armen und Kranken?

33.

Das Weltall ist ohne Ende, ohne Grenzen. Eine ungeheure Zahl von Himmelskörpern schweben in demselben. Die Entfernung zwischen sehr vielen Himmelskörpern (= himmlischen Körpern) ändert sich nicht. Deßhalb nennt man diese Fixsterne (une étoile fixe). Wie die meisten anderen Gestirne sind die Fixsterne von uns so [weit] entfernt, daß sie uns nur wie kleine leuchtende Punkte erscheinen. Der Fixstern, welcher uns am nächsten ist, ist die Sonne, obgleich die Entfernung zwischen ihr und der Erde 150 Millionen Kilometer (le kilomètre) beträgt (— macht). Sie befindet sich wie die anderen Fixsterne in einem glühenden Zustande. Ströme von Licht und (von) Wärme gehen unaufhörlich von ihr aus, während die Erde und die anderen Planeten (le planète), welche von (de) Monden begleitet werden, weder Licht noch Wärme hervorbringen. Außer (outre) den Fixsternen, den Planeten und den Monden giebt es noch sehr viele andere Himmelskörper, welchen die Sonne Licht spendet, und welche Kometen (la comète) heißen.

84.

1. Wenn der Reisende in Paris etwas sehen will, was fast allen Reisenden unbekannt bleibt, und was sogar die meisten Pariser der höheren und mittleren Klassen fast nie sehen, so braucht er nur einmal vor Tages-anbruch (= vor dem Tage) die Straßen entlang zu schlendern. Nehmen wir an, daß wir am Morgen eines Dezembertages einen solchen Spazier-gang unternehmen.

Das, worüber wir zunächst erstaunt sein werden, ist jener dichte Nebel, welcher aus der Seine emporsteigt, und von dem die Luft so voll-ständig angefüllt ist, daß selbst das rötliche Licht der Gasflammen Mühe hat, ihn zu durchdringen. Dann und wann kreuzt man den Weg einiger Fußgänger, unter denen man leicht die Arbeiter unterscheiden (distinguer) kann, die an ihre Arbeit eilen, und die zähneklappernden Bummler, welche irgend einen Brückenbogen oder irgend eine Bank zu ihrem Schlafzimmer gemacht haben. Die Wanderer treten für einen Augenblick aus dem Dunkel (= Schatten) des Nebels heraus, worauf sie in demselben von neuem verschwinden.

2. Die Façaden der meisten Häuser erheben sich noch dunkel vor einem. Zuweilen wird die allgemeine Dunkelheit (une obscurité) von einem rötlichen Licht unterbrochen, welches von dem Schaufenster des Ladens eines Bäckers oder Schlachters ausgeht, in welchem die Gesellen in Hemdärmeln die Auslage herrichten. Hier und da sieht man einige Männer aus einer großen oder kleinen Frühstücksstube oder einer Wein-schenke heraustreten. Das dumpfe Klappen ihrer Füße ist noch das einzige Geräusch, das man vernimmt. Von Zeit zu Zeit begegnet einem eine Gruppe von Männern, welche auf dem Rücken einen mit Werkzeug angefüllten Tragkorb tragen. Es sind Ofensetzer. Dann bemerken wir eine Anzahl anderer Arbeiter, welche, die Pfeife im Munde, nach dem-selben Ziele hin zu eilen scheinen. Dies sind die Maurer und Erdarbeiter mit ihren Hacken und Schaufeln.

Indem wir ihnen folgen, gelangen wir schließlich auf einen großen Platz. Derselbe ist im Norden von der großen Caserne Napoléon um-geben, deren nördliche Façade nach der rue de Rivoli geht (donner sur), einer der längsten und schönsten Straßen von Paris. Im Osten (l'est) ist jene place Lobau von der Sankt-Gervasius-Kirche umgeben und im Süden von der Caserne Lobau während wir im Westen, jen-seits der breiten rue Lobau das Präfektur-Gebäude bemerken, dessen nördliche Façade ebenfalls nach der rue de Rivoli geht. Es kommt einem vor, als ob (= scheint, daß) die Arbeiter der ganzen Stadt sich auf jenem weiten Platze versammelt hätten. Die Arbeitgeber gehen zwischen ihnen hin und her und dingen die Männer, die sie brauchen (falloir).

3. Wir setzen unseren Weg zu einem anderen, fast ebenso großen Platze fort wie der schon beschriebene Lobauplatz: es ist der Baudoyer-Platz. Er liegt im Osten von der großen und hohen Napoleons-Caserne, d. h. zwischen dieser und dem Rathaus des 4. Stadtbezirkes. Ein be-

täubendes Summen und ein durchdringender Geruch strömen von der Menge aus, deren lange Reihen das ganze Trottoir bedecken.

Vor uns bemerken wir die Häuseranstreicher. Sie sind auf sehr verschiedene Weise bekleidet: die einen sind in lange Paletots gehüllt, die anderen tragen kurze Jacken oder große Blusen. Alle haben kleine, ihre Pinsel und blauen Arbeitshosen enthaltende Bündel. Diese tragen dieselben am Arme, jene haben sie über die Schulter gehängt. Fast alle haben ein intelligentes Aussehen und einen geweckten Geist, während die ein bißchen blöden Mienen der Maurer ihrer groben (gros) Arbeit entsprechen.

Von Zeit zu Zeit sehen wir junge, an ihre tägliche Arbeit eilende Arbeiterinnen über den Platz trippeln. Die eine trägt einen abgenutzten wasserdichten Überrock, die andere eine lange blaue Bluse. Man kann nicht leugnen, daß sie alle sehr viel Geschmack haben, diese Pariser Arbeiterinnen, und daß fast alle hübsch aussehen (= ein hübsches Aussehen haben).

4. Bald begegnen wir den Zeitungsausträgern. Sie beeilen sich die noch ganz feuchten Blätter in die Briefkästen zu werfen. Hier und da bemerkt man auch schon die Briefträger. Sie haben eine sehr wichtige Miene, und ihre länglichen Taschen sind ganz mit geheimnisvollen Papieren angefüllt. Sie übergeben dieselben dem Portier jedes Hauses, weil sie keine Zeit (= nicht die Zeit) dazu haben, alle jene hohen Treppen hinaufzusteigen. Der Portier hat dann die Pflicht (le devoir), den Bewohnern des Hauses die Zeitungen und die Briefe zuzustellen. Schon hieraus (= aus diesem allein) folgt, daß dieser Mann allerdings die Macht hat, einen durch seine Nachlässigkeit zu ärgern, und daß es besser ist, seine Freundschaft und Gunst, besonders durch reichliche Neujahrsgeschenke, zu erwerben, als sich sein Mißfallen zuzuziehen.

Plötzlich vernimmt man das Klingeln eines Glöckchens. Der Schmutzwagen naht, und die Straßenkehrer, welche sein Gefolge bilden, mühen sich damit ab, die Schmutzkästen an den Rand des Wagens zu heben. Bald treffen auch die ersten Droschken auf (à) den Haltestellen ein, wo sie die Gewohnheit haben, sich jeden Morgen gegen acht Uhr aufzustellen, und dann rollt der erste Omnibus über das Pflaster dahin.

5. Wie den Lobau-Platz und den Baudoyer-Platz giebt es noch sehr viele andere, wo jeden Tag früh morgens Arbeitsmärkte abgehalten werden. Fast jedes Handwerk hat welche. Da wir nicht daran denken können, sie alle aufzusuchen, so wollen wir uns darauf beschränken, noch zu dem der Wäscherinnen zu gehen, welcher in der Bärenstraße abgehalten wird.

Von dem Baudoyer-Platz wenden wir uns nach links und folgen der Rivolistraße bis zu der Stelle, wo dieselbe von dem prächtigen Boulevard von Sebastopol gekreuzt wird. Indem wir auf letzterem nach Norden gehen, gelangen wir bald zu der Bärenstraße. Als wir in derselben anlangen, sind fast alle Wäscherinnen schon weggegangen, außer einer einzigen. Sie sieht sehr traurig und elend aus und ist nahe daran, in Thränen auszubrechen. Wir bitten sie, uns die Ursache ihres Schmerzes mitzuteilen. Zuerst zaudert sie uns zu antworten; aber dann entschließt sie sich dazu, uns ihr Unglück zu erzählen.

„Ich bin während mehrerer Wochen sehr krank gewesen, und meine Krankheit hinderte mich, Geld zu verdienen. Seit einigen Tagen bin ich wieder im stande zu arbeiten, und ich wäre bereit, jede Art Arbeit anzunehmen. Aber obgleich ich jeden Morgen zuerst hier angelangt bin und mich zuletzt entfernt habe, ist es mir unmöglich gewesen, eine Beschäftigung zu erhalten." Nachdem wir ihr ein paar (= einige) Franks gegeben und versprochen haben, uns ihrer zu erinnern, machen wir uns endlich daran nach Hause zurückzukehren. In dem Augenblick, wo wir in dem Studentenviertel anlangen, schlägt es neun Uhr; die Schaufenster werden geöffnet, und Paris ist endlich wach.

35.

Zwei Freunde, Ludwig und Franz, welche sich seit vielen Jahren nicht gesehen hatten, begegneten sich eines Tages zufällig auf einer Reise. Natürlich hatten sie sich sehr viel (= sehr viele Sachen) zu erzählen, und sie beschlossen ihre Freundschaft bei einem Glase Wein (le verre en main) zu erneuern. Franz wollte gern in ein Café gehen; aber Ludwig überredete ihn (Dativ!), mit ihm in sein Gasthaus zu gehen. Als sie es sich dort bequem gemacht hatten, fragte Franz seinen Freund: „Nun, hältst du dich auch des Vergnügens wegen in dieser Stadt auf?" — „Nein," erwiderte ihm Ludwig, „ich bin Geschäfte wegen hier. Du weißt, daß ich, als wir uns das letzte Mal sahen, sehr viel Unglück gehabt hatte und daß ich nach Amerika zu gehen beabsichtigte. Du fordertest mich auf, mich noch zu gedulden, und ich habe es nicht bereut, deinem Rate gefolgt zu sein, denn mein Geschäft (= Geschäftshaus) ist heute eines der blühendsten unserer ganzen Stadt. Übrigens will ich nicht vergessen hinzuzufügen, daß ich einen großen Teil meines Erfolges unserem Freunde Wilhelm verdanke." — „Nun, was ist denn aus ihm geworden?" — „Er besitzt eine ziemlich große Fabrik und behauptet, das Vermögen, welches er geerbt hat, sehr vermehrt zu haben."

36.

Eines Tages sitzen Herr Poirier, sein Freund Verdelet, sein Schwiegersohn (le gendre) Gaston, Marquis von Presles, der Herzog von Montmeyran, [ein] Freund Gastons, und Antonie, Gastons Gattin, in einem reichen Salon des Hauses des Herrn Poirier. Ihre Unterhaltung wird von einem eintretenden Diener unterbrochen, welcher ein Gemälde bringt. Gaston läßt es ihn auf einen Stuhl in der Nähe des Fensters stellen. „Ich habe das gestern gekauft," sagte er; „ist das nicht schön?"

Er, der Herzog und Antonie fangen an, über die Schönheiten des Gemäldes (weitläufig) zu reden. Der eine ist von der hübschen Abendstimmung entzückt, der andere bewundert am meisten die Stille und den Frieden, die über der ganzen Landschaft ausgebreitet sind. Gaston macht seine Gattin besonders auf die Spiegelung einer Lache unter dem Laubwerk aufmerksam. Nachdem man das Gemälde von weitem genug betrachtet hat, veranlaßt der Marquis den Herzog, sich demselben zu nähern, um sich von der ungeheuren Sorgfalt zu überzeugen, welche der Maler bis auf die geringsten Einzelheiten verwandt hat. „Wer (= welches) ist denn der Mann, der das gemalt hat?" fragte der Herzog. „Das muß in der That ein geist- und talentvoller Künstler sein." — „Ja, er ist es," antwortete Gaston, „obgleich er kaum genug zu leben (de quoi vivre) hat; denn er versteht es nicht, die Leute von sich reden zu machen."

Verdelet und Poirier haben bis dahin der Unterhaltung der drei anderen Personen zugehört, ohne [ein] Wort zu sagen; aber in ihren Mienen ließ man (ein) großes Erstaunen. „Ich kann nicht begreifen, was diese jungen Leute an jenem Gemälde Schönes finden," sagt Poirier leise zu seinem Freunde. „Sagen Sie uns doch," fährt er lauter fort, indem er sich an seinen Schwiegersohn wendet, „was Ihnen daran so sehr gefällt? Ich für meine Person gebe zu, daß dies mich sehr wenig interessiert und daß ich lieber den Kupferstich betrachte, den ich in meinem Zimmer habe aufhängen lassen." — „Von welchem sprechen Sie?" fragt Gaston. — „Von dem, der sich über meinem Schreibtisch (le bureau) befindet und der einen vor einem Matrosenhute bellenden Hund am Ufer des Meeres darstellt. Noch heute erinnere ich mich deutlich des Schmerzes und Mitleides, welches ich in meinem Herzen habe emporsteigen fühlen, als ich dies Bild zum ersten Male sah." — „Das ist allerdings ein sehr rührender Gegenstand," sagt der Marquis lächelnd, worauf Poirier ihm erwidert: „Sie scheinen sich über mich lustig zu machen. Meinetwegen, jeder hat seinen Geschmack [für sich]. Übrigens (à propos), darf man fragen, wie viel Sie für dieses Gemälde bezahlt haben?" — „Nur zwei tausend Franks." — „Wie? Zwei tausend Franks [für] die Arbeit eines Unbekannten? Nun, das nenne ich das Geld zum Fenster hinaus (== durch das Fenster) werfen!" — „Was würde denn aus den Künsten werden, wenn man sie nicht beschützte?" — „Wer sagt Ihnen denn, daß man die Künste nicht unterstützen soll? Aber wozu (dient) jene Faulenzer (zu) unterstützen, welche sich Künstler nennen?"

37.

Der berühmte französische Dichter Béranger, welcher von 1780 bis 1857 lebte, schickte eines Tages einem jungen Manne Namens Victor Escousse folgenden Brief.

Paris, 6. Juni 1829.

Geehrter Herr!

Sie waren so freundlich, mir neulich Ihre Lieder zu schicken. Ich danke Ihnen für dieselben, indem ich Sie gleichzeitig dafür um Verzeihung bitte, daß ich Ihnen so spät antworte. Ich glaube — und ich zögere nicht, es Ihnen zu erklären — daß diese Lieder von einem schönen Talente Zeugnis ablegen, um welches viele Sie beneiden werden. Ich wünsche

Ihnen von ganzem Herzen Glück zu dieſem Anfang Ihrer dichteriſchen Laufbahn.

Hochachtungsvoll

Béranger.

38.

Heutzutage wird die Zahl der Leute, welche eine Fußreiſe (= Reiſe zu Fuß) für angenehm halten, leider von Tag zu Tag kleiner. Und doch, was giebt es Schöneres als einen Marſch durch die Wieſen, Wälder und Felder? Man mag [nun] durch einen Wald mit ſeiner andächtigen Stille gehen oder zum Ziele einen hohen Berg wählen, von wo man eine weite Ausſicht in die Ebene genießt, durch welche ſich ein ſilberner Fluß ſchlängelt, überall werden einen die Schönheiten der Natur überraſchen. Sogar der Sturm und Regen, welche gewöhnlich für notwendige Übel gelten, erſcheinen einem unterwegs als angenehme Unterbrechungen des ſchönen Wetters.

39.

1. Nicht zufrieden mit den Erfolgen, welche er in Wien, Berlin, Mailand, Liſſabon und ſogar jenſeits des Meeres in Ägypten errungen hatte, wünſchte Napoleon I. Rußland ſeine Macht fühlen zu laſſen. Denn er wollte, daß es in ganz Europa keine Nation geben ſollte, welche nicht vor ihm zitterte. Und warum ſollte es ihm nicht möglich ſein, auch dieſes Volk zu unterjochen? Aber Napoleon hatte ſich über die Schwierigkeiten eines ſolchen Krieges getäuſcht. Über 300 000 tapfere Soldaten gingen in dem Schnee (Plural!) jenes Landes zu Grunde, und derjenige entrann ſelbſt kaum, welcher ſie dorthin hatte marſchieren laſſen.

Schon ehe Napoleon zur Eroberung aufbrach, traf (= machte) man in Deutſchland und im übrigen Europa Vorbereitungen zur Befreiung von der franzöſiſchen Unterjochung. Napoleon hinderte dieſe Vorbereitungen nicht. Nicht als ob er nicht von ihnen gehört hätte. Aber er, der ſchon ſo viele Aufſtände (une insurrection) unterdrückt hatte, zweifelte nicht, daß er auch diesmal auf die Überlegenheit ſeines Genies und auf ſein Glück rechnen könne. Aber dieſes ließ ihn ſchließlich im Stich. Er wurde beſiegt, zum Gefangenen gemacht und nach der kleinen Inſel Sankt-Helena geſchickt.

2. Man kann nicht leugnen, daß Napoleon Frankreich (einen) unvergleichlichen Kriegsruhm verſchafft hat. Über zehn Jahre lang hat er ſeine tapferen Krieger von Sieg zu Sieg geführt. Durch verſchiedene Frieden[sſchlüſſe] verlieh er ſeinem Vaterlande eine die kühnſten Hoffnungen übertreffende Größe. Mitten in ſeinen fortwährenden Kriegen hatte der Kaiſer noch Zeit, an die Verwaltung Frankreichs zu denken. Und dieſe Verwaltung Bonapartes war nicht weniger ruhmreich, als ſeine Kriege während dieſer Zeit glücklich waren. Er vergaß weder die Landwirtſchaft, noch die Induſtrie, weder die Künſte, noch die Wiſſenſchaften. Alle wurden von ihm gefördert (= ermutigt).

Frankreich wußte sehr wohl, was es diesem einzigen Manne verdankte. Als er im Alter von 30 Jahren aus Ägypten zurückgekehrt war (1799) und (als er) sich durch den berühmten Staatsstreich vom 18. Brümaire (9. Oktober) jenes Jahres zum ersten Konsul gemacht hatte, freute sich das Land vielmehr darüber, als daß es über den Verlust seiner Freiheit traurig war. Aber das Vertrauen, welches Frankreich seinem jungen Herrn erwies, kam dem Lande sehr teuer zu stehen (= kostete). Denn als der Sturz, welchen dieser durch seine eigenen Fehler herbeigeführt hatte, eintrat (= eintraf), riß er auch sein Vaterland mit sich fort. Und was blieb diesem von allen seinen so teuer erkauften Eroberungen, die so viele Opfer an Menschen und Gold erfordert hatten? Nichts. Denn in dem zweiten Pariser Frieden im Jahre 1815 wurde es auf die Grenzen beschränkt, die es schon im Jahre 1790 gehabt hatte.

40.

1. Der ungeheure Ruhm, welchen Frankreich dank dem Feldherrngenie (= militärischen Genie) Napoleons und dem Mute der französischen Truppen erworben hatte, die Ausdehnung, welche es unter dem Schutze der Siege seines Kaisers gewonnen hatte, die Sicherheit und der Friede, den dieser seinem Vaterlande dadurch zurückgegeben hatte, daß er die Schrecken der Revolution beendigte, durch all' dies eroberte er [sich] die Herzen seines Volkes. Diese Liebe und die Erinnerung an seine großen Thaten überlebten ihn noch lange, und die Freude, welche die alten Leute darüber empfanden, ihren Enkeln von ihnen erzählen zu können, ist nicht zu beschreiben.

So z. B. ging die Jugend eines Dorfes der Champagne oft hin und hörte den Erzählungen einer Großmutter aufmerksam zu, welche jeden Abend von dem verehrten Kaiser neues zu erzählen hatte.

2. „Ihr seid sehr zu beklagen," sagte sie eines Abends zu den jungen Leuten, welche sich wie gewöhnlich in ihrer bescheidenen Hütte um sie herum gesetzt hatten, „daß ihr diesen großen Mann nicht mehr gesehen habt. Ich (!) habe mehrmals das Glück genossen, ihn zu sehen. Das erste Mal begegnete ich ihm auf dem Hügel, der sich in der Nähe unseres Dorfes befindet. Als ich gehört hatte, daß er hier vorbeikommen werde, war ich dorthin geeilt, um ihn von weitem zu sehen. Aber wie groß (= welches) war mein Erstaunen, als ich ihn den Abhang zu Fuß hinaufklettern und gerade auf die Stelle losgehen sah, an der ich saß. Unter den Herren, die ihm folgten, war er an (par) seinem berühmten grauen Überrocke leicht zu erkennen.

Zum zweiten Male sah ich ihn im Jahre 1811. Damals war ich in Paris und sah den Kaiser mit seinem glänzenden Gefolge sich nach der Liebfrauenkirche begeben, um dort Gott für die Geburt seines Sohnes zu danken. Endlich sah ich ihn nach der unglücklichen Schlacht bei Arcis-sur-Aube wieder, am Abend des 21. März 1814. Die Fremdlinge waren in unsere arme Champagne eingefallen. Der Kaiser trotzte ihnen

lange. Aber schließlich war er gezwungen, vor ihnen zu fliehen, und da
die Feinde ihm überall auflauerten, konnte er sich kaum in diese Hütte
retten. Darauf urteilten die Fremden über den Kaiser der Franzosen ab,
und er, den die ganze Welt um sein Glück beneidet hatte, dem sie ge-
schmeichelt hatte, dessen Worten sie aufmerksam zugehört und Beifall ge-
zollt hatte, und dem niemand zu widersprechen gewagt hatte, wurde
verurteilt, sein ruhmreiches Leben auf einer öden Insel zu beschließen
(terminer)."

41.

1. Katharina II., welche sich im Jahre 1762 in Rußland als
Kaiserin (une impératrice) hatte ausrufen lassen, hatte zweimal einen
Einfall in das Land des Sultans gemacht, um sich desselben zu bemäch-
tigen, im Jahre 1768 und 1787. Durch die Verträge, durch welche
diese beiden Kriege beendigt wurden, wurde Rußland der Besitz großer
Gebiete an den Ufern des schwarzen Meeres zuerkannt.

Nikolaus I., der im Jahre 1825 den russischen Thron bestieg, nahm
die Eroberungspläne seiner Großmutter wieder auf. In ganz Europa
hatte (= übte aus) Rußland seit dem zweiten Pariser Frieden von 1815
ein bedrohliches Übergewicht, und der Zar war entschlossen, dasselbe in
seinem Interesse zu gebrauchen. Schon seit langer Zeit galt der Sultan
in den Augen desselben für einen „kranken Mann", dem man die Last
der Regierung [ab]nehmen müsse.

In Europa glaubte Nikolaus keinem Widerstande gegen seine ehrgeizigen Pläne zu begegnen. In Österreich verdankte man es nur den
furchtbaren Heeren des Zaren, daß man vor (= von) den empörten
Ungarn gerettet worden war (Infinitiv!). Die deutschen Fürsten
sahen den Kaiser von Rußland als den Beschützer der unumschränkten Gewalt
an. Napoleon III., der neue Kaiser der Franzosen, hatte in seinem
eigenen Lande genug zu thun. Das einzige Volk, welches nach der
Meinung des Zaren sich ihm hätte entgegenstellen können, (das) waren
die Engländer. Indessen hoffte er, sich mit ihnen unter der Hand dadurch
verständigen zu können, daß er ihnen Ägypten versprach, weil er annahm,
daß sie von derselben Begehrlichkeit erfüllt wären wie er. Die christlichen
Unterthanen des türkischen Kaisers mußten dem Ehrgeize des Zaren als
Vorwand (le prétexte) dienen. Als sich der Sultan weigerte, ihm das
Protektorat über dieselben (= ihr P.) zu verleihen, brach sogleich
ein 80000 Mann starkes russisches Heer nach der Türkei (la Turquie)
auf und besetzte die Donaufürstentümer.

2. Der einzige Fürst, der von Anfang an den ehrgeizigen Plänen
Rußlands entgegentrat (= sich entgegenstellte), war der Kaiser Napoleon III.
In Großbrittannien stand (= war) Lord Aberdeen an der Spitze der Re-
gierung. Da er Nikolaus' Freund war, so war seine (!) Absicht, den
Zaren gewähren zu lassen. Aber sehr viele andere Engländer und die
Königin Victoria selbst fürchteten, die Russen würden sich im Morgenlande
des ganzen Handels bemächtigen, sobald sie Konstantinopel besäßen. Des-

halb war es Napoleon leicht, England (Dativ!) zu überreden, eine Flotte abzusenden, welche unter den Mauern von Konstantinopel zu seiner stoßen sollte.

Wenige Tage nach der Ankunft der englisch-französischen Flotte im schwarzen Meere zerstörten die Russen eine türkische Flottille in dem Hafen von Sinope an der nördlichen Küste Kleinasiens (l'Asie-Mineure). Nun schrieb die französische Regierung an ihren Verbündeten: „Der Hand- streich, den man soeben ausgeführt hat, indem man fast vor (= unter) unseren Augen die türkische Flotte vernichtete, hat auch Ihre und unsere Ehre getroffen." Von diesem Augenblicke an wurde der Krieg mit mehr Eifer fortgesetzt. Am 14. September 1854 landeten die Verbündeten in der Krim. Nach dem Siege an der Alma (20. September 1854) er- öffnete man die Belagerung von Sebastopol, wo die französische und eng- lische Armee Wunder der (= von) Tapferkeit und Ausdauer that. Nach furchtbaren Kämpfen wurde der Malakoffturm genommen (8. Sep- tember 1855) und die Stadt selbst besetzt (11. September 1855).

3. Der Zar Nikolaus I. von Rußland, der Mann, welcher diesen furchtbaren Krieg verursacht hatte, erlebte den Fall Sebastopols nicht mehr, der Festung, deren Eroberung er für unmöglich gehalten hatte. Er war ein halbes Jahr (= sechs Monate) vorher, am 2. März 1855, gestorben, von Schmerz und Kummer niedergedrückt. Denn noch zwei Fürsten, der Kaiser von Österreich und der König von Sardinien, waren dem englisch- französischen Bunde beigetreten. Ein großer Teil der Truppen, welche aus Rußland nach der Krim aufgebrochen waren, war in den Schnee- feldern Südrußlands zu Grunde gegangen. Der Angriff, den ein russischer Feldherr gegen Eupatoria, den festesten türkischen Platz in der Krim, unternahm, wurde glänzend abgeschlagen (= zurückgetrieben). All dies Unglück (= Unglücksfälle) [zer]brach Nikolaus' stolzes Herz.

Nach dem Falle von Sebastopol bat sein Nachfolger, Kaiser Alexander II., um Frieden. Am 30. März 1856 wurde derselbe in Paris geschlossen, der Hauptstadt Napoleons, des gefährlichsten Feindes des Zaren Nikolaus, (und) der sich an den Russen für das Unglück ge- rächt hatte, (unter) welchem sein Oheim (un oncle), Kaiser Napoleon I., und die große Armee erlegen waren. Jener dritte Pariser Friede machte (mettre) dem Übergewicht der Seemacht der Russen im schwarzen Meere [ein] Ende, indem er dieses neutralisierte und allen Nationen verbot, Kriegsschiffe in den Häfen desselben zu halten. Die Schiffahrt auf der Donau wurde frei gemacht. Die Türkei (la Turquie) wurde in das Völkerrecht aufgenommen.

In jenem selben Jahre stand Napoleon III. auf dem Gipfel (être au comble) seines Glückes. Von allen Seiten, aus Großbritannien, aus Portugal, aus Sardinien eilten die Fürsten herbei, um dem Kaiser von Frankreich ihre Huldigungen (un hommage) darzubringen (= an- zubieten).

42.

1. Am 2. August des Jahres 1870 begannen die Franzosen die Feindseligkeiten, indem sie unter dem General Frossard die Deutschen in der kleinen, offenen Stadt Saarbrücken (Sarrebruck) angriffen. Am folgenden Tage, den 3. August, verkündeten die Zeitungen von Paris, wo man natürlich an diesem Anfange der Kämpfe den lebhaftesten Anteil nahm, der Kaiser Napoleon hätte bei jener Stadt einen glänzenden Sieg über die Feinde davongetragen (remporter). Nur verschwieg man, daß die Armee Frossard drei Divisionen (la division) stark gewesen war und daß die Deutschen, welche nur aus einem einzigen Bataillon bestanden hatten, am Abend jenes Tages die Stadt in vollständiger Ordnung verlassen hatten.

Aber bald schwiegen die Zeitungen von französischen Siegen und verfloß fast kein Tag, wo nicht unheilvolle Nachrichten die Hauptstadt von Frankreich mit Angst und Schrecken erfüllten. Anschläge an den Mauern verkündeten es, daß die Deutschen in den Schlachten bei Weißenburg (Wissembourg, 4. August), Reichshofen, Forbach (6. August) gesiegt (hatten, daß sie) die Festungen Straßburg und Metz eingeschlossen hatten, und daß der Kaiser kaum nach Chalons hatte flüchten können. Schon fing man an die Fassung zu verlieren. Denn aus allen diesen schrecklichen Nachrichten folgte, daß die Preußen (le Prussien), über welche die Franzosen so oft gespottet hatten, weil sie denselben zu wenig mißtrauten, während sie ihrer (!) Kraft zu sehr trauten, Schritt für Schritt auf französischem Gebiete vorrückten.

2. Schon waren die Pariser darauf gefaßt, die preußischen (prussien, -enne) Ulanen unter ihren Mauern zu sehen. Nachdem die Kammer die Kaiserin Eugenie (l'impératrice Eugénie) gezwungen hatte, den Minister Olivier zu entlassen und ihn durch einen alten General, welcher Palikao hieß, zu ersetzen, verdoppelte die Regierung ihre Anstrengungen. Ihre erste Maßregel war, die [Streit]kräfte dadurch zu vermehren, daß sie die aus ehemaligen Soldaten und denjenigen bestehende Mobilgarde einberief (= zusammenberief), welche vom Militärdienste befreit (exempt(e) de conscription) waren. Der Anblick (la vue) dieser sogenannten Reserve war keineswegs ermutigend, da diese Truppen zum Teil nur halb ausgerüstet, schmutzig und oft betrunken waren.

Während sich die Deutschen der Hauptstadt des französischen Reiches immer [mehr] näherten, änderte dieselbe alle Tage ihr Aussehen. Zunächst beeilte sich die Regierung, die Paris umgebenden Befestigungen ausbessern zu lassen. Dort, wo man gestern die Bevölkerung der Vorstädte hat spazieren gehen und sich vergnügen sehen, bemerkt man heute Erdarbeiter, welche (Part.) den [Erd]boden mit der Hacke in der Hand umwühlen, hört man andere Arbeiter Pferde, welche an schwer beladene Wagen angespannt (atteler) sind, [an]treiben. Hier und da funkelt ein großes Belagerungsgeschütz in dem grünen Grase der Böschungen. Mitten in den prächtigen öffentlichen Gärten hat man in aller Eile Hürden errichtet, in welchen sich zahlreiche Herden Hammel und magere und abgetriebene Ochsen ansammeln. Eine ungeheure Volksmenge wogt (= rollt) durch die Straßen, indem sie über die letzten Nachrichten verhandelt und von Zeit zu Zeit vor den Plakaten halt macht, mit denen die Mauern bedeckt sind. Auf den Höfen der Kasernen sieht man sehr viele Bürger in Zügen aufgestellt, das Gewehr auf der Schulter, die dorthin gegangen sind, um das Exerzieren zu lernen. Eine Menge von vor dem drohenden feindlichen Überfall fliehenden Einwohnern der Bannmeile langen durch die Vorstädte an.

43.

1. Am Abend des 1. Septembers 1870 nach der für uns Deutsche so ruhmreichen Schlacht bei Sedan begab sich der französische General Wimpffen nach Donchéry, dem Ducrot den Befehl hatte abtreten (céder) müssen, weil jener älter als er war, und den die Pariser Regierung zum Nachfolger Mac Mahons ernannt hatte, falls dem Marschall etwas zustoßen sollte. Dort traf er mit Moltke und Bismarck zusammen. Aber da diese beiden Männer auf der Kapitulation des ganzen in der Festung eingeschlossenen französischen Heeres bestanden und Wimpffen sich weigerte, diese Bedingung anzunehmen, so kehrte der französische General nach Sedan zurück. Am folgenden Tage, den 2. September, schon um fünf Uhr morgens, nahm der Kaiser Napoleon III. eine Mietskalesche und verließ die Stadt.

2. Schon am vorhergehenden Abend hatten sich die geschlagenen Soldaten über ihren einst so verehrten Kaiser überall lustig gemacht, wo er sich sehen ließ. Jene Schmähungen und selbst Drohungen, welche man sie gegen ihn hatte ausstoßen hören, ließen Napoleon erkennen, daß Sedan für ihn kein sicherer Aufenthalt mehr sei. Außerdem hoffte er noch immer, der König von Preußen werde ihm für sein besiegtes Heer bessere Bedingungen gewähren. Er machte sich also mit seinem aus sechs Offizieren bestehenden Gefolge auf den Weg nach Bendresse, wo sich der König befand. Ihm eilte (= ging) der Graf (le comte) Reille, der kaiserliche Adjutant, voraus, welcher am Abend vorher dem Könige Napoleons Brief und Degen übergeben hatte.

Der Graf Reille begab sich zunächst zu Bismarck, mit dem er zum Kaiser zurückkehrte. Auf der von hohen Pappeln besetzten Hauptstraße nach Donchéry begegneten sich beide Männer. Napoleon stieg aus und betrat mit dem Grafen Bismarck die armselige Hütte eines Webers. Bald erschien auch Moltke. In einem niedrigen, mit Fliesen ausgelegten und einfach getünchten Zimmer, (und) dessen einzige Möbel ein weißer Tisch und einige Strohstühle waren, hatten die drei eine ziemlich lange Unterhaltung.

3. Bismarck und Moltke schienen hart wie Eisen zu sein. Da sie sehr wohl wußten, daß gegenüber dem Hochmute der Franzosen Großmut eine Thorheit sein würde, und da Kaiser Napoleon die Bürgschaften nicht geben konnte, die für den Frieden Deutschlands nötig gewesen wären (falloir), so scheiterten alle Versuche, die Napoleon machte, um weniger

harte Bedingungen für sein Heer zu erlangen. Darauf verlangte er mit
König Wilhelm zu sprechen. Ohne ihm irgend eine Hoffnung machen
(= geben) zu können, erklärte sich Moltke bereit, seinem Herrn den Wunsch
des Kaisers mitzuteilen.

Während er sich zum Könige begab, der auf einer Anhöhe in der
Nähe des Dorfes Frénois wartete, setzten Bismarck und Napoleon ihre
Unterhaltung auf einer Bank in dem kleinen Gemüsegarten vor der [Haus]-
thür des Webers fort. Da König Wilhelm den Kaiser nicht sehen wollte,
ehe die Bedingungen von General Wimpffen nicht unterzeichnet wären,
so blieb diesem nichts anderes (= nur) übrig, [als] sich mit seinem Herrn
zu dem Schlosse Bellevue bei Frénois zu begeben und in die Kapitulation
einzuwilligen. Das ganze französische Heer mußte die Waffen strecken;
2300 Offiziere und über 83000 Soldaten wurden zu Gefangenen gemacht; 558 Geschütze fielen in die Hände der Deutschen, während die
Fahnen verbrannt, in die Maas geworfen oder verborgen worden waren.

Um ein Uhr nachmittags fuhr der König ebenfalls nach Bellevue.
Napoleon stieg die Treppe herab und ging ihm entgegen. Die beiden
Fürsten betraten ein Zimmer, wo sie sich eine Viertelstunde lang unter-
hielten, ohne daß jemand ihrem Zwiegespräche beiwohnte.

Am folgenden Tage, den 3. September, brach Kaiser Napoleon
unter dem Schutze deutscher Soldaten nach dem Schlosse Wilhelmshöh[e]
auf. Obgleich man weite Umwege machte, konnte man es nicht vermeiden,
daß man unterwegs Herden französischer Gefangener begegnete, die nach
Sedan zurückgeführt wurden. Haß und Verachtung prägte (= drückte)
sich in ihren Mienen und Gesten aus, als sie ihren ehemals so mächtigen
Kaiser erkannten. Endlich langte dieser in der Stadt Bouillon in Belgien
(la Belgique) an, wo er die (= seine) erste Nacht seiner (= von) Verbannung zubrachte.

Anhang zum 2. Abschnitt.

32 a.

Es ist am Abend eines außerordentlich (= äußerst) heißen Sommer-
tages. Ein Wanderer zieht halb tot vor Hunger, (vor) Durst und (vor)
Ermüdung langsam seines Weges. Ein großer Wald mit hohen, grünen
Tannen erstreckt sich zu seiner Linken, duftige Wiesen zu seiner Rechten.
Um ihn herum (die) tiefste Stille; nichts rührt sich; auch die Vögel des
Waldes schweigen und schlafen in dem Laubwerk der Sträuche oder in
dem Heidekraut. An dem azurblauen Himmelszelt leuchten die Sterne.
Vor sich sieht der Wanderer den Abendstern mit dem flimmernden Lichte.
Aber unter demselben bemerkt er eine Wand von schwarzen Wolken (le
nuage), welche schnell emporsteigen.

Er hofft, daß er das nahe Dorf noch erreichen kann, ehe das Unwetter losbricht. Aber bald sieht er ein, daß es nicht mehr möglich ist.
Denn im Nu ändert sich die Scene. Der Wind erhebt sich plötzlich und
treibt dem Wanderer den Staub in die Augen (= in die Augen des
Wanderers). Ein schrecklicher Regen fällt auf die ausgetrocknete Erde
nieder, und es bleibt dem armen Wanderer nichts übrig als (= nur)
sich so schnell als möglich in den rauschenden Wald zu flüchten, dessen
Dunkel (une obscurité) zuweilen von leuchtenden Blitzen unterbrochen
wird. Endlich zieht das Unwetter ab; die Wolken zerteilen sich, und der
Abendstern blickt lächelnd auf die Landschaft [nieder].

84 a.

1. Das Publikum, welches Sonntags von Paris, d. h. von allen
jenen Plätzen der großen Stadt Besitz ergreift, welche dazu dienen, sich
zu amüsieren, unterscheidet sich sehr von dem, welches man an den Wochen-
tagen dort findet. Überall bemerkt man sozusagen eine ganz neue Bevölkerung. Sie wogt durch die öffentlichen Gärten. Sie macht es sich
in den Cafés, besonders im Palais-Royal, bequem. Sie geht auf den
Boulevards spazieren, drängt sich auf den Bahnhöfen, und abends füllt
sie die Theater.

Aber woraus besteht denn dieses Sonntagspublikum? Zuerst sind
es die Arbeiter, die kleinen Bürger, die kleinen Kaufleute, welche gezwungen sind, vom Morgen bis zum Abend hinter ihren Ladentischen hin
und her zu gehen; dann sind es die armen Unterbeamten der Verwaltungen
und Ministerien, welche ihr Beruf dazu zwingt, den ganzen Tag in den
Schreibstuben zuzubringen. Alle jene Leute verwenden den Sonntag dazu,
um sich von den Anstrengungen der Woche zu erholen (remettre).

2. Schon früh morgens strömt (= begiebt sich haufenweise) das
Volk zu den Bahnhöfen, von denen es welche in allen Stadtvierteln von
Paris giebt. Besonders an den ersten Sonntagen der Sommermonate,
wenn die großartigen Wasserkünste (les Grandes-Eaux) in dem Garten
des Schlosses von Versailles spielen, ist das Menschengedränge dort ungeheuer. Wie die Züge, sind auch die Pferdebahnen bis auf den letzten
Platz besetzt. An den Landeplätzen der Personendampfer steht eine endlose Menge wartend (faire queue), und oft sieht man sich dazu verurteilt, sich eine Stunde zu gedulden, ehe es einem gelingt, einen Platz
zu erobern.

Die öffentlichen Gärten des Luxembourg, des Palais-Royal und
der Tuilerien, von denen letzterer sich zwischen dem Louvre und der
place de la Concorde erstreckt, gleichen Ameisenhaufen. Zahllose
Spaziergänger wogen durch die Elysäischen Felder oder genießen ihre
Freiheit an den Tischen, welche dort unter freiem Himmel um die Cafés
herum aufgestellt sind.

3. Sonntags begegnet man ebenso wie alltags in den Elysäischen
Feldern sehr vielen Wagen, welche nach dem die hohen Bäume im Westen
überragenden Triumphbogen hin fahren (= gehen). Aber statt der

eleganten Kaleschen und Breaks mit ihren wertvollen Gespannen, ihren
hochnäsigen Kutschern und steifen Bedienten, welche wochentags zwischen
fünf und sieben Uhr des Nachmittags durch die Gitterthore des Triumph-
bogens kommen, sieht man Sonntags nur armselige, mit schwindsüchtigen
Mähren bespannte Droschken. Alle bewegen sich nach dem entzückenden
Boulogner Wäldchen hin, jenem Lieblingsspaziergang der Pariser.

Dieses Wäldchen befindet sich im Westen, außerhalb der Stadt,
zwischen ihren Mauern und der Seine. Mitten in demselben ist ein
großer See, um den eine breite Straße läuft (tourner), auf welcher die
ungeheure Menge von Wagen sich nur im Schritte vorwärtsbewegen kann.
Südwestlich (au sud-ouest) von diesem See gelangt man zu der berühmten
Rennbahn (Hippodrome) von Longchamp, wo am 1. März 1871 (der)
Kaiser Wilhelm I. die 30000 Soldaten an sich vorbeiziehen ließ
(passer en revue), welche am folgenden Tage in die Hauptstadt von
Frankreich einzogen (= eintraten). Überall, am Rande der Teiche, in
den Alleen, auf den grünen Rasenplätzen, bei dem prächtigen Wasserfall
(la Grande Cascade) bemerkt man rauchende, lachende, essende Menschen,
welche alle den einzigen Wunsch haben, sich zu amüsieren.

40 a.

1. Noch an demselben Tage (le jour même), wo Napoleon I.
Fontainebleau verließ, um sich auf die kleine Insel Elba in die Verbannung zu begeben, verließ der neue König von Frankreich, Ludwig XVIII.,
[der] Bruder Ludwigs XVI., der am 21. Januar 1793 von seinem
Volke hingerichtet (exécuter) worden war, Hartwell bei London, wo er
sich seit der Revolution aufgehalten hatte. Am 24. April 1814 landete
er in Calais, von wo er sogleich nach Paris aufbrach. Indessen merkte
man nur zu bald, daß die Bourbonen nichts gelernt, nichts vergessen hatten.

Ehe die auswärtigen Mächte, welche damals Frankreich bekriegt
hatten, und deren Truppen sich noch dort befanden, den Frieden unter-
zeichneten (signer), veranlaßten sie den neuen König allerdings, dem
Volke eine Art Verfassung zu geben. Diese Verfassung befriedigte den
Mittelstand. Denn da das Kaiserreich gefallen war, so tröstete man sich
über den verlorenen Ruhm und [die verlorene] Macht mit (par) der
Hoffnung, wenigstens Ruhe und Freiheit gefunden zu haben.

Aber sogar in dieser Hoffnung sah man sich getäuscht. Der neue
König und seine Familie thaten nichts, was ihnen die Herzen des Volkes
hätte näher bringen können. Ludwig XVIII. nannte sich „König von
Gottes Gnaden (= durch die Gnade Gottes)“, ohne des Willens des
Volkes auch nur Erwähnung (mention) zu thun. Alles, was das
Land an die Zeiten der Revolution und des Kaisers erinnerte, wurde
beseitigt (enlever). Die dreifarbige Kokarde und Fahne wurden durch
die weiße Kokarde und Fahne ersetzt, welche weder die Offiziere, noch
die Soldaten mehr kannten. Über 14000 Offiziere, die man ihr Blut
hatte für das Vaterland vergießen sehen, wurden entlassen. Außerdem
schämte sich der Hof nicht, im größten Luxus zu leben, während das Volk

unter der Laſt der zu bezahlenden Steuern (les impôts, m.) und der
Folgen der langen Kriege ſchrecklich litt.

Es iſt ſehr natürlich, daß man durch all dies dem Lande die neue
Regierung zum Ekel machte, und daß die meiſten Bürger im Grunde
ihrer Herzen hofften, der Kaiſer möchte zurückkehren und (= um ... zu)
jene Männer verjagen, die dem Lande ſeit 24 Jahren fremd geworden waren.

Als Napoleon alle dieſe von den Bourbonen aufgehäuften Fehler
erkannte, als das Gerücht von dem Kummer und den Hoffnungen des
franzöſiſchen Volkes bis zu ſeiner Inſel gelangte, beſchloß er abermals
ſein Glück zu verſuchen. Mit 900 ergebenen Männern landete er am
1. März 1815 bei Cannes. Durch mehrere ſchnell verbreitete Aufrufe,
in denen er dem Volke (die) Sicherheit des Eigentumes und aller durch
die Revolution geſchaffenen Intereſſen, den Soldaten Kriegsruhm und die
Trikolore und den Bürgern eine Verfaſſung und Bürgſchaften verſprach,
gewann er die Liebe aller. Überall bereitete man ihm denſelben be-
geiſterten Empfang. Von allen Seiten eilten die alten Krieger herbei,
um zu ſeiner Truppe zu ſtoßen. Sogar diejenigen Heere, welche die
Bourbonen gegen ihn ſchickten, ſcharten ſich mit dem Rufe (von): „Es
lebe der Kaiſer!" unter ſeinen Fahnen. Am 20. März 1815 zog er in
den Tuilerien wieder ein und begann die Herrſchaft der 100 Tage
(20. März—22. Juni). Er kam dort ſchneller an, als Ludwig XVIII.
gefürchtet hatte, der kaum (die) Zeit hatte, zu fliehen.

41 a.

In einem Dorfe an der Küſte von Frankreich lebte eine arme
Witwe (la veuve) mit ihrem Sohne. Schon in ſeiner Kindheit zeigte
dieſer eine große Leidenſchaft für die Schiffahrt, und für den Knaben gab
es kein größeres Vergnügen, als in die nahe Stadt zu laufen, um die
Schiffe in den Hafen derſelben einfahren oder aus demſelben auslaufen
(= abreiſen) zu ſehen. Wie beneidete er die Matroſen um das Glück,
auf ſo ſchönen Schiffen nach fernen Ländern (ab)ſegeln zu können. Als
er zum Jünglinge herangewachſen (= geworden) war, war ſein Wunſch,
jenen Glücklichen zu folgen, unbezähmbar. Er verließ ſeine Mutter,
welche darauf gerechnet hatte, er werde ihr in ihrem (hohen) Alter
beiſtehen, ſeine Freunde, die Gefährten ſeiner Spiele, ſein Vaterland, um
in fernen Gegenden Reichtum, Macht und Ruhm zu ſuchen.

Zuerſt gelangte er in jene von Gott geſegneten Länder, wo die
fruchtbare Wärme während des ganzen Jahres Blumen und Früchte
hervorbringt. Aber es litt ihn nicht (= es war ihm unmöglich zu
bleiben) lange in dieſem ewig milden Himmelsſtrich, wo er die Winter
ſeines Vaterlandes vermißte.

Wieder bricht er auf und wird von dem Schickſal zu wilden Völkern
verſchlagen. Bei ihnen findet er das, wonach ſein Herz ſo glühend verlangt hat: Ehre, Gold, Macht. Denn ſie bieten ihm an, über ſie zu
herrſchen.

An der Spitze seiner neuen Unterthanen bekriegt er zahlreiche Feinde, gegen die er die Gestade seines Reiches verteidigen muß. Aber trotz aller dieser Erfolge zieht das wahre Glück nicht in seine Brust ein. Die Erinnerung an sein angebetetes Vaterland läßt ihn den Frieden der Seele nicht finden. Als das Gerücht, daß die Fremdlinge in dasselbe eingefallen sind, zu ihm bringt, ist sein Entschluß gefaßt. Nach zwanzigjähriger (= zwanzig Jahren von) Abwesenheit schifft er sich heimlich nach Frankreich ein. Aber wie langsam das Schiff fährt, dem er sein Schicksal anvertraut hat! So oft er auch mit (de) den Augen die bekannten Gestade sucht, so ist doch lange nichts von ihnen zu entdecken. Endlich ruft der Matrose vom Maste herab: „Land! Land!" Endlich fährt man in den weiten und sicheren Hafen ein. Unser Reisender küßt den geliebten (Erd-) boden und sagt Gott, der ihn sein Vaterland hat wiedersehen lassen, auf den Knieen Dank.

42 a.

Abermals haben wir das Ende eines Jahres vor uns. Eine Stunde noch, und der Zeiger wird seine Umdrehung beendigt haben, und auch dieses Jahr wird unwiederbringlich in den Schoß der Ewigkeit hinabgesunken (= herabgestiegen) sein. Ach! wie sind diejenigen zu beklagen, in deren Herzen die Erinnerung an das vergangene Jahr nur niederdrückende Gefühle wach ruft (= entstehen läßt)! Zwar wird man nur wenige Menschen finden, die sich jedes Tages, jeder Stunde des vergangenen Jahres gern erinnern, wenige Menschen, denen dieses nicht wenigstens eine getäuschte Hoffnung gebracht hat. Aber ehe wir uns über das harte Schicksal beklagen, welches uns zu verfolgen scheint, wollen wir uns selbst aufrichtig prüfen. Wir wollen uns fragen (= laßt uns fragen), ob wir uns stets bemüht haben, sorgfältig unsere Pflicht zu thun, ob wir uns von der Sucht nach (= Leidenschaft der) Vergnügungen nicht haben zu sehr fortreißen lassen, indem wir versuchten, die Stimme unseres Gewissens zum Schweigen zu bringen (= schweigen zu machen).

Glücklich derjenige, welcher bald erkennt, daß er selbst einen großen Teil seines Unglückes verursacht hat, daß die Hoffnungen, denen er sich hingegeben hat, nur phantastische und eitle Träume gewesen sind, nicht wert, verwirklicht zu werden. Er wird es bereuen, auf die warnende Stimme Gottes zu wenig gehört zu haben. Er wird dem Ewigen dafür danken, daß er [Infinitiv] ihn diesen Tag hat erleben lassen und ihm Zeit dazu gelassen hat, wieder gut zu machen, was er verfehlt hat. Jeden Morgen wird er sich daran erinnern, wie schnell die Tage und Jahre vergehen, deren unmerklicher Flug uns so langsam zu sein scheint. Da niemand weiß, ob er den morgenden Tag (le demain) erleben wird, so lasset uns so leben, daß wir in jedem Augenblicke bereit sind, vor dem Richterstuhle Gottes zu erscheinen, falls es ihm gefallen sollte, uns aus dieser Welt abzuberufen.

48a.

1. Wenn man heutzutage die Rivolistraße von Nordwesten nach Südosten (sud-est) entlang geht, gelangt man endlich auf einen weiten Platz, welcher Bastilleplatz (= Platz der Bastille) heißt und in dessen Mitte sich eine hohe Säule, die Julisäule, erhebt. Dieselbe ist im Jahre 1840 errichtet worden, um das Volk an die Julirevolution des Jahres 1830 zu erinnern. Oben auf der Säule bemerkt man eine den Genius (le génie) der Freiheit darstellende Bildsäule. Am Fuße der Säule findet man folgende Worte eingeschrieben: „Zum Ruhme derjenigen Bürger, welche sich in den denkwürdigen Tagen des 27., 28. und 29. Juli 1830 zur (= für die) Verteidigung der Freiheit bewaffneten und [für dieselbe] kämpften."

Ehemals befand sich die Bastille auf jenem Platze. Dies war eine Festung, welche Jahrhunderte lang dazu gedient hatte, Bürger oder Edelleute, Beamte oder Gelehrte aufzunehmen, die sich das Mißfallen des Hofes der Bourbonen zugezogen hatten. Ohne irgend eine Art Prozeß, ohne Urteil, ohne auch nur den Grund ihrer Einkerkerung (un emprisonnement) zu erfahren, wurden jene unglücklichen Opfer dort gefangen gehalten, mochten sie [nun] schuldig sein oder nicht. Endlich aber kam auch die letzte Stunde dieses entsetzlichen Gebäudes. Die Erstürmung und Zerstörung desselben durch das Volk war das erste der großen Ereignisse der französischen Revolution.

Seit dem Anfang des Juli 1789 wuchs die allgemeine Unruhe in Paris täglich, besonders seitdem man erfahren hatte, daß der Hof, weil er den Soldaten der französischen Garden mißtraute, um Versailles und Paris auswärtige Truppen vereinigt hätte, und daß König Ludwig XVI. sogar Necker, den volkstümlichsten Minister, entlassen habe.

2. Als dieses Gerücht in das Palais-Royal, das Schloß des Herzogs von Orléans, gelangte, welches der Herd der ganzen Bewegung war, und in dessen Garten eine ungeheure Volksmenge versammelt war, riefen mehrere Stimmen aus: „Zu den Waffen, oder wir werden (aller) alle umgebracht werden!" In der Nacht vom 13. zum 14. Juli 1789 beschloß jene Menge, man sollte gleich am folgenden Morgen im Zeughaus der Invaliden Waffen holen und die Bastille angreifen. Am Dienstag, den 14. Juli, dem so berühmt gewordenen Tage, macht sich eine Menge bewaffneter und nicht bewaffneter Menschen auf den Weg nach dem Invalidenhaus (l'Hôtel des Invalides). Man marschiert die Rivolistraße entlang nach Westen zu, überschreitet den Eintrachtsplatz (la place de la Concorde) und kommt am Ziele an.

Das Unternehmen (une entreprise) war gefährlich. Die ganz in der Nähe auf (à) dem Marsfelde versammelten Truppen der Regierung konnten diesen Handstreich nicht nur verhindern, sondern die Angreifer ihre Kühnheit teuer bezahlen lassen. Jedoch rührten sie sich nicht, obgleich sie jenen ganzen Tumult hörten. Denn der König hatte ihnen befohlen, die Bevölkerung zu schonen. Es war dieser also leicht, sich des Zeughauses zu bemächtigen und aus demselben 28000 Gewehre und 20 Geschütze fortzuschaffen (= wegzuschleppen). .

3. Ungefähr im selben Augenblicke verlangte eine ungeheure Volksmenge auf dem Platze des Rathauses von dem Ausschuß den Befehl, die Bastille anzugreifen. Der Ausschuß zögerte diesen Befehl zu geben, da er jene Festung als uneinnehmbar (imprenable) ansah, die von dem übrigen Teile des Platzes durch einen breiten Graben mit zwei Zugbrücken (lo pont-levis) getrennt war und die Vorstadt Saint-Antoine durch ihre sich an den Ecken der dicken Mauern befindenden acht Türme und ihre Geschütze beherrschte. Deshalb fürchtete der Ausschuß, das Feuer dieser Festung werde die Angreifer zerschmettern und die ganze Vorstadt in Trümmer legen (= niederreißen). Aber die Menge glaubte es ihm nicht und eilte nach der Bastille hin.

Zunächst umgab sie dieselbe in respektvoller (respectueux, -euse) Entfernung. Nachdem sich einige der ersten Brücke genähert und die Ketten derselben mit Axthieben zerschmettert hatten, ließ der Kommandant Delaunay, welcher als Besatzung nur 40 Schweizer und 80 Invaliden hatte, eine Musketensalve abgeben (= machen). Die ihre Wut verdoppelnde Volksmenge dringt in den ersten Hof ein und versucht sich der zweiten Brücke zu bemächtigen. Eine Kartätschensalve empfängt sie.

Plötzlich hört die Besatzung draußen den ganzen Platz von tausend Freudenrufen wiederhallen. Dieselben wurden von dem Volke ausgestoßen, welches französische Garden mit Artillerie zu seiner Hülfe ankommen sieht. Die Menge öffnet sich vor ihnen und folgt ihnen. Nun will die Besatzung selbst, man solle sich ergeben. Der Kommandant will, da er das Schicksal voraussieht, welches man ihm bereiten wird, an die Pulvervorräte Feuer legen und die Festung in die Luft sprengen. Einer seiner Offiziere wendet Gewalt an, um ihn daran zu hindern. Endlich willigt er ein zu kapitulieren. Er verlangt, mit kriegerischen Ehren abziehen (= mit den Ehren des Krieges hinausgehen) zu dürfen; man schlägt [es] ab. Darauf verlangt er wenigstens freies Geleit für sich und seine Leute; Helie und Hulin, welche sich unter den vordersten der Angreifer befinden, versprechen es auf Ehrenwort (foi d'officier).

Darauf stürzt die Volksmenge in die Bastille. Rufe werden laut, welche den Tod der Besiegten fordern. Helie und Hulin wollen, indem sie Delaunay unter den Arm nehmen, ihn zum Rathause vor den Ausschuß führen. Vergebliches Bemühen (= eitle Anstrengungen)! Man entreißt ihn seinen Verteidigern; man bringt ihn auf unmenschliche Weise um; man schneidet ihm den Kopf ab; man steckt diesen Kopf auf die Spitze eines Spießes und trägt ihn im Triumphe zum Palais-Royal. Ein anderer Offizier der Bastille erleidet (= empfindet) dasselbe Schicksal wie jener. Zwei Soldaten der Festung, welche angeklagt werden, auf das Volk geschossen zu haben, werden auf den Rathausplatz geschleppt und an einer Laterne (la lanterne) aufgehängt. Am folgenden Tage wurde die Bastille dem Erdboden gleich gemacht (raser).

D. Alphabetisches Wörterverzeichnis.

A.

à 1 in (à l'école in der Schule, 3 à la cuisine in der Küche, 22 aux Indes in Indien, 37 à Mayence in Mainz); II 1 nach (à Rome nach Rom, 44a à l'ouest nach Westen) — 2 zu — 12 an (au bord am Rande) — 40 mit (bei Eigenschaften, z. B. à longs poils mit langen Haaren, langhaarig) — 47 in einer Entfernung von (à quinze lieues in einer Entfernung von 15 Meilen, II 25 à trente pas 30 Schritte weit) — II 10 a auf (à quatre pas auf 4 Schritte)

abaisser II 32 a senken [f. pont]

abandonner 52 aufgeben, im Stiche lassen, hingeben, überlassen

abasourdir II 32, 2 betäuben

abattre zu 39 Gr. 17 niederschlagen — II 31 niedermachen — II 39, 2 niederwerfen — II 20 s'abattre niederfausen

abbaye, f. 52 Abtei

abeille, f. 41 Biene

abîme, m. II 33 Abgrund

aboiements: les a., m. 50 das Bellen

abolir 22 abschaffen

abominable II 43, 3 abscheulich

abonner: s'a. zu II 42, 1 Gr. 111 abonnieren

abord: d'a. 47 zuerst, zunächst

aborder 31 a anreden; II 15 landen (intransf.)

aboyer II 50 bellen

abréger II 40, 1 abkürzen, verkürzen

abri, m. II 19 Obdach, Zufluchtsstätte — II 30, 2 à l'abri unter dem Schutze — II 41, 2 mettre à l'abri de schützen vor

absence, f. 19 Abwesenheit; II 42, 1 Ausbleiben — 65 en l'a. in Abwesenheit, mangels

absent, e II 28 abwesend, nicht vorhanden

absolu, e II 39, 2 absolut, unumschränkt

absorber 44a einsaugen

absoudre zu II 8 Gr. 17 lossprechen

abstenir: s'a. zu 58 Gr. 16 sich enthalten

absurde II 11 abgeschmackt, albern

abuser q. II 9 jem. täuschen; a. de qc. II 32, 1 etw. mißbrauchen

académie, f. II 32, 5 Akademie, Hochschule

accabler II 41, 3 niederdrücken

accepter II 29 annehmen

accident, m. II 32, 2 Unfall, Unglücksfall; II 19 Eigenschaft

accompagner 20 begleiten

accomplir 6 vollenden

accord, m. 54 Übereinstimmung; mettre d'accord einig machen

accorder II 5 bewilligen

accourir 58 herbeilaufen, herbeieilen

accoutumer (à f.) 58 gewöhnen (zu th.)

accueil, m. II 40a Empfang, Aufnahme

accueillir II 2 empfangen, aufnehmen

accumuler II 40a aufhäufen

accuser 8 anklagen

acharné, e II 50 erbittert; II 31 acharné à f. darauf erpicht zu th.

acharnement, m. II 43a, 2 Erbitterung

acheminer: s'a. II 34. 2 sich auf den Weg machen
acheter 22 kaufen
achever II 84, 1 vollenden; s. de s. voll-enden zu th., fertig th.
acquéreur, m. II 39, 1 Erwerber
acquérir zu II 4 Gr. 16 erwerben
acquittement, m. 65 Freisprechung
acquitter 65 freisprechen
acrobate, m. II 84a, 2 Seiltänzer
acte, m. 48a Handlung, That
actif, -ve II 82, 3 lebhaft
action, f. 26 Handlung, That
adieu II 31a, 2 lebe wohl
admettre zu 62 Gr. 17 zulassen
administrateur, m. II 18a, 4/5 Admi-nistrator, Verwalter
administration, f. II 39, 1 Verwaltung
admirable II 32, 5 bewundernswert
admirer qc. II 24 etw. bewundern, sich wundern über etw.
adonner: s'a. 63 sich hingeben
adopter II 5 annehmen
adorer II 41a anbeten
adosser: s'a. à qc. II 21 sich (mit dem Rücken) an etw. lehnen
adresser à 52 richten an — II 1 s'adres-ser à q. sich an jem. wenden
affaire, f. 28 Angelegenheit, Geschäft
affaisser: s'a. II 43, 3 zusammenbrechen
affamer II 43, 3 aushungern
affecter II 14 erheucheln
affiche, f. II 42, 5 Anschlag, Zettel
affluer II 34, 2 herbeiströmen
affoler II 42, 1 bethören
affranchir II 30 befreien
affreux, -se II 18a, 1 fürchterlich
affronter q. zu II 40, 2 Gr. 114 jem. trotzen
affût, m. II 18a, 2/3 Lafette — II 31a, 1 Lauer, Anstand (auf à)
afin de II 31 um...zu
afin que (mit Konj.) 38 damit
Afrique: l'A., 22 Afrika
âge, m. 24 Alter (un grand â. ein hohes A.); II 34, 5 Lebensalter — 44 à l'â. im A. von — 59 être en â. de s. alt genug sein, um zu th.
âgé, e 27a alt
agglomération, f. II 32, 5 Anhäufung
agile II 28 behend, flink
agir 28 handeln (II 8 en a.) — II 23 s'agir de sich handeln um
agiter II 34, 5 hin und her bewegen
agneau, m. 66 Lamm
agonie, f. II 31a, 4 Todeskampf
agoniser II 10a mit dem Tode ringen

agréable 39 angenehm; agréablement auf angenehme Weise — W 45 Anm. il est agréable que (mit Konj.) es ist angenehm, daß
agréer II 37 genehmigen
agriculture, f. II 39, 1 Landwirtschaft
ah II 21 ha — ah ça 47a heda
aide, f. 42 Hilfe; demander aide à q. jem. um Hilfe bitten — un aide de camp II 2 Adjutant
aider q. zu II 40, 2 Gr. 114 jem. helfen; II 31a, 5 jem. beistehen
aigle: un a. II 6 Adler (als Vogel); une a. II 40a Adler (als Feldzeichen)
aiguille, f. 16 Nadel, Zeiger
aile, f. 48a Flügel
ailleurs II 32, 3 anderswo
aimable 31a liebenswürdig
aimer 11 lieben — aimer à s. II 13 es lieben zu th., gern th. — zu II 35 Gr. 158 aimer autant à s. ebenso gern th. — aimer mieux s. lieber th. wollen
ainsi 39 so, auf diese Weise — 43a also — II 32, 5 il en est ainsi das ist der Fall — II 5 ainsi que wie, ebenso wie
air, m. 39 Luft; II 34a 2 en plein air unter freiem Himmel — II 2 Aussehen, Miene — (II 34, 4 d'un air délibéré mit wichtiger Miene) — II 18a, 2/3 Melodie, Weise (des airs animés lustige Weisen)
aire, f. 6 Dreschtenne
aisance, f. II 18a, 4/5 Wohlhabenheit
aise, f. 51a Freude; II 32, 2 à l'aise gemächlich; 51a être à l'aise wohlauf sein; II 43, 1 mal à l'aise ärgerlich; II 13 mettre q. à son aise es jem. gemütlich machen
aisé, e II 32, 1 leicht (zu th.)
ajonc, m. II 19 Stechginster
ajouter 54 hinzufügen
album, m. 39a Album
alentour 56 rings umher
alerte II 34, 3 munter, flink
Alexandre II 41, 3 Alexander
Alger 41a Algier
Algérien, m. 41a Algierer (Mann aus Algier)
algérien, -enne 41a algerisch
aligner II 42, 2 in Reih und Glied aufstellen
allécher (für attirer) II 10b anlocken
allée, f. 18 Gang (dans auf) — II 34a, 3 kleinere Allee
allègre II 34, 4 munter
allégresse, f. II 41a Jubel
Allemagne: l'A., f. 87 Deutschland

allemand, e II 39, 1 deutsch
aller 4 gehen, hingehen; zu 55 Gr. 15 reißen; II 25 reiten; II 41a fahren — aller f. 18 hingehen und etw. th.; hingehen, um etw. zu th.; 38 im Begriff sein zu th.; II 21 th. wollen; II 40, 2 thun werden — aller chercher 38 holen — s'en aller zu 55 Gr. 15 weggehen, II 21 von bannen ziehen — aller et venir II 84, 2 hin und her gehen — allons, allons II 12 nun, nun
alliance, f. II 41, 1 Bund, Bündnis
allié, e II 41, 2 verbündet
allonger 42a lang ausstrecken; II 34a, 2 lang hinziehen
allumer 89 anbrennen, anzünden
allumette, f 19 Zündholz, Streichholz
allure, f. II 34a, 2 Gebaren
aloès, m. 50 Aloe-Saft
alors 94 nun, da, dann, darauf, damals
alouette, f. 58 Lerche
alourdi, e II 84, 8 blöde, stumpf
Alpes: les A., f. II 18a. 4/5 die Alpen
altérer II 58 beeinträchtigen
alun, m. 50 Alaun
amande, f. 54 Kern
ambitieux, -se zu II 84, 5 Gr. 157 begierig
ambition, f. II 39, 2 Ehrgeiz
âme, f. 58 Seele
amener 52 herbeiführen, vorführen; II 40a zuführen; II 42a bringen
amer, -ère II 40, 2 bitter, herb
Amérique: l'A., f. 32 Amerika
ami, m. zu 5 Gr. 19 Freund
ami, e 58 freundschaftlich, freundlich
amie, f. zu 5 Gr. 19 Freundin
amiral, m. 41a Admiral
amitié, f. II 30 Freundschaft
amour, m. 59 Liebe
ample II 9 weit, umfangreich
amputer 52a amputieren, abnehmen
amuser II 43, 1 belustigen, amüsieren; s'a. zu II 84, 4 Gr. 156 sich vergnügen
an, m. 37 Jahr; vers 1840 oder vers l'an 1340 ums Jahr 1840
ancien, -enne II 39, 2 alt, ehemalig, früher
ancre, f. II 14 Anker; jeter l'a. vor A. gehen, A. werfen
âne, m. 7 Esel
anéantir II 41, 2 vernichten, zerstören
Angélus, m. II 34, 1 das Angelus
Anglais, m. II 1 Engländer
angle, m. II 31 Winkel, Ecke
Angleterre: l'A., f. II 14 England
anglo-française(e) II 41, 2 englisch-französisch
angoisse, f. II 42, 1 Angst

animal, m. 15 Tier
annales: les a., f. II 41, 2 Annalen
année, f. 14 Jahr
annoncer II 2 verkünden — 56a ankündigen
annulaire, m. 9 Ringfinger, Goldfinger
antique II 30 alt, altertümlich
Antoinette II 36 Antonie
anxieux, -se II 10a ängstlich
août, m. 17 August (Monat)
apaiser II 43, 1 besänftigen, beschwichtigen
apercevoir 29 bemerken
apparaître zu II 8 Gr. 17 (plötzlich) erscheinen
appareil, m. II 48a, 3 Gepränge
appartement, m. 17a (herrschaftliche) Wohnung
appartenir 29 gehören
appât, m. 48a Lockspeise; II 18a, 2/3 Reiz
appeler 8 nennen; 49 rufen; s'appeler 8 heißen
appétit, m. 57 Appetit (de bon a. mit gutem A.)
applaudir q. II 32, 1 jem. Beifall klatschen (oder zollen)
applaudissement, m. II 43a, 1 Beifallsruf
apporter 18 mitbringen, herbeischaffen; II 12 bringen
apprendre 26 lernen, erfahren, lehren, mitteilen; a. à f. th. lernen; II 20 a. qc. von etw. hören — zu II 37 Gr. 115 a. qc. à q. jem. etw. lehren — 62 a. à q. à f. qc. jem. etw. thun lehren
approche, f. 11 Annäherung, Herannahen — II 30 à l'a. de la nuit beim Anbruch der Nacht
approcher 58 näher bringen (qc. de q. jem. etw.) — II 34, 4 näher kommen, nahen — 29 s'a. de q. sich jem. nähern
approprier 38a aneignen
approuver II 94 billigen, gutheißen
approvisionner 25a verproviantieren
appui, m. II 11 Stütze
appuyer II 4 stützen; II 41, 1 unterstützen; II 31a, 4 drücken; II 31a, 3 lehnen (contre an)
après 18 nach — II 1 hinter ... her — 23 darauf, danach, später — II 36 d'a. nach, gemäß
après-midi, f. II 18 Nachmittag
après que 40 nachdem
aquilon, m. 55 Nordwind
Arabe, m. 37 Araber
araignée, f. 50a Spinne
arbitraire II 11 willkürlich
arbitre, m II 32, 3 Schiedsrichter (de über)
arborer II 43a, 3 aufpflanzen
arbre, m. 14 Baum

arbuste, m. 20 Strauch
arc, m. II 14 Bogen — un arc-en-ciel II 6 Regenbogen — l'arc de Triomphe II 34a, 2 Triumphbogen (in Paris)
arche, f. II 34, 1 Bogen (von Brücken)
archer, m. II 15 Bogenschütze
ardent, e 56 glühend; II 43a, 2 hitzig
ardeur, f. II 18a, 1 Eifer, Mut
argent, m. 7 Silber — 26 Geld
argenté, e 61 silberglänzend
aride 40 ausgetrocknet
aristocratie, f. II 34a, 1 Adel
arme, f. 34 Waffe [f. homme, mettre]
armée, f. 34 Heer — II 39, 1 Armee
armer II 15 bewaffnen (de mit); II 41, 1 ausrüsten; II 31a, 4 armé, e schußfertig
arome, m. II 17 Aroma, Duft
arpent, m. II 19 Morgen (Landes)
arracher 18a herausreißen; II 22 entreißen
arrêter 25 aufhalten, festnehmen; II 15 hemmen; zu II 23 Gr. 137 festsetzen — s'a. II 5 stehen bleiben, halt machen; II 28 innehalten
arrière: en a. II 14 zurück, hinten
arriver 4 ankommen; 43 gelangen; II 34, 2 eintreffen; II 34, 5 anlangen [f. bruit] — II 12 passieren, zustoßen (II 18a, 1 il arrive es passiert, passieren); II 32, 2 sich ereignen (II 10a qu'arrive-t-il? was giebt's?)
arroger 39a anmaßen
arrondissement, m. II 34, 3 Stadtbezirk
arsenal, m. II 43a, 1 Arsenal, Zeughaus
art, m. II 32, 4 Kunst (l'art industriel Kunstgewerbe)
article, m. II 32, 3 Artikel
artillerie, f. II 2 Artillerie [f. école]
artilleur, m. II 18a, 2/3 Artillerist
artiste, m. II 36 Künstler
Asie: l'A., f. 32 Asien
asile, m. II 31 Zufluchtsstätte
aspect, m. II 32, 1 Anblick, Aussehen
asphalte, m. 39a Asphalt
asphixier 39a ersticken
aspirer II 31a, 4 einatmen — II 41a aspirer à streben, verlangen nach
assaillir II 31 angreifen; II 43a, 3 un assaillant Angreifer
assaisonner 40 würzen, schmackhaft machen
assassiner 38 ermorden
assaut, m. II 23 Angriff, Sturm — (donner l'assaut Sturm laufen)
assembler II 31a, 5 versammeln
asseoir 18 setzen — II 9 assis, e sitzend; zu II 9 Gr. 18 être assis, e sitzen

asservir zu 56 Gr. 16 unterjochen; II 33 unterwerfen
asservissement, m. II 22 Unterjochung
assez 63 ziemlich, genug
assiéger II 34a, 2 belagern; II 43a, 2 un assiégeant Belagerer
assis [f. asseoir]
assister 47 anwesend sein, zugegen sein — zu II 40, 2 Gr. 114 a. q. jem. helfen; a. à qc. beiwohnen
assurance, f. II 37 Versicherung
assurer II 18 versichern; II 41, 1 sichern; II 31a, 4 vergewissern
astre, m. II 33 Gestirn
atelier, m. 17a Werkstätte
athlète, m. 39a Athlet
atmosphère, f. II 10a Atmosphäre
atroce 50 gräßlich
attachement, m. 44 Anhänglichkeit, Ergebenheit
attacher 42 anbinden, befestigen; II 13 zuteilen; 49 s'a. à q. sich an jem. anschließen
attaque, f. II 31 Angriff; II 43a, 2 revenir à l'a. den A. erneuern
attaquer II 43a, 1 angreifen
atteindre 40 erreichen; 52 heranreichen (à an)
attelage, m. II 34a, 3 Gespann
atteler II 18a, 2/3 anspannen; II 34a, 2 bespannen (de mit)
attendre 35 warten, erwarten; a. que (mit Konj.) warten bis — zu II 42, 1 Gr. 111 s'a. à gefaßt sein auf — II 7 en attendant bis dahin — zu II 27 Gr. 142 en attendant que solange bis
attendrir II 41a rühren (bildlich)
attente, f. II 31a 3 Erwartung
attentif, -ve 47 aufmerksam
attention, f. 41a Aufmerksamkeit; II 18a, 4/5 Beachtung
attirer 56 anziehen, anlocken; II 22 heranziehen; 40a anwenden
attrait, m. II 42a Reiz
attraper 47 ertappen, erwischen
attroupement, m. II 34, 3 Zusammenrottung
aube, f. II 34, 1 Morgendämmerung
auberge, f. II 43, 3 Herberge
aucun: ne... aucun, ne... aucune zu 40 Gr. 88 keiner, keine
audace, f. II 43a, 2 Kühnheit
au delà de II 2 jenseits, über ... hinaus
au-dessous de 62a unterhalb
au-dessus 17a darüber
audience, f. II 5 Audienz (la salle d'audience Audienzzimmer)

auditoire, m. II 32, 1 Zuhörerschaft
augmenter 33 vermehren, vergrößern
Auguste 1 August (Person)
aujourd'hui 24 heute
aumône, f. II 9 Almosen (f. l'a. K. geben)
aumônier, m. II 10a Feldprediger
auparavant II 27 vorher, früher
auprès de 42a bei (in der Nähe)
aurore, f. 20 Morgenröte
aussi 1 auch, ebenfalls; 11 aussi ... que ebenso ... wie; 31 aussi longtemps que solange (als)
aussitôt 29 sogleich, sofort — 58 aussitôt que sobald (als)
austère 21 streng, ernst
autant (de) 68 ebensoviel; autant ... que 39 ebensosehr, ebensoviel ... wie — (f. aimer, valoir)
autel, m. 44 Altar
automne, m. 58 Herbst
autour de 16 um ... herum
autre 4 ander [f. un]; 24 ne ... pas a. chose nichts anderes; zu II 34, 1 Gr. 352 a. chose etwas anderes; zu II 39, 2 Gr. 201 antrement anders
autrefois 22 einst, ehemals, früher
Autriche: l'A., f. II 41, 1 Österreich
Auvergne: l'A., f. II 22 die Auvergne (ehemal. franz. Provinz)
avance: d'a. II 15 im voraus
avancer II 41, 3 vorschieben — 15 vorwärts gehen — s'a. 34 vorrücken; II 43a, 3 stürzen (vers qc. auf etw. los) — être avancé(e) 39 weit (fortgeschritten) sein — les plus avancés II 43a, 3 die vordersten
avant 18 vor (von der Zeit) — 56 en avant nach vorn, vorwärts, gesenkt — 40 avant que (mit Konj.) ehe, bevor — II 10a un avant Vorderteil
avant-bras, m. 9 Unterarm
avare 38a geizig; un a. Geizhals
avarice, f. 38a Geiz
avec 2 mit; II 26 bei (Begleitung)
avenir, m. 38 Zukunft (à l'a. in Zukunft)
aventure, f 62a Abenteuer
avenue, f. II 34a, 3 Allee; II 43a, 1 Zugang
avertir de 30 benachrichtigen von, aufmerksam machen auf; 34 warnen vor
aveu, m. II 32, 5 Geständnis, Bekenntnis (sans a. verworfen)
aveugle 47 blind
avide zu II 34, 5 Gr. 157 begierig
avis, m. II 5 Meinung, Vorschlag
avisé, e II 5 schlau
aviser: s'a. de f 40 sich einfallen lassen zu th., auf den Einfall kommen zu th.

avocat, m. 65 Rechtsanwalt
avoir 59 pour père zum Vater haben — II 36 bekommen — 36 avoir à f. zu th. brauchen — il y a 16 es giebt, es ist (sind) vorhanden, es befindet (befinden) sich; II 11 es liegt vor; II 32, 2 es ist los; II 20 il y a à f. es giebt (ist) zu th.; 24 il y a ... que es ist (sind) her ... seit; 44 il y a (quelque temps) vor (einiger Zeit)
avouer II 18 gestehen
avril, m. 14 April
axe, m. II 38 Achse
azur, m. II 38 Azur, Blau; II 32a d'a. azurblau

B.

bablioes: les b., f. 53 Kinderspielzeug
Babylone II 32, 5 Babylon
badaud, m. II 32, 2 Bummler
baguette, f. 31 Stab
baigner: se b. zu II 42, 1 Gr. 111 baden
baigneur, m. 57 Badegast
bain, m. 35 Bad [f. salle]
baïonnette, f. 34 Bajonett
baiser II 11 küssen
baisser 56 senken
balai, m. II 34, 4 Besen
balayer II 26 kehren, fegen; II 48a, 1 wegfegen
balayeur, m. II 34, 4 Straßenkehrer
balle, f. 56 Ball, Kugel (eines Gewehres)
Baltique: la B. II 41, 8 Ostsee
banc, m. 18 Bank
bande, f. II 36 Streifen
bandeau, m. II 38 Augenbinde
banlieue, f. II 42, 2 Bannmeile
bannière, f. II 14 Banner
banquet, m. II 36 Gastmahl
baraque, f. 39a Bude
barbare, m. 60 Barbar, Unmensch
barbe, f. 42a Bart
bariolé, e 42a buntscheckig
barque, f. II 41a Barke
barrer II 26 versperren; II 48, 2 absperren
bas, basse 45 niedrig — 58a à voix basse mit leiser Stimme — bas (Adv.) 26 unten (en bas II 48a, 8 nach unten; au bas de II 34, 2 unten an) [f. mettre]; II 9 leise — le bas 40 Strumpf
bas-fond, m. II 32, 5 Untiefe; les bas-fonds die schlechten Elemente
basse-cour, f. II 9 Wirtschaftshof
Bastille: la B. 39a Bastille (ehemal. Pariser Staatsgefängnis)

bataille, f. II 22 Schlacht (en b. rangée in einer ordentlichen Feldschlacht); II 31 à la b. de in der Schlacht bei

bataillon, m. II 31 Bataillon

bateau, m. II 14 Boot; II 34, 4 le b.-mouche (kleines) Dampfboot (auf der Seine); II 34a, 2 le b.-omnibus Personendampfer

bâtiment, m. II 14 Gebäude, Fahrzeug

bâtir 27 bauen

bâton, m. 3 Stock

battage, m. 6 Dreschen

batterie, f. II 25 Batterie

batteur, m. 6 Drescher

battre 6 schlagen, dreschen [f. main]

baudet: maître b. II 3 Meister Langohr

bavard, m. 35 Schwätzer

bayer II 84, 1 gaffen (b. aux corneilles Maulaffen feilhalten)

bazar, m. II 32, 3 Verkaufshalle

beau, bel, belle 4 schön (un beau dimanche eines schönen Sonntags) — II 7 avoir beau dire gut reden haben

beaucoup 27 sehr (bei Verben) — b. de 28 viel, viele

bébé, m. 39a kleines Kind

bec, m. 64 Schnabel — II 34, 1 le bec de gaz Gasflamme, Gaslaterne

bêche, f. II 41a Grabscheit, Spaten

bêcher II 10 umgraben

becqueter 27 picken; b. dans la main aus der Hand fressen (von Vögeln)

Bédouin, m. II 38 Beduine

bel vergl. beau

bêler II 9 blöken

bénéfice, m. II 41, 3 Nutzen, Vorteil

bénin, bénigne 24 gütig

bénir II 4 segnen

berceau, m. II 30 Wiege

berge, f. II 28 (steile) Böschung

berger, m. 40 Hirt

bergeron, m. II 34, 8 (kurze) Jacke (der Hafenarbeiter)

Berlin II 32, 5 Berlin

Bernard 54 Bernhard

Berry: le B. II 23 Berry (ehemal. franz. Herzogtum)

besace, f. 40 Quersack

besogne, f. II 34, 3 Arbeit

besoin, m. II 43, 1 Bedürfnis — avoir b. de qc. 31a etw. nötig haben; II 31a, 2 etw. brauchen

Bessarabie: la B. II 41, 8 Bessarabien

bestial, e 56 tierisch

bête, f. 40 Tier

bibliothèque, f. II 32, 5 Bibliothek

bien 18 gut, wohl (Adv.); sehr, recht (vor Adj. und Adv.); 27 weit, viel (vor Komparativen); II 9 allerdings, zwar, freilich; II 82, 4 in der That; II 11 faire bien de gut daran thun zu — 27a bien oui ja wohl — 51 bien du (de la, de l', des) sehr viel (vor Subst.) — le bien 26 das Gut, 52 das Wohl, II 18a, 4/5 das Gute; II 13 faire du bien gutes erweisen, Wohlthaten erweisen — bien que zu II 28 Gr. 145 obgleich

bienfaisance, f. 64a Wohlthätigkeit

bienfaisant, e 43a wohlthätig

bienfait, m. 28 Wohlthat

bienfaiteur, m. 41a Wohlthäter

bientôt 15 bald

bière, f. 50 Bier

billet, m. 31a Schein, Billet (le b. à ordre Schuldschein, Wechsel); II 9 Los (einer Lotterie)

biscuit, m. II 18a, 1 Zwieback

bise, f. 27 Nordwind

bivouaquer II 18a, 2/3 bivouakieren

bizarre II 19 seltsam

blaguer II 10a aufschneiden

Blaise 51a Blasius

blanc, blanche 13 weiß

blancheur, f. II 34, 1 Weiße, heller Schein

blanchir 18 weißen; b. à la chaux mit Kalk tünchen

blanchisseuse, f. II 34, 5 Waschfrau

blé, m. 39 Getreide [f. épi]

blesser 45 verwunden, verletzen

blessure, f. II 31a, 4 Wunde

bleu, e 12 blau

blocus, m. II 42, 2 Einschließung, Blockade

blond, e II 34, 5 blond

bloquer II 42, 1 einschließen, blockieren

blouse, f. II 34, 3 Kittel, Bluse

bocage, m. 46 Gebüsch

bœuf, m. 15 Ochse

boire 8 trinken — 57 b. sec den Wein ohne Wasser trinken

bois, m. 2 Holz; 27 Gehölz (II 34a, 3 le b. de Boulogne das Boulogner Wäldchen bei Paris) — 2 de bois aus Holz, hölzern

boisson, f. 62a Getränk

boîte, f. 53 Schachtel, Büchse; II 84, 4 Tasche, Briefkasten (la b. d'ordures Schmutzkasten)

bombarder 41a beschießen

bon, bonne 14 gut — W 39 Anm., trouver bon que (mit Konj.) für gut halten, daß; il est bon que (mit Konj.) es ist gut, daß

bond, m. 44a Sprung
bondir 56 springen, hüpfen
bonheur, m. II 9 Glück [f. porter]
bonjour II 40, 1 guten Tag, guten Morgen
bonnet, m. 18 Mütze
bonté, f. 28 Güte; II 12 Herzensgüte
bord, m. 12 Rand, Ufer; II 10a à b. an Bord
border II 43, 1 einfassen, (am Rande) besehen
borgne 47 einäugig, auf einem Auge blind
bosquet, m. 13 Baumgruppe
botte, f. II 48, 1 Stiefel
bouche, f. 8 Mund; 41a Mündung (von Kanonen)
bouchée: une b. II 7 ein Mund voll, ein Bissen
boucher, m. 66 Schlachter
boue, f. II 34, 4 Schmutz [f. tombereau]
bouffl(e) de sommeil II 34, 2 verschlafen
bouger zu II 32, 2 Gr. 112 sich rühren
bouillir zu II 3 Gr. 16 kochen (intranf.); faire b. kochen (tranf.)
boulanger, m. II 2 Bäcker
boulangerie, f. II 34, 2 Bäckerei Bäckerladen
boulevard, m. II 41, 3 Bollwerk; II 42, 2 Boulevard (mit Bäumen bepflanzte Straße an Stelle ehemal. Wälle)
bouleverser 44a umstürzen; II 42, 2 aufwühlen
bouquet, m. 11 Bouquet
Bourbons: les B. II 40a die Bourbonen
bourdonnement, m. II 34, 3 das Summen
bourgeois, e II 43, 8 bürgerlich; le b. II 42, 2 Bürger
Bourgogne: la B. II 11 Burgund (Herzogtum)
bourre, f. II 19 filziger Boden
bourreau, m. 66 Henker
bourrer II 31a, 4 verstopfen
bourru, e 42a struppig
bourse, f 51a Börse
bousculer II 32, 2 hin und her stoßen
bout, m. II 5 Ende (au b. nach Verlauf, II 10a au b. d'un moment einen Augenblick später) — II 10 venir à b. de zu Ende kommen mit, fertig werden mit, etw. bewältigen
bouteille, f. 38 Flasche
boutique, f. II 6 (kleinerer) Laden
bouvier, m. 42a Ochsentreiber
bouvreuil, m. 20 Dompfaffe
braire II 18 schreien (vom Esel)
brancard, m. II 42, 2 Gabel (Deichsel)
branche, f. 40 Zweig
brandir II 20 schwingen
bras, m 9 Arm, Oberarm

brave II 20 brav, tapfer
braver q. II 40, 2 jem. trotzen
break, m. [englisch] II 34a, 3 Break (hoher Wagen mit 2 Längssitzen)
brebis, f. 41 Schaf
brèche, f. 44a Bresche
bref, brève zu 25 Gr. 42 kurz
breton, -onne II 19 bretagnisch
breuvage, m. 62a Getränk
bride, f. 47 Zügel
brigadier, m. II 10a Korporal (bei der Kavallerie)
brigand, m. II 21 Räuber, Schuft
briller II 32, 1 glänzen; II 31a, 8 aufleuchten
brin: un brin 21a ein bißchen
brisant, m. II 10a Brandung
brise, f. II 34a, 1 Brise
briser 31 zerbrechen, zerreißen; II 31a, 4 zerschmettern; se b. 31 reißen, zerrissen werden
broche, f. II 13 Bratspieß
bronze, m. II 42, 2 Erz
brosse, f. II 4 Bürste
brouhaha, m. II 32, 2 lärmendes Getöse
brouillard, m. 58 Nebel
brouiller: se b. 31a sich verfeinden
bruit, m. 18 Geräusch, Lärm (II 20 au b. unter, bei dem Lärm) — II 42, 2 Gerücht (II 40a le b. lui arrive das G. bringt zu ihm)
brûler 61 brennen, glühen; II 28 verbrennen
brumaire, m. II 39, 2 Nebelmonat (23. Okt. — 21. Nov.)
brume, f. II 10a Nebel
brumeux, -se II 34, 1 nebelig
brun, brune 40 braun; teindre en brun braun färben
brunir 40 bräunen
brusquer q. II 4 jem. anfahren
bruyant, e 56 geräuschvoll
bruyère, f. II 32a Heidekraut
bu vergl. boire
bûche, f. 18 Holzscheit
bûcheron, m. 58 Holzhauer
buisson, m. 58 Busch, Strauch, Gebüsch
bureau, m. II 34a, 1 Schreibstube
but, m. 47 Zweck; II 34, 1 Ziel; avoir pour b. 47 zum Zwecke (den Zweck) haben
butin, m. II 7 Beute
buvez vergl. boire

C.

ça 57 dieses, das
çà et là 40 hier und da
cabaret, m. II 32, 4 Kneipe, Weinschenke

cabine, f. II 10a Roje, Kajüte
cabinet, m. 57 Studierzimmer, Sprechzimmer; II 5 (kleines) Zimmer, Nebenzimmer
cacher 25 verbergen
cachet, m. II 32, 4 Gepräge, Stempel
cadavre, m. II 43, 8 Kadaver, Leiche
cadence, f. 6 Takt (en c. im T.)
cadencé, e II 34, 4 taktmäßig
cadet, cadette 12 jünger (sa sœur cadette
feine jüngere Schwester)
cadran, m. 16 Zifferblatt
café, m. II 34, 5 der Kaffee, das Café
cage, f. 64 Käfig, Vogelbauer
cahoter II 34a, 8 rütteln
caisse, f. 28 Kiste
caisson, m. II 18a, 2/3 Eiskasten (unter
einem Sitze)
calèche, f. II 43, 1 Kalesche
calfeutrer II 34, 5 zustopfen, verschließen
calme II 36 ruhig
calmer II 32a beruhigen
calomnie, f. II 32, 5 Verleumdung
camarade, m. II 12 Kamerad
cambré, e II 38 eingebogen
camp, m. 34 Lager
campagne, f. 28 Land (56a à auf) —
II 40, 2 tenir la c. das Feld behaupten
candidat, m. II 2 Kandidat, Bewerber
(à um, für)
canne, f. 56a Spazierstock
canon, m. 41a Kanone, Geschütz; II 43a, 3
Artillerie; II 31a, 4 Lauf (v. Feuerwaffen)
canonnier, m. 41a Kanonier, Artillerist
canonnière, f. II 41, 3 Kanonenboot
capable (de f.) II 1 fähig, im stande (zu th.)
caparaçon, m. 39a Satteldecke
capitaine, m. 34 Hauptmann; 41a Kapitän
capital, m. 48 Kapital
capitale, f. 28 Hauptstadt
capitulation, f. II 43, 1 Kapitulation,
Übergabe
capituler II 43a, 3 kapitulieren
caprice, m. II 18a 4—5 Laune
capricieux, -se 44a launisch
captieux, -se II 11 verfänglich
car 4 denn
carabine, f. II 28 Büchse, Stutzen
caractère m. 37 Buchstabe, Letter — II
32, 1 Charakter
cardinal [f. point]
caresser 42a liebkosen, streicheln
carpe, f. II 7 Karpfen
carpeau, m. II 7 (kleiner) Setzkarpfen
carpillon, m. II 7 (kleiner) Karpfen
carré. m. II 31 Viereck, Carré
carreler II 43, 2 mit Fliesen auslegen

carrière, f. II 37 Laufbahn; II 42, 1
Steinbruch
carriole, f. 39a (zweirädrige Halb)kutsche
cartouche, f. II 18a, 1 Patrone
cas, m. 52 Fall; faire cas de Wert legen
auf; II 26 en cas que falls
caserne, f. II 34, 2 Kaserne
casque, m. II 20 Helm
casquette, f. II 43, 1 Mütze
casser 31 zerbrechen
castel, m. II 43, 3 Schlößchen
cataracte, m. 44a (großer) Wasserfall
Catherine II 11 Katharina
cause, f. 61 Ursache; II 18a, 2/3 à c.
de wegen
causer 19 verursachen — II 10a plaudern
cavalerie, f. II 31 Kavallerie, Reiterei
cavalier, m. II 15 Reiter; II 18a, 1
Kavallerist
ce 11 das — ce (cet), cette, ces 25
dieser, jener; 28 folgender; II 26 heute
(ce matin heute Morgen) — ce...-ci
39 dieser... hier
ceci 53 dieses hier
céder II 40a weichen, nachgeben
ceindre zu II 6 Gr. 17 umgürten
cela 16 dies — zu 57 Gr. 229 cela même
gerade dies, cela seul dies allein
célèbre 37 berühmt
célébrer 11 feiern, preisen
céleste II 17 himmlisch
celui 31 derjenige — celui-ci 41 dieser —
celui-là 31a jener
cendre, f. 40 Asche
centaine, f. 24 das Hundert
centre, m. II 22 Mittelpunkt, Mitte
cependant 28 indessen, jedoch; II 40a
währenddessen
cercle, m. II 30 Kreis
cérémonie, f. 66 Feierlichkeit; sans c.
ohne Umstände
cerf, m. II 28 Hirsch
cerner II 42, 1 einschließen, umzingeln
certain, e II 7 gewiß, sicher; zu 40 Gr.
88 ein gewisser (43 certains épis gewisse,
manche Ähren)
certainement 41 sicherlich
céruse, f. II 34, 3 Bleiweiß
César II 22 Cäsar
cesse: sans cesse II 32, 3 unaufhörlich
cesser (de f.) II 6 aufhören (zu th.); II
32, 2 avoir cessé beseitigt fein
c'est-à-dire 8 das heißt
Cévennes: les C., f. 44a die Sevennen
chacun, e 1 ein jeder
chagrin, m. II 12 Kummer; II 26 Ärger
chaine, f. II 43a, 2 Kette

chair, f. 60 Fleisch — II 10a il vous donne la chair de poule er verursacht einem eine Gänsehaut

chaire, f. 18 Katheder

chaise, f. 18 Stuhl

chaleur, f. 39 Wärme, Hitze

chambre, f. A Zimmer (II 34, 1 la ch. à coucher Schlafzimmer) — II 42, 1 la Chambre die Kammer (gesetzgebende Versammlung)

chamois, m. II 31a, 2 Gemse

champ, m. 11 Feld (48 à auf) — II 34a, 2 les Champs-Elysées die elysäischen Felder (in Paris) — 68 sur-le-champ auf der Stelle, sofort

Champagne: la Ch. II 40, 2 die Champagne

champêtre II 35 ländlich

chance, f. II 31a, 2 Glück, Aussicht (bonne ch. viel Glück)

chanceler 27a schwanken, wanken

changer II 42, 2 ändern — zu II 32, 2 Gr. 112 sich ändern

chanson, f. 27 Gesang; 58 Lied

chant, m. 11 Gesang, Lied; 58a Krähen

chanter 21 singen, besingen; 42a krähen

chanteur, m. II 34a, 2 Sänger

chantier, m. II 34, 1 Bauplatz

chapeau, m. 40 Hut

chaque 9 jeder (ch. bras j. Arm)

char, m. II 35 (zweirädriger) Wagen

charade, f. 7 Silbenrätsel

charbon, m. 56a Kohle

chardon, m. 13a Distel

charge, f. II 31a, 2 Ladung; II 42, 1 Angriff — II 40a au pas de ch. im Sturmschritt

charger II 31a, 1 laden; 64a aufladen; II 31 angreifen — ch. de II 42, 2 beladen mit — ch. de f. 41a beauftragen zu th.

charitable II 32, 5 barmherzig, mildthätig; un établissement ch. eine Wohlthätigkeitsanstalt

Charlemagne 52 Karl der Große

Charles A Karl

charmer II 9 entzücken

charpentier, m. A Zimmermann

charrette, f. II 42, 2 Karren (ch. à bras Handkarren)

charrue, f. 15 Pflug

chasse, f. 60 Jagd (25a à la ch. auf der J.)

chasser 40 jagen; II 26 fortjagen; II 34, 1 verjagen, vertreiben

chasseur, m. 52 Jäger

chaste II 17 keusch, makellos

chat, m 3 Katze

châtaigne, f. 40 Kastanie

châtaignier, m. 40 Kastanienbaum

château, m. II 9 Schloß; un ch. en Espagne ein Luftschloß

châtier 62a züchtigen (de für)

châtiment, m. 42 Strafe (de für)

chaud, e 39 warm, heiß; 61 il fait ch. es ist warm

chaume, m. II 40, 1 Strohdach

chaumière, f. 25 Hütte

chaussure, f. 52a Fußbekleidung

chaux, f. 18 Kalk (f. blanchir)

chef, m. II 22 Führer, Anführer

chemin, m. 58 Weg (en ch. unterwegs); II 43, 3 le ch. de der Weg nach

cheminer II 34a seines Weges ziehen

chemise, f. II 34, 2 Hemd; en bras de ch. in Hemdsärmeln

chêne, m. 55 Eiche

cher, chère 25 lieb, teuer (39 Mon cher cousin, lieber Vetter!) — II 7 acheter cher teuer bezahlen; II 20 vendons cher notre vie wir wollen unser Leben teuer verkaufen

chercher 29 suchen (40 à f. zu th.) — aller ch. 38 holen; II 34, 5 aufsuchen

chère et festin II 7 prächtiger Schmaus

chérir II 41a zärtlich lieben

chétif, -ve II 6 jämmerlich

cheval, m. 15 Pferd; II 18a, 4/5 Roß

chevalier, m. 43a Ritter

chevelure, f. II 34, 3 Haar, Haarwuchs

cheveu, m. 8 Haar

chèvre, f. 40 Ziege

chez 89 bei, zu (f. b.)

chic, m. II 32, 3 Schick, Schneid

chien, m. 3 Hund; II 31a, 4 Hahn (am Gewehr)

chiffon, m. II 31a, 2 Stückchen

chiffre, m. II 32, 3 Zahl, Ziffer

Chinois, m. 37 Chinese

choc, m. 27a Stoß

choisir 49 wählen, erwählen

choix, m. II 35 Wahl, Auswahl — 46a faire ch. de qc. etw. auswählen

chose, f. 4 Sache, Ding; la même ch. dasselbe

chrétien, -enne II 41, 1 christlich — le ch. II 4 Christ

Christophe 18 Christoph

chute, f. II 20 Fall, Sturz

ciel (Plur. les cieux) m. 59 Himmel — II 6 sous les cieux in der ganzen Welt

cigarette, f. II 43, 3 Cigarette

cil, m. 8 Wimper

cime, f. 44a Gipfel — II 41a Giebel

circonstance, f. II 31a, 1 Umstand (dans cette c. unter diesen Umständen)

circult, m. II 31a, 3 Umweg; décrire
(II 31a, 4 faire) un e. einen Umweg
machen
ciré [f. toile]
closau, m. 5 Meißel
olté, f. II 30 Stadt, Altstadt
citer II 18a 4;5 anführen, erwähnen
citoyen, m. II 42, 2 Bürger; II 40a
citoyens! Mitbürger!
clair, e II 2 klar; II 31a, 3 hell; II
31a, 4 deutlich
claire-vole, f. 42a Gitter
claquement, m. II 34, 1 Klappen
clarté, f. II 88 Helligkeit, Licht
classe, f. 52 Klaffe, Stand; la c. moyenne der Mittelstand; la c. inférieure
der niedere Stand
clef, f. 86 Schlüffel (de zu)
cllent, m. 57 Kunde; 39a Käufer
cllmat, m. II 41, 2 Klima; II 41a Gegend,
Himmelsstrich
clin: le clin d'œil II 28 Blick (en un
clin d'œil im Nu, im Handumdrehen)
clocher, m. II 34, 1 Kirchturm
clochette, f. 13 Glöckchen
clos, e II 34, 2 verschloffen — le clos
II 31a, 3 die Einfriedigung
clou, m. 5 Nagel
clouer 6 nageln
cocarde, f. II 40a Kokarde
cocher, m. 23 Kutscher
cœur, m. 13 Herz — 28 nous l'aimons
de tout notre cœur wir lieben ihn
von ganzem Herzen — 43a prendre à
cœur sich zu Herzen nehmen
coffre-fort, m. 36 Geldschrank
coin, m. II 43, 2 Ecke, Winkel
col, m. II 18a, 1 Gebirgspaß
colère, f. 46 Zorn — II 4 en c. zornig
[f. mettre]
coller II 43, 2 kleben, dicht anbrücken
colline, f. 40 Hügel
colonne, f. II 31a, 4 Säule (la c.
vertébrale Wirbelsäule)
colosse, m. II 39, 1 Koloß
combat, m. 56 Kampf
combattre zu 89 Gr. 17 kämpfen, bekämpfen
combien 43 wie sehr; II 35 wie (c. longtemps wie lange, 50a c. peu de vie
wenig); 28 c. de wie viel, wie viele
combler 25a überhäufen (de mit)
comité, m. II 43a, 1 Ausschuß
commandement, m. II 9 Befehl, Befehlen
commander II 11 befehlen; II 12 c. à
q. beftellen bei jem.
comme 5 wie (II 36 c. c'est vrai wie
wahr das ist) — II 34, 5 gleichsam —

25 ba, weil — 40 während — II 20
comme si als ob — II 31a, 1 comme
ça so, solch
commencement, m. II 7 Anfang
commencer 63 anfangen, beginnen
comment? 38 wie
commentaire, m. II 32, 2 Erklärung,
Besprechung
commerce, m. II 32, 3 Handel
commettre zu 62 Gr. 17 begehen
commis, m. II 34, 5 Kommis, Handlungsgehülfe
commode II 34a, 1 umgänglich
commun, e 40 gemeinsam (Adj.); II
32, 5 allgemein gültig — II 16 en
commun gemeinfam (Adv.)
compagne, f. 27 Gefährtin
compagnie, f. II 16 Gesellschaft (II 43, 2
en in)
compagnon, m. 83 Begleiter, Gefährte
compatriote, m. II 22 Landsmann
complaire zu II 6 Gr. 17 gefällig sein —
se c. dans II 32, 2 Gefallen finden an
complet, -ète zu 12 Gr. 40 vollständig —
II 34a, 3 un c. ein vollständiger Anzug
aus gleichem Stoff
composer 88 zusammensetzen — se c. de
8 bestehen aus
comprendre 8 verstehen, begreifen, um-
faffen; II 22 einsehen; zu II 24 Gr.
138 begreiflich finden
compression, f. II 41, 1 Unterbrückung
compromettre zu 62 Gr. 17 bloßstellen
compte, m. 26 Rechnung, Rechenschaft;
rendre c. Rechenschaft ablegen
compter 17 zählen, rechnen; 31 auszahlen;
zu II 23 Gr. 137 c. que barauf rechnen,
daß; II 31a, 2 c. f. beabsichtigen zu th.
comptoir, m. 51a Zähltisch, Geschäftszimmer; II 34, 5 Ladentisch; II 34a, 1
Kontor
concevoir 37 faffen [f. idée], begreifen;
zu II 24 Gr. 138 begreiflich finden;
II 4 je n'y concevais rien es war mir
unbegreiflich
concierge, m. II 34, 4 Pförtner, Portier
concitoyen, m. II 5 Mitbürger
conclure zu II 6 Gr. 17 schließen, folgern
[f. paix]
concorde, f. 31 Eintracht
concourir zu 59 Gr. 16 c. à beitragen zu,
mitwirken bei; c. pour sich bewerben um
concours, m. II 39, 1 Mitwirkung
concret, -ète zu 12 Gr. 40 konkret
condamnation, f. 65 Verurteilung
condamner 65 verurteilen (25a c. à mort
zum Tode v)

condition, f. 63 Bedingung (à unter); zu II 30 Gr. 91 à c. que unter der B., daß — II 8 Staub

conducteur, m. II 18a, 4/5 Führer

conduire 42 führen; II 30, 1 leiten — se c. zu II à Gr. 17 sich betragen.

considéré, e II 23 verbündet

confesser: se c. zu II 42, 1 Gr. 111 beichten

confiance, f. II 27 Vertrauen

confier II 18a 4.5 anvertrauen

confire zu 60 Gr. 17 sich einmachen

confitures: les c., f. 50 Backwerk

confondre II 9 in Verwirrung bringen (confondu, e bestürzt) — II 31a, 3 se c. verschmelzen

conforme II 32, 1 angemessen, entsprechend

confrère, m. 66 Amtsbruder, Genosse

confus, e 62 verwirrt; II 34, 3 wirr

conjurer II 22 zu einer Verschwörung vereinigen — 66 sich verschwören

connaissance, f. 26 Bekanntschaft (les personnes de sa c. seine Bekannten); 61 Bewußtsein (sans c. bewußtlos); II 12 Kenntnis (avoir c. de R. erhalten von)

connaître 26 kennen, (apprendre à c. l. lernen) — II 24 se c. en sich verstehen auf — [48 je connais: 59 il connait; 59 nous connaissons)

conquérant, m. II 18a, 4/5 Eroberer

conquérir zu II 4 Gr. 16 erobern

conquête, f. II 14 Eroberung; II 16 Triumph

consacrer II 37 widmen

conscience, f. 45 Gewissen

conseil, m. II 5 Rat (tenir c. R. halten)

conseiller 38a raten

conseiller, m. II 18 Rat, Ratgeber

consentir zu 66 Gr. 16 einwilligen (à in)

conséquence, f. II 31a, 1 Folge; en c. infolgedessen, also

conséquent: par c. zu II 30 Gr. 91 folglich

conservatoire, m. II 32, 5 Konservatorium

conserver 46a erhalten, bewahren

considérable 63 ansehnlich, beträchtlich

considération, f. II 25 Überlegung, Rücksicht — II 37 Achtung, Hochachtung

considérer 48 ansehen, betrachten (comme als) — 62a bedenken

consoler II 12 trösten (II 42, 1 de über)

consolider II 39, 1 festigen

consommation, f. II 31a, 1 Mahlzeit (faire einnehmen)

consommer 88 verzehren, aufzehren

conspirer zu II 32, 2 Gr. 112 sich verschwören

constance, f. II 41, 2 Beständigkeit, Ausdauer

constant, e 52 beständig; II 41a beharrlich

Constantinople II 41, 1 Konstantinopel

consternation, f. II 3 Bestürzung

constitution, f. II 40a Verfassung

constitutionnel, -elle II 41, 1 verfassungsmäßig

construire zu II 5 Gr. 17 erbauen; II 15 aufbauen; II 42, 2 errichten

consul, m. II 18a, 1 Konsul

consulter 57 um Rat fragen

consumer 19 verzehren

contempler II 28 betrachten

contenance, f. II 14 Fassung, Gemütsruhe

contenir 20 enthalten — zu 58 Gr. 16 im Zaume halten

content, e II 6 zufrieden (de mit)

contenter 50 zufriedenstellen; se c. de sich begnügen mit

contenu, m. 38a Inhalt

conter II 18a, 4/5 erzählen

contestation, f. 38a Streit

continuel, -elle II 41, 2 fortwährend, beständig

continuer 86 fortfahren; 89 fortdauern; 48a fortsetzen

contraindre zu II 5 Gr. 17 zwingen

contraire 66 entgegengesetzt, widrig; 52 le c. b. Gegenteil (au c. im G., dagegen)

contrariété, f. 52a Widerwärtigkeit

contraste, m. 39a Gegensatz (avec zu)

contre 18 gegen; II 11 gegenüber (feindlich)

contredire q. zu 60 Gr. 17 jem. widersprechen

contrée, f. 58 Gegend

contrevenir zu 58 Gr. 16 zuwiderhandeln

contusion, f. 39a Quetschung

convaincre zu II 5 Gr. 17 überzeugen

convenable II 16 schicklich, angemessen

convenir zu 58 Gr. 16 übereinkommen — c. à passen, sich geziemen für — c. de etw. eingestehen; II 9 zugeben, einräumen

conversation, f. II 34, 4 Unterhaltung

convoitise, f. II 41, 1 Begehrlichkeit

convoquer II 30 zusammenberufen

copieux, -se II 14 reichlich

coq, m. 58a Hahn

coque, f. 20 Eierschale

coquetterie, f. II 34, 3 Gefallsucht

coquille, f. 54 Schale (einer Nuß)

coquin, m. 28 Schlingel, Schurke

corbeau, m. II 5 Rabe

corne, f. 56 Horn

corneille, f. II 5 Krähe (f. bayer.)

cornu, e 42a gehörnt

corps, m. 8 Körper; 56 Leichnam (f. garde)

corridor, m. 58a Flur

corruption, f. II 34, 5 Verderbtheit

corsaire, m. 41a Korſar
corse II 10a korſiſch
cortège, m. II 40, 2 Zug, Aufzug, Gefolge
costume, m. II 34, 3 Koſtüm, Anzug;
 II 10a en grand c. in Gala
côte, f. II 41, 2 Küſte (sur la c. an der
 K.) — II 31a, 3 Abhang
côté, m. 18 Seite (à c. de neben; II 36
 à c. daneben) — d'un c. II 25 nach
 (auf, von) einer Seite — du c. de II
 31a, 4 von etw. her; II 34a, 2 nach
 etw. hin — II 31a, 3 de mon c. meinerſeitß
coteau, m. 56 Abhang
coton, m. 22 Baumwolle
cotte, f. II 34, 3 (blaue) Arbeitßhoſe —
 II 15 la c. de maille Panzerhemb
cou, m. 8 Halß (II 26 se rompre le cou
 ben Halß brechen)
couchant, m. II 32a Abenb
coucher II 43, 3 übernachten — se c.
 II 16 zu Bette gehen — II 38 être
 couché, e liegen (zum Schlafen) —
 [ſ. chambre]
coude, m. 9 Ellbogen
coudre (zu II 5 Gr. 17) nähen
couler II 43, 2 fließen, dahinſtrömen;
 II 34a, 1 couler à flots wogen
couleur, f. II 14 Farbe
coup, m. 18 Schlag (sur le c. de huit
 heures Schlag 8 Uhr); Hieb (II 43a, 2
 à coups de hache mit Axthieben); Schuß
 (30 il lui tira un c. de pistolet er gab
 einen Piſtolenſchuß auf ihn ab); 58a
 Stoß (d'un c. de poignard mit einem
 Dolchſtoße); II 20 Streich (faire un c.
 einen St. außführen); II 41, 2 un c.
 de main ein Handſtreich); 46 Mal (pour
 le c. bießmal; II 19 tout d'un c. mit
 einem Male) — 61 tout à c. plötzlich —
 II 9 le c. d'œil Blick, Anblick (II 32, 3
 au premier … auf ben erſten …)
coupable 65 ſchulbig
couper 5 abſchneiden, zerſchneiden (II 36
 c. en quatre in 4 Teile z.)
cour, f. 65 Hof (II 21 dans auf), Ge-
 richtßhof; en c. d'aſſises vor bem
 Schwurgericht
courage, m. 24 Mut
courant, m. 62a Strömung
courbe, f. 44a Kurve
courber 43 biegen, beugen
coureur, m. II 19 Läufer
courir 23 laufen, eilen — II 18a, 2,3
 c. des dangers Gefahren außſtehen —
 II 4 c. f. eilen, um zu th.; eilen unb
 th.; ſchleunigſt th.
couronne, f. 58 Krone

couronner (de) II 85 krönen; II 43a, 3
 bekränzen (mit)
courroux, m. II 4 Zorn
cours, m. II 33 Bahn
course, f. 41a Fahrt; II 32a Flug; II
 33 Lauf (dans auf)
court, e II 15 kurz [ſ. reſter]
courtisan, m. II 24 Höfling
cousin, m. 39 Vetter
coussin, m. 48a Kiſſen
couteau, m. 29 Meſſer (un c. à deux
 lames ein M. mit zwei Klingen) — 21a
 repasser des couteaux Meſſer ſchleifen
coutume, f. II 5 Gewohnheit (c'était la
 c. de l'époque eß war in jener Zeit Mobe)
couvercle, m. II 12 Deckel
couverture, f. II 34, 5 Decke
couvrir 8 bebecken (de mit)
craindre (zu II 6 Gr. 17) fürchten (c. q.
 ſich vor jem. f.); 39a c. de f. ſ. zu th.
crainte, f. II 14 Furcht (II 43, 3 par c.
 de auß F. vor)
craintif, -ve 58 furchtſam
cramponner II 10a anklammern
crâne II 31a, 4 famoß — le c. 8 Schäbel
craquement, m. II 10a Krach
craquer II 31a, 1 krachen
crassane, f. II 31a, 1 Bergamottbirne
cravate, f. II 34, 3 Halßtuch
crayon, m. 1 Bleiſtift — 55a écrire au
 c. mit B. ſchreiben
créature, f. 59 Geſchöpf
crèche, f. 56 Krippe, Pfahlwerk
crédulité, f. II 42, 1 Leichtgläubigkeit
créer (zu 43 Gr. 13) ſchaffen
crème, f. 3 Sahne
crèmerie, f. II 34, 2 Frühſtücksſtube
créneau, m. II 43a, 3 Schießſcharte
crêpu, e II 38 krauß
creuser 15 graben; II 18a, 2/3 außhöhlen
crever 44a berſten, platzen
cri, m. 34 Ruf, Schrei (à un c. bei
 einem R.); II 25 jeter un c. einen R.
 außſtoßen; II 43a, 1 à grands cris mit
 lautem Geſchrei
crier 23 rufen, zurufen; 51a ſchreien
crime, m. 33 Verbrechen
Crimée: la C. II 41, 3 bie Krim (la
 guerre de C. ber Krimkrieg); II 41, 3
 en C. in ber K.
criminel, m. 65 Verbrecher
crin, m. 42a Haar (beß Schweifeß)
crise, f. II 43, 3 Kriſiß, Anfall
croire 30 glauben (q. jem.); (zu II 40, 2
 Gr. 114) c. q. ober qc. jem. etw. g. —
 II 41, 1 halten für — 65 c. f. zu th. g.
croisée, f. II 31a, 5 Fenſter

croiser II 34. 1 kreuzen (c. q. den Weg
   jemandes f.)
croître 12 wachsen [12 nous croissons;
   18 elle croît]
croix, f. II 14 Kreuz — II 31a f. un
   signe de c. sich bekreuzen
crosse, f. II 42, 2 Kolben (vom Gewehr)
crue, f. 44a Anschwellen, Anschwellung
cruel, -elle II 21 grausam, schmerzlich
cueillir (zu II 2 Gr. 16) pflücken
cuir, m. 38a Leder
cuirasser II 41, 3 panzern
cuirassier, m. II 42, 1 Kürassier
cuire 40 backen, kochen, braten
cuisine, f. 3 Küche
cuisse, f. 10 Oberschenkel
cultiver 22 bauen, bebauen (Felder)
culture, f. 40 bebautes Land; II 32, 4
   Betrieb
curieux, -se 44 merkwürdig; II 43, 8
   neugierig
curiosité, f. 39a Merkwürdigkeit
czar, m. II 41, 1 Zar

D.

daigner (zu II 34, 5 Gr. 157) sich herablassen
dame, f. II 34a, 3 Dame
danger, m. 34 Gefahr [f. courir]
dangereux, -se 61 gefährlich
dans 6 in; II 40, 1 in (= nach Ablauf
   von); [aus, f. brecqueter, voler]
Danube, m. II 41, 1 Donau
danubien, -enne II 41, 1 an der Donau
   liegend
dater 44a herrühren (aus einer Zeit)
dauphin, m. II 34 der (französ.) Kronprinz;
   la dauphine die (französ.) Kronprinzessin
davantage 38 mehr
de 2 von, aus; 56 von...zu; 60 vor
   (demi-mort de fatigue halb tot vor
   Ermüdung); II 32, 8 von...aus; II
   42a um (um wie viel?)
débarbouiller: se d. 56a sich das Gesicht
   waschen
débarquer 57 landen, neu ankommen
débattre (zu 39 Gr. 17) verhandeln — 42
   se d. sich wehren, sich sträuben
débauché, m. II 36 Schlemmer, Wüstling
déboiser 44a abholzen
déboucher II 34, 2 herauskommen
debout II 31 stehend, aufrecht (42a être
   d. stehen; II 31 demeurer d. stehenbleiben)
débris: les d., m. II 31 Trümmer, Überreste
deçà II 10 herüber; deçà et delà hin
   und her
décéder (zu II 12 Gr. 109) sterben

décembre, m. 17 Dezember
de ce que (zu II 18 Gr. 134) darüber, daß
décevoir II 42a täuschen
décharge, f. II 31 Salve (faire abgeben)
   [f. mitraille, mousqueterie]
décharger II 15 ausladen
déchirer II 19 zerreißen; se d. à sich
   zerteilen vor [f. lambeau]
décider (zu II 28 Gr. 137) bestimmen —
   II 43a, 3 d. de entscheiden über — II
   22 décidé(e) à f. entschlossen zu th.
décisif, -ve 48a entscheidend
déclarer 63 (feierlich) erklären
déconcerter II 11 aus der Fassung bringen
   — (zu II 42, 1 Gr. 111) se d. die Fassung verlieren
découdre (zu II 5 Gr. 17) auftrennen
découvrir 40 entdecken; 47 aufdecken;
   II 3 verraten; 58a se d. entdeckt werden;
   II 31a, 3 à découvert ungedeckt
décréter (zu II 28 Gr. 137) verordnen
décrire (zu II 5 Gr. 17) beschreiben
dedans II 10 darin, in demselben
dédoubler II 31 (doppeltes) teilen
déesse, f. II 6 Göttin
défaut, m. II 32, 4 Fehler, Mangel
défendre 19 verteidigen, verbieten (de f.
   zu th.); 53 d. que (mit Konj.) verbieten,
   daß; II 43a, 2 verwehren
défense, f. 19 Verbot; II 20 Verteidigung
défenseur, m. II 25 Verteidiger
déférence, f. 27a Ehrerbietung
défiance, f. 38 Mißtrauen
défier: se d. de q. (zu II 42, 1 Gr. 111)
   jem. mißtrauen
défoncé, e II 43, 3 bodenlos
dégât, m. II 31a, 1 Schaden (f. anrichten)
dégoûter (q. de qc.) (zu II 37 Gr. 115)
   jem. etw. zum Ekel machen
déguiser II 3 verkleiden
dehors 39 (II 43a, 1 au dehors) draußen
déjà 19 schon
déjeuner 50 frühstücken — 4 le d. das
   Frühstück
delà II 10 hinüber [f. au delà]
délibéré, e II 34, 4 wichtig [f. air]
délicat, e 62 fein, zart
délicatesse, f. 58 Zartheit, Schwächlichkeit
délice, m. 39a Wonne
délicieux, -se II 4 köstlich, prächtig
délier 31 aufbinden, losbinden
délivrance, f. II 22 Befreiung
déluge, m. II 42, 1 Flut, Sündflut
demain II 31a, 2 morgen
demande, f. II 4 Anfrage; II 5 Gesuch;
   II 31a, 4 Bitte (de um)

demander 12 fragen (à q. jem.; II 12 q. nach jem.); 40 d. qc. à q. jem. nach etw. fragen, jem. um etw. bitten [f. paix, secours] — 38 d. à f. verlangen zu th.; II 18a, 2/3 d. à q. de f. von jem. verlangen (forbern) zu thun — W 39 Anm. d. que (mit Konj.) verlangen, daß

démêler 58a entwirren, herausfinden

demeure, f. II 5 Wohnung; II 43, 2 Wohnstätte, Aufenthalt(sort) (48a f. nehmen)

demeurer 47 bleiben [f. interdire]

demi, e 16 halb (une demi-heure eine halbe Stunde) [f. heure] — 40 à demi nu(e) halbnackt — 60 demi-mort(e) de fatigue halb tot vor Ermüdung

démon. m. 39 Teufel

démonter II 18a, 2/3 abnehmen, herunternehmen

dénationaliser II 41, 1 der Selbständigkeit berauben

dénouement, m. 54 Ausgang

dent, f. II 31a, 2 Zahn, Zinke

départ, m. II 14 Abreise, Aufbruch (pour nach, zu); 48a le point de d. Ausgangspunkt

département, m. II 39, 2 Departement, Bezirk

dépasser II 20 übertragen (de la tête um einen Kopf); II 39, 1 übertreffen

dépêcher II 21 schnell abschicken

dépeindre II 18a, 4/5 schildern, darstellen

dépens: aux d. II 10b auf Kosten

dépense, f. 48 Ausgabe

dépenser 48 ausgeben

déplaire II 6 mißfallen

déplaisir, m. II 11 Mißfallen, Kummer

déployer II 6 entfalten

déposer 15 niederlegen

dépouille, f. II 41, 1 Beute, Raub

dépouiller 58a berauben

dépravation, f. II 32, 5 Entartung

depuis 29 seit, von ... an [f. longtemps, lors]; II 26 depuis ... jusque von ... bis [f. haut] — 40, 2 d. seitdem (Adv.) — depuis que 48 seit, seitdem (Konjunktion)

député, m. II 5 Abgesandter, Abgeordneter

dérive: en d. II 10a abtreibend

dernier, -ère 24 letzter; (zu II 34, 3 Gr. 195) voriger; 25 ce d. der letztere

dérober: se d. II 28 entschlüpfen

dérouler II 19 aufrollen, entfalten

derrière 8 hinter (II 31a, 3 la porte de d. Hinterthür); II 42, 2 hinterher; 8 le d. der hintere Teil

dès 39 von ... an; gleich nach; II 2 gleich

bei; 89 noch (d. le même jour noch an demselben Tage); II 43, 1 schon seit (II 34a, 1 d. la veille schon am Abend vorher); II 18a, 2 3 dès lors von nun an — II 10 dès que sobald (als)

désaccord: en d. 3 uneins

désaltérer: se d. 62a seinen Durst löschen

désapprendre (zu 62 Gr. 17) verlernen

désastre, m. II 39, 2 Unglück, Unheil

désastreux, -se 44a unheilvoll

descendre 58 herabsteigen, absteigen, herabkommen; II 18 hinabgehen; II 15 aussteigen, ans Land gehen; II 22 hinabsteigen; II 34, 5 aussteigen (de voiture aus dem Wagen) — II 34, 4 hinuntertragen; II 18a, 2,3 hinunterschaffen

descente, f. II 18a, 1 Abstieg (à bei)

désert, e II 40, 2 öde, verlassen — le désert II 38 Wüste, Einöde

désespérer (zu II 24 Gr. 138) verzweifeln

désigner (zu II 38 Gr. 190) bestimmen (pour zu); II 31a, 5 bezeichnen, angeben

désir. m. II 18a, 4/5 Wunsch

désirer 29 wünschen (f. zu th.) — W 39 Anm. d. que (mit Konj.) m., daß

désireux, -se (zu II 34, 5 Gr. 157) begierig

désobéissance, f. 19 Ungehorsam

désordre, m. II 43a, 3 Unordnung

désormais 48a von nun an

desséché, e 55 verdorrt

dessein, m. II 41, 2 Plan, Absicht

dessiner 2 zeichnen; II 28 abzeichnen

dessous 18 darunter — 44a au-d. de unter, unterhalb — II 5 par-d. unter ... weg

dessus 18 darauf, auf demselben, darüber, über demselben — 20 au-d. darüber — 44a au-d. de über, oberhalb

destin, m. 66 Geschick

destiner II 31a, 2 bestimmen

destruction, f. II 41, 2 Vernichtung, Zerstörung

détacher 40 loslösen

détail, m. II 34, 3 Einzelheit

détenir (zu 58 Gr. 16) gefangen halten

détester 13a verabscheuen

détour, m. 56 Krümmung; II 19 Biegung; II 43, 3 un long d. ein weiter Umweg

détourner 65 abwenden

détresse, f. II 42, 1 Angst

détruire (zu II 5 Gr. 17) zerstören

dette, f. 48 Schuld

deuil, m. II 34, 4 Trauer

deux: 15 les d. beide — 31 en d. entzwei, in zwei Teile

dévaler II 43, 3 sich senken, versinken

devancer q. II 18a, 1 jem. zuvorkommen

devant 3 vor (vom Ort); 40 vor ... her
— (zu II 32, 4 Gr. 216) davor, vor
demselben — 3 le d. der vordere Teil
— II 31a, 8 la patte de d. Vordertaße
devanture, f. II 34, 2 Schaufenster
devenir 40 werden (vor Adj. und Subst.)
— 50 que deviendront ma femme et
mes enfants? was wird (soll) aus meiner Frau und meinen Kindern werden?
deviner 24 raten, erraten
dévoiler 47 enthüllen, ans Licht bringen
devoir 47 sollen, müssen, dürfen, schuldig
sein, verdanken — II 18a, 2/3 le d.
die Pflicht
dévorer II 31a, 5 verschlingen
dévouement, m. 84 Aufopferung
dévouer 84 weihen, aufopfern, widmen —
dévoué, e II 18a, 2,3 aufopfernd; II
40m d. à q. jem. ergeben
dey, m. 41a Dey (ehemals Statthalter
von Algier)
diable, m. II 36 Teufel
diamant, m. 32 Diamant
dicter II 16 diktieren
Dieu 26 Gott
différent, e 5 verschieden; (zu II 34, 3
Gr. 195) verschiedenartig — différents,
différentes (zu 40 Gr. 86) verschiedene;
(zu II 39, 2 Gr. 198) manche
différer II 32, 1 verschieden sein, sich
unterscheiden
difficile II 24 schwer, schwierig, schwer zu
befriedigen
difficulté, f. II 18a, 1 Schwierigkeit
digne 45 würdig — II 18a, 4/5 d. de
qc. etw. wert — W 49 Anm. être d.
que (mit Konj.) wert sein, daß
digue, f. 44a Damm
diligence, f. 25 Fleiß
dimanche, m. 4 Sonntag — II 34a, 1
le public du d. das Sonntagspublikum
dîner 33 zu Mittag essen; le d. das
Mittagessen (II 36 l'heure du d. Mittagszeit)
diplomatie, f. II 41, 8 Diplomatie
dire 3 sagen; II 24 dire f. behaupten zu
ib. — II 13 pour ainsi dire so zu
sagen, gewissermaßen
direction, f. II 43a 1 Richtung
diriger 15 lenken, leiten — II 43a, 1 d.
(sur) richten (nach, auf) — II 43a, 3
se d. sur qc. sich nach etw. hinwenden
disconvenir (zu 58 Gr. 16) etw. leugnen
discorde, f. 31 Zwietracht
discourir de (zu 58 Gr. 16) weitläufig
reden über
discret, -ète (zu 12 Gr. 40) verschwiegen

discuter (qc.) II 34, 2 verhandeln (über etw.)
disparaître (zu II 8 Gr. 17) verschwinden
dispenser (für distribuer) II 33 verteilen,
austeilen
disperser II 34, 5 zerstreuen
disposé, e II 18 geneigt
disposition, f. 44 Neigung
dissimuler (zu II 24 Gr. 188) verheimlichen
dissoudre (zu II 8 Gr. 17) auflösen
dissuader (q. de qc.) (zu II 37 Gr. 115)
(jem. von etw.) abraten
distance, f. II 28 Entfernung (à peu
de d. in geringer E.)
distinction, f. 51 Unterscheidung, Unterschied — II 34a, 1 Vornehmheit
distinguer II 37 auszeichnen; II 10a
unterscheiden
distraction, f. II 18a, 4/5 Zerstreutheit
distraire 21a zerstreuen
distribuer II 33 verteilen, austeilen
divers, e II 38 verschiedenartig — divers,
diverses (zu 40 Gr. 86) verschiedene; (zu
II 39, 2 Gr. 198) manche
divertir: se d. (zu II 34, 4 Gr. 156) sich
vergnügen
diviser II 18a, 2/3 teilen
division, f. 16 Einteilung; II 18a, 2,3
Abteilung
docteur, m. 57 Doktor
doigt, m. 9 Finger, Zehe [f. milieu]
doléances: les d., f. 57 Klagen
domestique, m. II 4 Diener
dominateur, m. II 18a, 4/5 Beherrscher
dominer 81 beherrschen
dommage, m. 48 Schaden; quel d. que
(mit Konj.) wie schade, daß; c'est d.
que (mit Konj.) es ist schade, daß
don, m. II 6 Gabe, Geschenk (faire d. de
qc. à q. jem. mit etw. beschenken)
donc 24 denn (in Fragen) — 48 doch
(hinter Imperativen) — II 6 daher, also
donner II 38 verleihen, spenden — II
39, 1 gewähren — (zu II 38 Gr. 190)
d. pour ausgeben für [f. assaut]
dorer 39a vergolden
dormir 19 schlafen
dos, m. II 34, 2 Rücken
double II 8 doppelt, zweifach — II 31a, 2
d. de doppelt so groß wie
doubler 42a verdoppeln
douleur, f. 61 Schmerz
doute, m. 20 Zweifel
douter que (mit Konj.) 46 bezweifeln, daß
— II 5 ne pas douter que ... ne
(mit Konj.) nicht zweifeln, daß — (zu
II 32, 1 Gr. 113) se douter de qc.
etw. vermuten, ahnen

doux, douce 11 füß, fanft
drame, m. II 32, 2 Drama, Schauspiel
drap, m. 40 Tuch
drapeau, m. II 40a Fahne
dresser II 31a, 3 aufrichten — II 28 d.
  les oreilles die Ohren spitzen
droit, e 1) Adj.: 43 gerade (ils ne tenaient droits fie ftanden gerade; II
  31a, 1 en droite ligne in gerader
  Linie); 47 recht (l'œil droit das rechte
  Auge; à droite II 34, 2 rechts, II
  34a, 3 nach rechts) — 2) Adv. (zu II
  39, 2 Gr. 198) gerade (II 10a aller
  droit à qc. gerade auf etw. losgehen
  oder fahren) — 3) le droit II 41, 3
  das Recht (le d. des gens Völkerrecht;
  II 31a, 3 il n'avait pas le d. de f.
  er hatte kein Recht zu th.)
duc, m. II 14 Herzog
dunette, f. II 10a Deckajüte
dur, e 32 hart
durant II 2 während (II 39, 1 d. dix
  années zehn Jahre lang)
durer II 2 dauern

E.

eau, f. 12 Wasser — 56 Gewässer
écarter II 43, 3 entfernen
échanger II 34a, 2 austauschen
échapper II 39, 1 entrinnen — s'é. 44
  entwischen, entweichen; II 34, 4 herausschlüpfen — 44 un échappé ein Flüchtling
échauffer II 21 erhitzen
échéance, f. 31a Fälligkeitstermin
échelle, f. 58a Leiter
écho, m. 46 Echo
échoppe, f. 39a Krambude
échouer II 43, 2 scheitern, mißlingen
éclair, m. II 10a Blitz
éclaircir II 31 lichten
éclairer II 39, 1 aufklären — (zu II 40, 2
  Gr. 114) é. q. jem. leuchten
éclat, m. 13a Glanz
éclatant, e II 6 glänzend, schallend
éclater II 30 ausbrechen (en in); 44a
  losbrechen
éclosion, f. II 42, 1 Ausbrüten
école, f. 1 Schule (II 2 l'é. d'artillerie
  die Artillerieschule)
économe II 32, 5 sparsam
écorce, f. 40 Rinde (von Bäumen), Schale
  (von Kastanien)
écouler: s'é. II 42, 1 verfließen, verstreichen
écouter q. 57 jem. zuhören, jem. anhören,
  auf jem. hören
écraser II 41, 1 zerschmettern

écrire 2 schreiben [f. crayon]
écrouler: s'é. (zu II 42, 1 Gr. 111) einstürzen
écru, e 40 ungebleicht
écu, m. 29 Thaler
écume, f. II 32, 5 Schaum, Abschaum
écumer 21a schäumen
écurie, f. 47 Stall, Pferdestall
édifice, m. 51a Gebäude
édifier II 18a, 4/5 aufbauen
éducation, f. 53 Erziehung
effacer II 32a erlöschen
effaré, e II 10a bestürzt
effaroucher II 34, 1 aufscheuchen
effectivement II 31a, 1 wirklich, in der That
effet, m. II 15 Eindruck, Wirkung (II 36
  un e. de soir Abendstimmung) — en e.
  II 28 wirklich, in der That
efficacité, f. II 1 Wirksamkeit
efforcer: s'e. (de f.) 52 sich bemühen (zu th.)
effort, m. II 31 Anstrengung, Versuch; II
  34, 4 Mühe
effrayer 55 erschrecken (jem.); s'e. (selbst)
  erschrecken
effroi, m. II 20 Schrecken (tomber en e.
  in Sch. geraten)
effroyable II 42, 1 entsetzlich
égaler q. (zu II 40, 2 Gr. 114) jem. gleichkommen
égarer: s'é. (zu 42, 1 Gr. 111) auf Abwege
  geraten
église, f. 40 Kirche (II 34, 2 l'é. Saint-
  Gervais die Sankt-Gervasius-K.)
égorger 46 umbringen
Égypte: l'É., f. 22 Ägypten
eh! II 9 ei! — eh bien 35 nun! nun wohl!
élancer: s'é. 64a vorwärts dringen; II
  31a, 4 fortstürzen; II 43a, 2 sich stürzen
Elbe II 40a Elbe
élégance, f. II 32, 3 Eleganz
élégant, e 39a elegant, vornehm
élève 4: m. Schüler, f. Schülerin
élever 37 erheben; II 30 errichten; II 18a,
  2/3 hinaufschaffen; 48 erziehen — s'é.
  44a steigen (von Flüssen), II 15 laut
  werden — élevé, e 44a erhoben, hoch
élire (zu II 6 Gr. 17) erwählen
éloigner II 14 entfernen — s'é. II 32a
  abziehen
éluder 38a umgehen
embarcadère, f. II 34a, 2 Landeplatz
embarquer (zu II 41, 1 Gr. 172 einschiffen
embarrasser II 11 in Verlegenheit bringen — embarrassé, e II 5 verlegen
emboucher II 34, 2 bingen
embaumé, e II 32a duftig
embellir 12 verschönern
embouchure, f. II 41, 3 Mündung

embraser 64a anbrennen, in Brand setzen
embrasser II 2 umarmen; II 33 umfassen [f. étroit]
embrasure, f. II 43a, 1 Schießscharte
embusquer 34 in einen Hinterhalt legen
émerveiller II 5 in die höchste Verwunderung setzen
émeute, f. II 41 1 Aufruhr
émotion, f. II 32, 2 Aufregung
émoudre (zu II 8 Gr. 17) schleifen
émouvoir (zu 65 Gr. 18) erregen
emparer: s'e. 39a sich bemächtigen
empêcher (de f.) II 23 daran hindern (zu th.)
empereur, m. 88 Kaiser
empiler II 34a, 2 hineinzwängen
empire II 41, 1 Reich, Kaiserreich — l'e. de II 40a Herrschaft über
empirer (zu II 32, 2 Gr. 112) sich verschlimmern
emplette, f. II 4 (kleiner) Einkauf
emplir (de) II 42, 2 füllen (mit)
employer 22 anwenden, verwenden, gebrauchen (48 à f. zu th.) — un employé II 34a, 1 Unterbeamter
empoisonner 33 vergiften
emporter 42 forttragen, wegschleppen; II 28 wegreißen; II 41, 2 nehmen (im Kriege)
empressement, m. II 18a, 4 5 Eifer, Zuvorkommenheit
empresser: s'e. de f. II 34, 4 sich beeilen zu th.
emprisonner 47 ins Gefängnis werfen
en 1) II 10a welche (= einige) — 2) 11 davon, desselben, derselben; 23 von ihnen; 29 darüber, daraus, aus derselben — 3) II 32, 1 darum (bei Komparativen) — 4) 16 in, innerhalb (22 en Égypte in Ägypten, 44 en Provence in der Provence) — 5) 18 im Jahre — 6) II 43a, 8 wie (en désespéré wie verzweifelt) — 7) en mit Part. Präs. 34 indem; 63 dadurch, daß — 8) en avant [f avant]
enceinte, f 25a Schranke
enchaîner II 40a fesseln
enchanter 25a entzücken
enclore II 43, 2 einfriedigen [enclos, e]
enclos, m. II 31a, 1 Gehege [f. enclore]
encombrer (de) II 43, 8 anfüllen, dicht bedecken (mit)
encore 18 noch, noch immer; II 4 abermals, wiederum — mais e. (zu II 30 Gr. 91) sondern auch — ne . . . pas e. 40 noch nicht — ne . . . e que II 7 noch kaum — e que (zu II 28 Gr. 146) obgleich
encourager II 20 ermutigen
encourir (zu 59 Gr. 16) sich etw. zuziehen

endimanché, e II 34a, 2 im Sonntagsstaat
endommager 64a beschädigen
endormir 21a einschläfern — s'e. (zu 56 Gr. 18) einschlafen — être endormi(e) 42a eingeschlafen sein, im Schlafe liegen
endroit, m. II 8 Ort, Stelle (II 14 en an)
enfance, f. II 41a Kindheit
enfant, m. 25 Kind — II 31a, 2 je suis bon e. ich bin ein guter Kerl
enfermer 44a einschließen
enfin 24 endlich, schließlich, kurz, mit einem Worte
enflammer II 38 anzünden; enflammé, e glühend
enfoncer 5 einschlagen — s'e. 15 sich einbohren, eindringen
enfreindre (zu II 6 Gr. 17) übertreten
enfuir: s'e. 28 entfliehen
engager: s'e. 54 sich entspinnen; II 18a, 1 sich hineinwagen
engourdi, e 58 erstarrt
engraisser II 43, 1 einfetten
enhardir 58 kühn machen; s'e. à f. sich erkühnen zu th.
enlever 22 entführen, rauben, wegnehmen; II 32, 1 hinreißen; II 40a entfernen
ennemi, e 34 feindlich; un e. ein Feind
ennui, m. II 39, 2 Langeweile, Sorge
ennuyer 21a langweilen
énorme II 34, 5 ungeheuer
enrager II 26 wütend sein — enragé, e 30 toll
enseigne, f. II 14 Fahne
enseigner (zu II 35 Gr. 158) lehren (e. qc. à q. zu II 37 Gr. 115 jem. etw. L)
ensemble 24 zusammen
ensevelir II 48a, 8 begraben
ensuite 37 dann, darauf
ensuivre (il s'ensuit que (zu II 22 Gr. 140) es folgt daraus, daß
entasser II 42, 2 aufhäufen, ansammeln
entendre 18 hören, 58 vernehmen; e. par 25 verstehen unter, meinen mit — (zu II 35 Gr. 158) beabsichtigen — s'e. II 23 gehört werden; II 41, 1 sich verständigen
entêté, e 18a eigensinnig
entêtement, m. 27a Eigensinn, Halsstarrigkeit
entêter: s'e. dans 27a sich verstockten auf, hartnäckig beharren auf
enthousiasme, m. II 32, 1 Begeisterung
enthousiasmé II 40a begeistert
entier, entière 7 ganz, II 5 vollständig (II 30 six années entières sechs volle Jahre) — un e. 7 ein Ganzes
entourer 34 umringen, umgeben (de von, mit); II 21 umzingeln

entraînement, m. II 40a Begeisterung
entraîner II 39, 1 mit sich fortreißen; II
41, 2 hineinziehen; II 41, 3 für sich gewinnen; II 18a, 1 hinabreißen
entre 18 unter, zwischen (von zweien) —
d'entre 31 unter (= von, z. B. celui
d'entre vous derjenige unter euch)
entrée, f. 39a Eingang
entre-pont, m. II 10a Zwischendeck
entreprendre (zu 69 Gr. 17) unternehmen
II 22 de s. zu th.)
entrer dans 18 eintreten in, betreten; 58
hereinkommen; II 5 näher treten, hineingehen; II 41, 2 einfahren; II 31a, 3
hineinschlüpfen; II 40a einziehen; —
faire e. dans II 42, 1 aufnehmen in
[s. ligue]
entretenir (zu 58 Gr. 16) unterhalten
entretien, m. 58a Unterhaltung
entrevoir II 22 durchblicken
entrevue, f. II 43, 3 Zusammenkunft
entr'ouvrir 40 halb öffnen
envahir (un pays) zu II 40, 2 Gr. 114
(in ein Land) einfallen
enveloppe, f. 2 Hülle
envelopper II 34, 1 umhüllen, einhüllen
envers 28 gegen (freundlich oder feindlich)
envie, f. 66 Neid (faire e. R. erregen)
envier II 6 neidisch sein (qc. auf etw.) —
(zu II 37 Gr. 115) e. qc. à q. jem. um
etw. beneiden
envieux, -se 21a neidisch (de auf)
environ II 43a, 1 ungefähr
environner 25a umgeben
environs: les e., m. 56a Umgebung,
Umgegend (à in)
envoler: s'e. 27 wegfliegen
envoyer 28 schicken; II 30 hinschicken
épais, épaisse 11 dicht
épargner II 23 schonen
éparpiller II 34a, 2 verteilen
épars, e 42a zerstreut, umhergestreut
épaule, f. 9 Schulter (II 34, 3 suspendre
à l'é. über die Sch. hängen)
épée, f. II 15 Degen, Schwert
éperdu, e II 42, 2 fassungslos
éphémère II 39, 2 vergänglich
épi, m. 6 Ähre (43 les épis de blé die
Kornähren)
épicer II 14 würzen
épier q. 66 jem. auflauern; II 31a, 3
belauern
épine, f. II 19 Dorn
épopée, f. II 39, 2 Heldengedicht
époque, f. II 5 Epoche
épouse, f. 28 Gattin
épouser II 18a, 4 5 heiraten

épouvante, f. II 42, 1 Schrecken
épouvanter II 8 erschrecken, in Schrecken
setzen
épreuve, f. 49 Probe (être à l'é. bewährt sein)
éprouver 62 empfinden
épuiser II 39, 2 erschöpfen; II 18a, 2 3
verbrauchen
équerre, f. 5 Winkelmaß
équipage, m. II 14 Schiffsmannschaft
équiper 40 ausrüsten
équivaloir (zu 64 Gr. 18) gleichkommen
errer 56 umherirren
erreur, f. II 40, 2 Irrtum (tirer d'e. von
seinem J. befreien)
escabeau, m. 42a Fußbank, Schemel
escadre, f. II 41, 3 Geschwader
escalade, f. II 23 Ersteigen der Mauern
escalier, m. II 26 Treppe
escarpé, e II 18a, 1 steil, abschüssig
esclavage, m. 22 Sklaverei
esclave, m. II 7 Sklave
escorte, f. II 34, 4 Gefolge
escorter II 43a, 3 geleiten
espace, m. II 31 Raum
Espagne: l'E., f. II 9 Spanien
espèce, f. 41 Art, Gattung
espérance, f. 52 Hoffnung
espérer 59 hoffen
espoir, m. II 10a Hoffnung
esprit, m. II 1 Geist (un homme d'e. ein
geistreicher Mann); II 32, 4 Witz — les
esprits 56a die Lebensgeister
essayer 31 versuchen (36 de s. zu th.)
essence de thérébenthine, f. II 34, 3 Ter-
pentingeist
essoufflé, e II 26 außer Atem
estimable 52 achtbar
estrade, f. 18 erhöhter Platz
et 1 und; et... et (zu II 30 Gr. 91) sowohl... als auch)
étable, f. 42a Stall
établir 37 einrichten; s'é. sich niederlassen
établissement, m. 57 Anstalt; un é. thermal Warmbadeanstalt [s. charitable]
étage, m. II 43, 2 Stockwerk
étalage, m. II 34, 2 Auslage (von Waren)
étang, m. 20 Teich
étape, f. II 43, 3 Etappe, Marschquartier
état, m. 43 Zustand; II 8 Stand, Lage,
Stellung; 46a Beruf — 64a être hors
d'é. de s. außer stande sein zu th.
État, m. 22 Staat — dans les États-
Unis in den Vereinigten Staaten
état-major, m. II 43a, 1 Stab, Generalstab
été, m. 56 Sommer (II 36 en é. im S.)

éteindre (zu II 6 Gr. 17) auslöschen — s'é. (zu II 42, 1 Gr. 111) erlöschen
étendard, m. II 11 Standarte
étendre 40 ausbreiten; II 5 ausstrecken (é. la main vers qc. mit der Hand auf etw. hinweisen); 44a erbreitern — s'é. 8va sich erstrecken
étendue, f. 40 Ausdehnung, Umfang
éternel, -elle II 41, 1 ewig
éternité, f. 26 Ewigkeit
étinceler II 42, 2 funkeln
étincelle, f. 6 Funke
étoile, f. II 38 Stern
étole, f. II 10a Stola
étonnement, m. II 28 Staunen, Erstaunen
étonner 36 in Erstaunen setzen; étonné(e) de f. erstaunt darüber zu th. — W 39 Anm. être étonné(e) que (mit Konj.) erstaunt sein, daß — II 32, 3 fait(e) pour étonner erstaunlich
étouffer 62 ersticken; II 31a, 4 erwürgen
étourdi, e 42a unbesonnen
étrange 50 wunderbar, sonderbar — W 51 Anm. il est é. que (mit Konj.) es ist sonderbar, daß — 50 chose é.! seltsam
étranger, ère II 40, 2 fremd, ausländisch (un étranger Fremdling)
être 4 sein — il est II 6 es giebt — être de 48a verbunden sein mit — être à 53 gehören; II 6 c'est à moi de f. (II 7 à f.) es ist meine Sache zu th. — vous n'y êtes pas 47 falsch, Sie haben nicht das Richtige getroffen — soit! II 7 das mag sein! meinetwegen! — c'est que (zu II 30 Gr. 91) weil nämlich — ce n'est pas que (zu II 29 Gr. 143) nicht als ob — un être 13a ein Wesen
étrennes: les é., f. II 34, 4 Neujahrsgeschenke
étroit, e II 43, 2 eng, schmal (41a embrasser étroitement fest umarmen)
étude, f. II 35 Studium, Wissen
étudier 46a studieren
Eugène 31a Eugen
Europe: l'E., f. 37 Europa
évader: s'é. (zu II 42, 1 Gr. 111) entwischen
évêché, m 52 Bistum
éveiller 18 wecken — s'é. II 16 aufwachen — éveillé, e II 34, 1 wach
événement, m. II 18a, 1 Ereignis
éventer II 31a, 3 wittern
évident, e (zu II 22 Gr. 140) offenbar
éviter 48 vermeiden, II 53 meiden; W 49 Anm. é. que (mit Konj.) v., daß
exact, e 53 pünktlich; II 4 sorgfältig

examen, m. II 2 Examen, Prüfung (faire abhalten; subir un e. sich einer P. unterziehen; passer bestehen)
examinateur, m. II 2 Examinator
examiner 47 prüfen, untersuchen
exaspéré, e II 43, 8 außer sich vor Wut
excellence: par e. II 32, 2 im wahrsten Sinne des Wortes
excellent, e 28 ausgezeichnet
excepté II 34, 5 außer (= ausgenommen)
excès, m. 58 Übermaß
excuser 4 entschuldigen
exemple, m. 66 Beispiel; par e. zum B.
exempt, e (de) 51 frei (von)
exercer II 41, 1 ausüben
exercice, m. II 42, 2 Übung, Exerzieren; II 40a Ausübung
exhaler 11 ausatmen
exhausser 44a erhöhen
exiger 48a fordern
exil, m. II 16 Verbannung
exilé, m. II 41a Verbannter
existence, f. II 18a, 4/5 Dasein
exister II 32, 4 bestehen, vorhanden sein
expédier II 41, 2 absenden
expédition, f. II 18a, 4/5 Fortschaffung
expiation, f. II 39, 2 Sühne
expirer II 42a sterben
exposer 47 aussetzen, ausstellen (e. en vente zum Verkaufe stellen); II 18a, 4/5 auseinandersetzen — e. à f. II 4 dem (= der Gefahr) aussetzen zu th.
exprès, expresse 19 ausdrücklich
exprimer 65 ausdrücken
extrême 61 äußerst
extrémité, f. 40 äußerstes Ende

F.

fable, f. II 42, 1 Fabel
fabrication, f. 37 Anfertigung
fabrique, f. II 32, 4 Fabrik
fabriquer 87 anfertigen — se f. II 32, 3 angefertigt werden
façade, f. II 34, 2 Façade
face, f. II 31 Front; II 48a, 3 Aussehen
fâcher II 26 ärgern — fâché, e II 12 betrübt (je suis f. de qc. es thut mir etw. leid)
fâcheux, -se II 18a, 2/3 unangenehm
facile 31 leicht (zu thun)
façon, f. II 5 Art, Weise (sans f. ohne Umstände) — de f. que (zu II 30 Gr. 91) so daß
facteur, m. II 34, 4 Briefträger
faible 53 schwach
faim, f. 4 Hunger (avoir f. H. haben)

fainéant, m. II 36 Faulenzer

faire 2 machen, thun (48 de mit; f. qc.
de qc. II 34, 1 etw. zu etw. machen;
se f. roi II 22 sich zum Könige machen;
f. bien de... II 11 gut daran thun
zu ...) — II 11 anfertigen, bereiten —
64a ausmachen — II 31a, 5 veranstalten
— f. une injure II 27 eine Beleidigung
zufügen — f. un nid II 19 ein Nest
bauen — f. le prêcheur II 7 den
Sittenprediger spielen — comment f.
II 5 wie sie es anfangen sollten — 31
lassen, veranlassen (f. venir kommen
lassen, veranlassen zu kommen; 48 f.
sortir herausholen) — laisser f. 68
gewähren lassen — se f. 39 geschehen,
von statten gehen — il faisait froid 18
es war kalt — c'en est fait II 42a es
ist damit vorbei

faisceau, m. 31 Bündel

faîte: le f. des monts II 18a, 2/3 Bergrücken

falloir 46 nötig sein, müssen (Konstruktion
vergl. zu 64 Gr. 18) — II 32, 4 brauchen

falsifier 50 verfälschen

fameux, -se II 18a, 4/5 berühmt

familiariser: se f. avec II 13 sich vertraut machen mit

familier, -ère 42a zahm

famille, f. 31 Familie

famine, f. II 22 Hungersnot

fanal, m. II 10a Schiffslaterne

faner: se f. (zu II 42, 1 Gr. 111) verblühen,
verwelken — fané, e II 35 welk, verblüht

fantaisie, f. 40 Laune, Belieben; à leur
f. nach (ihrem) Belieben

fantassin, m. II 18a, 1 Fußsoldat, Infanterist

fantastique II 42a phantastisch

farceur, m. 55a Spaßmacher

fardeau, m. II 18a, 2/3 Last

fasciner (le regard) 39a (den Blick) fesseln

fashionable 39a vornehm (le monde f.
die vornehmen Leute)

fatigue, f. 53 Anstrengung, Ermüdung

fatiguer: se f. (zu II 34, 4 Gr. 156) sich
abmühen

faubourg, m. II 32, 4 Vorstadt

faubourien, -enne II 42, 2 der Vorstädte

faucon, m. II 6 Falke

fausseté, f. 45 Falschheit

faute, f. II 39, 2 Fehler, Schuld — faute
de 65 aus Mangel an

fauvette, f. 58 Grasmücke

faux, fausse (zu 11 Gr. 38) falsch — 45
le faux monnayeur Falschmünzer

faveur, f. 40a Gunst (en sa f. zu seinen
Gunsten)

favori, favorite 12 Liebling- (ses fleurs
favorites seine Lieblingsblumen)

fécond, e II 41a fruchtbar

fée, f. 24 Fee

feindre (zu II 6 Gr. 17) vorgeben — feindre
de f. (zu II 32, 2 Gr. 117) sich stellen, als ob

féliciter (q. de qc.) II 37 (jem. zu etw.)
Glück wünschen, gratulieren

femme, f. 14 Frau

fendre II 20 spalten

fenêtre, f. 18 Fenster

fer, m. II 15 Eisen — II 19 de fer eisern

ferme, f. II 9 Gut, Pachtgut

fermer 8 schließen, zumachen; II 5 verschließen

fermeté, f. II 2 Festigkeit, Sicherheit

fermier, m. II 9 Pächter, Landwirt

féroce 25a wild

fertile II 35 fruchtbar

festin, m. II 7 Schmaus

fête, f. II 35 Fest

fêter 65 feiern

feu, m. 40 Feuer — faire f. 33a F.
geben — 41a mettre le f. à qc. an
etw. F. legen, etw. anzünden — 56 en
f. feurig

feu, e 51a verstorben, selig

feuillage, m. II 19 Laub, belaubter Zweig

feuille, f. 27 Blatt (f. laurier) — II 34,
4 la f. du matin Morgenzeitung

février, m. 17 Februar

fiacre, m. II 34, 4 Droschke (47a prendre
mieten)

fidèle 30 treu

fidélité, f. 49 Treue

fier: se fier à q. (zu II 42, 1 Gr. 111) jem.
trauen, vertrauen

fier, fière 43 stolz

fièvre, f. 61 Fieber (II 21 être pris par
la f. F. bekommen)

figure, f. 8 Gesicht; II 14 Gestalt, Figur

file, f. 18 Reihe (à la f. in einer R.)

filer 42a spinnen — II 10a (schnell) segeln,
dahinschießen

filet, m. 62 Fädchen, Netz

fille, f. 24 Tochter; II 11 Mädchen — la
jeune f. 24 das junge Mädchen

fils, m. 14 Sohn

fin, f. 28 Ende (sans fin unendlich)

fin, fine II 19 fein

finir 35 beendigen, II 42a enden — finir
de lire 35 fertig lesen — le déjeuner
fini 35 nach beendigtem Frühstück —
finir par f. II 41, 1 schließlich th. —
fini, e 48a vorbei, zu Ende

firmament, m. II 32a Firmament, Himmelszelt

âxe II 28 fest
âxer 32 befestigen, heften
flamme, f. 19 Flamme
flanc, m. II 19 Seite, Flanke
flâneur, m. II 34, 1 Müßiggänger, Pflastertreter
flaque, f. II 34 Lache, Pfütze
flatter q. 53 jem. schmeicheln
flatteur, m. II 10b Schmeichler
fléau, m. 6 Dreschflegel
flèche, f. II 14 Pfeil
flétri, e II 34, 5 welk
fleur, f. 11 Blume; 14 Blüte
fleurir 11 blühen; 18 aufblühen
fleuve, m. II 43, 2 Fluß, Strom
flocon, m. 22 Flocke
Flore II 17 Flora
flot, m II 34a, 1 Woge (f. couler]
flotte, f. II 41, 1 Flotte
flotter 42a wehen; II 33 schweben
flottille, f. II 41, 2 Flottille, kleine Flotte
foi, f. 42 Treue, Glaube; de mauvaise foi treulos, falsch; II 9 ma foi, meiner Treu!
foin, m. 42a Heu
foire, f. 35a Markt, Messe
fois, f. 16 Mal; une f. par minute einmal in der Minute; chaque f. que II 34, 4 jedesmal, wenn; à la f. 66 zugleich; pour la troisième f. II 4 zum dritten Male; la troisième f. II 4 beim dritten Male
folie, f. II 7 Narrheit, Thorheit (II 9 à la f. wie närrisch)
folle, f. 24 Närrin
fonctionnaire, m. II 48, 2 Beamte
fond, m. 18 Hintergrund; 46 Tiefe
fonder II 9 gründen, begründen
fondre 27 schmelzen (II 18a, 1 faire f. zum Schmelzen bringen); 42 herabstürzen — fondant, e II 31a, 1 saftig
fonds, m. II 10 Kapital, Schatz
force, f. 31 Kraft — à f. de... II 18a, 2 3 mit Hilfe vieler...
forcer 36 zwingen, aufbrechen; II 23 bezwingen; II 43a, 1 erstürmen
foret, m. 5 Bohrer
forêt, f. 46 Wald
forgeron, m. II 15 Schmied
forme, f. II 31 Form, Gestalt (prendre annehmen)
formel, -elle II 34a, 2 förmlich, ausdrücklich
former 17 bilden; se f II 32, 2 entstehen
formidable II 41, 1 furchtbar
fort, e 31 stark; fort(e) de mille hommes II 41, 2 1000 Mann stark — d'une

voix forte 31 mit lauter Stimme — le fort II 20 das Fort, die kleine Festung
forteresse, f. II 31 Festung
fortification, f. II 42, 2 Befestigung
fortune, f. 52 Vermögen — II 8 Glück (II 40a tenter la f. sein G. versuchen)
fortuné, e II 42a glücklich
fossé, m. 18a Graben
fou, fol, folle (zu 20 Gr. 43) thöricht; II 34, 1 toll — 24 le fou der Narr, la folle die Närrin
foudre, f. II 22 Blitz
foudroyer 65 zerschmettern, niederschmettern
fouetter 42a peitschen
fougueux, -se 44a wild, aufbrausend; II 18a, 4/5 feurig
fouiller II 10 umackern
foule, f. 57 Menge; II 42, 2 Volksmenge — en f. 57 haufenweise
fouler II 39, 1 niedertreten; II 31a, 4 f. aux pieds mit Füßen treten
four, m. 89 Backofen
fourberie, f. 47 Betrug, Gaunerei
fourche, f. 42a Heugabel
fourmilière, f. II 34, 5 Ameisenhaufen, Schwarm
fournir II 7 liefern
fourrer II 34, 5 stecken, hineinstecken
foyer, m. 40 Herd
fracas, m. 56a Getöse
fracasser II 25 zerschmettern
fragile 32 zerbrechlich; 50a zerreißbar
frais, fraiche 11 frisch
franc, franche (zu 14 Gr. 36) frei; II 31a, 2 aufrichtig; II 40a offen, freimütig (f. parler)
français, e 34 französisch — 41a le Français der Franzose
France: la F. 37 Frankreich
franchir II 22 überschreiten, passieren; II 34, 2 fahren über
François II 31a, 2 Franz
frapper 27 treffen; II 20 schlagen, klopfen (II 43a, 2 qc. auf etw.); II 20 zuschlagen
frayeur, f. 35a Schrecken
frégate, f. II 10a Fregatte
frein, m. II 39, 2 Gebiß (mettre un f. à qc. etw. im Zaume halten)
frémir II 39a rauschen; II 42a brausen, erklingen
frénétique II 42, 2 wahnsinnig
fréquent, e II 32, 2 häufig
frère, m. 28 Bruder
fretin, m. II 7 Fischbrut
friandise, f. 50 Näscherei
fripon, m. 47 Spitzbube
frire II 7 braten (in der Pfanne)
frisson, m. II 34, 1 Schauder

froid, e 18 falt — 58 le froid die Kälte
fromage, m. 40 Käse
froncer les sourcils 38 die Stirn runzeln
front, m. 8 Stirn; 52 Antlitz
frontière, f. II 43, 3 Grenze
frotter 42a reiben
frugal, e 46a einfach
fruit, m. 40 Frucht, Folge — les fruits
   II 31a, 1 Obst
fuir 23 fliehen (zu II 40, 2 Gr. 114 fuir
   q. vor jem. fliehen)
fuite, f. II 35 Flucht
fuligineux, -se II 34, 2 rußig
fumée, f. 40 Rauch
fumer II 43, 3 rauchen
fumiste, m. II 34, 2 Ofensetzer
furie, f. II 41, 2 Wut
furieux, -se II 25 wütend
fuseau, m. 42a Spindel
fusil, m. II 42, 2 Gewehr — II 31a, 2
   le f. de munition Kommißgewehr
futile 52 wertlos
futur, e 44 zukünftig

G.

gages: les g., m. II 26 Lohn
gagner 48 gewinnen, verdienen (Geld);
   68a erreichen; II 39, 1 erringen
gai, e 21 lustig; II 14 fröhlich, heiter
gain, m. II 18a, 2 3 Gewinn
gamin, m. II 32, 4 Straßenjunge
garantie, f. II 40a Bürgschaft
garantir II 41, 1 verbürgen
garçon, m. 46 Junge, Knabe; II 34, 2
   Geselle (le g. boucher Schlachtergeselle)
garde, f. II 20 Wache (f. bonne g. gut
   Z. halten); II 31 Garde — le corps
   de g. II 43a, 2 Wache, Wachtlokal —
   prendre g. à 64 achthaben auf (je
   prends g. à moi II 31a, 4 ich sehe
   mich vor)
garde-chasse, m. 62 Jagdaufseher
garder 54 behalten; II 15 behüten; II
   40, 2 bewahren, aufheben — se g. de f.
   64 sich davor hüten zu th.
gardien, m. 49 Wächter — le g. de la
   paix II 34, 2 Schutzmann
gare! 23 Achtung! Vorsicht! — la g. II
   34, 1 Bahnhof
garnison, f. II 43a, 2 Besatzung
gâter II 31a, 2 verderben — se g. II 10a
   schlimmer werden
gauche 47 link — à la g. II 31a, 3 zur
   Linken, links — à g. II 34a, 3 nach links
Gaule: la G. II 22 Gallien
gaulois, e II 23 gallisch

gaz, m. II 34, 1 Gas [f. bec]
gazouillement, m. II 34a, 3 Gekicher
geai, m. 62 Eichelhäher
gelée, f. 40 Frost
gémir 25a ächzen, seufzen
gémissements: les g., m. 49 das Ächzen,
   Stöhnen, Wimmern, Heulen
général, e 62 allgemein (en g. im allgemeinen) — le g. II 2 General,
   Feldherr
génération, f. 44a Generation, Geschlecht
généreux, -se II 32, 5 edelmütig
générosité, f. 53 Edelmut, Großmut
genêt, m. 40 Pfriemkraut
génie, m. II 32, 3 Genie, natürliche Anlage (31a de für)
génisse, f. 56 Färse (= junge Kuh)
genou, m. 10 Knie (à genoux II 10a
   auf die Kniee, II 41a auf den Knieen)
genre, m. II 16 Art (le g. de vie Lebensweise)
gens, m. 23 Leute (les g. de guerre II
   11 Krieger)
gentil, -ille (zu 25 Gr. 42) artig; 27 niedlich
gentilhomme, m. (zu II 12 Gr. 26) Edelmann
George 46 Georg
gerbe, f. 6 Garbe
Gergovie II 23 Gergovia
geste, m. II 43, 3 Gebärde, Geste
gibecière, f. II 7 Jagdtasche
gibier, m. 25a Wild, Wildprett
gigantesque 40 riesenhaft
glace, f. 61 Eis
glisser II 32, 2 gleiten; II 31a, 2 gleiten
   lassen — se g. II 32, 2 sich schlängeln
globe, m. II 33 Himmelskörper
gloire, f. II 39, 1 Ruhm
glorieux, -se II 39, 2 ruhmbedeckt, ruhmreich
glu, f. 64 Vogelleim
golfe, m. II 40a Golf, Meerbusen
gorge, f. 8 Gurgel, Kehle — 40 Schlucht
gousse, f. 40 Hülse (von Kastanien)
goût, m. II 32, 1 Geschmack, Geschmacks-
   richtung (avec g. II 32, 4 geschmackvoll)
goûter II 18a, 1 kosten, schmecken — g. qc.
   (zu II 40, 2 Gr. 114) Geschmack finden an
goutte, f. 44a Tropfen
gouvernail, m. II 10a das Steuer
gouvernement, m. II 2 Regierung
gouverner II 39, 2 regieren
gouverneur, m. 40a Statthalter; II 43a,
   1 Kommandant
grâce, f. 26 Gnade   II 17 Anmut —
   II 41a Dank (rendre g. D. sagen) —
   65 g. à dank
gracieux, -se II 28 anmutig

grade, m. II 2 (militärischer) Rang
grain, m. 6 Korn (40 les grains de sel Salzkörner)
graine, f. 42a Samenkorn
grand, e (ju 5 Gr. 34) groß
Grande-Bretagne: la G. II 41, 2 Großbrittannien
grandeur, f. II 6 Größe
grandir 13a wachsen
grand'mère, f. II 40, 1 Großmutter
grand'père, m. 58 Großvater
grange, f. 6 Scheune, Scheuer
gras, grasse (ju 26 Gr. 42) fett
gratter 42a aufkratzen
gratuit, e II 32, 2 unentgeltlich
gravir 40 erklimmen
gravure, f. II 36 Kupferstich, Stahlstich
grec, grecque (ju 14 Gr. 36) griechisch
grêle II 19 schlank
grelottant, e II 34, 1 zähneklappernd
grenadier, m. 34 Grenadier
grenouille, f. 42 Frosch
grève, f. II 34, 5 Arbeitsmarkt
griffer 8 zerkratzen
griffon, m. 42a Greif
grille, f. II 34, 2 Gitter; II 34a, 2 Gitterthor
grimper 53 klettern; II 40, 1 erklettern, hinaufklettern
gris, e II 40, 1 grau
grisâtre II 31a, 2 gräulich
grive, f. 58 Drossel, Krammetsvogel
gronder II 26 schelten, auszanken; II 43, 3 murren
grondeur, m. II 26 Zänker
gros, grosse 10 dick
grossier, -ère 40 grob
groupe, m. II 10a Gruppe (par groupes in Gruppen)
grouper II 34, 2 gruppieren
guère: ne ... g. 6½a nicht eben
guérir 57 heilen — se g. II 21 wieder gesund werden
guerre, f. II 11 Krieg (faire la g. à q. ju II 32, 1 Gr. 113 jem. bekriegen) [f. gens]
guetter q. (ju II 40, 2 Gr. 114) jem. auflauern
gueule, f. 58 Rachen, Maul
guide, m. II 18a, 4 5 Führer
guider II 41a führen, leiten
Guillaume 1 Wilhelm
Gustave 12 Gustav

H.

habile II 24 geschickt
habillement, m. 40 Anzug
habiller 18 kleiden, ankleiden; 58 anziehen
habit, m. (ju 5 Gr. 19 Rock) — les habits 40 die Kleider
habitant, m. 63 Einwohner, Bewohner
habitation, f. 17a das Wohnen — 44a Wohnung [f. maison]
habiter 58 wohnen, bewohnen
habitude, f. II 16 Gewohnheit — avoir l'h. de qc. II 32, 2 etw. gewohnt sein
habituel, -elle 54 gewöhnlich
habituer 58 gewöhnen
'hache: la h. 5 Axt; II 30 Beil [f. coup]
'hacher II 26 zerhacken, in kleine Stücke schlagen
'haie: la h. 27 Hecke
'haïr (ju II 2 Gr. 16) hassen
haleine, f. 7 Atem (reprendre h. wieder A. schöpfen; retenir son h. II 31a, 4 den A. anhalten; hors d'h. 39 außer A.)
'hallier: le h. II 19 (dichter) Busch
'hameau: le h. 56 Weiler
'hangar: le h. 42a Schuppen (für Wagen)
'harasser II 42, 2 abtreiben
'hardi, e II 11 kühn
'hasard: le h. 47 Zufall (au h. aufs Geratewohl; par h. II 3 zufällig)
'hâte: la h. II 42, 2 Eile (à la h. in aller E., eilig)
'hâter II 42, 1 beschleunigen; se h. de f. 52 sich beeilen zu th.
'haut 8 oben — le h. der obere Teil; en h. II 43, 2 oben (II 10a auf Deck); au h. de 8 (en h. de II 43, 3) oben auf; du h. de II 2 von ... herab; depuis le h. jusqu'en bas II 26 von oben bis unten — haut (ju II 39, 2 Gr. 193) laut — haut, e 8 hoch
'hautain, e II 41, 1 hochmütig
'hauteur: la h. 40 Höhe, Anhöhe — 43a Hochmut
'hâve II 43, 3 abgezehrt
'hé! II 10b heda!
'heaume: le h. II 15 Ritterhelm
hectique II 34a, 2 schwindsüchtig
hélas! 66 ach!
'hennir 56 wiehern
'Henri 58 Heinrich
herbe, f. 11 Gras, Kraut
'hérisser 42a (die Federn) sträuben — hérissé, e II 19 (mit Stacheln) besetzt
héritage, m. II 10 das Erbe
hériter (ju II 32, 1 Gr. 113) erben (de qc. etw.; qc. de q. etwas von jem.)
hermétique II 5 luftdicht

héroïque II 11 heldenmütig

'héros: le h. II 80 Held

hésiter (ju II 34, 4 Gr. 156) zaubern, zögern

heure, f. 4 Stunde — à quatre heures um 4 Uhr (il est onze heures 10 es ist 11 Uhr; vers sept heures et demie II 34,2 gegen ½8 Uhr; neuf heures du soir II 36 neun Uhr abends; cinq heures du matin II 43, 1 fünf Uhr morgens) — à la bonne h.! II 36 das lasse ich mir gefallen (43a meinetwegen!) — tout à l'h. 62a sogleich

heureux, -se II 85 glücklich

'heurter: se h. contre II 31a, 4 stoßen an

hier 64 gestern

hirondelle, f. 60 Schwalbe

histoire, f. 50 Geschichte

hiver, m. 6 Winter (en h. 18 im W.)

homme, m. 8 Mensch, Mann — un h. à cheval 28 Reiter — un h. d'armes II 21 Bewaffneter — il n'était pas h. à f. II 31a, 3 er war nicht der Mann dazu, zu th. — deux cents hommes II 20 zweihundert Mann

'Hongrois: le H. II 41,1 Ungar

honnête 24 rechtschaffen, ehrlich [f. par-fait]

honnêteté, f. 29 Ehrlichkeit

honneur, m. 44 Ehre

honorer 11 ehren

'honte: avoir h. (ju II 32, 2 Gr. 112) sich schämen

'honteux, -se 62 beschämt

hôpital, m. 63 Hospital

horizon, m. II 36 Horizont

horrible 41a furchtbar, schrecklich; II 10a entsetzlich (II 43a, 3 chose h. entsetzlich anzusehen)

'hors de 39 außer, außerhalb; 47a aus …heraus — h. d'ici! II 26 hinaus!

hospice, m. II 18a, 1 Hospiz

hospitalier, -ère II 32, 5 gastfreundlich

hospitalité, f. 43a Gastfreundschaft

hostilité, f. II 41, 2 Feindseligkeit

hôte, m. 27 Wirt, Gast — les hôtes 56a Wirtsleute

hôtel, m. II 5 (vornehmes) Haus; II 43, 3 Gasthaus (de la Poste zur Post) — l'h. de ville II 34, 2 Rathaus (l'H. de Ville das Pariser Präfektur-Gebäude)

'hotte: la h. II 34, 2 Traglorb

'houx: le h. II 19 Stechpalme

'huée: la h. II 43, 3 Hohngelächter

huissier, m. II 5 Thürhüter

humain, e 8 menschlich; 43a menschenfreundlich

humble 44 demütig, ergeben (votre très h. serviteur... Ihr ergebenster); II 85 bescheiden

humeur, f. II 18a, 1 (gute oder schlechte) Laune

humide 20 feucht

'hurler 56 heulen

'hurrah: le h. II 42, 2 Hurraruf

hypocondriaque II 1 hypochondrisch, schwermütig

I.

ici 26 hier; 57 hierher — par ici II 25 hierher — ici-bas 26 hienieden

idée, f. 37 Gedanken (concevoir l'idée de f. den Gedanken fassen zu th.)

ignorer (ju II 24 Gr. 138) nicht wissen — ne pas i. (ju II 18 Gr. 185) sehr wohl wissen

île, f. II 8 Insel (dans auf)

illégitime II 40a ungesetzlich

image, f. 13 Bild, Abbild, Ebenbild

imaginer (ju II 32, 2 Gr. 112) sich vorstellen; i. de f. II 18a, 2/3 auf den Gedanken kommen zu th. — s'i. 44 sich denken, vermuten; (ju II 32, 2 Gr. 112) sich einbilden

immense II 33 unermeßlich, ungeheuer

immobile II 28 unbeweglich

immobilité, f. II 31a, 3 Unbeweglichkeit

immortel, -elle II 18a, 1 unsterblich

impassible II 34a, 3 kaltblütig

impatience, f. II 2 Ungeduld (avec i. ungeduldig)

impatient, e (ju II 34, 5 Gr. 157) begierig — II 43a, 2 ungeduldig

impatienter 47a ungeduldig machen

imperceptible 58 unbemerkbar

impérial, e II 43, 2 kaiserlich

impérieux, -se II 42, 1 gebieterisch

impétueux, -se II 24 ungestüm, aufgeregt

implacable II 30 unversöhnlich, unerbittlich

impopularité, f. II 40a Unbeliebtheit

important, e 28 wichtig — W 39 Anm. il est i. que (mit Konj.) es ist w., daß

importer 37 einführen

impossible 50 unmöglich — W 51 Anm. il est i. que (mit Konj.) es ist u., daß

imprimer 37 drucken – II 32, 4 aufdrucken

imprimerie, f. 37 Buchdruckerkunst

imprudence, f. 61 Unklugheit, Unvorsichtigkeit

impur, e 13a unrein

inaccoutumé, e 39a ungewohnt

incapable (ju II 34, 5 Gr. 157) unfähig
incartade, f. II 4 Schmähung
incendie, m. 64a Brand, Feuersbrunst
incertain, e II 30 ungewiß, unsicher
incessant, e II 34a. 2 unaufhörlich
inclination, f. 44 Neigung
incliner 48 neigen
incomparable II 30, 1 unvergleichlich
inconnu, e II 8 unbekannt
inconstance, f. II 41a Unbeständigkeit
inconstant, e 53 unbeständig
incontestable II 32, 3 unbestreitbar
incorrigible 4 unverbesserlich
incurable II 32, 5 unheilbar
Indes: les I., f. 22 Indien; aux I. in J.
index, m. 9 Zeigefinger
indicible II 28 unsagbar
indifférent, e 48a gleichgültig
indigent, e 45a arm
indignation, f. 65 Entrüstung, Unwille
indiquer 16 angeben, anzeigen
indispensable 48 unbedingt nötig
indomptable II 41, 2 unbezähmbar
industrie, f. II 30, 1 Industrie, Gewerbe
industriel, -elle II 32, 4 industriell, gewerblich
inégal, e 40 ungleich
inépuisable II 32, 4 unerschöpflich
inévitable 64a unvermeidlich
infâme II 26 niederträchtig
infatigable 15 unermüdlich
inférieur, e 52 geringer, nieder [f. classe]
infini, e 44 unendlich
infléchir 44a einwärts biegen
influence, f. II 41, 3 Einfluß
infortuné, e II 10 unglücklich
infranchissable II 38 unüberschreitbar
ingénieux, -se II 32, 3 erfinderisch, scharfsinnig (à f. darin zu th.); II 30 geistreich
ingénu, e II 2 unbefangen
ingrat, e 27b undankbar
inhumain, e II 43a, 3 unmenschlich
injure, f. 46 Beleidigung, Schmähung
(II 27 faire une i. eine B. zufügen)
injuste II 4 ungerecht
innocence, f. 13 Unschuld
innombrable 50a unzählbar, unzählig
inonder II 43a, 3 überschwemmen
inquiet, inquiète (ju 12 Gr. 40) unruhig
inquiéter 59 beunruhigen
inquiétude, f. II 12 Unruhe, Sorge
insaisissable II 30, 1 ungreifbar
insecte, m. 54 Insekt
insensé, e II 42a unvernünftig
insensible II 42a unmerklich
insolence f II 24 Unverschämtheit, Frechheit

insolent, e II 9 unverschämt
installation, f. 30a Niederlassung
instant, m. 34 Augenblick (à l'instant sogleich, sofort)
instinct, m. II 28 Instinkt, Naturtrieb
instinctif, -ve II 28 instinktmäßig
instruction, f. II 32, 5 Unterricht
instruire (ju II 5 Gr. 17) unterweisen; II 43a, 1 unterrichten
insulte, f. II 43, 3 Beschimpfung
intact, e 38a unversehrt
intelligence, f. 25a Einvernehmen (vivre en bonne i. in gutem E. leben)
intelligent, e 40 intelligent, klug
intention, f. 47 Absicht (de f. zu th.)
intercéder 40a eintreten, sich verwenden
interdire (ju 60 Gr. 17) untersagen — interdit, e 47 bestürzt (demeurer i. b. sein)
intéresser 36 interessieren; s'i. à (ju II 42, 1 Gr. 111) Anteil nehmen an
intérêt, m. 57 Interesse; II 40a Vorteil — les intérêts 48 Zinsen (placer à intérêts verzinslich anlegen)
intérieur, e II 18 innere
interloqué, e 38 verstört
interminable II 43, 3 endlos
interrogateur, -trice II 34a, 1 fragend
interroger II 18a, 4, 5 ausfragen
interrompre 47 unterbrechen; interrompit le fripon unterbrach ihn (!) der Spitzbube
intervalle, m. II 18 Zwischenraum, Pause (par intervalles II 18a, 4,5 mit Unterbrechungen)
intervenir (ju 58 Gr. 16) dazwischentreten, sich ins Mittel legen
intimider II 28 einschüchtern
introduire II 5 einführen, hineinführen
inutile II 23 unnütz, vergeblich, zwecklos
invalide, m. II 43a, 1 Invalide
invariable 57 unveränderlich
invasion, f. II 42, 2 (feindlicher) Überfall; II 34a, 2 Überschwemmung (bildlich)
inventer 37 erfinden
inventeur, m. 27 Erfinder
inventif, -ve II 32, 3 erfinderisch
invention, f. 37 Erfindung
invincible II 30 unbesieglich
invisible II 9 unsichtbar
inviter II 40, 2 einladen
ironie, f. II 42, 1 Ironie
irrégulier, -ère II 16 unregelmäßig
irriter 52 erzürnen — irrité, e zornig — W 53 Anm. être irrité(e) que (mit Konj.) erzürnt (zornig) sein, daß — irrité(e) de f. II 21 erzürnt darüber zu th.
issue, f. II 5 Ausgang

Italie: l'I., f. II 1 Italien
ivraie, f. 51a Unfraut
ivre II 42, 2 betrunken
ivresse, f. II 39, 2 Trunkenheit, Rausch
ivrogne, m. II 26 Trunkenbold

J.

jaillir 6 herausspringen; 61 heraussprudeln
jaloux, -se II 6 eifersüchtig, mißgünstig
jamais 25 jemals; ne ... j. niemals, nie
jambe, f. 9 Bein; 10 Unterschenkel
janvier, m. 17 Januar
jardin, m. 20 Garten
jaune 64 gelb
Jeanne II 11 Johanna (J. Darc die Jung-frau von Orleans)
Jésus-Christ 37 Jesus-Christus; après J.-C. (= après Jésus-Christ) n. Chr. (= nach Christi Geburt)
jeter 39 werfen (se j. à terre sich zu Boden w.) — II 8 verschlagen — II 18a, 4/5 hinwerfen [s. ancre]
jeu, m. 52 Spiel
jeudi, m. 17 Donnerstag
jeun: à j. 62a nüchtern
jeune 24 jung; le j. homme II 22 Jüngling
jeunesse, f. II 2 Jugend
joie, f. 58 Freude
joindre (zu II 6 Gr. 17) verbinden; j. q. mit jem. zusammentreffen; (zu II 40, 2 Gr. 114) zu jem. stoßen
joli, e II 32, 4 hübsch
joncher 6 bestreuen, bedecken
joue, f. 8 Wange, Backe
jouer 19 spielen (II 21 de mit); zu II 40, 2 Gr. 114: j. qc. um etw. sp.; j. à ein Spiel sp. (aux échecs Schach); j. de ein Instrument sp. (du piano Klavier) — se j. de 44a sich lustig machen über, verspotten
jouets: les j., m. 39a Spielzeug
joueur, m. 68 Spieler
jouir (de qc.) zu II 32, 1 Gr. 113 (etw.) genießen
jouissance, f. II 18a, 1 Genuß, Freude
jour, m. 3 Tag, 66 Tageslicht — il est j. 40 es ist Tag — mettre au j. 47 ans Licht bringen — un j. 3 eines Tages; II 32, 2 an einem Tage (un j. que 62 eines Tages, als; un j. d'été que 61 an einem Sommertage, als) — au petit j. 18 bei Tagesanbruch — avant le j. II 18a, 4/5 vor Tagesanbruch — l'autre j. 19 kürzlich, neulich — chaque j. II 9 täglich — de nos

jours 22 heutzutage — quinze jours 56a vierzehn Tage (une quinzaine de jours etwa vierzehn Tage)
journal, m. 35 Zeitung
journalier, m. 38a Tagelöhner
journée, f. II 42, 1 Tag (II 18a, 2 3 à an)
joyeux, -se 7 erfreut, fröhlich
juge, m. II 11 Richter
jugement, m. 54 Urteil (porter fällen)
juger (zu II 40, 2 Gr. 114) aburteilen (q. über jem.)
juillet, m. 17 Juli
juin, m. 17 Juni
Junon II 6 Juno
jurer II 20 schwören (de f. th. zu wollen)
jusqu'à ce que (mit Konj.) 58 bis
jusque 22 bis [s. depuis] — jusque-là II 42, 2 bis dahin, bis jetzt
juste (zu II 39, 2 Gr. 198) richtig — justement 50 gerade (= eben)
justice, f. II 5 Gerechtigkeit, Billigkeit — faire j. de qc. II 32, 5 etw. richtig stellen
justification, f. II 4 Rechtfertigung

K.

kilomètre, m. II 43, 2 Kilometer

L.

là 1 da, dort; II 36 dahin, dorthin — là-bas II 43, 2 dort
laborieux, -se 48 arbeitsam
labourage, m. 15 Ackern
labourer 15 ackern; II 19 aufwühlen
laboureur, m. 15 Ackersmann; II 10 Landmann
labyrinthe, m. 39a Labyrinth, Irrgang
lac, m. II 34a, 3 der See
lâche 58a feige (le l. der Feigling)
lâcher 56 loslassen
là-dessus 54 hierüber; 62a hierauf
laid II 34, 3 häßlich
laine, f. 40 Wolle (de laine wollen)
laisser 25 lassen, hinterlassen; II 5 stehen lassen; II 25 zurücklassen; (zu II 35 Gr. 158) überlassen; II 31a, 1 übrig lassen
lambeau, m. II 31a, 4 Fetzen (déchirer par lambeaux in Stücke reißen)
lame, f. 29 Klinge [s. couteau]
lamentable II 43, 3 kläglich
lamenter: se l. 19 jammern
lance, f. II 15 Lanze
lancer 40 schleudern; 65 zuwerfen; 48a in Gang bringen
lande, f. II 19 die Heide

langage, m. II 10b Sprache, Redeweise
lapidaire, m. II 6 Edelsteinschleifer
laquais, m. 25 Lakai, Bedienter
lares: les l., m. II 35 Hausgötter
large II 5 breit, weit
larme, f. II 4 Thräne
las, lasse (zu 25 Gr. 42) müde
lasser: se l. 27b müde werden
latin, e II 34, 8 lateinisch (le quartier l.
 das Studentenviertel in Paris)
laurier, m. 55 Lorbeerbaum (la feuille
 de l. Lorbeerblatt); II 43a, 8 Lorbeer
lécher 49 lecken
leçon, f. 48a Lehrstunde, Unterricht, Unterweisung (professer une l. eine Stunde
 erteilen); II 10b Lehre
lecteur, m. II 28 Leser
lecture, f. 57 Lektüre
légendaire II 43, 8 sagenhaft
légende, f. II 42, 1 Legende, Märchen
léger, -ère II 6 leicht (vom Gewicht)
légitime 47 rechtmäßig
lendemain, m. 65 der folgende Tag oder
 Morgen (le l. II 30 am folgenden Tage;
 le l. de 65 am Tage nach)
lent, e 7 langsam (à pas lents mit langsamen Schritten)
lenteur, f. 47a Langsamkeit
leste II 31a, 1 hurtig
lettre, f. 28 Brief — 50 Buchstabe
lever II 23 aufheben (f. pont) — se l.
 30 aufgehen, aufstehen, sich erheben; II
 10a emporsteigen
lèvre, f. II 4 Lippe
libéral, e II 39, 1 freisinnig
liberté, f. 44 Freiheit (mettre en l. 65
 in F. setzen; prendre la l. zu II 32, 2
 Gr. 112 sich die F. nehmen)
libre 22 frei (tu es libre II 31a, 2 das
 steht dir frei)
lice, f. 39a Kampfplatz
licteur, m. II 30 Liktor (römischer Gerichtsdiener)
lien, m. 31 Band; II 30 Fessel
lier 31 binden
lieu, m. II 15 Ort — avoir l. 25a stattfinden — donner l. de qc. II 37 zu
 etw. Veranlassung geben — an l. que
 II 6 anstatt daß — au l. de f. II 22
 anstatt zu th. — les lieux II 18a, 2, 3
 Terrain
lieue, f. 47 Meile
lieutenant, m. II 22 Statthalter, Stellvertreter
ligne, f. 2 Linie; II 34, 2 Reihe — II
 40a le 7e de ligne das 7. Linienre-
 giment

ligue, f. II 41, 8 Bund (entrer dans une l.
 einem B. beitreten)
lime, f. 21a Feile
limite, f. II 2 Grenze
limpide 12 hell, klar (l'eau l.)
linge, m. II 4 Leinwand, Leinentuch
lingot, m. II 31a, 2 Bolzen
lion, m. II 3 Löwe
lire 35 lesen [57 il lit; II 4 lu, e]
lis, m. 18 Lilie
Lisbonne II 30, 1 Lissabon
lit, m. 19 Bett — 61 dans son l. de douleur auf seinem Schmerzenslager
littéraire [f. W II 32, 2]
livre, m. 18 Buch
livrer II 22 hingeben, ausliefern
local, m. 17a Räumlichkeit
locatis, m. II 34a, 8 Mietsgaul
logement, m. 17a Wohnung
logis, m. II 13 Wohnung (meist kleine)
loi, f. II 32, 5 Gesetz
loin II 14 weit; 28 weit weg, weit entfernt, fern — de l. II 9 von weitem
 — de l. en l. II 34, 1 dann und wann
 — au l. II 32a in der Ferne — l. que
 (zu II 30 Gr. 91) weit entfernt, daß
lointain, e II 34, 1 fern — le l. II 19
 Hintergrund
Loire: la L. 44a die Loire
Londres II 1 London
long, longue (zu 25 Gr. 42) lang — un l.
 voyage 26 eine weite Reise — le
 l. de II 34, 1 längs, an ... entlang, an
 ... hin — de mon (ton) long II 34a,
 8 der Länge nach)
longer qc. II 19 an etw. entlang gehen
longtemps 29 lange (depuis l. seit langer
 Zeit) [f. aussi]
loquet, m. II 5 Thürdrücker, Klinke
lors: depuis lors 58a seit der Zeit
lorsque 6 wenn (= dann wenn), als
lot: le gros lot II 9 das große Los
loterie, f. II 9 Lotterie (mettre à la l.
 in der Lotterie setzen)
louage, m. II 43, 1 Miete
louangeur, -euse II 37 schmeichelhaft
louer 52 loben (de wegen) — W 58
 Anm. l. que (mit Konj.) loben, daß
Louis 1 Ludwig — le louis II 30 der
 Louisdor (= 20 francs)
loup, m. 56 Wolf
lourd, e 43 schwer (vom Gewicht)
luire (zu II 5 Gr. 17) leuchten
lumière, f. 18 Licht
lundi, m. 17 Montag
lune, f. 56 Mond
lustrer II 19 glänzend machen, putzen

luxe, m. II 5 Luxus, Pracht
luxueux, -se II 32, 3 luxuriös
luzerne, m. 42a Klee
lyrique II 32, 2 lyrisch [f. W II 32, 2]

M.

M. (= monsieur) 18 Herr (de M. Christophe des Herrn Christoph)
machinal, e II 43, 3 mechanisch
machine, f. II 34, 4 Maschine
maçon, m. II 34, 2 Maurer
maculer II 34, 3 beflecken
madame 24 gnädige Frau (m. la fée
Frau Fee; II 24 m. la Dauphine die
Frau Kronprinzessin)
Madeleine: la M. 39a die Magdalenenkirche (in Paris)
magasin, m. II 32, 3 Niederlage, (eleganter) Laden
magicien, m. 58 Zauberer
magique II 42a zauberisch
magnificence, f. 43a Pracht
magnifique 52 großartig, prächtig
mai, m. 17 Mai
maigre 40 mager
maille, f. Masche [f. cotte]
main, f. 9 Hand (à la m. II 2 in der H.;
tenir de la m. 15 mit der H. halten; sous
m. II 41, 1 unter der H.; battre des
mains 47 in die Hände klatschen; de
mes mains II 9 eigenhändig)
maint, e (zu 40 Gr. 86) mancher
maintenant 19 jetzt
maintenir (zu 58 Gr. 16) aufrecht erhalten
mairie, f. II 34, 3 Bürgermeisteramt, Rathaus
mais 3 aber, sondern
maison, f. 5 Haus (17a la m. d'habitation Wohnhaus)
maître, m. 1 Lehrer; 3 Herr; II 3 Meister
majesté, f. II 24 die Majestät
mal (zu 50 Gr. 53) schlecht, schlimm —
se trouver m. (zu II 42, 1 Gr. 111) ohnmächtig werden — le m. 60 Übel, Leid;
II 18a, 4/5 das Böse; II 21 Leiden
malade 24 krank (tomber m. 59 f. werden)
maladie, f. 61 Krankheit
maladresse, f. II 12 Ungeschicklichkeit
malédiction, f. II 43, 3 Verwünschung
malgré 19 trotz
malheur, m. 19 Unglück — W 39 Anm.
c'est un m. que (mit Konj.) es ist ein
U., daß — 60 m. aux barbares! wehe
den Unmenschen! — II 31a, 1 par m.
unglücklicherweise, leider

malheureux, -se 19 unglücklich — malheureusement II 32, 2 leider
malin, maligne (zu 25 Gr. 42) bösartig
malitieux, -se II 32, 4 boshaft, malitiös
maltraiter 60 mißhandeln
maman, f. 35 Mama
manche: 15 le m. Stiel, Griff — 44 la
m. Ärmel; la M. der Kanal (zwischen
Frankreich und England)
manger 4 essen; 66 fressen
manière, f. II 5 Art, Weise (à la m.
nach Art; la m. dont die Art, wie) —
de m. que (zu II 30 Gr. 91) so daß
manœuvre, f. II 10a Manövrieren, das
Lenken des Schiffes
manquer II 10 fehlen, versagen; II 20
verfehlen — m. de II 34a, 1 fehlen,
Mangel haben an (je manque de es
fehlt mir an, ich habe Mangel an)
manteau, m. II 32a Mantel
maraud, m. II 26 Lump
marbre, m. II 12 Marmor; de m. marmorn
marchand, m. 22 Kaufmann; II 34, 5
Händler (le m. d'habits Kleiderhändler)
marche, f. 56 Marsch (la m. triomphale
Triumphzug; en m. t. im T.); II 33
Weg; II 42a Gang; II 34, 2 Stufe —
se mettre en m. II 18a, 4/5 sich aufmachen
marché, m. 30 Markt (Wochenmarkt) (le
m. se tenait 47 der M. wurde abgehalten) — II 34, 2 Geschäft, Handel
marcher 7 marschieren, gehen
mardi, m. 17 Dienstag
maréchal, m. II 24 Marschall
Marguerite II 11 Margarete
marier 63 verheiraten
marin, m. II 10a Seemann
maritime II 41, 3 See- (la guerre m.
Seekrieg)
marque: la m. de fabrique II 32, 4
Fabrikzeichen
marquer 16 angeben, bezeichnen
mars, m. 17 März
marteau, m. 5 Hammer
masse, f. II 42, 2 Masse (en m. massen-
weise)
mât, m. II 14 Mast (le grand m. Hauptmast)
matelot, m. II 14 Matrose
matériel, m. II 18a, 2, 3 Material, Kriegsmaterial
matière, f. II 33 Materie, Stoff
matin, m. 18 Morgen (51a m.; II 34, 5 de
grand m. früh morgens — le m. II
10a am Morgen, morgens — vers le
m. II 18a, 1 gegen Morgen) [f. heure]

matinal, e II 34, 1 morgendlich, Morgen-
maudire (zu 60 Gr. 17) verfluchen, ver-
    wünschen
Maurice 62 Moritz
mauvais, e (zu 34 Gr. 40) schlecht, schlimm
    — W 30 Anm. il est m. que (mit
    Konj.) es ist schlecht, daß — II 15 böse
    (c'est m. signe das ist ein böses Zei-
    chen) — trouver m. II 30 mißbilligen
Mayence 37 Mainz
méchant, e 13a böse (le m. 3 Bösewicht)
mèche, f. II 43a, 3 Lunte
méconnaître (zu II 8 Gr. 17) verkennen
mécontent, e 52a unzufrieden
médecin, m. 57 Arzt
médire de q. (zu 60 Gr. 57) schlechtes
    reden von jem., jem. übles nachreden
méditer qc. (zu II 40, 2 Gr. 114) sinnen über
Méditerranée: la M. II 41, 1 das Mit-
    telländische Meer
méfier: se m. de q. (zu II 42, 1 Gr. 111)
    jem. mißtrauen
mélancolique II 82a schwermütig
mêler II 28 mischen (mêlé, e de II 34a, 1
    untermischt mit)
membre, m. 8 Glied
même 27 sogar; II 32, 3 auch nur —
    ne ... pas II 31a, 3 nicht einmal —
    ne ... plus m. (de) II 34, 2 nicht ein-
    mal mehr (ein) — de m. que (zu II
    30 Gr. 91) ebenso wie — le m. 4 der-
    selbe, der nämliche (40 que moi) —
    un m. 51 ein und derselbe
mémorable II 89, 2 denkwürdig
menace, f. II 13 Drohung
menacer q. 34 jem. drohen (m. q. de f.
    jem. damit drohen zu th.); II 40a be-
    drohen — menaçant(e) II 41, 1 be-
    drohlich
ménage, m. II 40, 1 Haushaltung
ménager (une surprise) II 18a, 1 bereiten
    (eine Überraschung)
ménagère, f. 42a Hausfrau
mendiant, m. 31a Bettler
mener 55 führen
mensonge, m. 45 Lüge
menteur, m. 45 Lügner
mentir 45 lügen
menton, m. 8 Kinn
menu, e 48a klein, fein (f. trottinier)
menuisier, m. 5 Tischler
mépris, m. II 20 Verachtung
méprise, f. II 8 Irrtum, Mißverständnis
mépriser II 30 verachten
mer, f. II 14 Meer, die See (par mer
    II 40, 2 übers Meer) [f. noir]
mercredi, m. 17 Mittwoch

mère, f. 4 Mutter
méridional, e II 41, 3 südlich (la Russie
    méridionale Südrußland)
mériter 47 verdienen — W 49 Anm.
    m. que (mit Konj.) v., daß — II 41, 2
    einbringen — bien m. de (zu II 32, 2
    Gr. 118) sich verdient machen um
merle, m. 04 Amsel
merveille, f. 20 Wunder (faire m. W.
    thun)
merveilleux, -se II 30, 2 wunderbar
messager, m. 51a Bote
messagère, f. II 32a Botin
mesure, f. 30 Maß (à m. que in dem M.
    wie) — II 42, 1 Maßregel
mesurer 48a abmessen
métairie, f. II 9 Meierei
métier, m. II 34, 5 Handwerk
mètre, m. II 43, 2 Meter
mettre 29 setzen, stellen, legen, stecken;
    II 31a, 1 thun, hineinthun — m. en
    mille pièces II 26 kurz und klein schla-
    gen — m. bas les armes II 31 die
    Waffen strecken — se m. en colère 46
    in Zorn geraten — se m. à f. 46 sich
    daran machen zu th.; anfangen zu th.
meuble, m. II 43, 2 Möbel
meule, f. 21a Mühlstein
meunier, m. 27b Müller
meurtrir II 31a, 5 zerquetschen
meurtrier, -ère II 19 mörderisch
mi: à mi-côte II 31a, 3 auf der Mitte
    des Abhanges, in halber Höhe
midi, m. 4 Mittag (à m. mittags); 39
    Süden (le M. die Länder des Südens)
miel, m. 41 Honig
miette: la miette de pain 27 Brotkrume
    (Plur.: les miettes de pain)
mieux: il n'a pas m. à f. II 18a, 4/5
    er hat nichts Besseres zu th.
milan, m. 42 der Weihe
Milan II 39, 1 Mailand
milieu, m. 6 Mitte (f. partager) (au m.
    de mitten in, 40 mitten auf, 54 mitten
    zwischen; au m. de murmures II 43, 3
    unter Murren) — le doigt du m. 9
    Mittelfinger
militaire 44 militärisch, II 28 Kriegs-
    (la science m. Kriegskunst)
millier: le m. (de) II 14 das Tausend
mince II 34, 5 dünn
mine, f. 32 Mine — II 34, 3 Miene
miner II 89, 1 untergraben
ministère, m. II 19 Ministerium
ministre, m. II 42, 1 Minister
minuit II 16 Mitternacht, zwölf Uhr nachts
    (58a à un)

minute, f. 16 Minute
miracle, m. II 41, 2 Wunder
miraculeux, -se 23 wunderbar
mirer 12 spiegeln
miroitement, m. II 36 Spiegelung
mise: la m. en liberté 65 Freilassung
misérable 52 elend; II 43, 2 erbärmlich
misère, f. II 43, 2 Elend, Not
miséricorde, f. 26 Erbarmen
mission, f. II 43a, 1 Mission, Sendung
mitraille: la décharge de m. II 43a, 2 Kartätschensalve
Mme (= madame) II 12 Frau
mobile 37 beweglich — les mobiles (= la garde nationale mobile) II 42, 2 Mobilgarde
mobilier, m. II 42, 2 Mobiliar
mode, f. II 32, 3 Mode
modérer 39a mäßigen (modéré, e mäßig)
moderne II 32, 5 modern (l'histoire m. II 41, 2 die neuere Geschichte)
modeste 11 bescheiden
mœurs: les m., f. II 32, 1 Sitten
moi: à moi! 34 zu Hilfe!
moindre [s. petit]
moins: en m. d'une heure 40 in weniger als einer Stunde — 44 du m. (II 9 au m.) wenigstens — à moins que... ne (zu II 26 Gr. 144) wofern ... nicht
mois, m. 17 Monat — 31a trois mois ein Vierteljahr
moisson, f. 39 Ernte (f. la m. II 10 E. halten)
moissonneur, m. 39 Schnitter
moitié, f. 16 Hälfte
mollesse, f. 52 Verweichlichung
mollet, m. 10 Wade
moment, m. 39 Augenblick (II 15 au m. où in dem A., als)
monde, m. 24 Welt (au m. 48 auf der W.) — tout le m. 66 jedermann [s. fashionable]
monnaie, f. 55a Münze
monnayeur: le faux m. 45 Falschmünzer
monotone 21a einförmig
monseigneur II 19 der gnädige Herr
monsieur 1 mein Herr — le m. 36 der Herr — le Grand Turc II 9 der Herr Sultan — II 37 Monsieur, Geehrter Herr!
monstrueux, -se II 31a, 4 riesenhaft
mont, m. 44a Berg (vor Namen, z. B. le mont Mézen)
montagnard, m. II 18a, 4/5 Bergbewohner
montagne, f. 40 Berg (les montagnes das Gebirge)

montée, f. II 43, 3 Anstieg, Anhöhe; II 18a, 1 Aufstieg (à bei)
monter II 16 steigen; (zu II 12 Gr. 109) hinaufsteigen; 27b aufsteigen — II 18a, 2/3 hinaufschaffen — m. un cheval II 34a, 3 ein Pferd reiten — monté, e II 18a, 4/5 sitzend (auf einem Reittiere)
montre, f. 16 Taschenuhr
montrer 31 zeigen
monture, f. II 18a, 1 Tier (zum Reiten)
monument, m. II 32, 5 Denkmal
moquer: se m. de II 36 sich lustig machen über
morbleu! II 4 zum Henker!
morceau, m. 32 Stück
mordre 8 beißen
morne II 19 düster, trübe
mors, m. 39a Gebiß, Zaum
mort, f. 22 Tod (26 à bei; mettre à mort töten) [s. condamner, mourir]
mortel, -elle II 20 tödlich, sterblich
Moscou II 1 Moskau
moscovite II 41, 1 russisch
mot, m. 35 Wort (je me suis trompé de mot 47 ich habe mich versprochen; en ces mots 50a mit folgenden Worten; à ces mots II 10b bei diesen Worten) — le mot d'ordre II 43, 1 Parole
motte, f. 15 Erdscholle — la m. à brûler II 34, 5 Lohkuchen
mou, mol, molle (zu 20 Gr. 43) weich
mouche, f. 50 Fliege
moucheron, m. 48a Mücke
moudre (zu II 8 Gr. 17) mahlen
mouiller 33a naß machen; II 10a durchnässen
moulin, m. 21a Mühle
mourir 25 sterben (61 de soif vor Durst) — mort, e 30 tot — le mort II 43, 3 die Leiche — se mourir (zu II 42, 1 Gr. 111) im Sterben liegen
mousqueterie: la décharge de m. II 43a, 2 Musketensalve
mouton, m. 40 Hammel
mouvement, m. II 28 Bewegung
mouvoir (zu 65 Gr. 18) bewegen
moyen, -enne 52 mittlere [s. classe] — le m. 8 Mittel; au m. de vermittelst; de tous vos moyens 52 mit allen (euren) Mitteln
muet, -ette (zu 12 Gr. 40) stumm
mulet, m. II 18a, 2/3 Maulesel
muletier, m. II 18a, 2/3 Maultiertreiber
multitude, f. II 43a, 1 Menge, Volksmenge
munir 58a ausrüsten; II 18a, 1 versehen (de mit)
munitions: les m., f. II 18a, 2/3 Kriegsvorräte

mur, m. II 21 Mauer; 18 Wand (contre le m. an der W.)

muraille, f. II 42, 1 Mauer

murmure, m. II 15 Murmeln — les murmures II 48, 3 das Murren

murmurer 21a murmeln — II 6 murren (38a de über)

museau, m. 3 Schnauze

musée, m. II 39, 5 Museum

muser II 34, 1 schlendern

musique, f. II 18a, 2, 8 Musik

myosotis, m. 12 Vergißmeinnicht

mystérieux, -se 11 geheimnisvoll

N.

nacre, f. 20 Perlmutter

nage: à la n. 42 schwimmend

nager II 83 schwimmen, dahinschweben

naïf, naïve II 18a, 4, 5 ungekünstelt

naissance, f. 37 Geburt

naître 37 geboren werden; II 32, 3 entstehen — faire n. II 17 hervorbringen, erzeugen

Napoléon Ier 38 Napoleon 1.

narine, f. II 34, 3 Nasenloch, Nasenflügel

nation, f. 52 Ration, Volk; II 22 Volksstamm

national, e II 39, 1 national, des Volkes

nature, f. 66 Natur

naturel, -elle II 2 natürlich

naufrage, m. II 10a Schiffbruch

navigation, f. II 41, 8 Schiffahrt (de auf)

navire, m. II 14 Schiff

néanmoins II 26 nichtsdestoweniger

nécessaire 41 notwendig — W 45 Anm. il est n. que (mit Konj.) es ist n., daß

nécessité, f. 59 Notwendigkeit — les nécessités die Bedürfnisse

négligence, f. 52 Nachlässigkeit

négociant, m. 80 Handelsmann

nègre, m. 22 Neger

neige, f. 27 Schnee; II 18a, 1 Schneemasse

nettoyer II 4 reinigen, putzen

neutraliser II 41, 3 neutralisieren, für neutral erklären

neutralité, f. II 41, 2 Neutralität

neutre II 41, 3 neutral

nez, m. 8 Nase

ni ... ni ... ne 25 weder ... noch

Nicolas II 41, 1 Nikolaus

nid, m. 20 Nest (II 19 faire bauen)

nier (à II 24 Gr. 138) leugnen

noble 64 vornehm; II 39, 5 edel; 48a würdevoll

noctambule, m. II 34, 1 Nachtwandler

nœud, m. II 10 Knoten, II 34, 3 Schleife

noir, e 18 schwarz (II 41, 1 la mer Noire das schwarze Meer); II 34, 2 dunkel (II 10a il fait noir es ist dunkel)

noisette II 34a, 3 haselnußbraun — la n. die Haselnuß

noix, f. 54 Nuß

nom, m. 17 Name

nombre, m. 9 Zahl, Anzahl — sans n. II 33 zahllos, unzählbar — faire n. II 7 mitzählen

nombreux, -se II 2 zahlreich

nommer II 22 nennen (nommé, e Ramené) — se n. (zu II 42, 1 Gr. 111) heißen

non 1 nein — 48 nicht (non indispensable nicht unbedingt nötig) — non que (zu II 29 Gr. 143) nicht als ob

nonobstant que (zu II 28 Gr. 145) trotzdem

nord, m. 58 Norden

Normandie: la N. II 14 die Normandie

Norwège: la N. 58 Norwegen

note, f. II 34, 1 Note, Ton

Notre-Dame II 40, 2 die Liebfrauenkirche (in Paris)

nourrice, f. II 9 Amme

nourrir 58 ernähren; II 9 füttern

nouveau, nouvel, nouvelle (zu 20 Gr. 48) neu — de n. II 31 von neuem, wieder — le n. venu II 2 Ankömmling

nouveauté, f. II 34a, 3 Neuheit, neuer Modeartikel

nouvelle, f. II 42, 1 Neuigkeit, Nachricht

novembre, m. 17 November

novice II 9 unerfahren (dans in) — le n. der Neuling

noyer, m. 40 Nußbaum

noyer 42 ertränken

nu, e 40 nackt, entblößt — nu-pieds 58a barfuß

nuée, f. 40 Wetterwolke (une n. de pierres ein Hagel von Steinen)

nuire (zu II 5 Gr. 17) schaden

nuisible 45 schädlich

nuit, f. 34 Nacht (II 14 la n. in der N., nachts)

nul: ne ... nul, ne ... nulle (zu 40 Gr. 88) kein

nuque, f. 8 Nacken

O.

obéir 52 gehorchen

objet, m. 20 Gegenstand

obliger (à f.) 47 verpflichten, zwingen (zu th.); être obligé(e) de f. gezwungen sein zu th. — obligeant, e II 18 freundlich, zuvorkommend

oblong, oblongue II 34, 4 länglich
obscur, e II 42, 1 dunkel; II 18a, 4/5 unbetannt; II 41a gering
obscurcir II 35 verdunkeln
observatoire, m. II 34a, 2 Observatorium
observer 36 beobachten
obstacle, m. 41a Hindernis
obstiner: s'o. à II 31 hartnäckig bestehen auf
obtenir 26 erhalten, bekommen, erwerben; (zu 58 Gr. 16) erlangen; 41a erreichen
occasion, f. II 41, 1 Gelegenheit (en toute o. bei jeder G.)
occupation, f. 52 Beschäftigung
occuper II 20 besetzen, besetzt halten; II 31 einnehmen — 51 beschäftigen (II 13 de mit)
océan, m. II 41, 3 Ocean (sur l'océan Pacifique am stillen Ocean)
octobre m. 17 Oktober
odeur, f. II 34, 3 Geruch
odorant, e II 34, 4 riechend
œil, m. 8 Auge (à mes yeux 60 vor meinen Augen; des yeux II 19 mit den Augen) — jeter les yeux sur II 25 einen Blick werfen auf [s. ouvrir]
œuf, m. 20 Ei
œuvre, f. 26 Werk (se mettre à l'œuvre II 18a, 2/3 sich ans W. machen)
offenser 43 beleidigen
officiel, -elle II 43, 2 amtlich
officier, m. 41a Offizier
offrir 24 bieten, anbieten; II 43a, 3 darbieten
oh! II 21 o!; oh ça II 26 na nu
oignon, m. II 36 Zwiebel
oiseau, m. 20 Vogel
oisif, -ve II 18a, 4/5 müßig
ombrage, m. 20 Schatten
ombrager II 35 beschatten
ombre, f. 11 Schatten (13 à l'o. im Sch.)
omettre (zu 62 Gr. 17) unterlassen, auslassen
omnibus, m. II 34, 4 Omnibus
on (zuweilen l'on, besonders nach et, ou, où) 11 man
onde, f. 61 Welle, Woge
ongle, m. 9 Nagel
opération, f. II 18a, 2/3 Operation, Unternehmung
opérer II 18a, 2/3 bewerkstelligen
opiniâtre II 43a, 2 hartnäckig
opiniâtrer: s'o. à (zu II 42, 1 Gr. 111) hartnäckig bestehen auf
opposer 57 entgegensetzen, entgegenstellen; II 32, 5 gegenüberstellen
opulent, e II 35 reich, sehr reich

or, m. 7 Gold (53 d'or golden)
or 24 also; II 31a, 1 nun aber
orage, m. 55 Sturm
orangé, e II 36 orangefarben
orateur, m. II 32, 1 Redner
orbe, m. (= un globe) II 33 Himmelskörper
ordinaire 26 gewöhnlich (Adj.) — 53 d'o., ordinairement gewöhnlich (Adv.)
ordonner 38 befehlen (que mit Konj. daß; de f. II 4 zu th.)
ordre, m. 44 Ordnung, Rang — 52 Befehl (avec o. de f. II 21 mit dem B. zu th.) — 44 entrer dans les ordres die Priesterweihe nehmen
ordure, f. II 26 Schmutz, Stäubchen
oreille, f. 8 Ohr
oreiller, m. II 38 Kopfkissen
orgueil, m. 53 Stolz, Hochmut
Orient, m. 37 Morgenland (en im)
origine, f. 44a Ursprung
orner 14 schmücken (II 41a de mit)
orteil: le gros o. 10 die große Zehe
os, m. II 31a, 5 Knochen
oser 65 wagen (f. zu th.)
osier, m. II 34, 5 Weide (un panier d'osier Weidenkorb)
ôter II 4 wegnehmen, entfernen; 27a abnehmen
ou 2 oder; (zu II 30 Gr. 91) entweder; II 16 bis (trois ou quatre heures drei bis vier Stunden) — ou bien II 6 sonst
où 1 wo, wohin — d'où II 34, 4 woher, woraus
oublier 40 vergessen (de f. II 32, 2 zu th.)
ouest, m. II 22 Westen (à l'o. 44a nach W.)
oui 1 ja
ours, m. II 34, 5 Bär
outil, m. II 34, 2 Werkzeug
outrage, m. 49 Beleidigung, Kränkung
outrageant, e II 30 schmachvoll
outrance: à outrance II 31 aufs äußerste, wie toll
outre II 18a, 2/3 außer — passer outre II 5 weiterkommen
outré, e II 43a, 2 außer sich (de über)
ouvert, e 35 offen [s. ouvrir]
ouverture, f. II 31a, 3 Öffnung
ouvrage, m. 52 Arbeit, Werk
ouvrier, m. II 12 Arbeiter
ouvrière, f. II 34, 3 Arbeiterin
ouvrir 8 öffnen; II 33 eröffnen; II 43, 3 aufreißen (aux yeux grands ouverts mit weit aufgerissenen Augen) — s'ouvrir II 2 aufgehen; II 34, 5 geöffnet werden — être ouvert(e) II 20 auffstehen — laisser ouvert(e) II 26 auflassen

P.

paille, f. 19 Stroh

pain, m. II 27 Brot (le p. bis II 40, 2 Schwarzbrot)

paître II 19 weiden, abfressen [elles paissent]

paix, f. 59 Friede (II 41, 8 demander la p. um Frieden bitten; conclure une p. einen F. schließen)

palais, m. II 43, 2 Palast

pâle II 19 bleich, blaß

paletot, m. II 34, 3 (weiter) Überrock

palette, f. II 17 Palette, Farbenbrett

palier, m. 42a Holzvorsprung, Treppenabsatz

palpable 65 handgreiflich

panader: se p. (= se pavaner) II 6 umherstolzieren

panier, m. II 34, 3 Korb [f. osier]

pantalon, m. 40 Beinkleid, Hose

pantin, m. 36a Hampelmann

paon, m. II 6 Pfau

pape, m II 14 Papst

papeterie, f. 37 Papiermühle

papier, m. 37 Papier

papillon, m. II 17 Schmetterling

paquet, m. II 34, 3 Paket, Bündel

par 8 durch, von (beim Passiv) — II 8 infolge — II 15 bei (in Schwüren) — II 18a, 2·8 per, pro — II 31a, 8 aus (par ruse aus List)

parabole, f. II 8 Parabel

parages: les p., m. II 10a die Gewässer

paraître II 4 scheinen, erscheinen (p. f. II 31a zu th. sch.) [il parut]

parbleu! II 36 zum Henker!

parc, m. II 13 Park — II 42, 2 Hürde

parce que 36 weil

parcourir (zu 59 Gr. 16) durchlaufen

par-dessous qc. II 5 unter etw. weg

par-dessus 23 darüber, darüberhinweg — 37a über... hinweg

pardon, m 39 Verzeihung

pardonner II 11 verzeihen

pareil, -eille II 4 ähnlich; II 32, 5 solch

parent, m 26 der Verwandte; la parente die V — 19 les parents, m. die Eltern

paresse, f. 52 Faulheit, Trägheit

paresseux, -se 14a faul, träge — 56a le p der Faulenzer

parfait, e II 4 vollständig, vollkommen (un p honnête homme ein grundehrlicher Mann) — II 34a, 1 vortrefflich

parfois II 26 zuweilen

parfum m 11 Duft

Paris II 1 Paris; de P. II 32, 8 Pariser

parisien, -enne II 32, 8 Pariser (Adj.) — le Parisien II 32, 1 der Pariser, la Parisienne II 32, 3 die Pariserin

parlement, m. II 5 Parlament

parler 24 sprechen (à q. mit jem.) — 13a à p. franc offen gestanden

parmi 41 unter, zwischen (mehr als zweien)

parol, m. 58a Scheidewand

parole, f. 45 Wort

parrain, m. 51a Pate

part, f. 33 Anteil — 57 Seite (de la p. II 32, 8 von seiten; de toutes parts II 34, 2 von allen Seiten; à part II 26 beiseite) — faire part II 48a, 1 Mitteilung machen — ne... nulle part 57 nirgends

partage, m. II 41, 1 Teilung; II 6 Erbteil

partager 38 teilen (par le milieu II 18a, 2/3 in der Mitte)

parti, m. II 8 Entschluß (prendre fassen)

particularité, f. II 18a, 4/5 Einzelheit

particulier, -ère II 32, 1 besondere, eigentümlich

partie, f. 8 Teil (en p. II 32, 5 zum T., teilweise)

partir 18 aufbrechen, fortgehen; II 11 sich aufmachen; (zu 57 Gr. 16) abreisen (pour nach); 33a losgehen; II 14 abfliegen; II 38 ausgehen, herkommen; II 34, 4 abgehen — à p. de 68 von... an

partout 56 überall; II 10 überallhin, nach allen Seiten — de p. 56 von allen Seiten

parvenir (zu 58 Gr. 16) gelangen — je parviens à f. II 22 es gelingt mir zu th.

pas: ne... pas 4 nicht — (zu 40 Gr. 86) ne... pas de kein — (zu 40 Gr. 88) ne... pas un(e) kein — 59a ne... pas du tout überhaupt nicht — (zu II 36 Gr. 91) ne... pas non plus auch nicht — le pas 7 Schritt (pas à pas 56 Schritt für Schritt) [f. lent, revenir] — le faux pas II 15 Fehltritt

passage, m. II 9 Vorbeigehen; II 18a, 1 Überschreitung, Übergang (de über); II 18a, 2,3 Stelle (dans an); II 31a, 2 Weg

passant, m. II 19 Passant, Wanderer

passer 26 kommen (= vorüberkommen); gehen; 54 p. par vorüberkommen an (il passait par là er kam dort vorüber); (zu II 12 Gr. 109) vorübergehen; II 34, 1 vorbeihuschen; II 48, 8 vorüberfahren; II 18a, 1 hinüberkommen; II 31a, 5 sich hin und her bewegen; II 29 ziehen (von Truppen); II 4 schwinden; (zu II 38 Gr. 190) p. pour gelten für — II 16 zubringen, hinbringen, verleben;

II 18a, 2/3 hinüberſchaffen; 47a heraus-
ſtrecken; 52 übertreffen — se passer
41a ſich abſpielen, ſich ereignen; 57
vergehen; se p. de qc. (zu II 32, 1 Gr.
113) etw. entbehren — passé, e 52
vergangen, früher — le passé II 16
Vergangenheit
passion, f. 60 Leidenſchaft
pâte, f. II 36 Farbenwirkung
pâté, m. II 34a, 3 Paſtete
patience, f. 38a Geduld
patienter (zu II 32, 2 Gr. 112) ſich gedulden
patois, m. II 5 Platt, Mundart
pâtre, m. II 32a Hirt
patrie, f. II 39, 1 Vaterland
patriotisme, m. II 42, 1 Patriotismus,
Vaterlandsliebe
patron, m. II 34, 2 Arbeitgeber, Meiſter
patte, f. 42 Pfote, Taze (II 5 à quatre
pattes auf allen vieren)
pâturage, m. II 19 Weide (= Anger)
Paul 4 Paul
paupière, f. 8 Augenlid
pauvre 14 arm; (zu II 39, 2 Gr. 196)
elend; II 42, 2 armſelig
pauvreté, f. 52 Armut, Armſeligkeit
pavé, m. II 34, 4 Pflaſter
pavillon, m. II 14 Flagge
pavoiser II 42, 2 mit Flaggen bedecken
payer 36 bezahlen (II 36 combien avez-
vous payé ça? wie viel haben Sie dafür
bezahlt?)
pays, m. 39 Land — III 1 Vaterland
paysage, m. II 19 Landſchaft
paysan, m. 40 Landmann, Bauer
peau, f. II 3 Fell (la p. de lion Löwenfell)
pécher II 11 ſündigen
pécheur, m. II 7 Fiſcher
peindre (zu II 6 Gr. 17) malen
peine, f. 36 Mühe (II 10 prendre de la
p. ſich M. geben; II 32, 2 avoir p. à f.
M. haben zu th.) — II 8 Unruhe, Sorge
(être en p. de in S. ſein um) — à p.
66 kaum (II 25 que als)
peintre, m. II 34, 3 Maler
pêle-mêle II 31 bunt durcheinander
pèlerin, m. 7 Pilger
pelle, f. II 34, 2 Schaufel
peloton, m. II 42, 2 Zug (im Bataillon)
pelouse, f. II 34a, 3 Raſenplaz
pencher 43 neigen
pendant 19 während (Präpof.); II 43, 2
p. une heure eine Stunde lang
pendant que 19 während (Konjunkt.)
pendre 20 hängen, herabhängen; II 43a, 3
aufhängen

pénétrer II 23 eindringen
pénible II 42, 1 mühſam
pensée, f. 49 Gedanke; II 39, 1 Einfall
(il eut la p. er kam auf den G.)
penser II 11 denken, glauben (f. zu th.);
II 41, 1 meinen; (zu II 35 Gr. 158) beabſichtigen — il pensa mourir 83a er
wäre beinahe geſtorben
pente, f. II 31a, 4 Abdachung
percer 5 bohren; 84 durchbohren; 58a
durchbringen
perché, e 42a ſizend (von Vögeln)
perdre 29 verlieren; II 39, 2 verderben,
zu Grunde richten — se p. II 8 verloren gehen
père, m. (zu 5 Gr. 19) Vater
perfection, f. 52 Vollkommenheit
périlleux, -se II 18a, 2/3 gefährlich
périr II 21 umkommen, zu Grunde gehen
péristyle, m. 39a Säulengang
perle, f. 13 Perle
permanence, f. II 42, 1 Permanenz, Fort-
dauer
permettre 22 erlauben (28 de f. zu th.);
II 41, 2 geſtatten — W 39 Anm. p.
que (mit Konj.) erlauben, daß
permission, f. II 11 Erlaubnis
pernicieux, -se 61 verderblich
pérorer II 42, 1 hochtrabend reden
perpétuel, -elle 31 beſtändig, fortwährend
persister II 31 ausharren
personne ne...p. 31 niemand — p.
25a irgend jem. — la p. 26 Perſon
personnel, -elle II 27 perſönlich
personnification, f. II 41, 1 Verkörperung
perspective, f. II 19 Ausſicht, Fernſicht
persuader (zu II 34, 5 Gr. 157) überreden
perte, f. 30 Verluſt (II 23 avec grande
p. unter großen Verluſten) — II 40, 2
Untergang, Verderben
pétiller 58 kniſtern
petit, e 9 klein (II 7 le p. poisson das
Fiſchlein) — (zu 34 Gr. 49) gering —
le p. 48a das Junge — le petit-fils
53 Enkel
peu 40 wenig; II 20 wenige — à peu
près 40 ungefähr — peu à peu II
43, 3 mehr und mehr, allmählich — un
peu (de) II 10 ein wenig, ein bißchen,
etwas — un peu! II 31a, 2 allerdings!
peuple, m. II 40, 1 Volk
peuplier, m. II 14 Pappel
peur, f. II 14 Furcht (II 42, 2 de vor;
II 14 de peur que...ne mit Konj.
aus Furcht, daß; II 10a avoir peur
ſich fürchten)

peut-être 64 vielleicht
phalange, f. 9 Fingerglied
phalène, f. II 8½a Nachtfalter
pharmacien, m. 14 Apotheker
phénix, m. II 10b Phönix
phrase, f. II 32, 1 Sag, Redensart
physionomie, f. II 32, 1 Gesichtsausdruck, Aussehen
pièce, f. II 13 Stück (p. à p. S. für S.)
[f. mettre] — II 5 Gemach — II 42, 2
la p (II 18a, 27 la p. d'artillerie,
la p. de canon) Geschütz
pied, m. 10 Fuß (six pieds de neige
II 22 sechs F hoher Schnee; au pied
de q. II 30 jem. zu Füßen)
pierre, f. 32 Stein
Pierre 54 Peter
piéton, m. II 34, 1 Fußgänger
pieux, -se 28 fromm
pinceau, m. II 34, 3 Pinsel
pioche, f. II 34, 2 Hacke
piocher 95 hacken
pionnier, m. II 15 Pionier
pipe, f II 34, 2 Pfeife, Tabakspfeife
pique, f. II 43a, 1 Pike, Spieß
piquette, f. II 40, 2 Tresterwein (geringer
Wein)
pistolet, m. 30 Pistole [f. coup]
pitié, f. 27 Mitleid (avoir p. de R.
haben mit)
placard, m II 42, 2 Anschlag, Plakat
place, f. 14 Platz (II 34, 3 la p. Baudoyer
der Baudoyer-Pl.; 27a faire p. Pl.
machen) — II 8 Stelle (dans auf)
placer II 13 legen; 54 stellen; II 25
aufstellen; II 36 anbringen; 55a stecken
— p. à intérêts 48 verzinslich anlegen
plage, f. II 41a Gestade
plaider 95 reden (vor Gericht)
plaie, f. II 32, 5 Wunde
plaindre 55 beklagen; se p. à q. II 6
sich bei jem. beschweren
plaine, f. 55 Ebene
plainte, f. II 31a, 4 Klage, Klagelaut
plaire 63 gefallen (se p. à f. II 13 sich
darin g. zu th.; daran G. finden, zu th.)
plaisanter 48 spaßen
plaisanterie, f II 32, 4 Spaß, Scherz
plaisir, m 28 Vergnügen, Freude
plan, m. II 34 Plan; 44a Fläche; le
premier p. II 34 Vordergrund
planche, f. 5 Brett
plancher, m. 5 Fußboden
planer II 42, 1 schweben
plante, f 13a Pflanze
plat, e II 31a, 1 platt (se jeter à plat
ventre contre terre sich platt auf die

platane, m. 7 Platane
plateau, m. II 43, 3 Plateau, Hochebene
plate-forme, f. II 43a, 3 Plattform, fla-
ches Dach
plein, e 43 voll (II 6 p. de courage
voller Mut; II 36 p. de talent talentvoll) — II 22 en p. hiver mitten im
Winter; 44a en p. midi am hellen
Mittag
plénitude, f. II 41, 3 Vollbesitz
pleurer 4 weinen; II 26 beweinen
pleurs: les p., m. II 35 Thränen
pleuvoir 40 regnen
pli, m. II 5 Falte
plomb, m. II 31a, 2 Blei
plonger 48 untertauchen
pluie, f. 64 Regen
plumage, m. II 6 Gefieder
plupart: la p. (du, de la, de l', des)
54 der (die) meiste, die meisten
plus 19 mehr — p. de II 20 über (= mehr
als) — II 7 au p. (II 31a, 3 tout au
p.) höchstens — de p. (zu II 30 Gr. 91)
außerdem, ferner — plus...plus II
16 je...desto (plus il se concevait
tard, plus... je später er zu Bett ging,
destomehr...; plus...mieux... 50 je
mehr...desto besser) — ne...p. 19
nicht mehr — ne...p. de 19 kein mehr
— ne...p. rien 24 nichts mehr —
ne...p. que II 31 nur noch [f. même]
plusieurs (zu 40 Gr. 88) mehrere
plutôt 53 eher, vielmehr, lieber
poche, f. 29 Tasche
poêle, f. II 7 Pfanne
poésie, f. II 24 Dichtkunst, Dichtung
poète, m. 11 Dichter
poétique II 37 dichterisch
poids, m. 48 Last, Gewicht; II 21 Wucht
poignard, m. 36 Dolch [f. coup]
poignarder 84 erdolchen
poignet, m. 9 Handgelenk
poil, m. 40 Haar (von Tieren); 42a Fell
poing, m. II 43, 3 Faust
point: ne...p. 39 (ne...p. du tout
II 25) keineswegs; II 9 gar nicht —
ne...p. de II 11 kein — le p. 50
Punkt (à ce p. bis zu einem solchen
Grade) — les quatre points cardinaux
II 34, 5 die vier Haupthimmelsgegenden
pointe, f. 54 Spitze — la p. du jour
II 16 Tagesanbruch (58a à bei)
poire, f. II 31a, 1 Birne
poirier, m. II 31a, 1 Birnbaum
poison, m. 61 Gift

poisson, m. 7 Fiſch [f. petit]
Poitou: le P. 64a Poitou (ehemalige franzöſ. Provinz)
poitrine, f. 40 Bruſt
poli, e 47 höflich
polir II 15 polieren
politique: le p. II 39, 2 Staatsmann — la p. II 41, 3 Politik (faire de la p. P. treiben)
Pologne: la P. II 41, 1 Polen
pompe, f. II 30 Pomp, Pracht
pompier, m. II 42, 2 Feuerwehrmann
pont, m. II 43, 3 Brücke (jeter un p. eine B. ſchlagen; lever le p. II 43a, 1 die B. aufziehen; abaisser le p. II 43a, 2 die B. herunterlaſſen) — II 10a das Deck — le p. de bateaux II 43, 3 Schiffbrücke
populaire II 43a, 3 volkstümlich; II 42, 1 des Volkes
population, f. II 32, 5 Bevölkerung
porcelaine, f. 7 Porzellan
port, m. II 41, 2 Hafen
portail, m. 40 Portal
porte, f. 5 Thür, Thor
portée, f. 60 Tragweite, Bereich; II 31a, 3 Schußweite
porte-monnaie, m. 55a Portemonnaie
porter 9 tragen; 38 mitführen; II 11 bringen (p. bonheur Glück b.); II 20 ſchaffen; II 18a, 4/5 hinreißen [ſ. jugement] — se p. 50 ſich befinden (= ſich fühlen)
porteur, m. II 34, 4 Träger, Austräger
portière, f. II 5 Portiere; 47a Wagenſchlag
portion, f. II 41, 3 Teil
Portugal: le P. II 41, 3 Portugal
poser 5 legen; II 31a, 2 ſtellen
posséder 47 beſitzen
possesseur, m. II 35 Beſitzer
possession, f. II 41, 1 Beſitz (prendre p. II 34a, 1 B. ergreifen)
possible II 9 möglich (le plus p. II 28 ſo ſehr als m.)
poste: le p. II 34a, 1 Poſten (à auf) — la p. II 34, 4 Poſt (la p. aux lettres Briefpoſt)
poster II 43a, 1 ausſtellen
postérieur, e 10 hintere
postérité, f. II 39, 1 Nachwelt
potager, m. II 43, 2 Gemüſegarten
pouce, m. 9 Daumen
poudre, f. 38a Pulver; II 43a, 3 Pulvervorrat
poulain, m. 56 Füllen
poule, f. II 9 Huhn [ſ. chair]

poulet, m. 42a Hühnchen
pour 22 für, wegen, was ... anbetrifft (p. moi I! 7 für meine Perſon) — pour avoir fait II 22 dafür, daß er gethan hatte; II 39, 2 weil er gethan hatte — 4 um ... zu
pourpre, m. 20 Purpurfarbe
pour que (mit Konj.) 44 damit
pourquoi 3 warum — voilà p. 3 (c'est p. 48) darum, deshalb
poursuite, f. II 31a, 4 Verfolgung
poursuivre 59 fortſetzen, fortfahren; (zu II 5 Gr. 17) verfolgen
pourtant 19 doch, dennoch, trotzdem
pourvoir 59 ſorgen (à für)
pourvu que (mit Konj.) II 7 wenn ... nur; vorausgeſetzt, daß
pousser 18 ſtoßen; II 2 treiben; II 31a, 3 ausſtoßen; II 41a verſchlagen — II 34a, 3 weitergehen; p. derrière II 42, 2 hinterhergehen
poussière, f. II 4 Staub
poussin, m. II 9 Küchlein
pouvoir 2 können, dürfen; II 1 vermögen (je pourrais II 9 ich könnte) — il se peut que (mit Konj.) 47 es iſt möglich, daß — le pouvoir II 11 Macht, Gewalt (selon mon p. nach beſten Kräften; il est en mon p. II 43a, 1 es ſteht in meiner Gewalt)
pratiquer 46a ausüben
pré, m. 46 Wieſe
précaution, f. 58a Vorſichtsmaßregel (prendre ergreifen)
précéder (q.) II 1 vorhergehen, vorausgehen, vor jem. hergehen, II 14 jem. vorausfahren (il était précédé d'une lettre II 1 ihm ging ein Brief voraus)
précieux, -se 32 wertvoll, koſtbar
précipice, m. 27a Abgrund
précipiter II 31a, 4 beſchleunigen — se p. vers qc. 61 auf etw. losſtürzen
précis, e II 2 ſcharf, genau
prédire (zu 60 Gr. 17) vorherſagen
préfecture, f. II 43, 1 Präfektur
préférence, f. II 32, 2 Vorzug (de p. vorzugsweiſe, mit Vorliebe)
préférer 43 vorziehen, lieber mögen (W 45 Anm. que mit Konj. daß)
premier: le p. II 24 erſterer
prendre 3 nehmen, ergreifen; 62 fangen, gefangen nehmen; II 26 kriegen; p. une habitude II 16 eine Gewohnheit annehmen; p. une ville II 34 eine Stadt erobern [ſ. route, possession]; p. sur nature II 36 der Natur ablauſchen; p. pour 45 (irrtümlich) halten für; on ne

m'y prendra plus II 10b das wird mir nicht wieder passieren

préoccupation, f. II 18a, 4/5 Beschäftigtsein

préparatif, m. II 20 Vorbereitung (de zu)

préparer II 15 vorbereiten, herrichten

prépondérance, f. II 41, 1 Übergewicht

près: à peu près 40 ungefähr — près de 25 bei, in der Nähe von; II 26 zu, in die Nähe von; II 41, 2 annähernd; près de f. 95 nahe daran zu th.

présage, m. II 6 Vorbedeutung; II 15 Vorzeichen

prescrire 28 vorschreiben

présence, f. II 41, 1 Gegenwart (41a en p. de q. in G., vor den Augen [e. mandés])

présent, e II 42, 2 gegenwärtig, zugegen — à p. jetzt — le p. 28 Geschenk

présenter II 6 überreichen; 26a darreichen, entgegenhalten; 38 zeigen, darbieten — se p. 34a sich einstellen

président, m II 5 Vorsitzender, Präsident

presque 18 fast

pressentiment, m II 18a, 1 Ahnung (avoir le p. de qc. eine A. von etw. haben)

pressentir (zu 56 Gr. 16) ahnen

presser II 2 drängen; II 33 vorwärtstreiben; II 43a, 1 dringend auffordern; — 24 être pressé(e) de es eilig haben mit — 25 ils n'eurent rien de plus pressé que de retourner sie hatten nichts Eiligeres zu th. als umzukehren — se p. II 34 1 eilen

pression, f. 44a Druck

prestige, m. II 32, 1 Nimbus, Reiz

présumer II 37 vermuten, annehmen

prêt, e (à f.) 56 bereit (zu th.)

prétendre (f) II 9 beabsichtigen (zu th.)

prétention, f 27a Anspruch

prêter (qc. à q.) II 7 leihen (jem. etw.); II 18 verleihen; p. vie à q. II 7 jem. das Leben lassen — se p. II 8 sich überlassen

prêtre, m. II 10a Priester

preuve, f. 65 Beweis

prévaloir (zu 64 Gr. 18) vorwiegen

prévenir (zu 58 Gr. 16) zuvorkommen (q. jem.), warnend benachrichtigen

prévoir 55 vorhersehen; II 41, 2 voraussehen

prier 27 bitten (de f. zu th.); je vous prie bitte! — W 30 Anm prier que (mit Konj) bitten, daß

prière, f II 10a Gebet

prime, f II 31a, 2 Prämie

prince, m 23 Prinz, Fürst

princesse, f. II 24 Prinzessin, Fürstin

principal, -e 52 hauptsächlich; les principaux die Vornehmsten

principauté, f. II 41, 1 Fürstentum

printemps, m. 11 Frühling

prise, f. II 43a, 1 Einnahme, Erstürmung

prisonnier, m. 64 Gefangener

priver II 39, 2 berauben

prix, m. 54 Preis (de für)

probable (zu II 22 Gr. 140) wahrscheinlich

probité, f. II 29 Rechtschaffenheit

procès, m. 54 Prozeß

prochain, e II 10 nahe

proclamation, f. II 40a Aufruf

proclamer II 22 ausrufen (chef suprème als obersten Führer); II 41, 3 (feierlich) aussprechen

proconsul, m. II 30 Prokonsul

procurer 28 verschaffen

prodiguer II 18a, 2/3 verschwenden

produire 25 hervorbringen; 52 vorzeigen

produit, m. II 32, 3 Produkt, Erzeugnis

proférer II 31 aussprechen

professer 48a erteilen (Stunden)

profession, f. II 34, 2 Beruf

profit, m. II 41, 3 Nutzen

profiter (de qc.) II 31 (etw.) benutzen

profond, e II 32, 1 tief, tiefsinnig

profondeur, f. II 19 Tiefe

progrès, m. 64a Fortschritt

proie, f. 56 Beute — être en p. à qc. II 40, 2 von etw. heimgesucht werden

projet, m. II 9 Plan

prolongement, m. 44a Verlängerung

prolonger II 16 verlängern, in die Länge ziehen; II 31a, 3 lang ziehen

promenade, f. II 19 Spaziergang

promener 55 umherführen — se p. 12 spazieren gehen; se p. en voiture II 18 spazieren fahren

promeneur, m. 29 Spaziergänger

promesse, f. 38a Versprechen

promettre (zu 62 Gr. 17) versprechen (II 23 de f. zu th.)

promotion, f. II 2 Beförderung

promouvoir (zu 65 Gr. 18) befördern

prompt, e II 5 schnell; II 32, 1 schnell sich hingehend

promptitude, f. 64a Schnelligkeit

prononcer 52 aussprechen

proposer II 31a, 2 vorschlagen

propre 52 eigen; (zu II 34, 3 Gr. 195) reinlich

propriétaire, m. 22 Grundbesitzer, Eigentümer, Hauswirt

propriété, f. II 6 Eigentümlichkeit

proscrire (zu II 5 Gr. 17) ächten

protecteur, m. II 25 Beschützer
protection, f. II 43a, 3 Schutz
protectorat, m. II 41, 1 Protektorat, Schutz-herrschaft
protéger 8 schützen; II 36 beschützen
proue, f. II 14 Bug
prouver 47 beweisen
provençal, e II 5 provenzalisch
Provence: la P. 44 die Provence (ehe-malige franzöf. Provinz)
provenir (zu 58 Gr. 16) herrühren
proverbe, m. 31a Sprichwort
proverbial, e II 5 sprichwörtlich
providence, f. 51 Vorsehung
province, f. II 42, 2 Provinz
provision, f. II 32, 4 Vorrat
Prusse: la P. II 41, 2 Preußen
Prussien: le P. II 43, 3 der Preuße
public, publique 14 öffentlich — le p.
  II 34a, 1 das Publikum [f. dimanche]
publier 44 veröffentlichen
puis 14 dann, darauf; II 9 außerdem,
  ferner
puisque II 36 da...ja
puissance, f. II 39, 2 Macht
puissant, e II 39, 2 mächtig
punir 33 bestrafen (de für)
punition, f. 47 Strafe, Bestrafung
pur, e 61 rein
pureté, f. 18 Reinheit

Q.

quai, m. II 43a, 3 Quai, Flußdamm
qualité, f. 53 Eigenschaft (II 8 en cette q.
  in dieser E., als solcher)
quand 4 wenn, als; II 9 wann — q.
  même (zu II 11 Gr. 121) selbst wenn
quant à 40 was...anbetrifft
quantité, f. (de) 25 Menge
quart, m. 16 der vierte Teil; un q.
  d'heure eine Viertelstunde; trois quarts
  d'heure drei Viertelstunden
quartier, m. II 32, 1 Stadtviertel [f. latin]
que 16 daß — 32 als (nach Komparativen) — II 36 wie, wie sehr (que tout
  cela est calme wie ruhig das alles ist)
  — II 26 warum (que...ne warum...
  nicht) — que...ne (mit Konj.) II 18a,
  4/5 ohne daß — ne...que 25 nur,
  erst — que de 50a wie viel, wie viele
quel, quelle II 4 was für ein — quel
  (quelle) que (zu II 19 Gr. 133) welcher
  (welche) auch immer
quelque 29 irgend ein — 44a ungefähr
  (quelque quatorze cents mètres ungefähr 1400 Meter) — quelques 12 einige

quelque chose 18 etwas (II 3 qc. de
  long etwas Langes; 39a qc. qui etwas
  was)
quelquefois 40 zuweilen, manchmal
quelque...que (zu II 28 Gr. 145) wie...
  auch immer
quelques-uns (unes) (zu 40 Gr. 87) einige
quelqu'un (une) (zu 40 Gr. 87) jemand
querelle, f. 54 Streit
question, f. 47 Frage (faire une q. II
  26 eine F. stellen) — en q. II 31a, 1
  in F. stehend, fraglich
questionner II 18a, 4,5 befragen
quête, f. II 31a, 5 Sammlung
queue, f. II 6 Schwanz, Schweif (25a remuer
  la q. mit dem Schw. wedeln) — II
  34a, 2 (lange) Reihe (wartender Menschen)
quiconque (zu 40 Gr. 87) jeder, der
qui que (zu II 19 Gr. 153) wer auch immer
quinzaine [f. jour]
quitte: en être q. pour 39a loskommen mit
quoi que (mit Konj.) II 11 was auch
  immer
quoique (mit Konj.) 28 obgleich
quolibet, m. II 32, 4 Anzüglichkeit
quotidien, -enne II 34, 3 täglich

R.

rabot, m. 5 Hobel
raboter 5 hobeln
racler (le violon) II 26 (auf der Geige)
  kratzen
raconter 18 erzählen
rafraîchir 38 erfrischen
rafraîchissement, m. II 18a, 2/3 Erfrischung
rage, f. II 42, 1 Wut (avec r. wütend)
raide II 34a, 3 steif (tuer r. II 31a, 2
  schnell töten)
railler 50a verspotten
raillerie, f. II 13 Scherz, Spötterei
raisin, m. 25 Traube
raison, f. II 6 Grund; II 24 Recht (avoir r.
  recht haben)
raisonnable II 32, 1 vernünftig
raisonner II 26 Einwendungen machen
ramage, m. II 6 Gezwitscher
ramasser 14 auflesen, aufheben
rameau, m. 7 Zweig
ramener II 42, 2 zurückführen, herbeiführen; II 18a, 2/3 zurückholen
ramoneur, m. II 34, 5 Schornsteinfeger
rancune, f. II 31a, 2 Groll
rang, m. II 31 Reihe; II 34, 3 Glied
  (une file sur trois rangs eine drei
  Glieder tiefe Reihe) [f. serrer]

ranger 13 reihen, aufreihen; II 34, 4 (in
Ordnung) aufstellen — se r. 95 aus
dem Wege gehen; II 40a sich scharen
(s. bataille)

ranimer II 22 wieder beleben, ermutigen

rapide II 21 schnell

rappeler 95 zurückrufen, abberufen —
r. qc. à q. 81 jem. an etw. erinnern

rapport, m. 48a Beziehung, Bezug (avoir
r. à Bezug haben auf, sich beziehen auf)

rapporter 94a zurückbringen; II 9 einträglich sein. Geld einbringen — se r.
II 105 entsprechen

rapproché, e II 31a, 1 nahe

rare 82 selten — W 39 Anm. il est r.
que (mit Konj.) es ist ʃ, daß — II 19
spärlich

raser II 15 scheren

rassasier II 31a, 1 sättigen (rassasié, e satt)

rassemblement, m. II 32, 2 Auflauf,
Gedränge

rassembler 40 versammeln; II 31a, 4 zusammennehmen — se r. 40 zusammenkommen

rasseoir (zu II 9 Gr. 18) wiedersetzen

rassurer 48a beruhigen

râteau, m. 42a Rechen

râtelier, m. 42a Raufe

ration, f. II 18a, 1 Ration

ratisser II 34a, 3 harken

rattraper II 7 wieder einfangen

ravin, m. II 18a, 2 5 Schlucht

ravir 65 rauben

rayon, m. 56 Strahl

réaliser II 32, 3 verwirklichen (r. des affaires Geschäfte abschließen)

rebord, m. II 48a, 1 Sims

recevoir 94 empfangen, erhalten; II 8
entgegennehmen; II 35 aufnehmen

recharger II 31a, 4 wiederladen

réchauffer 64 erwärmen

recherche, f. II 18a, 2 3 Aufsuchung

rechercher (qc) 52 trachten (nach etw.)

récit, m 57 Erzählung

récolte, f. 22 Ernte (faire sa r. 58 E.
halten)

récolter 22 ernten, einernten

recommander II 18a, 4, 5 empfehlen

recommencer II 18a, 2/3 wieder anfangen

récompense, f. II 41, 2 Lohn. Belohnung

réconciliation, f II 4 Versöhnung

reconnaissable II 32, 1 erkennbar

reconnaissance, f. 65 Dankbarkeit, Erkenntlichkeit; II 37 Dank (s. témoigner)

reconnaissant, e 25a dankbar, erkenntlich

reconnaître 34 rekognoszieren, auskundschaften , 45 erkennen; 47 wiedererkennen;

II 8 anerkennen; II 41, 1 zuerkennen —
se r. II 32, 3 sich erkennen lassen

reconstruire (zu II 5 Gr. 17) wieder aufbauen

recoucher: se r. II 16 wieder zu Bette
gehen

recourir (zu 59 Gr. 16) seine Zuflucht
nehmen

recouvrer II 41, 3 wiedererlangen

recouvrir (zu 57 Gr. 16) wiederbedecken;
II 34, 5 bedecken (de mit)

recueillir 34 sammeln; se r. nachdenken;
recueilli, e II 36 andächtig, stimmungsvoll

reculade, f. II 42, 1 Zurückweichen

reculer II 43, 2 zurückschieben — II 41, 3
zurückweichen

reddition, f. II 48a, 2 Übergabe

redescendre II 18a, 1 wieder hinabsteigen

redingote, f. II 40, 1 Überrock

redire (zu 60 Gr. 17) wiedersagen

redoubler 46 verdoppeln

redoutable II 41, 1 furchtbar

redresser II 10a wieder aufrichten

réduire (à) (zu II 5 Gr. 17) beschränken
(auf), zwingen (zu); II 31 reduzieren,
vermindern — se r. en II 31 sich verwandeln in

réel, réelle II 3 wirklich (réellement in
Wirklichkeit)

réélire (zu II 6 Gr. 17) wiederwählen

refaire (zu 60 Gr. 17) wiedermachen; II
34, 2 wiederherstellen

réfléchir à qc. 38a über etw. nachdenken,
etw. überlegen

réflexion, f. 52a Betrachtung, Überlegung
(faire une r. eine B. anstellen)

réfugier: se r. 44 flüchten

refuser 94 abweisen, zurückweisen; II 39, 1
abschlagen, verweigern; II 18a, 2/3 die
Annahme verweigern — r. de s. II 31
sich weigern zu th.

regagner 39a wiedergewinnen, wiederer-
reichen

régaler 50 bewirten; se r. de sich bekös-
tigen an

regard, m. 65 Blick

regarder à ansehen, sehen (29 à terre
auf die Erde); 48a aufsehen, aufblicken,
zusehen (II 31a, 4 qc. einer Sache) —
r. comme 48 ansehen als, betrachten als

régiment, m. 54 Regiment

règle, f. 1 Lineal; II 35 Regel, Richtschnur

règlement, m. II 48a, 3 Reglement. Hausordnung

régner II 41a herrschen (sur über)

regret, m. II 35 Bedauern, Schmerz (de um); avoir du r. II 31a, 1 bedauern

regretter II 39, 1 bedauern, beklagen; II 41a vermissen

Reichshoffen II 42, 1 Wörth

reine, f. II 13 Königin

rejeter 50 zurückwerfen

rejoindre q. 28 jem. wieder treffen, wieder mit jem. zusammenkommen

réjouir 27 freuen; se r. de f. sich darüber f. zu th. — W 39 Anm. se r. que (mit Konj.) sich f., daß

relâche, m. 25 Unterbrechung; sans r. unaufhörlich

relever 36 heben, aufrichten; II 39, 2 wieder aufrichten — se r. 23 wieder aufstehen, sich wieder erheben

relier à 8 verbinden mit, binden an

religieux, -se II 40a religiös, sorgfältig — le r. II 18a, 1 Klosterbruder

relire (zu II 6 Gr. 17) wiederlesen

remarquer II 2 bemerken; f. r. qc. à q. jem. etw. zu verstehen geben, jem. auf etw. aufmerksam machen

rembourser: 31a r. q. jem. sein Geld zurückerstatten; 48 r. qc. etw. zurückzahlen

remercier (q. de qc.) 44 danken (jem. für etw.)

remettre (zu 62 Gr. 17) übergeben, zustellen

remonter 23 wieder steigen; II 15 wieder hinaufsteigen

remords, m. II 43, 1 Gewissensbiß

remplacer II 22 ersetzen

remplir 52 erfüllen; II 9 anfüllen (de mit)

remporter 38a wieder wegtragen

remuer II 10 aufwühlen [f. queue]

renaître (zu II 6 Gr. 17) wieder erstehen

renard, m. II 10,b Fuchs

rencontre, f. II 21 Begegnung (ils sortirent à leur r.) sie zogen ihnen entgegen

rencontrer q. 23 jem. begegnen, treffen

rendormir: se r. (zu 56 Gr. 16) wieder einschlafen

rendre 26 zurückgeben, vergelten; II 36 wiedergeben [f. compte, grâce, respect. service, visite] — r. ridicule II 3 lächerlich machen — se r. 47 sich begeben; II 31 sich ergeben

renfermer II 34, 3 einschließen, enthalten

renoncer (à) II 18a, 2/3 verzichten (auf)

renouveler II 32, 3 erneuern

rentrer II 16 nach Hause zurückkehren; II 40a wieder einziehen — II 31a, 4 wieder hineinstecken

renverse: tomber à la r. II 31a, 4 rückwärts niederstürzen

renverser 23 umwerfen, niederreißen; II 31 zu Boden strecken; II 42, 1 stürzen

renvoyer (zu II 1 Gr. 15) zurückschicken; II 12 entlassen; II 28 zurückstrahlen

répandre 14 ausbreiten, verbreiten

reparaître (zu II 8 Gr. 17) wieder erscheinen

réparer 52 wieder gut machen; 42a ausbessern, auffrischen — se r. II 42, 1 wieder gut werden

repartie, f. II 15 (schlagfertige) Erwiderung

repartir 47 erwidern — (zu 56 Gr. 16) wieder abreisen

répartir (zu 56 Gr. 16) verteilen

répartition, f. 17a Verteilung (pour auf)

repas, m. II 14 Mahlzeit, Mahl (42a prendre einnehmen)

repasser II 10 wieder gehen; II 31a, 1 wieder vorüberkommen [f. couteau]

repêcher II 7 wieder fischen

repentir: se r. de (zu 56 Gr. 16) etwas bereuen — le r. II 4 Reue

répéter 20 wiederholen

répit, m. II 31 Aufschub, Ruhe

replet, replète (zu 12 Gr. 40) stark beleibt

répliquer 64a erwidern

répondre 3 antworten (à II 4 auf, par II 40a mit)

réponse, f. 57 Antwort

repos, m. 42a Ruhe (prendre quelque r. II 18a, 2/3 sich etwas R. gönnen)

reposer: se r. 52 ausruhen

repousser 34 zurücktreiben, vertreiben

reprendre 7 wiedernehmen, wiedererlangen; 46 erwidern; (zu 62 Gr. 17) tadeln; II 10a wieder einnehmen; II 41, 1 wieder aufnehmen; II 40a wieder in die Hand nehmen [f. haleine]

représentation, f. II 32, 2 Vorstellung

représenter II 36 vorstellen, darstellen

reprise à plusieurs reprises II 31a, 5 zu wiederholten Malen

reproche, f. II 30 Vorwurf (sur über)

république, f. II 22 Republik

réputation, f. 38a Ruf

requête, f. II 5 Bittschrift, Gesuch

réseau, m. II 34, 5 Netz

réserve, f. II 42, 2 Reserve

réserver 28 aufheben, zurückbehalten

résider 43a sich aufhalten, residieren, wohnen

résigner: se r. à qc. II 16 sich in etw. hineinfinden

résistance, f. II 31 Widerstand (II 41, 1 à gegen)

résoudre (de f.) 50 beschließen (zu tk.)
— se r. à f. II 8 sich entschließen zu tk.

respect, m. II 8 Achtung, Ehrerbietung
(les respects die Grüße der A.; rendre des r. Ehrerbietung erweisen)

respecter 60 achten

respiration, f. II 8 Atem (retenir sa r.
den A. anhalten)

responsabilité, f. II 39, 2 Verantwortung

ressemblance, f. 47 Ähnlichkeit (à la r.
II 11 nach dem Muster)

ressembler 30 gleichen, ähnlich sein

ressentir (zu 56 Gr. 16) lebhaft fühlen

resserrer 44a einzwängen; II 31 wieder-
schließen

ressort, m. 39a Feder

ressource, f. II 28 Hilfsquelle, Hilfsmittel

reste, m. II 20 die übrigen, das Übrige,
der übrige Teil — du r. II 43, 1 übrigens

rester 31 bleiben; II 31 zurückbleiben; 50
übrig sein; (zu II 32, 4 Gr. 155) übrig
bleiben — r. court II 32, 4 eine Antwort schuldig bleiben

restituer 62 erhalten, zurückgeben

restreindre (zu II 6 Gr. 17) beschränken
(à auf)

résultat, m. II 48a, 1 Ergebnis

résulter: il résulte que (zu II 22 Gr. 140)
es folgt daraus, daß

rétablissement, m. II 40a Wiederher-
stellung

retard: en r. 4 verspätet, säumselig

retarder II 42a verzögern

retenir 28 zurückhalten; 52 sich etwas
merken [f. haleine]

retentir II 10a (wieder) schallen, wiederhallen

retirer 29 zurückziehen, herausziehen —
se r. II 5 sich entfernen

retomber 44a wiederfallen

retour, m. 33 Rückkehr (à bei); sans r.
II 44a unwiederbringlich

retourner 35 umkehren, zurückkehren; II
31a, 2 wieder umdrehen

retraite, f. 35 Rückzug, Zufluchtsstätte

retranchement, m. II 30 Verschanzung

rétrograder II 31 rückwärts gehen

retrouver 30 wiederfinden, wieder auffinden

réunir II 42, 2 sammeln, vereinigen

rêve, m. II 39, 1 Traum

réveil m. II 34, 1 Erwachen (II 40, 2 A'bei)

réveiller II 64 wecken — se r. II 38
aufwachen, erwachen — réveillé, e II
34, 5 wach

révéler II 18a, 4/5 offenbaren

revenir 11 zurückkehren, zurückkommen;
II 26 umkehren (revenir sur ses pas
II 34, 5 umkehren) [f. attaque] — 18
wieder einfallen

rêver 21a träumen (II 18a, 1 qe. von etw.)

révérer II 40, 1 verehren

revêtir II 8 bekleiden (de mit)

revivre (zu II 8 Gr. 17) wieder aufleben,
wieder durchleben

revoir 27 wiedersehen

revoler 60 zurückfliegen

révolter II 41, 1 aufwiegeln — se r. sich
empören

révolution, f. II 39, 2 Revolution

rez-de-chaussée, m. 17a Erdgeschoß,
Parterre

Rhône: le R. II 31a, 5 die Rhone

riche 22 reich

richesse, f. 38 Reichtum

rideau, m. II 5 Vorhang

ridicule II 3 lächerlich

rien 52 etwas — ne... rien 4 nichts
(ne... rien qui II 7 nichts, was)

rieur, m. II 32, 4 Lacher

rigueur, f. II 18a, 2/3 Härte, Rauheit

rime, f. 21a Reim

riposte, f. II 32, 4 (schnelle) Widerrede

rire 18 lachen — faire r. II 10a zum
Lachen bringen — se r. de (zu II 42,
1 Gr. 111) sich lustig machen über —
le r. II 2 Gelächter

rivage, m. II 15 Strand

rive, f. II 14 Ufer

rivière, f. 42 Fluß (traverser une r.
über einen F. setzen)

robinet, m. 35 Hahn, Kran

roc, m. II 31a, 3 Fels, Felsen

rocher, m. 53 Felsen

rôder 56 umherstreifen

rogue II 34a, 3 hochnäsig

roi, m. 53 König (II 11 de France von
Frankreich)

roitelet, m. 58 Zaunkönig

Romain, m. II 22 Römer

roman, m. 57 Roman

Rome II 1 Rom

rompre 81 zerbrechen [f. cou]

rose, f. 20 Rose

roseau, m. II 32a Schilfrohr

rosier, m. 20 Rosenstock

rosse, f. II 34a, 2 Mähre

rossignol, m. II 6 Nachtigall

rôti, m. 3 Braten

rôtir 30 braten, rösten

roue, f. 21a Rad

rouge II 34, 3 rot

rougeâtre II 34, 1 rötlich
rouge-gorge, m. 27 Rotkehlchen
rougir II 4 erröten (de über)
rouler 43 rollen; II 34, 4 dahinrollen;
21a sich vorwärts bewegen; II 31a, 4
hin und her wälzen
route, f. 49 Straße (II 43, 1 de nach);
Weg (prendre une r. II 15 einen W.
einschlagen; faire une r. II 18a, 1 einen
W. zurücklegen; se mettre en r. pour
(zu II 41, 1 Gr. 172) sich auf den W.
machen nach; se remettre en r. II
18a, 1 sich wieder auf den W. machen)
— en r. II 38 unterwegs — la grande
r. II 48, 1 Hauptstraße
rouvrir (zu 57 Gr. 16) wiedereröffnen
roux, rousse II 34, 5 rot (vom Haare)
royal, e II 34a, 1 königlich
royaume, m. II 8 Königreich
royauté, f. II 41, 1 Königtum
rude 58 rauh; 42a anstrengend
rue, f. II 34, 5 Straße (II 42, 1 dans auf)
ruelle, f. 34, 2 Gasse
rugir II 31a, 4 brüllen
rugissement, m. II 31a, 1 Gebrüll
ruine, f. II 41, 2 Untergang, Scheitern
ruisseau, m. 12 Bach
ruminer 40 wiederkäuen
ruse, f. II 31a List
Russe, m. II 41, 2 Russe
Russie: la R. II 41, 1 Rußland

S.

sable, m. II 15 Sand
sabler II 34a, 3 mit Sand bestreuen
sabot, m. 18 Holzschuh; II 34, 4 Huf
sabre, m. II 43a, 1 Säbel
sac, m. 18 Sack, Beutel, Tornister
sacré, e II 41a heilig, geweiht
sacrifice, m. II 23 Opfer
sage II 10 weise
sagesse, f. 24 Weisheit
saillie, f. II 32, 4 Geistesblitz
saint, e II 11 heilig (sainte Catherine
die heilige Katharina)
Saint-Bernard: le S. II 18a, 1 Sankt
Bernhard
Sainte-Hélène II 16 Sankt Helena
saisir 34 ergreifen; II 28 fassen, packen;
II 41, 1 in Besitz nehmen — se s. II
10b sich bemächtigen
saison, f. 58 Jahreszeit
Salamine II 41, 1 Salamis
sale II 42, 2 schmutzig
salle, f. 18 Saal (la s. de bains Badezimmer)

saltimbanque, m. II 34a, 2 Gaukler
saluer II 34a, 3 grüßen; II 43a, 1 begrüßen
salut, m. 41a Heil, Rettung
samedi, m. 66 Sonnabend
sang, m. 66 Blut; le s.-froid Kaltblütigkeit; de s.-froid kaltblütig
sans 18 ohne — 39 ohne zu
sans que (zu II 29 Gr. 143) ohne daß
santé, f. 24 Gesundheit
sapin, m. 58 Tanne, Fichte
Sardaigne: la S. II 41, 3 Sardinien
satisfaire 60 befriedigen; s. à II 30 Genüge leisten
saucisson, m. II 34a, 3 Wurst
sauf, sauve II 34a, 3 wohlbehalten (la
vie sauve freies Geleit)
sauter 25a springen; faire s. II 43a, 3
in die Luft sprengen
sauvage II 19 wild
sauver 24 retten (II 43a, 3 de vor) —
se s. 24 (sich) flüchten
savant, e II 34a, 2 gelehrt
savoir 35 wissen; (zu 65 Gr. 18) können
(je ne saurais II 32, 3 ich kann nicht);
II 30 erfahren; s. f. II 35 verstehen zu th.
savourer II 28 schlürfen
scélérat, e 58a ruchlos
scène, f. II 32, 2 Scene, Bühne; 41a
Vorgang
scie, f. 5 Säge
science, f. II 22 Wissenschaft (la s. militaire Kriegskunst)
scier II 31a, 2 sägen, zersägen
sculpter II 14 schnitzen
sculpteur, m. II 12 Bildhauer
sec, sèche (zu 14 Gr. 36) trocken (s. boire)
sécher 14 trocknen
seconde, f. 16 Sekunde
seconder q. (zu II 40, 2 Gr. 114) jem.
helfen; II 43a, 2 unterstützen
secours, m. 58 Hilfe (demander s. um
H. bitten; au s. de q. II 11 jem. zu H.)
secret, -ète (zu 12 Gr. 40) geheim (secrètement II 22 heimlich, im geheimen)
— le s. 59 Geheimnis
secrétaire, m. II 18a, 4, 5 Sekretär, Geheimschreiber
sécurité, f. II 39, 1 Sicherheit
séduire (zu II 5 Gr. 17) verführen
seigneur, m. 23 vornehmer Herr; le grand s.
der Standesherr   Notre-Seigneur II
11 der Herr (= Christus)
seigneurie, f. II 9 (herrschaftliches) Gut
sein, m II 31 Schoß, Mitte
séjourner (zu II 32, 2 Gr. 112) sich aufhalten

sol, m. 40 Salz [f grain]

selon II 11 nach, gemäß – c'est s. II 31a, 2 je nachdem! das kommt darauf an!

selon que (zu II 30 Gr. 91) je nachdem

semaine, f. 17 Woche – en s. II 34a, 8 alltags, wochentags

sembler II 6 scheinen (II 34, 1 f. zu th.)

séminaire, m 44 Seminar

séminariste, m. 44 Seminarist

sens, m. II 32, 5 Sinn; le bon sens der gesunde Menschenverstand

sensible 49 empfänglich (à für); II 45, 1 empfindsam

sentier, m. 7 Pfad (dans auf)

sentiment, m. 49 Gefühl

sentinelle, f. II 47a, 1 Wache, Wachtposten

sentir 44 fühlen; (zu II 30, 2 Gr. 198) riechen – faire s. II 16 fühlbar machen
il ne se sent pas de joie II 10b er ist außer sich vor Freude

séparer II 32, 2 trennen

septembre, m. 17 September

septentrional, e 58 nördlich

serein, e II 18a, 2, 3 heiter, klar

sérieux, -se II 34a, 1 ernst

serpe, f. II 5 Hippe, Gartenmesser

serpenter (zu II 32, 2 Gr. 112) sich schlängeln

serre, f. 49 Klaue, Kralle

serrer 18 drängen; II 31a, 4 drücken; s. les rangs II 31 die Reihen schließen

servante, f. 4 Magd, Dienstmädchen

service, m. 34 Dienst (rendre s. 31a einen D. leisten)

servir 9 dienen (à f. zu th.); s. q. (zu 55 Gr. 18) jem. b.; s. à q. de qc. II 33 jem. als etw. d. – II 41, 8 Dienste thun – II 14 auftragen – 48 auszahlen – se s. 5 sich bedienen

serviteur, m. 44 Diener

seuil, m. 4ra Schwelle

seul, e 2 allein; 58 einzig – W 51 Anm. le s. qui mit Konj.) der einzige, der

seulement 80 nur, erst

sexe, m. II 34, 4 Geschlecht

si 31 wenn; II 14 ob; 78 so – si ... que (zu II 24 Gr. 144) wie ... auch immer

siècle, m. 17 Jahrhundert

siège, m. II 30 Sitz; 47a Rutschbord – II 34 Belagerung (mettre le s. devant une ville die B. einer Stadt eröffnen)

siéger II 40 eine Gerichtssitzung abhalten

siffler II 41a, 2 pfeifen

sifflet, m II 43, 5 Pfeife (le coup de s. Pfiff)

siffleur, siffleuse 21 pfeifend

signal, m II 14 Signal, Zeichen (II 41, 1

de qu); à un s. auf ein Zeichen

signaler II 43a, 8 auszeichnen

signe, m. II 4 Zeichen (en s. de réconciliation zum. als Z. der Versöhnung) [f. mauvais]

signer II 43, 1 unterzeichnen

silence, m. 11 das Schweigen, die Stille

silencieux, -se II 34, 1 schweigsam, still

sillon, m. 16 Furche – le s. de lumière II 31a, 8 Lichtstrahl

sillonner II 42, 2 furchen, durchziehen

simple II 36 einfach

simplicité, f. II 5 Einfalt

sincère 44 aufrichtig

singulier, -ère II 18 sonderbar

sinistre II 42, 1 unheilvoll

Sire 38 Majestät

situé, e : être s. II 28 liegen, gelegen sein

soc, m. 15 Pflugschar

sœur, f. 12 Schwester

soie, f. II 6 Seide (de soie seiden) – le ver à soie 50a Seidenraupe

soif, f. 38 Durst (avoir s. D. haben)

soigneux, -se 48 sorgfältig

soin, m. 25 Sorgfalt, Fürsorge – les soins 64a Mühe

soir, m. 19 Abend (vers le s. 58 gegen N.; ce s. II 7 heute N.; le s. II 9 am N., abends) [f. heure]

soirée, f. II 16 Abend (dans la s. II 31a, 2 im Laufe des Abends)

soit que ... soit que (soit que ... ou que) (zu II 28 Gr. 145) sei es, daß ... oder daß

sol, m 6 Erdboden, Boden

soldat, m. II 39, 1 Soldat

soleil, m. 13 Sonne (au s. même 39 mitten in die Sonne)

solidarité, f. II 32, 1 Solidarität, Gemeinschaftlichkeit

solidité, f. II 36 Festigkeit

solitaire II 40a einsam

solliciter 41a flehen; s. qc. de q. II 18a, 4,5 jem. um etw. anflehen; s. de f. II 27 auffordern zu th.

sombre II 42a düster, dunkel

somme, f. 31 Summe

sommeil, m. II 16 Schlaf (trouver le s. Schlaf finden)

sommer (zu II 34, 5 Gr. 157) auffordern

sommet, m. II 14 Gipfel, oberste Spitze; II 18a, 1 höchster Punkt (le s. du col Paßhöhe)

son, m. II 6 Ton, Klang

songer 44 denken (s. à f. daran d. zu th.)

sonner II 34, 1 läuten; II 42, 2 erklingen; II 34, 5 schlagen (huit heures et demie sonnaient es schlug 1/2 9)

sonore II 32, 1 wohlflingend

sort, m. 31 Schicksal, Geschick

sorte, f. 26 Art (une s. de paysan II 2 eine A. Bauer); toute s. de II 43a, 3 allerhand; de cette s. 27b auf diese Weise; en quelque s. II 32, 4 gewisser» maßen; de s. que II 5 so daß

sortir 18 ausgehen, herausgehen, hinaus» gehen, herauskommen; 52 hervorgehen; II 31a, 3 heraustreten, heraussehen; II 34, 3 herausbringen — s. de 56 ver» laffen — faire s. 48 herausholen

sot, sotte (zu 25 Gr. 42) dumm — le s. II 8 Dummkopf

sou, m. II 4 Sou (= 5 Centimes = 4 ₰)

souci, m. 51 Sorge

soucier: se s. de 38a sich kümmern um

soudain II 28 jählings, plötzlich

souffle, m. 40 Hauch

souffler 18 blasen

souffrance, f. 50 Leiden, Schmerz (dans d'atroces souffrances unter gräßlichen Schmerzen)

souffrir (de) 57 leiden (an)

souhait, m. II 17 Wunsch

souhaiter 24 wünschen (30 que mit Konj. daß)

soulager q. II 1 jem. Erleichterung ver» schaffen, erquicken

soulever 15 emporheben; II 39, 1 erheben

soulier, m. 40 Schuh

soumettre (zu 62 Gr. 17) unterwerfen

soupçonner II 34, 1 argwöhnen, vermuten

souper, m. 4 Abendessen (au s. beim A.)

soupirer 61 seufzen

source, f. 57 Quelle (la s. minérale Mineralquelle)

sourcil, m. 8 Augenbraue — froncer les sourcils 38 die Stirn runzeln

sourd, e II 34, 1 dumpf

sourire (zu 62 Gr. 17) lächeln — le s. II 4 das L. (un demi-s. ein schwaches L.)

souris, f. 42 Maus

sous 7 unter (sous Paris II 40, 2 unter den Mauern von Paris)

souscrire (zu II 5 Gr. 17) unterschreiben

sous-lieutenant, m. II 2 Unterleutnant

soutenir (zu 58 Gr. 16) behaupten, stützen; 39a aushalten, abhalten; 48a hochhalten — s. q. II 11 jem. beistehen

soutien, m. 55 Stütze

souvenir: se s. de 49 sich erinnern an — le s. 12 Erinnerung (49 de an), Andenken

souvent 14 oft, häufig

souverain, e II 40a oberste; le s. II 41, 1 Fürst

spacieux, -se 40 geräumig

spécial, e II 32, 3 eigentümlich

spectacle, m. 25a Schauspiel

splendeur, f. II 15 Herrlichkeit

splendide, e II 42, 1 glänzend

station, f. II 34, 4 Haltestelle

stationner II 42, 2 stehen (bleiben)

statue, f. 37 Bildsäule

stipuler (zu II 23 Gr. 137) ausmachen

Strasbourg 37 Straßburg

stupéfaction, f. 55a Bestürzung

subir 42 erleiden

subite II 15 plötzlich

sublime II 31 erhaben

substances: les s., f. II 23 Subsistenzmittel

suburbain, e II 42, 2 der Vorstädte

subvenir à (zu 58 Gr. 16) sorgen für

succéder (à) II 42, 1 folgen (auf); se s. einander folgen

succès, m. II 5 Erfolg

successeur, m. II 41, 3 Nachfolger

successif, -ve 31 aufeinander folgend; successivement der Reihe nach

succomber II 31 unterliegen, erliegen

Suède: la S. II 41, 3 Schweden

suffire 45 genügen; il suffit que (mit Konj.) es genügt, daß

suicider: se s. 50 Selbstmord begehen

suisse II 31a, 4 schweizerisch, Schweizer — le S. II 43a, 1 der Schweizer — le s. 51a Thürsteher

suite, f. 19 Folge; par suite infolge

suivant 17a nach, gemäß

suivant que (zu II 30 Gr. 91) je nachdem

suivre (q.) 30 folgen (jem.) — suivi, e II 16 anhaltend, ununterbrochen — suivi(e) de 30 in Begleitung

sujet, m. II 36 Gegenstand — II 41, 1 Unterthan

sultan, m. II 41, 1 Sultan

superbe 7 prächtig

supérieur, e 44a obere

supériorité, f. II 39, 1 Überlegenheit

supplice, m. 41a Todesstrafe

supplier II 23 inständig bitten (que mit Konj. daß; de f. 28 zu th.)

supporter II 43, 3 ertragen

supposer 46 vermuten; (zu II 24 Gr. 138) annehmen; en supposant que, supposé que, à supposer que (zu II 26 Gr. 144) angenommen, daß

supprimer II 11 unterdrücken, beseitigen

suprême II 22 oberste

sur 4 auf; II 1 über; II 2 an (Chálons-sur-Marne Chalons an der Marne); II 21 von (sur douze, il en tua cinq von zwölf tötete er fünf); II 43a, 3 auf ... hin

sûr, e II 7 ſicher

sûreté, f. 35a Sicherheit

sur-le-champ 68 auf der Stelle, ſofort

surmonter II 18a, 1 überſteigen, über-winden

surprendre 25 überraſchen — W 39 Anm. être surpris que (mit Konj.) überraſcht ſein, daß

surprise, f. II 18a, 1 Überraſchung [ſ. ménager]

surtout 22 beſonders

surveiller II 34, 2 überwachen

survenir (zu 58 Gr. 16) unerwartet kommen

survivre (à q.) 56 überleben (jem.)

susciter (des ennemis) II 40a (Feinde) ſchaffen

suspendre II 34, 3 hängen, aufhängen [ſ. épaule]

symptôme, m. II 28 Anzeichen, Spur

système, m. II 41, 1 Syſtem

T.

table, f. 4 Tiſch (35 à t. bei T.)

tableau, m. 18 Wandtafel; II 36 Gemälde

tablier, m. II 34, 5 Schürze

tâcher (de ſ.) II 4 verſuchen, ſich bemühen (zu th.)

taille, f. II 2 Wuchs

tailler II 15 ſchneiden, zurechtſchneiden

tailleur, m. II 34, 5 Schneider

taire (zu II 6 Gr. 17) verſchweigen — se t. 18 ſchweigen

talent, m. 65 Talent, Begabung [ſ. plein]

talon, m. 10 Ferſe, Hade

talus, m. II 42, 2 Böſchung

tandis que 41 während ... dagegen

tanguer II 10a kampfen

tanière, f. 56 Höhle (der wilden Tiere)

tant (de) 18 ſo viel, ſo viele — tant ... que (zu II 30 Gr 91) ſowohl ... als auch — tant que 68 ſolange wie

tantôt ... tantôt II 16 bald ... bald; tantôt encore II 9 eben noch

tapis, m. II 19 Teppich

tapisser 50a tapezieren, überkleiden

tapisserie, f II 5 Wandteppich

tard II 16 ſpät

tas, m. 30 Haufe

tâtons : à t. II 10a im Finſtern tappend

taureau, m. 56 Stier

teindre 40 färben [ſ brun]

tel, telle (zu 40 Gr. 84) mancher; 25 ſolcher; II 8 ſo groß, derartig — un tel II 12 der und der   tellement 27a derartig

télégramme, m II 42, 1 Telegramm, Depeſche

téméraire II 18a, 1 tollkühn

témérité, f. 62a Tollkühnheit

témoignage, m. II 41, 3 Zeugnis (de für)

témoigner 44 bezeugen, zu erkennen geben, erweiſen (t. sa reconnaissance II 37 ſeinen Dank ausſprechen) — t. de II 28 Zeugnis ablegen von

témoin, m. II 10 Zeuge

tempérant, e 46a mäßig

tempête, f. II 8 Sturm, Unwetter

temps, m. 16 Zeit (W 39 Anm. il est t. que mit Konj. es iſt Z., daß; peu de t. 48a kurze Z.; au t. 58 zur Z.; avoir le t. de ſ. II 18a, 1 Z. haben zu th.; donner à q. le t. de ſ. II 21 jem. Z. laſſen zu th.) — en même t. 23 gleichzeitig; en même t. que II 8 während; de tout t. II 48a, 1 von je her — 35a Wetter; II 18a, 2/3 Witterung

tendre 27 reichen, hinhalten; II 14 ſpannen; II 48, 3 ausſtrecken

tendre 12 zart

tenir 15 halten (être tenu de ſ. 48 gehalten ſein zu th.); II 21 in der Gewalt haben — t. à 25 grenzen an — tiens! II 4 da, nimm! II 31a, 1 ſieh! [ſ. campagne, marché]

tenter II 22 verſuchen (de ſ. zu th.); II 18a, 4/5 in Verſuchung führen

ter II 41a dreimal zu wiederholen

térébenthine [ſ. essence]

terme, m. 25a Ausdruck

terrain, m. 25 Erdreich; II 31 Kampfplatz

terrassier, m. II 34, 2 Erdarbeiter

terre, f. 15 Erde; venir à t. II 15 ans Land kommen [ſ. jeter, regarder]

terrestre 26 irdiſch

terreur, f. II 3 Schreden

terreux, -se II 43, 2 erdfahl

terrible II 31 ſchredlich

territoire, m. II 29 Gebiet

testament, m. 53 Teſtament

tête, f. 8 Kopf, Haupt — à la t. II 14 an der Spitze (être II 48a, 2 ſtehen)

tête-à-tête, m. II 28 Zwiegeſpräch, Zuſammentreffen (zweier)

teter (q.) 68a ſaugen (an)

théâtre, m. II 52, 2 Theater

tige, f. 55 Stengel

tilleul, m. 14 Linde

timbre, m. II 48a Glode (an Uhren)

timbre-poste, m. (zu II 12 Gr. 26) Briefmarke

tintement, m. II 34, 4 Klingeln

tirer 30 ziehen, ſchießen — 25a herausziehen; II 36 herausloden [ſ. coup, vengeance]

tison, m. 58 Feuerbrand
tisserand, m. II 43, 1 Weber
titre, m. II 22 Titel
tohu-bohu, m. 30a Tohuwabohu
toile, f. 40 Leinwand; la t. à voiles
Segeltuch; la t. cirée II 34a. 3 Wachstuch
toit, m. II 40, 1 Dach
tombeau, m. 26 Grab
tomber 14 fallen; 60 niederfallen, niederstürzen; II 26 hinfallen; 56 sich her-
niedersenken; II 34, 1 hineinklingen; t.
sur q. II 23 über jem. herfallen [s. effroi,
malade, renverse]
tombereau, m. II 34, 4 Bretterkarren (le
t. des boues Schmutzwagen)
ton, m. II 32, 3 Ton (donner le t. den
T. angeben)
tordre (le cou) 58a (den Hals) umbrehen
torrent, m. II 38 Strom, Flut; 27a
Bergstrom
tort, m. 27b Unrecht (avoir t. unrecht
haben; avoir t. de s. unrecht daran
th. zu th.)
tortueux, -se 40 gewunden
tôt II 18 frühe
toucher II 2 rühren (II 4 à an); II 15
berühren — 31a einkassieren
toujours 3 immer, stets; (zu II 30 Gr. 91)
immerhin; II 31 immer weiter, immer
wieder
tour: le t. 16 Umdrehung (de um) —
II 2 Reihe (on attendait le t. du paysan man wartete, bis die Reihe an den
Landmann kam); à mon t. II 9 meinerseits; chacun(e) à son t. II 18a, 2/3
(t. à t. II 18a, 4/5) abwechselnd — la
t. II 41, 2 Turm
tourmenter II 43, 1 quälen; se t. (zu II
34, 4 Gr. 156) sich abquälen
tourner 16 drehen, sich drehen; 52 wenden
tous (zu 40 Gr. 87) alle — tout 18 alles,
ganz; (zu 40 Gr. 87) jeder
tout à coup 61 plötzlich
tout à fait 26 vollständig
tout de suite 31a sogleich
toutefois II 20 dennoch, jedoch
toute-puissance, f. II 39, 2 Allmacht
trace, f. II 31a, 2 Spur
tracer 2 ziehen; II 15 abstecken
traduire (zu II 5 Gr. 17) übersetzen
tragique II 43, 3 tragisch, unheilvoll
trahir II 3 verraten
trahison, f. 42 Verrat
train, m. 36 Zug (être en t. de s. im
besten Zuge sein zu th.) — le t. intérieur II 13 die inneren Angelegenheiten
traînard, m. II 34, 1 Nachzügler, Bummler

trainer II 34, 4 schleppen, nachschleppen;
II 18a, 2/3 ziehen; II 31a. 5 fortschleppen;
II 43, 2 schweigend ertragen
trait, m. 56 Pfeil; II 12 Zug, Charakter-
zug; à longs traits II 35 in vollen Zügen
traité, m. II 41, 1 Vertrag
traiter II 8 behandeln (t. q. de roi jem.
König heißen)
traître, m. II 26 Verräter
tramway, m. II 34a, 2 Pferdebahn
tranchant, m. II 15 Schneide (à deux
tranchants zweischneidig)
tranquille 36 ruhig
transmettre (zu 62 Gr. 17) überliefern
transport, m. II 14 Transport — II 41a
Aufwallung (les transports d'allégresse
jubelnde Freude)
transporter II 18a, 2/3 hinüberschaffen
travail, m. 6 Arbeit
travailler 25 arbeiten, bearbeiten — se
t. (zu II 34, 4 Gr. 156) sich abmühen
travailleur, -euse II 32, 5 arbeitsam —
le t. II 15 Arbeiter
travers: à t. II 22 (au t. de 23) durch
... hindurch
traverse: le chemin de t. II 43, 3 Seitenweg
traversée, f. II 43, 3 Überschreitung, Weg
(de über)
traverser 42 überschreiten, durchschreiten,
durchschwimmen; II 31a, 4 durchbohren;
II 32a dahinschweben (qc. über etw.);
II 31 überbauen [s. rivière]
trembler 58 zittern; II 39, 1 beben; II
32a flimmern
très 14 sehr
trésor, m. 25 Schatz
tressaillir (zu II 2 Gr. 16) zittern
triangle, m. II 31 Dreieck
tribunal, m. II 30 Richterstuhl
tricolore II 40a dreifarbig
triomphalement II 32, 5 triumphierend
triomphe, m. II 2 Triumph (en im)
triste II 19 traurig
tromper 47 täuschen — se t. sich irren;
II 39, 1 sich täuschen (à über) [s. mot]
tronc, m. 8 Rumpf; II 5 Stamm
trône, m. 26 Thron
trop 39 zu, zu sehr; II 32, 2 nur zu —
trop ... pour que (mit Konj.) II 37 zu
... als daß
trot. m. II 43, 3 Trab
trotter II 34a, 3 traben
trottiner II 34, 3 trippeln (menu mit
kleinen Schritten)
trottoir, m. II 34, 3 Trottoir, Bürgersteig
trou, m. 5 Loch

troubler II 28 trüben; II 18 stören, beunruhigen

trouer II 34, 1 durchlöchern, durchdringen

troupe, f. II 15 Truppe

troupeau, m. 40 Herde

trouver 4 finden; II 10 auffinden; II 18a, 2 3 vorfinden — se t. 18 sich befinden; il se trouve II 32, 1 es befindet (befinden) sich

tuer 30 töten [f. raide]

Tuileries: les T., f. II 48, 2 Tuilerien

tumulte, m. II 32, 2 Tumult, Getümmel; II 10a Sturm

turc, turque II 41, 1 türkisch

Turc, m. II 9 Türke (le Grand T. Sultan)

U.

uhlan, m. II 42, 1 Ulan

un: l'un et l'autre 59 beide — l'un l'autre II 32, 1 einander (l'un de l'autre von einander)

unanime: d'une voix u. 96a einstimmig

uniforme, f. II 42, 2 Uniform

union, f. 31 Verbindung; l'union fait la force Einigkeit macht stark

unique (ju II 19 Gr. 138) einzig

unir 28 vereinigen [f. Etat]

unité, f. II 39, 1 Einheit

univers, m. II 32, 3 Weltall (tout l'u. die ganze Welt)

universel, -elle II 2 allgemein

usage, m. 37 Gebrauch (II 40a, 1 faire u. Gebrauch machen) - II 34, 3 Dienstzeit

user qc. (ju II 32, 1 Gr. 113) etw. abnutzen — user de qc. II 32, 1 etw. gebrauchen

utile 41 nützlich — W 45 Anm. il est u. que (mit Konj.) es ist n., daß

utilité, f. II 31a, 1 Nutzen

V.

vache, f. 40 Kuh

vague II 34, 3 unbestimmt

vaillant, e II 10a wacker

vain, e II 47a eitel, leer — en vain 81 vergeblich, umsonst

vaincre (ju II 5 Gr. 17) siegen, besiegen

vainqueur, m. II 30 Sieger, Besieger

vaisseau, m. II 14 Schiff, Kriegsschiff

valet, m. 38 Diener, Knecht (le v. de bourse Runstscheu)

vallée, f. 38 Felsleiten

vallée, f. II 43, 2 Thal

vallon, m. ... kleines Thal

valoir 48 gelten, wert sein (v. que mit Konj. 45 wert sein, daß; ne... rien qui vaille nichts Ordentliches) — v. autant (ju II 32, 4 Gr. 155) ebensogut sein — v. mieux 64 besser sein, II 7 mehr wert sein

vapeur, f. 56 Dampf, Dunst

varier (ju II 32, 2 Gr. 112) sich ändern

vase, m. II 12 Vase

vaste (ju II 34, 3 Gr. 196) ausgedehnt; II 41, 2 groß angelegt

vaurien, m. 64 Nichtsnutz

veille: la v. 58 der vorhergehende Tag oder Abend; II 4 am vorhergehenden Tage; II 40, 1 der Abend

veiller 59 wachen (sur über); (ju II 40, 2 Gr. 114) v. q. m. bei jem.; v. à sorgen für

vendange, f. 58 Weinlese; les vendanges Weinlesezeit, Herbst

vendre 14 verkaufen

vendredi, m. 17 Freitag

vénérable 31 ehrwürdig

vengeance, f. II 27 Rache (tirer v. de R. nehmen für)

venger 46 rächen (de q. an jem.; de qc. II 40, 2 für etw.); se v. sur q. de qc. (ju II 37 Gr. 115) sich an jem. für etw. r.

venir 49 kommen; II 41, 3 hereinbrechen; v. à q. II 28 auf jem. zukommen — v. f. 65 kommen, um zu th.; II 86 kommen und th. — v. de f. 49 soeben gethan haben — à v. II 6 zukünftig

vent, m. 55 Wind

vente, f. 47 Verkauf (exposer en v. zum V. stellen)

ventre, m. II 31a, 1 Bauch [f. plat]

ver, m. 50a Wurm [f. soie]

verger, m. II 31a, 1 Obstgarten

vérifier 55a kontrollieren

véritable 33 wirklich; II 32, 3 wahr, echt

vérité, f. 28 Wahrheit; à la v. zwar

verre, m. 32 Glas

vers, m. 52 Vers

vers 37 gegen (v. 1840 ums Jahr 1840) — 43 nach... hin, auf... zu [f. soir]

versant, m. 44a Abdachung

verser 23 umwerfen — II 40a vergießen

vert, e 56 grün

vertu, f. 46a Tugend

veste, f. 40 Jacke

vestige, m. 44a Spur

vêtements: les v., m. II 11 Kleider

vêtir II 3 kleiden

victime, f. II 30, 2 Opfer (faire fochsen)

victoire, f. II 30 Sieg (II 39, 2 de bel; II 41, 2 de l'Alma an der Alma)

vide 18 leer
vie, f. 26 Leben
vieillard, m. 31 Greis
Vienne II 1 Wien
vieux, vieil, vieille (zu 20 Gr. 43) alt
vif, vive II 15 lebhaft, schlagfertig
vigilant, e II 30, 1 umsichtig
vigne, f. 25 Weinberg, Weinrebe
vigoureux, -se 43 kräftig, stark
vilain, m. II 21 Lump
village, m. 18 Dorf
villageois, m. II 40, 1 Dorfbewohner
ville, f. 19 Stadt; être en v. in der S. sein, ausgegangen sein
villégiateur, m. 56a Sommerfrischler
vin, m. 38 Wein (le marchand de vin II 34, 2 Weinschenkeninhaber)
violence, f. II 43, 3 Heftigkeit, Gewalt
violent, e 54 heftig; 44a gewaltthätig
violette, f. 11 Veilchen
violon, m. II 26 Geige
visage, m. 58 Gesicht
vis-à-vis (de) 39a gegenüber
vision, f. II 10a Erscheinung, Gesicht
visite, f. 65 Besuch (rendre v. einen B. abstatten) — la v. à II 41, 3 der B. bei
visiter 52 besichtigen, visitieren; II 31a, 2 besuchen
visiteur, m. 39a Besucher
vite 23 schnell
vitrier, m. 32 Glaser
vivre 28 leben — 51 faire v. q. jem. den Lebensunterhalt gewähren
vivres: les v., m. 33 die Lebensmittel
vœu, m. 66 Gelübde, Wunsch
vogue, f. II 32, 2 Beliebtheit (être en v. Mode sein)
voici II 21 da ist (sind) (II 34, 3 nous v. da sind wir; II 40, 2 le v. da ist es) — II 34, 3 das ist (sind); II 18a, 4/5 dies (folgendes) ist (sind)
voilà 40 da ist (sind), das ist (sind) (62 me voilà da bin ich) — II 36 das nenne ich — II 39, 1 voilà ce qui dies [s. pourquoi]
voile: le v. II 38 Schleier — la v. 40 Segel (zu II 41, 1 Gr. 172 faire v. pour absegeln nach) [s. toile]
voilier, m. II 14 Segler
voir 3 sehen (voyez II 26 sieh doch einer) — II 41, 2 erleben — une couleur voyante II 34, 3 eine leuchtende Farbe

voisin, e 18 benachbart, nahe — le v. 1 Nachbar
voiture, f. 23 Wagen, Droschke [s. descendre]
voix, f. 34 Stimme (d'une v. retentissante II 10a mit schallender S.) [s. fort, unanime]
vol, m. 47 Diebstahl — 48a Flug
voler 8 stehlen (47 dans aus) — 55a bestehlen — 27 fliegen
voleter 48a flattern
voleur, m. 3 Dieb
volonté, f. II 30 Wille, Wunsch; à leur v. 27b nach (ihrem) Belieben
volontiers II 11 gern
volupté, f. 13a Wonne
vouloir 23 wollen (W 39 Anm. v. que mit Konj. w., daß) — en v. à q. (zu 64 Gr. 18) auf jem. böse sein; 66 jem. nachstellen — je voudrais 64 ich möchte — vous avez bien voulu m'envoyer II 37 Sie waren so freundlich mir zu schicken
voyage, m. 26 Reise (un long v. eine weite R.; dans un v. 49 auf einer R.; bon v.! II 10a glückliche R.!)
voyager 33 umherreisen; II 18a, 2/3 hinübergehen
voyageur, m. 33 Reisender
vrai, e 47 wahr; II 34a, 1 wirklich (Adj.) — vraiment 47 wirklich (Adv.)
vraisemblable II 22 wahrscheinlich
vue, f. II 20 Anblick (à bei)

W.

waterproof, m. [englisch] II 34, 3 (wasserdichter) Regenmantel

Y.

y 25 daran, an dieselbe; II 26 darin; II 16 in dasselbe — (zu 23 Gr. 7) dort, dorthin — vous n'y êtes pas 47 falsch, Sie haben nicht das Richtige getroffen [s. avoir]

Z.

zèle, m. 52 Eifer; le z. à s. das eifrige Streben danach, zu th.
zéphyr, m. 55 Zephyr (lauer Wind).

A.

abberufen 25 rappeler

Abbild 13 une image

Abdachung 44a le versant; II 31a, 4 la pente

Abend 19 le soir [f. b.]; II 16 la soirée [f. b.]; II 38a le couchant; II 40, 1 la veille [f. b.]

Abendessen 4 le souper (beim R. an s.)

Abendstern 11 39a une étoile du soir

Abendstimmung II 30 un effet de soir

Abenteuer 69a une aventure

aber 5 mais

abermals II 4 encore

abfliegen II 14 partir

abgeben 30 tirer [f. coup, décharge]

abgeben II 34, 4 partir

Abgeordneter II 5 le député

Abgesandter II 5 le député

abgeschmackt II 11 absurde

abgezehrt II 45, 3 hâve

Abgrund 27a le précipice; II 38 un abîme

abhalten [f. examen, marché]

Abhang 56 le coteau; II 31a, 3 la côte

abholzen 44a déboiser

abkürzen II 40, 1 abréger

ablauschen [f. prendre]

abmessen 48a mesurer

abmühen: fich a. (zu II 34, 4 Gr. 156) se fatiguer, se travailler

abnehmen 27a (= entfernen) ôter — II 18a $\frac{2}{3}$ (= herunternehmen) démonter — 50a (ein Bein) amputer

abnutzen (zu II 38, 1 Gr. 113) user (etw. qc.)

abonnieren (zu II 42, 1 Gr. 111) s'abonner

abquälen: fich a. (zu II 34, 4 Gr. 156) se tourmenter

abraten (zu II 37 Gr. 115) dissuader [f. b.]

Abreise II 14 le départ (nach pour)

abreisen nach (zu 57 Gr. 16) partir pour

abschaffen 22 abolir

Abschaum II 52, 5 une écume

abscheulich II 45, 3 abominable

abschlagen (= verweigern) II 39, 1 refuser

abschließen (Geschäfte) II 52, 3 réaliser

abschneiden 5 couper

abschüssig II 18a, 1 escarpé, e

absegeln (zu II 41, 1 Gr. 172) faire voile

absenden II 41, 2 expédier

Absicht 47 une intention (zu th. de f.)

absolut II 39, 2 absolu, e

absperren II 43, 2 barrer

abspielen: fich a. 41a se passer

abstatten 63 rendre (einen Besuch visite)

abstecken II 15 tracer

absteigen 54 descendre

Abstieg II 18a, 1 la descente (bei à)

Abtei 52 une abbaye

Abteilung II 18a, $\frac{2}{3}$ la division

abtrreiben II 42, 2 harasser [f. dérive]

aburteilen (zu II 40, 2 Gr. 114) juger (über jem. q)

abwechselnd II 18a, $\frac{2}{3}$ chacun(e) à son tour; II 18a, 4/5 tour à tour

Abweg: auf Abwege kommen (zu II 42, 1 Gr. 111) s'égarer

abweisen 24 refuser

abwenden 65 détourner

abwesend II 28 absent, e

Abwesenheit 19 une absence [f. b.]

abzeichnen II 28 dessiner

abziehen II 32a s'éloigner

ach 66 hélas

Achse II 33 un axe

achtbar 52 estimable

achten 80 estimer

achten (zu II 5 Gr. 17) prescrire

achthaben 64 prendre garde (auf à)

Achtung II 8 le respect [f. b.]; II 37 la considération — Achtung! 28 gare

ächzen 25a gémir — das Ächzen 40 les gémissements, m.

ackern 15 labourer — das A. le labourage

Ackersmann 15 le laboureur

Adel II 34a, 1 une aristocratie

Adjutant II 2 un aide de camp

Adler: (Vogel) II 6 un aigle — (Feldzeichen) II 40a une aigle

Administrator II 18a, 4/5 un administrateur

Admiral 41a un amiral

Afrika 22 l'Afrique, f.

Ägypten 22 l'Égypte, f.

ahnen (zu 56 Gr. 16) pressentir; 31a, 1 se douter (etw. de qc.)

ähnlich II 4 pareil, -eille — ähnlich fein 20 ressembler

Ähnlichkeit 47 la ressemblance

Ahnung II 18a, 1 le pressentiment [f. b.]

Ähre 6 un épi [f. b.]

Akademie II 52, 5 une académie

albern II 11 absurde

Album 89a un album

Alexander II 41, 3 Alexandre

algerisch 41a algérien, -enne

Algier 41a Alger

Algierer 41a un Algérien

alle 4 tous

Allee II 34a, 3 (größere) une avenue — (kleinere) une allée

allein 2 seul, e

allerdings II 9 bien — allerdings! II 31a, 2 un peu!

allerhand II 43a, 3 toute sorte de
alles 18 tout — vor allem II 32, 2 surtout
allgemein 32 général, e; II 2 universel, -elle — allgemein gültig II 32, 5 commun, e
Allmacht II 89, 2 la toute-puissance
allmählich II 43, 3 peu à peu
alltags II 34a, 3 en semaine
Almosen II 9 une aumône [f. b.]
Alpen II 18a, 4/5 les Alpes, f.
als 1) (von der Zeit) 4 quand; 6 lorsque [f. jour] — 2) (nach Komparativ) 32 que — als ob II 20 comme si
also 24 or (am Anfang von Sätzen); II 6 donc; 48a ainsi
alt (zu 20 Gr. 43) vieux, vieil, vieille — 27a âgé, e — 27b er war 60 Jahre alt il avait soixante ans [f. âge] — (= altertümlich) II 30 antique — (= ehemalig) II 30, 2 ancien, -enne
Altar 44 un autel
Alter 24 un âge [f. b.]
altertümlich II 35 antique
Ameisenhaufen II 34, 5 la fourmilière
Amerika 32 l'Amérique, f.
Amme II 9 la nourrice
Amsel 64 le merle
amtlich II 43, 2 officiel, -elle
Amtsbruder 66 le confrère
amüsieren II 43, 1 amuser
an 12 à; II 2 sur [f. b.] — an ... hin II 34, 1 le long de
anbeten II 41a adorer
anbetrifft: was a. 39 pour; 38a quant à
anbieten 24 offrir
anbinden 42 attacher
Anblick II 32, 1 un aspect; II 20 la vue (bei à); II 9 le coup d'œil
anbrennen 39 allumer; 64 embraser
anbringen II 36 placer
Anbruch [f. approche, jour]
andächtig II 36 recueilli, e
Andenken 12 le souvenir
ander 4 autre; etwas anderes (zu II 34, 1 Gr. 235) autre chose; nichts anderes 24 ne ... pas autre chose
ändern II 42, 2 changer — sich ä. (zu II 32, 2 Gr. 112) changer, varier
anders (zu II 39, 2 Gr. 201) autrement
anderswo II 32, 3 ailleurs
aneignen 38a approprier
anerkennen II 8 reconnaître
anfahren (jem.) II 4 brusquer
Anfang II 7 le commencement
anfangen 46 se mettre à; 63 commencer [f. faire]
anfertigen 37 fabriquer; II 11 faire —

angefertigt werden II 82, 3 se fabriquer
anflehen II 18a, 4/5 solliciter (jem. um etw. qc. à q.)
Anfrage II 4 la demande
anführen (= erwähnen) II 18a, 4/5 citer
Anführer II 22 le chef
anfüllen II 9 remplir; II 43, 3 encombrer (mit de)
angeben 16 marquer, indiquer; II 31a, 5 désigner; (den Ton a.) II 32, 3 donner
Angelegenheit 28 une affaire [f. train]
Angelus II 34, 1 l'Angélus, m.
angemessen II 5 convenable; II 32, 1 conforme
angenehm 39 agréable [f. b.]
angreifen II 31 charger, assaillir; II 43a, 1 attaquer
Angreifer II 43a, 3 un assaillant
Angriff II 23 un assaut; II 31 une attaque [f. b.]; II 42, 1 la charge
Angst II 42, 1 une angoisse, la détresse
ängstlich II 10a anxieux, -se
anhalten [f. haleine, suivre]
Anhänglichkeit 44 un attachement
Anhäufung II 32, 5 une agglomération
Anhöhe 40 la hauteur
anhören 57 écouter
Anker II 14 un ancre [f. b.]
anklagen 3 accuser
anklammern II 10a cramponner
ankommen 4 arriver [f. selon]
Ankömmling II 2 le nouveau-venu
Ankunft 57 une arrivée
Anlage (natürliche) II 32, 3 le génie
anlangen II 34, 5 arriver
anlegen 48 placer [f. intérêt]
anlocken 56 attirer
anmaßen 39a arroger
Anmut II 17 la grâce
anmutig II 28 gracieux, -se
annähernd II 41, 2 près de
Annäherung 11 une approche
Annalen II 41a, 2 les annales, f.
annehmen II 29 accepter; II 5 adopter; (zu II 24 Gr. 138) supposer [f. b. und habitude]
anreden 31a aborder
anrichten [f. dégât]
ansammeln II 42, 2 entasser
Anschlag II 42, 1 une affiche; II 42, 2 le placard
ansehen 3 regarder, 48 considérer (als comme)
ansehnlich 63 considérable
anspannen II 18a, 2 3 atteler

Anspruch 97a la prétention
Anstalt 57 un établissement
Anstand II 31a, 1 un affût (auf A)
anstatt (f. lieu)
Anstieg II 43, 3 la montée
anstrengend 68a rude
Anstrengung 58 la fatigue; II 31 un
  effort
Anteil 38 la part — N. nehmen an (ju
  II 42, 1 Gr. 111) s'intéresser à
Antlitz 58 le front
Antonie II 39 Antoinette
Antwort 57 la réponse (f. rester)
antworten 3 répondre (f. b.)
anvertrauen II 1aa, 4/5 confier
anwenden 22 employer
anwesend fein 47 assister
Anzahl 9 le nombre
Anzeichen II 28 le symptôme
anzeigen 16 indiquer
anziehen 53 ((= anfleiben) habiller — 56
  (= anlofern) attirer
Anzug 40 un habillement; II 34, 3 le
  costume (f. complet)
Anzüglichkeit II 32, 4 le quolibet
anzünden 89 allumer; II 33 enflammer
Apotheker 14 le pharmacien
Appetit 57 un appétit (f. b.)
April 14 avril, m.
Araber 37 un Arabe
Arbeit 6 le travail; 52 un ouvrage; II
  34, 3 la besogne
arbeiten 25 travailler
Arbeiter II 12 un ouvrier; II 15 le tra-
  vailleur
Arbeiterin II 34, 3 une ouvrière
Arbeitgeber II 34, 2 le patron
arbeitsam 48 laborieux, -se; II 32, 5 tra-
  vailleur, -euse
Arbeitshose (blaue) II 34, 3 la cotte
Arbeitsmarkt II 34, 5 la grève
Ärger II 26, 6 le chagrin
ärgerlich II 43, 1 mal à l'aise
ärgern II 26 fâcher
argwöhnen II 34, 1 soupçonner
arm 14 pauvre; 48a indigent, e
Arm 9 le bras
Armee II 39, 1 une armée
Ärmel 44a la manche (f. chemise)
ärmlich II 42, 2 pauvre
Ärmlichkeit 52 la pauvreté
Armut 52 la pauvreté
Aroma II 17 un arome
Arsenal II 45a, 1 un arsenal
Art 26 la sorte (f. b.); II 5 la façon,
  la manière (f. b.); 41 une espèce; II
  14 le genre

artig (ju 25 Gr. 42) gentil, gentille
Artikel II 32, 3 un article
Artillerie II 2 une artillerie; II 46a, 3
  le canon
Artillerist 41a le canonnier; II 18a, 2/3
  un artilleur
Arzt 57 le médecin
Asche 40 la cendre
Asien 32 l'Asie, f.
Asphalt 39a un asphalte
Atem 7 une haleine (f. b.); II 28 la respiration (f. b.) — außer A. II 26 essoufflé, e
Athlet 30a un athlète
atmen 60 respirer
Atmosphäre II 10a une atmosphère
auch 1 aussi (f. encore, même, pas)
Audienz II 5 une audience (f. b.)
auf 4 sur — auf...ju 48 vers (f. venir)
  — auf...hin II 45a, 5 sur
aufbauen II 15 construire; II 18a, 4/5
  édifier
aufbinden 31 délier
aufbliden 48a regarder
aufblühen 13 fleurir
aufbrechen 36 forcer — 18 (= fortgehen)
  partir (nach pour)
Aufbruch II 14 le départ (nach pour)
aufdecken 47 découvrir
aufdrücken II 32, 4 imprimer
Aufenthalt(sort) II 43, 2 la demeure (f. b.)
auffinden II 10 trouver
auffordern II 27 solliciter (ju th. de f.);
  (ju II 34, 5 Gr. 157) sommer; (dringend
  auffordern) II 46a, 1 presser
auffrischen 42a réparer
aufgeben 52 abandonner
aufgehen 20 se lever — II 2 s'ouvrir
aufhalten 28 arrêter — sich a. 46a résider; (ju II 32, 2 Gr. 112) séjourner
aufhängen II 34, 3 suspendre; II 45a, 8
  pendre
aufhäufen II 42, 2 entasser; II 46a accumuler
aufheben II 23 lever; 14 ramasser —
  (= bewahren) 28 réserver; II 40, 2
  garder
aufhören II 6 cesser (ju th. de f.)
aufklären II 39, 1 éclairer
aufkratzen 42a gratter
aufladen 64a charger
auflassen II 26 laisser ouvert(e)
auflauern jem. 66 épier q.; (ju II 40, 2 Gr.
  114) guetter q.
Auflauf II 32, 2 le rassemblement
auflesen 14 ramasser
aufleuchten II 31a, 3 briller

auflösen (ju II 8 Gr. 17) dissoudre
aufmachen: sich a. II 11 partir; II 18a, 4/5 se mettre en marche
aufmerksam 47 attentif, -ve [s. avertir, remarquer]
Aufmerksamkeit 41a une attention
Aufnahme II 40a un accueil
aufnehmen II 2 accueillir; II 35 recevoir; II 42, 1 faire entrer
aufopfern 34 dévouer [s. b.]
Aufopferung 34 le dévouement
aufpflanzen II 43a, 3 arborer
aufrecht II 31 debout — a. erhalten (ju 58 Gr. 16) maintenir
Aufregung II 32, 2 une émotion
aufreißen [s. ouvrir]
aufrichten 36 relever
aufrichtig 44 sincère; II 31a, 2 franc, -che
aufrollen II 19 dérouler
Aufruf II 40a la proclamation
Aufruhr II 41, 1 une émeute
aufscheuchen II 34, 1 effaroucher
aufschneiden II 10a blaguer
Aufschub II 31 le répit
aufsehen 48a regarder
aufstehen 20 se lever — II 20 être ouvert(e)
aufsteigen 27b monter
aufstellen II 25 placer; II 34, 4 (in Ordnung) ranger; II 42, 2 (in Reih und Glied) aligner
Aufstieg II 18a, 1 la montée (bei à)
aufsuchen II 34, 5 aller chercher
Aufsuchung II 18a, 2/3 la recherche
auftragen (Speisen) II 14 servir
auftrennen (ju II 5 Gr. 17) découdre
aufwachen II 16 s'éveiller; II 28 se réveiller
Aufwallung II 41a le transport
aufwiegeln II 41, 1 révolter
aufwühlen II 10 remuer; II 19 labourer; II 42, 2 bouleverser
aufzehren 33 consommer
aufziehen II 43a, 1 lever
Aufzug II 40, 2 le cortège
Auge 8 un œil [s. b. u. ouvrir]
Augenbinde II 38 le bandeau
Augenblick 34 un instant; 39 le moment [s. b.]; im A. II 28 en un clin d'œil
Augenbraue 8 le sourcil
Augenlid 8 la paupière
August 1 Auguste — 17 août, m.
aus 2 de [s. par, voler] — aus... heraus 47a hors de
ausatmen 11 exhaler
ausbessern 42a réparer
Ausbleiben II 42, 1 une absence

ausbrechen II 30 éclater (in en)
ausbreiten 14 répandre; 40 étendre
Ausbrüten II 42, 1 une éclosion
Ausdauer II 41, 2 la constance
Ausdehnung 40 une étendue
Ausdruck 25a le terme
ausdrücken 65 exprimer
ausdrücklich 19 exprès, expresse; II 34a, 2 formel, -elle
auseinandersetzen II 18a, 4,5 exposer
ausfragen II 18a, 4/5 interroger
Ausgabe 48 la dépense
Ausgang II 5 une issue — 54 le dénouement
Ausgangspunkt 48a le point de départ
ausgeben 48 dépenser — ausgeben für (ju II 38 Gr. 190) donner pour
ausgedehnt (ju II 34, 3 Gr. 195) vaste
ausgehen 18 sortir; (= herkommen) II 3 partir [s. ville]
ausgetrocknet 40 aride
ausgezeichnet 28 excellent, e
aushalten 39a soutenir
ausharren II 31 persister
aushöhlen II 18a, 2/3 creuser
aushungern II 43, 3 affamer
auskundschaften 34 reconnaître
ausladen II 15 décharger
Auslage (von Waren) II 34, 2 un étalage
ausländisch II 40, 2 étranger, -ère
auslassen (ju 62 Gr. 17) omettre
ausliefern II 22 livrer
auslöschen (ju II 6 Gr. 17) éteindre
ausmachen (= bilden) 64a faire — (= beschließen) (ju II 23 Gr. 137) stipuler
ausrufen 28 s'écrier; II 22 proclamer [s. b.]
ausruhen 52 se reposer
ausrüsten 40 équiper; 58a munir (mit de); II 41, 1 armer
Ausschuß II 43a, 1 le comité
Aussehen II 2 un air; II 32, 1 un aspect, la physionomie; II 43a, 3 la face
außer 39 hors de; II 18a, 2/3 outre; II 34, 5 excepté — a. sich über II 43a, 2 outré(e) de — a. sich vor Wut II 43, 3 exaspéré, e [s. sentir]
außerdem II 9 puis; (ju II 30 Gr. 91) de plus
äußerst 61 extrême — aufs äußerste II 31 à outrance — das äußerste Ende 40 l'extrémité, f.
aussetzen 47 exposer [s. b.]
Aussicht II 19 la perspective — gute Aussichten II 31a, 2 la chance
aussprechen 62 prononcer; II 31 proférer; (feierlich) II 41, 3 proclamer [s. témoigner]

ausstechen II 18a, ? ? courir (des dangers)
aussteigen II 13 descendre [f. b.]
ausstellen 47 exposer; II 45a, 1 poster
ausstoßen II 25 jeter; II 31a, 3 pousser
ausstreuen II 5 étendre
austauschen II 34a, 2 échanger
austeilen II 33 distribuer
Austräger II 34, 4 le porteur
ausüben 46a pratiquer; II 41, 1 exercer
Ausübung II 40a un exercice
Auswahl II 35 le choix
auswählen 46a faire choix de
auszählen 31 compter; 48 servir
auszanken II 26 gronder
auszeichnen II 37 distinguer; II 45a, 3 signaler
Axt 5 la hache [f. coup]
Azur II 36 l'azur; azurblau II 39a d'azur

B.

Babylon II 32, 5 Babylone
Bach 12 le ruisseau
backen 40 cuire
Bäcker II 2 le boulanger
Bäckerei, -laden II 34, 2 la boulangerie
Backofen 39 le four
Backwerk 50 les confitures, f.
Bad 36 le bain
Badegast 57 le baigneur
baden (zu II 42, 1 Gr. 111) se baigner
Badezimmer 35 la salle de bains
Bahn II 33 le cours
Bahnhof II 34a, 1 la gare
Bajonett 34 la baïonnette
bald 15 bientôt; bald ... bald ... II 16 tantôt ... tantôt ...
Balken 5 la poutre
Ball (Kugel) 56 la balle
Band 31 le lien
Bank 18 le banc
Banner II 14 la bannière
Bannmeile II 42, 2 la banlieue
Bär II 34, 5 un ours
Barbar 60 le barbare
barfuß 59a nu-pieds
Barke II 41a la barque
barmherzig II 32, 5 charitable
Bart 48a la barbe
Bastille 59a la Bastille [f. b.]
Bataillon II 31 le bataillon
Batterie II 25 la batterie
Bauch II 31a, 1 le ventre [f. plat]
bauen 27 bâtir — 22 (Sand) cultiver
Bauer 40 le paysan
Baum 14 un arbre
Baumgruppe 14 le bosquet

Baumwolle 22 le coton
Bauplatz II 34, 1 le chantier
beabsichtigen zu th. II 9 prétendre f.; (zu II 55 Gr. 153) entendre, penser f.; II 31a, 2 compter f.
Beachtung II 18a, 4/5 une attention
Beamter II 45, 2 le fonctionnaire
bearbeiten 25 travailler
beauftragen 41a charger (zu th. de f.)
bebauen (Felder) 22 cultiver
beben II 39, 1 trembler
bedauern II 39, 1 regretter — Bedauern II 35 le regret [f. b.]
bedecken 8 couvrir; II 34, 5 recouvrir (mit de) — dicht b. II 45, 3 encombrer (de)
bedenken 69a considérer
bedienen 5 servir
Bedienter 28 le laquais
Bedingung 68 la condition [f. b.]
bedrohen II 40a menacer
bedrohlich II 41, 1 menaçant, e
Beduine II 38 le Bédouin
Bedürfnis II 48, 1 le besoin — die Bedürfnisse 59 les nécessités, f.
beeilen: sich b. zu th. 52 se hâter de f.; II 34, 4 s'empresser de f.
beeinträchtigen II 38 altérer
beendigen 35 finir [f. b.]
Befehl 52 un ordre [f. b.]; II 9 le commandement
befehlen 38 ordonner [f. b.]; II 11 commander
befestigen 32 fixer; 42 attacher
Befestigung II 42, 2 la fortification
befinden: sich b. 18 se trouver [f. b.] — 16 es befindet (befinden) sich il y a — 50 sich befinden (= sich fühlen) se porter
beflecken II 34, 3 maculer
befördern (zu 65 Gr. 18) promouvoir
Beförderung II 2 la promotion
befragen II 18a, 4,5 questionner
befreien II 30 affranchir
Befreiung II 22 la délivrance
befriedigen 60 satisfaire [f. difficile]
Begabung 65 le talent
begeben: sich b. 47 se rendre
begegnen 23 rencontrer (jem. q.)
Begegnung II 21 la rencontre
begehen (zu 62 Gr. 17) commettre
Begehrlichkeit II 41, 1 la convoitise
begeistert II 40a enthousiaste
Begeisterung II 32, 1 un enthousiasme
begierig (zu II 34, 5 Gr. 157) ambitieux, -se; avide; désireux, -se; impatient, e
beginnen 68 commencer
begleiten 26 accompagner

Begleiter 33 le compagnon
Begleitung: in B. 30 suivi(e) de
begnügen: ſich b. mit 50 se contenter de
begraben II 43a, 3 ensevelir
begreifen 8 comprendre — (ju 68 Gr. 18) concevoir
begreiflich finden (ju II 24 Gr. 138) comprendre, concevoir
Begriff: im B. ſein ju th. 33 aller f.
begründen II 9 fonder
begrüßen II 43a, 1 saluer
behalten 54 garder
behandeln II 8 traiter
beharrlich II 41a constant, e
behaupten (ju 58 Gr. 16) soutenir [ſ. campagne] — b. ju th. II 24 dire f.
behend II 28 agile
beherrſchen 31 dominer
Beherrſcher II 18a, 4/5 le dominateur
behüten II 15 garder
bei (= in der Nähe) 25 près de; 42a auprès de — (im Hauſe oder Lande) 39 chez — (Begleitung) II 25 avec — (in Schwüren) II 15 par — [ſ. bataille]
beichten (ju II 42, 1 Gr. 111) se confesser
beide 15 les deux — 59 l'un et l'autre
Beifall klatſchen (oder jollen) II 32, 1 applaudir (jem. q.)
Beifallsruf II 43a, 1 un applaudissement
Beil II 30 la hache
Bein 9 la jambe
beinahe [ſ. penser]
Beinkleid 40 le pantalon
beiſeite II 26 à part
Beiſpiel 65 un exemple; jum B. par e.
beiſtehen (jem.) II 11 soutenir (q.); II 31a, 5 aider (q.)
beißen 3 mordre
beitragen ju (ju 59 Gr. 16) concourir à
beitreten [ſ. ligue]
beiwohnen (ju II 40, 2 Gr. 114) assister à
bekämpfen (ju 39 Gr. 17) combattre
Bekanntſchaft 26 la connaissance
Bekenntnis II 32, 5 un aveu
beklagen 55 plaindre; II 39, 1 regretter
bekleiden II 3 revêtir (mit de)
bekommen 26 obtenir; II 36 avoir
bekränzen II 43a, 3 couronner
bekreuzen: ſich b. II 31a, 4 faire la croix
bekriegen (ju II 32, 1 Gr. 113) faire la guerre à
beladen II 42, 2 charger (mit de)
belagern II 34a, 2 assiéger
Belagerer II 43a, 2 un assiégeant
Belagerung II 23 le siège [ſ. b.]
belaſten II 18a, 1 charger
belauern II 31a, 3 épier

beleidigen 45 offenser
Beleidigung 46 une injure [ſ. b.]; 49 un outrage
Belieben [ſ. fantaisie, volonté]
Beliebtheit II 32, 2 la vogue
bellen II 36 aboyer
Bellen 30 les aboiements, m.
Belohnung II 41, 2 la récompense
beluſtigen II 43, 1 amuser
bemächtigen 58a emparer; II 10b saisir
bemerken 29 apercevoir; II 2 remarquer
bemühen: ſich b. ju th. 52 s'efforcer de f.; II 4 tâcher de f
benachbart 18 voisin, e
benachrichtigen 30 avertir; warnend benachrichtigen (ju 58 Gr. 16) prévenir
beneiden (ju II 37 Gr. 115) envier (qc. à q.)
benutzen II 31 profiter (etw. de qc.)
beobachten 36 observer
berauben II 39.2 priver; 58a dépouiller
bereiten II 11 faire [ſ. ménager]
Berg 40 la montagne; 44a le mont [ſ. b.]
Bergamottbirne II 31a, 1 la crassane
Bergbewohner II 18a, 4.5 le montagnard
Bergrücken II 18a, 2/3 le faite des monts
Bergſtrom 27a le torrent
Bereich 60 la portée
bereit 56 prêt, e (ju th. à f.)
Berlin II 32, 5 Berlin
bereuen (ju 56 Gr. 16) se repentir de
Bernhard 54 Bernard
berſten 44a crever
Beruf 46a un état; II 34, 2 la profession
beruhigen 48a rassurer; II 32a calmer
berühmt 37 célèbre; II 18a, 4/5 fameux, -se
berühren II 15 toucher
beſänftigen II 43, 1 apaiser
Beſatzung II 43a, 2 la garnison
beſchädigen 64a endommager
beſchäftigen 51 occuper (II 13 mit de)
Beſchäftigtſein II 18a, 4.5 la préoccupation
Beſchäftigung 52 une occupation
beſchämt 62 honteux, -se
beſchatten II 35 ombrager
beſcheiden 11 modeste; II 35 humble
beſchenken [ſ. don]
beſchießen 41a bombarder
Beſchimpfung II 43, 3 une insulte
beſchleunigen II 42, 1 hâter; II 31a, 4 précipiter
beſchließen 50 résoudre (ju th. de f.)
beſchränken auf (ju II 5 Gr. 17) réduire à; (ju II 6 Gr. 17) restreindre à
beſchreiben (ju II 5 Gr. 17) décrire
beſchützen II 36 protéger
Beſchützer II 25 le protecteur
beſchweren: ſich b. bei II 6 se plaindre à

beschwichtigen II 43, 1 apaiser
beseitigen II 11 supprimer — beseitigt sein II 32, 2 avoir cessé
Besen II 54, 4 le balai
besetzen = thätigt
belegen (besetzt halten) II 20 occuper; (am Rande b.) II 43, 1 border; besetzt (mit Stacheln) II 19 hérissé, e
besichtigen 54 visiter
besiegen (zu II 5 Gr. 17) vaincre
Besieger II 30 le vainqueur
besingen 21 chanter
Besitz II 41, 1 la possession [f. b.] — in B nehmen II 41, 1 saisir
besitzen 47 posséder
Besitzer II 55 le possesseur
besondere II 32, 1 particulier, -ère
besonders 22 surtout
bespannen II 54a, 2 atteler (mit de)
Besprechung II 32, 2 le commentaire
Bessarabien II 41, 8 la Bessarabie
besser sein 64 valoir mieux [f. mieux]
beständig 52 constant, e; 31 perpétuel, -elle; II 41, 2 continuel, -elle
Beständigkeit II 41, 2 la constance
bestehen (= vorhanden sein) II 32, 4 exister — b. aus 8 se composer de — hartnäckig b. auf II 31 s'obstiner à; (zu II 42, 1 Gr. 111) s'opiniâtrer à [f. examen]
bestehlen 55a voler
bestellen II 12 commander (bei à)
bestimmen II 31a, 2 destiner — (zu II 23 Gr. 137) décider — (zu II 38 Gr. 190) désigner (zu. als pour)
bestrafen 55 punir (für de)
Bestrafung 47 la punition
bestreuen 6 joncher
bestürzt 54 interloqué, e; 47 interdit, e (zu demeurer); II 9 confondu, e; II 10a effaré, e
Bestürzung 55a la stupéfaction; II 3 la consternation
Besuch 65 la visite [f. b.]
besuchen II 31a, 2 visiter
Besucher 54a le visiteur
betäuben II 54, 2 abasourdir
betören II 42, 1 affoler
betrachten 48 regarder, considérer (als comme), II 54 contempler
beträchtlich 63 considérable
Betrachtung 54a la réflexion [f. b.]
betragen: sich b (zu II 5 Gr. 17) se conduire
betreten 14 entrer dans
Betrieb II 32, 4 la culture
betrübt II 12 fâché, e

Betrug 47 la fourberie
betrunken II 42, 2 ivre
Bett 19 le lit [f. coucher, recoucher]
Bettler 31a le mendiant
beugen 43 courber
beunruhigen 59 inquiéter; II 13 troubler
Beute 56 la proie; II 7 le butin; II 41, 1 la dépouille
Beutel 18 le sac
Bevölkerung II 32, 5 la population
bevor 40 avant que (mit Konj.)
bewaffnen II 15 armer (mit de) [f. bomme]
bewahren 46a conserver; II 40, 2 garder
bewährt sein 49 être à l'épreuve
bewältigen II 10 venir à bout de qc.
bewegen (zu 65 Gr. 18) mouvoir; 26a remuer; hin und her b. II 54, 5 agiter
beweglich 37 mobile
Bewegung II 28 le mouvement
beweinen II 23 pleurer
Beweis 65 la preuve
beweisen 47 prouver
bewerben: sich b. um (zu 59 Gr. 16) concourir pour
Bewerber II 2 le candidat (um, für à)
bewerkstelligen II 18a, 2/8 opérer
bewilligen II 5 accorder
bewirten 50 régaler
bewohnen 58 habiter
Bewohner 63 un habitant
bewundern II 24 admirer
bewundernswert II 32, 5 admirable
bewußtlos 61 sans connaissance
Bewußtsein 61 la connaissance
bezahlen 36 payer [f. b.]
bezeichnen II 31a, 5 désigner
bezeugen 44 témoigner
beziehen: sich b. auf 46a avoir rapport à
Beziehung 46a le rapport
Bezirk II 39, 2 le département
bezweifeln 48 douter (daß que mit Konj.)
bezwingen II 28 forcer
Bibliothek II 32, 5 la bibliothèque
biegen 43 courber
Biegung II 19 le détour
Biene 41 une abeille
Bier 50 la bière
bieten 24 offrir
Bild 13 une image
bilden 17 former
Bildhauer II 12 le sculpteur
Bildsäule 87 la statue
Billet II 18a, 4/5 le billet
billigen II 24 approuver
Billigkeit (= Gerechtigkeit) II 5 la justice
binden 31 lier
Birnbaum II 31a, 1 le poirier

Birne II 31a, 1 la poire
bis 22 jusque [f. b.]; II 16 on [f. b.] — 58 jusqu'à ce que (mit Konj.) [f. attendre]
bißchen: ein b. 21a un brin; II 10 un peu
Bissen II 7 la bouchée
Bistum 52 un évêché
Bitte II 31a, 4 la demande (um de)
bitten 27 prier [f. b.]; 42 demander [f. b.]
bitter II 40, 2 amer, -ère
Bittschrift II 5 la requête
bivouakieren II 18a, 2/3 bivouaquer
blasen 18 souffler
Blasius 51a Blaise
blaß II 19 pâle
Blatt 27 la feuille
blau 12 bleu, e
Blei II 31a, 2 le plomb
bleiben 31 rester; 47 demeurer
bleich II 19 pâle
Bleiweiß II 34, 3 la céruse
Bleistift 1 le crayon [f. b.]
Blick 65 le regard; II 9 le coup d'œil [f. coup, œil]
blicken 29 regarder
blind 47 aveugle
Blitz II 22 la foudre; II 10a un éclair
Blockade II 42, 2 le blocus
blockieren II 42, 1 bloquer
blöde II 34, 3 alourdi, e
blöken II 9 bêler
blond II 34, 5 blond, e
bloßstellen (zu 62 Gr. 17) compromettre
blühen 11 fleurir
Blume 11 la fleur
Bluse II 34, 3 la blouse
Blut 66 le sang
Blüte 14 la fleur
Boden II 43, 2 le sol; zu B. strecken II 31 renverser [f. jeter]
bodenlos II 43, 3 défoncé, e
Bogen II 14 un arc; (von Brücken) II 34, 1 une arche
Bogenschütze II 15 un archer
bohren 5 percer
Bohrer 5 le foret
Bollwerk II 41, 3 le boulevard
Bolzen II 31a, 2 le lingot
Boot II 14 le bateau
Bord II 10a le bord (an B. à b.)
Börse 51a la bourse
Böschung II 42, 2 le talus; II 28 la berge
bösartig (zu 25 Gr. 42) malin, maligne
böse 13a méchant, e [f. mal, mauvais, vouloir]

Böfewicht 3 le méchant
boshaft II 32, 4 malicieux, -se
Bote 51a le messager
Botin II 32a la messagère
Boulevard II 42, 2 le boulevard [f. b.]
Bouquet 11 le bouquet
Bourbonen II 40a les Bourbons
Brand 64a un incendie; in B. setzen embraser
Brandung II 10a le brisant
braten 39 rôtir — (in der Pfanne) II 7 frire — der Braten 3 le rôti
Bratspieß II 13 la broche
brauchen 31a avoir besoin (etw. de qc.); II 32, 4 falloir — zu th. b. 33 avoir à f.
braun 40 brun, e [f. b.]
bräunen 40 brunir
brausen II 42a frémir
brav II 20 brave
Break II 34a, 3 le break
brechen II 26 rompre [f. cou]
breit II 5 large
brennen 61 brûler
Bresche 44a la brèche
bretagnisch II 19 breton, -onne
Brett 5 la planche
Bretterfarren II 34, 4 le tombereau
Brief 28 la lettre
Briefkasten II 34, 4 la boîte
Briefmarke (zu II 12 Gr. 26) le timbre-poste
Briefpost II 34, 4 la poste aux lettres
Briefträger II 34, 4 le facteur
bringen II 11 porter; II 12 apporter
Brise II 34a, 1 la brise
Brot 27 le pain [f. miette]
Brücke II 43, 3 le pont [f. b.]
Bruder 25 le frère
brüllen II 31a, 4 rugir
Brust 40 la poitrine
Buch 18 le livre
Buchdruckerkunst 37 une imprimerie
Büchse 53 la boîte; (= Stutzen) II 28 la carabine
Buchstabe 37 le caractère; 50 la lettre
Bude 39a la baraque
Bug II 14 la proue
Bühne II 32, 2 la scène
Bummler II 32, 2 le badaud; II 34, 1 le traînard
Bund II 41, 1 une alliance; II 41, 3 la ligue [f. b.]
Bündel 21 le faisceau; II 34, 3 le paquet
bunt durcheinander II 31 pêle-mêle
buntscheckig 42a bariolé, e
Bürger II 42, 2 le citoyen, le bourgeois

bürgerlich II 43, 3 bourgeois, e
Bürgermeisteramt II 34, 3 la mairie
Bürgersteig II 34, 3 le trottoir
Bürgschaft II 40a la garantie
Bürste II 4 la brosse
Burgund II 11 la Bourgogne
Busch 59 le buisson; (dichter B.) II 19 le hallier

C.

Café II 34, 5 le café
Carré II 31 le carré
Cäsar II 22 César
Charakter II 32, 1 le caractère
Chinese 37 le Chinois
Christ II 4 le chrétien
christlich II 41, 1 chrétien, -enne
Christus 37 Jésus-Christ [f. b.]
Cigarette II 43, 3 la cigarette
Commis II 34, 5 le commis

D.

da 1) = dort: 1 là; da ist (sind) 40 voilà [f. b.]; II 21 voici [f. b.] — 2) = dann: 34 alors — 3) = weil: 25 comme; da...ja II 36 puisque — da, nimm! II 4 tiens
Dach II 40, 1 le toit
dadurch, daß 65 en (mit Part. Präs.)
dafür, daß II 22 pour [f. b.]
dagegen 58 au contraire
daher (= also) II 6 donc
dahin II 36 là — bis d. II 7 en attendant; II 42, 2 jusque-là
dahinrollen II 34, 4 rouler
dahinlaufen II 10a filer
dahinschweben II 33 nager; d. über etw. II 33a traverser qc.
dahinströmen II 43, 2 couler
damals 34 alors
Dame II 34a, 3 la dame
damit 34 afin que (mit Konj.); 44 pour que (mit Konj.)
Damm 44a la digue
Dampf 56 la vapeur
danach 33 après
daneben II 33 à côté
Dank 65 grâce à — der Dank II 37 la reconnaissance; II 41a la grâce [f. b.]
dankbar für reconnaissant, e
Dankbarkeit 65 la reconnaissance
danken 44 remercier (q. de qc)
dann 14 puis, 34 alors — d., wenn 4 quand, 6 lorsque — d. und wann II 34, 1 de loin en loin

dannen: von d. ziehen II 21 s'en aller
daran 25 y
darauf 1) = dann: 14 puis; 34 alors; 37 ensuite — 2) = später: 38 après — 3) = auf demselben: 18 dessus
daraus 29 en
darbieten 33 présenter; II 48a, 8 offrir
darin II 10 dedans; II 28 y
darreichen 23a présenter
darstellen II 18a, 4/5 dépeindre
darüber 18 dessus; 20 au-dessus; 23 (= d. hinweg) par dessus — darüber daß (zu II 18 Gr. 134) de ce que
darum 3 voilà pourquoi; 48 c'est pourquoi — (bei Komparativen) II 38, 1 en
darunter 18 dessous
das (= dieses) 11 ce; 16 cela; 57 ça [f. voici, voilà] — das heißt 8 c'est-à-dire
Dasein II 18a, 4/5 une existence
dasselbe 4 la même chose
dauern II 2 durer
Daumen 9 le pouce
davon 28 en
davor 25 devant
dazwischentreten (zu 58 Gr. 16) intervenir
Deck II 10a le pont (auf Deck en haut)
Decke II 34, 5 la couverture
Deckel II 12 le couvercle
Deckjäute II 10a la dunette
Degen II 15 une épée
demütig 44 humble
denken 44 songer (daran denken zu ..., a. à f.); II 11 penser (zu ... f.) — sich d. 44 s'imaginer
Denkmal II 32, 5 le monument
denkwürdig II 39, 2 mémorable
denn 4 car — (in Fragesätzen) 34 donc
dennoch 19 pourtant; II 20 toutefois
Depesche II 42, 1 le télégramme
der und der II 12 un tel
derartig II 5 tel, telle
derselbe 4 le même (40 wie que) — 51 ein und d. un même — desselben, derselben 11 en — auf (über) demselben 18 dessus — an dieselbe 25 y — aus demselben 29 en — in derselbe II 10 dedans; II 16 y
deshalb = darum
desto [f. plus]
deutlich II 31a, 4 clair, e
deutsch II 39, 1 allemand, e (eine deutsche Stadt II 29 une ville d'Allemagne)
Deutschland 37 l'Allemagne, f.
Dezember 17 décembre, m.
Diamant 32 le diamant
dicht 11 épais, épaisse

Dichter 11 le poète
bichterisch II 37 poétique
Dichtkunst, Dichtung II 24 la poésie
bick 10 gros, grosse
Dieb 3 le voleur
bienen 2 servir [f. b.]
Diener 38 le valet; II 4 le domestique
Dienst 88 le service [f. b. unb servir]
Dienstag 17 mardi, m.
Dienstmädchen 4 la servante
biefer 25 ce (cet), cette, ces; 41 celui-
ci — biefer...hier 39 ce...-ci [bies
f. bas, voici, voilà]
biesmal 46 pour le coup
biftieren II 16 dicter
Ding 4 la chose
bingen II 34, 2 embaucher
Diplomatie II 41, 8 la diplomatie
Distel 13a le chardon
boch 19 pourtant; (bei Imperativen) 48
donc
Doktor 57 le docteur
Dolch 33 le poignard [f. coup]
Dompfaffe 20 le bouvreuil
Donau II 41, 1 le Danube [f. danubien]
Donnerstag 17 jeudi, m.
boppelt II 8 double [f. b.]
Dorf 18 le village
Dorfbewohner II 40, 1 le villageois
Dorn II 19 une épine
bort, borthin 1 là; (zu 23 Gr. 7) y; II
43, 2 là-bas
Drama II 32, 2 le drame
brängen 18 serrer; II 2 presser
brausen 39 dehors; II 43a, 1 au-dehors
brehen 16 tourner; sich brehen tourner
breimal zu wiederholen II 41a ter
Dreieck II 31 le triangle
breifarbig II 40a tricolore
breschen 6 battre — bas D. 6 le battage
Drescher 6 le batteur
Dreschflegel 6 le fléau
Dreschtenne 6 une aire
brohen 34 menacer (jem. q.)
Drohung II 13 la menace
Droschfe 28 la voiture; II 34, 4 le fiacre
Drossel 58 la grive
Druck 44a la pression
bruden 87 imprimer
brüden II 31a, 4 appuyer, serrer
Duft 11 le parfum; II 17 un arome
buftig II 32a embaumé, e
bumm (zu 25 Gr. 42) sot, sotte
Dummkopf II 3 le sot
bumpf II 34, 1 sourd, e
bunfel II 34, 2 noir, e [f. b.]; II 42, 1
obscur, e

dünn II 34, 5 mince
Dunst 56 la vapeur
durch 8 par — durch...hindurch 28 au
travers de; II 22 à travers
durchbliden II 22 entrevoir
durchbohren 34 percer; II 31a, 4 traverser
durchbringen 58a percer; II 34, 1 trouer
durchlaufen (zu 59 Gr. 16) parcourir
durchleben: nochmals b. (zu II 8 Gr. 17)
revivre
durchlöchern II 34, 1 trouer
durchnässen II 10a mouiller
durchschreiten 42 traverser
dürfen 85 pouvoir; 47 devoir
Durst 38 la soif [f. désaltérer]
düster II 19 morne; II 42a sombre

E.

eben noch II 9 tantôt encore
Ebenbild 13 une image
Ebene 55 la plaine
ebenfalls 1 aussi
ebenso wie (zu II 30 Gr. 91) de même
que — ebenso...wie 11 aussi...que
[f. autant, aimer, valoir]
Echo 46 un écho
echt II 32, 3 véritable
Ecke II 31 un angle; II 43, 2 le coin
edel II 32, 5 noble
Edelmann (zu II 12 Gr. 26) le gentilhomme
Edelmut 53 la générosité
edelmütig II 32, 5 généreux, -se
Edelsteinschleifer II 6 le lapidaire
ehe 40 avant que (mit Konj.)
ehemalig II 39, 2 ancien, -enne
ehemals 22 autrefois
eher 53 plutôt
Ehre 44 un honneur
ehren 11 honorer
Ehrerbietung II 8 le respect [f. b.]; 27a
la déférence
Ehrgeiz II 39, 2 une ambition
ehrlich 24 honnête
Ehrlichkeit 29 une honnêteté
ehrwürdig 31 vénérable
ei! II 9 eh!
Ei 20 un œuf
Eiche 55 le chêne
Eichelhäher 62 le geai
Eifer 52 le zèle; II 18a, 1 une ardeur;
II 18a, 4/5 un empressement
eifersüchtig II 6 jaloux, -se
eifrig [f. zèle]
eigen 52 propre

eigenhändig II 9 de mes mains
Eigenschaft 58 la qualité; II 19 un accident
Eigensinn 87a un entêtement
eigensinnig 13a entêté, e
Eigenthümer 22 le propriétaire
eigenthümlich II 22, 1 particulier, -ère; II 32, 3 spécial, e
Eigenthümlichkeit II 6 la propriété
Eile II 42, 2 la hâte (in aller E. à la h.)
eilen 28 courir (f. b.); II 34, 1 se presser
eilig 34 pressé, e (f. b.); II 42, 2 à la hâte
einander II 32, 1 l'un l'autre (f. na)
einathmen II 31a, 4 aspirer
einbilden (ju II 52, 2 Gr. 112) imaginer
einbohren: sich e. 15 s'enfoncer
einbringen II 41, 2 mériter — Geld e. II 9 rapporter
eindringen 15 s'enfoncer; II 23 pénétrer
Eindruck II 15 un effet
einernten 22 récolter
einfach II 36 simple; 46a frugal, e
einfahren II 41, 2 entrer
Einfall II 39, 1 la pensée (f. b. u. aviser)
einfallen (ju II 40, 2 Gr. 114) envahir (in ein Land un pays)
Einfalt II 5 la simplicité
einfassen II 43, 1 border
einfetten II 43, 1 engraisser
Einfluß II 41, 3 une influence
einförmig 21a monotone
einfriedigen II 43, 2 enclore (enclos, e)
Einfriedigung II 31a, 3 le clos
einführen 87 importer; II 5 introduire
Eingang 39a une entrée
eingebogen II 38 cambré, e
eingestehen (ju 58 Gr. 16) convenir de
Einheit II 36, 1 une unité
einhüllen II 34, 1 envelopper
einig 54 e. machen mettre d'accord
einige 12 quelques — (ju 40 Gr. 87) quelques-un(e)s
Einigkeit macht stark 31 l'union fait la force
eintätscheren 31a toucher
Einkauf (Netzer) II 4 une emplette
einladen II 40, 2 inviter
einmachen (ju 60 Gr. 17) confire
einmal (f. mehme)
Einnahme II 31a, 1 la prise
einnehmen 1a prendre, II 31 occuper
Einöde II 40a le désert
einräumen II 9 convenir
einrichten 17 établir
einsam II 40a solitaire
einsaugen 4 absorber

einschiffen (ju II 41, 1 Gr. 172) embarquer
einschlafen (ju 58 Gr. 16) s'endormir
einschläfern 21a endormir
einschlagen 5 enfoncer — einen Weg e. II 15 prendre une route
einschließen 44a enfermer; II 34, 3 renfermer; (= umzingeln) II 42, 1 bloquer, cerner
Einschließung II 42, 2 le blocus
einschüchtern II 26 intimider
einsehen II 28 comprendre
einst 22 autrefois
einstellen: sich e. 38a se présenter
einstimmig 25a unanime (f. b.)
einstürzen 64a crouler; (ju II 42, 1 Gr. 111) s'écrouler
Eintheilung 16 la division
Eintracht 31 la concorde
einträglich sein II 9 rapporter
eintreffen II 34, 2 arriver
eintreten: 18 e. in entrer dans — 40a e. für intercéder pour
Einvernehmen 25a une intelligence (f. b.)
einwärts biegen 44a infléchir
Einwendungen machen II 26 raisonner
einwilligen (ju 58 Gr. 16) consentir (in à)
Einwohner 68 un habitant
Einzelheit II 34, 3 le détail; II 18a, 4/5 la particularité
einziehen II 40a entrer
einzig 35 seul, e (f. b.); (ju II 19 Gr. 133) unique
einzwängen 44a resserrer
Eis 61 la glace
Eisen II 15 le fer (eisern II 19 de fer)
eitel II 42a vain, e
Ekel (f. dégoûter)
Elba II 40a Elbe
elegant 30a élégant, e
Eleganz II 32, 3 une élégance
elend 52 misérable; (ju II 39, 2 Gr. 196) pauvre
Elend II 43, 2 la misère
Ellbogen 9 le coude
Eltern 19 les parents, m.
Empfang II 40a un accueil
empfangen 28 recevoir; II 2 accueillir
empfänglich 49 sensible (für à)
empfehlen II 18a, 4 5 recommander
empfinden 68 éprouver
empfindsam II 43, 1 sensible
empören: sich e. II 41, 1 se révolter
emporheben 15 soulever
emporsteigen II 10a se lever
Ende 36 la fin; II 5 le bout (f. b.); äußerstes Ende 40 une extrémité; ju Ende sein 44a être fini, e

enben II 42a finir
enblich 24 enfin
enblos II 43, 3 interminable
eng II 48, 2 étroit, e
England II 14 l'Angleterre, f.
Engländer II 1 un Anglais
englisch-franzöfisch II 41, 2 anglo-français, e
Enfel 53 le petit-fils
Entartung II 32, 5 la dépravation
entbehren (zu II 32, 1 Gr. 113) se passer de
entblößt 40 nu, e
entbeden 40 découvrir
entfalten II 6 déployer
entfernen II 4 ôter; II 14 éloigner; II 40a enlever; II 43, 3 écarter — sich e. 24 se sauver; II 5 se retirer — weit entfernt 28 loin
Entfernung II 23 la distance [f. b. unb à]
entfliehen 23 s'enfuir
entführen 22 enlever
entgegen [f. rencontre]
entgegenhalten 25a présenter
entgegennehmen II 8 recevoir
entgegenfeten 57 opposer — entgegengefeßt 66 contraire
entgegenstellen 57 opposer
enthalten 20 contenir; II 34, 3 renfermer — sich e. (zu 58 Gr. 16) s'abstenir
enthüllen 47 dévoiler
entlang: an ... e. II 34, 1 le long de — an etw. entlang gehen II 19 longer qc.
entlassen II 12 renvoyer
entreißen II 22 arracher
entrinnen II 39, 1 échapper
Entrüftung 65 une indignation
entscheiden II 43a, 3 décider (über de) — entscheidend 48a décisif, -ve
entschließen II 8 résoudre (zu th. à f.) — entschlossen II 22 décidé, e (zu th. à f.)
entschlüpfen II 28 se dérober
Entschluß II 8 la résolution (faffen prendre)
entschuldigen 4 excuser
entsetzlich 10a horrible [f. b.]; II 42, 1 effroyable
entspinnen: sich e. 54 s'engager
entspreden II 10b se rapporter — entsprechend II 32, 1 conforme
entstehen II 32, 2 se former; II 32, 3 naître
entweder (zu II 30 Gr. 91) ou
entweichen 44 s'échapper
entwirren 38a démêler
entwischen 44 s'échapper; (zu II 42, 1 Gr. 111) s'évader
entzüden 25a enchanter; II 9 charmer

entzwei 31 en deux
Epoche II 5 une époque
Erbarmen 26 la miséricorde
erbärmlich II 48, 2 misérable
erbauen (zu II 5 Gr. 17) construire
Erbe (das) II 10 l'héritage, m.
erben (zu II 32, 1 Gr. 113) hériter [f. b.]
erbittert II 30 acharné, e
Erbitterung II 43a, 2 un acharnement
erbreitern 44a étendre
Erbteil II 6 le partage
Erbarbeiter II 34, 2 le terrassier
Erbboden 6 le sol
Erbe 15 la terre [f. regarder]
erbfahl II 43, 2 terreux, -se
Erdgeschoß 17a le rez-de-chaussée
erbolchen 34 poignarder
Erbreich 25 le terrain
ereignen: sich e. 41a se passer; II 32, 2 arriver
Ereignis II 18a, 1 un événement
erfahren (zu 62 Gr. 17) apprendre; II 30 savoir
erfinden 37 inventer
Erfinder 37 un inventeur
erfinderisch II 32, 3 inventif, -ve; ingénieux, -se
Erfindung 37 une invention
Erfolg II 5 le succès
erfreuen 25a réjouir — erfreut 7 joyeux, -se
erfrischen 38 rafraîchir
Erfrischung II 18a, 2,3 le rafraichissement
ergeben: sich e. II 31 se rendre — jem. e. II 40a dévoué(e) à q. [f. humble]
Ergebnis II 43a, 1 le résultat
ergreifen 34 saisir; 31 prendre (II 43a, 1 Besitz ergreifen prendre possession)
erhaben II 31 sublime
erhalten: 1) = befommen 26 obtenir; 28 recevoir; 2) = bewahren 46a conserver
erheben 20 lever; 37 élever; II 39, 1 soulever
erheucheln II 14 affecter
erhitzen II 21 échauffer
erhöhen 44a exhausser
erinnern: jem. an etw. e. 31 rappeler qc. à q. — sich e. an 49 se souvenir de
Erinnerung 12 le souvenir (49 an de)
erfennbar II 31, 1 reconnaissable
erfennen 45 reconnaître [f. b.] — zu e. geben 44 témoigner
erfenntlich 25a reconnaissant, e
Erfenntlichfeit 65 la reconnaissance
erflären (feierlich) 63 déclarer

Erklärung II 32, 2 le commentaire
erklettern II 40, 1 grimper
erklimmen 40 gravir
erklingen II 42, 2 sonner; II 43a frémir
erkühnen: sich e. zu th. 58 s'enhardir à f.
erlangen (zu 56 Gr. 16) obtenir
erlauben 22 permettre [f. b.]
Erlaubnis II 11 la permission
erleben II 41, 2 voir
Erleichterung [f. soulager]
erleiden 42 subir
erliegen II 51 succomber
erlöschen (zu II 42, 1 Gr. 111) s'éteindre; II 52a s'effacer
ermorden 38 assassiner
ermüden 55a fatiguer
Ermüdung 58 la fatigue
ermutigen II 20 encourager; II 22 ranimer
ernähren 58 nourrir
ernst 21 austère; II 84a, 1 sérieux, -se
Ernte 22 la récolte [f. b.]; 39 la moisson [f. b.]
ernten 22 récolter
erneuern II 32, 3 renouveler [f. attaque]
erobern (zu II 4 Gr. 16) conquérir; (eine Stadt) II 34 prendre
Eroberer II 18a, 4/5 le conquérant
Eroberung II 14 la conquête
eröffnen II 36 ouvrir
erpicht II 51 acharné, e (à f.)
erquicken 27b soulager
erraten 25 deviner
erregen (zu 55 Gr. 18) émouvoir
erreichen 64a gagner; 40 atteindre
errichten II 50 élever; II 42, 2 construire
erringen II 30, 1 gagner
erröten II 4 rougir (über de)
erscheinen II 4 paraître — plötzlich e. (zu II 8 Gr. 17) apparaître
Erscheinung II 10a la vision
erschöpfen II 39, 2 épuiser
erschrecken: jem. e. 56 effrayer; II 8 épouvanter — selbst e. 56 s'effrayer
ersetzen II 22 remplacer
erst 25 ne ..que; 30 seulement
erstarrt 58 engourdi, e
erstatten 62 restituer
Erstaunen II 38 un étonnement — in E. setzen 34 étonner [f. b.]
Ersteigern der Mauern II 23 une escalade
erster II 24 le premier, la première
ersterben 42 étouffer
erstrecken: sich e. 50a s'étendre
erstürmen II 48a, 1 forcer
Erstürmung II 48a, 1 la prise
ertappen 47 attraper

erteilen (eine Stunde) 48a professer
ertragen II 43, 3 supporter; II 48, 2 (schweigend e.) trainer
ertränken 42 noyer
erwachen II 28 s'éveiller — das E. II 34, 1 le réveil (bei II 40, 2 à)
erwählen 49 choisir; (zu II 6 Gr. 17) élire
erwärmen 60 réchauffer
erwarten 36 attendre
Erwartung II 31a, 3 une attente
erweisen 44 témoigner [f. bien, respect]
erwerben (zu II 4 Gr. 16) acquérir
Erwerber II 39, 1 un acquéreur
erwidern 46 reprendre; (zu 56 Gr. 16) repartir; 64a répliquer
Erwiderung (schlagfertige) II 15 la repartie
erwischen 47 attraper
erwürgen 56 étrangler; II 31a, 4 étouffer
Erz II 42, 2 le bronze
erzählen 18 raconter; II 18a, 4/5 conter
Erzählung 57 le récit
erzeugen II 17 faire naître
Erzeugnis II 52, 3 le produit
erziehen 48 élever
Erziehung 58 une éducation
erzürnen 52 irriter [f. b.]
Esel 7 un âne
essen 4 manger
Etappe II 48, 3 une étape
etwas 18 quelque chose [f. b. und peu] — (in verneinten Sätzen) 58 rien
Eugen 31a Eugène
Europa 37 l'Europe, f.
ewig II 41, 1 éternel, -elle
Ewigkeit 26 une éternité
Examen II 2 un examen [f. b.]
Examinator II 2 un examinateur

F.

Fabel II 42, 1 la fable
Fabrik II 32, 4 la fabrique [f. marque]
Façade II 34, 2 la façade
Fädchen 62 le filet
fähig II 1 capable (zu th. de f.)
Fahne II 14 une enseigne; II 40a le drapeau
fahren II 41a aller; fahren über II 34, 2 franchir qc.
Fahrt 41a la course (auf dans)
Fahrzeug II 14 le bâtiment
Falke II 6 le faucon
Fall 52 le cas; (= Sturz) II 30 la chute [f. ainsi]
fallen 14 tomber
fällen (e. Urteil) 54 porter (un jugement)

falls II 26 en cas que

falsch (zu 11 Gr. 38) faux, fausse — (= treulos) 42 de mauvaise foi [f. y]

Falschheit 45 la fausseté

Falschmünzer 45 le faux monnayeur

Falte II 5 le pli

Familie 31 la famille

Famos II 31a, 4 crâne

Farbe II 14 la couleur

färben 40 teindre [f. brun]

Farbenwirkung II 36 la pâte

Färse (= junge Kuh) 56 la génisse

fassen II 26 saisir — (e. Gedanken) 37 concevoir (une idée) — (e. Entschluß) II 8 prendre (un parti) [f. attendre]

Fassung II 14 la contenance [f. déconcerter]

fassungslos II 42, 2 éperdu, e

fast 18 presque

faul 44a paresseux, -se

Faulenzer 56a le paresseux; II 36 le fainéant

Faulheit 52 la paresse

Faust II 43, 3 le poing

Februar 17 février, m.

Feder (an Uhren u. dgl.) 39a le ressort

Fee 24 la fée

fegen II 20 balayer

fehlen II 10 manquer [f. b.]

Fehler (= Mangel) II 32, 4 le défaut — (= Schuld) II 39, 2 la faute

Fehltritt II 15 le faux pas

Feierlichkeit 66 la cérémonie

feiern 11 célébrer — 65 fêter

feige 58a lâche — Feigling le lâche

Feile 21a la lime

fein II 19 fin, e; 52 délicat, e; 48a menu, e

Feind 34 un ennemi

feindlich 34 ennemi, e

Feindseligkeit II 41, 2 une hostilité

Feld 11 le champ (43 auf à) [f. campagne]

Feldherr II 2 le général

Feldprediger II 10a un aumônier

Fell 42a le poil; II 3 la peau [f. b.]

Felleisen 30 la valise

Fels, Felsen 58 le rocher; II 31a, 3 le roc

Fenster 18 la fenêtre; II 31a, 5 la croisée

Fensterscheibe 27 la vitre

fern: (Adj.) 34, 1 lointain, e; (Adv.) 28 loin

Ferne: in der F. II 32a au loin

ferner II 9 puis; (zu II 28 Gr. 91) de plus

Fernsicht II 19 la perspective

Ferse 20 le talon

fertig: f. th. 35 finir de f.; II 34, 1

---

achever de f. — f. werden mit II 10 venir à bout de

Fessel II 30 le lien

fesseln II 40a enchaîner — den Blick fesseln 89a fasciner le regard

fest II 28 fixe

Fest II 35 la fête

festigen II 39, 1 consolider

Festigkeit II 2 la fermeté; II 36 la solidité

festnehmen 23 arrêter

festsetzen (zu II 23 Gr. 137) arrêter

Festung II 31 la forteresse; (kleine F.) II 20 le fort

fett (zu 25 Gr. 42) gras, grasse

Fetzen II 31a, 4 le lambeau

feucht 20 humide

Feuer 40 le feu [f. b.]

Feuerbrand 58 le tison

Feuersbrunst 64a un incendie

Feuerwehrmann II 42, 2 le pompier

feurig 56 en feu; II 18a, 4/5 fougueux, -se

Fichte 58 le sapin

Fieber 61 la fièvre [f. b.]

Figur II 14 la figure

filziger Boden II 19 la bourre

finden 4 trouver

Finger 9 le doigt

Fingerglied 9 la phalange

Fingernagel 9 un ongle

Firmament II 32a le firmament

Fisch II 7 le poisson

Fischbrut II 7 le fretin

Fischer II 7 le pêcheur

Fischlein II 7 le petit poisson

Fläche 44a le plan

Flagge II 14 le pavillon [f. pavoiser]

Flamme 19 la flamme

Flanke II 19 le flanc

Flasche 38 la bouteille

flattern 48a voleter

flehen 41a solliciter

Fleisch 60 la chair

Fleiß 25 la diligence; 52 une application

Fliege 50 la mouche

fliegen 27 voler

fliehen 23 fuir [f. b.]

Fliese: mit Fliesen auslegen II 43, 2 carreler

fließen II 43, 2 couler

flimmern II 32a trembler

flink II 28 agile; II 34, 3 alerte

Flocke 22 le flocon

Flora II 17 Flore

Flotte II 41, 1 la flotte

14*

Flottille (kleine Flotte) II 41, 2 la flottille
Flucht II 36 la fuite
flüchten 24 se sauver; 44 se réfugier
Flüchtling 44 un échappé
Flug 48a le vol; II 39a la course
Flügel 48a une aile
Flur (der) 58a le corridor
Fluß 42 la rivière [f. b.]; II 48, 2 le fleuve
Flut II 33 le torrent; II 42, 1 le déluge
Folge 19 la suite; 27a le fruit; II 31a, 1 la conséquence
folgen 30 suivre (lem. q.); II 42, 1 succéder (auf à) [f. b.]; es folgt daraus, daß (zu II 27 Gr. 140) il résulte que, il s'ensuit que; folgender 28 ce; folgendes ist (sind) II 18a, 4/5 voici [f. lendemain]
folgern (zu II 6 Gr. 17) conclure
folglich (zu II 30 Gr. 91) par conséquent
fordern 48a exiger; II 18a, 2/3 demander [f. b.]
Form II 31 la forme
förmlich II 34a, 2 formel, -elle
Fort (das) II 20 le fort
fortdauern 39 continuer
fortfahren 36 continuer; 59 poursuivre
fortgehen 18 partir
fortjagen II 26 chasser
fortreißen (mit sich) II 39, 1 entraîner
Fortschaffung II 18a, 4/5 une expédition
fortschleppen II 31a, 5 traîner
Fortschritt 64a le progrès
fortsetzen 59 poursuivre; 48a continuer
fortstürzen II 31a, 4 s'élancer
forttragen 42 emporter
fortwährend 31 perpétuel, -elle; II 41, 2 continuel, -elle
Frage 47 la question [f. b.]
fragen 12 demander [f. b.]; fragend II 34a, 1 interrogateur, -trice
Frankreich 37 la France
Franz II 31a, 2 François
Franzose 41a le Français
französisch 34 française, e
Frau 14 la femme [f. madame u. Mme]
Frechheit II 24 une insolence
Fregatte II 10a la frégate
frei 22 libre [f. b.]; (zu 14 Gr. 36) franc, franche — frei von 51 exempt(e) de
Freiheit 44 la liberté [f. b.]
Freilassung 66 la mise en liberté
freilich (= zwar) II 9 bien
freimütig II 40a franc, franche
freisinnig II 39, 1 libéral, e
freisprechen 65 acquitter
Freisprechung 65 un acquittement
Freitag 17 vendredi, m.

fremd II 40, 2 étranger, -ère
Fremdling II 40, 2 un étranger
fressen 66 manger; 27 becqueter [f. b.]
Freude 38 le plaisir; 58 la joie
freuen 27 réjouir [f. b.]
Freund (zu 5 Gr. 19) un ami
Freundin (zu 5 Gr. 19) une amie
freundlich 58 ami, e; II 18 obligeant, e [f. wollen]
Freundschaft II 30 une amitié
Friede 59 la paix [f. b.]
frisch 13 frais, fraîche
fröhlich 7 joyeux, -se; II 14 gai, e
fromm 28 pieux, -se
Front II 81 la face
Frosch 42 la grenouille
Frost 40 la gelée
Frucht 40 le fruit
fruchtbar II 35 fertile; II 41a fécond, e
frühe II 18 tôt — früher: (Adj.) 52 passé, e; II 30, 2 ancien, -enne; (Adv.) II 27 auparavant, 22 (= ehemals) autrefois
Frühling 11 le printemps
Frühstück 4 le déjeuner
frühstücken 50 déjeuner
Frühstücksstube II 34, 2 la crémerie
Fuchs II 10b le renard
fühlbar machen II 16 faire sentir
fühlen 44 sentir; lebhaft f. (zu 56 Gr. 16) ressentir
führen 42 conduire; 55 mener; II 41a guider
Führer II 22 le chef; II 18a, 4/5 le guide, le conducteur
füllen II 42, 2 emplir (mit de)
Füllen 58a le poulain
Funke 6 une étincelle
funkeln II 42, 2 étinceler
für 22 pour
Furche 15 le sillon
furchen II 42, 2 sillonner
Furcht II 14 la crainte [f. b.]; la peur [f. b.]
furchtbar II 41, 1 redoutable, formidable; 41a horrible
fürchten (zu II 6 Gr. 17) craindre [f. b.]; sich fürchten II 10a avoir peur
fürchterlich II 18a, 1 affreux, -se
furchtsam 58 craintif, -ve
Fürsorge 25 le soin
Fürst 58 le prince; II 41, 1 le souverain
Fürstentum II 41, 1 la principauté
Fürstin II 34 la princesse
Fuß 10 le pied [f. b.]
Fußbank 42a un escabeau
Fußbekleidung 52a la chaussure
Fußboden 5 le plancher

Fußgänger II 34, 1 le piéton
Fußsoldat II 18a, 1 le fantassin
füttern II 9 nourrir

G.

Gabe II 6 le don
Gabel (Deichsel) II 42, 2 le brancard
gaffen II 34, 1 bayer
Gala: in G. II 10a en grand costume
Gallien II 22 la Gaule
gallisch II 23 gaulois, e
Gang 18 une allée; 58a le corridor —
   (= Marsch) II 42a la marche
Gänsehaut [s. chair]
ganz 7 entier, -ère; 18 tout, e
gar nicht II 9 ne... point; gar kein II
   11 ne... point de
Garbe 6 la gerbe
Garde II 31 la garde
Garten 20 le jardin
Gartenmesser II 5 la serpe
Gas II 34, 1 le gaz [s. bec]
Gasse II 34, 2 la ruelle
Gast 27 un hôte
gastfreundlich II 32, 5 hospitalier, -ère
Gastfreundschaft 43a une hospitalité
Gasthaus II 43, 3 un hôtel [s. b.]
Gastmahl II 35 le banquet
Gastwirt 58a un aubergiste
Gattin 28 une épouse
Gattung 41 une espèce
Gaukler II 34a, 2 le saltimbanque
Gaunerei 47 la fourberie
Gebärde II 43, 3 le geste
Gebaren II 34a, 2 une allure
Gebäude 51a un édifice; II 14 le bâtiment
geben (zu 4 Gr. 3) donner — es giebt 16
   il y a (zu th. 20 à f.); II 6 il est
Gebet II 10a la prière
Gebiet II 29 le territoire
gebieterisch II 42, 1 impérieux, -se
Gebirge 40 les montagnes, f.
Gebirgspaß II 18a, 1 le col
Gebiß 39a le mors; II 39, 2 le frein
geboren werden 37 naître
Gebrauch II 37 un usage [s. b.]
gebrauchen 22 employer; II 32, 1 user
   (de qc.)
Gebrüll II 31a, 1 le rugissement
Geburt 37 la naissance
Gebüsch 46 le bocage; 58 le buisson
Gedanke 37 une idée; 49 la pensée [s.
   imaginer]
Gedränge II 32, 2 le rassemblement
Gebuld 38a la patience

gebulden: sich g. (zu II 32, 2 Gr. 112)
   patienter
Gefahr 34 le danger [s. exposer]
gefährlich 61 dangereux, -se; II 18a, 2/3
   périlleux, -se
Gefährte 33 le compagnon
Gefährtin 27 la compagne
gefallen 63 plaire [s. b. u. heure] —
   G. finden an II 32, 2 se complaire dans
gefällig sein (zu II 6 Gr. 17) complaire
Gefallsucht II 34, 3 la coquetterie
gefangen halten (zu 58 Gr. 16) détenir
gefangen nehmen 41a prendre
Gefangener 64 le prisonnier
Gefängnis: ins G. werfen 47 emprisonner
Gefieder II 6 le plumage
Gefolge II 34, 4 une escorte; II 40, 2 le
   cortège
Gefühl 49 le sentiment
gegen 18 (feindlich) contre — 28 (freundlich
   ober feindlich) envers — 37 (Zeit) vers
Gegend 58 la contrée; II 41a le climat
Gegensatz 39a le contraste (zu avec)
Gegenstand 20 un objet; II 36 le sujet
Gegenteil 52 le contraire (im G. au c.)
gegenüber 39a vis-à-vis de — (feindlich)
   II 11 contre
gegenüberstellen II 32, 5 opposer
Gegenwart II 41, 1 la présence
gegenwärtig II 42, 2 présent, e
Gehege II 31a, 1 un enclos
geheim (zu 12 Gr. 40) secret, secrète [s. b.]
Geheimnis 59 le secret
geheimnisvoll 11 mystérieux, -se
Geheimschreiber II 18a, 4/5 le secrétaire
gehen 4 aller [s. b.]; 7 marcher; 23 passer
Gehölz 27 le bois
gehorchen 52 obéir
gehören 29 appartenir; 53 être
gehörnt 42a cornu, e
Geige II 26 le violon
Geist 31a le génie; II 1 un esprit
Geistesblitz II 32, 4 la saillie
geistreich II 36 ingénieux, -se [s. esprit]
Geiz 38a une avarice
Geizhals 38a un avare
geizig 38a avare
Gekicher II 34a, 3 le gazouillement
Gelächter II 2 le rire
gelangen 43 arriver; (zu 58 Gr. 16) parvenir
gelb 64 jaune
Geld 26 un argent
Geldschrank 36 le coffre-fort
Gelegenheit II 41, 1 une occasion [s. b.]
gelehrt II 34a, 2 savant, e
Geleit: freies G. II 43a, 3 la vie sauve
geleiten II 43a, 3 escorter

—

gelingen II 22 parvenir [f. b.]

gelten 43 valoir; g. für (zu II 38 Gr. 190)
passer pour

Gelübde 66 le vœu

Gemach II 5 la pièce

gemächlich II 52, 2 à l'aise

Gemälde II 36 le tableau

gemäß 17a suivant; II 11 selon; II 86
d'après

gemeinsam 40 commun [f. b.]

Gemeinschaftlichkeit II 32, 1 la solidarité

Gemse II 31a, 2 le chamois

Gemüsegarten II 48, 2 le potager

gemütlich [f. aise]

Gemütsruhe II 4 la contenance

genau II 2 précis, e

genehmigen II 37 agréer

geneigt II 18 disposé, e

General II 2 le général

Generalstab II 48a, 1 un état-major

Generation 44a la génération

Genie II 32, 3 le génie

genießen (zu II 32, 1 Gr. 113) jouir (de qc.)

genug 68 assez

Genüge leisten II 30 satisfaire

genügen 45 suffire [f. b.]

Genuß II 18a, 1 la jouissance

Georg 46 George

Gepräge II 32, 4 le cachet

Geränge II 48a, 3 un appareil

gerade 43 droit [f. b.] — (= eben) 50
justement

geraten [f. effroi]

Geratewohl: aufs G. 47 au hasard

geräumig 40 spacieux, -se

Geräusch 18 le bruit

geräuschvoll 56 bruyant, e

Gerechtigkeit II 5 la justice

Gericht (Essen) II 7 le plat — Gerichtshof 65 la cour — eine Gerichtssitzung
abhalten II 30 siéger

gering (zu 34 Gr. 49) petit, e [f. distance];
II 41a obscur, e — geringer (= nieder)
57 inférieur, e

gern II 11 volontiers [f. aimer]

Geruch II 34, 3 une odeur

Geräusch II 42, 2 le bruit [f. b.]

Gesang 11 le chant; 27 la chanson

Geschäft 28 une affaire; II 34, 2 le marché

Geschäftszimmer 51a le comptoir

geschehen 30 se faire

Geschenk 28 le présent; II 5 le don

Geschichte 50 une histoire

Geschick 31 le sort; 66 le destin

geschickt II 24 habile

Geschlecht II 34, 3 le sexe; 44a la génération

Geschmack II 32, 1 le goût — G. finden
an etw. (zu II 40, 2 Gr. 114) goûter qc.

geschmackvoll (Adv.) II 32, 4 avec goût

Geschöpf 59 la créature

Geschrei: mit lautem G. II 46a, 1 à grands
cris

Geschütz 41a le canon; II 18a, 2/3 la pièce
de canon, la pièce d'artillerie; II 42, 2
la pièce

Geschwader II 41, 3 une escadre

Geselle II 34, 2 le garçon [f. b.]

Gesellschaft II 16 la compagnie (in II
43, 2 en)

Gesetz II 32, 5 la loi

Gesicht 8 la figure; 58 le visage

Gespann II 34a, 3 un attelage

Gestade II 41a la plage

Gestalt II 14 la figure; II 31 la forme
[f. b.]

Geständnis II 32, 5 un aveu

gestatten II 41, 2 permettre

Geste II 43, 3 le geste

gestehen II 18 avouer

gestern 64 hier

Gestirn II 38 un astre

Gesuch II 5 la demande, la requête

gesund: wieder g. werden II 21 se guérir

Gesundheit 24 la santé

Getöse 56a le fracas

Getränk 62a la boisson; le breuvage

Getreide 39 le blé

Getümmel II 32, 2 le tumulte

gewähren II 39, 1 donner — g. lassen
68 laisser faire

Gewalt II 11 le pouvoir [f. b.]; II 46, 3
la violence [f. haben]

gewalttätig 44a violent, e

Gewässer: ein G. 56 une eau; die G. II
10a les parages, m.

Gewehr II 42, 2 le fusil

Gewerbe II 39, 1 une industrie

gewerblich II 32, 4 industriel, -elle

Gewicht 48 le poids

Gewinn II 18a, 2/3 le gain

gewinnen 48 gagner; für sich g. II 41, 3
entraîner

gewiß II 7 certain, e [f. b.]

Gewissen 45 la conscience

Gewissensbiß II 43, 1 le remords

gewissermaßen II 18 pour ainsi dire; II
32, 4 en quelque sorte

gewöhnen 53 habituer, accoutumer (à f.)

Gewohnheit II 5 la coutume; II 16 une
habitude

gewöhnlich: Adj. 26 ordinaire; 54 habituel, -elle — Adv. 58 d'ordinaire, ordinairement

gewohnt: etw. g. fein [f. habitude]
gewunden 40 tortueux, -se
geziemen: fich g. (zu 58 Gr. 16) convenir à
Gezwitscher II 6 le ramage
Giebel II 41a la cime
Gift 61 le poison
Gipfel 44a la cime; II 14 le sommet
Gitter 44a la claire-voie; II 34, 2 la
    grille
Gitterthor II 34a, 2 la grille
Glanz 18a un éclat
glänzen II 32, 1 briller — glänzend II
    6 éclatant, e; II 42, 1 splendide
Glas 32 le verre
Glaser 32 le vitrier
Glaube 42 la foi
glauben 30 croire [f. b.]
gleich [f. fogleich]; g. nach 39 (g. bei II 2)
    dès
gleichen 20 ressembler
gleichgültig 48a indifférent, e
gleichkommen (zu 64 Gr. 18) équivaloir;
    (zu II 40, 2 Gr. 114) égaler (jem. q.)
gleichsam II 34, 5 comme
gleichwohl [f. dennoch, indeffen]
gleichzeitig 28 en même temps
gleiten II 32, 2 (II 31a, 2 g. laffen) glisser
Glied 8 le membre; II 34, 3 le rang [f. b.]
Glöckchen 13 la clochette
Glocke (an Uhren) II 42a le timbre
Glück II 9 le bonheur [f. b.]; II 8 la
    fortune [f. b.]; viel G.! II 31a, 2 bonne
    chance! — G. wünschen II 37 féliciter
    (jem. zu etw. q. de qc.)
glücklich II 35 heureux, -se; II 42a for-
    tuné, e
glühen 61 brûler — glühend 56 ardent, e;
    II 33 enflammé, e
Gnade 26 la grâce
gnädige Frau 24 madame
Gold 7 un or
golden 53 d'or
Goldfinger 9 un annulaire
Goldstück 38a la pièce d'or
Golf II 40a le golfe
Gott 26 Dieu
Göttin II 6 la déesse
Grab 26 le tombeau
graben 15 creuser
Graben (der) 13a le fossé
Grabscheit II 41a la bêche
Grad [f. point]
Gras 11 une herbe
Grasmücke 58 la fauvette
gräßlich 50 atroce
gratulieren II 37 féliciter (q. de qc.)
grau II 40, 1 gris, e

gräulich II 31a, 3 grisâtre
grausam II 21 cruel, -elle
Greif 42a le griffon
Greis 31 le vieillard
Grenadier 34 le grenadier
Grenze II 2 la limite; II 43, 3 la fron-
    tière
grenzen an 25 tenir à
griechisch (zu 14 Gr. 86) grec, grecque
Griff 15 le manche
grob 40 grossier, -ère
Groll II 31a, 2 la rancune
groß (zu 5 Gr. 40) grand, e; so groß II 5
    tel, telle
großartig 52 magnifique
Großbrittannien II 41, 2 la Grande-Bre-
    tagne
Größe II 6 la grandeur
Großmut 53 la générosité
Großmutter II 40, 1 la grand'mère
Großvater 53 le grand'père
grün 56 vert, e
Grund II 6 la raison — II 21 zu Grunde
    gehen (II 39, 2 zu Grunde richten) perdre
Grundbesitzer 22 le propriétaire
grundehrlich [f. parfait]
gründen II 9 fonder
Gruppe II 10a le groupe [f. b.]
gruppieren II 34, 2 grouper
grüßen II 34a, 3 saluer
Gunst 40a la faveur [f. b.]
Gurgel 8 la gorge
Gustav 12 Gustave
gut: Adj. 14 bon, bonne [f. b.] — Adv.
    18 bien [f. b. und beau]
Gut (Pachtgut) II 9 la ferme — (herr-
    schaftliches) Gut II 9 la seigneurie
Güte 28 la bonté
gutheißen II 24 approuver
gütig 24 bénin, bénigne

H.

ha! II 21 ah!
Haar 8 le cheveu; (von Tieren) 40 le
    poil; (des Schweifes) 42a le crin:
    (= Haarwuchs) II 34, 3 la chevelure
haben: zum Vater h. 59 avoir pour père
    — in der Gewalt haben II 21 tenir
Hacke II 34, 2 la pioche; (= Ferse) 10 le
    talon
hacken 25 piocher
Hafen II 41. 2 le port
Hagel 40 la nuée [f. b.]
Hahn 58a le coq — (= Krahn) 35 le ro-
    binet — (am Gewehr) II 31a, 4 le chien
Haken 51a le crochet

halb 16 demi, e [f. b.] — halb öffnen 40 entr'ouvrir
Hälfte 16 la moitié
Hals 8 le cou [f. b.]
Halsstarrigkeit 27a un entêtement
Halstuch II 34, 3 la cravate
halt machen II 5 s'arrêter
halten 15 tenir — h. für II 41, 1 croire — irrtümlich h. für 45 prendre pour
Haltestelle II 34, 4 la station
Hammel 40 le mouton
Hammer 5 le marteau
Hampelmann 39a le pantin
Hand 9 la main [f. b.]
Handel II 32, 3 le commerce; II 34, 2 le marché
handeln 26 agir [f. b.]
Handelsmann 30 le négociant
Handgelenk 9 le poignet
handgreiflich 65 palpable
Handkarren II 42, 2 la charrette à bras
Händler II 34, 5 le marchand
Handlung 26 une action; 48a un acte
Handlungsgehülfe II 34, 5 le commis
Handstreich II 41, 2 le coup de main
handumdrehen: im h. [f. clin]
Handwerk II 34, 5 le métier
hängen 90 pendre; II 34, 3 suspendre [f. épaule]
harren II 34a, 3 ratisser
hart 32 dur, e
Härte II 18a, 2/3 la rigueur
hartnäckig II 48a, 2 opiniâtre [f. bestehen]
Haselnuß II 34a, 3 la noisette [f. b.]
hassen (zu II 2 Gr. 16) haïr
häßlich II 34, 3 laide
Hauch 40 le souffle
Haufe 30 le tas; 44a le monceau
haufenweise 57 en foule
häufig: (Adj.) II 32, 2 fréquent, e; (Adv.) 14 souvent
Haupt 8 la tête
Hauptmann 34 le capitaine
Hauptmast II 14 le grand mât
hauptsächlich 52 principal, e
Hauptstadt 26 la capitale
Hauptstraße II 45, 1 la grande route
Haus 5 la maison; (vornehmes) II 5 un hôtel
Hausfrau 49a la ménagère
Hausgötter II 35 les lares, m.
Haushaltung II 40, 1 le ménage
Hausordnung II 48a, 3 le règlement
Hauswirt 22 le propriétaire
heben 36 relever
Hede 27 la bale
heda! 47a ah ça! II 10b hé!

Heer 34 une armée
heftig 54 violent, e
Heftigkeit II 48, 3 la violence
Heide (die) II 19 la lande
Heidekraut II 39a la bruyère
Heil 41a le salut
heilen 57 guérir
heilig II 11 saint, e [f. b.]; II 41a sacré, e
heimlich (Adv.) II 22 secrètement
heimsuchen [f. proie]
Heinrich 53 Henri
heiraten II 18a, 4/5 épouser
heiß 39 chaud, e
heißen 8 s'appeler; (zu II 42, 1 Gr. 111) se nommer — (= nennen) II 8 traiter q. de — [f. das]
heiter II 14 gai, e; II 18a, 2/3 serein, e
Held II 30 le héros
Heldengedicht II 39, 2 une épopée
heldenmütig II 11 héroïque
helfen (zu II 59 Gr. 16) secourir (jem. q.); (zu II 40, 2 Gr. 114) aider q, assister q., seconder q.
hell 12 limpide; II 31a, 3 clair, e [f. plein]
Helligkeit II 38 la clarté
Helm II 20 le casque
Hemd II 34, 2 la chemise [f. b.]
hemmen II 15 arrêter
Henker II 66 le bourreau — zum H.! II 4 morbleu! II 86 parbleu!
her [f. avoir]
herabhängen 20 pendre
herabkommen 58 descendre
herablassen: sich h. (zu II 34, 5 Gr. 157) daigner
herabsteigen 58 descendre
herabstürzen 42 fondre; 64a crouler
Herannahen 11 une approche (bei à)
heranziehen II 22 attirer
herausbringen II 34, 3 sortir
herausfinden 38a démêler
herausgehen 18 sortir
herausholen 48 faire sortir
herauskommen 46 sortir; II 34, 2 déboucher
herausladen II 36 tirer
herausreißen 18a arracher
herausschlüpfen II 34, 4 s'échapper
herausstehen II 31a, 3 sortir
herausspringen 6 jaillir
heraustreten II 31a, 3 sortir
herausziehen 20 retirer; II 18 tirer
herb II 40, 2 amer, -ère
herbeieilen 58 accourir
herbeiführen 52 amener
herbeilaufen 58 accourir

herbeiſchaffen 21a apporter
herbeiſtrömen II 34, 2 affluer
Herberge II 43, 3 une auberge
Herbſt 58 un automne
Herd 40 le foyer
Herde 40 le troupeau
hereinbrechen II 41, 3 venir
hereinkommen 68 entrer
herfallen über jem. II 26 tomber sur q.
herkommen II 38 partir
Herr 3 le maître — 36 le monsieur
  [ſ. b. u. M.] — der vornehme Herr 23
  le seigneur — der gnädige Herr II 11
  monseigneur — der Herr (= Chriſtus)
  II 11 Notre-Seigneur
herrichten II 15 préparer
Herrlichkeit II 15 la splendeur
Herrſchaft II 40a un empire (über sur)
herrſchen II 41a régner (über sur)
herrühren (zu 58 Gr. 16) provenir — (aus
  einer Zeit) 44a dater
herüber II 10 deçà
herunterlaſſen II 43a, 2 abaisser
herunternehmen II 18a, 2/3 démonter
hervorbringen 52 produire; II 17 faire
  naître
hervorgehen 52 sortir
hervorſprudeln 61 jaillir
Herz 13 le cœur [ſ. b.]
Herzensgüte II 12 la bonté
Herzog II 14 le duc
Heu 42a le foin
Heugabel 42a la fourche
heulen 56 hurler
Heulen (das) 49 le gémissement
heute 22 aujourd'hui [ſ. ce, soir]
heutzutage 22 de nos jours
Hieb 23 le coup [ſ. b.]
hienieden 26 ici-bas
hier 26 ici; hier und da 40 çà et là
hierauf 62a là-dessus
hierher 57 ici; II 25 par ici
hierüber 54 là-dessus
Hilfe 42 une aide [ſ. b.]; 58 le secours
  [ſ. b.] — zu Hilfe! 34 à moi!
Hilfsmittel, Hilfsquelle II 23 la ressource
Himmel 59 le ciel [ſ. air]
Himmelsgegend [ſ. point]
Himmelskörper II 33 le globe
Himmelsſtrich II 41a le climat
Himmelszelt II 32a le firmament
himmliſch II 17 céleste
hin: an etw. hin [ſ. long] — hin und her
  II 10 deçà et delà — hin und her bewegen II 34, 5 agiter; ſich hin und her
  bewegen II 31a, 5 passer; hin und her
  gehen II 34, 2 aller et venir; hin und

her ſtoßen II 32, 2 bousculer; hin und
  her wälzen II 31a, 4 rouler
hinabgehen II 13 descendre
hinabgleiten 44a glisser
hinabreißen II 18a, 1 entraîner
hinabſteigen II 22 descendre
hinaufklettern II 40, 1 grimper
hinaufſchaffen II 18a, 2/3 élever; monter
hinaufſteigen (zu II 12 Gr. 109) monter
hinaus! 65 sortez! II 26 hors d'ici!
hinausgehen 18 sortir
hinbringen (Zeit) II 16 passer
hindern II 23 empêcher (de ſ.)
Hindernis 44a un obstacle
hineinfinden: ſich h. in II 16 se résigner à
hineinführen II 5 introduire
hineingehen II 5 entrer
hineinklingen II 34, 1 tomber
hineinſchlüpfen II 31a, 3 entrer
hineinſtecken II 34, 5 fourrer
hineinwagen: ſich h. II 18a, 1 s'engager
hineinziehen II 41, 2 entraîner
hineinzwängen II 34a, 2 empiler
hinfallen II 26 tomber
hingeben II 22 livrer; 52 abandonner —
  ſchnell ſich hingebend II 32, 1 prompt, e
hingehen 4 aller [ſ. b.]
hinhalten (= reichen) 27 tendre
hinreichend 56a assez
hinreißen II 32, 1 enlever; II 18a, 4/5
  porter
hinſchicken II 30 envoyer
hinter 8 derrière — der hintere Teil 8
  le derrière; 10 la partie postérieure
  — hinter jem. her II 1 après q.
Hintergrund 18 le fond; II 19 le lointain
Hinterhalt: in einen H. legen 34 embusquer
hinterher II 42, 2 derrière
hinterhergehen II 42, 2 pousser derrière
hinterlaſſen 25 laisser
Hinterthür II 31a, 3 la porte de derrière
hinüber II 10 delà
hinübergehen II 18a, 2/3 voyager
hinüberkommen II 18a, 1 passer
hinüberſchaffen II 18a, 2/3 transporter,
  passer
hinunterſchaffen II 18a, 2/3 descendre
hinuntertragen II 34, 4 descendre
hinzufügen 54 ajouter
hinweiſen [ſ. étendre]
hinwerfen II 18a, 4/5 jeter
Hippe II 5 la serpe
Hirſch II 28 le cerf
Hirt 40 le berger; II 32a le pâtre
Hitze 39 la chaleur
hitzig II 43a, 2 ardent, e
Hobel 5 le rabot

hobeln 5 raboter
hoch 8 haut, e; 44a élevé, e [f. Âge, pied]
Hochachtung II 37 la considération
Hochebene II 43, 8 le plateau
Hochmut 58 un orgueil; 43a la hauteur
hochmütig II 41, 1 hautain, e
hochnäsig II 34a, 8 rogue
Hochschule II 32, 5 une académie
höchftens II 7 au plus; II 81a, 3 tout au plus
Hof 65 la cour (auf II 21 dans)
hoffen 50 espérer
Hoffnung 52 une espérance; II 10a un espoir
höflich 47 poli, e
Höfling II 24 le courtisan
Höhe 40 la hauteur
Höhle 25a la caverne; 56 la tanière
Hohngelächter II 43, 8 la huée
holen 38 aller chercher
Holz 2 le bois (aus Holz de bois)
hölzern 2 de bois
Holzhauer 58 le bûcheron
Holzscheit 18 la bûche
Holzschuh 18 le sabot
Honig 41 le miel
hören 18 entendre; auf jem. h. 57 écouter q.; von etw. h. II 20 apprendre qc.; gehört werden II 25 s'entendre
Horizont II 36 un horizon
Horn 56 la corne
Hose 40 le pantalon
Hospital 68 un hôpital
Hospiz II 18a, 1 un hospice
hübsch II 32, 4 joli, e
Huf II 34, 4 le sabot
Hügel 40 la colline
Huhn II 9 la poule
Hühnchen 42a le poulet
Hülle 2 une enveloppe
Hülfe 40 la gousse
Hund 3 le chien
Hundert: das H. 24 la centaine
Hunger 4 la faim (H. haben avoir f.)
Hungersnot II 22 la famine
hüpfen 21a bondir
Hürde II 42, 2 le parc
Hurraruf II 42, 2 le hurrah
hurtig II 31a, 1 leste
Hut 40 le chapeau
hüten: sich h. zu th. 60 se garder de f.
Hütte 2 la chaumière
hypochondrisch II 1 hypocondriaque

I.

immer 8 toujours [f. b.]

in 1 à; 6 dans; 16 en [f. diese Wörter]
indem 34 en (mit Part. Präs.)
indessen 28 cependant
Indien 22 les Indes, f.
Industrie II 39, 1 une industrie
industriell II 32, 4 industriel, -elle
Infanterist II 18a, 1 le fantassin
infolge 19 par suite de; II 8 par
infolgedessen II 81a, 1 en conséquence
Inhalt 38a le contenu
innehalten II 28 s'arrêter
innere II 13 intérieur, e
innerhalb 16 en
Infekt 58 un insecte
Insel II 8 une île (auf dans)
inständig [f. supplier]
Instinkt II 28 un instinct
instinktmäßig II 28 instinctif, -ve
Intereffe 57 un intérêt
intereffieren 36 intéresser
Invalide II 43a, 1 un invalide
irdisch 26 terrestre
irgend ein 29 quelque
irgend jemand [f. quelqu'un, personne]
Ironie II 42, 1 une ironie
irren: sich irren 47 se tromper
Irrgang 39a le labyrinthe
Irrtum II 2 la méprise; II 40, 2 une erreur [f. b.]
Italien II 1 l'Italie, f.

J.

ja 1 oui — ja wohl 27a bien oui
Jade 40 la veste; II 34, 8 le bergeron
Jagd 60 la chasse (25a auf à)
Jagdaufseher 62 le garde-chasse
Jagdtasche II 7 la gibecière
jagen 40 chasser
Jäger 62 le chasseur
jählings II 28 soudain
Jahr 14 une année; 37 un an [f. b.]; im Jahre 18 en
Jahreszeit 58 la saison
Jahrhundert 17 le siècle
jämmerlich II 6 chétif, -ve
jammern 10 se lamenter
Januar 17 janvier, m.
je [f. plus] — je nachdem! (Abv.) II 31a, 2 c'est selon; (Konjunktion) (zu II 30 Gr. 91) selon que, suivant que — von je her II 43a, 1 de tout temps
jedes 9 chaque; (zu 40 Gr. 87) tout; 1 chacun — jeder, der (zu 40 Gr. 87) quiconque
jedermann 66 tout le monde
jedoch 98 cependant

jemals 25 jamais
jemand (zu 40 Gr. 87) quelqu'un, e
jener 25 ce; ce...-là — (zu 40 Gr. 80) celui-là
jenseits II 2 au delà de
Jesus-Christus 37 Jésus-Christ [f. b.]
jetzt 19 maintenant; II 42, 2 à présent
Johanna II 11 Jeanne [f. b.]
Jubel II 41a une allégresse
Jugend II 2 la jeunesse
Juli 17 juillet, m.
jung 24 jeune; jünger 12 cadet, -ette [f. b.]
Junge: der J. 46 le garçon — das J. 48 le petit
Jungfrau [f. Jeanne]
Jüngling II 22 le jeune homme
Juni 17 juin, m.
Juno II 6 Junon

K.

Kadaver II 43, 3 le cadavre
Kaffee II 34, 5 le café
Käfig 64 la cage
Kaiser 38 un empereur
kaiserlich II 43, 2 impérial, e
Kaiserreich II 41, 1 un empire
Kajüte II 10a la cabine
Kalesche II 43, 1 la calèche
Kalk 18 la chaux
kalt 18 froid, e (es war k. il faisait f.)
kaltblütig 66 de sang-froid; II 34a, 3 impassible
Kaltblütigkeit 66 le sang-froid
Kälte 18 le froid
Kamerad II 12 le camarade
Kammer II 42, 1 la Chambre [f. b.]
Kampf 56 le combat
kämpfen (zu 39 Gr. 17) combattre
Kampfplatz 39a la lice; II 31 le terrain
Kanal 44a la Manche [f. b.]
Kandidat II 2 le candidat
Kanone 41a le canon
Kanonenboot II 41, 3 la canonnière
Kanonier 41a le canonnier
Kapital 48 le capital; II 10 le fonds
Kapitän 41a le capitaine
Kapitulation II 43, 1 la capitulation
kapitulieren II 43a, 3 capituler
Karl 52 Charles (Charlemagne)
Karpfen II 7 la carpe (kleiner K. le carpillon)
Karren II 42, 2 la charrette
Kartätschensalve [f. mitraille]
Käse 40 le fromage
Kaserne II 34, 2 la caserne

Kastanie 40 la châtaigne
Kastanienbaum 40 le châtaignier
Katharina II 11 Catherine
Katheder 18 la chaire
Katze 8 le chat
kaufen 22 acheter
Käufer 39a le client
Kaufmann 22 le marchand
kaum 66 à peine (als II 25 que)
Kavallerie II 31 la cavalerie
Kavallerist II 18a, 1 le cavalier
Kehle 8 la gorge
kehren II 26 balayer
kein (zu 40 Gr. 86) ne... pas de; II 11 ne... point de; (zu 40 Gr. 88) ne... aucun(e); ne... nul (nulle); ne... pas un(e) — kein... mehr 19 ne...plus de
keineswegs 39 ne... point; II 25 ne... point du tout
Kellermeister 38 le valet de bouche
kennen 26 connaître
Kenntnis II 12 la connaissance [f. b.]
Kerl [f. enfant]
Kern 54 une amande
Kette II 43a, 2 la chaine
keusch II 17 chaste
Kilometer II 43, 2 le kilomètre
Kind 25 un enfant — kleines Kind 39a le bébé
Kinderspielzeug 53 les babioles, f.
Kindheit II 41a une enfance
Kinn 8 le menton
Kirche 40 une église [f. b.]
Kirchturm II 34, 1 le clocher
Kissen 48a le coussin
Kiste 28 la caisse
Kittel II 34, 3 la blouse
Klage II 31a, 4 la plainte; 57 la doléance
kläglich II 43, 3 lamentable
Klang II 6 le son
Klappen II 34, 1 le claquement
klappern [f. grelottant]
klar II 2 clair, e; (Wasser) 12 limpide
Klasse 52 la classe
klatschen 47 battre [f. main]
Klaue 42 la serre
kleben II 43, 2 coller
Klee 42a la luzerne
kleiden 18 habiller; II 3 vêtir
Kleider 40 les habits, m.; II 11 les vêtements, m.
Kleiderhändler [f. marchand]
klein 9 petit, e — 48a menu, e
klettern 53 grimper
Klima II 41, 2 le climat
Klinge 29 la lame [f. couteau]

Klingeln II 34, 4 le tintement
Klinke II 5 le loquet
Klopfen II 20 frapper
Klosterbruder II 18a, 1 le religieux
klug 49 intelligent, e
Knabe 46 le garçon
Knecht 38 le valet
Kneipe II 32, 4 le cabaret
Knie 10 le genou [f. b.]
knistern 58 pétiller
Knochen II 31a, 5 un os
Knoten II 19 le nœud
kochen 40 cuire: (zu II 8 Gr. 16) bouillir (intranf.), faire bouillir (tranf.)
Kohle 56a le charbon
Koje II 10a la cabine
Kokarde II 40a la cocarde
Kolben (am Gewehren) II 42, 2 la crosse
Koloß II 30, 1 le colosse
Kommandant II 48a, 1 le gouverneur
kommen 49 venir [f. b.]; 28 passer
Kommißgewehr II 31a, 2 le fusil de munition
König 53 le roi [f. b.]
Königin II 13 la reine
königlich II 34a, 1 royal, e
Königreich II 8 le royaume (de France)
Königtum II 41, 1 la royauté
konkret (zu 12 Gr. 40) concret, concrète
können 2 pouvoir [f. b.]; (= gelernt haben, zu 64 Gr. 18) savoir [f. b.]
Konservatorium II 32, 5 le conservatoire
Konstantinopel II 41, 1 Constantinople
Konsul II 18a, 1 le consul
Kontor II 34a, 1 le comptoir
kontrollieren 55a vérifier
Kopf 8 la tête
Kopfkissen II 38 un oreiller
Korb II 34, 3 le panier [f. osier]
Korn 6 le grain [f. épi]
Körper 8 le corps
Körpergröße II 7 la taille
Korporal II 10a le brigadier
Korsar 41a le corsaire
korsisch II 10a corse
kostbar 32 précieux, -se
kosten (= schmecken) II 18a, 1 goûter
Kosten: auf K. II 10b aux dépens
köstlich II 4 délicieux, -se
Kostüm II 34, 3 le costume
Krach II 10a le craquement
krachen II 31a, 1 craquer
Kraft 31 la force [f. pouvoir]
kräftig 45 vigoureux, -se
Krähe II 6 la corneille
Krahn 35 le robinet
Kralle 42 la serre

Krambude 39a une échoppe
Krammetsvogel 58 la grive
krank 24 malade; f. werden 59 tomber m.
Krankheit 61 la maladie
Kränkung 49 un outrage
kratzen II 26 racler [f. b.]
kraus II 38 crépu, e
Kraut 11 une herbe
Kreis II 30 le cercle
Kreuz II 14 la croix
kreuzen II 34, 1 croiser [f. b.]
Krieg II 11 la guerre; Kriegs- 22 militaire [f. b.]
Krieger (die) II 11 les gens de guerre
Kriegsschiff II 14 le vaisseau
Kriegsvorräte II 18a, 2-3 les munitions, f.
Kriegsmaterial II 18a, 2/8 le matériel
kriegen (jem.) II 26 prendre (q.)
Krim II 41, 1 la Crimée [f. b.]
Krippe 56 la crèche
Krisis II 45, 3 la crise
Krone 58 la couronne
krönen II 35 couronner (mit de)
Kronprinz (der franz.) II 24 le dauphin
Kronprinzessin (d. franz.) II 24 la dauphine
Krümmung 56 le détour
Küche 8 la cuisine
Küchlein II 9 le poussin
Kugel (eines Gewehres) 56 la balle
Kuh 40 la vache
kühn II 11 hardi, e; f. machen 56 enhardir
Kühnheit II 43a, 2 une audace
Kummer II 12 le chagrin; II 11 le déplaisir
kümmern: sich f. um 38a se soucier de
Kunde (der) 57 le client
Kunst II 32, 4 un art
Kunstgewerbe II 32, 4 un art industriel
Künstler II 36 un artiste
Kupferstich II 36 la gravure
Kürassier II 42, 1 le cuirassier
Kurve 44a la courbe
kurz (zu 25 Gr. 42) bref, brève; II 15 court, e — (= mit einem Worte) 24 enfin — [f. mettre, temps]
kürzlich 19 l'autre jour
küssen II 2 embrasser; II 11 baiser
Küste II 41, 2 la côte (au mar)
Kutschbock 47 le siège
Kutsche (zweirädrige) 39a la carriole
Kutscher 98 le cocher

L.

Labyrinth 39a le labyrinthe
Lache II 36 la flaque

lächeln (ju 62 Gr. 17) sourire [f. b.]
lachen 18 rire [f. b.]
Lacher II 32, 4 le rieur
lächerlich II 3 ridicule
laben II 31a, 1 charger
Laden (eleganter) II 32, 3 le magasin —
  (kleiner) II 6 la boutique
Ladentisch II 34, 5 le comptoir
Ladung II 31a, 2 la charge
Lafette II 18a, 2, 3 un affût
Lage II 8 un état
Lager 34 le camp
Lakai 28 le laquais
Lamm 66 un agneau
Land 39 le pays; II 15 la terre [f. b.];
  (im Gegensatz zur Stadt) 28 la cam-
  pagne (auf dem L. à la c.); bebautes
  L. 40 la culture
landen 57 débarquer (tranf. unb intr.) —
  II 15 aborder (intr.)
Landeplatz II 34a, 2 une embarcadère
Landhaus 28 la maison de campagne
ländlich II 35 champêtre
Landmann 40 le paysan; II 10 le la-
  boureur
Landschaft II 19 le paysage
Landsmann II 22 le compatriote
Landwirt II 9 le fermier
Landwirtschaft II 39, 1 une agriculture
lang (ju 25 Gr. 42) long, longue [f. longtemps, durant, pendant] — lang hinziehen II 34a, 2 allonger; lang ziehen
  II 31a, 3 prolonger
lange 29 longtemps — es ist länger als
  ein Jahr her 47 il y a plus d'un an
Länge [f. long] — in die L. ziehen II 16
  prolonger
Langeweile II 39, 2 un ennui
langhaarig 40 à longs poils
länglich II 34, 4 oblong, oblongue
Langohr: Meister L. II 3 maître baudet
längs II 34, 1 le long de
langsam 7 lent, e [f. b.]
Langsamkeit 47a la lenteur
langweilen 21a ennuyer
Lanze II 15 la pique
Lärm 18 le bruit [f. b.]; II 10a le tumulte
lärmendes Getöse II 32, 2 le brouhaha
lassen 25 laisser [f. b.]; 31 faire [f. b.]
Last 43 le poids; II 18a, 2/3 le fardeau
lateinisch II 34, 5 latin, e
Laub II 19 le feuillage
Lauer II 31a, 1 un affût (auf à)
Lauf II 33 la course (auf dans) — (von
  Feuerwaffen) II 31a, 4 le canon
Laufbahn II 37 la carrière
laufen 23 courir

Läufer II 19 le coureur
Laune 40 la fantaisie; II 18a, 4/5 le caprice — (gute ober schlechte L.) II 18a, 1
  une humeur
launisch 44a capricieux, -se
laut (ju II 39, 2 Gr. 198) haut — laut
  werden II 15 s'élever
läuten II 34, 1 sonner
leben 28 vivre; lebe wohl II 31a, 2 adieu
Leben 28 la vie
Lebensalter II 34, 5 un âge
Lebensmittel 33 les vivres, m.
Lebensunterhalt [f. vivre]
Lebensweise II 16 le genre de vie
lebhaft II 15 vif, vive; II 32, 3 actif, -ve
lecken 49 lécher
Leder 38 le cuir
leer 18 vide; (= eitel) II 42a vain, e
legen 5 poser; 29 mettre
Legende II 42, 1 la légende
lehnen II 31a, 3 appuyer (an contre) —
  [f. adosser]
Lehre II 10b la leçon
lehren 62 apprendre [f. b.]; (ju II 35
  Gr. 158) enseigner [f. b.]
Lehrer 1 le maître
Lehrstunde 48a la leçon
Leiche II 43, 3 le cadavre; le mort
Leichnam 56 le corps
leicht (vom Gewicht) II 6 léger, -ère —
  (f. ju th.) 31 facile; II 32, 1 aisé, e
Leichtgläubigkeit II 42, 1 la crédulité
Leid [f. fächer] — das Leid 60 le mal
leiden 57 souffrir (an de) — das Leiden
  50 la souffrance; II 21 le mal
Leidenschaft 60 la passion
leider II 32, 2 malheureusement; II 31a, 1
  par malheur
leihen (jem. etw.) II 7 prêter (qc. à q.)
Leinentuch II 4 le linge
Leinwand 40 la toile; II 4 le linge
leise II 9 bas [f. b.]
leiten 15 diriger; II 39, 1 conduire
Leiter 58a une échelle
Lektüre 57 la lecture
lenken 15 diriger [f. manœuvre]
Lerche 58 une alouette
lernen 26 apprendre (thun f. a. à faire)
lesen 35 lire
Leser II 28 le lecteur
Letter 37 le caractère
letzte 24 dernier, -ère — letztere (der,
  die) 24 ce dernier, cette dernière
leuchten (ju II 5 Gr. 17) luire — jem. f.
  (ju II 40, 2 Gr. 114) éclairer q. [f. voir]
leugnen (ju 58 Gr. 16) disconvenir (etw.
  de qc.); (ju II 24 Gr. 138) nier

Leute 26 les gens, m. (f. fashionable]
Licht 18 la lumière; II 38 la clarté — ans L. bringen 47 dévoiler, mettre au jour
lichten II 31 éclaircir
Lichtstrahl II 31a, 3 le sillon de lumière
lieb 26 cher, chère (f. b.)
Liebe 59 un amour
lieben 11 aimer; zärtlich l. II 41a chérir
liebenswürdig 31a aimable
lieber 53 plutôt; l. mögen 48 préférer (f. b.); l. wollen (zu II 35 Gr. 158) aimer mieux
Liebfrauenkirche II 40, 2 Notre-Dame
liebkosen 42a caresser
Lieblings- 12 favori, favorite (f. b.)
Lied 11 le chant; 58 la chanson
liefern II 7 fournir
liegen II 28 être situé, e — (zum Schlafen) II 38 être couché, e
Liktor II 30 le licteur
Lilie 18 le lis
Linde 14 le tilleul
Lineal 1 la règle
Linie 2 la ligne (f. b.)
link 47 gauche (f. b.)
Lippe II 4 la lèvre
Lissabon II 39, 1 Lisbonne
List II 31a, 3 la ruse
loben 52 louer (f. b.)
Loch 5 le trou
Lockspeise 48a un appât
Lohkuchen II 34, 5 la motte à brûler
Lohn II 41, 2 la récompense — (der Dienstboten) II 26 les gages, m.
los: es ist los II 32, 2 il y a
losbinden 31 délier
losbrechen (= ausbrechen) 44a éclater
losgehen 33a partir
loskommen mit 39a en être quitte pour
loslassen 56 lâcher
loslösen 40 détacher
lossprechen (zu II 8 Gr. 17) absoudre
Lotterie II 9 la loterie (f. b.)
Louisdor (= 20 francs) II 36 le louis
Löwe II 3 le lion (f. peau)
Ludwig 1 Louis
Luft 39 un air
luftdicht II 5 hermétique
Luftschloß II 9 le château en Espagne
Lüge 45 le mensonge
lügen 45 mentir

Lügner 45 le menteur
Lump II 21 le vilain; II 26 le maraud
Lunte II 48a, 3 la mèche
lustig 21 gai, e — sich l. machen über II 36 se moquer de; (zu II 42, 1 Gr. 111) se rire de; 44a se jouer de
luxuriös II 32, 8 luxueux, -se
Luxus II 5 le luxe

M.

Maas II 48, 2 la Meuse
machen 2 faire (f. b.); II 3 rendre (lächerlich m. r. ridicule) — sich daran machen zu th. 45 se mettre à f.
Macht II 39, 2 la puissance; II 11 le pouvoir
mächtig II 39, 2 puissant, e
Mädchen 24 la fille
Magd 4 la servante
Magdalenenkirche 39a la Madeleine
mager 40 maigre
Mahl, Mahlzeit II 14 le repas; II 31a, 1 la consommation
mahlen (zu II 8 Gr. 17) moudre
Mähre II 34a, 2 la rosse
Mai 17 mai, m.
Mailand II 39, 1 Milan
Mainz 37 Mayence
Majestät 38 Sire; die M. II 24 la majesté
Mal 16 la fois (f. b. und coup)
malen (zu II 6 Gr. 17) peindre
Maler II 34, 3 le peintre
malitiös II 32, 4 malitieux, -se
Mama 35 la maman
man 11 on (f. b.)
mancher (zu 40 Gr. 86) maint, e; (zu 40 Gr. 88) tel, telle — manche (zu II 39, 2 Gr. 196) divers, diverses; différents, différentes
manchmal 40 quelquefois
Mangel II 32, 4 le défaut; aus M. an 65 faute de; M. haben an II 34a, 1 manquer de
mangels 65 en l'absence de
Mann 8 un homme (f. b.)
Manövrieren II 10a la manœuvre
Mantel II 32a le manteau
Märchen II 42, 1 la légende
Margarete II 11 Marguerite
Markt 30 le marché (f. b.); 39a la foire
Marmor II 12 le marbre (f. b.)
Marsch 50 la marche
Marschall II 24 le maréchal
marschieren 7 marcher
Marschquartier II 43, 3 une étape
März 17 mars, m.

Masche II 15 la maille
Maschine II 34, 4 la machine
Masse II 42, 2 la masse
Mast II 14 le mât
Maß 39 la mesure [f. b.]
mäßig 39a modéré, e; 46a tempérant, e
mäßigen 39a modérer
Maßregel II 42, 1 la mesure
Material II 18a, 2/3 le matériel
Materie II 38 la matière
Matrose II 14 le matelot
Mauer II 21 le mur; II 42, 1 la muraille [f. sous]
Maul 56 la gueule
Maulaffen [f. bayer]
Maulesel II 18a, 2/3 le mulet
Maultiertreiber II 18a, 2/3 le muletier
Maurer II 34, 2 le maçon
Maus 42 la souris
mechanisch II 43, 3 machinal, e
Meer II 14 la mer (übers M. II 40, 2 par m.)
Meerbusen II 40a le golfe
mehr 19 plus [f. b.]; 33 davantage; mehr und mehr II 43, 3 peu à peu
mehrere (zu 40 Gr. 88) plusieurs
meiden II 33 éviter
Meierei II 9 la métairie
Meile 47 la lieue
meinen II 41, 1 penser; meinen mit 25 entendre par
meinerseits II 9 à mon tour
meinetwegen! II 7 soit!
Meinung II 5 un avis
Meißel 5 le ciseau
meiste: der (die) meiste, die meisten 54 la plupart (du, de la, de l', des) — am meisten (zu 50 Gr. 55) le plus
Meister II 3 le maitre; II 34, 2 le patron
Melodie II 18a, 2/3 un air
Menge 25 la quantité (de) — (= Volksmenge) 57 la foule; II 43a, 1 la multitude
Mensch 8 un homme
menschenfreundlich 43a humain, e
Menschenverstand [f. sens]
menschlich 8 humain, e
merken 30 s'apercevoir (etw. de qc.) — sich etw. merken 52 retenir qc.
merkwürdig 44 curieux, -se
Merkwürdigkeit 39a la curiosité
Messe 33a la foire
Messer 29 le couteau [f. b.]
Meter II 43, 2 le mètre
Miene II 2 un air [f. b.]; II 34, 3 la mine
Miete II 43, 1 le louage

mieten 47 prendre (un fiacre)
Mietsgaul II 34a, 3 le locatis
mildthätig II 32, 5 charitable
militärisch 44 militaire
Mine 32 la mine
Minister II 42, 1 le ministre
Ministerium II 34a, 1 le ministère
Minute 16 la minute
mischen II 28 mêler
mißbilligen II 36 trouver mauvais
mißbrauchen II 32, 1 abuser (etw. de qc.)
mißfallen II 6 déplaire
Mißfallen II 11 le déplaisir
mißgünstig II 6 jaloux, -se
mißhandeln 60 maltraiter
mißlingen II 43, 2 échouer
mißtrauen (zu II 42, 1 Gr. 111) se défier, se méfier (jem. de q.)
Mißtrauen 33 la défiance
Mißverständnis II 2 la méprise
Mission II 43a, 1 la mission
mit 2 avec: (bei Eigenschaften) 40 à [f. b.]
mitbringen 18 apporter
Mitbürger II 5 le concitoyen — Mitbürger! II 40a citoyens!
mitführen 38 porter
Mitleid 27 la pitié [f. b.]
Mittag 4 le midi [f. b. und diner]
Mitte 6 le milieu; II 22 le centre [f. mi]
mitteilen (zu 62 Gr. 17) apprendre
Mitteilung machen II 43a, 1 faire part
Mittel 8 le moyen [f. b.] — sich ins M. legen (zu 58 Gr. 16) intervenir
Mittelfinger 9 le doigt du milieu
mittelländisches Meer II 41, 1 la Méditerranée
Mittelpunkt II 22 le centre
Mittelstand 52 la classe moyenne
mitten: 6 m. in, 40 m. auf, 54 m. zwischen au milieu de [f. plein, soleil]
Mitternacht II 16 minuit (58a um à)
mittlere 52 moyen, -enne
Mittwoch 17 mercredi, m.
mitwirken (zu 59 Gr. 16) concourir (bei à)
Mitwirkung II 39, 1 le concours
mitzählen II 7 faire nombre
Möbel II 43, 2 le meuble
Mobilgarbe [f. mobile]
Mobiliar II 42, 2 le mobilier
Mode II 32, 3 la mode [f. coutume, vogue]
Modeartikel (neuer) II 34a, 3 la nouveauté
modern II 32, 5 moderne
mögen: lieber mögen 43 préférer [f. b.] — ich möchte 64 je voudrais — sie möge bleiben 60 qu'elle reste (Konj.)

möglich II 9 possible [f. b.] — es ist m.,
　daß 47 il se peut que (mit Konj.)
Monat 17 le mois
Mond 36 la lune
Montag 17 lundi, m.
mörderlich II 19 meurtrier, -ère
morgen II 31a, 2 demain — der M. 18
　le matin [f. b.]; der folgende M. 65
　le lendemain; guten M. II 40, 1 bon-
　jour; Morgen - (in Zusammensetzungen)
　II 34, 1 matinal, e [f. heure] — Mor-
　gen Landes II 19 un arpent
Morgendämmerung II 34, 1 une aube
morgendlich II 34, 1 matinal, e
Morgenland 37 l'Orient, m.
Morgenröte 40 une aurore
Moritz 62 Maurice
Moskau II 1 Moscou
Mücke 48a le moucheron
müde (zu 26 Gr. 42) las, lasse — müde
　werden 27b se lasser
Mühe 36 la peine [f. b.]; II 34, 4 un
　effort
Mühle 21a le moulin
Mühlstein 21a la meule
mühsam II 42, 1 pénible
Müller 27b le meunier
Mund 8 la bouche [f. bouchée]
Mundart II 5 le patois
Mündung II 41, 8 une embouchure —
　(einer Kanone) 41a la bouche
munter II 34, 3 alerte; II 34, 4 allègre
Münze 55a la monnaie
murmeln 21a murmurer — das M. II
　15 le murmure
murren II 6 murmurer (über 38a de);
　II 43, 8 gronder — das M. II 43, 8
　les murmures, m.
Museum II 32, 5 le musée
Musik II 18a, 2.8 la musique
Musketenfalve [f. mousqueterie]
müssen 46 falloir; 47 devoir
Muster: nach dem M. II 11 à la ressem-
　blance
müßig II 18a, 4/5 oisif, -ve
Müßiggänger II 34, 1 le flâneur
Mut 34 le courage
mutig (Abv) II 18a, 1 avec ardeur
Mutter 4 la mère
Mütze 18 le bonnet; II 43, 1 la cas-
　quette

N.

na na II 36 oh ça
nach 18 après — nach Rom II 1 à Rome
　(nach Westen 44a à l'ouest) — nach ...

hin 48 vers; II 34a, 2 du côté de —
　(= gemäß) 17a suivant; II 11 selon;
　II 34 d'après — gleich nach 39 dès
Nachbar II 41, 8 le voisin
nachdem 40 après que
nachdenken 34 se recueillir — nachdenken
　über etw. 38a réfléchir à qc.
Nachfolger II 41, 8 le successeur
nachgeben II 40a céder
Nachlässigkeit 52 la négligence
Nachmittag II 16 une après-midi
Nachricht II 42, 1 la nouvelle
nachschleppen II 34, 4 trainer
nachstellen (jem.) 66 en vouloir (à q.)
Nacht 34 la nuit [f. b. und minuit]
Nachtfalter II 32a la phalène
Nachtigall II 6 le rossignol
Nachtwandler II 34, 1 le noctambule
Nachwelt II 39, 1 la postérité
Nachzügler II 34, 1 le trainard
Nacken 8 la nuque
nackt 40 nu, e
Nadel 16 une aiguille
Nagel 5 le clou — (am Finger oder an
　der Zehe) 9 un ongle
nageln 5 clouer
nahe II 10 prochain, e; II 31a, 1 rap-
　proché, e; (= benachbart) 18 voisin, e
　[f. près] — näher bringen 58 approcher
　(qc. de q.); näher kommen II 34, 4 ap-
　procher; näher treten II 5 entrer
Nähe: in der Nähe von 26 près de
nahen II 34, 4 approcher
nähen (zu II 5 Gr. 17) coudre
nähern: sich jem. n. 29 s'approcher de q.
Name 17 le nom; Namens II 22 nom-
　mé, e
nämlich: weil n. (zu II 30 Gr. 91) c'est
　que
Napoleon I. 38 Napoléon Ier
Narr 24 le fou
Narrheit II 7 la folie
Närrin 24 la folle
närrisch: wie närrisch II 9 à la folie
Näscherei 50 la friandise
Nase 8 le nez
Nasenloch, -flügel II 34, 8 la narine
naß machen 38a mouiller
Nation 52 la nation
national II 39, 1 national, e
Natur 66 la nature
natürlich II 2 naturel, -elle
Naturtrieb II 28 un instinct
Nebel 58 le brouillard; II 10a la brume
neblig II 34, 1 brumeux, -se
Nebelmonat II 39, 2 le brumaire [f. b.]
neben 18 à côté de

Nebenzimmer II 5 le cabinet
Neger 22 le nègre
nehmen 3 prendre; (im Kriege) II 41, 2 emporter — nimm! II 4 tiens
Neid 66 une envie (N. erregen faire e.)
neidisch 21a envieux, -se (auf de) [s. envier]
neigen 43 incliner, pencher
Neigung 44 une inclination, la disposition
nein 1 non
nennen 8 appeler; II 22 nommer [s. voilà]
Nest 20 le nid (bauen II 19 faire)
Netz 62 le filet; II 84, 5 le réseau
neu (zu 20 Gr. 48) nouveau [s. b.] — die neuere Geschichte II 41, 2 l'histoire moderne
neugierig II 43, 3 curieux, -se
Neuheit II 34a, 3 la nouveauté
Neuigkeit II 42, 1 la nouvelle
Neujahrsgeschenke II 34, 4 les étrennes, f.
neulich 19 l'autre jour
Neuling II 9 le novice
neutral II 41, 3 neutre; für n. erklären II 41, 3 neutraliser
Neutralität II 41, 2 la neutralité
nicht 4 ne ... pas — (bei anderen Wörtern als Verben) 48 non — nicht eben 62a ne ... guère — nicht als ob (zu II 29 Gr. 143) non que, ce n'est pas que
nichts 4 ne ... rien; nichts mehr 24 ne ... plus rien; nichts anderes 24 ne ... pas autre chose; nichts, was II 7 ne ... rien qui
nichtsdestoweniger II 26 néanmoins
Nichtsnutz 64 le vaurien
nie 25 ne ... jamais
niedere 52 inférieur, e
niederdrücken II 41, 3 accabler
niederfallen 60 tomber
Niederlage (Laden) II 32, 3 le magasin
niederlassen: sich n. 37 s'établir
Niederlassung 39a une installation
niederlegen 15 déposer
niedermachen II 81 abattre
niederreißen 23 renverser
niederlaufen II 20 s'abattre
niederschlagen (zu 39 Gr. 17) abattre
niederschmettern 65 foudroyer
niedersenken: sich n. 56 tomber
niederstürzen 60 tomber
niederträchtig 25 infâme
niedertreten II 39, 1 fouler
niederwerfen II 39, 2 abattre
nieblich 27 gentil, gentille
niedrig 25 bas, basse
niemals 25 ne ... jamais
niemand 31 ne ... personne

Nikolaus II 41, 1 Nicolas
Nimbus II 82, 1 le prestige
nirgends 57 ne ... nulle part
noch 18 encore [s. b. und dée]
Norden 58 le nord
nördlich 58 septentrional, e
Nordwind 27 la bise; 55 un aquilon
Normandie II 14 la Normandie
Norwegen 58 la Norvège
Not II 43, 2 la misère
Note II 34, 1 la note
nötig: unbedingt n. 48 indispensable — etw. n. haben 81a avoir besoin de qc. — nötig sein 46 falloir
notwendig 41 nécessaire [s. b.]
Notwendigkeit 59 la nécessité
November 17 novembre, m.
Nu: im Nu II 28 en un clin d'œil
nun 24 alors — (= nun wohl) 35 eh bien! — von nun an 48a désormais; II 18a, 2'3 dès lors — nun aber II 31a, 1 or — nun, nun II 12 allons, allons
nur 25 ne ... que; 30 seulement; nur zu ... II 32, 2 trop ...; nur noch II 31 ne ... plus que
Nuß 54 la noix
Nußbaum 40 le noyer
Nutzen II 41, 3 le bénéfice; le profit; II 31a, 1 une utilité
nützlich 41 utile [s. b.]

O.

o! II 20 oh!
ob II 14 si
Obdach II 19 un abri
oben 8 haut [s. b.]
Oberarm 9 le bras
obere 44a supérieur, e
oberhalb 44a au-dessus de
Oberschenkel 10 la cuisse
oberste II 22 suprême; II 40a souverain, e
obgleich 28 quoique; (zu II 28 Gr. 145) bien que, encore que (mit Konj.)
Observatorium II 34a, 2 un observatoire
Obst II 31a, 1 les fruits, m.
Obstgarten II 31a, 1 le verger
Ocean II 41, 3 un océan [s. b.]
Ochse 15 le bœuf
Ochsentreiber 42a le bouvier
öde II 40, 2 désert, e
oder 2 ou
Ofen 18 le poêle
Ofensetzer II 34, 2 le fumiste
offen 35 ouvert, e; (= aufrichtig) II 40a franc, franche [s. parler]
offenbar (zu II 22 Gr. 140) évident, e

offenbaren II 18a, 4/5 révéler
öffentlich 14 public, publique
Offizier 41a un officier
öffnen 8 ouvrir [f. d.]
Öffnung II 31a, 3 une ouverture
oft 14 souvent
ohne 18 sans; ohne zu 30 sans; ohne daß (zu II 29 Gr. 148) sans que
ohnmächtig [f. mal]
Ohr 8 une oreille [f. dresser]
Oktober 17 octobre, m.
Omnibus II 34, 4 nn omnibus
Operation II 18a, 2,8 une opération
Opfer II 23 le sacrifice; II 39, 2 la victime (opfern faire)
orangefarben II 36 orangé, e
ordentlich II 22 rangé, e [f. bataille, valoir]
Ordnung 44 un ordre
Ort II 3 un endroit (an II 14 en); II 15 le lieu
Österreich II 41, 1 l'Autriche, f.
Ostsee II 41, 3 la Baltique

P.

Pächter II 9 le fermier
Pachtgut II 9 la ferme
packen II 28 saisir
Packet II 34, 3 le paquet
Palast II 48, 2 le palais
Palette II 17 la palette
Panzerhemd II 15 la cotte de maille
panzern II 41, 3 cuirasser
Papier 37 le papier
Papiermühle 37 la papeterie
Pappel II 43, 1 le peuplier
Papst II 14 le pape
Parabel II 8 la parabole
Paris II 1 Paris
Pariser: Subst.: II 32, 1 le Parisien (Pariserin II 32, 3 la Parisienne) — Adj.: II 32, 3 parisien, -enne; de Paris
Park II 13 le parc
Parlament II 5 le parlement
Parole II 48a, 1 le mot d'ordre
Parterre 17a le rez-de-chaussée
Passant II 19 le passant
passen (zu 58 Gr. 16) convenir
Paßhöhe II 18a, 1 le sommet du col
passieren: (= zustoßen) II 12 arriver [f. d. und prendre] — (= überschreiten) II 22 franchir
Pastete II 34a, 3 le pâté
Pate 51a le parrain
Patriotismus II 42, 1 le patriotisme
Patrone II 18a, 1 la cartouche

Paul 4 Paul
Pause II 13 un intervalle
peitschen 42a fouetter
per II 18a, 2/3 par
Perle 13 la perle
Perlmutter 20 la nacre
Permanenz II 42, 1 la permanence
Person 26 la personne [f. pour]
Personendampfer II 34a, 2 le bateau-omnibus
persönlich II 27 personnel, -elle
Peter 54 Pierre
Pfad 7 le sentier (auf d. Pf. dans le s.)
Pfanne II 7 la poêle
Pfau II 6 le paon
Pfeife II 48, 3 le sifflet — (Tabakspfeife) II 34, 2 la pipe
pfeifen II 31a, 2 siffler; pfeifend 21 siffleur, siffleuse
Pfeil 56 le trait; II 14 la flèche
Pferd 15 le cheval
Pferdebahn II 34a, 2 le tramway
Pferdestall 47 une écurie
Pfiff II 48, 3 le coup de sifflet
Pflanze 13a la plante
Pflaster II 34, 4 le pavé
Pflastertreter II 34, 1 le flâneur
Pflicht II 18a, 2/3 le devoir
pflücken (zu II 2 Gr. 16) cueillir
Pflug 15 la charrue
Pflugschar 15 le soc
Pförtner II 34, 4 le concierge
Pfote 42 la patte
Pfriemkraut 40 le genêt
Pfütze II 36 la flaque
phantastisch II 42a fantastique
Phönix II 10b le phénix
picken 27 becqueter
Pike II 48a, 1 la pique
Pilger 7 le pèlerin
Pinsel II 34, 3 le pinceau
Pionier II 15 le pionnier
Pistole 30 le pistolet [f. coup]
Plakat II 42, 2 le placard
Plan II 36 le plan; II 9 le projet; II 41, 2 le dessein
Platane 7 le platane
Plateau II 43, 3 le plateau
platt II 31a, 1 plat, e [f. d.]
Platt (das) II 5 le patois
Plattform II 43a, 3 la plate-forme
Platz 14 la place [f. d. und vermbl.]
platzen 44a crever
plaudern II 10a causer
plötzlich: Adj. II 15 subite; Adv. 41 tout à coup [f. apparaître]
Poitou 64a le Poitou [f. d.]

Polen II 41, 1 la Pologne
polieren II 15 polir
Politik II 41, 3 la politique (treiben faire)
Pomp II 30 la pompe
Portal 40 le portail
Portemonnaie 55a le porte-monnaie
Portier II 34, 4 le concierge
Portiere II 5 la portière
Portugal II 41, 3 le Portugal
Porzellan 7 la porcelaine
Post II 34, 4 la poste
Posten II 34a, 1 le poste (auf à)
Pracht 43a la magnificence; II 5 le luxe; II 30 la pompe
prächtig 7 superbe; 52 magnifique
Präfektur II 48, 1 la préfecture [f. hôtel]
Prämie II 31a, 2 la prime
Präsident II 5 le président
Preis 54 le prix (für de)
preisen 11 célébrer
Preuße II 43, 3 le Prussien
Preußen II 41, 2 la Prusse
Priester II 10a le prêtre
Prinz 53 le prince
Prinzessin II 24 la princesse
pro II 18a, 2,3 par
Probe 49 une épreuve
Produkt II 32, 3 le produit
Prokonsul II 30 le proconsul
Protektorat II 41, 1 le protectorat
provenzalisch II 5 provençal, e
Provence: die P. 44 la Provence
Provinz II 42, 2 la province
Prozeß 54 le procès
prüfen 47 examiner
Prüfung II 2 un examen [f. b.]
Publikum II 34, 1 le public [f. dimanche]
Pulver, Pulvervorrat II 43a, 3 la poudre
Punkt 50 le point; höchster P. II 18a, 1 le sommet
pünktlich 58 exact, e
Purpurfarbe 20 le pourpre
putzen II 4 nettoyer

Q.

Quai II 43a, 3 le quai
quälen II 43, 1 tourmenter
Quelle 57 la source
Quersack 40 la besace
Quetschung 39a la contusion

R.

Rabe II 6 le corbeau
Rache II 27 la vengeance [f. b.]

Rachen 56 la gueule
rächen 46 venger [f. b.]
Rad 21a la roue
Rand 12 le bord
Rang (militärischer) II 2 le grade
Rasenplatz II 34a, 3 la pelouse
Rat II 5 le conseil (Rat halten tenir conseil); um Rat fragen 57 consulter
raten: (= erraten) 25 deviner — (= einen Rat geben) 38a conseiller
Ratgeber II 13 le conseiller
Rathaus II 34, 2 un hôtel de ville; II 34, 3 la mairie
Ration II 18a, 1 la ration
Raub II 41, 1 la dépouille
rauben 22 enlever; 66 ravir
Räuber II 21 le brigand
Rauch 40 la fumée
rauchen II 43, 3 fumer
Raufe 42a le râtelier
rauh 58 rude
Rauheit II 18a, 2/3 la rigueur
Raum II 31 un espace
Räumlichkeit 17a le local
Rausch II 39, 2 une ivresse
rauschen II 32a frémir
Rebe 25 la vigne
Rechen 42a le râteau
Rechenschaft ablegen 26 rendre compte
rechnen 17 compter [f. b.]
Rechnung 26 le compte
recht 47 droit, e [f. b.] — (vor Adj. und Adv.) 18 bien — das R. II 41, 3 le droit [f. b.]; recht haben II 24 avoir raison
Rechtfertigung II 4 la justification
rechtmäßig 47 légitime
Rechtsanwalt 65 un avocat
rechtschaffen 24 honnête
Rechtschaffenheit II 20 la probité
reden (vor Gericht) 26 plaider; (hochtrabend r.) II 42, 1 pérorer
Redensart II 32, 1 la phrase
Redeweise II 10b le langage
Redner II 32, 1 un orateur
reduzieren II 31 réduire
Regel II 33 la règle
Regen 64 la pluie
Regenbogen II 6 un arc-en-ciel
Regenmantel II 34, 3 le waterproof
regieren II 39, 2 gouverner
Regierung II 2 le gouvernement
Regiment 34 le régiment
Reglement II 43a, 3 le règlement
regnen 40 pleuvoir
reiben 42a frotter
reich 22 riche; (sehr reich) II 35 opulent, e

Reich II 41, 1 un empire
reichen (= hinhalten) 27 tendre
reichlich II 14 copieux, -se
Reichtum 43 la richesse
Reihe 18 la file [f. b]; II 31 le rang;
II 34, 2 la ligne; II 34a, 2 la queue
[f. b.]; II 2 le tour [f. b.] — der R.
nach 31 successivement
reihen 18 ranger
Reim 21a la rime
rein 61 pur, e
Reinheit 18 la pureté
reinigen II 4 nettoyer
reinlich (zu II 34, 8 Gr. 196) propre
Reise 36 le voyage [f. b.]
reisen (zu 55 Gr. 1b) aller
Reisende 33 le voyageur
reißen (= zerrissen werden) 31 se briser
reiten II 25 aller [f. monter]
Reiter 25 un homme à cheval; II 15 le
cavalier
Reiterei II 31 la cavalerie
Reiz II 42a un attrait
rekognoszieren 34 reconnaître
religiös II 40a religieux, -se
Republik II 22 la république
Reserve II 42, 2 la réserve
residieren 42a résider
retten 24 sauver (vor II 48a, 8 de)
Rettung 41a le salut
Reue II 4 le repentir
Revolution II 39, 2 la révolution
Rhone II 31a, 5 le Rhône
richten (an) 52 adresser (à); (nach, auf)
II 48a, 1 diriger (sur)
Richter II 11 le juge
Richterstuhl II 30 le tribunal
richtig (zu II 39, 2 Gr. 198) juste [f. jus-
tice]
Richtschnur II 35 la règle
Richtung II 48a, 1 la direction
riechen (zu II 39, 2 Gr. 198) sentir —
riechend II 34, 4 odorant, e
riesenhaft 40 gigantesque; II 31a, 4 mons-
trueux, -se
Rinde (von Bäumen) 40 une écorce
ringen: mit dem Tode r. II 10a agoniser
Ringfinger 9 un annulaire
rings umher 54 alentour
Ritter 48a le chevalier
Ritterheim II 15 le château
Rock (zu 5 Gr. 1b) un habit
rollen 48 rouler
Rom II 1 Rome
Roman 57 le roman
Römer II 37 le Romain
Rose 30 la rose

Rosenstock 20 le rosier
Roß II 18a, 4, 5 le cheval
rösten 80 rôtir
rot II 34, 3 rouge; (Haar) II 34, 5 roux,
rousse
Rotkehlchen 27 le rouge-gorge
rötlich II 34, 1 rougeâtre
ruchlos 58a scélérat, e
Rücken II 34, 2 le dos
Rückkehr 38 le retour (bei A)
Rücksicht II 25 la considération
rückwärts gehen II 31 rétrograder
rückwärts niederstürzen [f. renverser]
Rückzug II 35 la retraite
Ruf (= Schrei) 34 le cri (bei A) — (= guter Ruf) II 38a la réputation
rufen 28 crier — jem. r. 40 appeler q.
Ruhe 48a le repos [f. b.]
ruhig 36 tranquille; II 36 calme
Ruhm II 39, 1 la gloire
ruhmbedeckt, ruhmreich II 39, 2 glorieux, -se
rühren II 2 toucher (an d A) — (lieblich)
II 41a attendrir — sich r. (zu II 32, 2
Gr. 112) bouger
Rumpf 8 le tronc
runzeln (die Stirn) 38 froncer (les sourcils)
Russe II 41, 2 le Russe
russisch II 41, 1 moscovite
rußig II 34, 2 fuligineux, -se
Rußland II 41, 1 la Russie
rütteln II 34a, 3 cahoter

S.

Saal 18 la salle
Säbel II 48a, 1 le sabre
Sache 4 la chose [f. être]
Sack 18 le sac
saftig II 31a, 1 fondant, e
Säge 5 la scie
sagen 3 dire (so zu sagen II 13 pour ain-
si dire)
sägen II 31a, 2 scier
sagenhaft II 43, 3 légendaire
Sahne 3 la crème
Salamis II 41, 1 Salamine
Salve II 31 la décharge (abgeben faire)
Salz 40 le sel
Samenkorn 42a la graine
sammeln 34 recueillir; II 42, 2 réunir
Sammlung (v. Almosen) II 31a, 5 la re-
quête
Sand II 15 le sable [f. sabler]
sanft 11 doux, douce
Sänger II 34a, 2 le chanteur

Sanft (ſ. Saint)
Sardinien II 41, 3 la Sardaigne
ſatt II 31a, 1 rassasié, e
Satteldecke 39a le caparaçon
ſättigen II 31a, 1 rassasier
Satz II 32, 1 la phrase
ſaugen 62a teter (an q.)
Säule II 31a, 4 la colonne
Säulengang 39a le péristyle
ſaumſelig 4 en retard
Scene II 32, 2 la scène
Schachtel 53 la boîte
Schade (ſ. dommage)
Schädel 8 le crâne
ſchaben (zu II 5 Gr. 17) nuire — Schaden
   43 le dommage: II 31a, 1 le dégât
   (ſ. b.)
ſchädlich 45 nuisible
Schaf 41 la brebis
ſchaffen (zu 43 Gr. 13) créer; (Feinde) II
   40a susciter; (= bringen) II 20 porter
Schale (Eier) 20 la coque; (Kaſtanien)
   40 une écorce; (Nüſſe) 54 la coquille
ſchallen II 10a retentir — ſchallend II 6
   éclatant, e
ſchämen: ſich ſch. (zu II 32, 2 Gr. 112)
   avoir honte
ſcharen: ſich ſch. II 40a se ranger
ſcharf II 2 précis, e
ſcharfſinnig II 32, 3 ingénieux, -se
Schatten 11 une ombre; 20 un ombrage
ſchattig 7 ombreux, -se
Schatz 25 le trésor; II 10 le fonds
Schauder II 34, 1 le frisson
Schaufel II 34, 2 la pelle
Schaufenſter II 34, 2 la devanture
Schaum II 32, 5 une écume
ſchäumen 21a écumer
Schauſpiel 25a le spectacle; II 32, 2 le
   drame
Scheidewand 58a le paroi
Schein (heller) II 34, 1 la blancheur;
   (= Schuldſchein) 31a le billet
ſcheinen II 6 sembler (ſ. b.); II 4 paraî-
   tre (ſ. b.)
ſcheitern II 43, 2 échouer
Scheitern II 41, 2 la ruine
ſchelten II 26 gronder
Schemel 42a un escabeau
ſchenken = geben
ſcheren II 15 raser
Scherz II 19 la raillerie; II 32, 4 la plai-
   santerie
Scheuer, Scheune 6 la grange
Schick II 32, 3 le chic
ſchicken 28 envoyer
ſchicklich II 5 convenable

Schickſal 31 le sort
Schiedsrichter II 32, 3 un arbitre (über de)
ſchießen 30 tirer
Schießſcharte II 43a, 1 une embrasure;
   II 43a, 3 le créneau
Schiff II 14 le navire; le vaisseau
Schiffahrt II 41, 3 la navigation (auf de)
Schiffbruch II 10a le naufrage
Schiffbrücke II 43, 3 le pont de bateaux
Schiffslaterne II 10a le fanal
Schiffsmannſchaft II 14 un équipage
ſchildern II 18a, 4/5 dépeindre
Schilfrohr II 32a le roseau
Schlacht II 22 la bataille (ſ. b.)
Schlächter 66 le boucher
Schlaf II 16 le sommeil (ſ. b. u. en-
   dormir)
ſchlafen 19 dormir
Schlafzimmer II 34, 1 la chambre à
   coucher
Schlag 18 le coup
ſchlagen 6 battre; II 20 frapper (auf etw.
   II 43a, 2 qc.); (Uhr) II 34, 5 sonner
   (ſ. b.); (Brüden) II 43, 3 jeter
ſchlagfertig II 15 vif, vive
ſchlängeln: ſich ſchl. (zu II 32, 2 Gr. 112)
   serpenter; II 32, 2 glisser
ſchlank II 19 grêle
ſchlau II 5 avisé, e
ſchlecht: Adj. (zu 34 Gr. 49) mauvais, e
   (ſ. b.); Adv. (zu 50 Gr. 55) mal
Schleier II 38 le voile
Schleife II 34, 3 le nœud
ſchleifen 21a repasser; (zu II 8 Gr. 17)
   émoudre
Schlemmer II 36 le débauché
ſchleudern II 34, 1 muser
ſchleppen II 34, 4 traîner
ſchleudern 40 lancer
ſchleunigſt thun II 4 courir faire
ſchließen 8 fermer; (die Reihen) II 31
   serrer (les rangs); (= folgern, zu II 6
   Gr. 17) conclure
ſchließlich 24 enfin; ſch. thun II 41, 1 finir
   par faire
ſchlimmer werden II 10a se gâter
Schlingel 23 le coquin
Schloß II 9 le château
Schlößchen II 43, 3 le castel
Schlucht 40 la gorge; II 18a, 2 8 le ravin
ſchlürfen II 28 savourer
Schlüſſel 36 la clef (zu de)
ſchmachvoll II 30 outrageant, e
ſchmackhaft machen 40 assaisonner
Schmähung 46 une injure; II 4 une incartade

•

schmal II 43, 2 étroit, e

Schmaus II 7 le festin [f. chère]

schmeichelhaft II 27 flatteur, -euse

schmeicheln 38 flatter (jem. q.)

Schmeichler II 10b le flatteur

schmelzen 27 fondre [f. b.]

Schmerz 61 la douleur; 50 la souffrance [f. b.]

schmerzlich II 21 cruel, -elle

Schmetterling II 17 le papillon

Schmied II 15 le forgeron

schmücken 14 orner (mit II 41a de)

Schmutz II 26 une ordure; II 34, 4 la boue

schmutzig II 42, 2 sale

Schmutzkasten II 34, 4 la boîte d'ordures

Schmutzwagen II 34, 4 le tombereau des boues

Schnabel 64 le bec

Schnauze 3 le museau

Schnee 27 (II 18a, 1 Schneemasse) la neige

Schneid II 32, 3 le chic

Schneide II 15 le tranchant

schneiden II 15 tailler

Schneider II 34, 5 le tailleur

schnell: (Adj.) II 21 rapide; II 5 prompt, e [f. b.] — (Adv.) 23 vite [f. raide]; sch. abschicken II 21 dépêcher

Schnelligkeit 64a la promptitude

Schnitter 89 le moissonneur

schnitzen II 14 sculpter

schon 19 déjà; sch. seit II 43, 1 dès [f. b.]

schön 4 beau, bel, belle [f. beau]

schonen II 23 épargner

Schönheit 24 la beauté

schöpfen [f. haleine]

Schornsteinfeger II 34, 5 le ramoneur

Schoß II 31 le sein

Schranke 25a une enceinte

Schrecken 33a la frayeur; II 8 la terreur, II 90 un effroi [f. b.]; II 42, 1 une épouvante; in Sch. setzen II 8 épouvanter

schrecklich II 31 terrible; 41a horrible

Schrei 24 le cri (ausstoßen II 25 jeter)

schreiben 2 écrire [f. crayon]

Schreibstube II 34a, 1 le bureau

schreien 28a crier; (Esel) II 18 braire

Schritt 7 le pas [f. b. und lent]

Schuft II 21 le brigand

Schuh 40 le soulier

Schuld 46 la dette; II 39, 2 la faute

schuldig 65 coupable; (jem. etw.) sch. sein 47 devoir (qu. à q.) [f. reuter]

Schuldschein 31a le billet à ordre

Schule 1 une école

Schüler 4 un élève

Schülerin 4 une élève

Schulter 9 une épaule [f. b.]

Schuppen (für Wagen) 42a le hangar

Schurke 23 le coquin

Schürze II 34, 5 le tablier

Schuß 18 le coup (abgeben 30 tirer)

schußfertig II 31a, 4 armé, e

Schußweite II 31a, 3 la portée

Schüssel 7 le plat

Schutz II 89, 2 un abri (unter à); II 46a, 3 la protection

schützen 8 protéger [f. abri]

Schutzmann II 34, 2 le gardien de la paix

schwach 53 faible [f. sourire]

Schwalbe 60 une hirondelle

schwanken 27a chanceler

Schwanz II 6 la queue [f. b.]

Schwarm II 34, 5 la fourmilière

schwarz 18 noir, e [f. b.]

Schwarzbrot II 40, 2 le pain bis

Schwätzer 25 le bavard

schweben II 83 flotter; II 42, 1 planer

Schweden II 41, 3 la Suède

Schweif II 6 la queue [f. b.]

schweigen 18 se taire

Schweigen 11 le silence

schweigsam II 34, 1 silencieux, -se

Schweizer: (Subst.) II 43a, 1 le Suisse — (Adj.) II 31a, 4 suisse

Schwelle 42a le seuil

schwer (Gewicht) 43 lourd, e — (schwierig) II 24 difficile

schwermütig II 82a mélancolique

Schwert II 15 une épée

Schwester 12 la sœur

schwierig II 24 difficile

Schwierigkeit 4a la difficulté

schwimmen II 83 nager [f. nage]

schwinden II 4 passer

schwindsüchtig II 34a, 2 hectique

schwingen II 20 brandir

schwören II 20 jurer (zu wollen de f.)

Schwurgericht [f. cour]

See (die) II 10a la mer; (der S.) II 34a, 3 le lac — See= II 41, 3 maritime [f. b.]

Seele 53 une âme

Seemann II 10a le marin

Segel 40 la voile

segeln (schnell) II 10a filer

Segeltuch 40 la toile à voiles

Segler II 14 le voilier

segnen II 4 bénir

sehen 8 regarder; voir [f. b.]; sieh! II 31a, 1 tiens

sehr 1) vor Adj. und Adv.: 14 très, la

bien, 23 fort; 2) bei Serben: 27 beaucoup — wie sehr 43 combien — sehr viel 51 bien (du, de la, de l', des)
Seide II 6 la soie [f. b.]
Seiltänzer II 34a, 2 un acrobate
sein 4 être
seit: (Präpos.) 29 depuis [f. b.]; (Konjunkt.) 46 depuis que [f. avoir]
seitdem II 40, 2 depuis
Seite 18 le côté [f. b.]; II 32, 3 la part [f. b.]; (= Flanke) II 19 le flanc; meinerseits II 9 à mon tour [f. partout]
Seitenweg II 48, 3 le chemin de traverse
Sekretär II 18a, 4 5 le secrétaire
Sekunde 16 la seconde
selbst [f. même]
Selbständigkeit [f. dénationaliser]
selig 51a feu, e
selten 32 rare [f. b.]
seltsam 27b étrange [f. b.]; II 19 bizarre
Seminar 44 le séminaire
Seminarist 44 le séminariste
Sendung II 48a, 1 la mission
senken 56 baisser; II 32a abaisser — sich f. II 43, 3 dévaler
September 17 septembre, m.
setzen 18 asseoir; 29 mettre [f. rivière]
seufzen 61 soupirer
Sevennen 44a les Cévennes, f.
sicher II 7 sûr, e; certain, e
Sicherheit 88a la sûreté; II 2 la fermeté; II 39, 1 la sécurité
sicherlich 41 certainement
sichern II 41, 1 assurer
Sieg II 30 la victoire [f. b.]
siegen (zu II 5 Gr. 17) vaincre
Sieger II 30 le vainqueur
Signal II 14 le signal (zu II 41, 1 de)
Silbenrätsel 7 la charade
Silber 7 un argent
silberglänzend 61 argenté, e
Sims II 43a, 1 le rebord
singen 21 chanter
Sinn II 32, 5 le sens [f. excellence]
sinnen (zu II 40, 2 Gr. 114) méditer (über etw. qc.)
Sitten II 32, 1 les mœurs, f.
Sitz II 30 le siège
sitzen (zu II 9 Gr. 18) être assis, e — sitzend II 9 assis, e; (von Vögeln) 42a perché, e; (auf Reittieren) II 18a, 4 5 monté, e
Sitzkasten II 18a, 2 3 le caisson
Sklave 22 un esclave
Sklaverei 22 un esclavage
so 23 si — (auf diese Reise) 39 ainsi; II 31a, 1 comme ça — so daß II 5 de sorte que; (zu II 30 Gr. 91) de façon que, de manière que — so groß II 5 tel, telle — so viel, so viele 18 tant de
sobald als 53 aussitôt que; II 10 dès que
sofort 29 aussitôt; 34 à l'instant
sogar 27 même
sogleich 29 aussitôt; 34 à l'instant; 68 sur-le-champ; 31a tout de suite; 68a tout à l'heure
Sohn 14 le fils
solange als 31 aussi longtemps que; 53 tant que — solange bis (zu II 27 Gr. 142) en attendant que
solch 25 tel, telle; II 32, 5 pareil, -eille — als solcher II 8 en cette qualité
Soldat II 30, 1 le soldat
Solidarität II 32, 1 la solidarité
sollen 47 devoir
Sommer 56 un été (im S. 36 en été)
Sommerfrischler 56a le villégiateur
sonderbar 50 étrange [f. b.]; II 18 singulier, -ère
sondern 3 mais
Sonnabend 17 samedi, m.
Sonne 13 le soleil [f. b.]
Sonntag 4 dimanche, m. [f. b.]
Sonntagsstaat: im S. II 34a, 2 endimanché, e
sonst II 6 ou bien
Sorge 51 le souci; II 8 la peine [f. b.]; II 12 une inquiétude; II 39, 2 un ennui
sorgen für (zu 58 Gr. 16) subvenir à; 59 pourvoir à; (zu II 40, 2 Gr. 114) veiller à
Sorgfalt 25 le soin
sorgfältig 48 soigneux, -se; II 4 exact, e
sowohl ... als auch (zu II 30 Gr. 91) et ... et; tant ... que
spalten II 20 fendre
Spanien II 9 l'Espagne, f.
spannen II 14 tendre
spärlich II 19 rare
sparsam II 32, 5 économe
Spaß II 32, 4 la plaisanterie
spaßen 48 plaisanter
Spaßmacher 55a le farceur
spät II 16 tard; später 87 après [f. bout]
Spaten II 41a la bêche
spazieren gehen 12 se promener [f. b.]
Spaziergang II 19 la promenade
Spaziergänger 20 le promeneur
Spazierstock 55a la canne
spenden II 33 donner

Sperling (f. Wörterverz. zu II 7)
Spiegel 12 miroir
Spielstang II 8a le adroitement
Spiel 62 le jeu
spielen 19 jouer [l. b. und faire]
Spieler 62 le joueur
Spielzeug 8a les jouets, m.
Spieß II 18a, 1 la pique
Spießbel 12a le fuseau
Spinne 80a une araignée
spinnen 42a filer
Spitzbube 47 le fripon
Spitze 34 la pointe — (oberste) II 14 le sommet (f. tête)
spitzen (die Ohren) II 8a dresser (les oreilles)
Spötterei II 18 la raillerie
Sprache (Redeweise) II 10b le langage
sprechen 84 parler (mit jem. à q.)
Sprechzimmer 57 le cabinet
sprengen (f. santer)
Sprichwort 31a le proverbe
sprichwörtlich II 5 proverbial, e
springen 25a sauter; 56 bondir
Sprung 44a le bond
Spur 43a le vestige; II 31a, 2 la trace; (= Anzeichen) II 28 le symptôme
Staat 22 un État (f. b.)
Staatsmann II 38, 2 le politique
Stab 31 la baguette; (= Generalstab) II 18a, 1 un état-major
Stadt 19 la ville (f. b.); (= Altstadt) II 20 la cité
Stadtbezirk II 34, 8 un arrondissement
Stadtviertel II 32, 1 le quartier (f. latin)
Stahlstich II 86 la gravure
Stall 42a une étable; 47 une écurie
Stamm II 5 le tronc
stampfen II 10a languir
Stand II 8 un État; la condition; 52 la classe (f. b.) — im Stande sein zu tb. II 1 être capable de f.; außer Stande sein zu tb. 44a être hors d'état de f.
Standarte II 11 un étendard
Standesherr 28 le grand seigneur
Standhalten II 51 demeurer debout
stark 82 fort, e (f. b.); 46 vigoureux, -se; (k. beleibt zu 12 Gr. 40) replet, -ète
Statten: von f. geben 86 se faire
Stattfinden 9a avoir lieu
Statthalter 40a le gouverneur; (= Stellvertreter) II 27 le lieutenant
Staub II 4 la poussière
Staubfeder II 28 une ordure
Staunen II 88 un étonnement
Staubgefäße II 19 l'abeille, m
Stachelschwein II 19 le hérisson

stecken in mettre; 58a placer; II 34, 5 fourrer
stehen 44a être debout — gerade f. 48 se tenir droit, e — f. bleiben II 5 s'arrêter; II 42, 2 stationner — f. lassen II 5 laisser — stehend II 8.1 debout
stehlen 8 voler (aus 47 dans)
steif II 34a, 5 raide
steigen II 16 monter; 44a s'élever
steil II 18a, 1 escarpé, e
Stein 82 la pierre
Steinbruch II 42, 1 la carrière
Stelle II 8 un endroit (f. b.); II 8 la place (an dans); II 18a, 2/3 le passage (an dans) — auf der Stelle 68 sur-le-champ
stellen 29 mettre; II 81a, 2 poser (f. question, rente) — sich f. als ob zu 11 38, 2 Gr. 11 feindre de f.
Stellung (= Stand) II 8 la condition
Stempel II 32, 4 le cachet
Stengel 55 la tige
sterben 25 mourir (f. b.); (zu 11 12 Gr. 109) décéder; II 44a expirer
sterblich II 20 mortel, -elle
Stern II 88 une étoile
stets 3 toujours
Steuer (das) II 10a le gouvernail
Stich 84 le coup — im Stiche lassen 42 abandonner
Stiefel II 43, 1 la botte
Stiel 15 le manche
Stier 56 le taureau
still II 34, 1 silencieux, -se
Stille 11 le silence
Stimme 34 la voix (f. b. und fort)
stimmungsvoll II 86 recueilli, e
Stirn 8 le front (f. runzeln)
Stock 3 le bâton
Stockwerk II 43, 2 un étage
Stoff II 83 la matière
Stola II 10a une étole
stolz 43 fier, fière
Stolz 58 un orgueil
stören II 18 troubler
Stoß 27a le choc
stoßen (an etw.) II 81a, 4 se heurter (contre) — zu jem. f. (zu II 42, 2 Gr. 114) joindre q.
Strafe 42 le châtiment (für de); 47 la punition
Strahl 56 le rayon
Strand II 15 le rivage
Straßburg 37 Strasbourg
Straße 44 la route (nach II 42, 1 de); II 34, 5 la rue (außer 42, 1 dans la r.)

Straßenjunge II 82, 4 le gamin
Straßenkehrer II 84, 4 le balayeur
sträuben (die Federn) 42a hérisser — sich
  sträuben (= wehren) 42 se débattre
Strauch 20 un arbuste; 58 le buisson
streben II 41a aspirer (f. zèle]
strecken (b. Waffen) II 81 mettre bas; zu
  Boden s. II 31 renverser
Streich II 20 le coup (ausführen faire)
streicheln 42a caresser
Streichholz 19 une allumette
Streifen II 36 la bande
Streit 54 la querelle; 38a la contes-
  tation
streng 21 austère
Stroh 19 la paille
Strohdach II 40, 1 le chaume
Strom II 43, 2 le fleuve; II 33 le tor-
  rent
Strömung 63a le courant
Strumpf 40 le bas
struppig 42a bourru, e
Stück II 15 la pièce (S. für S. p. à p.);
  32 le morceau (f. lambeau]
Stückchen 55a le bout; II 31a, 2 le chif-
  fon
Studentenviertel II 34, 5 le quartier latin
studieren 46a étudier
Studierzimmer 57 le cabinet
Studium II 35 une étude
Stufe II 34, 2 la marche
Stuhl 18 la chaise
stumm (zu 12 Gr. 46) muet, muette
Stunde 4 une heure; 48a la leçon
Sturm 55 un orage; II 8 la tempête —
  (= Angriff) II 23 un assaut (f. b.]
Sturmschritt: im S. II 40a au pas de
  charge
Sturz II 30 la chute
stürzen II 42, 1 renverser — auf etw. los
  s. 61 se précipiter vers qc.; II 43a, 3
  s'avancer vers qc. — sich s. II 43a, 2
  s'élancer
Stütze 55 le soutien; II 11 un appui
stützen (zu 58 Gr. 16) soutenir; II 4 ap-
  puyer
Subsistenzmittel II 23 les subsistances, f.
suchen 29 chercher (zu th. 40 à f.)
Süden 39 le midi (f. b.]
südlich II 41, 3 méridional, e
Südrußland II 41, 3 la Russie méridionale
Sühne II 39, 2 une expiation
Sultan II 9 le Grand Turc; II 41, 1 le
  sultan
Summe 31 la somme
Summen II 34, 3 le bourdonnement

Sündflut II 42, 1 le déluge
sündigen II 11 pécher
süß 11 doux, douce
System II 41, 1 le système

T.

Tabakspfeife II 34, 2 la pipe
tadeln (zu 62 Gr. 17) reprendre
Tag 3 le jour (f. b.]; II 42, 1 la jour-
  née (f. lendemain, veille]
Tagelöhner 38a le journalier
Tageslicht 66 le jour
täglich: Adj. II 34, 3 quotidien, -enne;
  Adv. II 9 chaque jour
Takt 6 la cadence (im T. en c.)
taktmäßig II 34, 4 cadencé, e
Talent 65 le talent (f. plein]
Tanne 58 le sapin
tapezieren 50a tapisser
tapfer II 18a, 1 brave
tappen (f. tätons]
Tasche 29 la poche; II 34, 4 la boite
Taschendieb 65a le pick-pocket
Taschenuhr 16 la montre
Tatze 42 la patte
täuschen 47 tromper (f. b.]; II 9 abuser;
  II 42a décevoir
Tausend: das T. II 14 le millier (de)
Teich 20 un étang
Teil 8 la partie; II 41, 3 la portion;
  der vierte T. 16 le quart; zum T. II
  32, 5 en partie (f. deux]
teilen 33 partager (f. b.]; II 18a, 2.3 di-
  viser; (doppeltes t.) II 31 dédoubler
Teilung II 41, 1 le partage
Telegramm II 42, 1 le télégramme
Teppich II 19 le tapis
Terrain II 18a, 2,3 les lieux, m.
Testament 58 le testament
teuer 25 cher, chère (f. b.]
Teufel 39 le démon; II 36 le diable
Thal II 43, 3 la vallée; (kleines) 55 le
  vallon
Thaler II 29 un écu
That 26 une action; II 18a, 4/5 un acte
  — in der Th. II 23 en effet; II 32, 4
  bien; II 31a, 1 effectivement
Theater II 32, 2 le théâtre
Thor (das) 5 la porte
Thorheit II 7 la folie
thöricht (zu 20 Gr. 43) fou, fol, folle
Thräne II 4 la larme; Thränen II 35
  les pleurs, m.
Thron 26 le trône
thun 2 faire (f. b.]; (hineinthun) II 81a,
  1 mettre

Thür 5 la porte
Thürbrücke 11 5 le haquet
Thürhüter 11 5 un huissier
Thürscher 51a le ouisme
tief 11 52, 1 profond, e
Tiefe 11 19 la profondeur; 48 le fond
tiefsinnig 11 52, 1 profond, e
Tier 16 un animal; 40 la bête — (zum
  Reiten) 11 18a, 1 la monture
tierisch 63 bestial, e
Tisch 4 la table (bei Tisch 35 à table)
Tischler 6 le menuisier
Titel 11 22 le titre
Tochter 24 la fille
Tod 22 la mort (f. agoniser)
Todeskampf 11 31a, 4 une agonie
Todesstrafe 41a le supplice
tödlich 11 20 mortel, -elle
toll 50 enragé, e; 11 89, 1 fou, fol, folle
tollkühn 11 18a, 1 téméraire
Tollkühnheit 62a la témérité
Ton 11 6 le son; 11 52, 3 le ton; 11 34,
  1 la note
Tornister 18 le sac
tot 50 mort, e
töten 50 tuer; 11 43a, 3 mettre à mort
Trab 11 43, 3 le trot
traben 11 34a, 3 trotter
trachten 52 rechercher (nach etw. qc.)
träge 44a paresseux, -se
tragen 9 porter
Träger 11 34, 4 le porteur
Trägheit 52 la paresse
tragisch 11 43, 3 tragique
Tragkorb 11 34, 2 la hotte
Tragweite 60 la portée
Transport 11 14 le transport
Traube 25 le raisin
trauen (zu 11 42, 1 Gr. 111) se fier (à q.)
Trauer 11 34, 4 le deuil
Traum 11 80, 1 le rêve
träumen 21a rêver (von etw. 11 18a, 1 qc.)
traurig 11 19 triste
treffen 27 frapper; jem. treffen (= begegnen) 28 rencontrer q.; jem. wieder
  treffen 28 rejoindre q. (f. y.)
treiben 11 2 pousser
trennen 11 52, 2 séparer
Treppe 11 25 un escalier
Treppenabsatz 43a le palier
treten 11 31a, 3 fouler (mit Füßen aux
  pieds)
treu 80 fidèle
Treue 42 la foi (f. b.); 49 la fidélité
treulos 42 de mauvaise foi
trinken 9 boire

trippeln 11 34, 3 trottiner (f. b.)
Triumph 11 2 le triomphe (im ent; T.
  über 11 16 la conquête sur
Triumphbogen 11 34a, 2 l'Arc de Triomphe
triumphierend 11 52, 5 triomphalement
Triumphzug 56 la marche triomphale
trocken (zu 14 Gr. 36) sec, sèche
trocknen 14 sécher
Tropfen 44a la goutte
trösten 11 12 consoler (über 11 42, 1 de)
Trottoir 11 34, 8 le trottoir
trotz 19 malgré
trotzdem: Adv. 19 pourtant — Konjunkt.
  (zu 11 28 Gr. 145) nonobstant que
trotzen (jem.) 11 40, 2 braver q.; (zu 11
  40, 2 Gr. 114) affronter q.
trübe 11 19 morne
trüben 11 28 troubler
Trümmer 11 81 les débris, m.
Trunkenbold 11 26 un ivrogne
Trunkenheit 11 89, 2 une ivresse
Truppe 11 15 la troupe
Tuch 40 le drap
tüchtig 62a habile
Tugend 46a la vertu
Tuilerien 11 43, 2 les Tuileries, f.
Tumult 11 32, 2 le tumulte
tünchen 18 blanchir (mit Kalk à la chaux)
Türke 11 9 le Turc
türkisch 11 41, 1 turc, turque
Turm 11 41, 2 la tour

U.

Übel 60 le mal
Übles nachreden (zu 60 Gr. 17) médire
über 11 1 sur; 44a au-dessus de; über
  ...hinweg 27a par-dessus; über hinaus
  11 2 au delà de — (= mehr als) 11 20
  plus de
überall 66 (überallhin 11 10) partout
überdauern 11 31 traverser
übereinkommen (zu 58 Gr. 16) convenir
Übereinstimmung 54 un accord
Überfall 11 42, 2 une invasion
Übergabe 11 43a, 2 la reddition
Übergang 11 18a, 1 le passage (über de)
übergeben (zu 62 Gr. 17) remettre
Übergewicht 11 41, 1 la prépondérance
überhäufen 25a combler (mit de)
überhaupt nicht 58a ne ... point
überlassen 52 abandonner; (zu 11 36 Gr.
  158) laisser; sich ü. 11 8 se prêter
überleben 66 survivre (jem. à q.)
überlegen 20a réfléchir (etw. à qc.)
Überlegenheit 11 80, 1 la supériorité

Überlegung II 25 la réflexion
überliefern (zu 62 Gr. 17) transmettre
Übermaß 58 nu excès
übernachten II 43, 3 coucher
überragen II 20 dépasser [f. b.]
überraschen 25 surprendre [f. b.]
Überraschung II 18a, 1 la surprise
überreden (zu II 34, 5 Gr. 157) persuader
überreichen II 5 présenter
Überreste II 31 les débris, m.
Überrock II 40, 1 la redingote; (weiter ü.) II 34, 3 le paletot
überschreiten 42 traverser; II 22 franchir
Überschreitung II 43, 3 la traversée; II 18a, 1 le passage
überschwemmen II 43a, 3 inonder
Überschwemmung (bibl.) II 42, 2 une invasion
übersetzen (zu II 5 Gr. 17) traduire
übersteigen II 18a, 1 surmonter
übertreffen 52 passer; II 39, 1 dépasser
übertreten (zu II 6 Gr. 17) enfreindre
überwachen II 34, 2 surveiller
überwinden II 18a, 1 surmonter
überzeugen (zu II 5 Gr. 17) convaincre
übrig: die übrigen, das Übrige, der übrige Teil II 20 le reste — ü. sein 50 rester — ü. bleiben (zu II 32, 4 Gr. 155) rester — ü. lassen II 31a, 1 laisser — übrigens II 43, 1 du reste
Übung II 42, 2 un exercice
Ufer 12 le bord; II 14 la rive
Uhr (Taschenuhr) 16 la montre [f. coup, heure, minuit, sonner]
Ulan II 42, 1 un uhlan
um: um... herum 16 autour de — um zu 4 pour; II 31 afin de
umackern II 10 fouiller
umarmen II 2 embrasser
umbringen 66 égorger
umdrehen 58a tordre [f. umkehren]
Umdrehung 16 le tour (um de)
Umfang 46 une étendue
umfangreich II 9 ample
umfassen II 33 embrasser; 8 comprendre
umgänglich II 34a, 1 commode
umgeben 34 entourer (mit de); 25a environner
Umgebung 56a les environs, m. (in à)
Umgegend 56a les environs, m. (in à)
umgehen (etw.) 38a éluder
umgraben II 10 bêcher
umgürten (zu II 6 Gr. 17) ceindre
umherführen 55 promener
umhergestreut 42a épars, e
umherirren 56 errer
umherreisen 33 voyager

umherstreifen 56 rôder
umhüllen II 34, 1 envelopper
umkehren 25 retourner; II 25 revenir; II 34, 5 revenir sur ses pas
umkommen II 21 périr
umringen 34 entourer
umsichtig II 39, 1 vigilant, e
umsonst 81 en vain
Umstand II 31a, 1 la circonstance [f. b.] — ohne Umstände 66 sans cérémonie; II 5 sans façon
umstürzen 44a bouleverser
Umweg II 43, 3 le détour (weit long); II 31a, 4 le circuit [f. b.]
umwerfen 23 verser, renverser
umwühlen 44a bouleverser
umzingeln II 21 entourer; II 42, 1 cerner
unangenehm II 18a, 2/3 fâcheux, -se
unaufhörlich: Adj. II 34a, 2 incessant, e; Adv. II 32, 3 sans cesse
unbedeutendste II 32, 3 le moindre
unbedingt nötig 48 indispensable
unbefangen II 2 ingénu, e
unbegreiflich [f. concevoir]
unbekannt II 8 inconnu, e
Unbeliebtheit II 40a une impopularité
unbemerkbar 58 imperceptible
unbesieglich II 30 invincible
unbesonnen 42a étourdi, e
unbeständig 55 inconstant, e
Unbeständigkeit II 41a une inconstance
unbestimmt II 34, 3 vague
unbestreitbar II 32, 3 incontestable
unbeweglich II 28 immobile
Unbeweglichkeit II 31a, 3 une immobilité
unbezähmbar II 41, 2 indomptable
undankbar 27b ingrat, e
uneins 3 en désaccord
unendlich: Adj. 44 infini, e — Adv. 28 sans fin, 44 infiniment
unentgeltlich II 32, 2 gratuit, e
unerbittlich II 30 implacable
unerfahren II 9 novice
unermeßlich II 38 immense
unermüdlich 15 infatigable
unerschöpflich II 32, 4 inépuisable
unerwartet kommen (zu 58 Gr. 16) survenir
unfähig (zu II 34, 5 Gr. 157) incapable
Unfall II 32, 2 un accident
Ungar II 41, 1 le Hongrois
ungebleicht 40 écru, e
ungedeckt II 31a, 3 à découvert
Ungeduld II 2 une impatience
ungeduldig: Adj. II 18a, 2 impatient, e; Adv. II 2 avec impatience — u. machen 47a impatienter

ungefähr 40 à peu près; II 48a, 1 environ; 44a quelque (s. b.)
ungeheuer II 83 immense; II 84, 5 énorme
Ungewitter 19 la ...
ungekünstelt II 18a, 4.5 naïf, naïve
ungerecht II 4 injuste
Ungeschicklichkeit II 12 la maladresse
ungesetzlich II 40a illégitime
ungestüm II 24 impétueux, -se
ungewiß II 50 incertain, e
ungewohnt 35a inaccoutumé, e
ungleich 40 inégal, e
Unglück 19 le malheur (s. b.); II 30, 2 le désastre
unglücklich 19 malheureux, -se; II 19 infortuné, e (s. malheur)
Unglücksfall II 52, 2 un accident
unvermeidbar II 59, 1 inévitable
unheilbar II 59, 5 incurable
Unheil II 42, 1 sinistre; 44a désastreux, -se
Uniform II 42, 2 un uniforme
Unklugheit 61 une imprudence
Unmensch 60 le barbare
unmenschlich II 48a, 8 inhumain
unmerklich II 49a insensible
unmöglich 50 impossible (s. b.)
unnütz II 25 inutile
Unordnung II 48a, 8 le désordre
Unrecht 27b le tort (s. b.)
unregelmäßig II 16 irrégulier, -ère
unrein 18a impur, e
Unruhe II 12 une inquiétude
unruhig (zu 12 Gr. 40) inquiet, inquiète
unsagbar II 98 indicible
Unschuld 18 une innocence
unsicher II 30 incertain, e
unsichtbar II 9 invisible
unsterblich II 18a, 1 immortel, -elle
unten 25 bas (s. b. und haut)
unter 7 sous; (= unterhalb) 44a au-dessous de; unter ... weg 115 par-dessous; (= von ...) 41 d'entre; (= zwischen zweien) 19 entre; (= zwischen mehr als zweien) 41 parmi; unter Thränen II 48, 3 au milieu de murmures
Unterarm 9 un avant-bras
Unterbeamter II 84a, 1 un employé
unterbrechen 47 interrompre (s. b.)
Unterbrechung 55 le relâche (s. Intervalle)
unterdrücken II 11 supprimer
Unterdrückung II 41, 1 la suppression
Untergang II 40, 2 la perte; II 41, 2 la ruine
untergraben II 40, 1 saper

unterhalb 44a au-dessous de
unterhalten (zu 58 Gr. 16) entretenir
Unterhaltung 58a un entretien; II 84, 4 la conversation
unterjochen (zu 56 Gr. 16) asservir
Unterjochung II 22 un asservissement
unterlassen (zu 52 Gr. 17) omettre
Unterleutnant II 2 le sous-lieutenant
unterliegen II 81 succomber
untermischt II 84a, 1 mêlé, e (mit de)
unternehmen (zu 62 Gr. 17) entreprendre
Unternehmung II 18a, 2.6 une opération
Unterricht II 82, 5 une instruction
unterrichten II 43a, 1 instruire
untersagen (zu 60 Gr. 17) interdire
unterscheiden II 10a distinguer; Füß u. II 82, 1 différer
Unterscheidung 51 la distinction
Unterschenkel 10 la jambe
Unterschied 51 la distinction
unterschreiben (zu II 5 Gr. 17) souscrire
unterstützen II 41, 1 appuyer; II 48a, 2 seconder
untersuchen 47 examiner
untertauchen 42 plonger
Unterthan II 41, 1 le sujet
unterwegs 36 en chemin; II 58 en route
unterweisen (zu II 5 Gr. 17) instruire
Unterweisung 46a la leçon
unterwerfen (zu 62 Gr. 17) soumettre; II 33 asservir
unterzeichnen II 43, 1 signer
unterziehen (s. examen)
Untiefe II 32, 5 le bas-fond
unüberschreitbar II 88 infranchissable
ununterbrochen II 16 suivi, e
unveränderlich 57 invariable
unverbesserlich 4 incorrigible
unvergleichlich II 30, 1 incomparable
unvermeidlich 64a inévitable
unvernünftig II 42a insensé, e
unverschämt II 9 insolent, e
Unverschämtheit II 24 une insolence
unversehrt 88a intact, e
unversöhnlich II 80 implacable
Unvorsichtigkeit 61 une imprudence
Unwetter II 8 la tempête
unwiederbringlich II 48a sans retour
Unwille 65 une indignation
unzählbar, unzählig 60a innombrable; II 85 sans nombre
unzufrieden 84a mécontent, e
Ursache 61 la cause
Ursprung 44a une origine
Urteil 54 le jugement (s. b.;

B.

Baſe II 12 le vase
Vater (zu 5 Gr. 19) le père
Vaterland II 1 le pays; II 39, 1 la patrie
Vaterlandsliebe II 42, 1 le patriotisme
Veilchen 11 la violette
verabſcheuen 18a détester
verachten II 30 mépriser
Verachtung II 20 le mépris
veranlaſſen 81 faire [ſ. b.]
Veranlaſſung [ſ. lieu]
veranſtalten II 31a, 5 faire
Verantwortung II 39, 2 la responsabilité
Verbannter II 41a un exilé
Verbannung II 16 un exil
verbergen 25 cacher
verbieten 19 défendre [ſ. b.]
verbinden 8 relier (mit à) [ſ. joindre]
Verbindung 31 une union
verblühen (zu II 42, 1 Gr. 111) se faner
Verbot 19 la défense
verbrauchen II 18a, 2/3 épuiser
Verbrechen 33 le crime
Verbrecher 65 le criminel
verbreiten 14 répandre
verbrennen II 23 brûler
verbündet II 23 confédéré, e; II 41, 2
   allié, e
verbürgen II 41, 1 garantir
verdanken 47 devoir
verderben II 39, 2 perdre; II 31a, 2 gâter
Verderben II 40, 2 la perte
verderblich 61 pernicieux, -se
Verderbtheit II 32, 5 la corruption
verdienen 47 mériter [ſ. b.]; 48 gagner
verdoppeln 46 redoubler; 42a doubler
verdorrt 55 desséché, e
verdunkeln II 35 obscurcir
verehren II 40, 1 révérer
vereinigen 22 unir; II 42, 2 réunir [ſ. État]
verfänglich II 11 captieux, -se
verfälſchen 50 falsifier
Verfaſſung II 40a la constitution
verfaſſungsmäßig II 41, 1 constitutionnel, -elle
verfehlen II 40 manquer
verfeinden: ſich v. 31a se brouiller
verfließen II 42, 1 s'écouler
verfluchen (zu 60 Gr. 17) maudire
verfolgen (zu II 5 Gr. 17) poursuivre
Verfolgung II 31a, 4 la poursuite
verführen (zu II 5 Gr. 17) séduire
Vergangenheit II 16 le passé
vergänglich II 30, 2 éphémère
vergeblich: Adj. II 23 inutile; Adv. 31
   en vain

vergehen 57 se passer
vergelten 26 rendre
vergeſſen 40 oublier (zu th. II 32, 2 de ſ.)
vergewiſſern II 31a, 4 assurer
vergießen II 40a verser
vergiften 33 empoisonner
Vergißmeinnicht 12 le myosotis
vergnügen: ſich v. (zu II 34, 4 Gr. 156)
   s'amuser; se divertir
Vergnügen 28 le plaisir
vergolden 39a dorer
vergrößern 33 augmenter
verhandeln (zu 39 Gr. 17) débattre —
   v. über etw. II 34, 2 discuter qc.
verheimlichen (zu II 24 Gr. 138) dissimuler
verheiraten 63 marier
verhindern = hindern
verjagen II 34, 1 chasser
Verkauf 47 la vente [ſ. b.]
verkaufen 14 vendre
Verkaufshalle II 32, 3 le bazar
verkennen (zu II 8 Gr. 17) méconnaitre
verkleiden II 3 déguiser
Verkörperung II 41, 1 la personnification
verkünden II 2 annoncer
verkürzen II 40, 1 abréger
verlangen 38 demander [ſ. b.] — v. nach
   II 41a aspirer à
verlängern II 16 prolonger
Verlängerung 44a le prolongement
verlaſſen 24 quitter — (= herausgehen
   aus) 56 sortir de
Verlauf: nach B. II 5 au bout
verleben II 16 passer
verlegen II 5 embarrassé, e
Verlegenheit [ſ. embarrasser]
verleihen II 18 prêter; II 38 donner
verlernen (zu 62 Gr. 17) désapprendre
verletzen 45 blesser
Verleumbung II 32, 5 la calomnie
verlieren 29 perdre [ſ. b.]
Verluſt 30 la perte [ſ. b.]
vermehren 33 augmenter
vermeiden 48 éviter [ſ. b.]
vermindern II 31 réduire
vermiſſen II 41a regretter
vermittelſt 8 au moyen de
vermögen II 1 pouvoir
Vermögen 52 la fortune
vermuten 44 s'imaginer; 46 supposer;
   (zu II 32, 1 Gr. 113) se douter (de qc.);
   II 34, 1 soupçonner; II 37 présumer
vernehmen 58 entendre
vernichten II 41, 2 anéantir
Vernichtung II 41, 2 la destruction
vernünftig II 32, 1 raisonnable

veröffentlichen 44 publier
verworben (zu II 86 Gr. 187) décréter
verpflichten 47 obliger (zu th. à f.)
verproviantieren 26a approvisionner
Verrat 42 la trahison
verraten 11 3 trahir; découvrir
Verräter 11 26 le traitre
Vers 42 le vers
verlegen 11 10 manquer
verfammeln 40 rassembler
verfchaffen 28 procurer
Verfchanzung 11 30 le retranchement
verfchieden 5 différent, e (f. b. und divers)
  — v. fein 11 32, 1 différer
verfchiedenartig 11 38 divers; (zu 11 34, 8
  Gr. 195) différent, e
verfchialen (f. houlli)
verfchlagen 11 8 jeter; 11 41a pousser
verfchließen 11 5 fermer — verfchloffen
  11 34, 2 clos, e
verfchlummern: fich v. (zu 11 32, 2 Gr. 112)
  empirer
verfchlingen 11 31a, 5 dévorer
verfchmelzen 11 31a, 3 se confondre
verfchönern 12 embellir
verfchweigen (zu 11 6 Gr. 17) taire
verfchwenden 11 18a, 2/3 prodiguer
verfchwiegen (zu 12 Gr. 40) discret, -ète
verfchwinden (zu 11 8 Gr. 17) disparaître
verfchwören: fich v. 66 conjurer; (zu 11
  32, 2 Gr. 112) conspirer
Verfchwörung (f. conjurer)
verfehen 11 18a, 1 munir (mit de)
verfichern 11 18 assurer
Verficherung 11 37 une assurance
verfinken 11 48, 3 dévaler
Verföhnung 11 4 la réconciliation
verfpätet 4 en retard
verfperren 11 28 barrer
verfpotten 44a se jouer de; 50a railler
verfprechen (zu 69 Gr. 17) promettre (f.
  mot
Verfprechen 69a la promesse
verftändigen: fich v. 11 41, 1 s'entendre
  (über pour)
verftehen 21 comprendre; v. zu th 11 35
  savoir f.; v. unter 28 entendre par;
  zu v geben 11 2 faire remarquer; fich
  v. auf 11 34 se connaître en
verftellen: fich v. auf 27a s'abriter dans
verftopfen 11 31a, 4 bourrer
verftorben 5a feu, e
verftört 68 interloqué, e
verftreichen 11 42, 1 s'écouler
Verfuch 11 31 un effort (bei dans)
verfuchen 31 essayer (zu th. 34 de f.);
  11 4 tenter (zu th. de f.)

Verfuchung: in V. führen 11 18a, 4 5
  tenter
verteidigen 19 défendre
Verteidiger 11 25 le défenseur
Verteidigung 11 20 la défense
verteilen (zu 56 Gr. 16) répartir; 11 83
  distribuer
Verteilung 17a la répartition (auf pour)
Vertrag 11 41, 1 le traité
vertrauen (zu 11 68, 1 Gr. 111) se fier à
  — fich vertraut machen mit 11 13 se
  familiariser avec
Vertrauen 27 la confiance
vertreiben 34 repousser; 11 34, 1 chasser
verurfachen 19 causer
verurteilen 65 condamner (f. b.)
Verurteilung 65 la condamnation
Verwaltung 11 39, 1 une administration
verwandeln: fich v. in 11 31 se réduire en
Verwandter 26 le parent
verwehren 11 48a, 2 défendre
Verweichlichung 52 la mollesse
verweigern 11 39, 1 refuser (f. b.)
verwelten (zu 11 42, 1 Gr. 111) se faner
verwenden 22 employer (zu th. 48 à f.)
  — fich v. für 40a intercéder pour
verwirklichen 11 32, 3 réaliser
verwirrt 62 confus, e
Verwirrung: in V. bringen 11 0 confondre
verworfen 11 32, 5 sans aveu
verwunden 45 blesser
Verwunderung (f. émerveiller)
verwünfchen (zu 60 Gr. 17) maudire
Verwünfchung 11 48, 3 la malédiction
verzehren 19 consumer; 38 consommer
verzeihen 11 11 pardonner
Verzeihung 38 le pardon
verzichten 11 18a, 2/3 renoncer (auf à)
verzinslich anlegen 57 placer à intérêt
verzögern 11 42a retarder
verzweifeln (zu 11 34 Gr. 126) désespérer
Vetter 39 le cousin
viel, viele 28 beaucoup (de) — (vor
  Komparativen) 27 bien
vielleicht 64 peut-être
vielmehr 58 plutôt
vier (f. patte)
Viereck 11 31 le carré
Viertelftunde 16 un quart d'heure
vierzehn (f. jour)
vifitieren 52 visiter
Vogel 20 un oiseau
Vogelbauer 64 la cage
Vogelleim 64 la glu
Volt 58 la nation; 11 40, 1 le peuple —
  des Voltes 11 42, 1 populaire
Völterrecht 11 41, 3 le droit des gens

Volksmenge II 42, 2 la foule; II 43a, 1 la multitude
Volksstamm II 22 la nation
volkstümlich II 43a, 3 populaire
voll 43 plein, e [f. b. und entier]
Vollbesitz II 41, 3 la plénitude
vollenden 6 accomplir; II 34, 1 achever
vollkommen II 4 parfait, e
Vollkommenheit 52 la perfection
vollständig: Adj. (zu 12 Gr. 40) complet, -ète; II 4 parfait, e; II 5 entier, -ère — Adv. 26 tout à fait
von 2 de — (beim Passiv) 8 par (= unter) 31 d'entre — von ... an 39 dès, 63 à partir de — von ... aus II 32, 3 de — von ... bis II 26 depuis ... jusque — von ... her II 31a, 4 du côté de — von ... herab II 2 du haut de — von ... zu 56 de ... en [f. sur]
vor: (Ort) 3 devant; (Zeit) 18 avant [f. avoir] — vor ... her 40 devant — halb tot vor 60 demi-mort(e) de
voraus: im v. II 15 d'avance
vorausfahren II 14 précéder (jem. q.)
vorausgehen II 1 précéder [f. b.]
voraussehen II 41, 2 prévoir
voraussetzen: vorausgesetzt, daß II 7 pourvu que (mit Konj.)
Vorbedeutung II 6 le présage
vorbei (= zu Ende) 48a fini, e [f. faire]
Vorbeigehen II 9 le passage
vorbeihuschen II 34, 1 passer
vorbeikommen = vorüberkommen
vorbereiten II 15 préparer
Vorbereitung II 20 le préparatif (zu de)
Vordergrund II 36 le premier plan
Vorderseite II 34, 2 la façade
vorderste [f. avancer]
Vordertatze II 31a, 3 la patte de devant
Vorderteil II 10a un avant
vorfinden II 18a, 2/3 trouver
vorführen 52 amener
Vorgang 41a la scène
vorgeben (zu II 6 Gr. 17) feindre
vorhanden: es ist (sind) v. 16 il y a
Vorhang II 5 le rideau
vorher (= früher) II 27 auparavant
vorhergehen II 1 précéder (q.) [f. veille]
vorhersagen (zu 60 Gr. 17) prédire
vorhersehen 65 prévoir
vorig (zu II 34, 3 Gr. 195) dernier, -ère
Vorliebe: mit V. II 32, 2 de préférence
vorliegen: es liegt vor II 11 il y a
vorn: nach vorn 56 en avant
vornehm 52 noble; 39a élégant, e; fashionable [f. seigneur, principal]

Vornehmheit II 34a, 1 la distinction
Vorrat II 32, 4 la provision
vorrücken 34 s'avancer
vorschieben II 41, 3 avancer
Vorschlag II 5 un avis
vorschlagen II 31a, 2 proposer
vorschreiben 28 prescrire
vorsehen [f. garde]
Vorsehung 51 la providence
Vorsicht! 23 gare!
Vorsichtsmaßregel 58a la précaution [f. b.]
Vorsitzender II 5 le président
Vorstadt II 32, 4 le faubourg — der Vorstädte II 42, 4 faubourien, -enne; suburbain, e
vorstellen (= darstellen) II 36 présenter — sich v. (zu II 32, 2 Gr. 112) imaginer
Vorstellung II 32, 2 la représentation
Vorteil II 40a un intérêt; II 41, 3 le bénéfice
vortrefflich II 34a, 1 parfait, e
vorüberfahren II 43, 3 passer
vorübergehen (zu II 12 Gr. 109) passer
vorüberkommen 54 passer (an, bei par)
vorwärts 56 en avant — v. dringen 64a s'élancer — v. gehen 15 avancer — v. stürmen 27a se précipiter — v. treiben II 33 presser — sich v. wälzen 21a rouler
vorwiegen (zu 64 Gr. 18) prévaloir
Vorwurf II 30 le reproche (über sur)
Vorzeichen II 16 le présage
vorzeigen 52 produire
vorziehen 43 préférer
Vorzug II 32, 2 la préférence [f. b.]

W.

wach II 34, 1 éveillé, e; II 34, 5 réveillé, e
Wache II 20 la garde [f. b.]; II 43a, 1 la sentinelle
wachen 59 veiller [f. b.]
wachsen 12 croître: 13a grandir
Wachstuch II 34a, 3 la toile cirée
Wächter 49 le gardien
Wachtposten II 43a, 1 la sentinelle
wacker II 10a vaillant, e
Wade 10 le mollet
Waffe 34 une arme [f. mettre]
wagen 65 oser (zu th. f.)
Wagen 28 la voiture: II 35 le char
Wagenschlag 47a la portière
Wahl II 35 le choix
wählen 49 choisir
wahnsinnig II 42, 2 frénétique
wahr 7 vrai, e; (= echt) II 32, 3 véritable

während: Präp. 19 pendant; II 2 durant — Konj 19 pendant que; 40 comme; II 6 en même temps que; w. begegnen 41 tandis que — währenddessen II 40a cependant
Wahrheit 20 la vérité
wahrnehmen (zu 68 Nr 18) apercevoir
wahrscheinlich II 22 vraisemblable; (zu II 29 Nr 140) probable
Wald 40 la forêt
Wand 18 le mur (an der W. contre le m.)
Wanderer II 19 le passant
Wandtafel 18 le tableau
Wandteppich II 6 la tapisserie
Wange 8 la joue
wanken 27a chanceler
wann II 8 quand
warm 50 chaud, e (f. b.)
Wärme 50 la chaleur
warnen 54 avertir (vor de) (f. prévenir)
warten 55 attendre (bis: que mit Konj.)
warum 8 pourquoi; II 25 que — w. nicht II 25 que . . ne
was anbetrifft 40 quant à
was auch immer II 11 quoi que (mit Konj.)
was für ein II 4 quel, quelle
waschen (f. débarbouiller)
Waschfrau II 84, 5 la blanchisseuse
Wasser II une eau
Wasserfall (großer) 44 le cataracte
Weber II 66, 1 le tisserand
Wechsel 61a le billet à ordre
wecken 18 éveiller; II 88 réveiller
wedeln (f. queue)
weder . . . noch 25 ni . . . ni . . . ne
Weg 63 le chemin (nach II 48, 3 de) — (= Straße) 40 la route (f. b.) — II 81a, 2 le passage; II 83 la marche; (W. über) II 43, 8 la traversée (de) — aus dem W. gehen 28 se ranger; sich auf den W. machen II 84, 2 s'acheminer; seines Weges ziehen II 81a cheminer
wegen 22 pour; II 18a, 2,3 à cause de
wegfegen II 43a, 1 balayer
wegfliegen 27 s'envoler
weggehen (zu 56 Nr 18) s'en aller
wegnehmen 22 enlever; II 4 ôter
wegtragen II 25 emporter
wegschleppen 42 emporter
wehe' 80 malheur!
wehen 42a flotter
wehren: sich w. 42 se débattre
weich (zu 80 Nr 48) mou, mol, molle
weichen II 40a céder
Weide II 10 le pâturage; II 84, 6 un osier (f. b.)
weiden II 10 paître (elles paissent)

weigern, sich w. II 61 refuser (zu ... de 1)
Weihe (der) 42 le milieu
weihen 54 dévouer
weil 35 parce que (f. puis)
Weiler 55 le hameau
Wein 88 le vin
Weinberg 26 la vigne
weinen 4 pleurer
Weinlese 64 la vendange (f. b.)
Weinrebe 26 la vigne
Weinschenke II 8a, 4 le cabaret (f. vin)
weise II 10 sage
Weise 26 la sorte; II 5 la façon, la manière — auf diese W. 39 ainsi; 47b de cette sorte — sonderbarerweise 28 miraculeusement
Weisheit 24 la sagesse
weiß 18 blanc, blanche
Weiße II 84, 1 la blancheur
weißen 18 blanchir
weit, weit weg, weit entfernt 54 loin (f. b.) — (= breit) II 5 large — (= umfangreich) II 9 ample — (vor Komparat.) 27 bien — (50 Schritte w.) II 25 à trente pas — immer weiter II 31 toujours (f. voyage)
weitergehen II 34a, 2 poursuivre
weiterkommen II 5 passer outre
weitläufig reden (zu 59 Nr 18) discourir (über de)
welcher: aus welcher II 24, 4 d'où — welche (= einige) II 10a en
welk II 84, 5 flétri, e; II 85 fané, e
Welle 61 une onde
Welt 24 le monde (auf der W. au m.) — die ganze W. II 82, 3 tout l'univers (f. ciel)
Weltall II 82, 3 un univers
wenden 52 tourner — sich an jem. w. II 1 s'adresser à q. — sich nach etw. hin wenden II 43a, 2 se diriger vers
wenig 40 peu (f. b.) — wenigstens 44 du moins; II 9 au moins
wenn 81 si (49 wenn er s'il, wenn sie s'ils) — II 11 quand — wenn ... nur II 7 pourvu que (mit Konj.)
wer auch immer (zu II 10 Nr 138) qui que
werden 40 devenir (f. b. und aller)
werfen 54 jeter
Werk 35 une œuvre (f. b.); II 62 un ouvrage
Werkstätte 17a un atelier
Werkzeug II 48, 2 un outil
wert sein 48 valoir (f. b.) — W. der Tran. être digne que (mit Konj.)
Wert legen auf 64 faire cas de

wertlos 52 futile
wertvoll 32 précieux, -se
Wesen 13a un être
Westen 11 22 un ouest [f. à]
Wetter 33a le temps
Wetterwolke 40 la nuée
wichtig 28 important, e [f. b.] — mit
  wichtiger Miene II 34, 4 d'un air délibéré
Widerrede (schnelle) II 32, 4 la riposte
widersprechen (ju 60 Gr. 17) contredire q.
Widerstand II 31 la résistance (gegen à)
Widerwärtigkeit 52a la contrariété
widmen 34 dévouer; II 37 consacrer
widrig 66 contraire
wie 5 comme — (= wie sehr) 43 combien [f. b.]; II 36 comme, que [f. b.]
  — derselbe...wie 40 le même...que
  — wie? 38 comment? — wie viel 28
  combien (de); 50a que (de) — wie...
  auch immer (ju II 28 Gr. 145) si...que,
  quelque...que [f. ebenso]
wieder (= von neuem) II 31 de nouveau
wieder abreisen (ju 56 Gr. 16) repartir
— anfangen II 18a, 2/3 recommencer
— aufbauen (ju II 15 Gr. 17) reconstruire
— auffinden 30 retrouver
— aufleben (ju II 8 Gr. 17) revivre
— aufnehmen II 41, 1 reprendre
— aufrichten II 39, 2 relever
— aufstehen 23 se relever
— bedecken (ju 57 Gr. 16) recouvrir
— beleben II 18 ranimer
— einfallen 18 revenir
— einfangen II 7 rattraper
— einnehmen II 10a reprendre
— einschlafen (ju 56 Gr. 16) se rendormir
-- einziehen II 40a rentrer
— erheben 23 relever
— erkennen 47 reconnaitre
— erlangen 60 reprendre; II 41, 8 recouvrer
— erreichen 39a regagner
— erscheinen (ju II 8 Gr. 17) reparaitre
— erstehen (ju II 6 Gr. 17) renaitre
— erwählen (ju II 6 Gr. 17) réélire
— fallen 48a retomber
— finden 30 retrouver
— fischen II 7 repêcher
— geben II 36 rendre
— gehen II 10 repasser
— gewinnen 39a regagner
— gut werden II 42, 1 se réparer
— hallen II 31a, 1 retentir
— herstellen II 39, 2 refaire
— Herstellung II 40a le rétablissement
— hinabsteigen II 18a, 1 redescendre

— hinaufsteigen II 15 remonter
— hineinstecken II 31a, 4 rentrer
— holen 20 répéter [f. reprise]
— in die Hand nehmen II 40a reprendre
— läuen 40 ruminer
— laden II 31a, 4 recharger
— lesen (ju II 6 Gr. 17) relire
— machen (ju 60 Gr. 17) refaire
— nehmen 7 reprendre
— öffnen (ju 57 Gr. 16) rouvrir
— sagen (ju 60 Gr. 17) redire
— schließen II 31 reserrer
— sehen 27 revoir
— setzen (ju II 9 Gr. 18) rasseoir
— steigen 28 remonter
— umbrehen II 31a, 2 retourner
— vorüberkommen II 31a, 1 repasser
— wegtragen 38a remporter
wiederum II 4 encore
Wiege II 30 le berceau
wiehern 56 hennir
Wiese 46 le pré
wild 25a féroce; 44a fougueux, -se
Wild, Wildpret 25a le gibier
Wilhelm 1 Guillaume
Wille 27b la volonté
willkürlich II 11 arbitraire
wimmern 49 le gémissement
Wimper 8 le cil
Wind 55 le vent
Winkel II 31 un angle; II 43, 2 le coin
Winkelmaß 5 une équerre
Winter 6 un hiver (im W. 18 en h.)
Wirbelsäule II 31a, 4 la colonne verté-
  brale
wirklich: Adj. 33 véritable; II 3 réel,
  -elle; II 34a, 1 vrai, e — Adv. 47
  vraiment; II 23 en effet; II 31a, 1 ef-
  fectivement
Wirklichkeit: in W. II 3 réellement
Wirksamkeit II 1 une efficacité
Wirkung II 15 un effet
wirr II 34, 3 confus, e
Wirt 27 un hôte
Wirtschaftshof II 9 la basse-cour
Wirtsleute 56a les hôtes, m.
wissen 35 savoir; sehr wohl w. (ju II 18
  Gr 135) ne pas ignorer; nicht w. (ju
  II 24 Gr. 138) ignorer
Wissen II 35 une étude
Wissenschaft II 22 la science
wittern II 31a, 3 éventer
Witterung II 18a, 2/8 le temps
Witz II 32, 4 un esprit
wo 1 où
Woche 17 la semaine
wochentags II 34a, 3 en semaine

wofern nicht (zu II 26 Gr. 144) à moins
  que ... ne
Woge 61 une onde; II 34a, 1 le flot
wogen II 34a, 1 couler à flots
woher II 34, 4 d'où
wohin 1 où
wohl 18 bien — das W. 52 le bien
wohlauf sein 51a être à l'aise
wohlbehalten II 48a, 3 sauf, sauve
Wohlhabenheit II 18a, 4,5 une aisance
wohlklingend II 32, 1 sonore
Wohlthat 28 le bienfait [s. bien]
Wohlthäter 41a le bienfaiteur
wohlthätig 48a bienfaisant, e
Wohlthätigkeit 64a la bienfaisance [s.
  charitable]
wohnen 53 habiter
Wohnhaus 17a la maison d'habitation
Wohnstätte II 43, 2 la demeure
Wohnung: (gewöhnlich) II 5 la demeure
  (17a le logement) — (kleine) II 18 le
  logis — (herrschaftl.) 17a un appartement
Wolf 16 le loup
Wolle 40 la laine — wollen 40 de laine
wollen 28 vouloir [s. b., aimer, aller]
Wonne 39a le délice
worauf 48 sur quoi
woraus II 34, 4 de quoi
Wort 85 le mot [s. b.]; 45 la parole
  — mit einem W. (= kurz) 24 enfin
  — mit folgenden Worten 25a en ces
  termes
Wörth II 42, 1 Reichshoffen
Wuchs II 2 la taille
Wucht II 21 le poids
Wunsch II 17 le souhait; II 18a, 4/5 le
  désir; 66 le vœu; II 30 la volonté
wünschen 24 souhaiter [s. b.]; 29 désirer
  [s. b.]
Wunde II 32, 5 la plaie; II 31a, 4 la blessure
Wunder II 20 la merveille (W. th. s. m.);
  II 41, 2 le miracle
wunderbar II 39, 2 merveilleux, -se
wundern: sich w. über II 24 admirer qc.
wertvoll 48a noble
würdig 45 digne
Wurm 40a le ver
Wurst II 34a, 3 le saucisson
würzen 40 assaisonner; II 14 épicer
Wüste II 34 le désert
Wüstling II 86 le débauché
Wut II 41, 2 la furie; II 42, 1 la rage
wütend: Adj. II 26 furieux, -se — Adv.
  II 42, 1 avec rage — w. sein II 26
  enrager

Z.

Zahl 9 le nombre; II 32, 3 le chiffre
zählen 17 compter
zahllos II 88 sans nombre
zahlreich II 2 nombreux, -se
zahm 42a familier, -ère
Zahn II 31a, 2 la dent
zähneklappernd II 34, 1 grelottant, e
Zänker II 26 le grondeur
Zar II 41, 1 le czar
zart 12 tendre; 52 délicat, e
Zartheit 53 la délicatesse
Zauberer 58 le magicien
zauberisch II 42a magique
zaudern (zu II 34, 4 Gr. 156) hésiter
Zaum 30a le mors; im Z. halten (zu 58
  Gr. 16) contenir [s. frein]
Zaunkönig 58 le roitelet
Zehe 9 le doigt; b. große Z. 10 le gros
  orteil
Zeichen II 4 le signe [s. b.]; II 14 le signal [s. b.]
zeichnen 2 dessiner
Zeigefinger 9 un index
zeigen 31 montrer; 38 présenter
Zeiger (an der Uhr) 16 une aiguille
Zeit 16 le temps [s. b.]
Zeitabschnitt II 5 une époque
Zeitung 35 le journal [s. feuille]
Zephyr (lauer Wind) 55 le zéphyr
zerbrechen 31 briser, casser, rompre
zerbrechlich 32 fragile
zerhacken II 26 hacher
zerkratzen 8 griffer
zerquetschen II 31a, 5 meurtrir
zerreißbar 50a fragile
zerreißen 31 briser; II 19 déchirer —
  zerrissen werden 31 se briser
zerschmettern 65 foudroyer; II 26 fracasser; II 41, 1 écraser; II 31a, 4
  briser
zerschneiden 5 couper [s. b.]
zerstören (zu II 5 Gr. 17) détruire; II 41, 2
  anéantir
Zerstörung II 41, 2 la destruction
zerstreuen II 34, 5 disperser; 21a distraire — zerstreut (umhergestreut) 48a
  épars, e
Zerstreutheit II 18a, 4/5 la distraction
zerteilen: sich z. II 19 se déchirer
Zeuge II 10 le témoin
Zeughaus II 48a, 1 un arsenal
Zeugnis II 41, 3 le témoignage (für du);
  Z. ablegen von II 26 témoigner de
Ziege 40 la chèvre

ziehen 30 tirer; 2 tracer; (schleppen) II
  18a, 2/3 trainer — (v. Truppen) II 29
  passer — von dannen f. II 21 s'en
  aller
Ziel II 34, 1 le but
ziemlich 68 assez
Ziffer II 32, 3 le chiffre
Zifferblatt 16 le cadran
Zimmer 5 la chambre; (kleines) II 5 le
  cabinet
Zimmermann 5 le charpentier
Zinke II 31a, 2 la dent
Zinsen 48 les intérêts, m.
zittern 58 trembler; (zu II 2 Gr. 16) tressaillir
zögern (zu II 34, 4 Gr. 156) hésiter
Zorn 46 la colère [f. mettre]; II 4 le
  courroux
zornig 52 irrité, e [f. b.]; II 4 en colère
zu 2 à — (ins Haus, ins Land) 39 chez
  — (in die Nähe) II 36 près de — (zu
  sehr) 39 trop
zubringen (Zeit) II 16 passer
züchtigen 62a châtier (für de)
zuerkennen II 41, 1 reconnaitre
zuerst 47 d'abord — (= vor dir, vor allen
  anderen) 54 le premier, la première
Zufall 47 le hasard
zufällig II 3 par hasard
Zuflucht [f. recourir] — Zufluchtsstätte
  II 31 un asile; II 35 la retraite
zufrieden II 6 content, e (mit de)
zufriedenstellen 50 contenter
zufügen II 27 faire (une injure)
zuführen II 40a amener
Zug 36 le train [f. b.]; II 12 le trait
  [f. b.] — (Gefolge) II 40, 2 le cortège;
  (im Bataillon) II 42, 2 le peloton
Zugang II 43a, 1 une avenue
zugeben II 9 convenir
zugegen II 42, 2 présent, e — zugegen
  sein 47 assister
Zügel 47 la bride
zugleich 66 à la fois
zuhören 57 écouter (jem. q.)
Zuhörerschaft II 32, 1 un auditoire
Zukunft 38 un avenir (in Z. à l'a.)
zukünftig 44 futur, e; II 6 à venir
zulassen (zu 62 Gr. 17) admettre
zumachen 8 fermer
zunächst 47 d'abord
Zündholz 19 une allumette
Zuneigung 44 un attachement
zurechtschneiden II 15 tailler
zurück II 14 en arrière
zurückbehalten 28 réserver
— bleiben II 31 rester

— bringen 38a rapporter
— erstatten (jem. sein Geld) 81a rembourser q.
— fliegen 60 revoler
— führen II 42, 2 ramener
— geben 26 rendre
— halten 28 retenir
— holen II 18a, 2/3 ramener
— kehren 11 revenir; 25 retourner —
  (nach Hause) II 16 rentrer
— lassen II 25 laisser
— legen II 18a, 1 faire (une route)
— rufen 26 rappeler
— schicken (zu II 1 Gr. 15) renvoyer
— schieben II 43, 2 reculer
— strahlen II 28 renvoyer
— treiben 34 repousser
— weichen II 41, 3 reculer — das Zurückweichen II 42, 1 la reculade
— weisen 24 refuser
— werfen 50 rejeter
— zahlen 48 rembourser
— ziehen 29 retirer
zurufen 23 crier
zusammen 24 ensemble
zusammenberufen II 30 convoquer
— brechen II 43, 3 s'affaisser
— kommen 40 se rassembler; wieder mit
  jem. zusammenkommen 28 rejoindre q.
— kunft II 43, 3 une entrevue
— nehmen II 31a, 4 rassembler
— rottung II 34, 3 un attroupement
— setzen 37 composer
— treffen (zu II 6 Gr. 17) joindre (mit q.)
  — das Z. (zweier) II 28 le tête-à-tête
zuschlagen II 20 frapper
zusehen 48a regarder (etw. II 31a, 4 qc.)
Zustand 43 un état
zustellen (zu 62 Gr. 17) remettre
zustopfen II 34, 5 calfeutrer
zustoßen (passieren) II 12 arriver
zuteilen II 13 attacher
zuvorkommen jem. (zu 58 Gr. 16) prévenir
  q.; II 18a, 1 devancer q. — zuvorkommend II 18 obligeant, e
Zuvorkommenheit II 18a, 4/5 un empressement
zuweilen 40 quelquefois; II 28 parfois
zuwerfen 65 lancer
zuwiderhandeln (zu 58 Gr. 16) contrevenir
zuziehen: sich etw. z. (zu 59 Gr. 16) encourir qc.
zwar 28 à la vérité; II 9 bien
Zweck 47 le but [f. b.]
zwecklos II 23 inutile
zweifach II 8 double
Zweifel 29 le doute

16*

zweifeln II 5 douter [f. b.]

Zweig 7 le rameau; 40 la branche

zweischneidig II 15 à deux tranchants

Zwieback II 18a, 1 le biscuit

Zwiebel II 36 un oignon

Zwiegespräch II 35 le tête-à-tête

Zwietracht 31 la discorde

zwingen 36 forcer; 47 obliger; (zu II 5 Gr. 17) réduire; (zu II 6 Gr. 17) contraindre

zwischen (von zweien) 18 entre — (von mehr als zweien) 41 parmi

Zwischendeck II 10a un entre-pont

Zwischenraum II 18 un intervalle